水上雅晴編
高田宗平 編集協力

年号と東アジア

―改元の思想と文化―

八木書店

【カラー口絵】年号を決める
―記録・文書・漢籍―

本口絵欄は、日本の年号がどのように、どのような人によって決められてきたかを具体的な資料によって示す一つの試みである。資料の多くは、国立歴史民俗博物館（以下、歴博と略称）にて平成二十九年（二〇一七）九月十二日から十月二十二日にかけて開催された特集展示「年号と朝廷」に陳列されたものであるが、今回、新たに補ったものもある。本口絵欄では、第一幕「時に名前をつける」、第二幕「年号を決める人々」、第三幕「年号の決め方」、第四幕「年号と漢籍」と四つのコーナーを設け、関連資料を配置した。

歴博には貴重な記録・文書・典籍類のコレクションがいくつかあるが、本口絵欄では、「高松宮家伝来禁裏本」と「廣橋家旧蔵記録文書典籍類」の二つを中心に掲載する。前者は後水尾・後西・霊元天皇が蒐集・書写した典籍や写本等からなり、年号を最終的に決める立場にあった者のコレクションである。後者は藤原氏北家日野流に連なる廣橋家の旧蔵記録・文書や典籍からなり、年号案を考え、議論を通して天皇に奏上する候補年号を決める立場にあった者のコレクションである。

廣橋家は、紀伝道を担当する家の一つである藤原氏北家日野流に連なっていたことから、代々年号案を勘申したり、改元定において年号案をふるいにかける「難陳」と呼ばれる議論にも参加したりしていた。したがって、年号に関する記録や資料を多く伝えていたのである。

No	資料名	刊写時期・書写者等	所蔵機関等(資料番号)
1	〔親王名字勘文写〕	〔江戸時代前期〕写	歴博高松宮本(H-600-204-5)
2	〔高辻〕長直〔年号勘文写〕	〔室町時代後期〕写	歴博田中本(H-743-428-6)
3	〔東坊城〕長淳〔年号勘文写〕	〔江戸時代前期〕写	歴博廣橋本(H-63-238-3)
4	〔年号事〕	〔江戸時代中期〕写(元禄17年〈1704〉3月〈宝永度〉ヵ)	歴博高松宮本(H-600-205-3-17)
5	〔年号勘文部類〕(〔迎陽記 巻二〕)	康正元年(1455)海住山高清写	歴博廣橋本(H-63-213)
6	元秘鈔　存巻一	〔江戸時代前期〕写(寛永年間〈1624-44〉頃)	歴博廣橋本(H-63-186)
7	元秘抄　存巻三・四	〔江戸時代前期〕写	歴博廣橋本(H-63-187)
8	元秘抄　存巻一・二	巻一 文明19年(1487)5月〔東坊城〕和長写、 巻二 長享年間(1487-89)〔東坊城和長〕写	歴博田中本(H-743-467)
9	元秘抄	第一冊～第三冊 天正14年(1586)写、 第四冊〔江戸時代前期〕写、第五冊〔江戸時代中期〕写	歴博高松宮本(H-600-781)
10	元秘抄	〔江戸時代前期〕写	歴博高松宮本(H-600-1011)
11	〔改元部類記〕	第十九冊 寛文21年(1644)〔九条道房〕令写、 他冊 〔江戸時代前期〕写	個人蔵
12	〔元秘別録〕	〔江戸時代前期〕写(打付外題〔後西天皇宸筆〕)	歴博高松宮本(H-600-1012)
13	〔年号字鈔　下〕	〔南北朝時代室町時代前期〕写(〔廣橋兼宣筆〕)	歴博廣橋本(H-63-220-2)
14	年号新字	明徳5年(1394)(応永度)写(〔廣橋仲光筆〕)	歴博廣橋本(H-63-218)
15	〔改元仗議公卿交名〕	〔江戸時代前期〕写(〔後西天皇・霊元天皇宸筆〕)	歴博高松宮本(H-600-1037)
16	〔後西天皇譲位宣命〕	寛文3年(1663)正月26日写	歴博高松宮本(H-600-245-5)
17	〔霊元院御影〕	〔江戸時代中期〕写(〔風早公雄筆〕)	歴博高松宮本(H-600-1654)
18	〔年号事〕	〔元禄17年(1704)(宝永度)〕写(〔霊元上皇宸筆〕)	歴博高松宮本(H-600-205-3-15)
19	行類抄　存 恒例部・二孟平座・遷幸・臨時部改元定	〔江戸時代前期〕写	歴博高松宮本(H-600-193)
20	日本書紀神代〔巻〕	慶長4年(1599)刊	歴博高松宮本(H-600-863)
21	〔院号定部類記〕	〔江戸時代前期〕写(打付外題・書写奥書〔後西天皇宸筆〕)	歴博高松宮本(H-600-171)
22	〔五条〕為庸〔年号事〕	〔江戸時代前期〕写(寛文13年〈1673〉〈延宝度〉写ヵ)	歴博高松宮本(H-600-201-6-3)
24	北野縁起絵　中巻	貞治6年(1367)写(岩松宮本)	歴博(H-1169-2)
25-1～4	〔経光卿改元定記　寛元 宝治 建長〕	〔鎌倉時代中期〕写(〔廣橋経光自筆〕)重要文化財	歴博廣橋本(H-63-203)
26	〔経光卿記〕(自貞永元年四月一日至二十七日)	〔鎌倉時代中期〕写(〔廣橋経光自筆〕)重要文化財	歴博廣橋本(H-63-704)
27	〔経光卿記〕(自天福元年四月一日至十五日)	〔鎌倉時代中期〕写(〔廣橋経光自筆〕)重要文化財	歴博廣橋本(H-63-711)
28	〔経光卿暦記〕(自天福元年正月一日至六月二十九日)	〔鎌倉時代中期〕写(〔廣橋経光自筆〕)重要文化財	歴博廣橋本(H-63-845)
29	〔貞永元年天福元年改元定記〕	〔室町時代後期〕写	歴博廣橋本(H-63-200)
30	〔五代帝王物語〕	〔江戸時代前期〕写	歴博高松宮本(H-600-744)
31	〔兼仲卿記〕(自永仁元年八月一日至二十九日)	〔鎌倉時代後期〕写(〔廣橋兼仲自筆〕)重要文化財	歴博廣橋本(H-63-822)
32	〔寛永度難陳〕	〔江戸時代中期〕写	歴博廣橋本(H-63-181)
33	〔改元部類記〕(中右記 元秘抄 親長卿記 通氏卿記)	〔室町時代末期近世初期〕写	歴博廣橋本(H-63-171)
34	〔改元部類記　中右記〕	康安2年(1361)写(〔廣橋兼綱筆〕)	歴博廣橋本(H-63-158)
35	〔改元定申詞〕	〔江戸時代前期〕写	歴博高松宮本(H-600-1023)
36	〔天文廿四年官方吉書案文〕	〔江戸時代前期〕写	国立公文書館(古 11-284-65)
37	〔後柏原天皇綸旨〕	〔永正18年(1521)〕8月7日写ヵ(〔庭田〕重親筆ヵ)	歴博廣橋本(H-63-415-23)
38	〔古文〕尚書　存巻第三夏書・第五商書・第十二周書	〔唐代初期〕写(紙背 元秘抄〔室町時代後期〕写)国宝	(公財)東洋文庫(一〇 996)
39	〔経光卿改元定記　寛元 宝治 建長〕	〔鎌倉時代中期〕写(〔廣橋経光自筆〕)重要文化財	歴博廣橋本(H-63-203)
40	漢　書	南宋慶元2年(1196)序刊　〔南宋後期福唐郡庠〕刊　元大徳9年(1305)・至大元年(1308)・延祐2年(1315)・元統2年(1334)逓修　巻十七～二十補配　国宝	歴博(H-173)
41	周易(王弼注)	第一帖・第三帖～第五帖〔鎌倉時代〕写、 第二帖・第六帖 〔室町時代中期〕写　重要文化財	歴博田中本(H-743-466)
42	群書治要	〔鎌倉時代〕写(〔北条実時〕令写、巻十四・巻二十八～三十〔北条〕貞顕令写、巻二十七 清原隆重写)	宮内庁書陵部(550・2)

第一幕　時に名前をつける

「改元」は「時に名前をつける」行為であり、親が子どもに良い名前を付けようと頭を悩ますように、為政者たちも治世に縁起の良い名前を付けようと力を注いだ。朝廷内での命名には、単にめでたい文字が並んでいるだけでは不十分であり、しかるべき漢籍に適切な文意を備えた典拠を持つことが求められた。

本欄で紹介する、親王に名前を付けるための「親王名字勘文写」【口絵1】には名字案の後に、新年号を提案した「東坊城長淳年号勘文写」【口絵3】には年号案の後に、各々漢籍の一節が添えられており、これを「引文」と称する。「勘文」は評議の場に提出する文書で、複数の儒者が提出し、それをもとに「難陳」と呼ばれる討論がなされる。勘文を出す家では、自家の勘申する年号案が採用されやすくなるように、「傾向と対策」のマニュアルを作成していた。鎌倉時代の高辻長成が編纂した『元秘抄』【口絵6〜10】は、その代表的な資料集である。

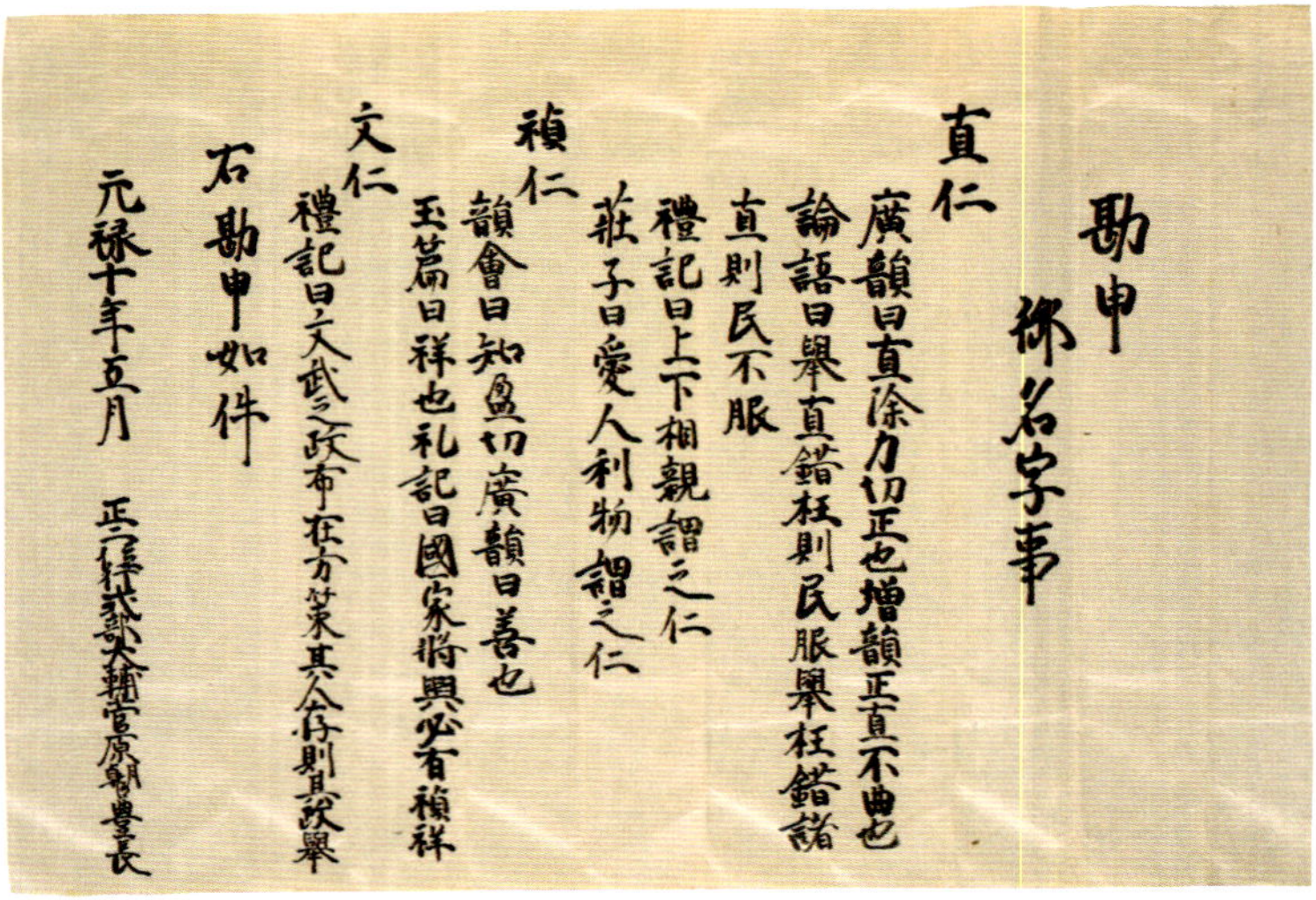

勘申
御名字事
直仁
廣韻曰直除力切正也増韻正直不曲也
論語曰舉直錯枉則民服舉枉錯諸
直則民不服
禮記曰上下相親謂之仁
莊子曰愛人利物謂之仁
禎仁
韻會曰知盈切廣韻曰善也
玉篇曰祥也礼記曰國家將興必有禎祥
文仁
禮記曰文武之政布在方策其人存則其政舉
右勘申如件
元禄十年五月　正二位行式部大輔菅原朝臣豊長

1　〔親王名字勘文写〕　〔江戸時代前期〕写

元禄10年（1697）5月、霊元天皇の第七皇子富貴宮（文仁親王）の元服命名に際し、高辻豊長が候補となる名を撰進した勘文の写し。直仁・禎仁・文仁の3案の典拠を『論語』『玉篇』『礼記』等の漢籍からの引文で示す。

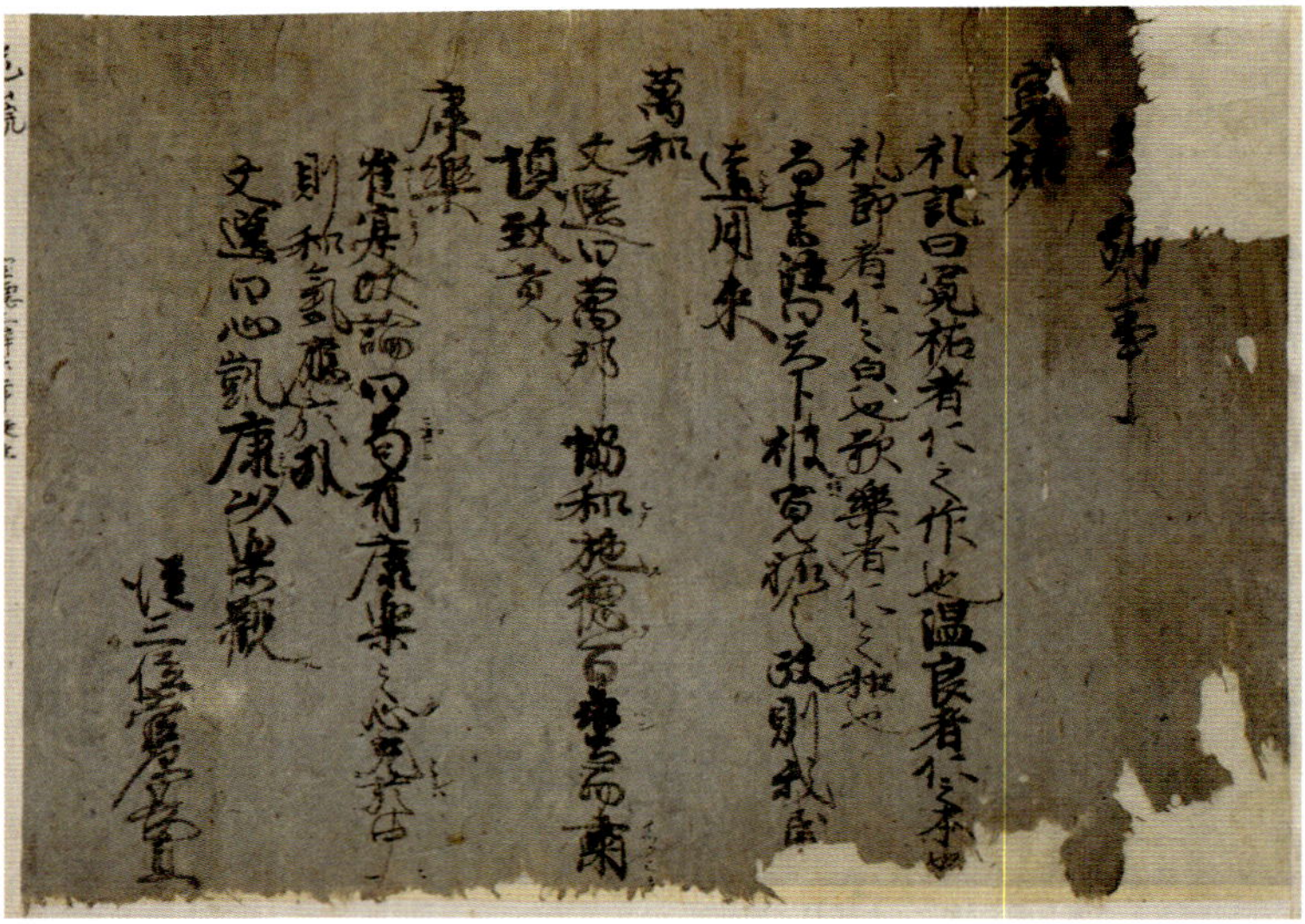

寛祐
礼記曰寛裕者仁之作也温良者仁之本也
礼節者仁之貌也歌楽者仁之和也
萬和
康楽

2　〔高辻〕長直〔年号勘文写〕（「尺牘類聚」所収）　〔室町時代後期〕写

高辻長直が提出した年号勘文の写し。「寛祐」「万和」「康楽」の3案及び典拠とした漢籍の引文が書写されている。この時は、「長享」（1487-89）に改元された。

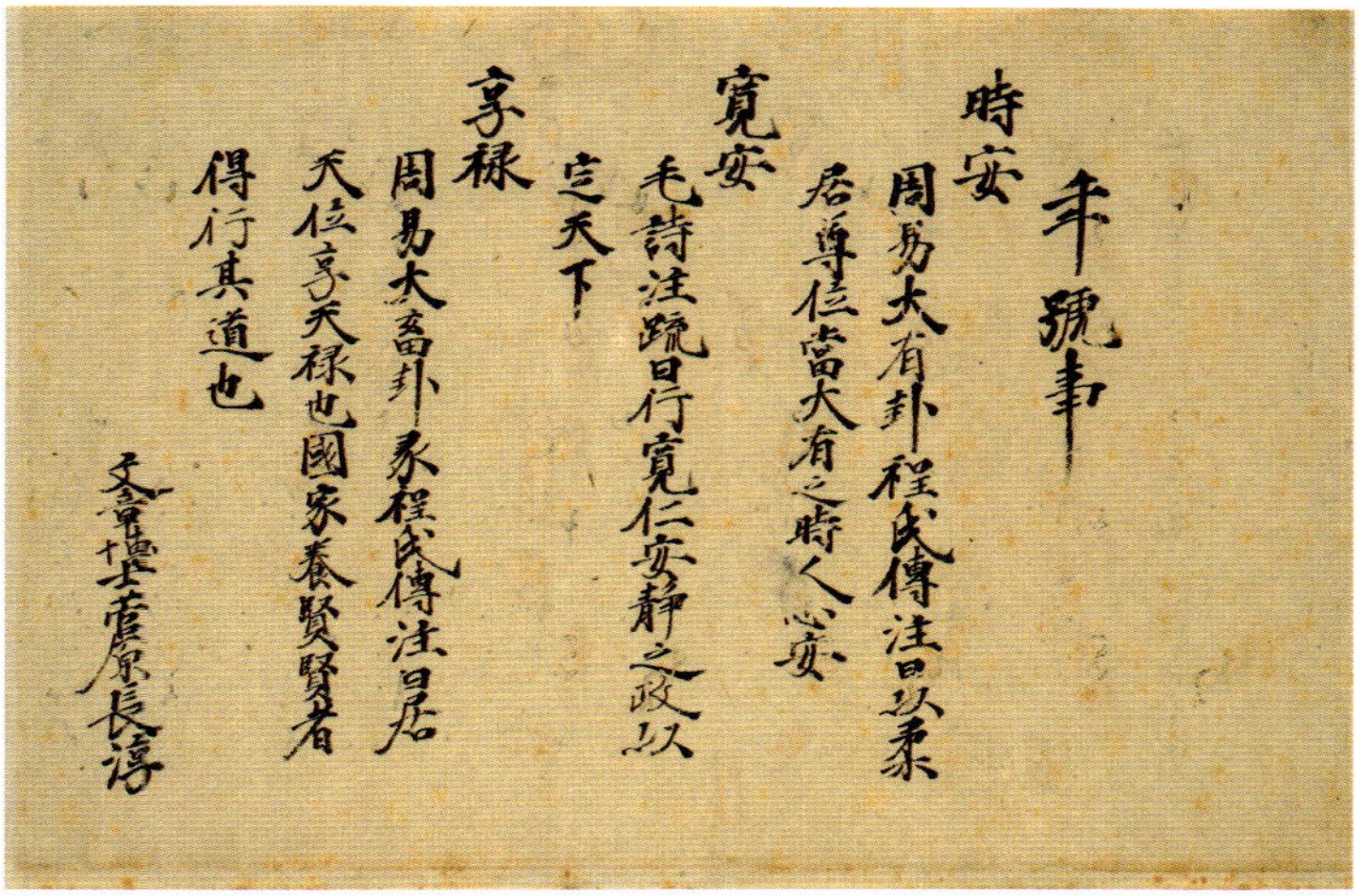

年號事
時安
周易大有卦程氏傳注曰以柔
居尊位當大有之時人心安
寛安
毛詩注疏曰行寛仁安靜之政以
定天下
享禄
周易大畜卦彖程氏傳注曰居
天位享天禄也國家養賢賢者
得行其道也
文章博士菅原長淳

3 〔東坊城〕長淳〔年号勘文写〕（「柳原忠光卿年号勘文外九通」所収）

〔江戸時代前期〕写

東坊城長淳が提出した享禄度（大永８年〈1528〉８月20日）の年号勘文の写し。「時安」「寛安」「享禄」の３案が書写されており、これらのうち「享禄」（1528-32）が採用された。各年号字の典拠である漢籍を『周易』『毛詩注疏』『周易』の順に記している。

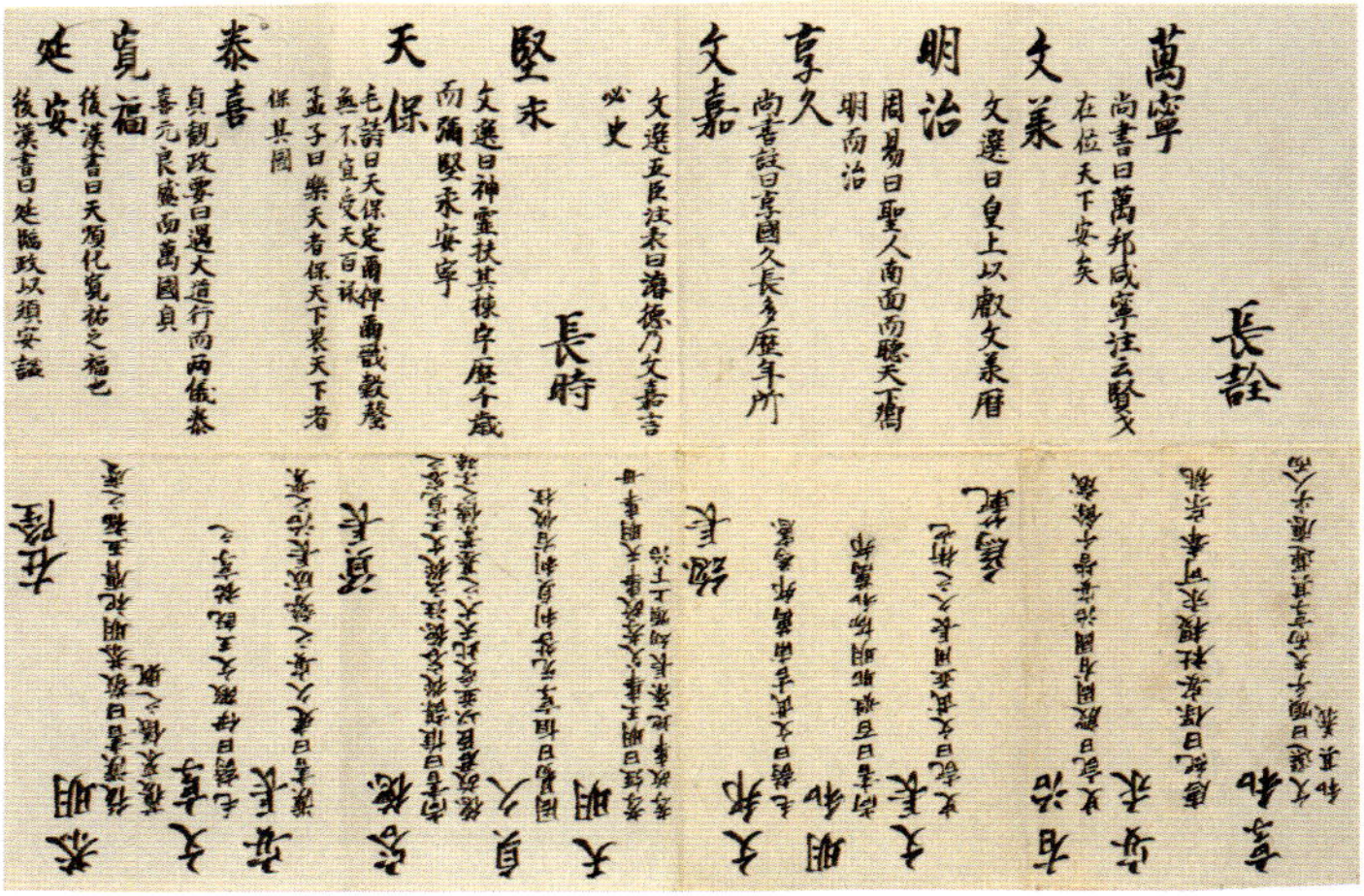

4 〔年号事〕 〔江戸時代中期〕写（元禄17年〈1704〉3月〈宝永度〉ヵ）

該資料は全３通。宝永度の年号選定に際し、内々に提出された年号字の候補を纏めて書写したもの。３通の記載はほぼ同一だが、若干字句の異同が認められる。口絵掲載の１通は、東坊城長詮、清岡長時等が勘申した年号字が書されている。　【第七部２所資料紹介参照】

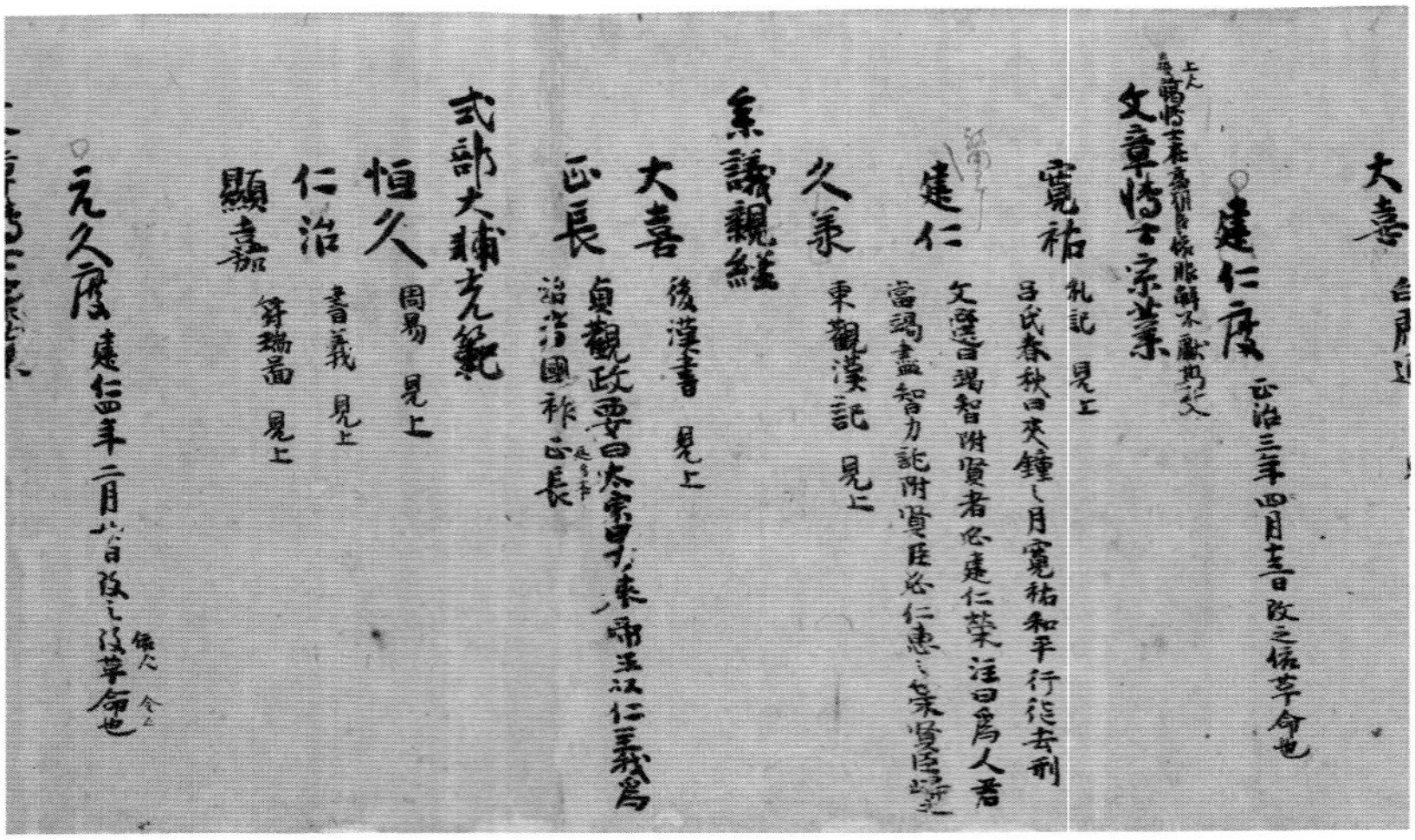

5　〔年号勘文部類〕（〔迎陽記 巻二〕）　　康正元年（1455）海住山高清写

『迎陽記』は東坊城秀長（1338-1411）の日記。近年の調査の結果、該資料は菅家系の年号勘文部類記（十四巻本『迎陽記』の巻二部分）であることが判明した。「部類（記）」は、日記等から関連記事を集めて編集した資料集のこと。

【第一部１小川論文参照】

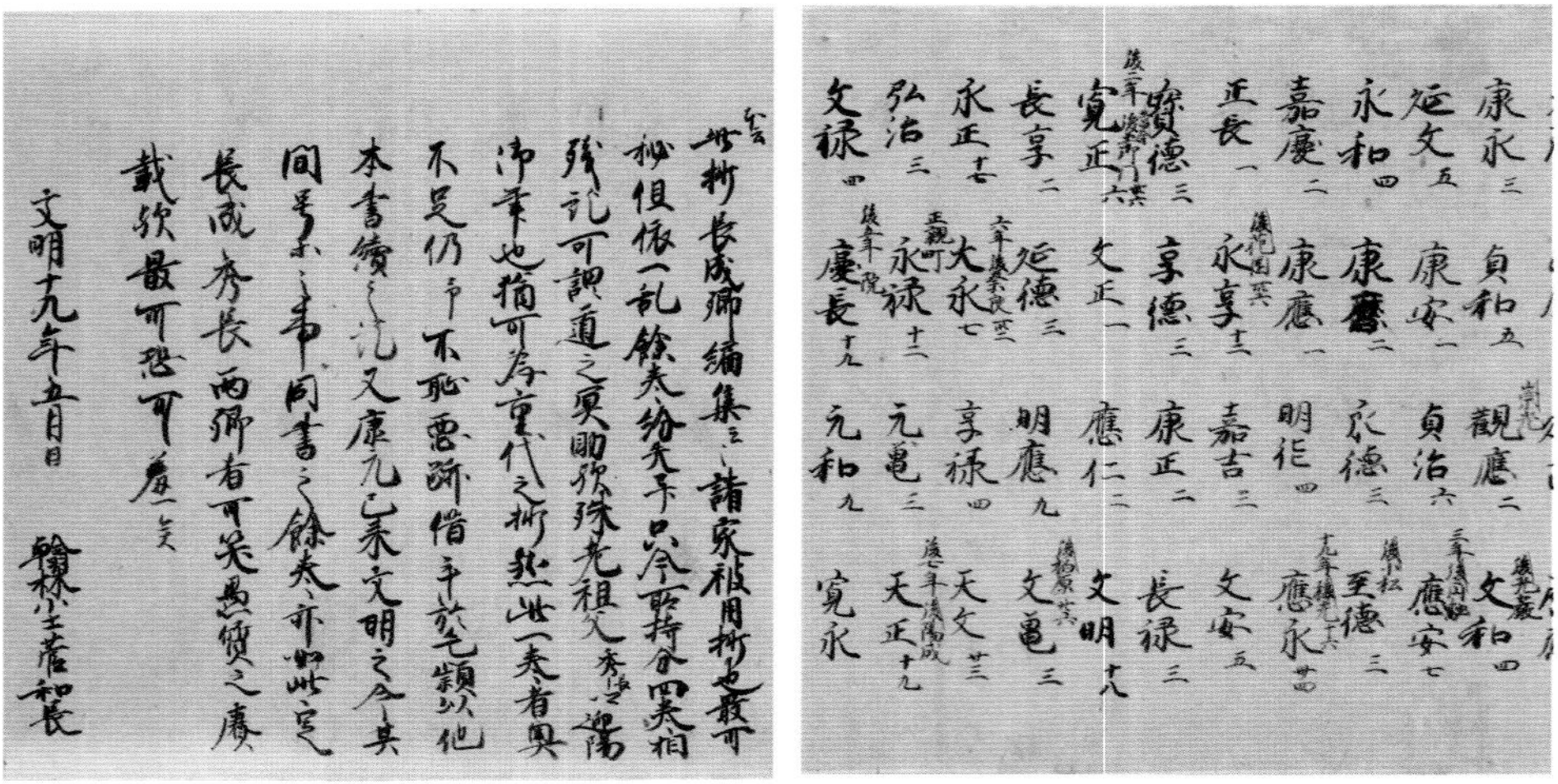

6　元秘鈔　存巻一　　〔江戸時代前期〕写（寛永年間〈1624-44〉頃）

高辻長成（1205-81）編の年号に関する故実書。長成歿後に追補が繰り返されている。年号に使われた漢字や、菅家と他家の勘文書様との相違、引用漢籍や勘申者、年号の文字や音韻への批判などを列挙しており、年号選定の作業を知る上で簡便な書である。

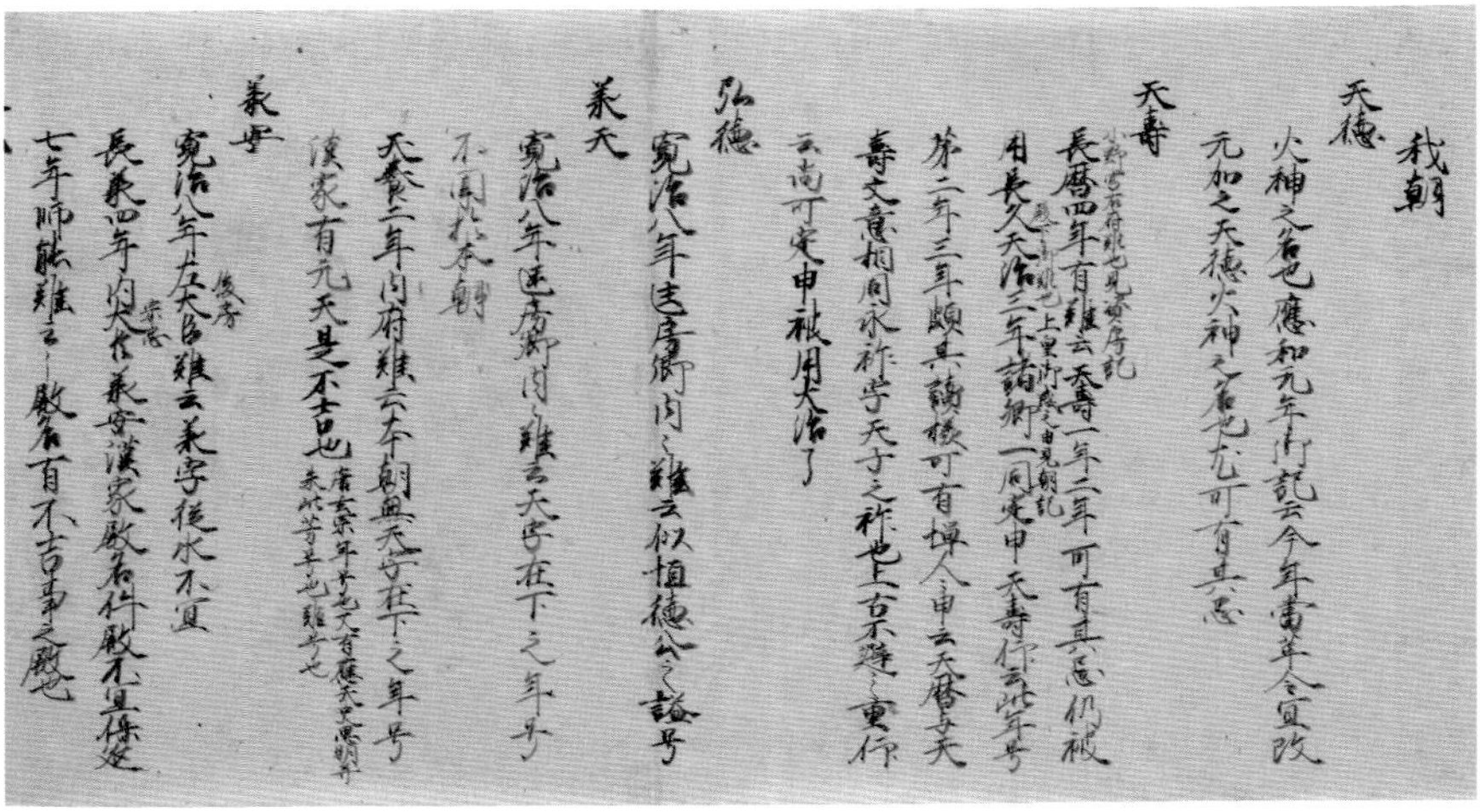

7　元秘抄　存巻三・四　〔江戸時代前期〕写

口絵6とは別本。これまで出された年号案とそれらに対して寄せられた論難を集めた箇所である。年号勘文の勘申者や難陳の参加者を出す家の者は、「傾向と対策」のため、このようなデータも用意していた。

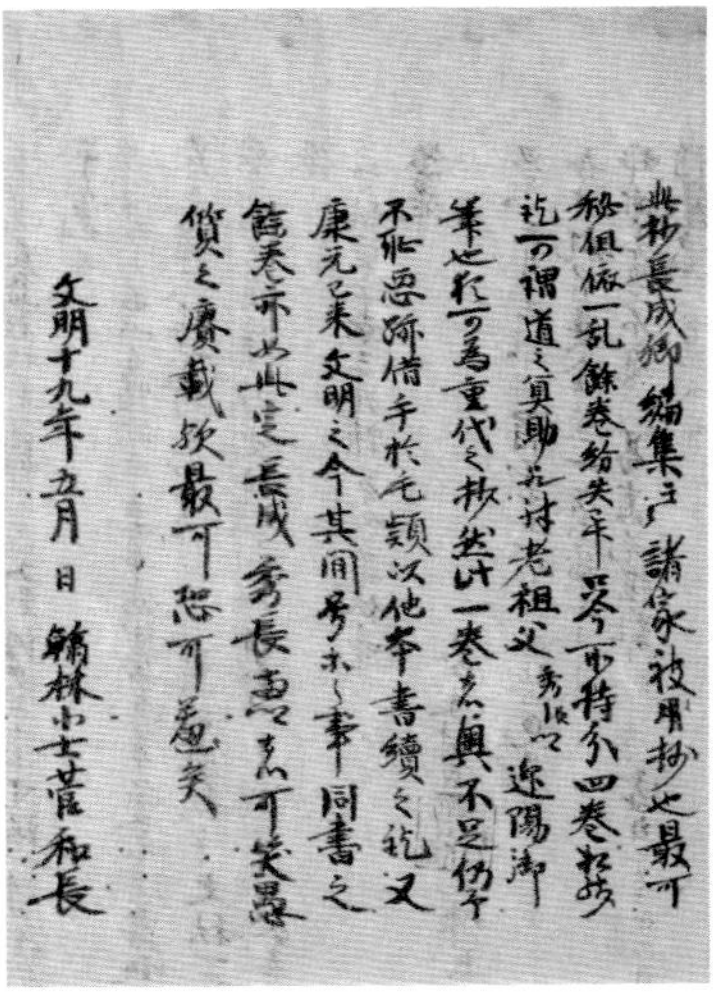

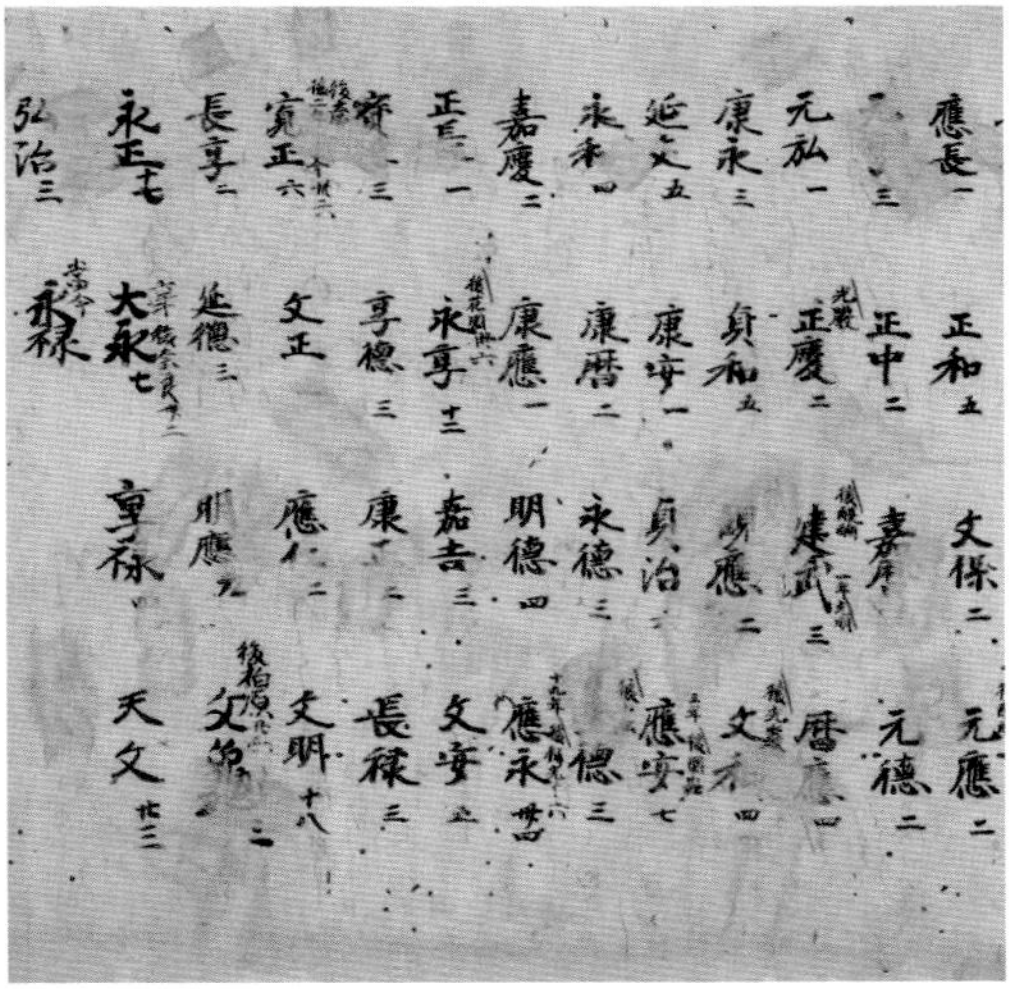

8　元秘抄　存巻一・二

巻一 文明19年（1487）5月〔東坊城〕和長写、巻二 長享年間（1487-89）〔東坊城和長〕写

歴博には『元秘抄』が5種収蔵されており、需要の高さを物語る。該資料は前掲2種とは別本。該資料の文明19年（1487）5月の東坊城和長の書写奥書や口絵6の本奥書からは、本書の成立と追補の状況がわかる。

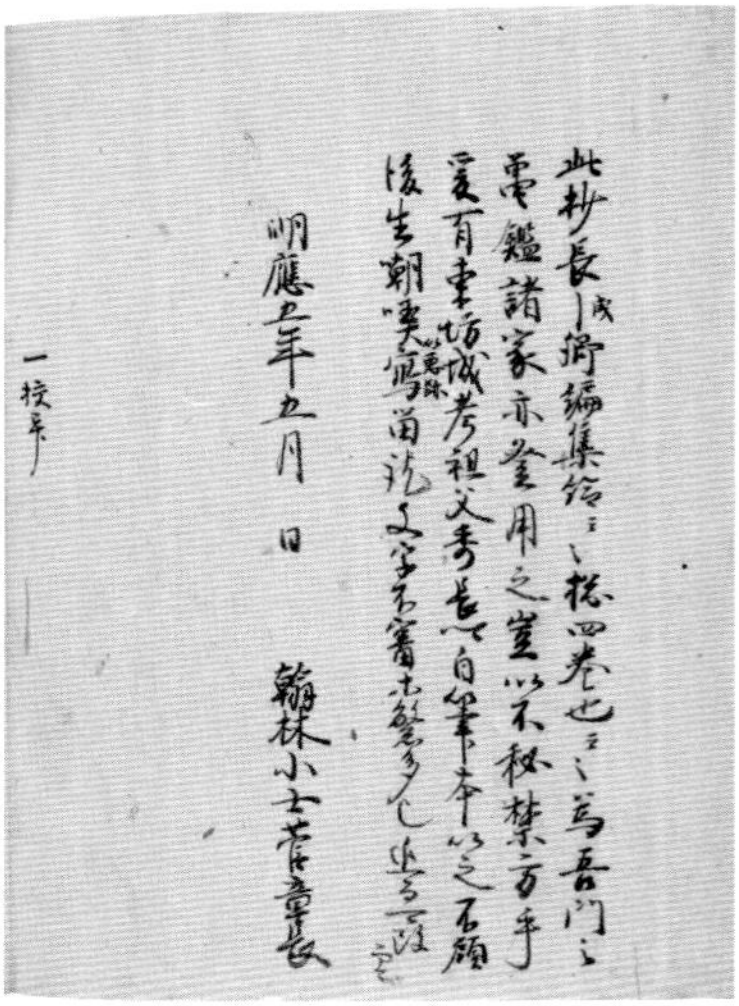

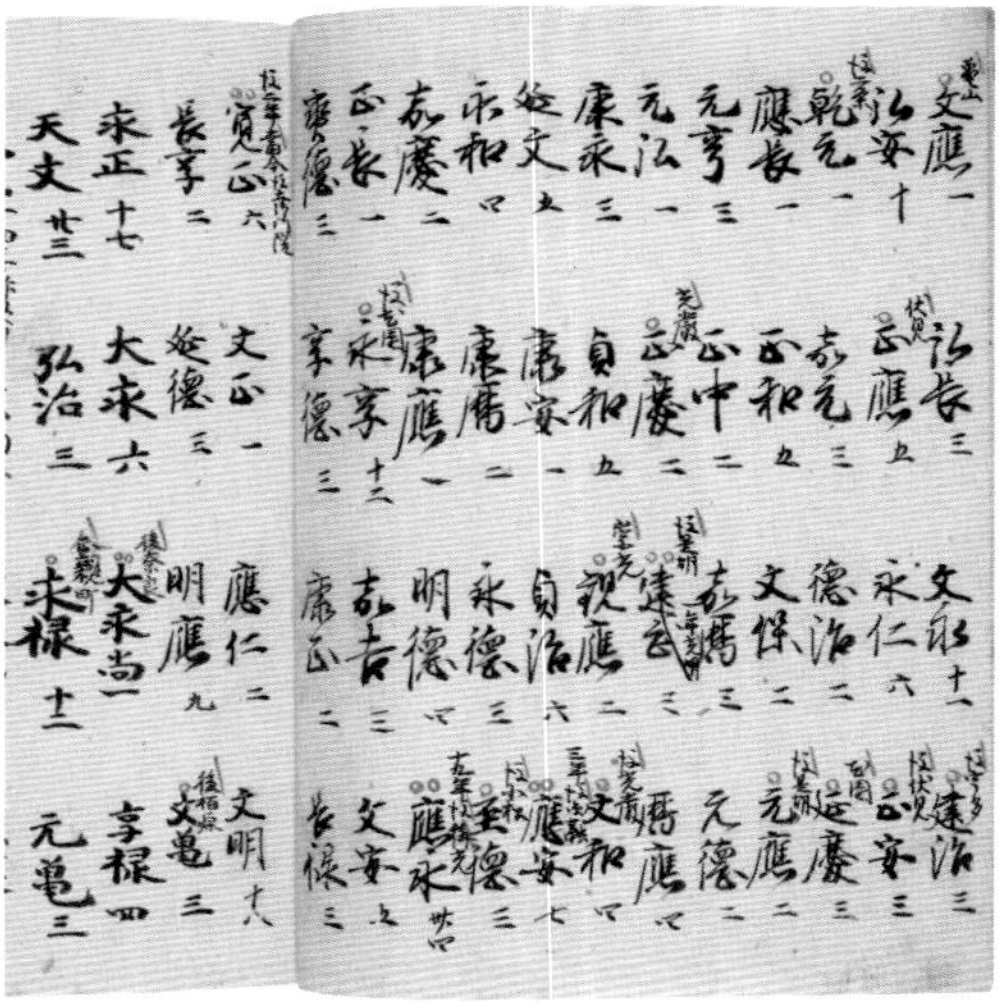

9　元秘抄

第一冊～第三冊　天正 14 年（1586）写、第四冊〔江戸時代前期〕写、第五冊〔江戸時代中期〕写

明応５年（1496）５月の高辻（菅原）章長の本奥書から、本書伝承の様子を知ることができる。

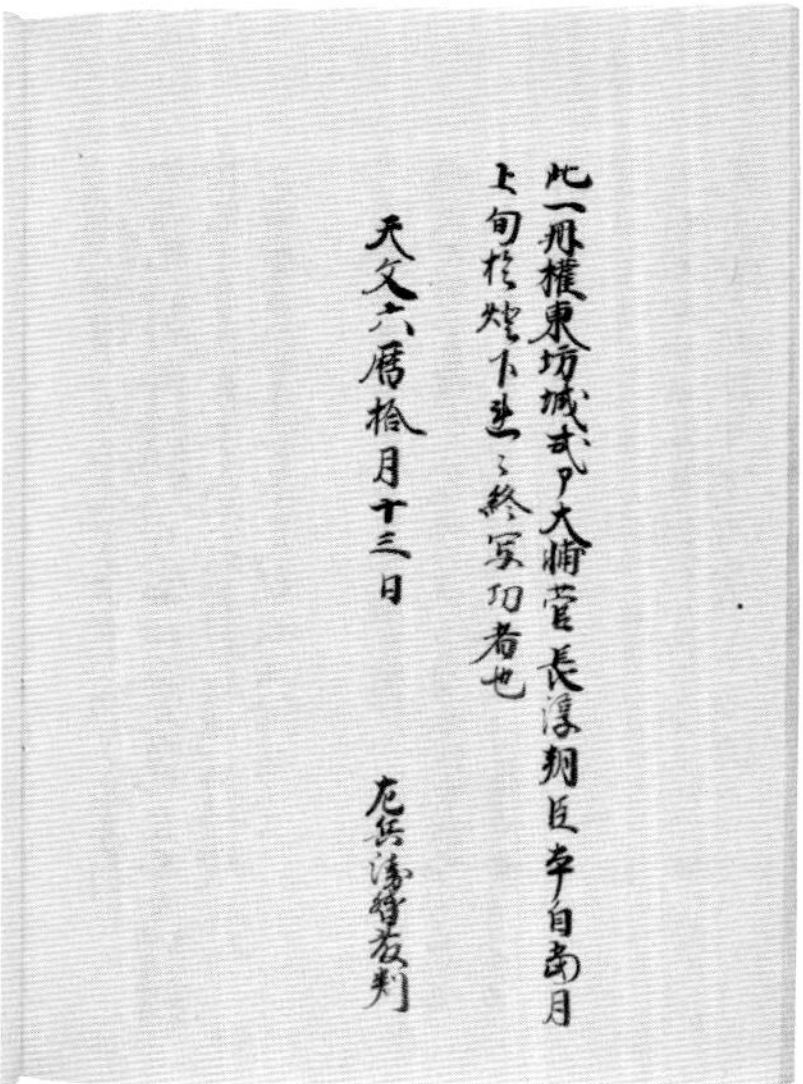

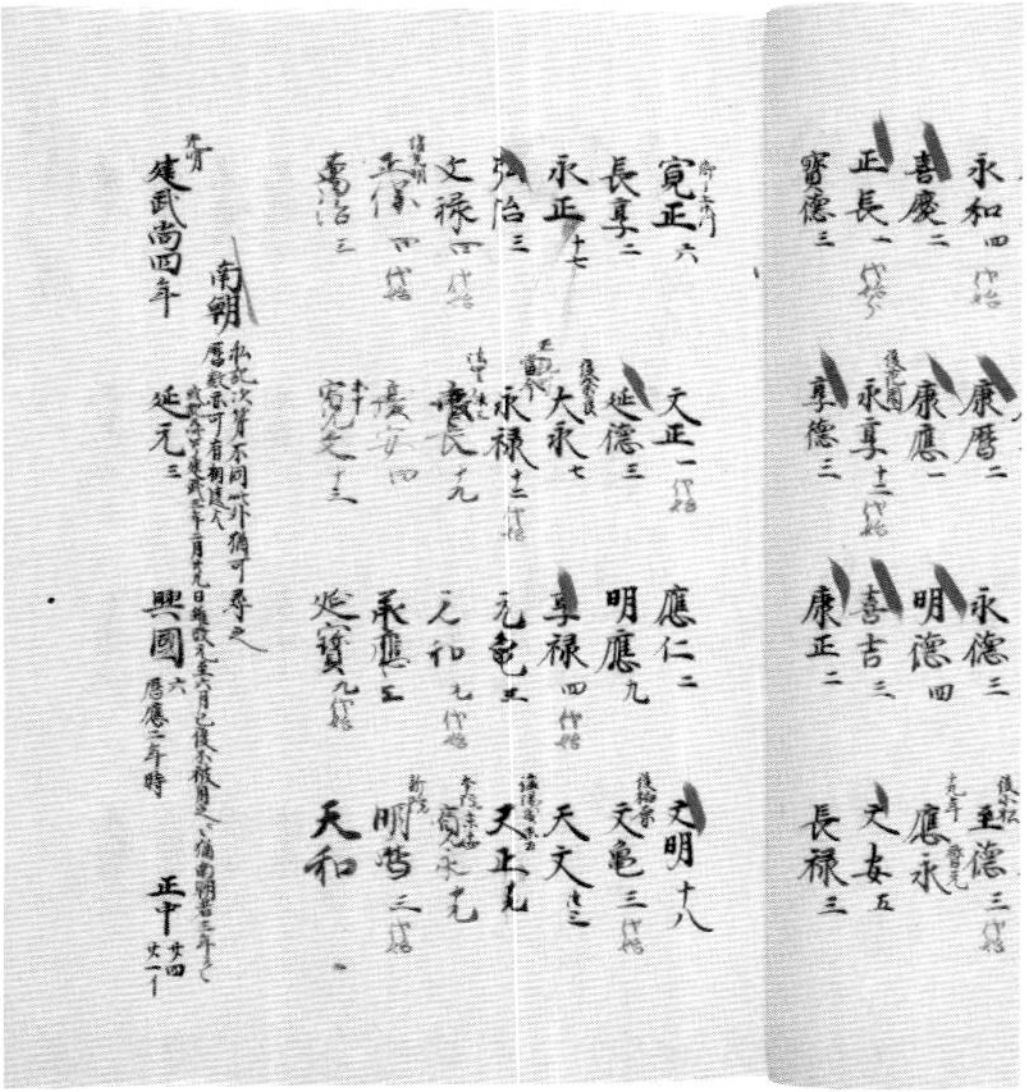

10　元秘抄　〔江戸時代前期〕写

天文６年（1537）10 月の山科言継（1507-79）の本奥書が存する。該資料中にみえる「左兵衛督」は山科言継と推定される。宮内庁書陵部に天文６年山科言継書写本『元秘抄』一冊（415・402）が蔵されており、この山科言継書写本は該本の親本ないしは祖本かと推定される。

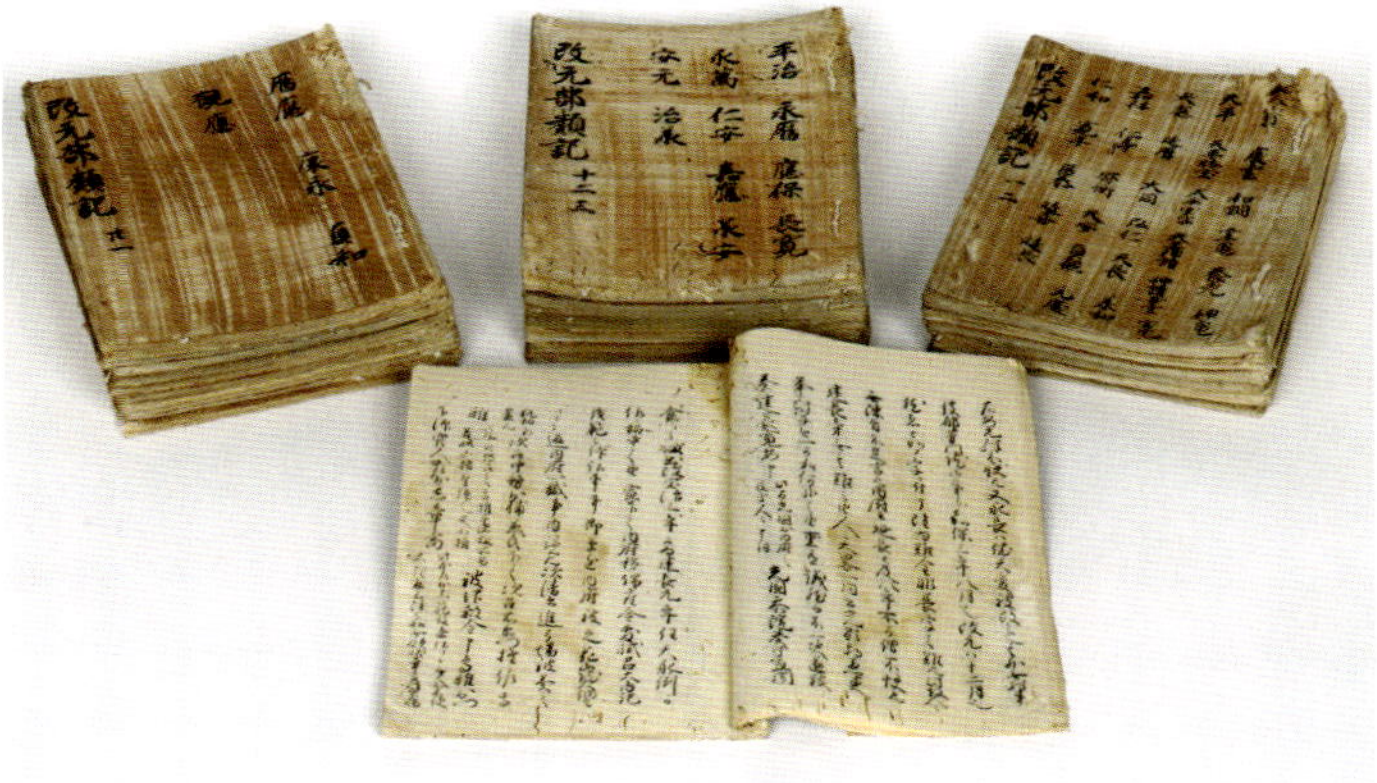

11 〔改元部類記〕

第十九冊 寛文21年(1644)〔九条道房〕令写、他冊〔江戸時代前期〕写

改元に関わる先例をたどるための記録集。収録範囲は大宝(701-04)から永禄(1558-70)まで及ぶ。該資料は大炊御門家旧蔵。同家は藤原氏北家花山院流の嫡流で、12世紀中葉から14世紀初頭まで改元定に参加し続けていた。

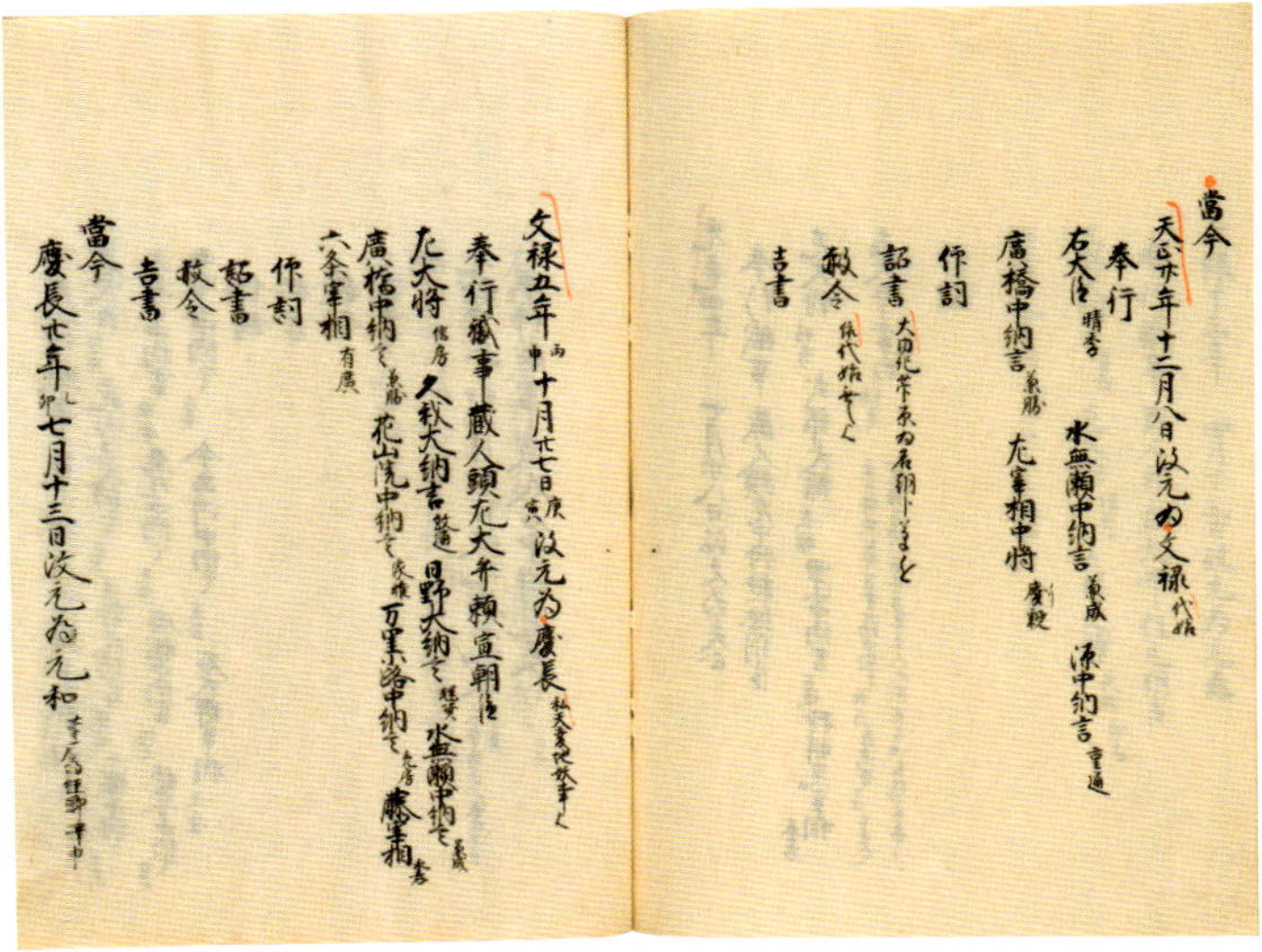

12 〔元秘別録〕 〔江戸時代前期〕写(打付外題〔後西天皇宸筆〕)

『元秘抄』の別記・附録として作成された資料集。改元の年月日、新年号、改元理由、勘申者、年号勘文などを年次順に並べる。編者については高辻長成説や町広光説(宮内庁書陵部所蔵三条西実隆書写『元秘別録』〈415・277〉の識語に編者は「都督卿」〈町広光〉と記載)がある。

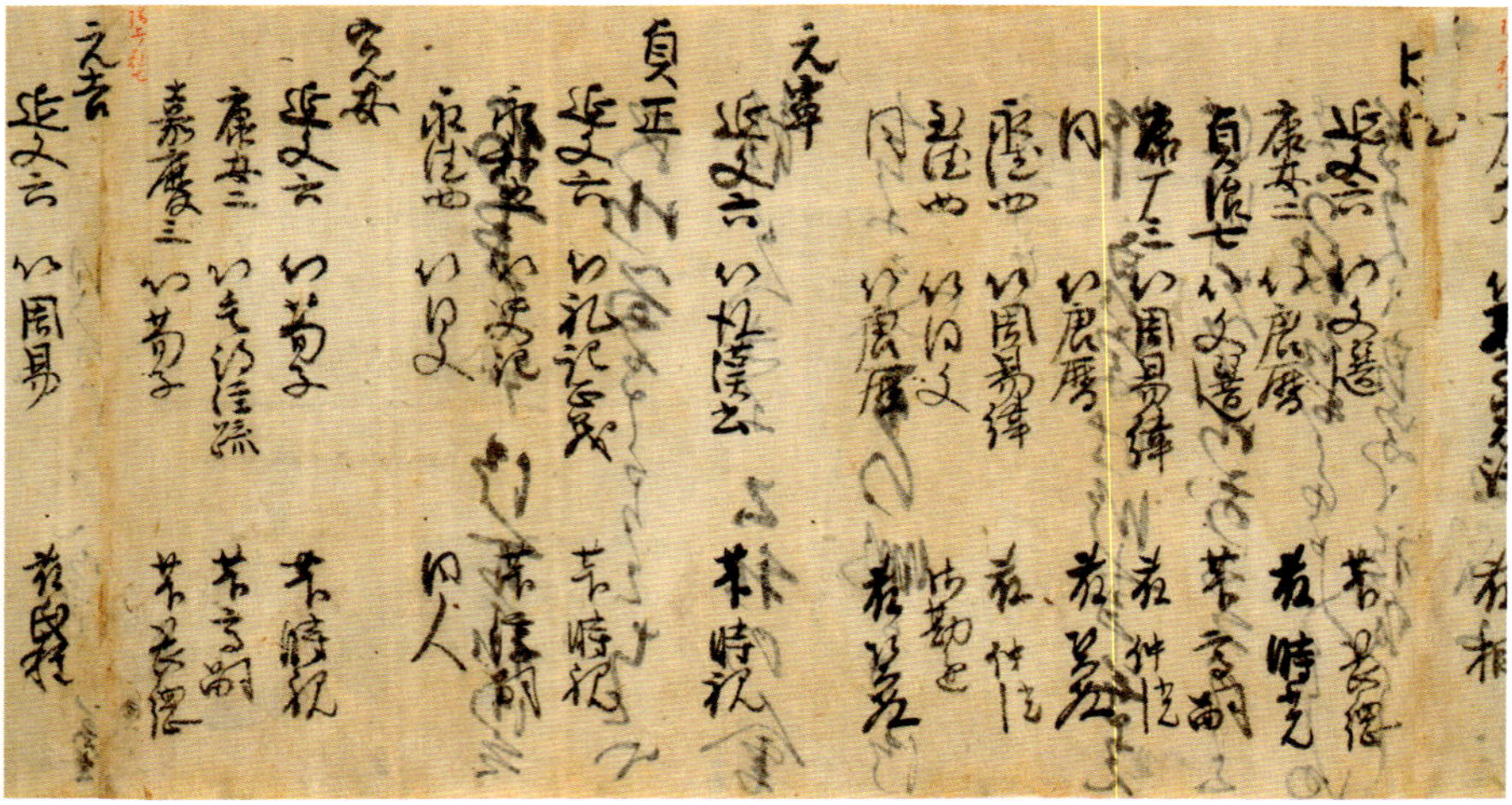

13　〔年号字鈔　下〕　〔南北朝時代室町時代前期〕写（〔廣橋兼宣筆〕）

年号勘文に載せられた（既勘申）年号字の一覧。候補年号字の下に、勘申年、典拠の漢籍名、勘申者の順に記す。採用された年号字は、年号字の左に「○」を附す。勘申が多次に及んでも未採用の年号字、初度で採用の年号字など、年号字により履歴の差のあることがわかる。

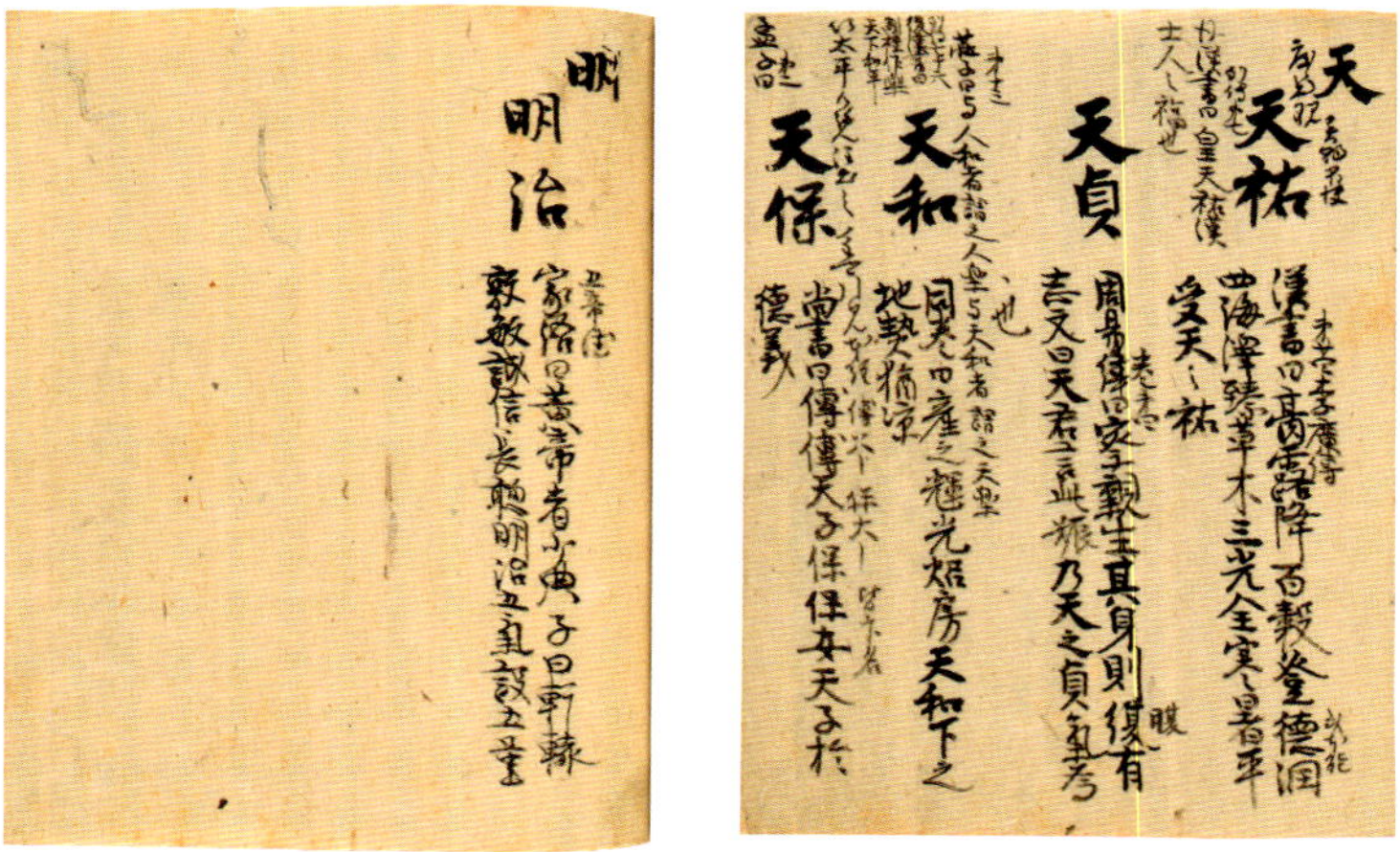

14　年号新字　明徳５年（1394）（応永度）写（〔廣橋仲光筆〕）

未勘申の年号案のストック集。作成後に勘申された案には右上に「〻」（合点）を附す。室町時代成立の該資料には未勘申年号ながら、「天保」や「明治」が既に見えている。内題「年号新字」、原表表紙打付外題「年号字〈新撰〉」。

【第一部３高田論文参照】

第二幕　年号を決める人々

改元を行うには、まず「年号勘文」が提出される。漢籍に由来する年号案がいくつか記されることから、作成には漢学の素養を必要とし、勘申(上申)できるのは、代々儒学・有職故実を家職としていた者であった。「改元定」と呼ばれる諮問会議には、公卿が参加して、先例を基準に「年号勘文」に記されている年号案の検討を進め、二つほどにしぼられた候補が天皇に上申される。天皇は一度差し戻し、再度上がってきた最終候補をそのまま採用するのが通例であったが、時には天皇（もしくは上皇）が主体性を発揮することもあった。

霊元上皇（一六五四〜一七三二、在位一六六三〜八七）【口絵17】はその一人で、東山天皇の「宝永」（一七〇四〜一一）に改元の際、年号勘文に記されている年号案に対して、評価を下している。朱筆にて「〇」「上」「中」などの評点を附している様子が窺える【口絵18】。

先代の後西天皇（一六三八〜八五、在位一六五四〜六三）は蔵書家であり、その年号の一つである「明暦」が蔵書印に使われている【口絵19〜21】。慶長四年（一五九九）に木活字を使って印刷された『日本書紀神代巻』などに、篆書の「明暦」印記を確認できる【口絵20】。

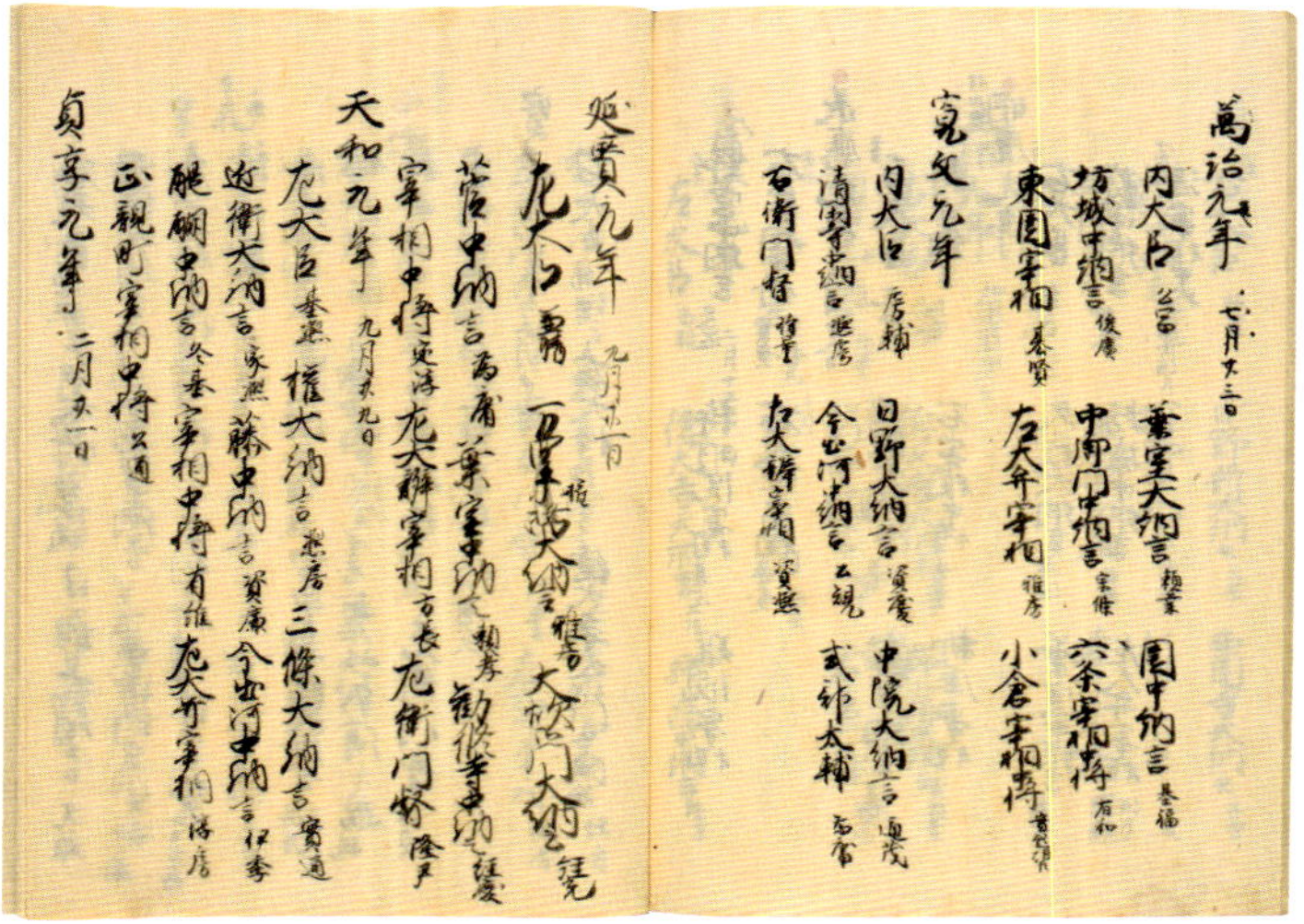

15 〔改元仗議公卿交名〕〔江戸時代前期〕写（〔後西天皇・霊元天皇宸筆〕）

改元の仗議に参加した公卿リスト。「嘉保」から「萬治」が後西天皇、「寛文」から「享保」が霊元天皇の各宸筆。寛文６年（1666）頃、霊元天皇は後西院から譲渡され追記した。「寛文」を記した時は後西天皇の筆跡を意識しているものの、以後は自由に記している。

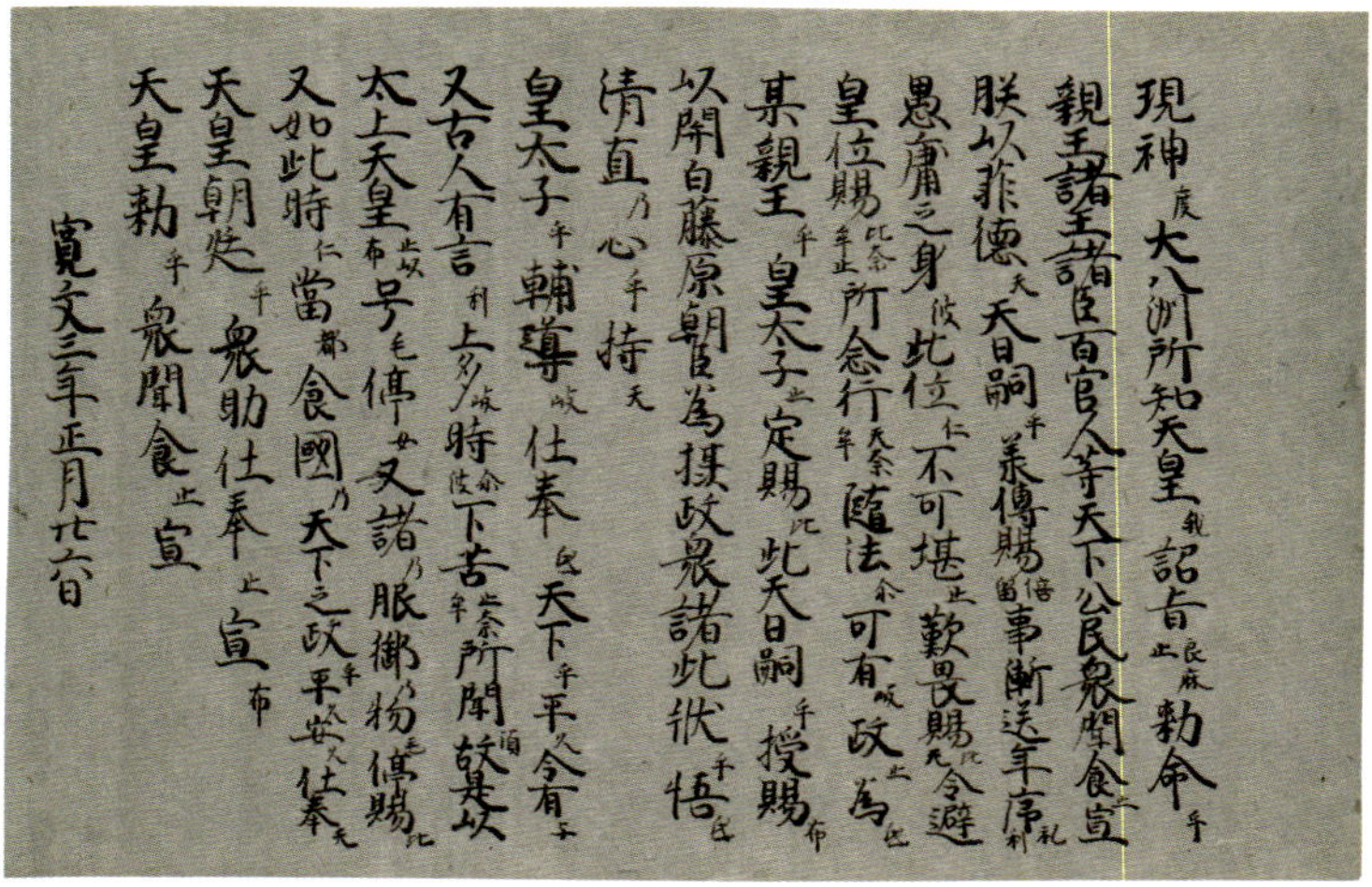

16 〔後西天皇譲位宣命〕 寛文３年（1663）正月26日写

後西天皇が霊元天皇に譲位した際の宣命。幕府が代始改元を許可せず、霊元天皇は即位して10年後の延宝元年（1673）にようやく改元を実現できた。該資料は「大臣大饗次第注文」等計７点の記録・文書と共に「後陽成院宸筆／懸召除目三夜次第」と書された包紙に納められている。

17 〔霊元院御影〕

〔江戸時代中期〕写（〔風早公雄筆〕）

風早公雄（1721-87）の筆になる霊元上皇の肖像画。風早家は、藤原氏北家閑院流の支流で、姉小路公景の二男実種を祖とする家。家格は羽林家。

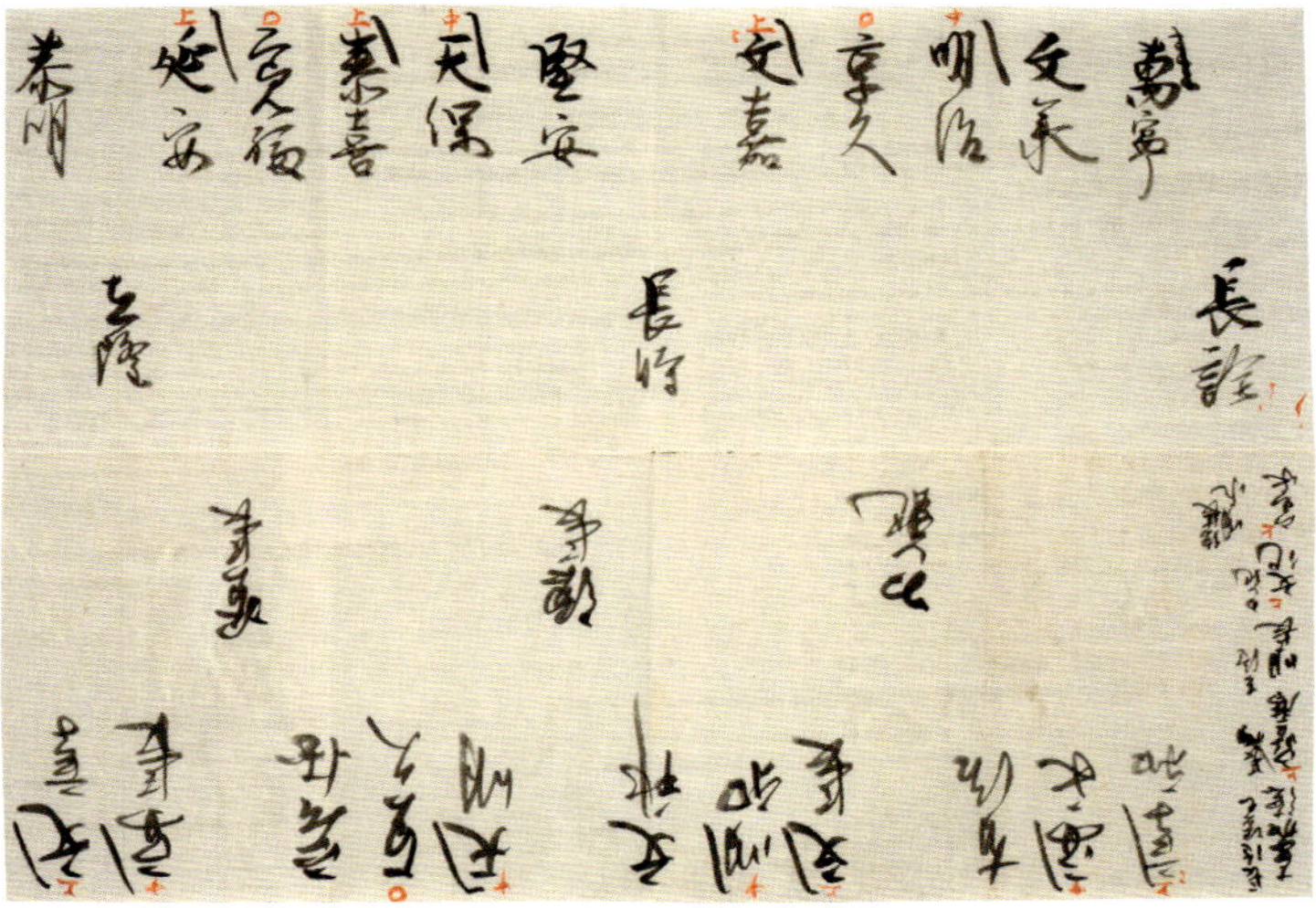

18 〔年号事〕　〔元禄17年（1704）（宝永度）〕写（〔霊元上皇宸筆〕）

東山天皇在位の時、「宝永」に改元する際（宝永度、1704）、霊元上皇が作成した覚書。年号字の頭に符号を附し、優劣を明記している。勘申者の名前は口絵4「年号事」の記録と同じだが、リストに並んでいる年号案は異同が少なくない。

【第七部2所資料紹介参照】

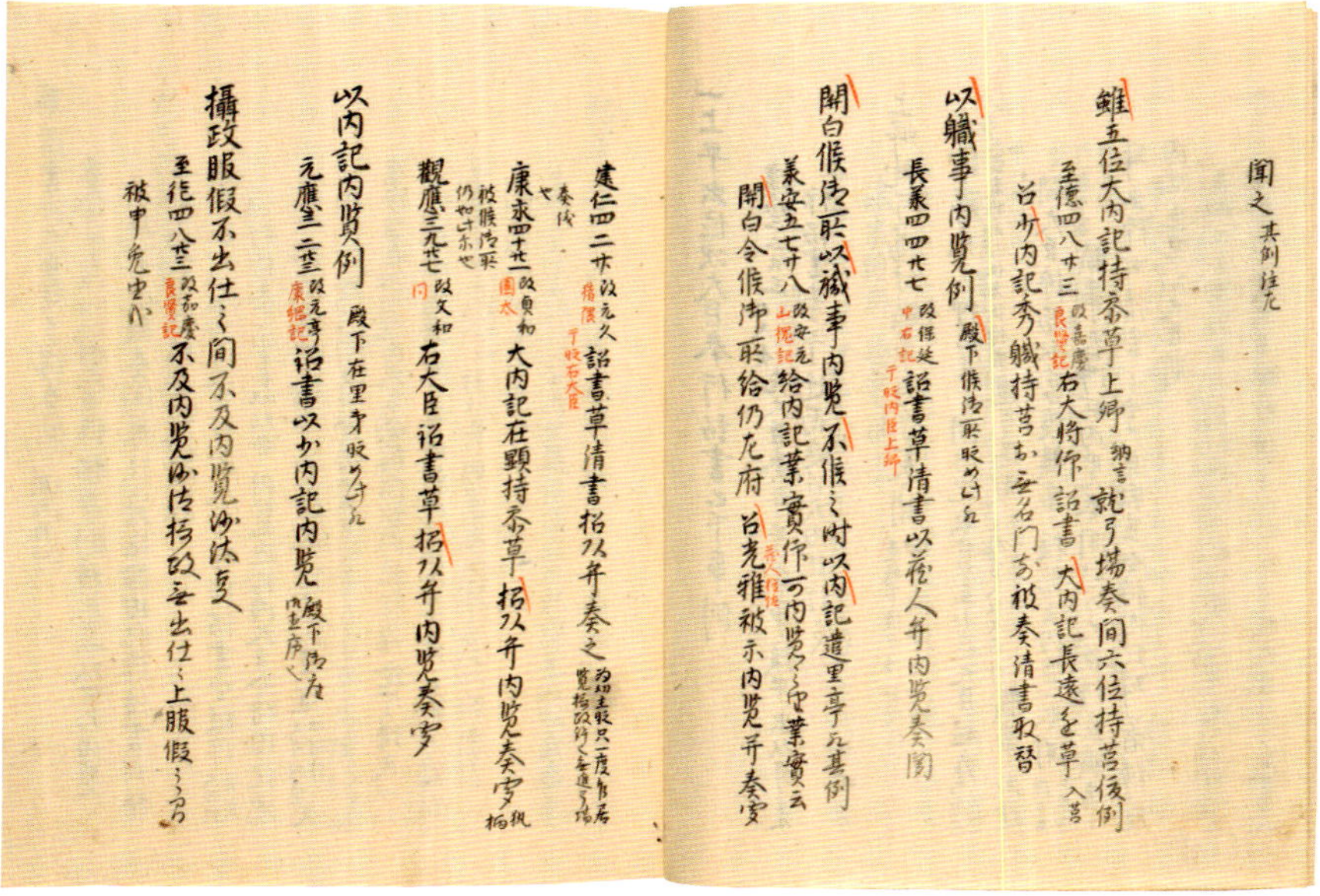

19　行類抄　存 恒例部・二孟平座・遷幸・臨時部改元定　〔江戸時代前期〕写

洞院実熙（1409–59）編の故実書。洞院家は、藤原氏北家閑院流西園寺家の支流。第六冊（内題「行類抄巻第（隔六格）臨時部／（低半格）改元定」）には改元定に関する作法や先例が記されている。該資料の第一冊は表表紙見返裏に原表表紙外題と推定される後西天皇宸筆の打付書があり、第二冊～第四冊は表表紙見返が剝離し、原表表紙外題と推定される後西天皇宸筆の打付書がある。各冊尾に「明暦」印記が鈐印されており、掲載印記は第一冊に鈐印されたものである。

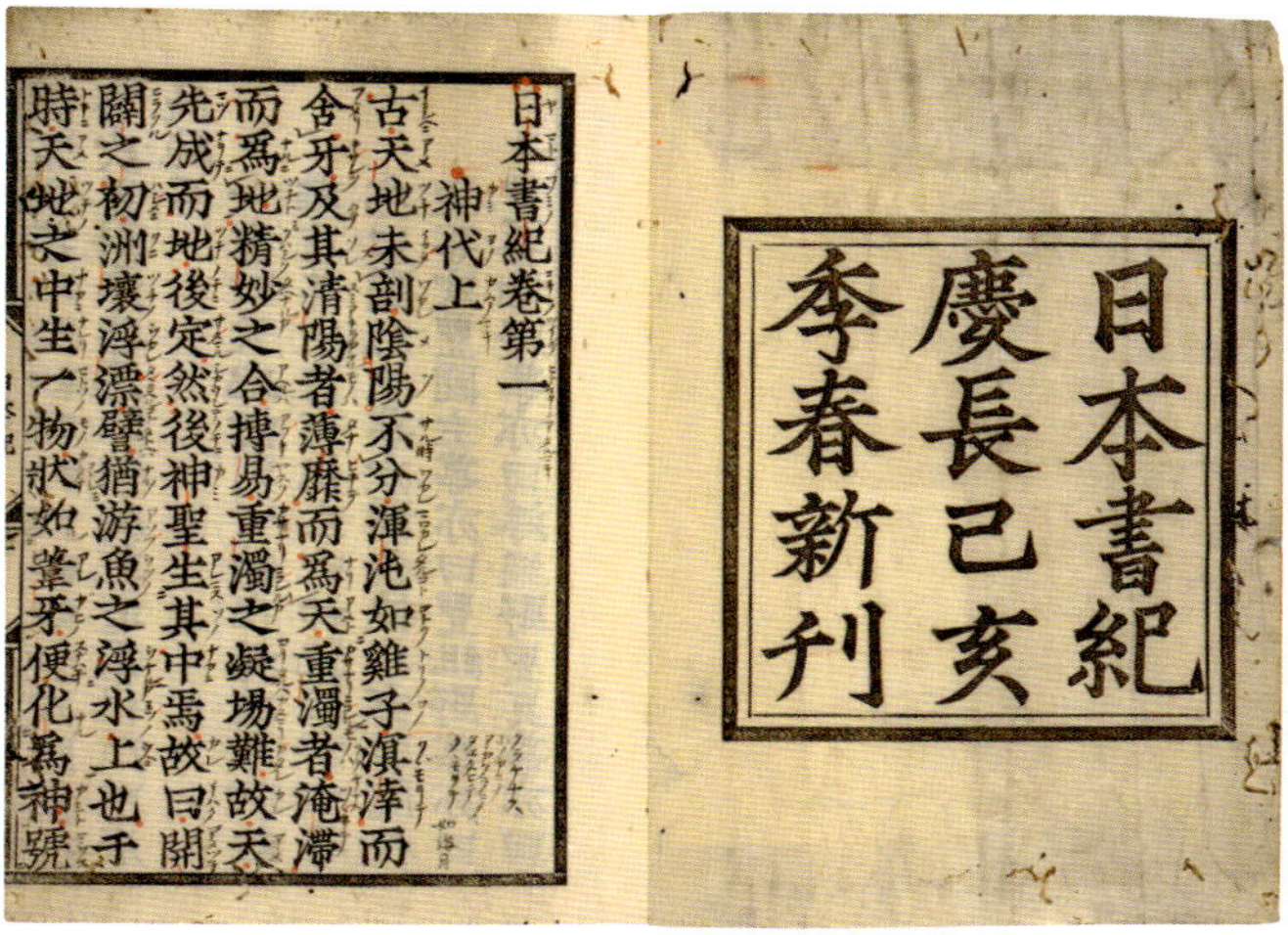

20　日本書紀神代〔巻〕　　慶長 4 年（1599）刊

慶長 2-8 年（1597-1603）にかけて後陽成天皇の勅命によって出版された木活字版を慶長勅版と言う。該資料もその一つで、慶長 4 年（1599）に上梓された。裏表紙見返に「明暦」印記が鈐印されている。なお、慶長勅版として出された書物は本書だけでなく、『古文孝経』『四書』『職原鈔』等の和漢書 10 数種がある。

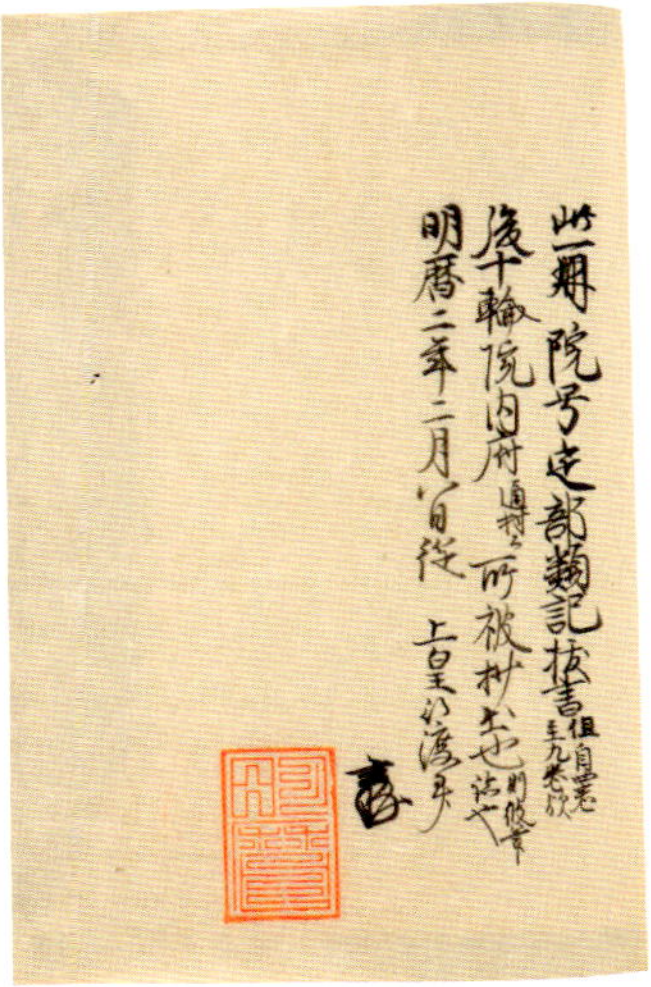

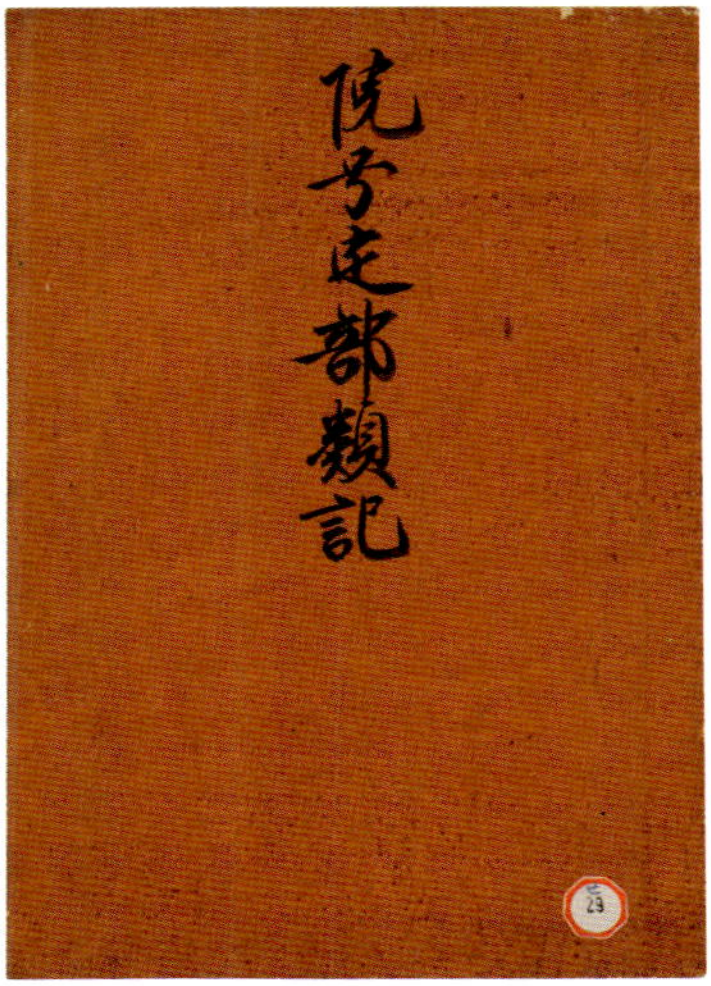

21　〔院号定部類記〕

〔江戸時代前期〕写（打付外題・書写奥書〔後西天皇宸筆〕）

天皇が崩御した後に追号として贈られる院号に関する作法や先例を公家日記から抜書きして編集した資料集。書写奥書の後に「明暦」印記が鈐印されている。

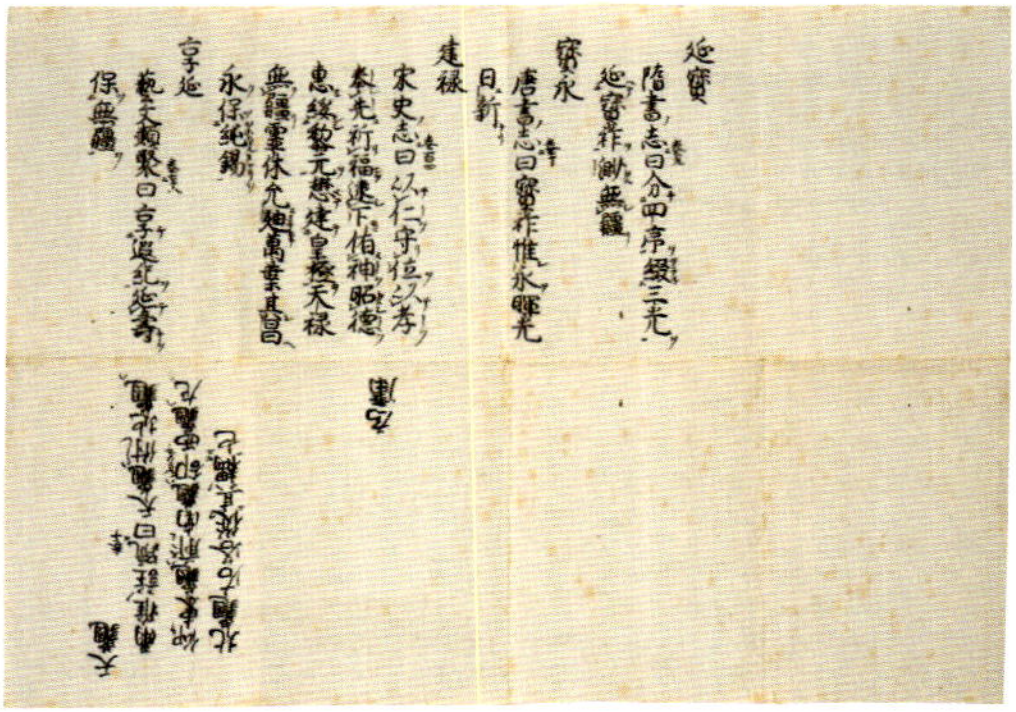

（墨付部分を拡大）

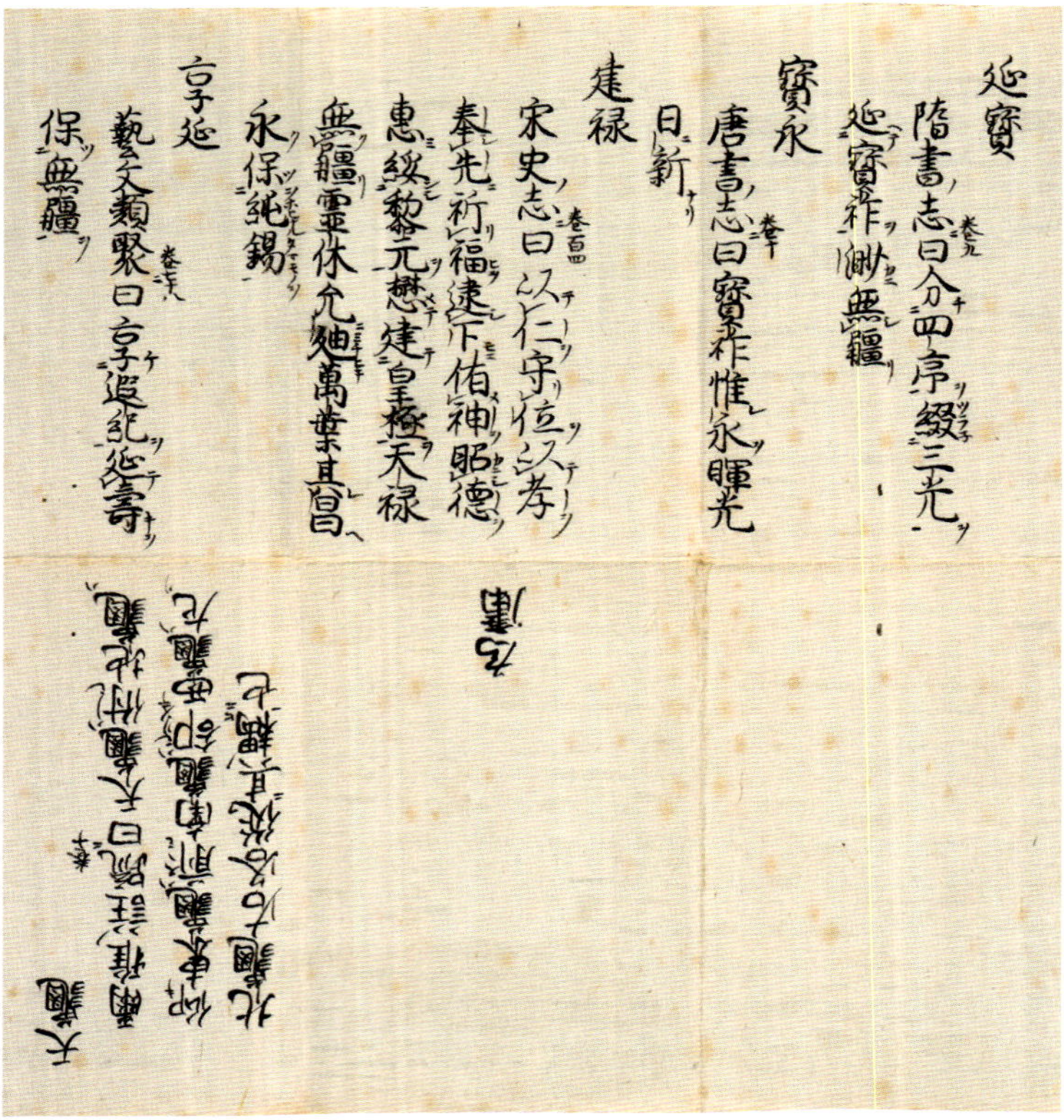

延宝
隋書志曰分四序綴三光
延寳祚眇無疆
寳永
唐書志曰寳祚惟永暉光
日新
建禄
宋史志曰以仁守位以孝
奉先祈福建下佑神昭徳
恵綏黎元懋建皇極天禄
無疆霊休允迪萬葉其昌
永保純錫
亨延
藝文類聚曰亨遐紀延寿
保無疆

22　〔五条〕為庸〔年号事〕〔江戸時代前期〕写（寛文13年〈1673〉〈延宝度〉写ヵ）

改元定に先立って、関係者の準備のため、内々に配布された年号勘文か。形態は折紙だが、内容は年号勘文とほぼ同様である。典拠となる書物の巻数が示されていること、漢籍の引文に対して訓点（返り点、送り仮名、附訓）、合符が施されていることから、正式な公文書ではないことが知られる。

第二幕　年号の決め方

一世一元制以前の改元の理由は様々で、代始（新帝即位）のほか、祥瑞、天変地異、疫病などを理由として年号が改められた。さらに、干支が辛酉と甲子に当たる年には、それぞれ「革命」「革令」の年として、ほぼ例外なく改元がなされた。

「北野縁起絵　中巻」【口絵24】には、源公忠（光孝源氏）が頓死して冥界に行った時、醍醐天皇の行状を菅原道真が訴え出たのを受けて、冥官が「モシ改元モアラバイカガ」と言っていた場面を目撃し、蘇生してそのことを報告したところ、畏れを抱いた帝が「延喜」（九〇一～二三）から延長（九二三～三一）への改元を決意した、と言う説話が描かれている。

年号決定の手続きは、【口絵23】のように進められる。廣橋経光（一二一二～七四）の「経光卿改元定記寛元　宝治　建長」【口絵25―1～4】は、十三世紀の改元に関わった当事者の自筆記録であり、他に類を見ない貴重なものである。

廣橋家は藤原氏北家日野流日野家の支流で、儒学・有職故実を家職とした。年号勘文を提出する機会が多く、経光も年号勘文を勘申し、改元定にも参加している。後深草天皇時代の災異改元年号「建長」（一二四九～五六）は、経光が勘申したものである。【口絵25】では、「寛元」（一二四三～四七）改元の部分を掲載した。

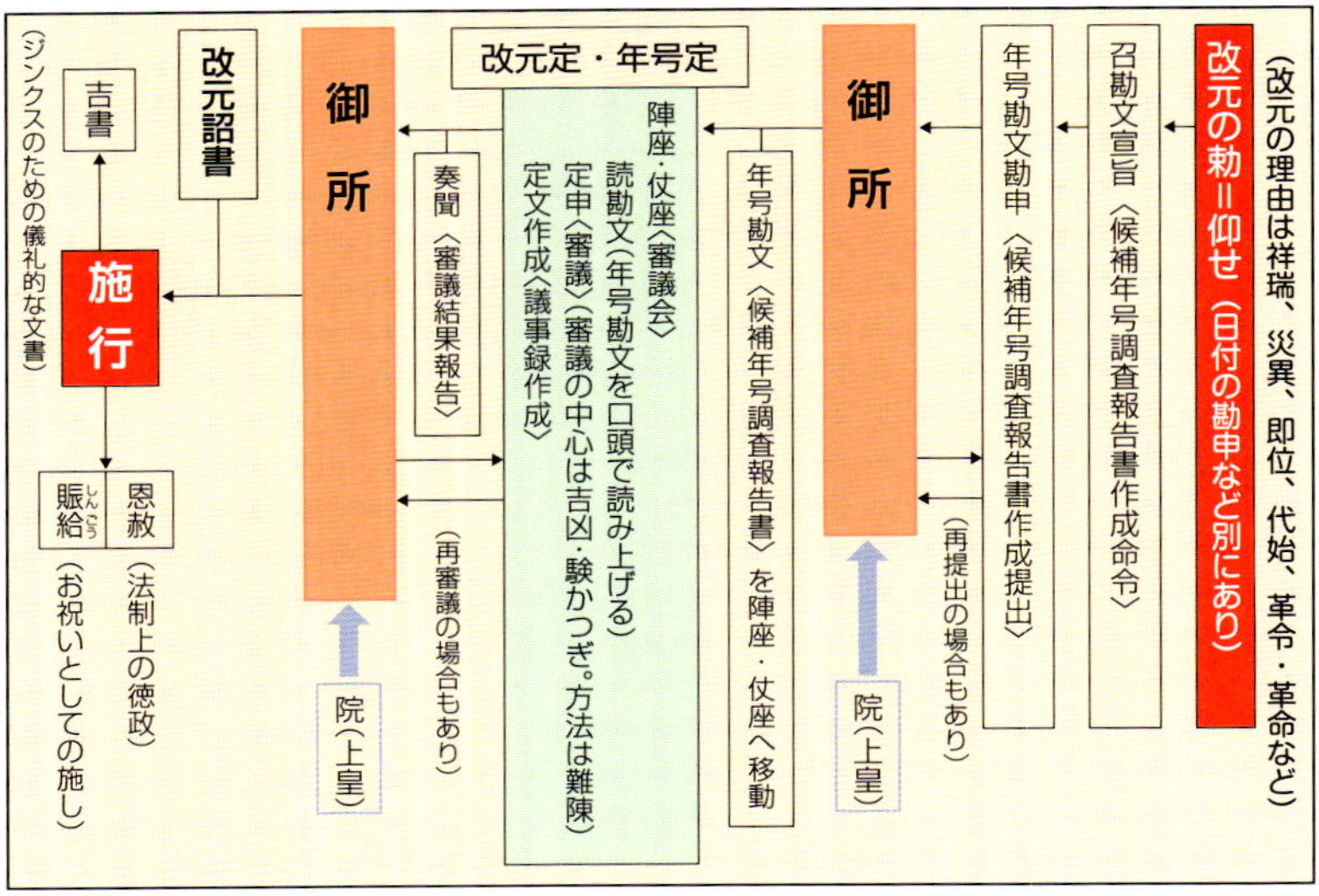

23　改元のプロセス（右から左へ進行する）

（歴博特集展示「年号と朝廷」の展示パネルより。近藤浩之・石井行雄作成）

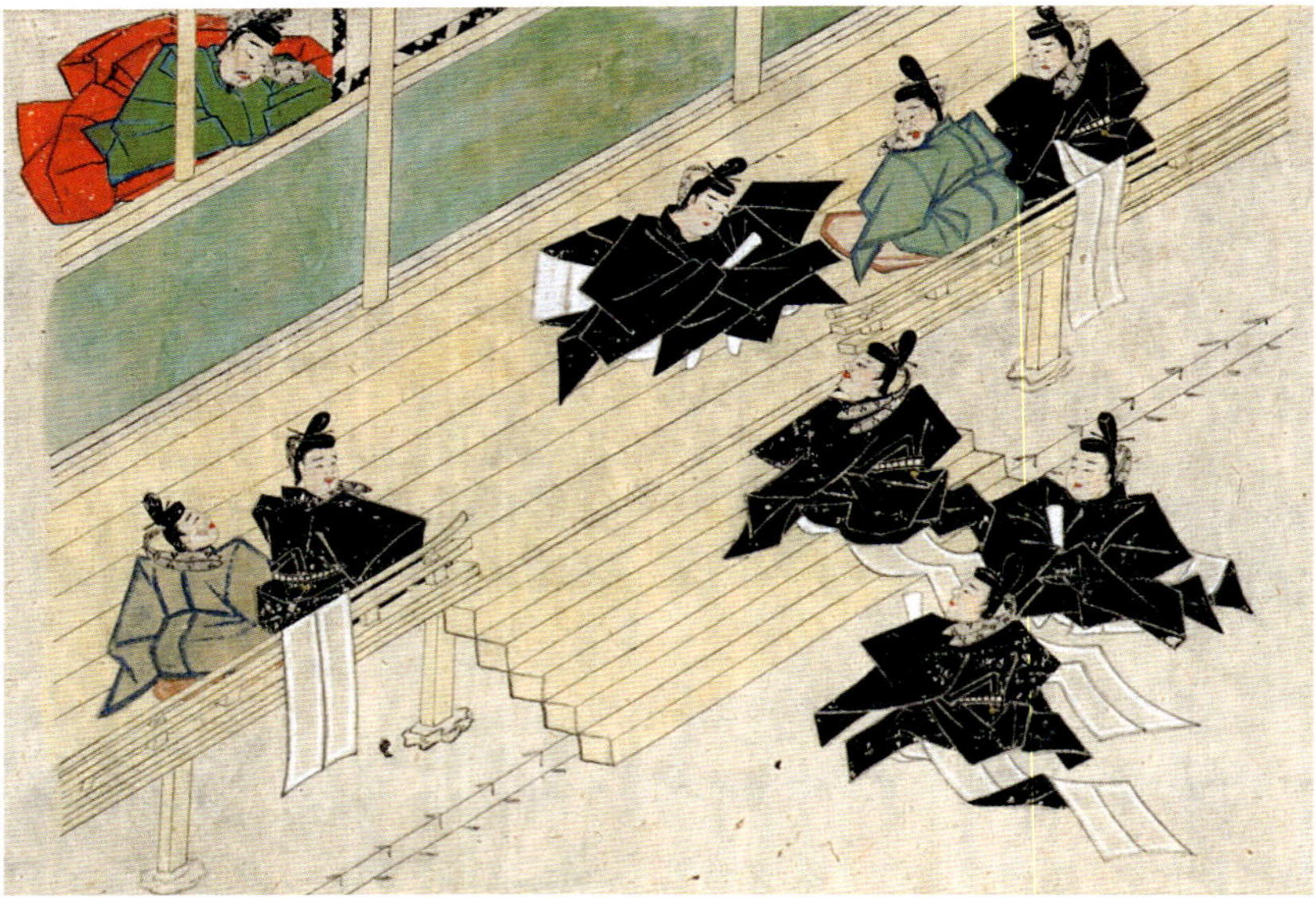

24　北野縁起絵　中巻　貞治６年（1367）写（岩松宮本）

菅原道真の生涯と道真を祭神とする京都の北野天満宮の縁起を記した絵巻物。掲載箇所は右大弁源公忠より延長への改元が醍醐天皇へ奏上される場面。絵巻の詞書きによると、頓死した公忠が冥界で道真と冥官のやりとりを聞き、改元の進言へと至ったとされる。

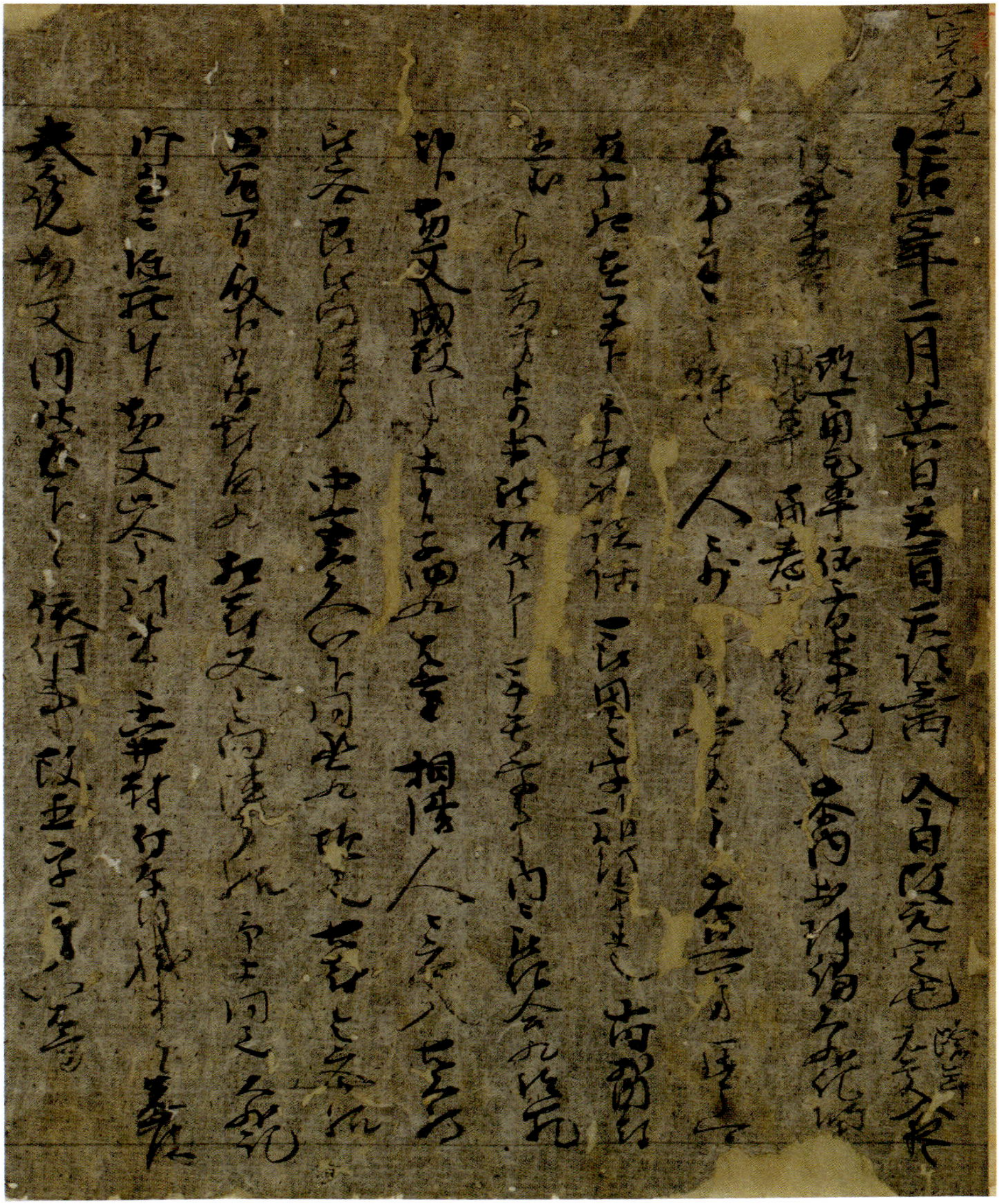

25-1　〔経光卿改元定記　寛元 宝治 建長〕

〔鎌倉時代中期〕写（〔廣橋経光自筆〕）　重要文化財

廣橋経光（1212-74）が自身の日記『民経記』から改元に関わる部分を抄出･加筆したもの。「寛元」（1243）、「宝治」（1247）、「建長」（1249）の改元定の内容と勘申者・年号勘文等が記されている。　【第一部3髙田論文、第三部4福島論文、第七部1髙田資料紹介参照】

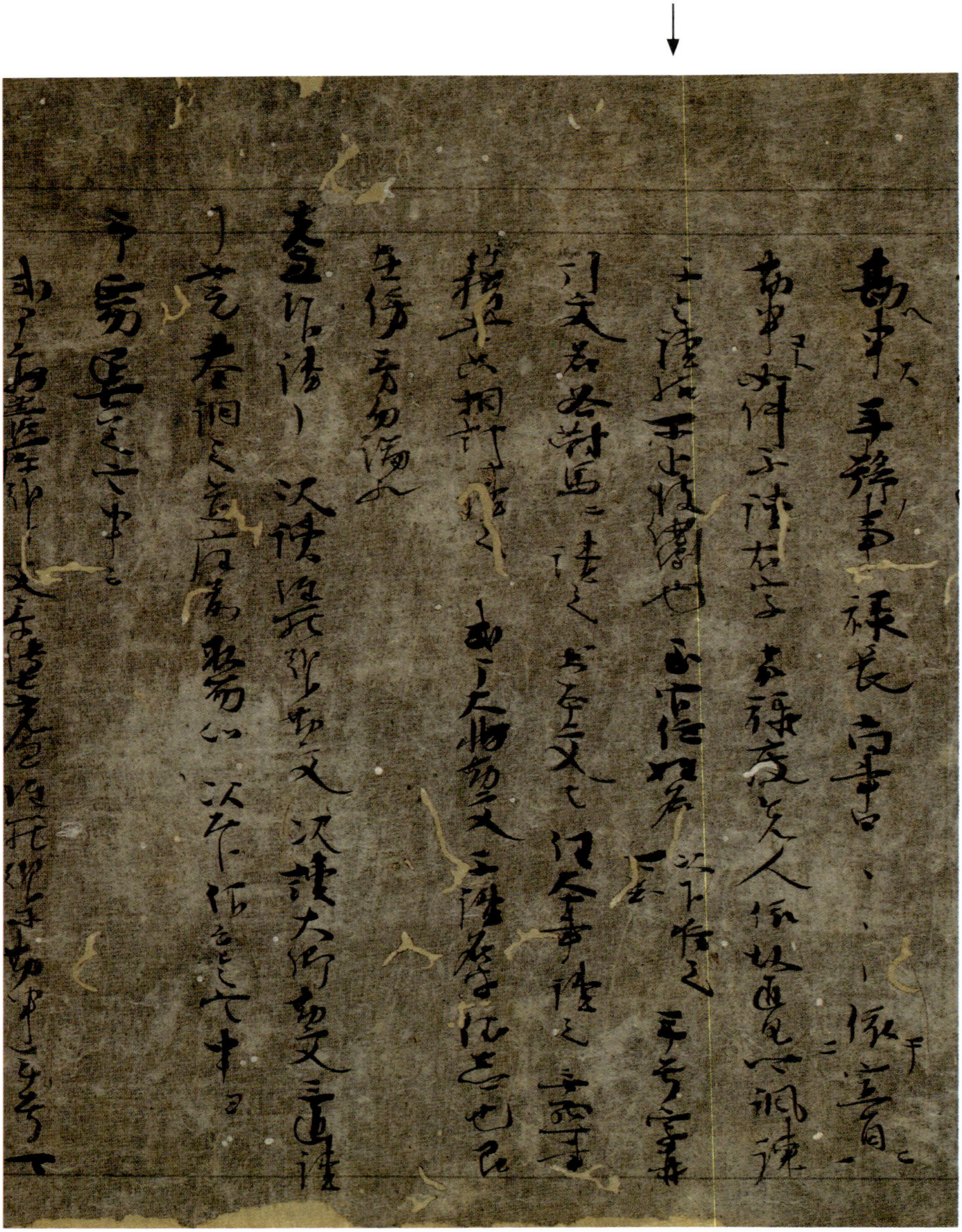

25-2　〔経光卿改元定記　寛元 宝治 建長〕

〔鎌倉時代中期〕写（〔廣橋経光自筆〕）　重要文化財

廣橋経光は寛元度の改元定において年号勘文の読み上げを担当し、その作法を記録に残している。それによると、官位と姓名、年号字と典拠となる漢籍の書名は「対馬《つしま》音《ごえ》」で読み、その他の文字は漢音で読むことになっていた。「対馬音」は日本の漢字音の呉音を指す。朝廷内における漢音・呉音の使い分け方を示す貴重な証言である。

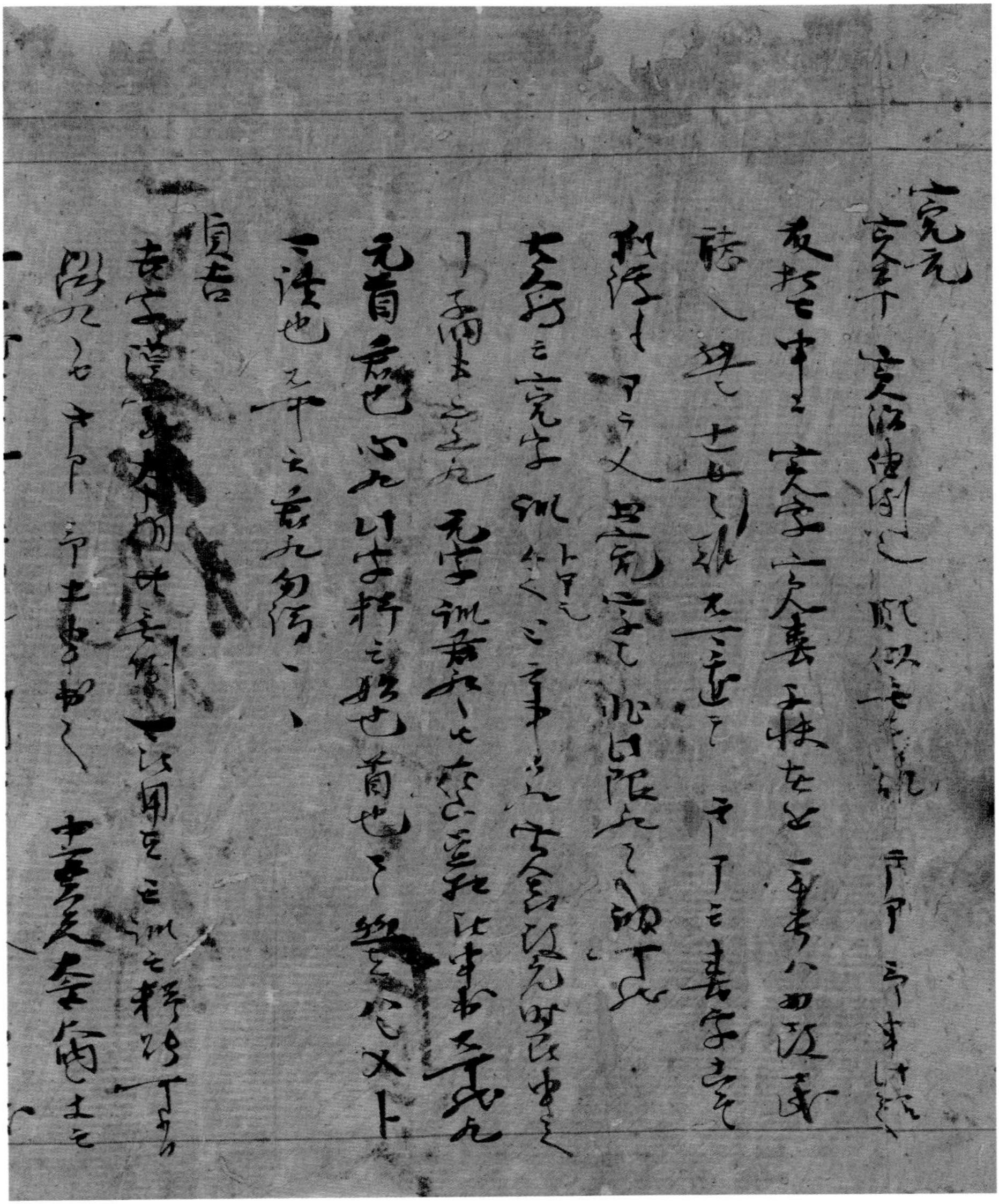

25-3 〔経光卿改元定記　寛元 宝治 建長〕

〔鎌倉時代中期〕写（〔廣橋経光自筆〕）　重要文化財

廣橋経光は寛元度における難陳の内容も詳細に記録している。年号案「寛元」に対しては、同じ「寛」字を含む「寛平」(889-98)・「寛治」(1087-94) が先例として問題ないという見解が経光らによって示されたが、それに対して、「寛喜」(1229-32) の近例は芳しくないという論難が寄せられたりしている。

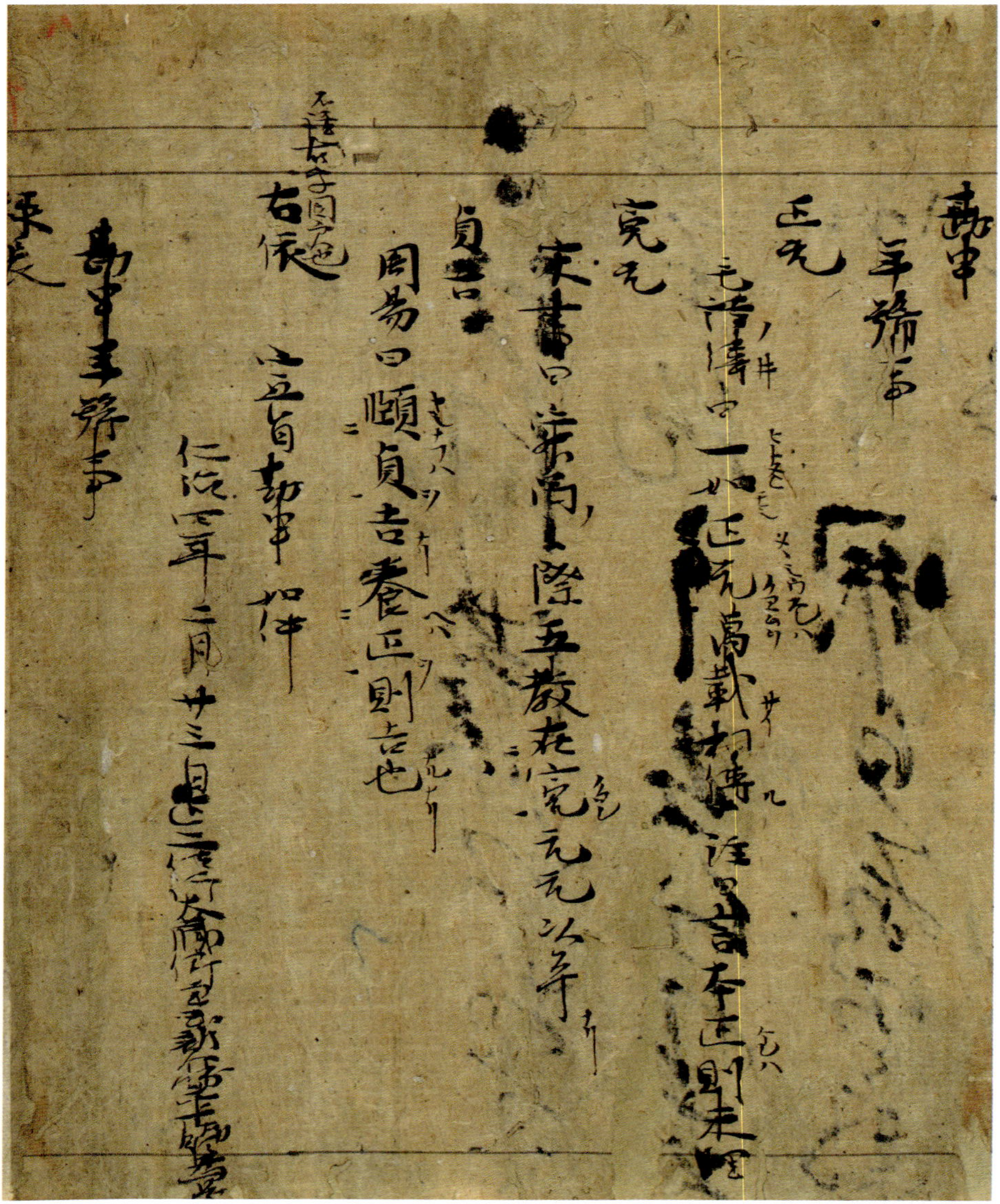

25-4 〔経光卿改元定記　寛元 宝治 建長〕

〔鎌倉時代中期〕写（〔廣橋経光自筆〕）　重要文化財

寛元度の改元時、高辻為長によって勘申された年号勘文の一部。引文に施されている訓点から、鎌倉時代の紀伝道における漢籍訓読の状況が知られる。「右依」2字の右旁の注記からは、読み上げの際、「右、宣旨に依りて勘申すること件の如し」の「右」字を読み飛ばすことが「固（故）実」であったことがわかる。

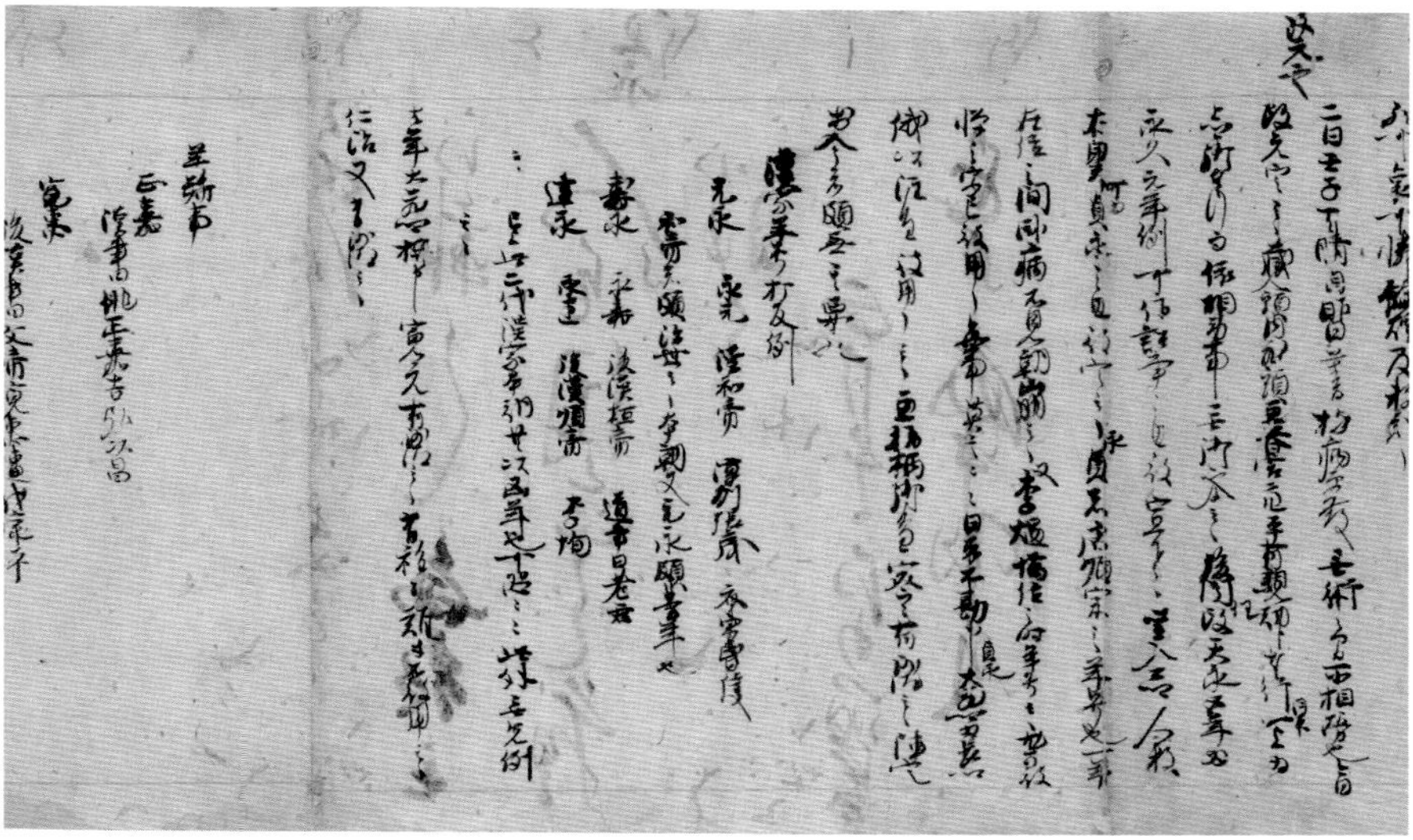

26 〔経光卿記〕（自貞永元年四月一日至二十七日）

〔鎌倉時代中期〕写（〔廣橋経光自筆〕） 重要文化財

廣橋経光の自筆日記（『民経記』）。4 月 2 日条に貞永度の改元について記す。

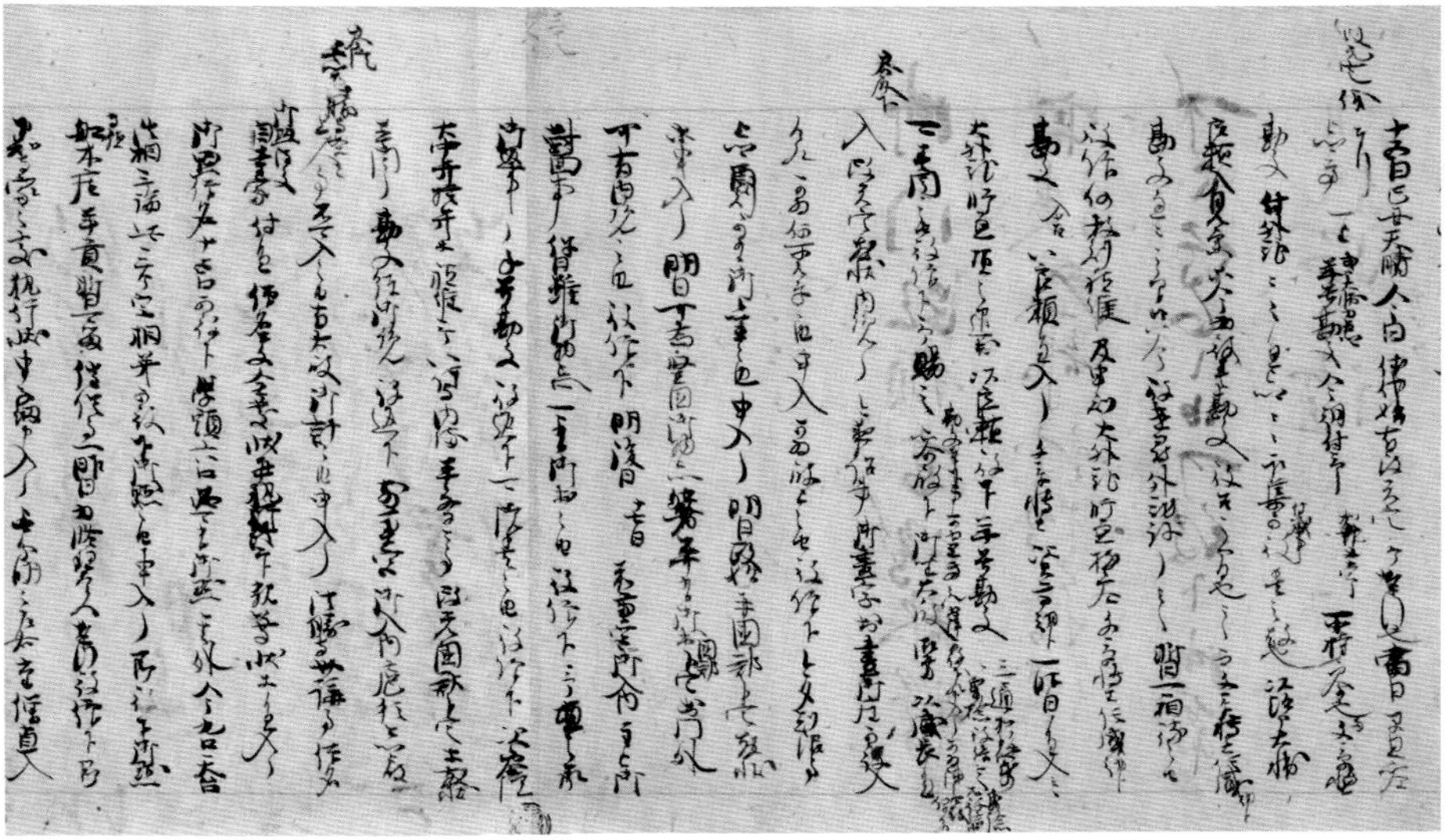

27 〔経光卿記〕（自天福元年四月一日至十五日）

〔鎌倉時代中期〕写（〔廣橋経光自筆〕） 重要文化財

廣橋経光の自筆日記（『民経記』）。4 月 15 日条に天福度の改元について記す。

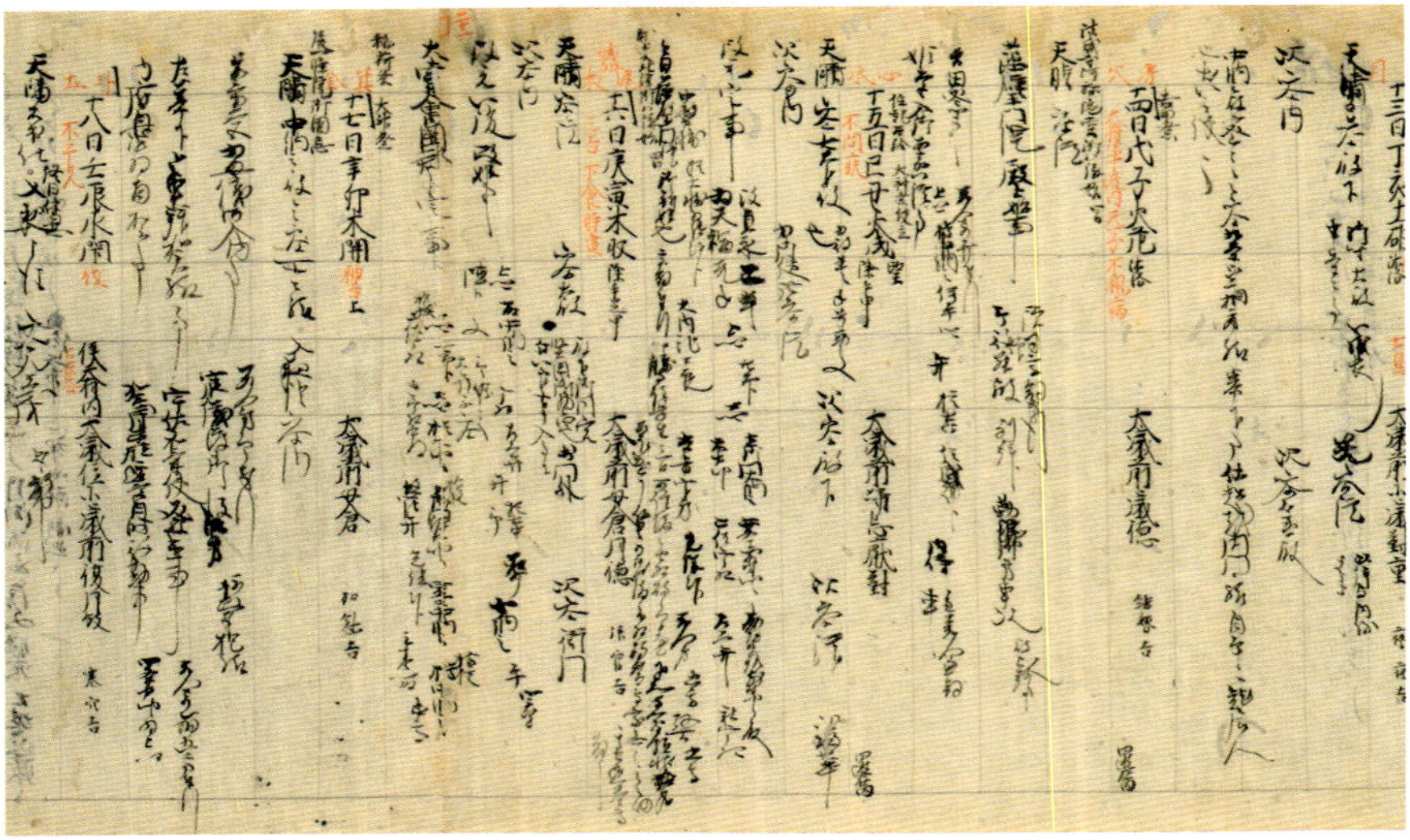

28 〔経光卿暦記〕（自天福元年正月一日至六月二十九日）

〔鎌倉時代中期〕写（〔廣橋経光自筆〕） 重要文化財

廣橋経光の自筆日記（『民経記』）。具注暦（日付の下に日の吉凶などが書き込まれた暦）に記されている。その日に起こったできごとを具注暦に書き入れることはよく行われていた。4 月 15 日条に天福度の改元に関する記述が見える。

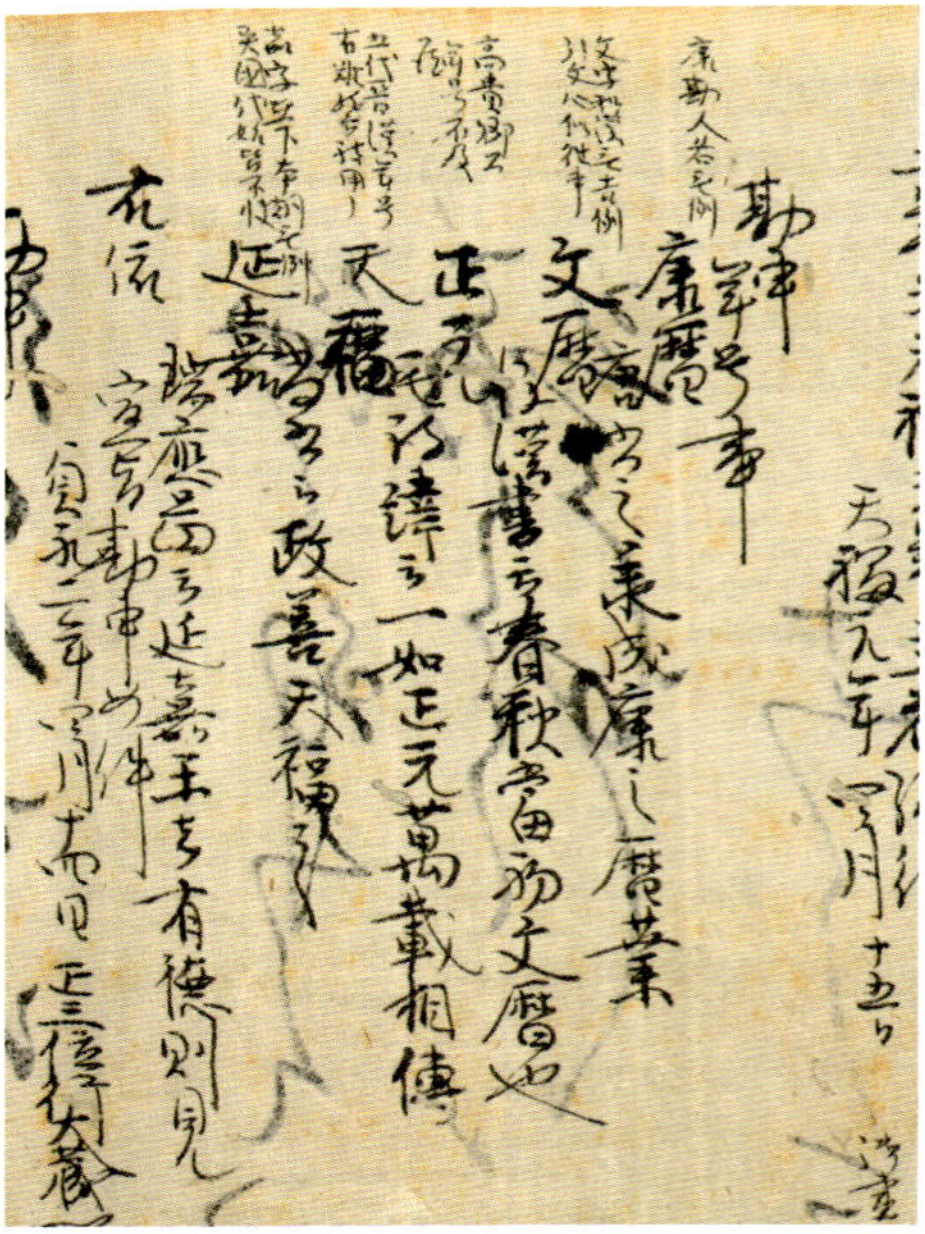

29 〔貞永元年天福元年改元定記〕

〔室町時代後期〕写

天福度の改元定に参加した廣橋経光の記録。「天福」の上に「五代晋漢年号有難。然而被用了」との書き入れがある。唐末五代の短命王朝である後晋と後漢に使われた年号という批判があったものの、採用されたことが示されている。

＊口絵 25 ～ 29 を見ると、廣橋経光は改元に関して、暦記・日記・改元定記と 3 種の記録を残していたことがわかる。いわゆる「日記の家」の者が記録に注ぐ情熱の一端が垣間見える。

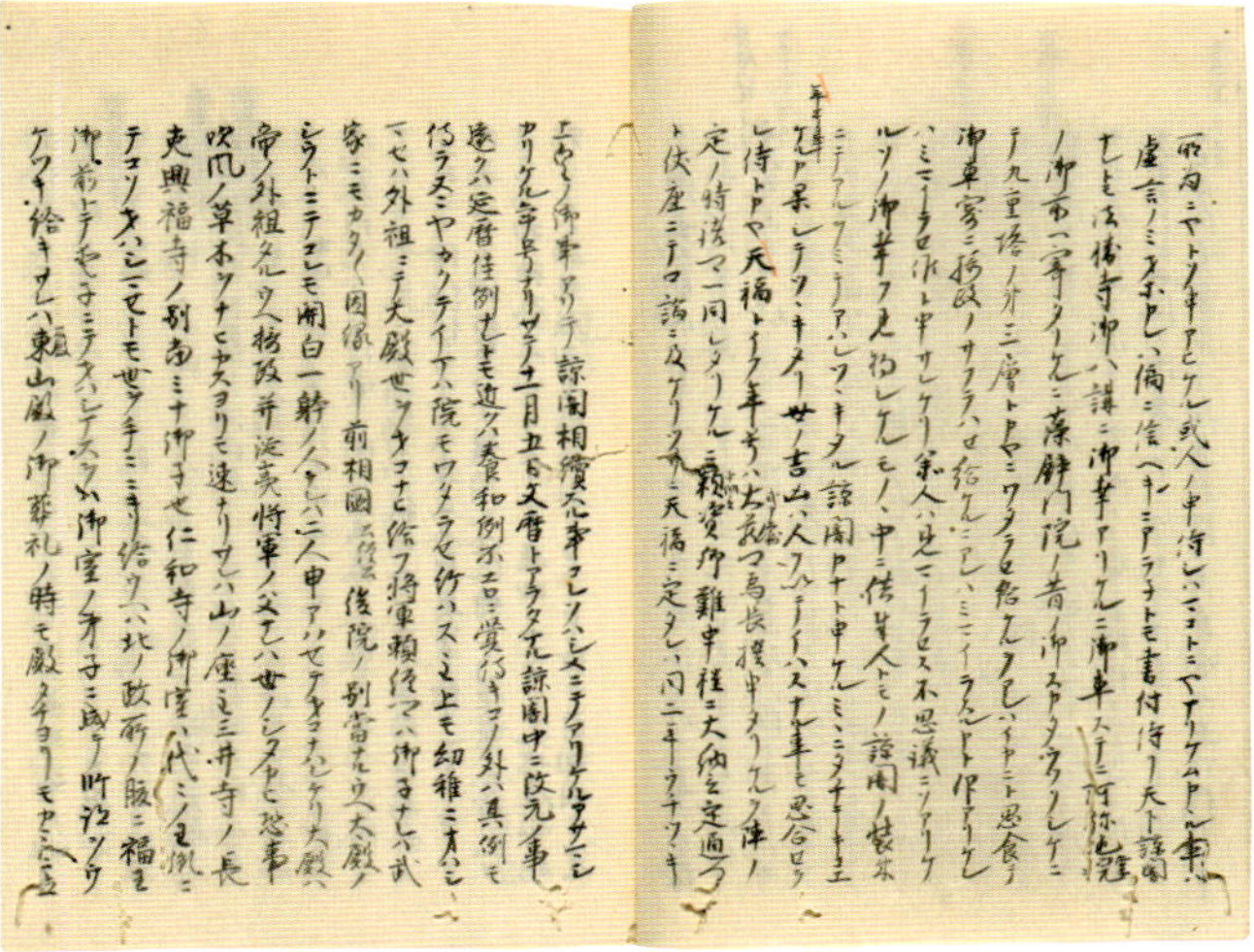

30 〔五代帝王物語〕 〔江戸時代前期〕写

鎌倉時代後期の編年体の歴史書。「五代帝王」は後堀河天皇から亀山天皇に至る五天皇を指す。四条天皇の代始年号「天福」(1233-34)が論難を経て決まった後、上皇が続けて崩御したので、「アサマシカリケル年号ナリ」と文中で批判されている。

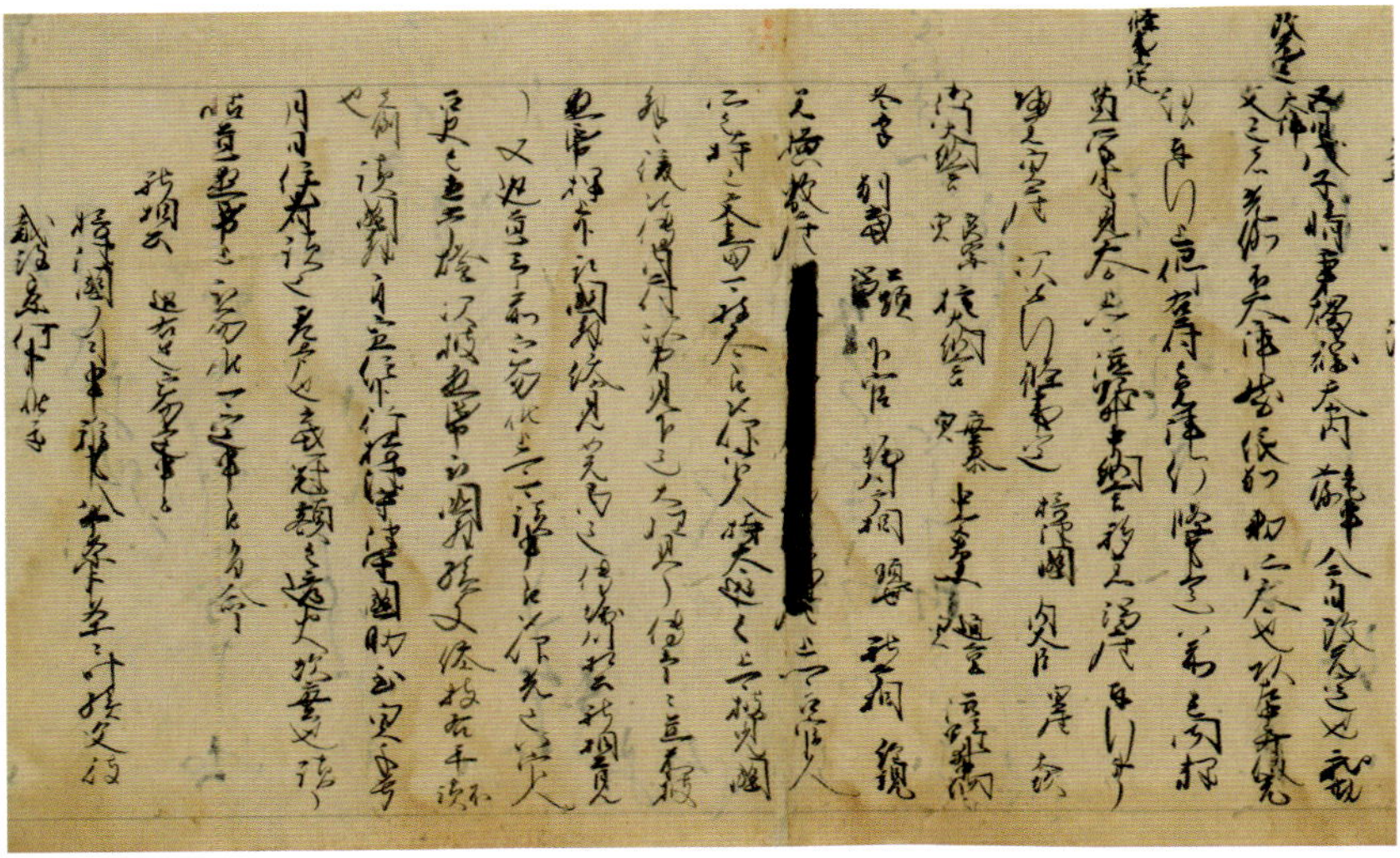

31 〔兼仲卿記〕(自永仁元年八月一日至二十九日)

〔鎌倉時代後期〕写(〔廣橋兼仲自筆〕) 重要文化財

廣橋兼仲(1244-1308)の自筆日記(『兼仲卿記』。『勘仲記』とも)。兼仲は永仁度にて、年号勘文の勘申のみならず、改元定にも参列している。掲載箇所の8月5日条に改元に至る状況が記されている。

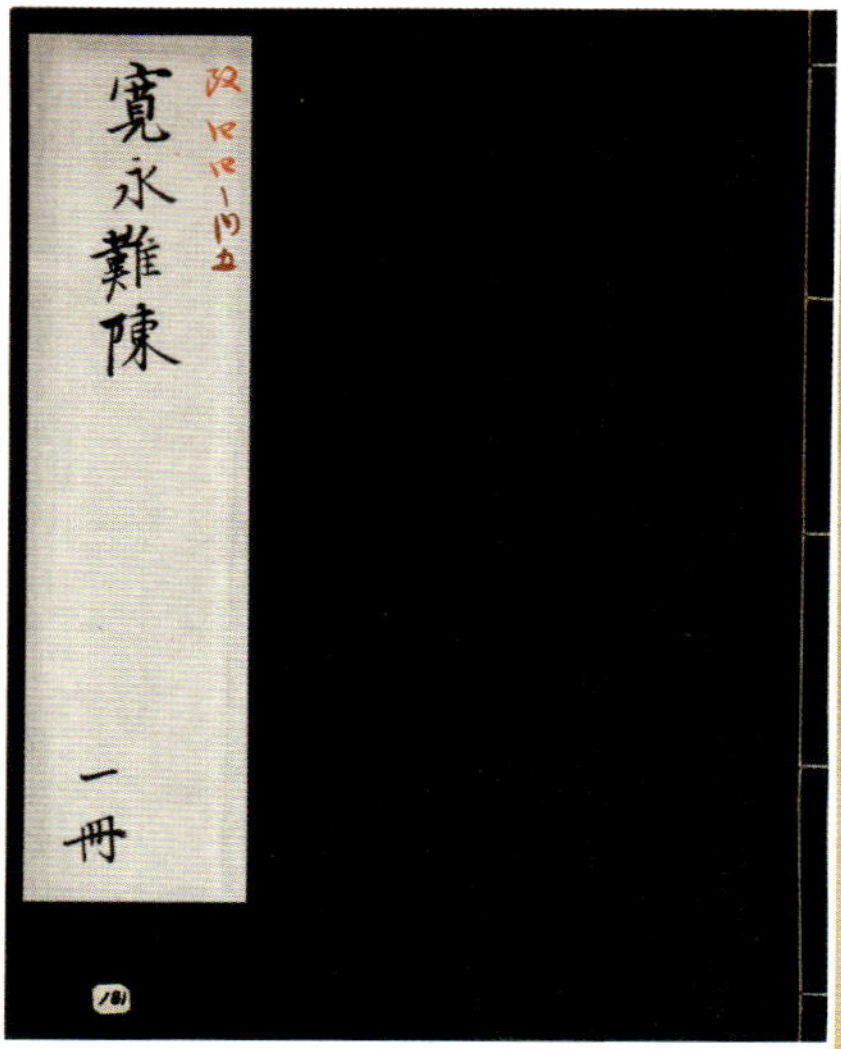

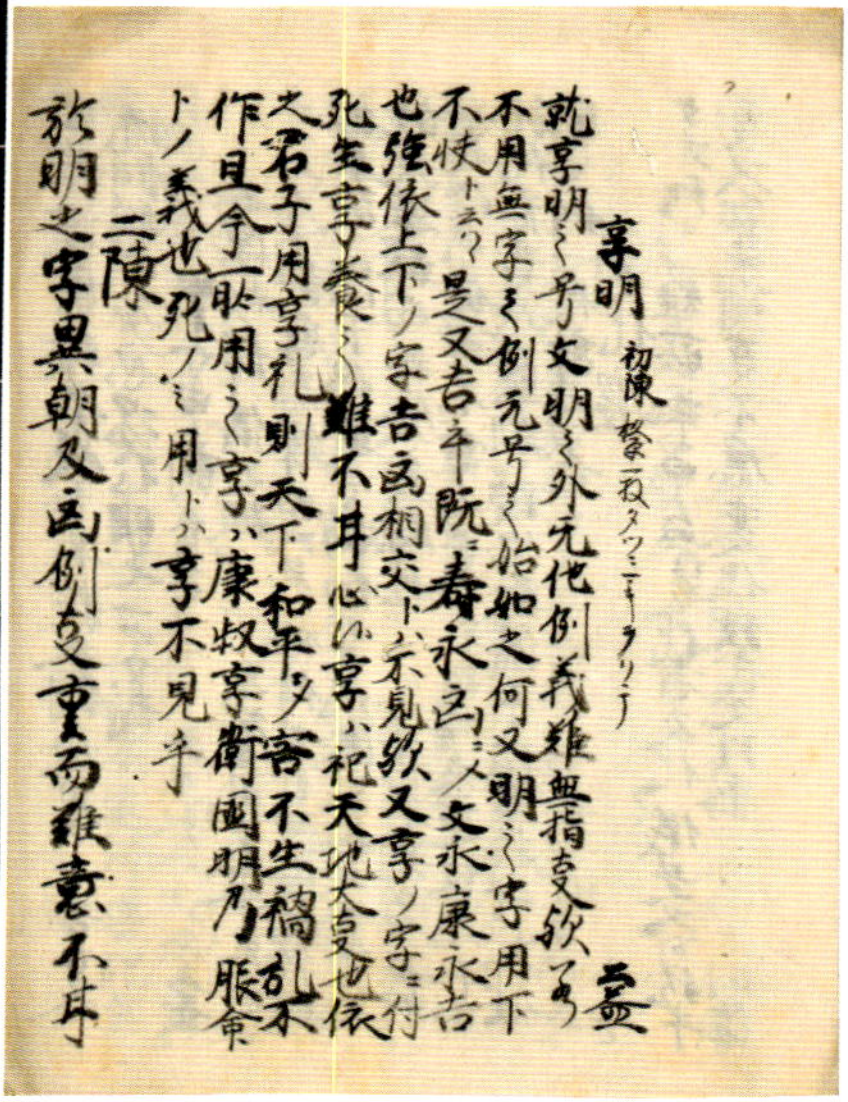

32 〔寛永度難陳〕 〔江戸時代中期〕写
寛永（1624-44）改元時の難陳の記録。難陳だけを収録した資料は少ない。

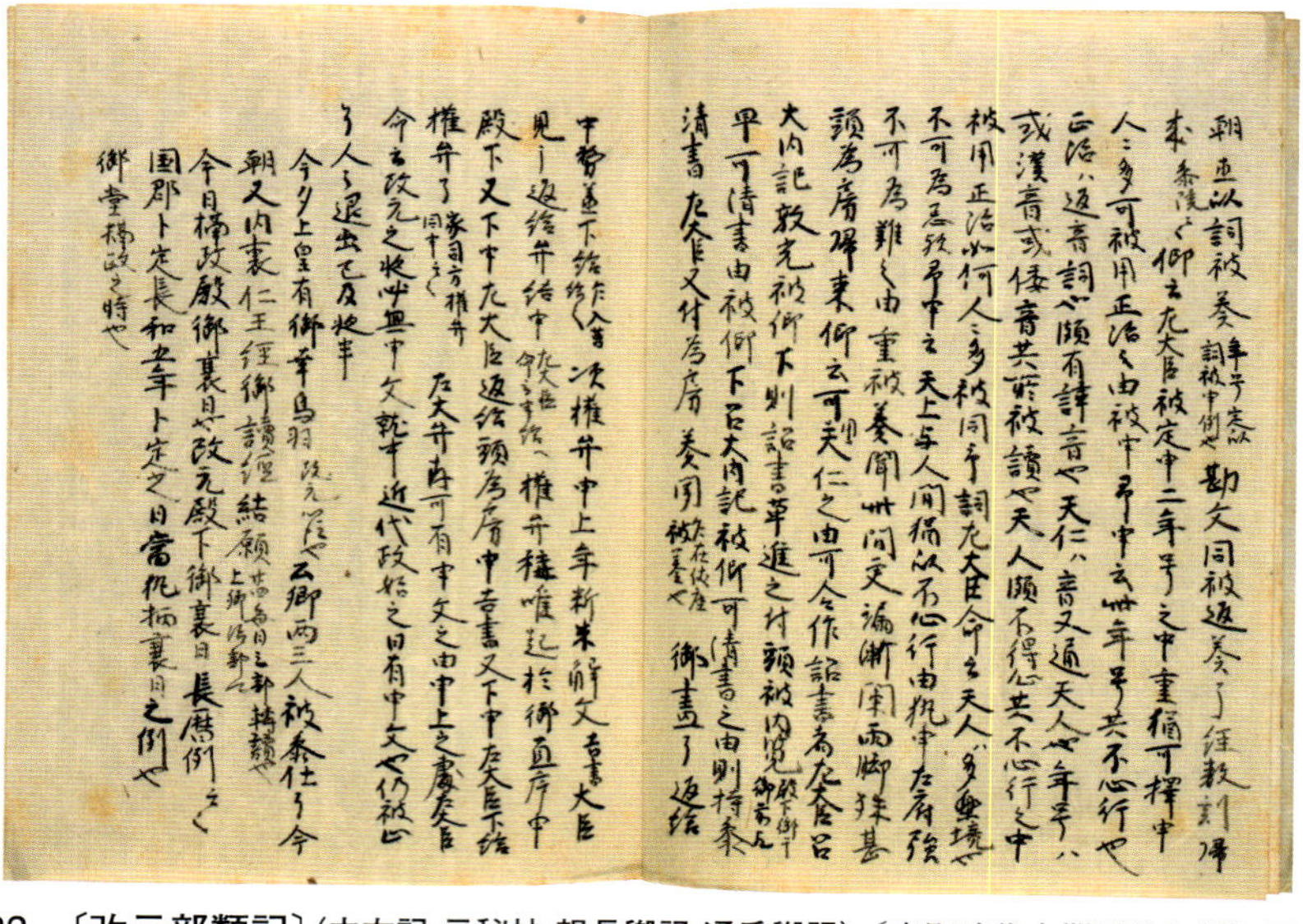

33 〔改元部類記〕（中右記 元秘抄 親長卿記 通氏卿記）〔室町時代末期近世初期〕写
「改元部類記」に記された難陳記事。年号案「正治」の「返音」（反音）が「詞（シ）」であることが指摘されている。他の記録も考え合わせると、「シ」の音が「死」を連想させることが懸念されている。 **【第五部 4 尾形論文、5 水上論文参照】**

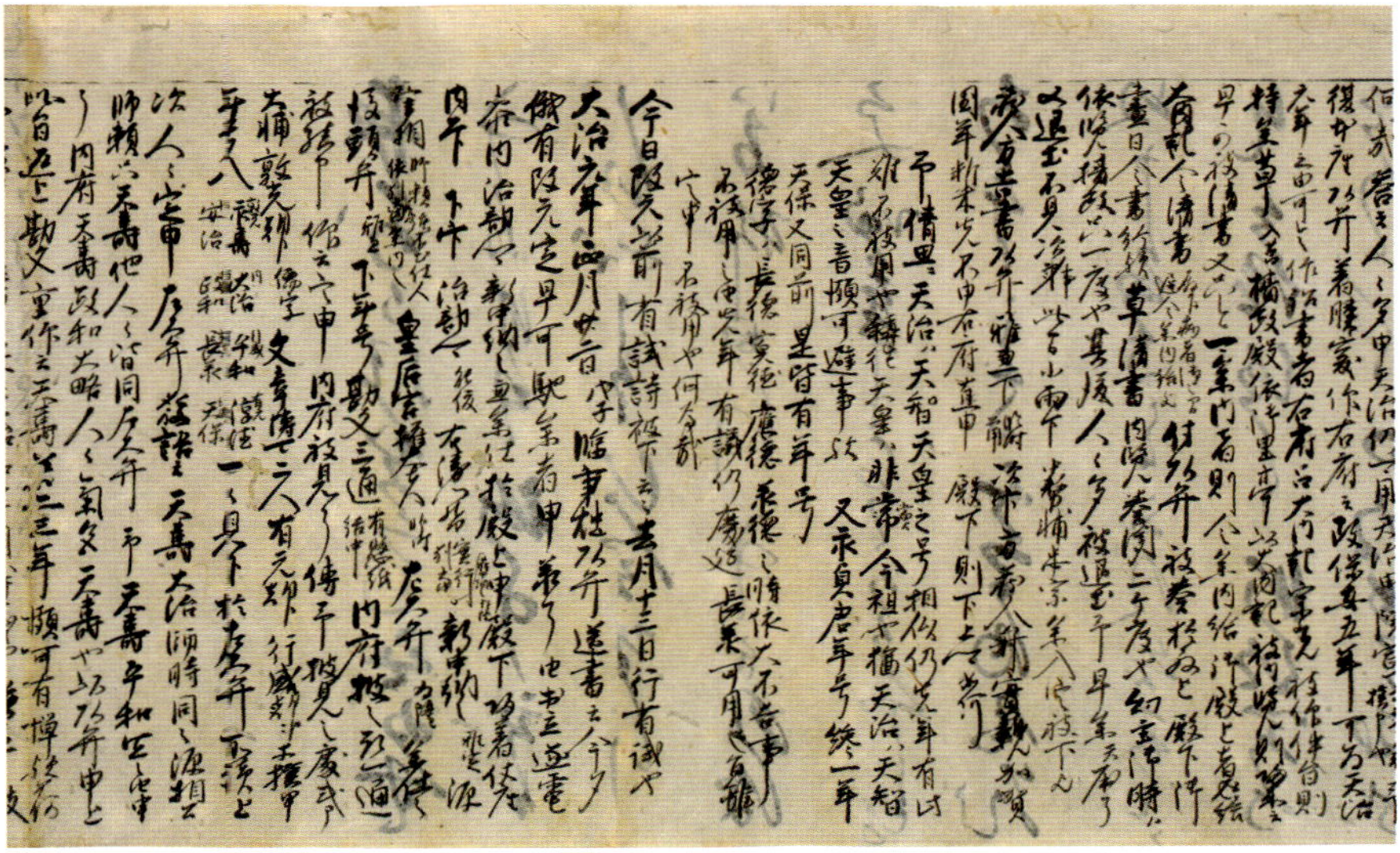

34 〔改元部類記　中右記〕

康安２年（1361）写（〔廣橋兼綱筆〕）

藤原宗忠（1062-1141、北家中御門流）の日記『中右記』から改元に関わる部分を抽出したもの。掲載箇所は天治(1124-26)度の改元記事だが、2字下げになっている部分は、『中右記』諸本に見当たらない。

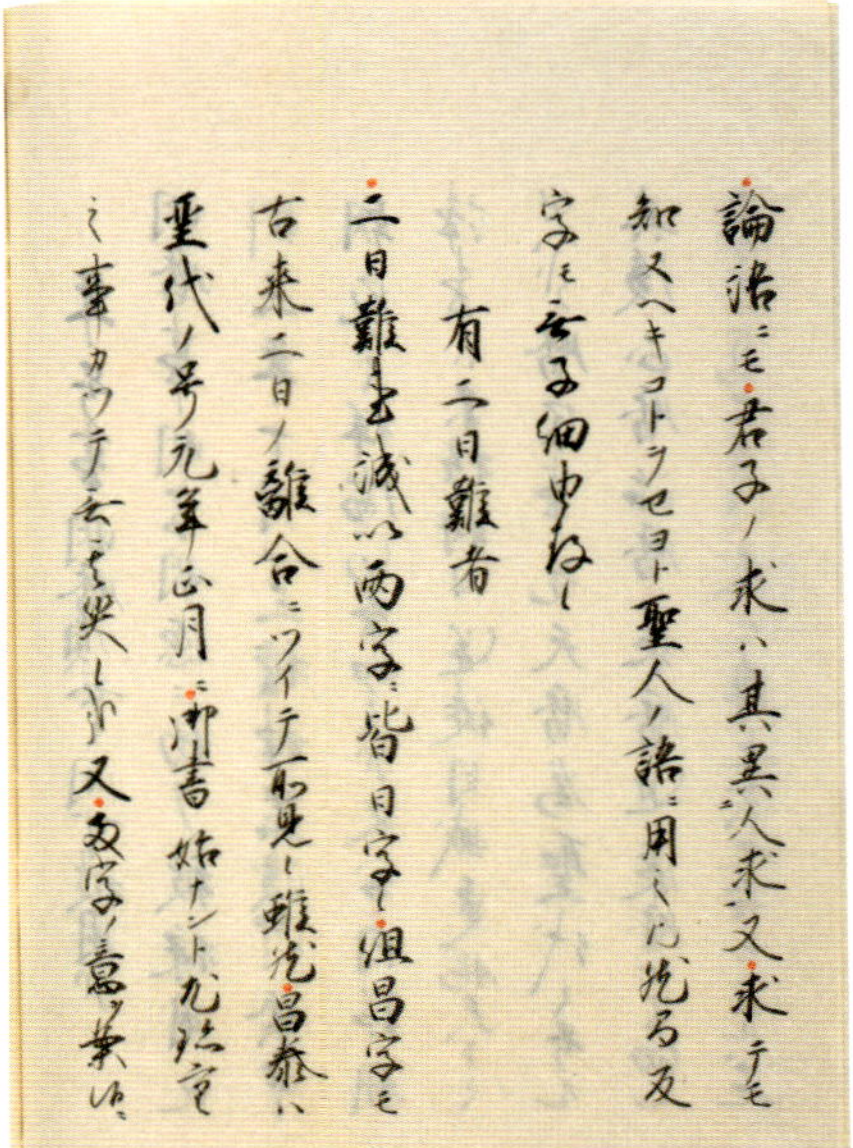

35 〔改元定申詞〕（首題位置に「年号事明暦順安之間可被用哉」と書す。打付外題「申詞事」）

〔江戸時代前期〕写

「申詞」は上申の際の発言記録。後西天皇の年号「明暦」(1655-58) を決める改元定の時、明暦には「日」が２つ含まれていて火の不安がある、という類の論難が従来からなされていることが報告されている。明暦３年(1657)の「明暦の大火」はその懸念が的中したとも言える。

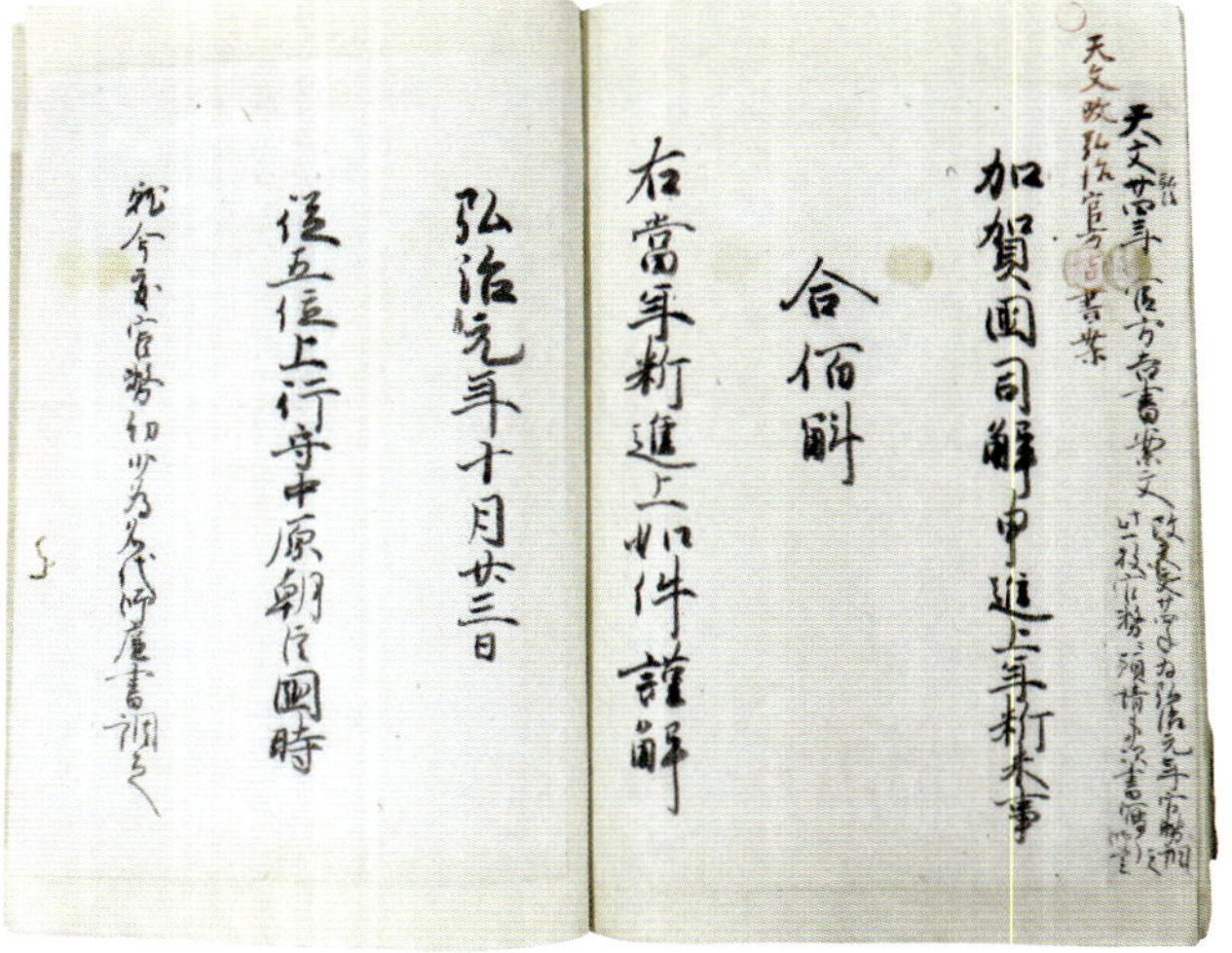

天文廿四年官方吉書案文
加賀國司解申進上年料米事
合佰斛
右當年料進上如件謹解
弘治元年十月廿三日
従五位上行守中原朝臣國時

36 〔天文廿四年官方吉書案文〕(〔天文改弘治官方吉書案〕)(「押小路文書」第65冊所収)　〔江戸時代前期〕写

改元後に出される吉書の写し。弁官が作成する官方文書の一つで、天文24年(1555)10月23日に弘治に改元した際のもの。当文書が襲蔵された押小路家は中原氏の嫡流で、外記の最上首である局務を世襲した。

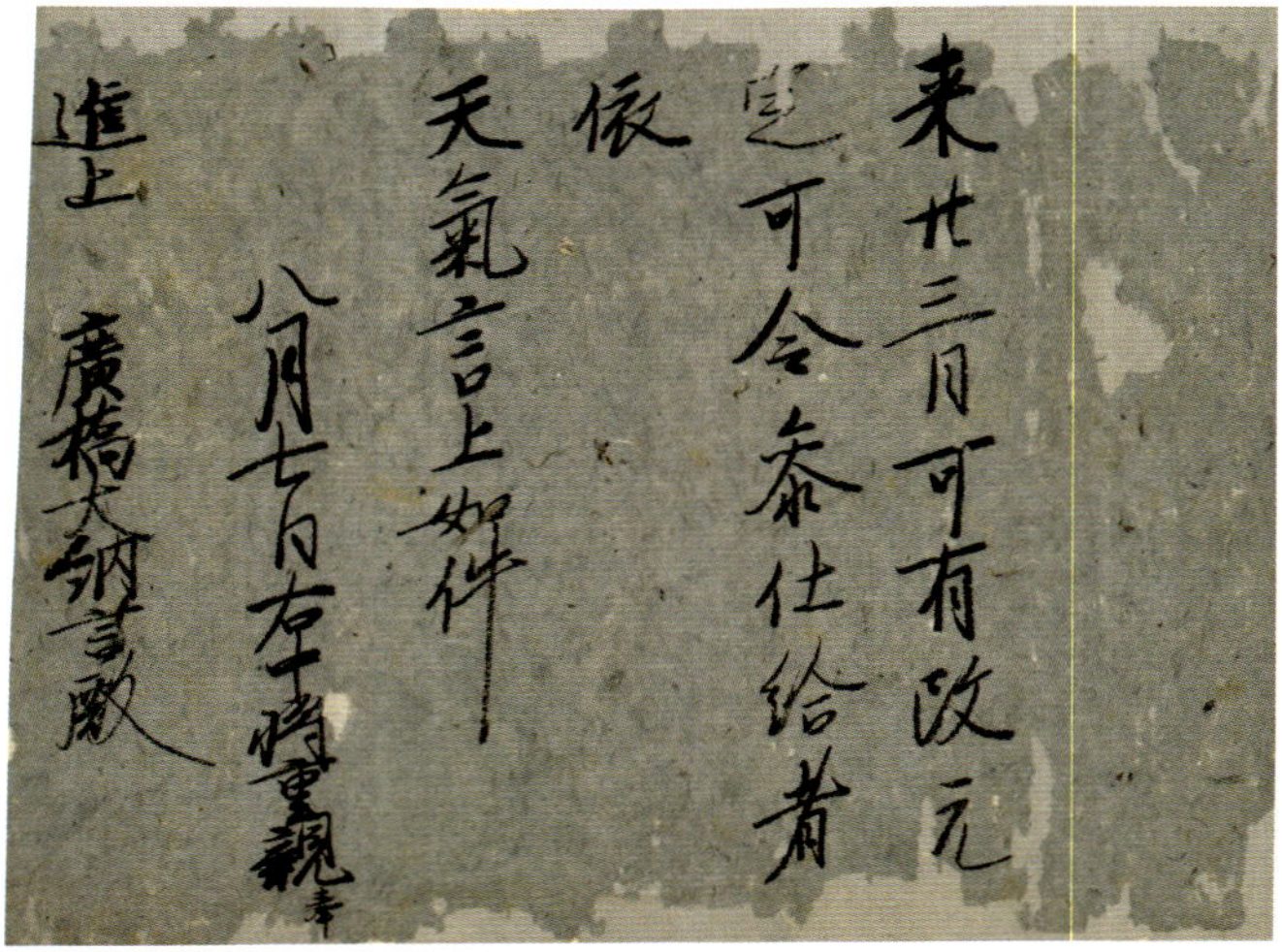

来廿三日可有改元
定可令参仕給者
依
天氣言上如件
八月七日 右中将重親奉
進上 廣橋大納言殿

37 〔後柏原天皇綸旨〕(「〔正応五年十月二六日綸旨案他二十五通〕」所収)〔永正18年(大永元年、1521)〕8月7日写ヵ(〔庭田〕重親筆ヵ)

大永度の改元定に出席を命じる綸旨。宛先の「廣橋大納言」は、経光の10世孫の守光(1471-1526)。

第四幕　年号と漢籍

教育に関する養老令の規定を見ると、古代の日本人にとっての基本教養は漢学であったことがわかる。日本の年号が基本的に漢籍の典拠を持っているのはそのためでもある。これまで年号に使われた漢籍は一〇六種類に上り、その中で、最も使用されているのは『尚書』（『書経』）である（森本角蔵『日本年号大観』）。

年号勘文の引文は漢籍の貴重なテキストを多く含む。【口絵39】は、『修文殿御覧』の佚文（失われた書物に含まれていた文章）である。引文の文字を調べると、後に普及した通行本と異なっていて、南宋版『漢書』【口絵40】のような早期の刊本と同一の文字が見えることもある。

「経光卿改元定記　寛元 宝治 建長」に引かれる年号勘文の引文には、返り点や送り仮名などの訓点が施されている。これらの訓点には、時代による変化や、訓点を施した人物の家、属する学派や宗派による相違が反映している【口絵25―4】。

このように、年号勘文は、日本人が漢籍をどのように受容・学習してきたかをたどるために極めて有益な資料群であることが理解される。

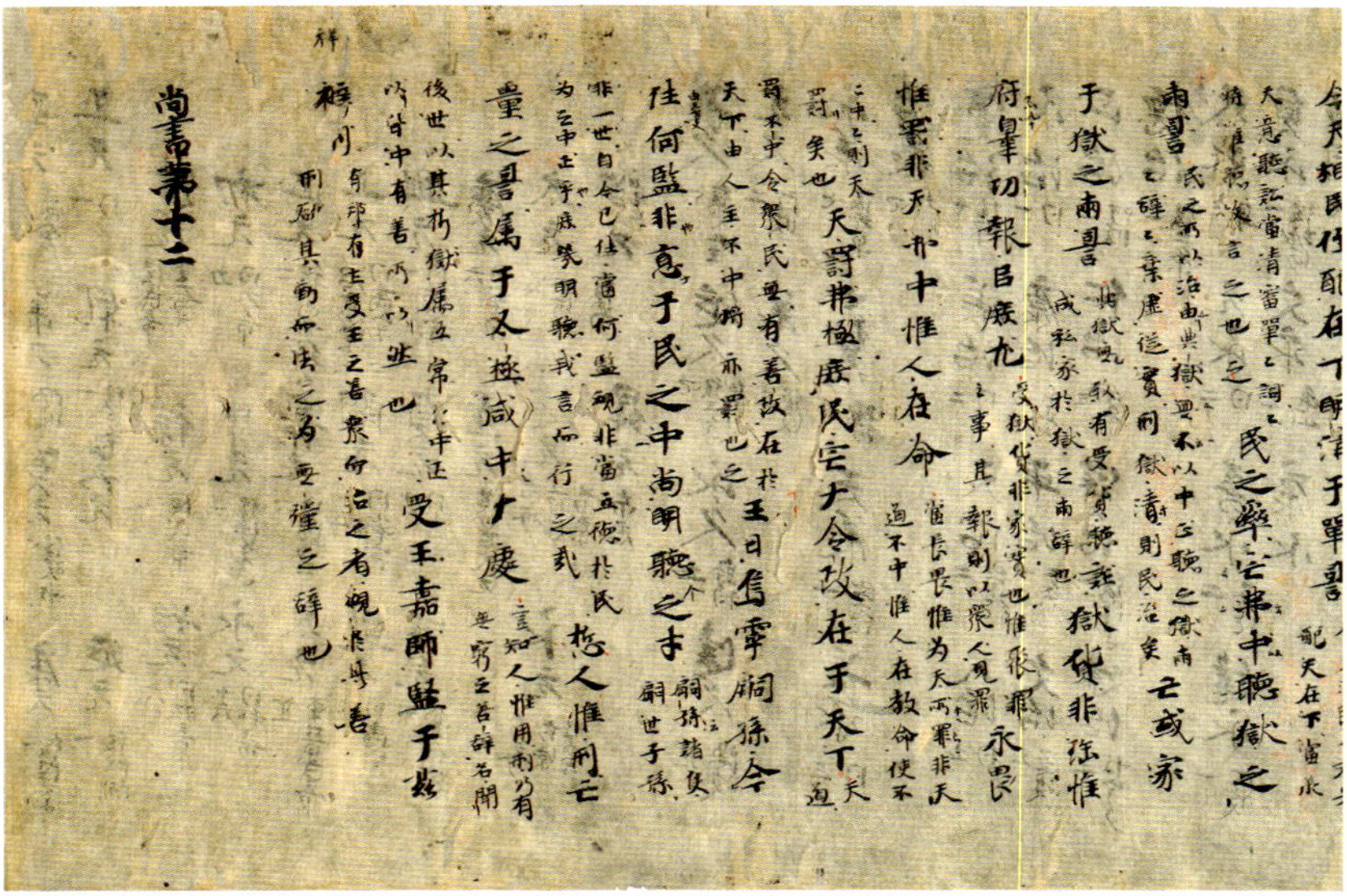

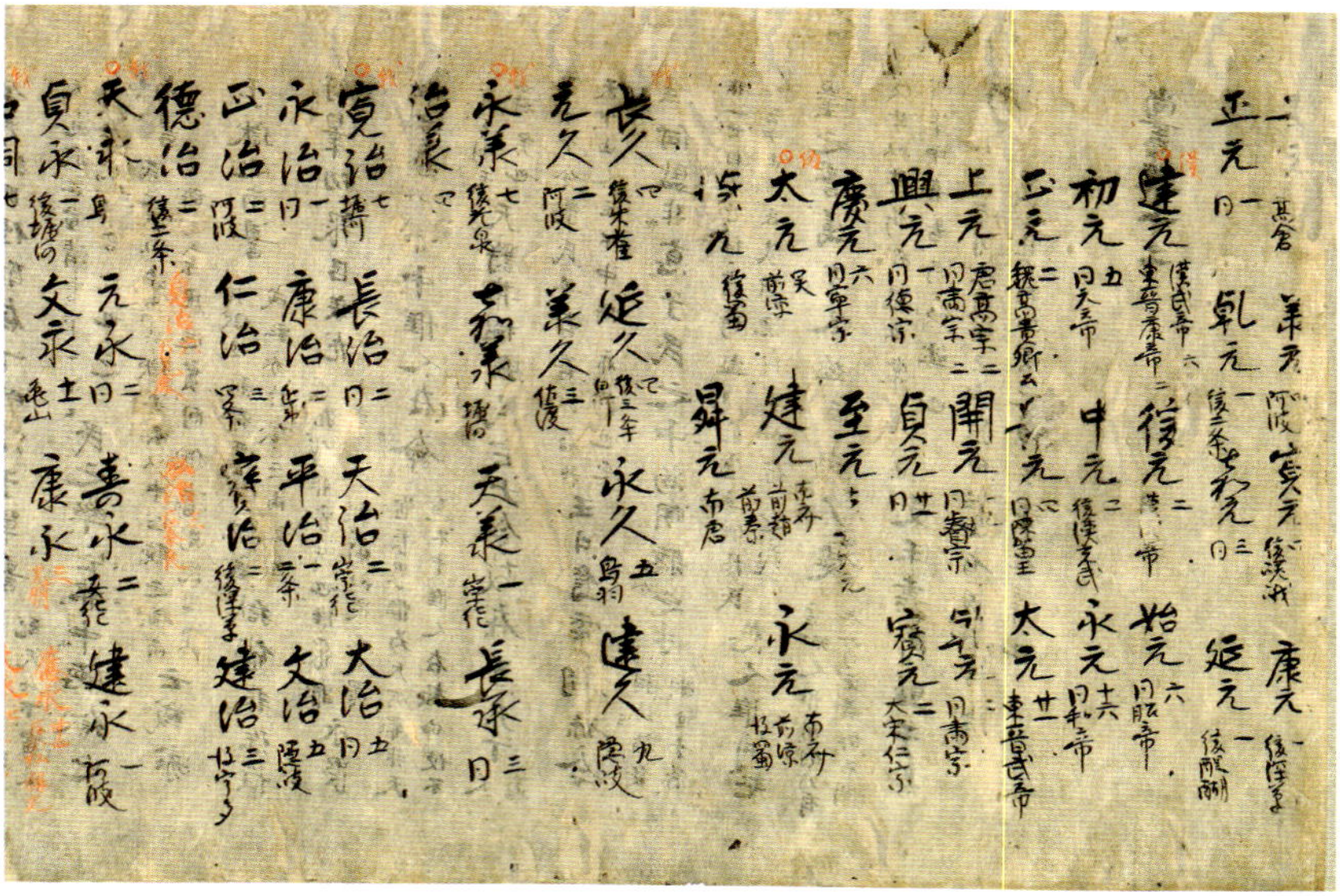

38　〔古文〕尚書　存巻第三夏書・第五商書・第十二周書

〔唐代初期〕写　（紙背 元秘抄　〔室町時代後期〕写）　国宝

（上）古文尚書 巻第十二周書の尾題部分　（下）同紙背（元秘抄）

『尚書』（『書経』）は、五経、すなわち儒教の基本経典の一つで、年号への採用数が最多。本鈔本の紙背には室町時代後期書写と推定される『元秘抄』が書されている。九条家・廣橋家旧蔵本。（公財）東洋文庫所蔵。

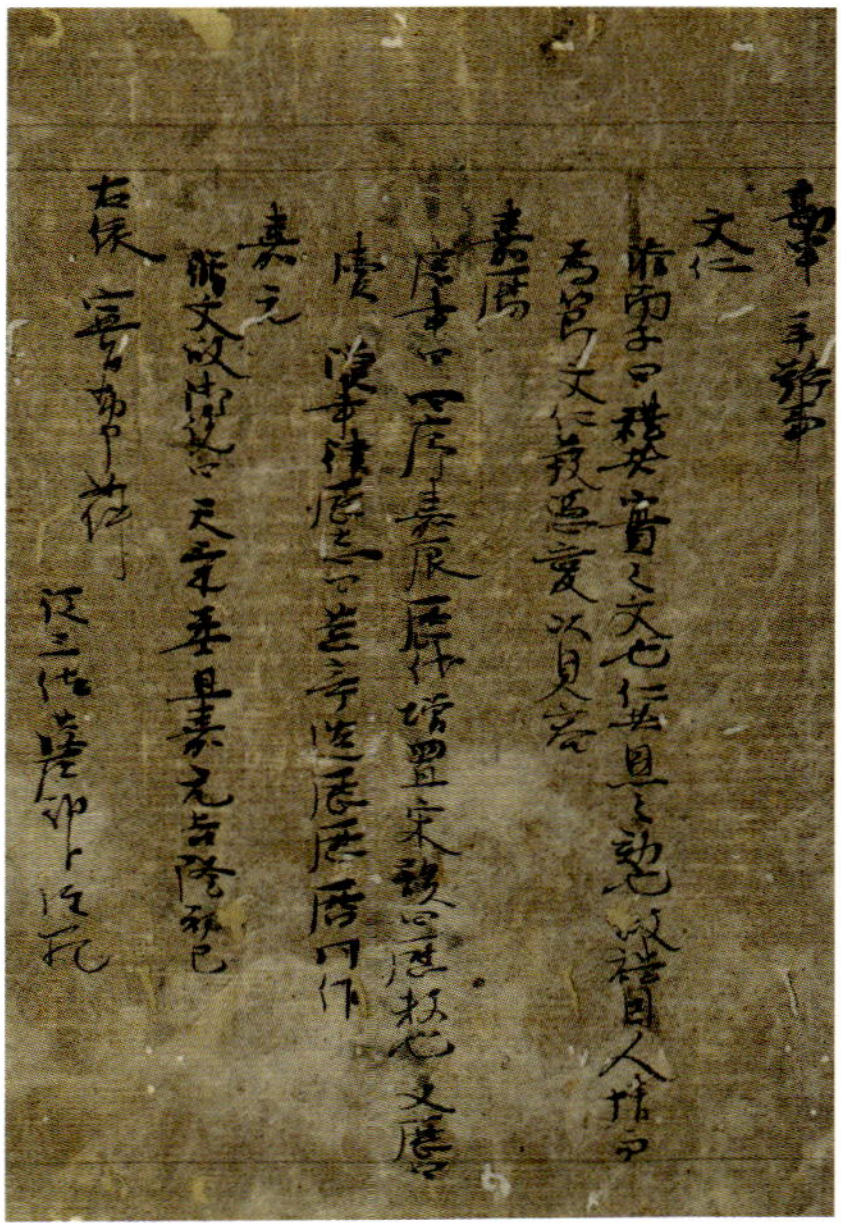

39　〔経光卿改元定記　寛元 宝治 建長〕

〔鎌倉時代中期〕写（〔廣橋経光自筆〕）重要文化財

口絵 25-1 ～ 25-4 と同一の資料。年号案嘉元（1303-06）の引文にみえる『修文殿御覧』は現存しない。断片的な記述だが、貴重な佚文である。【第一部 3 高田論文、第七部 1 高田資料紹介参照】

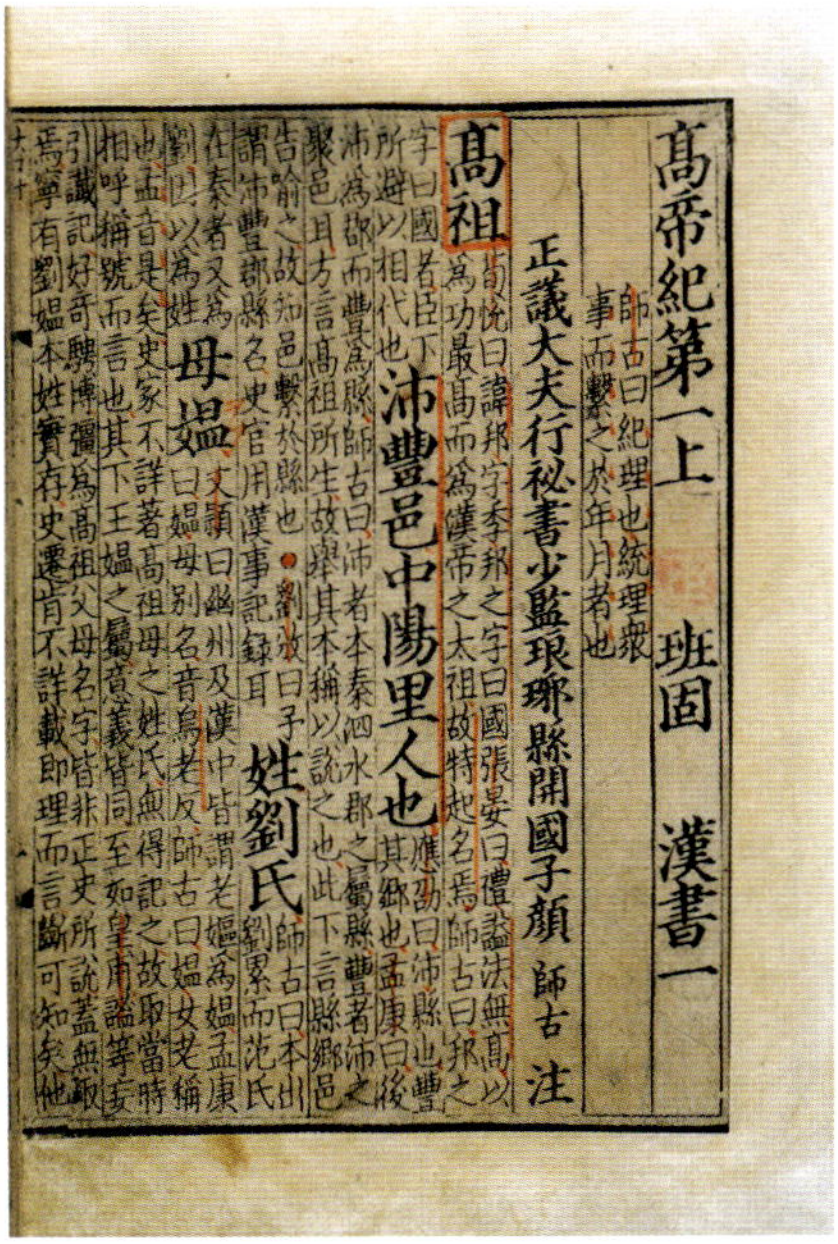

40　漢　書

南宋慶元 2 年（1196）序刊　〔南宋後期福唐郡庠〕刊　元大徳 9 年（1305）・至大元年（1308）・延祐 2 年（1315）・元統 2 年（1334）逓修　巻十七～二十補配　国宝

後漢・班固の撰。南宋の慶元年間（1195-1201）に現在の福建省で劉之問（字は元起）と黄宗仁（字は善夫）が共同で刊行した『史記』『漢書』『後漢書』の一つ。『漢書』の刊本としては最も古い。『史記』『後漢書』とともに臨済僧南化玄興から直江兼続へ贈られ、兼続の歿後に主家の上杉家に伝わった。「米沢善本」の一つ。鎌倉時代以後の難陳の中で「摺本《すりほん》」と言及される場合、宋版を指すことが多い。『漢書』は 21 の年号の典拠となっている。

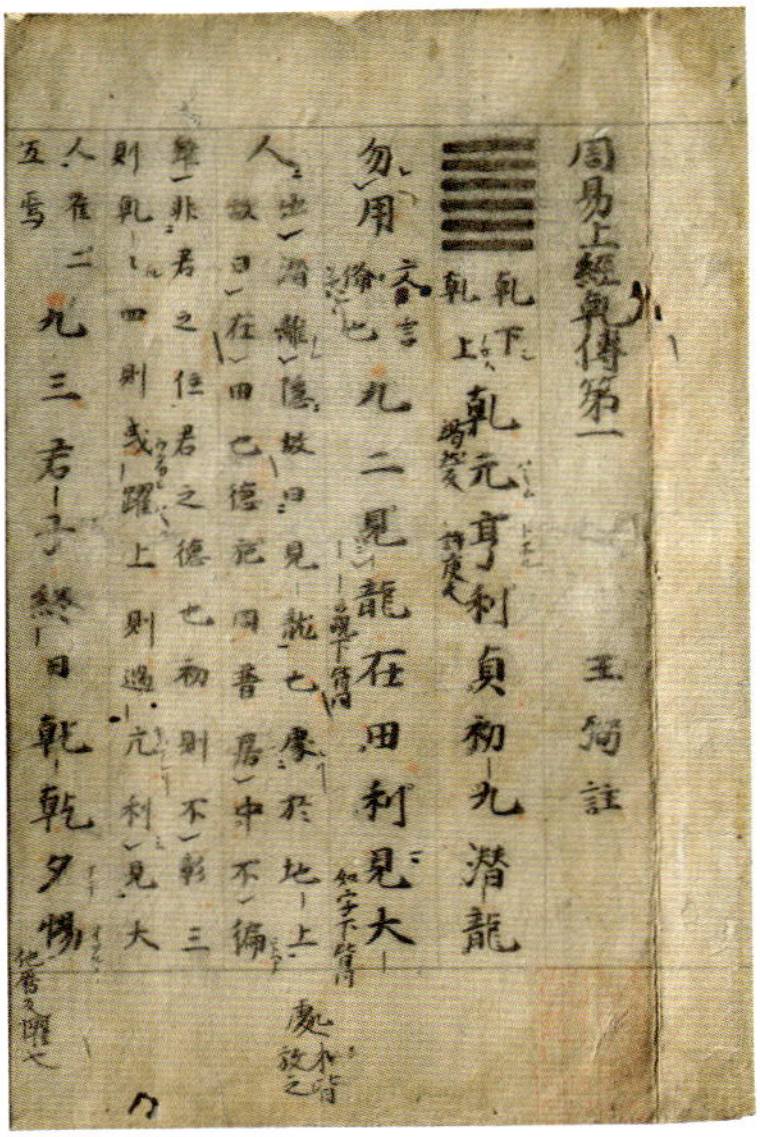

41　周易（王弼註）

第一帖・第三帖～第五帖〔鎌倉時代〕写、第二帖・第六帖〔室町時代中期〕写　重要文化財

『易経』とも呼ばれ、五経の一つ。筮竹を使った占術とその原理に関わることが記されている。第一帖・第三帖～第五帖は、鎌倉時代書写と推定され、国内に伝わる『周易』の鈔本としては極めて貴重である。『周易』は25の年号の典拠となっている。

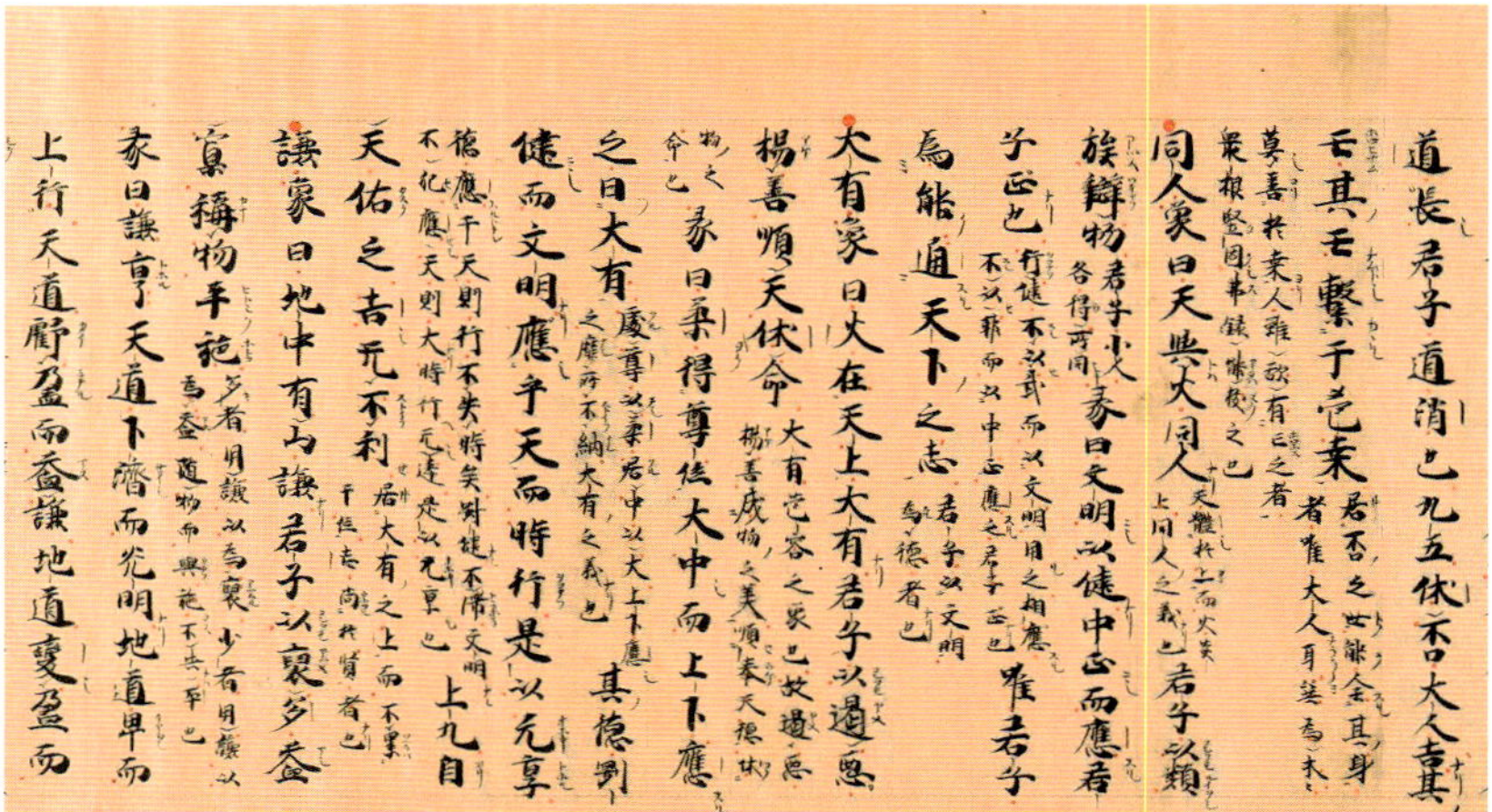

42　群書治要　〔鎌倉時代〕写（〔北条実時〕令写、巻十四・巻二十八～三十〔北条〕貞顕令写、巻二十七 清原隆重写）（金沢文庫本）

唐太宗の命を受け、魏徴らが諸書から治世に役立つ記述を抜き出した選集。「文明」（1469-87）の典拠の引文は、『周易』同人卦彖伝であるが、『群書治要』巻一・周易にその引用文がある。他の典籍が引かれる場合も含め、年号勘文の引文が本書などからの間接引用（転引）である可能性を考慮する必要がある。

【第一部２石井・猪野・近藤論文参照】

口絵凡例

一、本口絵欄の写真・図版、およびキャプション等は、国立歴史民俗博物館（以下、歴博と略称する）が開催した特集展示「年号と朝廷」（平成二十九年〈二〇一七〉九月十二日～十月二十二日開催）の展示内容、および展示解説シートの成果を踏まえたものである。

一、資料名は、本口絵欄の趣旨に合わせて統一を図った。そのため、各所蔵機関の用いている名称、歴博のデータベースや資料目録所載の名称とは異なる場合がある。

一、歴博所蔵資料のコレクション名については、以下のように略称した。

高松宮家伝来禁裏本…高松宮本
田中穣氏旧蔵典籍古文書…田中本
廣橋家旧蔵記録文書典籍類…廣橋本

一、本口絵欄の２頁に、通し番号、資料名称、刊写の別と刊写時期、書写者、コレクション名、所蔵機関、資料番号を表にまとめた。歴博では資料番号、宮内庁書陵部では函架番号、東洋文庫では配架番号、国立公文書館では請求番号と称するが、表では便宜的に「資料番号」に統一した。

一、口絵のキャプションには、通し番号を附した上で、資料名を記した。資料名の表示は基本的に内題に拠ったが、内題が闕けている場合や対象資料が記録・文書類（その性質上、内題が存しない）などの場合は、尾題、外題、資料内容を基に資料名を示した。また、資料名を内題・尾題に拠らない場合は、亀甲括弧〔 〕を用いて推定名称を示した。次いで、刊写の別と刊写時期、書写者などを示した。その他の推定事項の場合は、上記同様、亀甲括弧で括った。また、適宜、丸括弧（ ）を用いて注記した事項もある。

一、上記特集展示における展示内容、および展示解説シートの作成に当たっては、以下の方から協力を得た。（五十音順・敬称略）

石井行雄　猪野　毅　大川　真　小幡敏行　久禮旦雄
小島道裕　近藤浩之　石　立善　髙田宗平　所　功
名和敏光　福島金治　水上雅晴　吉田　勉　廖　海華

〈主要参考文献等〉

国立歴史民俗博物館所蔵資料関係

『岩崎文庫和漢書目録』（東洋文庫、一九三四年）
川瀬一馬『増補古活字版之研究』上巻（The Antiquarian Booksellers Association of Japan, 一九六七年）
川瀬一馬編『田中教忠蔵書目録』（田中穣〈私家版〉、一九八二年）
尾崎康『正史宋元版の研究』（汲古書院、一九八九年）
『田中穣氏旧蔵典籍古文書目録』［古文書・記録類編］（大学共同利用機関法人人間文化研究機構国立歴史民俗博物館、二〇〇〇年）
『田中穣氏旧蔵典籍古文書目録』［国文学資料・聖教類編］（大学

共同利用機関法人人間文化研究機構国立歴史民俗博物館、二〇〇五年）
『高松宮家伝来禁裏本目録』［分類目録編］（国立歴史民俗博物館、二〇〇九年）
『高松宮家伝来禁裏本目録』［奥書刊記集成・解説編］（国立歴史民俗博物館、二〇〇九年）
『企画展示　日本の中世文書―機能と形と国際比較―』（大学共同利用機関法人人間文化研究機構国立歴史民俗博物館、二〇一八年）
阿部隆一「宋元版所在目録」（『阿部隆一遺稿集　第一巻　宋元版篇』汲古書院、一九九三年）
長澤規矩也「関東現存宋元版書目（第二稿）」（『長澤規矩也著作集　第三巻　宋元版の研究』汲古書院、一九八三年）
石井行雄・近藤浩之・髙田宗平「田中本『周易』（重文）のもう一つの顔―白点調査中間報告―」（『歴博』第二〇一号、二〇一七年）
小倉慈司「「高松宮本」の年号関係資料」（『歴博』第二〇八号、二〇一八年）
小島道裕「広橋経光「改元定記」と年号勘文―年号を作る会議」（『歴博』第二〇八号、二〇一八年）
髙田宗平「国立歴史民俗博物館所蔵田中穣氏旧蔵典籍古文書『元秘抄』略解題」（『人文学論集』第三十七集、大阪府立大学人文学会、二〇一九年）
国立歴史民俗博物館データベースれきはく　館蔵資料データベース
国立歴史民俗博物館データベースれきはく　館蔵高松宮家伝来禁裏本データベース

宮内庁書陵部所蔵資料関係

宮内庁書陵部蔵漢籍研究会編『図書寮漢籍叢考』（汲古書院、二〇一八年）
尾崎康「群書治要解題」（古典研究会叢書　漢籍之部　第十五巻『群書治要（七）』汲古書院、一九九一年）
小林芳規「金沢文庫本群書治要の訓点」（古典研究会叢書　漢籍之部　第十五巻『群書治要（七）』汲古書院、一九九一年）
尾崎康「群書治要とその現存本」（『斯道文庫論集』第二十五輯、一九九一年）

東洋文庫所蔵資料関係

東洋文庫日本研究班編纂『岩崎文庫貴重書書誌解題』Ⅳ（東洋文庫、二〇〇四年）
東洋文庫監修『国宝　古文尚書　巻第三・巻第五・巻第十二　重要文化財　古文尚書　巻第六』（勉誠出版、二〇一五年）

国立公文書館所蔵資料関係

『内閣文庫未刊史料細目』下（国立公文書館内閣文庫、一九七八年）

序 ―本書の概要と意義―

水上雅晴

東アジアにおける年号使用の歴史は長いが、現在も続けているのは日本だけである。年を表示する機能の点で年号が西暦に及ばないことは自明なので、使用される場面が少しずつ減ってきていることは否めない。改元儀式を含む制定手続きはもとより、年号と深く結びついている天皇の性格も大きく変わっていて、本家の中国で廃止してしまった年号を使い続けることは、「告朔の餼羊《きよう》」のようになっている面もある。一世一元制の下では、一つの年号の持続期間はそれ以前にくらべると相当長く、年号は時代を劃するメルクマールになっている。それゆえか、新たな改元が近くにつれ、年号に対する関心は高まっている。効率重視の現代社会にあって年号の不便さが言われることもあるが、「我は其の礼を愛す」という思いを共有する人は今なお少なくないのかも知れない。

年号は、政治と文化の歴史を考える上での有効な研究対象であり、大宝（七〇一～四）以来、千三百年以上もの間、独自年号を使い続けている日本には膨大な関連資料や記録が残されている。所功編著『日本年号史大事典』の資料編には「年号関係研究評論文献目録」が収録されており、明治二十二年（一八八九）以降の年号に関する研究書や学術論文のみならず、評論を含む雑誌記事の類までおおむね網羅されていて、国内における百年を超える年号研究の蓄積を感じ取ることができる。しかし、所氏が本論集「総論」の冒頭で説いているように、年号に関しては少なくとも二つの課題が残されている。一つは、「年号（元号）の本格的な研究が、個別的にも全体的にもあまり進んでおらず、未解明の問題点が多いこと」であり、もう一つは、「このような年号（元号）を、いわゆる漢字文化圏（中国と周辺諸国）における歴史的所産として、政治史・社会史・思想史などとの関連から総合的に研究する必要があること」である。

『年号と東アジア―改元の思想と文化―』と題する本論集は、この二つの課題を解決する一助になり得ると自負する。収録されている大半の論考は、平成二十九年（二〇一七）九月十六日に開催された第一〇六回歴博フォーラム「年号と日本文化」および十月二十一日と二十二日に開催された国際シンポジウム「年号と東アジアの思想と文化」での研究報告にもとづいている。いずれも国立歴史民俗博物館（以下、「歴博」と略称）において開催された学術講演と会議では、合わせて二十五名の研究者によって講演と報告がなされた。聴衆として来場していた八木書店古書出版部の恋塚嘉氏からの提案を受けて、年号に関わる研究論集の出版の企画が立ち上がり、追加で執筆依頼も行った結果、資料紹介まで含めると二十九篇もの論考が集まった。総論を除く二十八篇の論考を七つに部分けしたのは、基本的に上記の国際シンポジウムで設定した部会のテーマにもとづくが、同会議で報告された論考の全てが収録されているわけではなく、会議後に追加された論考もあるため、名称が変更されているテーマが一部ある。以下、各論考の概要を説明していく。

第一部　文字・言葉・記録

1　小川剛生「迎陽記の改元記事について」は、不明な部分が多い日本の南北朝時代の北朝の改元状況に関して、同氏が厳密なテキストクリティークを施した東坊城秀長の日記『迎陽記』の関連記事を主たる材料として、新年号決定に至るまでの詳細な状況を眼前に広がるように詳細に描き出す。年号勘文の引文に用いられる漢籍の変化、改元仗議の難陳における学問的やり取り、年号勘者の人選と勘文代作などの実態が『迎陽記』を通して活写される。

2　石井行雄・猪野毅・近藤浩之「金沢文庫本『群書治要』の移点の意味」は、『群書治要』諸本の中、唯一訓点が施されている蓮華王院宝蔵本から金沢文庫本に移点がなされた理由を考察する。『群書治要』が天皇への進講や貴族の子弟への教育に用いられていたことから、年号勘文の引文を探すための道具として用いられた可能性があるという前提に立ち、巻三十一以下各巻の奥書に検討を加える。その結果、朝議を補弼・指導すべき立場にある北条氏にとって、年号選定のネタ本になっていた『群書治要』の読み方を押さえておくことは、辛酉革命の改元（一二六〇）に先立つ準備として必要であり、そのため北条実時が清原教隆に命じて移点を行わせたことが判明する。

3　髙田宗平「年号勘文から見た日本中世における類書利用―『修文殿御覧』をめぐって―」は、年号勘文に中国の類書が引かれることが珍しくない事実を提示した後、年号勘申者を出した家における類書の利用と所有の実態解明を図る。主たる考察の対象は、『太平御覧』の成立を受けて中国では失われてしまったとされる『修文殿御覧』であり、年号勘文に引用する勘申者と各自が属する家と親族関係を整理し図表化することで、中世期における類書の受容・収蔵状況の一端を明らかにする。

4　大形徹「年号と貨幣―中国貨幣「漢興」「大夏真興」を起点として―」は、貨幣の発行が年号の制定と並び国家の独立性を示す重要な指標であるという見解を示した上で、五胡十六国時代に発行された貨幣の刻文を多くの図版とともに紹介する。中国から夷狄と見なされた諸国が、国号や中国と異なる年号を刻した貨幣を発行することで国家の独立性を示そうとしていた状況を、実物に即した具体的挙例を通して浮き彫りにする。議論の延長線上で、「富本銭」と「和同開珎」にも説き及ぶ。

5　名和敏光「中国出土資料紀年考」は、漢代に「太初」の年号が使用されるまでの中国の紀年について、殷の甲骨文、周の金文、戦国時代の竹簡・帛書などの出土資料を用いて論じる。殷と周では、王の即位の年を起点とする「即位紀年」の方式を用いていたが、諸国が覇を争う戦国時代に入ると、周王に仕えるべき諸侯が即位した年を起点とする「諸侯紀年」が見られるようになり、その一方で大事件が起こった年を起点とする「以事紀年（大事紀年）」も広く使われていたことが叙述される。最後に前漢時代の紀年を取り上げ、武帝前期までの出土資料の大半が年号を記しておらず、最初の年号とされる「太初」を記した出土資料が発見されていないことを指摘する。

第二部　朝鮮・ベトナムと年号

1　月脚達彦「近現代朝鮮のナショナリズムと年号」は、長きにわたって中国の年号を使っていた朝鮮が十九世紀末に至って独自年号を制定するようになった経緯とその政治的・思想的背景について詳論する。日清戦争前までは独自年号の必要性を感じていなかった朝鮮が近代化の荒波の中でナショナリズムが刺激され、中国・日本・欧米諸国と交わす外交文書の中で、中国年号、開国年号や干支の使い分けを行う準備段階を経て、やがて独自年号を制定するに至るプロセスを丁寧に跡づける。

2　ファム・レ・フイ「ベトナムの年号史試論―丁・前黎・李・陳朝期（十世紀～十四世紀）の事例を中心に―」は、年号使用の長い歴史があることは知られておりながら、その年号を対象とした研究がなされていないベトナムの年号に関する本格的な専論である。ベトナムにおける年号の使用から説き起こし、前黎朝の黎桓のように、中国皇帝への対等意識を示すために改元を海外に発信しようとした皇帝もいたが、中国を刺激しないように独自年号の使用は隠蔽されることが多かったことを明らかにする。歴史文献以外に銭譜、金石文、木簡、文字磚などの史料も活用して、改元の理由と時期、年号と出典の関係についても詳論した今後のベトナム年号研究の土台となる論考である。

第三部　年号と正統性

1　清水浩子「年号と王朝交代」は、皇帝支配の正当性と正統性を天下に示すための政治的装置を必要としていた漢代において年号が使われるようになった経緯について、王朝交代を説明する理論である五行思想、およびその思想を支えた術数や讖緯と併せて論じる。

2　多田伊織「受命と改元─漢末の改元をめぐって─」は、古典籍における紀年の方式を列挙し、「改元」が当初は「元年を建てる」という意味しか持っていなかったが、漢の武帝の時から「年号を易える」ことを意味するようになったことを明らかにする。続いて前漢末哀帝の時における改元の状況について五行思想や讖緯説との関連に着目して論じ、当時における改元が「再受命の重要なプロセスの一つ」と考えられていたことを指摘する。

3　甘懐真「東アジアにおける四～六世紀の「治天下大王」と年号」は、漢のみが「治天下」の主だった状況から、三国、そして五胡十六国と「治天下」の国が増え、三八六年には「中国には十個の年号」が存在するに至るまでの変遷を子細にたどる。考察を通して、国家間のパワーバランスや国内外の政治情勢の変化に伴って各国が国号・年号・王号の使用・不使用を使い分けて対外関係を調整していたことが闡明にされ、古代の日本と朝鮮における国号・年号・王号も同じ文脈の中で論じられる。

４　**福島金治「鎌倉期の年号勘申者の家と公武政権」**は、改元定に先立って年号案を提出する勘申者とその出自に着目した論考である。先行研究はあるものの、「勘申者と時の公武権力との関係、勘申者の家の性格と相互関係、改元の故実の集積や作成のありかた」については解明が進んでいない、という見解に立ち、鎌倉期の年号勘文の書式、読み上げ順と官職の関係、改元吉書始の実施状況、勘申者が出る家と時の政権との関係などについて、様々な史資料を駆使してつぶさに論じ、最後に歴博所蔵『経光卿改元定記』の成立背景を明らかにする。

５　**田中大喜「南北朝期日本の不改年号と私年号」**は、国家権力によって建てられた公年号が使われない、という状況に焦点を当て、その状況が顕著に見られた南北朝時代の実態を考察する。年号の不使用には、改元・公布された新年号を使わない不改年号、公年号と別の年号を建てる私年号、という二つのパターンがある。前者については、支配者に対する反抗の示威行為と見られるものが多いが、地方への新年号の伝達が遅れたための無作為によると見られるものもあることを指摘する。後者については、南北朝の私年号で唯一使用者が特定できる「白鹿」に焦点を当てて議論を進め、使用時期と政情を分析することで、この年号の使用に南朝内の政治的対立を読み取る。

第四部　「時」の支配

１　**童嶺「五胡十六国前期「列国元年」紀年研究序説」**は、四世紀前半の華北における紀年法を論じる。前趙が少数民族である羯の石勒によって滅ぼされ後趙が建てられた頃、権力の正統性をそれまで用いられた血統とは別の要素で裏づける必要が生じ、王号、それに年号を含む紀年法がクローズアップされるようになった。かかる状況下、後趙の石勒と前燕の慕容儁がいずれも帝位に就く前の「趙王」と「燕王」の段階で「元年」を称したが、その理論的根拠に「春秋列国の故事」があり、それが配下にいた漢人官僚によって提起されたものであったことを究明する。

2 久禮旦雄「平安時代初期の王権と年号」は、改元時期と権力構造の関係を取り上げ、弘仁・嘉祥の二つの改元を重点的に論じる。前者については、嵯峨天皇が大同四年（八〇九）に即位し翌年に改元したのは、一見、「踰年改元」の方式を踏襲したかに見えるが、当時はまだ「踰年改元」が定例化しておらず、実際は「薬子の変」を経て平城太上天皇との権力争いが決着したための改元であったことを明らかにする。後者については、桓武天皇以来、一代一年号の状況が続く中で天皇と年号の一体化が図られたが、祥瑞を理由に改元を求める臣下の上表を仁明天皇が拒みきれなかったことに着目し、平安中期以降にしばしば改元されるようになる淵源をここに見出す。

3 鶴成久章「「一世一元」制度の淵源—明朝の年号をめぐって—」は、明治改元の際に導入された「一世一元」制が範を取った明代の「一君一元」制を論じる。「一君一元」制の発生と継承の状況を概述した後、その理論的根拠の考察に移り、『大学衍義補』の著者として知られる丘濬『世史正綱』がその一つであると指摘し、山崎闇斎『本朝改元考』にその所説が引かれていることを明らかにする。さらに一君一元制に対する明清の学者の評価がおしなべて好意的であることを示し、彼らの評価が一世一元制導入をめぐる国内の議論に影響を与えた可能性を示唆する。

4 大川真「近世日本における一世一元論」は、江戸時代における年号をめぐる議論の諸相を紹介し論じる。中井竹山『草茅危言』を取り上げては、一世一元制の主張の背後に文字の吉凶や讖緯と改元を関連づけることに対する否定的な見解があることを指摘する。林鵞峯『改元物語』を取り上げては、江戸時代における改元理由の特徴と年号に対する巷説に対する幕府の対応を解説する。山崎闇斎『本朝改元考』と新井白石『折たく柴の記』を取り上げては、巷説の中で用いられる測字術的な考えを退け、合理的な態度を示していることなどを説く。

5 清水正之「年号と暦法—本居宣長における作為「人作」と自然「神作」—」は、暦に関する宣長の学説を論じる。宣長の著作の中で私年号に言及されることはあるが、人為性が表出する年号に対する宣長の関心は意外にも薄く、反中国的な言辞の中で触れられることすらない。宣長が多大な関心を寄せるのは、「本来的な自然性」を有していたとその存在を確信する日本独自の「真暦」であり、文献実証主義的な態度を逸脱してまでも「真暦」に関する議論を進める点に、宣長の「古学」の形而上学に関わる核心的な論点であったことがうかがわれるとする。

第五部　改元の思想的要素

1　鄭吉雄「天命・暦法と年号」は、年号導入以前の中国における紀年紀月法を詳論する。最初に取り上げられるのは暦の問題である。中国では王朝が交替する度に暦が改められ、夏・殷・周はそれぞれ独自の暦を持っており、これらは「三正」と総称される。筆者は『逸周書』周月にもとづき、王朝が交替したからといって前王朝の暦が完全に廃されたわけではなく、夏暦は天道の運行に適っていたので、周代に至っても民間レベルでは用いられていた、という知見を提示する。ついで「受命」と「即位」の関係に触れた後、王の治世を記す時に、「一月」や「一年」ではなく「正月」や「元年」と表記された理由を考察し、「君主の至高無上の権威」を示すためだと結論づける。

2　赤澤春彦「日本中世における改元と陰陽家」は、中世の革暦改元の時に陰陽家からなされた関与について論じる。陰陽家が改元に関わるのは、辛酉革命・甲子革令の年になされる革暦改元の時に限定されていた。論文の中では、陰陽道関係者による革暦勘文の勘申状況を一覧表にした上で、十一世紀までに勘申する家が賀茂・安倍両氏に独占され、勘申者が陰陽博士に限定されるようになっていく経緯を詳かにする。勘文の中で引かれる典籍については、『易緯』『詩緯』『改元暦紀経』、三善清行『革命勘文』、家内の過去の勘文、それに『五行大義』の六種であることを確認し、十二世紀以降、『五行大義』の影響が拡大していくことを指摘して論を結ぶ。

3　水口幹記「祥瑞改元から災異改元へ」は、年号制度導入初期における改元理由を論じる。古代においては、代始を除くと、祥瑞と災異が改元の二大理由であり、この二つは中国の天人相関思想にもとづいていた。筆者は、祥瑞と災異の現象をランクに応じて報告するシステムが養老令の中に整備されていたことを明らかにした上で、祥瑞・災異改元の実施状況を解説する。その一方で、醍醐朝の「延長」を境に改元理由が祥瑞から災異に転換していることを指摘し、醍醐天皇自身が出典を『文選』から選んだ学術的背景を詳論する。

4 尾形弘紀「文字の想像力と改元―改元における「キャンプ」なるものをめぐって―」は、新年号が決まるまでの過程に、「キャンプ」と称される感覚的でとらえがたい要素が作用している、という見解を示した上で、祥瑞と難陳を論じる。祥瑞に関しては、『延喜式』の祥瑞品目リストに掲載されている奇瑞という「自然」だけが改元理由を構成するのではなく、瑞物に看取される文字という「人事」の要素も肝要であり、自然と人事の「あわい」に位置する「座りの悪い事態」が改元理由であったことを明らかにする。難陳に関しては、文字遊戯に類する営みを中心に取り上げ、文字に世界と同様の重みを与える、今となってはなかなか視認しえない「感覚」をそこに認める。

5 水上雅晴「難陳―朝廷における改元議論の実態―」は、従来、学術的な関心があまり払われてこなかった難陳に関する専論である。難陳の場では、外国年号の扱い、年号の中で使われる文字の位置、年号の持続年数、使われる文字の吉凶など様々な観点から論じられたこと、とりわけ年号に使われる文字に関しては、漢字を構成する三要素である形・音・義に着目した議論がなされたことを明らかにする。さらには、年号案と出典に使われた漢籍の解釈が問題となり、学術的な議論が展開・蓄積されることがあったことも紹介する。

第六部　年号と時間

1 武田時昌「中国古代の暦運説―数理と展開―」は、前漢末の政情不安の中、皇帝の再受命を通して運気の改善を実現するために導入された暦運説は、王莽の政権簒奪や光武帝の漢王朝復興の際、易姓革命を正当化する理論として効力を発揮し、国家公認の学説となった。論考の中では、儒学と道教における唐宋に至るまでの暦運説の展開とそれを支えた数理的基盤が細説され、最後にこの暦運説が、三善清行の意見封事がきっかけとなって始まった革暦改元の淵源であったことにも言及される。

2 細井浩志「日本の古代における年号制の成立について」は、国内における年号使用開始と受容の状況を中国・朝鮮からの影響を考慮に入れながら論じる。公文書や出土木簡における紀年表示は、大宝以前は原則として干支年で記されていたが、大宝令の制定以後、紀年表示は年号で記されることが原則になることを確認した後、年号制が成立した理由の考察に移り、以下の三点を導き出す。すなわち独立国家であることの対外的な承認、天皇の統治の正当性としての祥瑞の活用、そして六十年を越える文書の管理に干支年が向いていないことである。最後に、年号の普及を頒暦制度が支えたことを指摘する。

3 末永高康「術数の原理―『兼良公三革説』を中心に―」は、『兼良公三革説』の作者を考証する。延喜改元以降、辛酉革命と甲子革令の年の改元が定例化したが、その理論的根拠となったのが「三革説」であり、関連する諸説が集成されている書物が本書である。この書物の著者が一条兼良であるとされていることに対する疑念から出発し、諸家による革命・革令の年の求め方を確認してから、記述内容に検討を加える。すると、書中に兼良の説は見当たらず、書名が『兼良公三革説』とされるのは、外題の表記以外の理由が無いことが判明する。筆者は同書と兼良が無関係であるとほぼ断定しながらも、最終的な判断は留保する慎重な態度を示す。

4 吉野健一「近世民衆の年号認識―噂や狂歌を事例として―」は、年号に対する江戸時代の民衆の意識を論じる。題材に用いられるのは、噂の記録、狂歌や川柳などである。これらを通して時代の閉塞感、新時代への仄かな期待、期待がやがて失望に変わる様などが如実に示される。江戸時代には新年号を書き付けた紙を売り歩く者までいたことも紹介されており、改元が天下の耳目を集める一大イベントであったことが実感される。

第七部　資料紹介

1　髙田宗平「国立歴史民俗博物館所蔵「〔経光卿改元定記　寛元　宝治　建長〕」——影印、附・略解題——」は、口絵欄に四カット（口絵25—1～4）提示した歴博所蔵の広橋経光『経光卿改元定記』（筆者は資料名の確定を留保）の成立・伝承の状況および資料価値を説明した上で、詳細な書誌情報を提供し影印を掲げる。

2　所功「霊元上皇宸筆　国立歴史民俗博物館所蔵「年号事」覚書」は、同じく歴博所蔵の「年号事」（口絵1—4）を翻刻して考察を加える。本資料は、宝永改元時に勘申した年号案に対して、霊元上皇が評点を書き入れている一枚物の珍品である。筆者は書写者を霊元上皇と断定した上で、正式に改元勅問・勘申がなされた宝永元年正月二十六日・二十八日より前の十九日までに作成された内々勘文であると結論づける。

附録には、「1　索引」、「2　続群書類従 改元関係記事索引」、「3　中国・日本・朝鮮・ベトナムの公年号一覧」を用意した。

以上紹介した通り、本論集の内容は多岐にわたっている。「年号学」という学術領域は現在のところ存在しないが、将来構築されることがあれば、本論集中で示され考察された論点がその基本的な枠組みを形成する、と思われる程に多彩な論考が並ぶことになったのは、編者として喜ばしい限りである。研究分野で言うと、中国哲学、中国科学思想史、日本漢学、日本史（古代・中世・近世）、朝鮮史、ベトナム史、日本思想史、日本文学、国語学、日本法制史、書誌学など広い領域をカバーしており、このことは、年号が総合領域的な研究に耐えうる研究題材であることを示す。見方を変えると、今後の年号研究は少なくともこれらの領域に関わる研究者が参加しないと全面的な発展が望めないことを意味する。

最後に、本論集における表記と用字に関して説明する。年を数えるための称号には「元号」と「年号」の二つがあるが、基本的には「年号」の方を用いることである。「元号法」が昭和五十四年（一九七九）に制定されているように、国内では「元号」が正式名称のようになっているが、本家の中国では「年号」と称するのが常であり、「元号」の語が用いられることはほとんどない。東アジア全域における年の表記に関する事象をカバーする本論集としては、「年号」の呼称に従うのが妥当だと考え、書名にも「年号」の方を使っている。

用字は、漢字の字体については常用漢字を使うのを原則とし、引用文を訓読体で提示する際、現代仮名遣いに従うことを基本としたが、研究者としてのスタンスに関わる部分もあるので、無理に統一を図ることはしなかった。書名など漢字の読み方についても、筆者によって異なる場合もあるが、同様の観点から、執筆者各自の見解を尊重した。

平成三十一年二月二十日　多摩山館にて識す

『年号と東アジア　―改元の思想と文化―』目次

総　論　―日本年号の来歴と特色―

所　功

はじめに　―年号研究との関わり―

「平成」年号は、平成三十一年の五月一日、新しい年号に改められる運びとなっている（所、二〇一六・二〇一八）。折しも、昨年、国立歴史民俗博物館において「年号と朝廷」をテーマとする特集展示と「歴博フォーラム」及び国際シンポジウム「年号と東アジアの思想と文化」が開催された。その意義は、まことに大きいと思われる。

先般、中央大学の水上雅晴教授から、このフォーラムで何か話をすること、及びシンポジウムでも何か報告するように勧められた。洵に光栄と感じながらも、御期待に応えられるような新しい研究ができていないため、暫く躊躇せざるをえなかった。しかし、個人的には、「三善清行とその時代」という題で大学の卒業論文を書いた頃から年号（元号）の歴史に関心をもち、約半世紀後（二〇一四年一月）若い研究者数名の協力を得て『日本年号史大事典』を編集したことがある（所、一九七〇・一九七七・一九八八a・一九八九a・二〇一四・二〇一八）。

その際に痛感したことが二つある。ひとつは、年号（元号）の本格的な研究が、個別的にも全体的にもあまり進んでおらず、未解明の問題点が多いこと。もうひとつは、このような年号（元号）を、いわゆる漢字文化圏（中国と周辺諸国）における歴史的所産として、政治史・社会史・思想史などとの関連から総合的に研究する必要があることである。

もちろん、すでに高齢の私は、その両方とも手に負えないが、かつて拙著『日本の年号』（所、一九七七）に懇篤な序文を賜った坂本太郎博士（故人。当時東京大学名誉教授、国立歴史民俗博物館設立準備委員長・同議員会議長）から、「日本が、中国文化の影響を受けながらも、毅然として自国の年号を用い続けたのは、簡単に見過ごされてはならない事実である」との御指摘を頂いたことがある。これを念頭に置いて、「日本年号の来歴と特色」に関する管見の一端を論述させて頂こう。

一　中華文化圏の紀年法 ―干支と年号―

古代中国で発明された紀年法に「干支」と「年号」がある。周知のごとく、干支（十干十二支）の組み合わせにより年月日を表す方法は、すでに殷代からみられるが、年数の上に漢字の名称を冠する年号（元号）は、前漢の武帝（在位BC一〇一～BC八七）に始まる。

この干支紀年法は、漢字を使う中華文化圏に早くから広まり長く使われてきた。わが国では、『古事記』に残る崩年干支の初見（崇神天皇の「戊寅」）を二五八年に比定してよければ、三世紀中頃（以前）から干支紀年が行われていたことになる（所、二〇一五ほか）。

また、年号による紀年法も、中国領域だけでなく、周辺の諸国などでも用いられてきた。この年号は、中華帝国の天子たる皇帝によって勅定されたものであるから、その統治下に入った人々、その勢力圏に入った地域においては、中国皇帝から暦を頒けてもらい、それに記されている年号を使わせてもらう、という対応をすることにより、服属の態度を示さなければならなかった。

それに対して、中華皇帝に反抗しようとする勢力は、独自に別の年号を作り使おうとしたが、それは直接間接に正統王朝から否定された。また、表向きは中華皇帝に服従して中国の年号を奉じながら、私的に別の年号を作り使おうとすることもあったが、それすら簡単に許容されなかった（大谷、一九七五。佐伯、一九八八ほか）。

たとえば、朝鮮半島の北中部に勢力を張った高句麗で、最盛期に君臨した好太王（広開土王）は、ＡＤ三九一年、「永楽」年号を建て、その功績を碑文に刻んで誇示したが、それは中国の正史に公認されていない。

また、朝鮮半島の南東部に勢力を占めた新羅は、中国文化を積極的に導入し、唐と手を結んで半島の統一に成功した。しかし、その過程で、法興王が五三六年、「建元」という年号を定めてから数代独自の年号を使っていたが、真徳女王の即位翌年（六四八）、唐の太宗から「新羅は大朝（唐）に臣事（臣下として服属）しながら、何ぞ以て別に年号を称するや」（『三国史記』新羅本紀。原漢文を現代仮名づかいで書き下し文とする。以下同）と詰問された。そこで、次のように弁解し陳謝している。

大朝（唐）いまだ正朔（正式の暦）を頒ちたまわず。これゆえに先祖の法興（王）以来、私に紀年（独自の年号）あり。もし大朝の命あらば、小国（新羅）また何ぞ敢てせん。

その際にどうしたかをみると、二年後（六五〇）から「中国（唐）の永徽《えいき》年号を行う」（『同上』）に至った。それ以降、歴代の朝鮮王朝は、原則として独自の年号を作らず、中華帝国の年号を公用してきた（せざるをえなかった）。

二 「大化」年号創建の歴史的意義

この点、朝鮮の三国とも外交関係をもった「倭国」日本の場合、どうであったろうか。中国との外交関係は、北九州の地域勢力とみられる一世紀の「倭奴国」や三世紀の「邪馬台国」の段階でも、またやがて三世紀から四世紀にかけ大和を中心に国内の大半を統一した大和朝廷でも、中華皇帝に朝貢して服従せざるをえない状況にあったであろうから、国書（外交文書）には原則として中国の年号を遵用していたとみられる。

その状態は、仏教の公伝した六世紀段階でも変わりない。しかし、七世紀初めころ、推古女帝のもとで摂政を務めた甥の聖徳太子（五七四～六二二）は、大臣の蘇我馬子らの協力をえて、従来よりも自主的な外交に努めようとされた。とはいえ、まだ独自の年号を建てるには至っていない。

ただ、この太子の事績を記す史料の年代には「法興」という年号のような表現が使われている。これは、おそらく〝仏法興隆〟に尽くした聖徳太子を「上宮法王」とか「法王大王」などと讃え仰ぐ人々の間で使われた〝私年号〟とみられる。そうであれば、年次を表わすのに漢字を冠する年号の知識が、少なくとも太子周辺の人々に普及していたことを示す一証とはいえよう（所、一九七八）。

その薨去（推古女帝三十年）から二十三年後の皇極女帝四年（六四五）の六月十二日、中大兄皇子が蘇我入鹿を倒し、二日後に同女帝が弟の軽皇子＝孝徳天皇に譲位してから五日後の六月十九日、「大化」と改元されるに至った。

『日本書紀』同日条には、

改《メテ》二天豊財重日足姫（皇極）天皇四年《ヲ》一為《ス》二大化元年《ト》一。

と記されているだけであるが、古来これを、日本における最初の公年号とみなしている。たとえば、『日本後紀』弘仁元年（八一〇）九月丙辰条の改元詔に「飛鳥以前未《ダ》レ有《ラ》二年号之目一、難波御宇《ノ》（孝徳天皇）始《メテ》顕《ス》二大化之称《ヲ》一。爾来因循《シテ》至《リ》レ今《ニ》是用《ウ》」とあり、また『扶桑略記』孝徳天皇段にも「初《メテ》立《テ》二年号《ヲ》一為《ス》二大化元年《ト》一」と記されている。

けれども、この「大化」年号が実用されたという証左は、きわめて少なく、管見の限り平安初期（弘仁年間）成立の『日本霊異記』に、

高麗学生道登者……出《ヅ》レ自《リ》二山背国恵満之家一、而往《キテ》大化二年丙午営《ム》二宇治橋《ヲ》一

とある程度にすぎない（『扶桑略記』大化二年丙午条に「始《メテ》造《ル》二宇治橋《ヲ》一。伴《ノ》橋《ノ》北岸《ノ》石《ノ》銘《ニ》曰《ク》」として、石碑の銘文を載せる）[1]。では、これ以外にほとんどみあたらないのは何故だろうか。その理由として考えられるのは、従来〝何天皇（朝）の何年〟とか中国伝来の干支により年次を表わし、それで事足りていたから、年号を使う必要がなかったのかもしれない。しかし、それよりも、七世紀中頃、前述した新羅のように、独自の年号を公然と使用すれば、中国（唐）から譴責を受ける恐れがあり、それを憚って表向き公用しなかった（できなかった）のだろうとみられる。

そうであるならば、中大兄皇子が主導された政変（いわゆる乙巳の変）直後、「改新」の断行に先立って「大化」年号を創建した意義は大きいが、それを内政外交の文書などに公用することまでは難しかったのだと思われる。

三　「大宝」年号制定の画期的意義

『日本書紀』を通覧すると、孝徳天皇朝に「大化」の六年（六五〇）二月甲申（十五日）、穴戸（長門）から献上された「白雉」の出現を「嘉瑞」とみて「白雉」と改元された（いわゆる祥瑞改元の初例）。しかしながら、次の斉明

女帝朝（六五五～六六一）にも次の天智天皇朝（六六一～六七一）にも次の弘文天皇朝（六七一～六七二）にも、年号が建てられた形迹がない。

さらに、次の天武天皇朝（六七二～六八六）でも、ようやく晩年の十五年（六八六）七月戊午（二十日）に至り「改《メテ》レ元《ヲ》曰《ウ》二朱鳥元年《ト》一」ことになった。しかし、それから二ヶ月後（九月九日）崩御されてしまい、次の持統女帝朝（六八六～六九七）にも、年号が建てられていない。

すなわち、斉明～持統の五代四十二年間は、天武天皇の晩年二ヶ月以外、年号が空白だったのである。そのころの内外情勢をみると、重祚して七年目（六六一・辛酉）の斉明女帝が、唐と新羅の連合軍に攻められて苦しんでいた百済を救援するため、皇子たちを率いて北九州まで遠征されたけれども、朝倉宮において崩御されてしまった。

そこで、皇太子の中大兄皇子が、国防体制を整えるために内治政策に重点を置き、即位六年目（六六七）に近江の大津へ都を遷して翌七年「近江令」を定め、同九年それに基づき「庚午年籍」を造るなどの諸事業に努められた。そして、同十年（六七一）に崩御されてから半年後、大友皇子（弘文天皇）と大海人皇子（天武天皇）との大規模な争い（壬申の乱）に至った。それに勝利して即位された天武天皇は、新たな諸改革を次々と進められた。その十五年目（六八六）に崩御されてからも、遺志を継いだ持統女帝が、「飛鳥浄御原律令」を定め（六八九年）、また本格的な宮都の藤原京を造られた（六九四）。

その上で、正式即位から八年目（六九七）、持統女帝は嫡孫軽皇子に皇位を譲って「太上天皇」となられた。それから五年目（七〇一）の三月甲午（二十一日）、文武天皇は奇しくも「対馬《ヨリ》貢《ス》レ金《ヲ》」ことを格別な祥瑞として、「建《テ》レ元《ヲ》為《ス》二大宝元年《ト》一」（『続日本紀』）に至ったのである。

しかも、その前後に、まず正月二十三日、粟田真人が「遣唐執節使」に任命され、ついで八月三日には『律令』（大

宝律令）が完成している。注目すべきは、その「儀制令」（逸文）に、

凡《ソ》公文応《ニ》レ記《ンバス》レ年《ヲ》者、皆用《イヨ》二年号《ヲ》一。

という明確な規定が設けられるに至ったことである。(2) これによって、従来ほとんど干支により記されていた年次が、公文書類では必ず「年号を用い」なければならないことになった。事実、藤原宮などから出土する木簡では、この文武天皇五年＝大宝元年の三月（二十一日）を境目に、干支から年号へと見事に切り替っている。(3)

それ以降、「平成」の今日まで、一三〇〇年以上にわたり、年号（元号）制度は日本の公的紀年法とされてきたのである。その意味で、「大宝」改元と令制の明文化は、まさに画期的な意義を有するといえよう。

四　中国年号と日本年号の使用文字

このように日本の公年号は、一応「大化」（六四五年）に始まるが、まだ広く公用されず、約半世紀後の「大宝」（七〇一年）から制度化され、以後「平成」の現在まで連綿と続いている。その間に朝廷で公式に定められたと認められる公年号は、北朝年号も含めて二四七ある。

それに対して、中国の公年号は、総数を正確に示すことが難しい。前漢の武帝から清朝の宣統帝まで二〇五〇余年間に、王朝が何十回も交替している。そのうち狭義の正統王朝における公年号数は、合計三五四あり、日本の約一・五倍（これに三国時代の魏・呉、南北朝時代の北朝五国、および遼・金も加えれば約五〇〇あり、日本の二倍強）にのぼる（所、一九八八ａ）。

この日本と中国（狭義）における公年号の使用文字（日本は未採用の年号案も含む。異称の「白鳳」「朱雀」は除く）

を対比してみよう。まず文字総数は中国が一四八字、日本が七二字（中国の約二分の一）あり、それぞれ使用回数の多い順に並べれば、左の通りである。

表1　年号文字使用回数一覧（森本、一九三三を補訂）

〔中国文字〕（一四八文字。中国のみの用字には右に波線を付す。ゴシック体は10回以上）
10回以上……**元**46、**永**34、**建**26、**天**・**和**（各々）＝21、**平**20、**興**18、**太**17、**光**15、**嘉**・**大**・**徳**＝14、**熙**・**康**＝13、**泰**・**寧**12、**景**・**始**・**初**・**中**＝11、**延**・**祐**・**乾**・**至**＝10（以上二四字）
9〜3回……開・咸・慶・隆＝9、宝・明＝8、安・順＝7、聖・定・武・暦・龍＝6、淳・紹・治・通・道・貞＝5、化・皇・正・成・昌・寿・同・鳳・萬（万）＝4、炎・熹・顕・広・国・歳・朔・章・神・靖・宣・統・符・文・封＝3（以上四三字）
2回……応・観・漢・義・徽・禧・啓・弘・祥・上・崇・清・端・地・長・禎・福・豊・本・雍・陽・耀・露（二三字）
1回……意・雲・運・河・会・甘・監・紀・儀・久・居・竟・極・五・後・孝・更・黄・業・功・鴻・亨・載・丹・視・嗣・爵・狩・授・緒・如・証・彰・承・昇・升・昭・仁・垂・綏・政・征・節・摂・先・総・足・戴・宅・調・鼎・登・唐・晋・復・豫（予）・楽・麟（五八字）

〔日本年号〕（七二文字、日本のみの用字には右に波線を付す。ゴシック体は10回以上）
10回以上……**永**29、**元**・**天**＝27、**治**21、**応**20、**正**・**長**・**文**・**和**＝19、**安**17、**延**・**暦**＝16、**寛**・**徳**・**保**＝15、**承**14、**仁**13、**嘉**12、**平**12、**康**・**宝**＝10（以上二一字）
9〜2回……久・建＝9、享・慶・弘・貞＝8、明・禄＝7、大6、亀5、寿・萬（万）＝4、化・観・喜・神・政・中・養＝3、雲・護＝2（以上二一字）
1回……感・吉・景・乾・興・亨・衡・国・斉・至・字・朱・授・昌・昭・祥・勝・成・祚・泰・雉・鳥・禎・同・銅・白・武・福・霊・老（三〇字）（白鳳は白雉、朱雀は朱鳥の追改）

表2　日本と中国の共通使用年号一覧

〈中国が先、日本が後の場合〉＝二十六例

年号	中国	改元年	日本	改元年
大宝	梁	五五〇	文武	七〇一
貞観	唐	六二七等	清和	八五九
元徳	金	一一二〇	後醍醐	一三二九
文明	唐	六八四	後土御門	一四六九
宝暦	唐	八二五	桃園	一七五一
神亀	北魏	五一八	聖武	七二四
承平	北魏	四五二	朱雀	九三一
建武	後漢	二五等	後醍醐	一三三四
弘治	明	一四八八	後奈良	一五五五
天保	北斉	五五〇等	仁孝	一八三〇
天平	東魏	五三四	聖武	七二九
天禄	遼	九四七	円融	九七〇
正平	北魏	四五一	後村上	一三四六
天正	梁	五五一	正親町	一五七三
大同	梁	五三五等	平城	八〇六
貞元	唐	七八五等	円融	九七六
天授	唐(周)	六九〇	長慶	一三七五
元和	唐	八〇六等	後水尾	一六一五
仁寿	隋	六〇一	文徳	八五一
天福	後唐	九三六等	四条	一二三三
永和	後漢	一三六等	後円融	一三七五
天和	北周	五六六	霊元	一六八一
天安	北魏	四六六	文徳	八五七
乾元	唐	七五八	後二条	一三〇二
至徳	唐	七五六等	後小松	一三八四
正徳	明	一五〇六等	中御門	一七一一

〈日本が先、中国が後の場合〉＝六例

年号	日本	改元年	中国	改元年
天慶	朱雀	九三八	遼	一一二一等
天暦	村上	九四七	元	一三二八
天徳	村上	九五七	金	一一四九
永暦	二条	一一六〇	明	一六四七
承安	高倉	一一七一	金	一一九六
嘉慶	後小松	一三八七	清	一七九六

＊中国は王朝名（主要な非正統国も含む）、日本は天皇名（北朝も含む）、数字は改元年西暦、等は複数使用年号。配列は日本年号の年代順。

これによれば、㋑日中共通に多用されているのは、安・永・嘉・元・康・天・徳・平・和など（各七回以上）で、また㋺日本でより多く使われているのは、応・正・仁・正・治・長・文・暦など、さらに㋩中国でより多く使われているのは、景・建・乾・興・至・大・泰・中などである。

それに対して、中国と日本の相違が目立つ年号文字を纏め直せば、次の通りである。

㋥中国のみに有り、日本に無い年号文字

太・光・熙・寧・始・初・祐／開・咸・隆・順・聖・定・龍・淳・紹・通・道／皇・鳳・炎・熹・顕・歳・朔・章・靖・宣・統・符・封（以下六七字省略）

㋭中国に多く有り、日本に少い年号文字

建・興・泰・乾・至・武・昌など

㋬日本にのみ有り、中国にない年号文字

寛・保・久・享・禄・亀・喜・養・護・感・吉・衡・斉・字・朱・授・勝・祚・雉・鳥・銅・白・霊・老

㋣日本に多く有り、中国に少い年号文字

治・応・正・長・文・承・仁など

このような対比から何を読み取ることができるか、いろいろな観点から検討を要する。大まかな共通点としては、天下を統治する帝王が心得るべき公的な理想・鑑戒を表わすにふさわしい文字が多い。

その反面、相違点をみると、内乱や革命（王朝交替）の頻発した中国では、一方で建元・建興・建平・建武など積極果敢な意気を示すような年号があり、他方で安永・永興・永和・永平・太平・太和（一部は大和）など治世の永続を希うような年号があって、これらはいずれも五王朝以上で重複使用されている。それに対して、比較的に内乱が少く本格的な革命のなかった日本では、全般に穏やかな文字が選ばれており、何より重複する年号が一つも無い。

なお、中国では道教に関係の深い年号が若干ある（北魏の太平真君、隋の開皇、唐の天宝、宋の大中祥符など）。それに対して日本では、改元理由に神異を祥瑞としてあげた例が奈良時代から平安初期に多い（慶雲・神亀・天平・天平神護・神護景雲・天応・斉衡など）。

五　日本年号の選定方法と原案勘申者

このような年号文字は、どのようにして選ばれ定められたのか。中国のことは、寡聞にして今のところ明らかでないが、日本の実情は、平安中期以降の史料により詳しく知ることができる（所、一九八七ａ）。

その手続きを略述すれば、天皇から勅令を受けた学者（多く菅原氏）の勘申する文字案を、公卿の全員で詮議して最善案を選び奏進すると、天皇が嘉納して勅定され、改元詔書を作成させ公布せしめられたのである。

このように年号の改元は、天皇の勅定を原則とするが、中世から近世にかけて幕府の関与も否定し難くなった。

図1　江戸時代の改元手続き

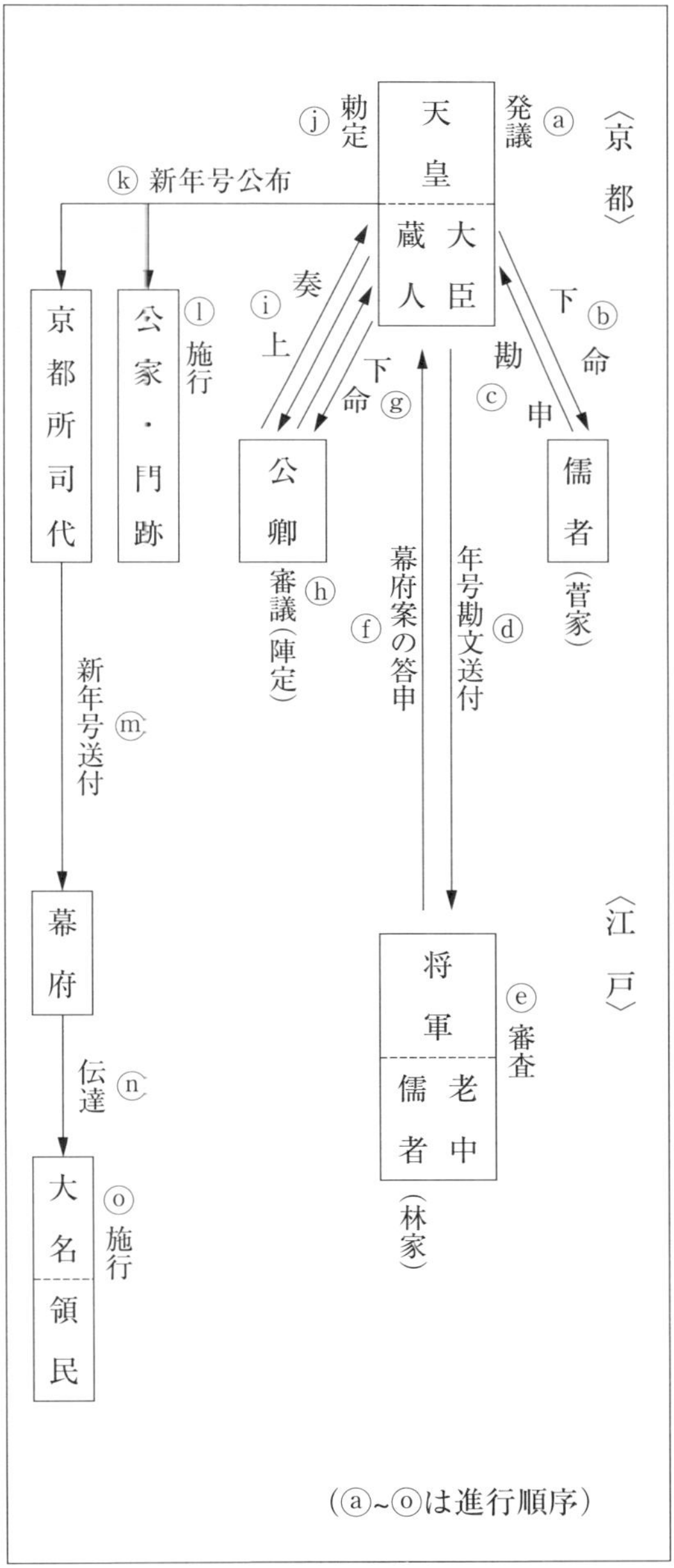

とりわけ徳川時代には、儒者の勘文を京都から江戸へ送り、その複数案を将軍のもとで老中と儒者（主に林家）で検討してベストな案を選び、それを京都へ返した。すると、その結論に沿った公卿会議が行われて勅定され、その改元詔書も京都所司代より江戸幕府に送付され、諸大名等に伝達されて施行可能となったのである。

ところで、年号文字を勘申した学者は、漢籍に精しい儒者であるが、そのほとんどが明経道出身者ではなく紀伝（文章）道出身者である。しかも、それが平安中後期には、藤原氏と菅原氏についで大江氏などもいた状態から、中世（鎌倉・南北朝・室町）には、菅原氏が優勢、藤原氏が劣勢で、他氏は僅か（二名のみ）となり、さらに近世（安土桃山・江戸）には、すべて菅原氏のみとなっている。

日本における漢籍・儒学の受容・活用（研究・教育）史上、紀伝道の関係者だけでなく、明経道関係の中原氏・清原氏（舟橋家・伏原家）も、明法道関係の坂上氏などからも、各々すぐれた学者が出ており、各々果たした役割は決して小さくない。それにも拘らず、年号文字の勘申は、もっぱら紀伝道の関係者であり、とりわけ菅原氏（道真の子孫）が段々独占するに至ったのは何故か、あらためて検討を要する（ちなみに「明治」改元時の文字案勘申者は全員菅原氏出身者であるにも拘らず、山科言成の『言成卿記』には何故か「菅清両流ノ年号勘申如シレ例」とある）。

六　日本年号文字の勘出された漢籍

さて、このような儒者たちが、勅命を承り年号文字を考案する際に依拠したのは、すべて古代中国から伝来した漢籍である。ただ、そう言えるのは、年号勘文などの史料が伝わる平安中期の「承平」改元（九三一年）以降である（それ以前も同様とみて大過ないであろう）。

その典拠を一々精査された森本角蔵の遺著『日本年号大観』（森本、一九三三）に基づいて、私なりに整理した。すなわち、日本で公的に採用された年号文字の出典として確認できる漢籍は、合計七十七種にのぼり、その大半が唐代以前に成立したものと指摘されている（未採用の文字案も加えれば約七五〇のうち、出典が判明するものは合計一〇六種以上にのぼるという）。

この採用ずみ公年号について出典別の引用回数を、いわゆる経類・子類・史類・集類・緯類に五分して表示すれば、およそ表3のとおりである。

これによれば、史書類が合計二十三種あり、引文回数も一三三回で最も多い（十回を越すのは『史記』『漢書』『後漢書』『晋書』『旧唐書』など）。ついで経書類は合計十三種にすぎないが、引文回数は一〇二回であって、史書類に次ぐ（十回を越すのは『尚書』『周易』『詩経』）。

表3　公年号の出典と引文回数

〔経類〕	尚書＝書経35　周易＝易経27　詩経＝毛詩15　礼記8　左伝4　孝経3　周礼2　孟子2　論語・爾雅・春秋・春秋繁露・大戴礼…各1
〔子類〕	藝文類聚9　荘子4　維城典訓4　群書治要3　荀子3　老子3　賈子新書2　孔子家語2　修文殿御覧2　抱朴子2　塩鉄論・韓非子・顔子家訓・魏文典論・管子・金楼子・五行大義・崔寔政論・太公六韜・長短経・帝王略論・典言符命・博物志・白虎通・文中子…各1
〔史類〕	後漢書24　漢書21　晋書16　旧唐書16　史記12　宋書5　貞観政要4　後魏書3　国語3　杜氏通典3　三国志3　隋書3　梁書3　北斉書2　会通・会稽記・五代史・新唐書・宋史・太宗実録・帝王世記・南史・北史…各1
〔集類〕	文選25　蔡邕儀・董巴議・韋孟諷諫詩…各1
〔緯類〕	易緯3　詩緯2　春秋緯2　河図挺左輔2　尚書考霊耀・春秋命歴序・春秋内事・龍魚河図…各1

それに対して子書類は合計二十五種程もあるが、引文回数は五〇回に留まる。さらに集書類は『文選』のみだが二五回も引かれており、他の三種は各一回しかない。また、緯書類は合計八種あるが、引文回数は一三回にすぎない。

このように日本公年号の出典は、史書類と経書類が大半を占めている。ただ、未採用の年号案も加えると、史書類の『漢書』と『後漢書』および経書類の『尚書』（書経）と『周易』（易経）が特に多い。これらは天皇を中心とする統治の理念を表わすにふさわしい章句・文字が、随所に含まれているからであろうと思われる。

七　緯書の革年説による紀年と改元

一方、緯書《いしょ》類は、中国で帝王統治を脅しかねないと異端視されてきた。それにも拘らず、日本では国史の紀年にも年号の改元にも、大きな影響を及ぼしている。とりわけ昌泰四年（九〇一）を「延喜」元年と改めたのは、緯書の「辛酉革命」説による初の改元として広く知られる。しかし、その論拠についても、後世の受けとめ方についても、再検討すべき点が少なくない。

①三善清行の警告書と『革命勘文』

わが国の年号で緯書の説に基づいて改元されたことが明確に判るのは「延喜」からである。ただ、それには複雑な事情が絡まっているので、一つずつ解きほぐしながら、日本における革年（辛酉・甲子）改元の特色を明らかにしたい。

まず、その論拠を初めて提示したのは、文章博士三善清行（八四七～九一八）である（所、一九六九）。彼は漢族系帰化人（錦宿祢）の流れを汲む。従五位下淡路守で終った下級官人氏吉の長男に生まれたが、大学寮で紀伝道を学び、文章得業生に選ばれ、文人官吏として身を立てた。しかも、その間にオーソドックスな史学・文学・経学を修得するだけでなく、緯学や天文暦術などまで興味をもち兼習に努めてきた博識家である。

そこで、昌泰三年（九〇〇）五月、待望の文章博士に任じられた清行（五十五歳）は、まずA十月十一日、「菅右相府」右大臣菅原道真（五十七歳）に書を奉り、またB十一月二十一日、朝廷に「預《あらかじメ》論《ズル》革命《ヲ》書」を提出している。後掲のC翌四年二月二十二日に上申された『革命勘文』と密接な関係があるので、まずABの要点を抄出しよう（所、一九八八・一九八九）。

A　奉菅右相府書

ⓐ清行頓首謹言……某《それがし》昔者遊学之次《ついで》、偸習術数。天道革命之運、君臣剋賊之期、緯候之家、創論於前、開元之経、詳説於下、推其年紀、猶如指掌。……

ⓑ伏見、明年辛酉、運当変革。二月建卯、将動干戈。遭凶衝禍、雖未知誰是、引弩射市、亦当中薄命。天数幽微、縦難推察、人間云為、誠足知亮。

ⓒ伏惟、尊閤挺自翰林、超昇槐位。朝之寵栄、道之光華、吉備公外、無復与美。伏冀《こいねがワクハ》、知其止足、察其栄分、擅《ほしいままニシ》風情於煙霞、蔵山智於丘壑、後生仰見、不亦美乎。……

昌泰三年十月十一日

文章博士三善朝臣（宿禰）清行

B　預《あらかじメ》論《ズル》革命《ヲ》書

ⓓ臣清行言、天道玄遠、聖人所以罕言、暦数幽微。緯候以之為誕、由是学之者若迂遠、伝之者似憑虚。……

ⓔ臣窃《カニ》依《リテ》㆓易説㆒而案《ズルニ》㆑之《ヲ》、明年二月、当《ル》㆓帝王革命之期、君臣相剋賊之運《ニ》㆒。凡厥《ソノ》四六二六之数、七元三変之候、推《スニ》㆓之《ヲ》漢国《ニ》㆒、則《チ》上《ハ》自《リ》㆓黄帝㆒、下至《ルマデ》㆓李唐《ニ》㆒、曽《テ》無《シ》㆓毫釐之失㆒。考《ルニ》㆓之《ヲ》本朝《ニ》㆒、則而上《ハ》自《リ》㆓神武天皇㆒、而下至《ルマデ》㆓天智天皇《ニ》㆒、亦無《シ》㆓分銖之違《イ》㆒。然則明年事変、豈不《ランヤ》㆑用《イ》㆑意《ヲ》乎。

ⓕ伏惟《シテウニ》、陛下、誠雖《モ》㆓守文之聖主《ニ》㆒、既当《ル》㆓創草之期数《ニ》㆒。故即位之始《メ》、過《イ》㆓朔旦冬至之慶《ニ》㆒、（昌泰）改元之後、頻呈《シ》㆓寿星見《ル》㆑極之祥《ヲ》㆒、長星垂《ル》㆑掃《ウ》旧之祥《ヲ》㆒。衆瑞表《シ》㆓照《ス》㆑新之応《ヲ》㆒、天数改運、人情楽推、既昭《ニ》㆓彰《ス》於視聴之間㆒。何遑《ゾアランヤ》㆑仮《スニ》㆓説《ヲ》於占候之術《ニ》㆒。

ⓖ但変革之際、必用《ウ》㆓干戈《ヲ》㆒、蕩定之中、非《ズ》㆑無《キニ》㆓誅斬㆒。何者《トナレバ》、帝王革命、此用《ウル》㆓易革卦之変㆒也。案《ズルニ》、革卦離下兌上也。離為《リ》㆑火《ト》兌為《ル》㆑金《ト》。金雖《モ》㆑有《リト》㆓変革之性㆒、非《レバ》㆑得《ルニ》㆑火《ヲ》則《チ》不《ラ》㆑変。故《ニ》金火合体《シテ》、上下相害《シ》、戕蕩之理已窮《リ》、君臣之位初《メテ》定《マリ》、国之不祥、無《シ》㆑甚《キ》㆓於此《ヨリ》㆒。

ⓗ伏《シテ》望《ムラクハ》、聖鑑予《メ》廻《ラシ》㆓神慮《ヲ》㆒、勅《シテ》励《マシ》㆓群臣《ヲ》㆒、戒厳警衛《シ》、仁恩塞《ギ》㆓其《ノ》邪計㆒、矜荘抑《エ》㆓其《ノ》異口《ヲ》㆒、図《リ》㆓青眼《ヲ》於近侍《ニ》㆒、推《サバ》㆓赤心《ヲ》於群雄《ニ》㆒、則《チ》封豕之徒、自然《ニ》革《メ》㆑面《ヲ》、食椹之美、終《ニ》成《シ》㆓好音《ヲ》㆒。撥《スル》㆑乱《ヲ》之時、垂《レ》㆓其《ノ》衣裳《ヲ》㆒……

昌泰三年十一月二十一日

従五位上行文章博士兼伊勢権介三善宿禰清行

このAによれば、清行は紀伝道を学ぶ傍ら、内密に「術数」（天文暦術）も習ったので、その見地から「天道革命の運、君臣剋賊の期」を明確に予知することができる（ⓐ）。それから考えると、「明年辛酉」は「変革」の運に当たる。とりわけ二月には「干戈」（武器）を動かす争乱が生じて、その凶禍は「薄命」の人に的中する恐れがある（ⓑ）。ところで、「尊閤」菅原道真が、「翰林」（学者）から「槐位」（大臣）まで超昇されたのは、吉備真備以外に例のない光栄なことながら、この際そろそろ「その止足を知り、その栄分を察」して隠退されたらよい（ⓒ）と、辞職を勧告（むしろ警告）している。

しかし、当時の道真は、宇多上皇から後見を委任された醍醐天皇（十六歳）を全力で補佐するために右大臣の職を去ることなど、出来るはずがない状況にあった。そんな道真を快く思わない左大臣藤原時平のグループと近い関係にあった清行は、Aの勧告に何も反応しない道真への批判を強め、一ヶ月余り後に朝廷へ訴え出たのがBである。

このBのⓔでは、Aのⓑより具体的に、「易説」（『易緯』の説）を基にして考えれば、「明年二月」が「帝王革命の期、君臣相剋賊の運に当」たること、それは「天道」（天地自然の道理）として「四六二六の数、七元三変の候」（四×六〇＝二四〇年、二×六〇＝一二〇年、七元〈一元＝六〇年〉×三＝一二六〇年ごとの変革）を生ずること、それが「漢国」（中国）の黄帝から唐代まで、また日本の神武天皇から天智天皇までの歴史に照らして全く違いがないこと、従って、「明年の事変」には用心をしなければならないことを指摘する。

その上で、今上陛下（醍醐天皇）は、すでに「創草の期数に当」たっており、即位の初め寛平九年「朔旦冬至」（十一月一日が冬至と重なる、十九年に一度しかない吉例）に遭い、また翌寛平十年戊午（八九八）を「昌泰」元年と改めた後、奇しくも「寿星」や「長星」の祥瑞が現われ「照新の応」を表している（ⓕ）。とはいえ、「変革の際」には、「干戈」を用いて「誅斬」すらないとも限らない。それは『周易』の「革卦の変」によれば、「変革の性」をもつ「金」と「火」が「合体」して「上下相害」する恐れがあるからである（ⓖ）。

それゆえ、あらかじめ「神慮を廻らし」「戒厳警衛し」て「その邪計を塞」いでほしい（ⓗ）、という警告の要請である。しかも、このような「帝王革命の期」に「君臣相剋賊」をもたらすような「邪計」「異図」をもつ者が、何と「近侍」の者の中にいるという。

そう言われたら、朝廷では、先にAの勧告を受けても対応しない菅原道真を連想したにちがいない。その上、これは清行個人の言動ではなく、反道真勢力の策謀を代弁する告言であったとみられる。

事実、この訴えから二ヶ月後の昌泰四年辛酉（九〇一）一月二十五日、道真は突如、右大臣から大宰権帥に（また四人の息男も各々別所へ）左遷されるに至った。すると清行は、翌二月二十二日、あらためてC『革命勘文』を奉り、年号の改元を要請している。かなり長文であるが、区切りを多くして引用する。

C『革命勘文』

請ウ三改元シテ応ズルコトヲ二天道ニ一之状／合セテ証拠四条

一　今年当ル二大変革命年ニ一事

ⓘ易緯ニ云ク、辛酉ハ為シ二革命ヲ一、甲子ハ為ス二革令ヲ一。鄭玄云ク、天道不レ遠カラ、三五ニシテ而反ス。六甲為ス二一元ト一。四六二六交々相乗ジテ、七元有リ二三変一。三七相乗ジテ、二十一元為ス二一蔀ト一。合セテ千三百二十年。

ⓙ春秋緯ニ云ク、天道不レ遠カラ、三五ニシテ而反ス。宋均註ニ云ク、三五ハ王者改ルレ代ヲ之際会也。能ク於テ二此ノ源ニ一、自ラ新タニ如クレ初ノ、則チ道無キレ窮リ也。

ⓚ詩緯ニ云ク、十周参聚シテ、気生ズ二神明ヲ一。戊午ハ革運、辛酉ハ革命、甲子ハ革政〔令〕ナリ。注ニ云ク、天道三十六歳而周ナリ也、十周名ヅク二王命大節ト一。一冬一夏、凡ソ三百六十歳ニシテ一タビ畢、無シレ有ル二余節一。三推シテ終ラバ則チ復シレ始ニ、更ニ定メ二綱紀ヲ一、必ズ有二聖人一、改メテレ世ヲ統理スル者如シレ此ノ。十周名ケテ曰ウ二大剛ト一。則乃チ三期会聚スレバ、乃チ生ズ二神明ヲ一。神明乃チ聖人改ムルレ世ヲ者也。周ノ文王、戊午年ニ、決シ二虞芮ノ訟ヲ一。辛酉年ニ、青龍衘《くぐミ》レ図ニ出デレ河ニ、甲子歳ニ、赤雀衘ミ二丹書ニ一、而シテ聖武伐ツレ紂ヲ。戊午日ノ、軍渡リ二孟津ヲ一、辛酉日ニ、作リ二泰誓ヲ一、甲子日ニ、入ル二商郊ニ一。

ⓛ謹ミテ案ズルニ、易緯以テ二辛酉ヲ一為ス二蔀首ト一。詩緯以テ二戊午ヲ一為ス二蔀首ト一。依リ下主上以テ二戊午年ヲ一為ス二昌泰元年ト一、其ノ年又有ルニ中朔旦冬至上、故ニ論者或ハ以為《おもエラク》、応ニ下以テ二戊午年ヲ一為ス中受命之年ト上。然而レドモ本朝ハ自二神武天皇一以来、皆以テ二辛酉ヲ一為ス二一蔀大変之首ト一。……然レバ則雖モレ有リト二両説一、猶可キレ従ウ二易緯ニ一也。又詩緯以テ二十周三百六十年ヲ一為ス二大変ト一。易緯以テ二四六（二六）ヲ一為ス二

大変《ト》一。二説雖《モ》レ殊《ト》、年数《ハ》亦同《ジ》。

ⓜ今依《リテ》二緯説《ニ》一勘コ合《スルニ》和漢旧記《ヲ》一（以下中略、次の②表4上段に引用）

一、去年ノ秋、彗星見《あらわる》事

ⓝ謹《ミテ》案《ズルニ》二漢晋天文志《ヲ》一、皆云《ク》、彗体無《ク》レ光、伝《エテ》二日光《ヲ》一為《ス》レ光《ト》。故《ニ》夕見《ルレバ》則東指《シ》、晨見《ルレバ》則西指《ス》。皆随《イテ》二日光《ニ》一而指《ス》レ之《ヲ》。此《レ》除《キ》レ旧《ヲ》布《ク》レ新《ヲ》之象也。

一　去年秋《ノ》以来、老人星見《ル》事

ⓞ謹《ミテ》案《ズルニ》二国史《ヲ》一、高野《ノ》（称徳）天皇天平宝字九年、誅《ス》二逆臣藤原仲麿《ヲ》一、即《チ》改元《シテ》為《ス》二天平神護《ト》一。然《レバ》則非《ズ》二唯天道之符運《ノミニ》一、又有《ル》二先代之恒典一也。当今之事、豈不《ラン》レ仍《ラ》二旧貫《ニ》一乎。

ⓟ臣伏《シテ》以《ウニ》、聖人与《ニ》二二儀《ト》一合《ス》二其徳《ヲ》一。与《ニ》二五行《ト》一同《クス》二其序《ヲ》一。故《ニ》天道不レ疾《カラ》而速《ク》、聖人雖《モ》レ静《ナリト》而不レ後《レ》レ之《ニ》。天道不レ遠《カラ》而反《シ》、聖人雖《モ》レ動《クト》不レ先《ンゼ》レ之《ニ》。況《ンヤ》君之遇《ウ》レ臣《ニ》者、皆此《レ》天援、曽《テ》非二人事《ニ》一。……

ⓠ方今天晴、開《キ》二革命之運《ノ》一、玄象垂《ル》二推始之符《ヲ》一。聖主動《カシ》二其《ノ》神機《ヲ》一、賢臣決《ス》二其《ノ》広勝《ヲ》一。論《ズル》二此《ノ》冥会《ヲ》一、理如《シ》二自然《ノ》一。若《シ》更《ニ》存《スレバ》二謙退《ヲ》一、必成《サン》二稽疑《ヲ》一。鬱《ふさギ》二此《ノ》改元之制《ヲ》一、抑《ウレバ》二彼《ノ》創統之談《ヲ》一、則《チ》恐《ル》下違《イ》二天意《ニ》一、還《リテ》致《スヲ》中咎徴《ヲ》上。

ⓡ伏《シテ》望《ラクハ》、因コ循《シ》二三五之運《ニ》一、会《イテ》二四六之変《ニ》一、遠《クハ》践《ミ》二大祖神武之遺蹤《ヲ》一、近《クハ》襲《イ》二中京天智之基業《ヲ》一、当下創《メ》二此《ノ》更始《ヲ》一、期《シ》二彼《ノ》中興《ニ》一、建《テ》二元号《ヲ》於鳳暦《ニ》一、施《ス》中作解《ヲ》於雷声《ニ》上。……頓首謹《ミテ》言《ス》。

昌泰四年二月二十二日

従五位上行文章博士兼伊勢権介三善宿禰清行上《ル》

これは一般に『革命勘文』と称されているが、勅命を承って奉答する通常の〝勘文〟ではなく、前掲のA・Bと同類の、清行が自発的に上進した書状であろう。その「証拠」が四条あげられている。そのうち、最も重要なのは、第一の「今年（昌泰四年辛酉）大変革命の年に当たる事」を論証しようとした部分である。ここでは、ⓘ「易緯」と「鄭玄」の注、ⓙ「春秋緯」と「宋均の註」、ⓗ「詩緯」と「注」など（いずれも逸書の逸文）を引用する。

その上で、ⓛ当時は「主上」醍醐天皇が代始の「戊午年」に改元され、またその十一月が「朔旦冬至」に当たったこともあり、『詩緯』に従って「戊午年を以て受命の年と為すべし」という論者もいた。しかし、「本朝」では、「神武天皇以来」の紀年が「辛酉を以て一蔀大変の首と為」されているのだから、「易緯に従うべき」だとする。しかも、それを論証するためⓜ「和漢の旧記を勘合」しているから、甚だ説得力があるように印象づけられる。

②『革命勘文』と『日本書紀』の照合

しかしながら、その「勘合」内容は本当に正確かどうか、厳密に検討する必要がある。そこで、前節に省略したCⓜ「今依《リテ》二緯説《ニ》一、勘ニ合《スルニ》 倭漢《ノ》旧記《ヲ》一」以下の記述を上段に掲げ、一方「倭」（日本）の「旧記」として『日本書紀』等の記事を下段に置いて、双方が符合するか否か対比してみよう（漢土の例㋑～㋹は省略）。

表4　『革命勘文』と『日本書紀』

『革命勘文』	Ⅰ①神倭磐余彦天皇、従二筑紫日向宮一、親帥二船師一東征、誅ニ滅諸賊一。初営二帝宅於畝火山東南地橿原宮一。 ②**辛酉春正月即位。是為二元年一。**（割注―漢㋑） ③四年甲子春二月詔曰、諸虜已平、海内無事、可三以郊二祀。即立二霊畤於鳥見山中一、其処号曰二上小野榛原・下小野榛原一云々。（漢㋺）
『日本書紀』（新訂増補国史大系本）	⑴神武天皇即位前紀甲寅年、其年冬十月……辛酉、天皇親帥二諸皇子舟師一東征。己未年三月辛酉朔丁卯、下レ令曰、自二我東征一於レ茲六年矣。頼以二皇天之威一、凶徒就戮。……観二夫畝傍山東南橿原地一者、蓋国之墺区乎。可レ治レ之。是月、即命二有司一、経二始帝宅一。 ⑵神武天皇元年、辛酉年春正月庚辰朔、天皇即二帝位於橿原宮一。是歳為二天皇元年一。 ⑶四年（甲子）春二月壬戌朔甲申、詔曰、我皇祖之霊也、自レ天降鑒、光ニ助朕躬一。今諸虜已平、海内無レ事、可下以郊ニ祀天神一、用中申大孝上者也。乃立二霊畤於鳥見山中一、其地号曰二上小野榛原・下小野榛原一。用ニ祭皇祖天神一焉。

☆謹案二日本紀一、神武天皇、此本朝人皇之首也。然則此辛酉可レ為二一蔀革命之首一。又本朝立レ時下レ詔之初。又在二同天皇四年甲子之年一宣レ為二革令之証一。	
Ⅱ (一)四六〔自二神武天皇辛酉即位一、至二孝昭五十六年辛酉一二百四十一年也〕 ④孝昭天皇五十六年辛酉・日本記闕《ママ》。（漢㋩）	（対応記事ナシ）
(二)二六〔自二孝昭五十六辛酉一、至二于孝安三十三年辛酉一六十年。〕 ⑤五十九年甲子。（漢㋥） ⑥孝安天皇卅三年辛酉。日本記闕。（漢㋭）	（対応記事ナシ）
(三)四六〔自二孝安三十三年辛酉一、至二于孝元卅五年辛酉一百八十年。〕 ⑦卅六年甲子。（漢㋬） ⑧孝元天皇卅五年辛酉。日本記闕。（漢㋣） ※〈卅八年甲子（この五字原文になく漢土の例もみえず。）〉	（対応記事ナシ）
(四)二六〔自二孝元卅五年辛酉一、至二于崇神卅八年辛酉一百廿年。〕 ⑨崇神天皇卅八年辛酉。（漢㋠） ⑩四十一年甲子。（漢㋩）	（対応記事ナシ）
(五)四六〔自二崇神卅八年辛酉一、至二于景行六十一年辛酉一百八十年。〕 ⑪景行天皇五十一《ママ》年辛酉、秋八月立二稚足彦尊一為二皇太子一。是月以二武内宿禰一為二棟梁之臣一也、摂二行万機一。 ⑫五十四年甲子、秋九月自二伊勢国綺宮一上二京纏向一。（漢土の例ナシ）	(4)景行天皇五十一年（辛酉）秋八月己酉朔壬子、立二稚足彦尊一為二皇太子一、是日命二武内宿禰一為二棟梁之臣一。 ※（五十三年）十二月、従二東国一還之、居二伊勢一也、是謂二綺宮一。 (5)〇五十四年（甲子）秋九月辛卯朔己酉、自二伊勢一還二於倭一、居二纏向宮一。
(六)二六〔自二景行五十一年辛酉一、至二于誉田卅二年辛酉一百八十年。〕 ⑬誉田天皇卅二年辛酉。（漢㋸） ⑭卅五年甲子。（漢㋾）	（対応記事ナシ）
(七)四六〔自二誉田天皇卅二年辛酉一、至二于允恭天皇元年辛酉一百廿年。〕 ⑮**允恭天皇即位元年辛酉**。（漢㋻） ⑯四年甲子。（漢㋕）	（対応記事ナシ）

☆謹案史漢、雖一元之終、必皆有変事。而本朝古記、大変之年、或無異事。蓋以文書記事之起始于養老之間、上古之事皆出口伝、故代之事変応有遺漏。又允恭天皇以後、古記頗備。故小変之年、事亦詳矣。

III
⑰稚日本根子天皇二年辛酉春正月、天皇愁無継嗣、詔大伴室屋大連、冀垂遺跡。於是室屋大連、於播磨国伊奈東、自小楯宅得億計・弘計二主、而馳駅聞奏。天皇愕然、悦曰、懿哉、天垂博愛、賜以二児。即使小楯持節喚上。（漢土の例ナシ）

⑱五年甲子、（清寧）天皇崩。弘計（顕宗天皇）即位。（漢土の例ナシ）

⑲推古天皇九年辛酉春二月、上徳太子、初造宮於斑鳩村。事無大小、皆決太子。

⑳是年、有伐新羅、救任那之事。

㉑十二年甲子春正月、始賜冠位。各有差、有徳仁義礼智信、大小合十二階。

㉒夏四月、皇太子肇制憲法十七条云々。（漢㋵）

IV 一蔀之首
㉓天智天皇者、息長足日広額（舒明）天皇之太子也。譲位於母天豊財重日足姫（皇極）天皇、及舅天万豊日（孝徳）天皇十一年間、猶為太子、摂万機。

㉔爰与内臣中臣鎌子連誅賊臣蘇我入鹿幷入鹿父大臣蝦夷臣。

㉕又伐新羅救百済、存高麗服粛慎。

㉖天豊財重日足姫天皇七年辛酉秋七月崩。天智天皇即位。（漢㋟）

(6)清寧天皇二年（辛酉）春二月、天皇恨無子、乃遣大伴室屋大連於諸国、置白髪部舎人・白髪部膳夫・白髪部靫負。冀垂遺跡、令観於後。
冬十一月、依大嘗供奉之料、遣於播磨国司山部連先祖伊予来目部小楯、於赤石郡縮見宅倉首忍海部造細目新室、見市辺押磐皇子々億計・弘計。……乗駅馳奏。天皇愕然驚歎、良以愴懐曰、懿哉、悦哉、天垂博愛、賜以両児。

是月、使小楯持節、将左右舎人、至赤石、奉迎。語在弘計（顕宗）天皇紀。

(7)五年（甲子）春正月甲戌朔己丑、天皇崩于宮。時年若干。
※〈顕宗天皇紀〉元年（乙丑）春正月乙巳朔、……乃召公卿百寮於近飛鳥八均宮、即天皇位。

(8)推古天皇九年（辛酉）春二月、皇太子、初興宮室於斑鳩。

(9)三月甲申朔戊子、遣大伴連囓于高麗、遣坂本臣糠手于百済、以詔之曰、急救任那。
冬十一月庚辰朔甲申、議攻新羅。

(10)十一年十二月戊辰朔壬申、始行冠位。大徳・小徳………大智・小智、幷十二階。十二年（甲子）春正月戊戌朔、始賜冠位於諸臣、各有差。

(11)夏四月丙寅朔戊辰、皇太子親肇作憲法十七条。一曰、以和為貴……。

(12)〈天智天皇即位前紀〉天命開別（天智）天皇、息長足日広額天皇太子也。母曰天豊財重日足姫天皇。天豊財重日足姫天皇四年、譲位於天万豊日天皇。立（天智）天皇為皇太子。天万豊日天皇、後五年十月崩。明年皇祖母尊（皇極）即（斉明）天皇位。

(13)皇極天皇四年六月戊申、…中大兄即自執長槍隠於殿側。中臣鎌子連等持弓矢而為助衛。……以剣傷割入鹿頭肩。……己酉、蘇我臣蝦夷等誅、悉焼天皇記国記珍宝。

(14)斉明天皇六年、是歳、欲為百済、将伐新羅。

(15)七年（辛酉）七月丁巳崩。皇太子（天智天皇）素服称制。
※天智天皇七年春正月丙戌朔戊子、皇太子即天皇位。〔或本云、六年歳次丁卯三月、即位〕

㉗三年甲子春二月、詔換二冠位階一、更為二廿六階一。織縫紫各有二大小一、錦山乙亦有二大小、大小中有二上中下一、建亦有二大小一、是為二廿六階一。其大氏上者賜二大刀一。小氏上者賜二小刀一、伴造等氏上者賜二干楯弓矢一。亦定二民部家部一。

㉘夏五月、大唐鎮百済将軍劉仁願、使二朝散大夫郭務悰等来、進レ表幷献レ物。（漢㋹）

(16)天智天皇三年(甲子)春二月己卯朔丁亥、天皇令二大皇弟一、宣下増二換冠位階名一、及氏上・民部・家部等事上。其冠有二廿六階一。大織・小織・大縫・小縫・大紫・小紫・大錦上・大錦中・大錦下・小錦上・小錦中・小錦下……大建・小建、是為二廿六階一焉。改二前花一曰レ錦……。其大氏之氏上賜二大刀一、小氏之氏上賜二小刀一、其伴造等之氏上賜二干楯弓矢一。又定二其民部家部一。

(17)同年夏五月戊申朔甲子、百済鎮将劉仁願、遣二朝散大夫郭務悰等一、進二表函与二献物一。

V(八)四六……

☆今年辛酉〔昌泰四年也〕

謹按、自二天智天皇即位之年一、至二于去年庚申一、今二百四十年。此所レ謂四六相乗之数已畢。今年辛酉当二於大変革命之年一也。又天智天皇以来二百四十年之内、小変六甲凡三度也。〔自二天智天皇即位辛酉一、至二于日本根子高瑞清足姫天皇養老五年辛酉一、合六十年。〕

㉙其年（養老五年）五月、日本根子高瑞浄足姫太上天皇崩。然猶文武《ママ》(元正)天皇不レ改元一。

㉚至二于(養老)七(八)年甲子一、初改元為二神亀元年一。

㉛天応元年辛酉夏四月、白壁天皇不予也。

㉜桓武天皇天応元年(辛酉)四月三日受禅。同日即位。

㉝十二月廿日、太上天皇崩。

㉞承和八年辛酉無二異事一。

但承和七年庚申、淳和太上天皇崩。

㉟九年壬戌、嵯峨太上天皇崩。又廃二皇太子一。……

☆其之後六十年、至二于今年辛酉一也。但、唐暦以後、無二唐家之史書一。仍不レ得二近代之事変一。清行、去年以来、陳下明年当二革命一之年上。至二于今年一、徴験已発、初有レ知、天道有レ信、聖運有レ期而已。

〔(18)～(21)は『続日本紀』〕

(18)養老五年五月己酉、(元明)太上天皇不予、大ヲ赦天下一。十二月己卯、(元明太上天皇)崩二平城宮中安殿一。時春秋六十一。……

(19)(養老八年甲子)二月甲午、(元正天皇譲位)(聖武天皇)受レ禅即二位於大極殿一、大ヲ赦天下一。詔曰……去年九月天地貺大瑞物顕来理。……今神亀二字御世乃年名止定氏改二養老八年一為二神亀元年一。……

(20)(宝亀十一年辛酉) 夏四月己丑朔、……固関焉、以二(光仁)天皇不予一也。辛卯(三日)、……是日、皇太子（桓武天皇）受レ禅、即レ位。

(21)同年十二月甲辰(二十日)……咸皆赦除。丁未(二十三日)、太上天皇崩。……

〔(22)(23)は『続日本後紀』〕

(22)承和七年五月癸未、後太上天皇、崩二于淳和院一。春秋五十五。……

(23)承和九年七月丁未(十五日)、太上天皇、崩二于嵯峨院一。春秋五十七。……丙辰(二十四日)、廃二皇太子一。……

これを通覧すると、まず双方の内容がほぼ一致するのは、①—(1)、②—(2)、③—(3)、⑪—(4)、⑫—(5)、⑰—(6)、⑱—(7)、⑲—(8)、⑳—(9)、㉑—(10)、㉒—(11)、㉓—(12)㉔—(13)、㉕—(14)、㉖—(15)、㉗—(16)、㉘—(18)、㉚—(19)、㉛—(20)、㉞—(22)㉟—(23)の二十例（ないし二十二例）であるから、全体の六〇%近い。

しかしながら、より重要な問題は、四〇%余り合致しないことである。そのうち、(一)(二)(三)(四)の④⑤⑥⑦⑧⑨⑩および(六)(七)の⑬⑭⑮⑯の十一例は、『日本書紀』に対応記事がない。

それを④⑥⑧については、率直に「日本記〔紀〕闕」と断っており、⑯の後☆で「本朝の古記」が「大変の年」でも「異事」を記していないのは、「蓋し文書記事の起り、養老の間（ママ）に始まり、上古の事、皆口伝に出づ」るため「故〔古〕代の事変、まさに遺漏あるべし。又、允恭天皇以後、古記頗る備われり。故に小変の年も、事亦詳し」と、本来あるべき「事変」の記録に「遺漏」が生じたのだと弁明している。

ところが、「古記」のない「口伝」の「上古」で最も古い「本朝人皇の首」にあたる「神武天皇」は、「辛酉春正月に即位」された、という記事を特筆して、「此の辛酉、一蔀革命の首と為すべし」と強調する一方、第十九代の「允恭天皇」（御父仁徳天皇、御母磐之媛命）については、⑮「允恭天皇即位元年辛酉」⑯「四年甲子」と記し、その前の(七)で「四六」（二四〇年）の変の割注に、何故か「誉田（応神）天皇三十二年辛酉（⑬）より允恭天皇元年辛酉（⑮）に至るまで百二十年」と説明を加えている。

この(七)⑮⑯は、意図的な作為と言わざるをえない。何となれば、『日本書紀』によると、允恭天皇の即位元年は「太歳壬子」（四年は乙卯）であるから、同十年が「辛酉」（同十三年が甲子）にあたる。それにも拘らず、清行が敢て「即位元年辛酉」と記したのは、このC一で主張する「今年（昌泰四年辛酉〈九〇一〉）大変革命に当たる事」

の論拠を補強するために必要だったからである。

すなわち、ⓘ「易緯」と「鄭玄」の註によれば、「革命」の生ずる「辛酉」の年は、六〇年ごとに循環するが、その六〇年＝「六甲」（六×一〇）を「一元」とし、「四六・二六」（六元の四倍と二倍）で三六〇年、「七元で三変」（六〇×七×三）すれば二十一元で一二六〇年を「一蔀」とする。この蔀首の辛酉から一二六〇年経つと「大変革命」が起きる、というのが「易緯」の説であろう。

しかし、清行はそれに一元（六〇年）を加え、「合せて千三百二十年」を一蔀としている。その理由を考えてみると、神武天皇即位元年辛酉（BC六六〇）から一二六〇年後の辛酉は、⑲推古天皇九年（六〇一）であるが、『日本書紀』には、（8）二月に「皇太子」聖徳太子が「初めて宮室を斑鳩に興」され、（9）「任那」を救援するため「新羅」攻撃の議をしたこと位しか記されておらず、「大変革命」を印象づけるほどではない。

ところが、それから一元（六〇年）後の斉明天皇七年辛酉（六六一）は、百済救援のため、九州へ親征された女帝が七月に朝倉宮で崩御され、直ちに「皇太子」中大兄皇子が「称制」（実質即位）される（㉕㉖―（14）（15））という重大な変化のあった年である。しかも清行にとって最も重要なことは、この天智天皇（称制）元年辛酉（六六一）を「一蔀の首」と設定することにより、（八）の「四六」が「天智天皇以来二百四十年の内、小変六甲凡そ三度」（一八〇年）を経て「其の後六十年（二四〇年後）の今年（昌泰四年〈九〇一〉）に至る」から、「今年」こそが「大変革命の年に当」たる、という主張の強力な裏付けになると考えたのであろう。

その際、天智天皇元年辛酉（六六一）より前の「四元」（二四〇）初年（AD四二一）も変革の年と意義づけようとした。それゆえ、『日本書紀』では「十年辛酉」とあるにも拘らず、敢て「元年辛酉」と改変した（あわせて「十三年甲子」を「四年甲子」とした）ものとみられる。

そうであれば、清行はＢⓔでも「之を本朝に考うるに、則ち上は神武天皇より下は天智天皇に至るまで、亦分銖の違いなし」と自負するが、そこにこのような作為が施されていることは、もはや否定し難いのである。となれば、Ｃの改元要請は、純粋に「易緯」の説から導き出されたのと認められず、Ａ・Ｂと通ずる政治的な意図に基づいて、「緯説」などを都合よく利用したものと言わざるをえない。

③桓武天皇即位直前の「天応」改元

それにしても、このＣの大部分を占める「辛酉年大変革命」説が主要な論拠となって「延喜」改元の実現をみたことは確かである。ただ、「辛酉革命」説による年号改元は、この時が初めてとも言い切れない。その初例かとみられるのが、奈良時代末期（七八一年）の「天応」改元である。

それに先立って、わが国へ緯書類が伝来したのはいつころからか、またどんな緯書がどのように使用されていたのかを、確かめておこう。これを可能な限り調査した中村璋八や平秀造らによれば、平安前期の寛平年間（八八九〜八九八）ころまでの史料（六国史・『懐風藻』『令集解』『秘府略』『東宮切韻』など）に「礼緯」「孝経緯」や「河図」など二十種近く引かれている。また寛平ころ藤原佐世（清行の学友）が編纂した『日本国見在書目録』（『群書類従』など所収）にも、「異説家」十七種の中に「易緯十巻鄭玄注　詩緯十巻魏博士宋均注」が挙げられている。

その伝来年代は明らかでないが、『日本書紀』推古天皇十年（六〇二）十月条に「百済僧観勒来《レリ》之、仍貢《たてまつル》二暦本及《ビ》天文地理書并《ビニ》遁甲方術之書一《ヲ》。是時、選《ビ》二書生三四人一《ヲ》、以《テ》俾《ム》レ学二習《セ》於観勒《ニ》一矣。……皆学《ビ》以《テ》成《ス》レ業《ヲ》」とある。また『政事要略』巻二十三所引「儒伝」に「以二小治田朝（推古天皇）十二年歳次甲子正月戊〔戊〕申朔一、始《メテ》用《ウ》二暦日一《ヲ》」と伝えている。さらに推古天皇二十八年（六二〇）紀に「是歳、皇太子（聖徳太子）・嶋大臣（蘇我馬子）共議《ニテ》録《ス》二天皇記及国記、臣連伴造国造百八十部幷《ビニ》公民等本記一」とみえる。

従って、おそらく推古天皇朝に伝来した「暦本」などを習得することによって「暦日」を用い始め、それにより編年した「天皇記」などを編纂することができた。しかも、その段階で「易緯」や「詩緯」の「辛酉革命」説も知りえていたとすれば、それによって推古天皇九年辛酉（六〇一）から一部一二六〇年遡って神武天皇即位元年辛酉（BC六六〇）を設定することができた可能性は少くない。さらに、その神武天皇辛酉革命即位紀元が、一二〇年後の養老四年庚申（七二〇）撰進された『日本書紀』に受け継がれている、とみてよいのではないかと思われる。

ただ、その辛酉革命説は、神武天皇即位元年の設定に使われたけれども、それ以外で飛鳥・奈良時代の政治社会などに大きな影響を及ぼしたような事例は見あたらない。「大化」に創建され「大宝」で制度化された公年号も、当時は大部分が新帝の即位か祥瑞の出現が改元の理由となっている。現に『日本書紀』の撰進された翌年の養老五年（七二一）は辛酉であるが、改元されていない（ⓒ㉙）。

しかしながら、それから六〇年後（七八一）の辛酉には、元日から「天応」と改元されている。その前後の事情を『続日本紀』により確かめてみよう。

㋑宝亀九年戊午（七七八）三月庚午条「勅《シテ》曰《ク》、頃者《このごろ》、皇太子沈《テ》レ病《ニ》不レ安《カラ》。……如レ聞《クク》、救レ病《ヲ》之方《ハ》、実由二徳政《ニ》一、延《ブル》レ命《ヲ》之術《ハ》、莫レ如《クハ》二慈令《ニ》一、宜《ク》レ可レ大コ赦《ス》天下《ニ》一。」

㋺天応元年辛酉（七八一）「春正月辛酉朔、詔《シテ》曰《ク》、以《テ》レ天《ヲ》為《ス》レ大《ト》。則《ル》レ之《ニ》者聖人《ナリ》。育《ツ》レ之《ヲ》者仁徳《ナリ》。朕以《テ》二薄徳《ヲ》一、恭《シク》承《ケ》二宝基《ヲ》一……日懐《シム》二一日《ヲ》一……此《このごろ》有司奏《ス》、伊勢斎宮《ノ》所《ニ》レ見《あらわルル》美雲、正《ニ》合《エリ》二大瑞《ニ》一。彼神宮者、国家《ノ》所《ニシテ》レ鎮《ル》、自レ天応《ズ》レ之《ニ》。……今者之正告レ暦《テヲ》、去日初《メテ》開《ク》、宜下対《シテ》二良辰《ニ》一共悦《ニビ》二嘉悦《ヲ》一、可三大コ赦天下一、改レ元《メテヲ》曰《ウ》中天応《ト》上。……」

㋩同年三月甲申条「詔《シテ》曰《ク》、朕……雖レ加《モウト》二医療《ヲ》一、未レ有《ダラ》二効験一。可レ大《シ》コ赦《ス》天下《ニ》一。」

㊁同年四月辛卯（三日）条「詔《シテ》云《ク》……朕……余命不レ幾《ナラ》。今所念《ス》、此位波避天暫間《ノ》御体《モ》欲レ養《スワント》……。故是以《テ》、皇太子止定賜留山部親王尓天下ノ政波授賜布。……是日、皇太子受《ケ》レ禅《ヲ》即《ク》レ位《ニ》。」

㋭同年四月癸卯（十五日）条「天皇御《シテ》二大極殿《ニ》一詔曰……、此《ノ》天日嗣高座之業乎、掛《モ》畏《キ》近江大津乃宮尓御守之（天智）天皇乃初賜比定賜部流法随尓被賜弖仕奉止仰賜比授賜閉婆……朕……天皇朝廷乃立賜部流食国天下之政者、衆助仕奉止宣《リタマウ》……。」

これを見る限り、㋺「天応」改元は、伊勢の「斎宮」に「美雲」が現れたとの奏言を受けて、それを「大瑞」とみなし、「神宮」は「国家の鎮まる所」であるから「天より之に応ずる」吉兆と解して「天応」と命名した、という説明以外にない。

しかし、すでに『長岡京市史』の指摘により林陸朗（二〇〇二）も論じているごとく、この年は年次の干支が「辛酉」であるのみならず、日付も前年十二月を小の月から大の月として一日延ばし、新年元日を「辛酉」にした上で、その「正月辛酉朔」に改元したのは、辛酉革命説を意識したものと考えてよいであろう。

しかも、この辛酉年（七八一）の辛酉元日に改元されたのは、㋑すでに三年前（宝亀九年）から光仁天皇が病気で不安な状態にあり、㋩この年にも病状が続き、十二月二十三日には崩御しておられるから、㊁この年四月三日の皇太子山部親王＝桓武天皇への譲位を予定して、その受禅即位を予告し意義づける改元であった、とみて大過ないと思われる。

なお、こうして皇位を継承された桓武天皇は、㊁受禅（践祚）から十二日後の㋭四月十五日に大極殿で即位式を挙げられた時の詔に、「近江大津の宮に御宇《あめのしたしろしめ》し天皇の初め賜ひ定め賜へる法の随《まにま》に被賜《うけ》りて仕へ奉る」とある。これに類する表現は、すでに天武天皇系の元明女帝（慶雲四年七月壬子）・聖武天皇（神亀元年二月甲午）・孝謙女帝（天平勝宝元年七月甲午）の即位宣命に、近江大津宮の天智天皇が初めて定められた「不改常典」法として見え、さらに平安以降の即位宣命にもずっと受け継がれている。

とりわけ桓武天皇は、天智天皇の曾孫にあたるから、その「法」により皇位を正当に継受したことを明示する意味があったに違いない。さらに、この桓武天皇の直系子孫である平安以降の歴代天皇にも、天智天皇を直接的な祖先と仰ぐ皇統意識が根強くあった。

それゆえに、清行としては、「四六二六の変に会」う大きな節目（蔀首）としてC⑰で、「遠くは大祖神武天皇の遺蹤を践み、近くは中京天智天皇の基業を襲い」と強調し、表4のVで最も近い「四六」を「天智天皇即位の年より……二百四十年」と設定する必要があったのであろう。

④「延喜」改元を可能にした論拠

このようにみてくると、日本へ緯書の類が伝わり『易緯』や『詩緯』などが神武天皇即位紀元の設定に使われ始めたのは、推古天皇朝（七世紀初め）まで遡るとしても、その辛酉革命説が年号の改元に及ぼした影響は、それほど大きくない。とはいえ、桓武天皇の即位を前提とした直前の辛酉年（七八一）「正月辛酉朔」を選んで実施された「天応」改元は、辛酉革命説を利用しながら、表向き祥瑞の出現を理由としたものであったとみられる。

その「天応」改元から六〇年後の承和八年辛酉（八四一）には、清行もC㉞で認めるとおり、特別な「異事」がない。ただ、㉟翌九年七月十五日に「嵯峨太上天皇」が崩御され、その直後に皇太子恒貞親王を廃する〝承和の変〟が発生している。けれども、改元は行われていない。

ところが、「天応」改元から「二六」一二〇年経ち、それ以上に「天智天皇即位元年」辛酉（六六一）から「四六」二四〇年経った醍醐天皇の昌泰四年辛酉（九〇一）に、「延喜」改元が実施されたことは、後世に大きな影響を与えている。それは何故であろうか。
まず「延喜」改元を要請した清行は、Cの第一に「今年（辛酉）大変革命の年に当たる事」を主要な論拠として採りあげたが、それだけではなかった。続いてCの第二・第三に、「去年の秋、彗星を見るる事」と「去年の秋以来、老人星見るる事」をあげ、また ⓝ で「漢晋天文志」に基づき、ハレー彗星の出現が「旧を除き新を布くの象」だと解して、改元の理由に加えている。

さらに、C ⓞ では、「国史」（『続日本紀』）を基にして、孝謙女帝の天平宝字九年（七六五）一月七日には、その前年九月に「太師藤原恵美朝臣押勝の逆謀」が発覚して「官軍の追討」を受け「逆臣」として「誅戮」されたので、「旧穢を洗滌」するため「年号を改め……天平神護元年と為」されたことを「先代の恒典」と称し、その「旧貫に仍《よ》」るべきことまで論拠としている。

この第二・第三は、自然の天体現象であるが、最後のC ⓞ は、それと直接関係のない歴史上の政変を持ち出し、一月に追放された菅原道真を「逆臣藤原仲麿」になぞらえ、その政変直後の改元（「天平神護」と改む）を先例として踏襲するように主張したのは、かなり強引な論法といわざるをえない。

しかし、それでも清行の主張が改元の論拠に採用されたことは、配所の大宰府で道真が「開元黄紙詔ノ、延喜及ブ二蒼生ニ一。一ハ為メ二辛酉歳ノ一、一ハ為メ二老人星ノ一」と詩に詠んでおり、また『日本紀略』改元当日条に「依リ二逆臣并ビニ辛酉革命・老人星之事ニ一改元」と記されている。つまり辛酉革命説は確かに入っているが、それだけでなく、他の二つの理由も加えて、改元を断行されたことになる。

しかも、『易緯』では（『詩緯』でも）、「辛酉革命」と「甲子革令（ないし革政）」とがセットになっているのに、延喜四年（九〇四）甲子を迎えても改元は行われていない（議論すら行われた形跡がない）。つまり当時の宮廷社会では、辛酉革命説も甲子革令説も、それほど普及しておらず、単独で改元の論拠とされることはなかったとみられる。

⑤村上天皇朝の辛酉・甲子の改元

ところが、延喜改元から六十年後の村上天皇朝には、天徳五年辛酉（九六一）を「応和」と改元されたのみならず、また応和四年甲子（九六四）を「康保」と改元されている。さらに、それ以降は、辛酉・甲子の年を迎えるたびに、必ず改元する慣例が原則となり、それが幕末の孝明天皇朝まで続いている。

その改元経緯を確かめてみよう。まず「応和」の改元については、村上天皇の「御記」逸文が『改元宸記』『改元部類』『元秘別録』等に引かれており、また『革命』『改元部類』所引の「改元詔書」もある。(4)

この詔書に「去秋（九月二十三日）皇居孽火之妖急起《ニリ》、此歳辛酉革命之《ノ》符既呈《ニス》」ため「或《ハ》畏《レテ》二警誡《ヲ》一而建《テ》レ元《ヲ》、或《ハ》警《メテ》二咎徴《ヲ》一而改《ム》レ号《ヲ》」ことになって、「改《メテ》二天徳五年《ヲ》一為《ス》二応和元年《ト》一」と共に「大コ赦《ス》天下《ニ》一」とある。つまり、改元理由として、半年前の内裏火災と「辛酉革命之符」（『日本紀略』では「辛酉革命之御慎」）をあげている。また、「御記」と『改元部類』所引の「外記記」により、これは文章博士兼大内記の藤原後生が「可レ縁二延喜元年例一」との「仰」を承って詔書を作成したこと、さらに「応和」年号は、大学頭兼文章博士の菅原文時（道真の嫡孫）が撰上した「前年の勘文案」を採用されたことも知られる。

一方、「康保」改元については、詳細な『応和四年甲子革令勘文』があり、その中に「村上御記」も引かれている。この時は、すでに（イ）応和二年十二月二十二日、賀茂保憲が「四年甲子当二革令之期一事」、ついで（ロ）同四年五月二十八日、時原長列が「今年当二甲子年一可レ被レ施二徳化一事」、さらに（ハ）六月十七日、三善道統が「今年甲子運数事」を、それぞれ勘申している。その論拠を抄出すれば、左の通りである。

（イ）賀茂保憲（天文博士）

①謹検二王肇開元暦紀経一、推二帝王革命法一云、易説云、辛酉為二革命一、甲子為二革令一。詩説云、十周参聚、気生二神明一、辛酉革レ命、甲子革レ政。注云（前掲ⓚ注と同文にて省略）。

②今案、詩説一周三百六十歳、為二革命之期一、十周三千六百歳、為二大剛之運一。以レ此推レ之、自二黄帝二十二年甲子一、距二本朝応和三年癸亥一、積二三千六百歳一、以二一周三百六十歳一除レ之、得二十周一無二余算一。是則所レ謂十周三百六十歳、名曰二大剛一。聖人改レ世之歳也。至二于同四年甲子一（九六四）、是上元更始革令之歳也。今勘二往年一、徴験如レ左。

（以下、第一革令～第十革令の例示、省略）

③右伏二事情一……夫大剛者希有之運、大変之期也。当朝神武天皇以降、未レ有二此会一。至二明年一始有レ之。彼革令猶有二徴験一。何況於二大道之大変一乎。当二于斯時一、順レ天而施レ令、以立レ徳、則天下大平、聖化弥隆。愚管所レ及、勘申如レ此。

※「村上御記」逸文の応和四年六月四日条に「天文博士（賀茂）保憲覆勘文申云、当二甲子之年一。仍施二徳化一及慎二災変一并改元事所二勘申一可レ然」とあり、（イ）をふまえ再び勘文を出したことがわかる。

（ロ）時原長列（明経直講）

④右謹検二王肇（開元）歴紀経一曰、帝王受レ命、必在二三元甲子之年一。而或以二辛酉一為二革命一、或以二戊午一為二革運一、進退雖レ異、期数略同。自二上元甲子年一、以レ三乗レ六、一百八十年、為二陽乗一変一、次以レ四乗レ六、二百四十年、為二陰乗一変一云々。又云（漢土の甲子革令の例示、省略）

⑤今依二此説（王肇）一推二勘暦運一、後魏大（太）武帝元年甲子（四二四）者、是亦上元甲子也。従二大武帝上元甲子（始光元年）一、

至二于本朝応和四年甲子（九六四）一、惣九甲子五百四十年也。謹検二易道一、九者陽数之極……又九甲子、推二尋先縦一、非レ無レ所レ畏。又仁和（光孝）天皇者、当代之始祖・受命之聖主也。元慶八年甲辰歳（八八四）登レ祚。従二彼甲子〔辰〕歳一、至二于応和四年甲子一八十一年、是九々八十一年、天之大陽（数）之極也。従二上元甲子三年一計者、当二九甲子一也。従二先皇（光孝天皇）登祚之年一計者、当二陽数之極一也。是尤可下改二換視聴一、被上レ施二徳化一之秋也。

※「村上御記」逸文の六月四日条に、右の（ロ）が「直講長列勘二申暦運雑事二ヶ条一、一今年当二甲子年一（可レ）被レ施二徳化一事、一応和四年甲子値二中興年一、可レ被レ慎二災害一事」として要約引用されている。

（ハ）三善道統（兵部少丞）

⑥右帝王受命、必在二三元甲子之年一、而或以二辛酉一為二革命一、或以二戊午一為二革運一。推二勘暦運一（以下、（ロ）⑤「後魏」以下と同文、省略）。

⑦今謹案二王肇開元暦紀経一、帝王革命法曰、帝王革命、革卦之気変也。……而推二年数法一、易説者以二四六二六一而乗レ之、詩説者以二十周三百六十歳一而推レ之。二説皆共卦之意也。

⑧今案、六甲宜レ用二陽数三七、陰数四八一。……仍王肇蓋第一革命年（ママ）、一百八十年（註略）、第二革命二百四十年（註略）、第三革命四百二十年（註略）、第四革命六百六十年（註略）／今一千五百年、第一蔀、今二十五甲子／（以下第二蔀の変数、省略）

・又自二後魏大武皇帝元年（四二四）一、至二隋文帝仁寿四年甲子一（六〇四）、一百八十歳（註略）、次自二仁寿四年一、至二（唐）開元十二年（七二四）一、一百二十年〔王肇之説者、一百八十一年当二天数之革命一也。今案、其革命者、当二本朝延喜元年辛酉一（九〇一）〕

⑨件第三蔀、革命紀未レ満、以レ五（三カ）乗レ六之数、当二延喜四年甲子一（九〇四）。然則延喜四年以後者、以レ七乗レ六

之数、及二四百二十年一、可レ有二革命〔令カ〕之運一、毎レ及二彼暦運一、為二帝王之受命一耳。祥瑞・咎徴既如二指掌一。唯置二三蔀之年一。已知二万代之事一。然則甲子并九々八十一論、可レ謂二新意一。不レ拠二本条一。

⑩以前暦運勘録如レ右。抑皇道無レ親、唯仁是輔。明神有レ道、非レ論二莫福一。……皆是非二革運之年一、已以遺二施レ徳之跡一者也。……宜レ施二雨露之慈恩一。聊以二管見一、謹以勘申。

※「村上御記」逸文の六月十九日条に「保憲申云、道統依二家所説一陳述、丈可レ然」と評価した上で「但、易説・詩説、同聖人所レ説也。就可レ有二慎之趣一、不レ棄二此説一、甚以可レ宜、為三両説共難二弁決一也」と折衷している。

これらによれば、日本で最初の甲子改元は、「王肇開元暦紀経」が主な論拠に引かれている。この王肇は他の文献に見あたらないが、「開元」は唐玄宗在位中の年号（七一三～七四一）であろうから、八世紀前半に「暦紀経」を著した学者かと想われる。しかも、（イ）保憲の、①をみると、この「暦紀経」の中に「帝王革命法」を引き、その中に「易説」と「詩説」を引いている。また「村上御記」逸文六月十八日条によれば、蔵人所に召された三善道統は、「案二祖父清行朝臣所レ伝王肇開元暦紀経一、今年不レ当二革命〔令カ〕一。但非レ無二易説并詩説一」と述べているから、王肇は「易説」「詩説」を引いた上で、独自の見解を示していたものとみられる。

いずれにせよ、（イ）賀茂保憲は、①で引いた「開元暦紀経」をふまえながら、また②で専ら「詩説」によって、三六〇年周期を「大剛」と称し、その紀元を「黄帝二十二年甲子」に決めて、それから十周三千六百年後の応和四年甲子（九六四）こそ「上元更始革令之歳」だと強調している。

しかし、（ロ）時原長列は、④で「歴紀経」を引きながら、⑤では後魏の「大〔太〕武帝元年甲子」（四二四）を「上元甲子」として、それから「九甲」（九×六〇）五四〇年後の「応和四年甲子」を意義づける。それと共に、光孝天皇を「当代（村上天皇）之始祖、受命之聖主」と仰ぎ、その登祚「元慶八年甲辰歳」（八八四）から九×九＝八一年後の「応和四年甲子」こそ「天之大陽数之極」だと強調している。

さらに、（ハ）三善道統は、⑦で「開元暦紀経」を引きながら（①と類似）、⑧では三×六〇＝一八〇年、四×六〇＝二四〇年、七×六〇＝四二〇年、一一×六〇＝六六〇年、合計二五×六〇＝一五〇〇年の「第一部」と、一八〇年・二四〇年・四二〇年・四六〇年・一八〇年、合計一五〇〇年の「第二部」を経た後、「第三部」は、また「革命期未レ満」の状態にあるとする。なぜなら、開元十二年（七二四）より三×六〇＝一八〇年後は「延喜四年甲子」（九〇四）に当たるが、それより七×六〇＝四二〇年に及ぶまで「革命〔令カ〕之運」があるけれども、当年（九六四）は「革命紀未レ満」ということになる。それを王肇が「甲子幷九々八十一論」で説明しているのは「新意」だとみている。それゆえ、⑩で、「暦運」として、今年は必ずしも「革運之年」にあたらないが、「雨露之慈恩」を施すために改正してよいという。

また「村上御記」逸文によれば、道統は蔵人所に召された際、「今年不レ当二革命〔令〕一」と断りながら、「被レ施二徳行一有二何妨一乎」と改元することは差し支えない、と答えている。

すなわち、この「康保」改元も、『易緯』や『詩緯』ではなく、それを引く王肇の『開元暦紀経』によって、（イ）と（ロ）は応和四年（九六四）が「甲子革令」に当たることを積極的に意義づけている。しかし（ハ）の三善道統は、「甲子革令」に当たらないとした上で、改元することは「慈恩」を施すため意味があるとする。その結果、実施されたのであり、『革暦類』所引の「改元詔」には、「甲子開暦之歳、乾坤示レ変之時、……思慮宜下在二一元之初一、猶変二徴名一、以新二下民之聴一、更施二徳政一、以答中上天之心上」とある。また、『扶桑略記』七月十日条には、「依二旱魃幷甲子歳一改元也」と旱魃を先にあげている。

⑥辛酉・甲子ごとに改元した理由

こうして村上天皇朝には、延喜元年辛酉から六十年後（九六一）の「応和」辛酉改元だけでなく、それから三年後（九六四）に「康保」甲子改元も初めて行われた。しかし、その論拠は緯書の『易緯』『詩緯』などを引く王肇の『開元暦紀経』を援用し、それでも「甲子革令」に当たるか否か解釈が分かれることを承知した上で、改元すること自体に意義を見出して、実施するに至ったのである。

それゆえ、これが先例となって、以後の辛酉年・甲子年には、ほとんど必ず改元されている（後掲表6参照）。もちろん、それは自動的に無条件で行われたわけではなく、その都度かなり丁寧な議論を繰り返している。

たとえば、「応和」辛酉改元から六十年後の寛仁五年（一〇二一）辛酉には、すでに前年十月十三日、「仰二大法師仁統一、令レ勘下申明年辛酉当二革命一否上」（『日本紀略』）されており、それから四ヶ月後の同五年二月二日「治安」と改元されたが、その際の記録をみると、六十年前に類する議論をしている。

すなわち、陣定（公卿の会議）で「改元事」を議することになり、左大臣藤原顕光が「諸道勘申」六枚について意見を求めた。その勘申は、明経博士中原貞清・大学助教清原頼隆・暦博士賀茂守道・文章博士善滋為政・東宮学士藤原義忠・主計頭安倍吉平らなどから出され、「今年辛酉革命当否」に関して「勘申不用」ながら、いずれも「改レ号令レ可レ施二仁政一之由」は一致している。[5] そこで、改元することになったが、「当二革命一甚難」ので、詔文には「歳当二辛酉一、古来之風可レ慎云々」とのみ載せている（『改元部類記』所引の源経頼『左経記』逸文、東山御文庫記録『革命』の大外記中原師香勘申「辛酉年被レ行例事」所引「治安之年例」など）。

一方、三年後の治安四年（一〇二四）甲子にも、あらかじめ諸道の勘文を徴した上で、七月十三日、改元の陣議が行われたが、「今年当二革令一否之由、諸道勘申雖レ不二分明一、依二上達部定一被レ改二年号一」、また詔書には「不レ可レ指二革命当否二」と仰せられたので、「唯甲子年依レ可レ慎有二改元一之由」を書くことにしている（同上『改元部類記』所引「左経記」逸文）。

かように辛酉年・甲子年は、これ以降も、緯書の説を基に革命・革令に当たるか否かを問わず、改元する例が繰り返されていく。その際に拠り所となったのが三善清行の説である。

たとえば、文応二年（一二六一）『革命定』所引の源基実定文には「昌泰三年遅（ママ）二緯候之文一、奏二変革之運一以降、我朝以二彼説一為レ先」とみえる。また永享十三年（一四四一）『革命勘文』所引の宣旨にも、「以二易緯・王肇之説一推レ之、皆不レ当焉、以二清行之術一検レ之、特為レ当也。抑彼相公、自二少年一常好レ文、長入二聖学之奥旨一、得二三易秘頤一。爰昌泰四年（九〇一辛酉）之春、初勘二奏此術一以来、後儒皆以二彼説一為二標準一。而今年辛酉当二其説一。不レ可レ不レ慎也」とある（共に『続群書類従』十一上・公事部所収）。

このような考え方は、その後も受け継がれ、一・二の例外(6)を除いて、幕末の「文久」辛酉改元（一八六一）・「元治」甲子改元（一八六四）まで続いたのである。

八　中国と日本の元日改元と一世一元

最後に、年号の改元時期について、中国と日本の在り方を対比すると、著しい異同がみられる。ただ、中国の場合、改元の理由や決定の経緯を示す史料が殆ど見当たらないので、厳密な対比に難しいが、大まかな傾向に知ることができる。

まず改元の理由は、双方とも君主（皇帝・天皇）の代替り（代始）を基本としながら、それ以外にもいろいろある（日本では祥瑞・災異、辛酉・甲子など）。そのために、中国では前漢から清末まで約二千年間に四一六回（平均五年弱で一回）、日本では飛鳥時代から現代まで千三百数十年間に二四七回（平均五年強で一回）改元されており、この点は大差がない。

しかし、中国で多いのは正月改元、とりわけ元日改元である。元日の改元は、前年末までに新年号を決め、年を踰えて早々から実施することがよい、という踰年改元の典型であり、六世紀代の南北朝期から十数例みられる。それが十世紀末の北宋代以降きわめて多く、南宋の二〇年号と清の九年号には連続しており、合計一〇〇例以上にのぼる。それに対して、日本で元日から改元したのは、奈良末期の「天応」改元（七八一）例しか見あたらない。

正月の元日を新年の初日として重んじ、宮廷で盛大な（代始の即位式と同様の）「朝賀」儀式を行うことは、中国の影響を受けて日本でも変わりない。しかし、その元日早々から新年号を実施することまでは、踏襲しなかったのである。一見便利な元日改元を、日本では何故あえて行わなかったのかは、今のところ確かな理由が見出せない。

一方、改元の理由を代始に限る、いわゆる一世一元（一代一号）は、日本で明治時代から制度化されたが、それに先立つ議論の中で中国の在り方が参考にされている。とりわけ注目すべきは、中井竹山と藤田幽谷の見識である（所、一九八二・一九八七b）。

まず中井竹山は、大坂の私塾「懐徳堂」の学主として信望厚く、天明八年（一七八八）五十九歳の時、老中松平定信から意見を求められた。そこで、国政上の重要な課題を建策したのが『草茅危言』全五巻であり、その巻一の中の「年号の事」で次のように述べている。

我邦は、李唐の制を取りて、大化・白雉を始め、大宝以来、今に連綿たり。……（されど）千有余年の間、改元ありてさして吉もなく、改元なくてさらに凶もなし。……（従って）何分それは明・清の法に従ひ、一代一号と定めたき御事なり。……

つまり、「大化」「大宝」以来、改元によって吉凶が左右されたわけでもないのだから、今後は明朝や清朝のごとく「一代一号」とした方がよいという意見である。また年号に使用できる文字が、従来かなり制限されているけれども、今後はそれ以外の文字を用いてもよいようにすべきだとか、さらに一代一号となれば、その年号を天皇の追号として奉ることが至当ではないか、と併せて提言している。

もう一人の藤田幽谷（一正）は、右の竹山が建策した天明八年から、十五歳で水戸藩の史館へ勤めており、三年後の寛政三年（一七九一）十月十一日、「建元論」を書き上げた。これは短篇ながら、中国と日本における年号の起源と沿革を簡潔に述べた後、従来しばしば改元されてきたこと、とりわけ辛酉・甲子年ごとの改元を次のように厳しく批判している。

革之象曰、先王以レ治レ暦明レ時。而讖緯家因レ有二革命・革令之文一、自三延喜中、博士清行首唱二此説一、辛酉・甲子・必為二改元一。……革命乃湯・武順レ天応レ人之事、非レ所レ施二於万古一姓之邦一。而讖緯誕妄、又何足レ言哉。

その上で、「明代之建レ国也、累世相承、於二即位之踰年一改レ元、終身不レ易。其於二一統慎レ始之義一、可レ謂二両得レ之矣。……則雖二百世遵行一可也」と論ずる。つまり明朝が建国以来代々、即位の年を踰えた翌年に改元して終身（崩御まで）易えない〝一世一元〟こそ、天下を一統して治世の初めを慎しむ年号改元の本義に叶うから、いつまでも遵行すべき在り方だ、というのである。

このうち、中井竹山の意見は、老中松平定信に提出されたが、それを幕府で検討したかどうかは確かめ難い。一方、藤田幽谷の意見については、一八九一年発行の雑誌『如蘭社話』二六号に、宮崎幸麻呂が「御即位新式幷建元論」という一文の中で、次のように推測している。

御一世一元の制を定められしは、廟堂の大議に決せしものなるべけれども、また学者の意見をも採用せられしは、疑なき事なり。余、さきに加藤桜老翁が、当時そのすぢの人に出したる意見書を見し事あり。そは、水戸藩は一正（幽谷）翁の建元論を引きて、いたく一世数号の不可なるよしを弁へられたるものなりき。これら必ず参考の一とはなりし者なるべし。其の建元論は、早く寛政三年〔一正翁、年十八〕になれるものにて……明治元年を距ること七十八年、既に此の論を立てられしは、卓見と謂ふべし。

文中の加藤桜老は、幽谷の嫡男藤田東湖に師事し、文久三年（一八六三）から明治初年まで長州の藩校明倫館教授などを務めている。従って、彼が師の東湖から入手した幽谷の「建元論」を参考にして「一世数号の不可なるよし」（一世一元）を論じた意見書を作成し、長州藩の要人（たとえば木戸孝允など）から京都の新政府に提示した、というような可能性は少なくないと思われる。

ただ、「明治」改元の際、一世一元（一代一号）制の樹立に直接貢献したのは、岩倉具視にほかならない。多田好問編『岩倉公実記』（一九〇六年刊）中巻「年号明治と改元の事」に次のごとくみえる。

中古以降、改元定の儀式、鄭重にして頗る虚文に属するものあり。……具視は、難陳（年号文字案の是非論審議）の如き閑議論を闘はすの儀式は、繁褥の流弊たるを以て、首として其の改正を唱へ、且つ一世一元の制と為すの議を建つ。議定・参与、皆之を善とす。因て上奏、聖裁を経たり。……

しかも、これを直接立証する史料が『岩倉具視関係文書』（一九三五年刊）第七に「御即位之事」（覚書）として収められる。この覚書は年月日を欠くが（慶応四年〈一八六六〉戊辰の役が江戸上野合戦で山を越した五月中旬ころか）、次のような構想をメモしている。

一、（即位礼）不日に可ㇾ被ㇾ行歟、奥羽鎮定之後歟。

一、御大礼御改制之事。

一、御即位同日改元、御一代御一号之事。

一、女御立后にて入内之事。

それから間もない八月二十五日、岩倉は次のような書状を議定・参与に送り意見を求めている。

㋑御即位御大礼被レ為レ済候後、改元之儀、勿論先例之通《ト》存候得共、御大礼後正ニ被レ行候カ、又《ハ》当年中ニテ可レ然歟。

㋺但、御一代御一号之制之被二決定一候《テハ》如何。御賢考希入候。

㋩年号ノ文字、可レ然モノ二三計《ばかり》御選択ニテ、賢所ニ於テ臨時御祭典被二為行一、聖上親敷神意に被レ為レ問候而可レ然歟。所レ謂祭政一致ノ御趣意ニテ、此等之儀ハ鄭重ニ被レ遊方《ト》〔度カ〕存候。

これらによれば、岩倉は「御即位同日改元」と「御一代御一号」とする基本方針を立てた上で、㋑改元を「御即位御大礼」直後に行うか、その年内に行うかどうかを尋ね、㋺いずれにせよ、この機会に「御一代御一号の制」を決定したいと希望し、㋩その年号文字は、二三に絞った案を賢所に供え、天皇御自身が「神意」を問うて決められたら「祭政一致」の趣意に叶うと提案している。

その結果、前掲の『岩倉公実記』にみえる松平慶永の著した『逸事史補』（明治三～十二年稿）によれば、「高辻・五条、其他是迄、年号撰被二仰付一候堂上〔菅家と存候〕、夫々より撰定上申」すると、「岩倉より小子（慶永）へ……好き年号を撰み五六号差出候様被二申聞一」たので、「参内中直に相認、岩倉迄差出、岩より入二奏聞一」たところ、「聖上自ら賢所へ被レ為レ入、神意御伺《ノ》処、明治年号抽籤相成候《ニ》付、明治御決定《ト》相成」ったのである。[7]

しかも、こうして「天皇親しく内侍所（賢所）に謁し、躬ら御籤を抽き、明治の年号を得たまふ」という前後に例のないユニークな方法で新元号を勅定した上で、直ちに次のような改元詔書が公布されている（宮内省臨時帝室編修局編『明治天皇紀』第一巻）。

詔、体二太乙一而登レ位、膺二景命一、以改レ元。洵聖代之典型、而万世之標準也。朕雖二否徳一、幸頼二祖宗之霊一、祇承二皇統一、躬親二万機之政一、乃改レ元欲下与二海内億兆一更始一新上。其改二慶応四年一為二明治元年一。自レ今以後、革二易旧制一、一世一元以為二永式一。主者施行。

すなわち、代始に「更始一新」のため「明治」と改元するのみならず、この機会に「旧制を革易」して、今後「一世一元、以って永式と為す」ことを勅定された。これを承けて、明治二十二年制定の「皇室典範」第十二条に「践祚ノ後、元号ヲ建テ、一世ノ間ニ再ビ改メザルコト、明治元年ノ定制ニ従フ」と明文化されたのである。

ところで、年号を一世（一代）に一元（一号）とすることは、前掲の中井竹山や藤田幽谷の意見書にいうごとく、すでに「明・清の法」「明氏の国を建つるや、累世（代々）相承けて」行われてきたことが、参考にされている。

念のため、それを調べ直してみると、明朝（一三六八～一六四四）は、太祖（洪武帝）から毅宗（崇禎帝）まで十七代で十七年号、つまり完全に一世一元となっている（一号平均一七年強）。また清朝（一六四四～一九一二）も、順治帝から宣統帝まで十代で十年号、つまり完全に一世一元であった（一号平均二十七年弱）。しかも、その先蹤は元朝（一二七一～一三六八）にあり、世祖から順帝＝恵宗まで十一代に十四年号（一号平均六年強）、さらにその前の南宋（一一二七～一二七一）も、九代に十一年号（一号平均一三年強）だから、ほとんど一世一元に近い。

それに対して日本では、一天皇一年号に近い例は、元正女帝の和銅（七〇八～七一五）をはじめ、光仁天皇の宝亀（七七〇～七八〇）から桓武天皇の延暦（七八二～八〇六）、平城天皇の大同（八〇六～八一〇）、嵯峨天皇の弘仁（八一〇～八二四）、淳和天皇の天長（八二四～八三四）、清和天皇の貞観（八五九～八七七）、陽成天皇の元慶（八七七～八八五）、光孝天皇の仁和（八八五～八八九）、宇多天皇の寛平（八八九～八九八）まで、平安前期に多い。しかし、それ以降は再三改元されており（但し奈良時代の淳仁天皇や室町時代の称光天皇、江戸時代の明正女帝などは、政治的な事情で改元なし）、一代平均三回強（一号平均四年強）も改元が行われている。

このような中国と日本における改元の在り方の違いは何故に生じたのか、どういう意味をもつのか。個々の事情が異るため一概に論じえないが、皇帝と天皇の在り方の違いは大きな要因のひとつと考えられる。

以上、論述は多岐にわたったが、千三百年以上続く日本年号の来歴を辿りながら、中国年号との比較を通して、その特色を浮き彫りにしようと努めてきた。中国年号の改元実態に不案内なため、十分な比較を為しえなかったが、ぜひ博雅の御批正と御示教を賜わりたい。

註

（1）石碑の全文は『帝王編年記』大化二年丙午条所載。その断碑が宇治の放生院常光寺（通称橋寺）境内に現存する。

（2）これが「大宝令」段階からあったことは、『令集解』に「古記（大宝令注釈書）云、用二年号一謂、大宝記而辛丑不レ注之類也」とあり、また「穴云……問、近江大津宮庚午年（六七〇）籍者、未レ知依二何法一所レ云哉。答、未レ制二此文一以前所レ云年」とみえる。

（3）奈良文化財研究所・東京大学史料編纂所共編『木簡画像データベース　木簡字典』（二〇〇九年）より。ただ「大寶」の「大」（『続日本紀』等）は、ほとんど「太」と記されている。

（4）「村上御記」逸文によれば、この改元には村上天皇が積極的に関与しておられる。すでに六月四日、蔵人藤原済時を左大臣藤原実頼の第に遣わされ、時原長列と賀茂保憲の勘文について報奏を受けられた。また六月十八日には、保憲・長列と三善道統を蔵人所に召して「今年当二革命一年否之由」を問わしめられ、その報奏に対して「保憲・道統所レ申各々有レ所レ拠。長列申二中興之運一。頗似レ不レ叶」と仰せられた。ついで翌十九日には、左大臣をして「各申二件革命令事一有二両説一、依先聖撰定宣旨難レ決。依有レ所レ拠、同被レ用二両説一、有二何故一乎。然則如二前日定申一、被レ行二徳政一（改二）年号一可レ宜。」と勅定され、「改年号字」を勘申せしめられた。

その上で七月十日、改元論議の際「文章博士（菅原）文時朝臣等択申年号字文」を給わったが、「此度所二択申一字、頗不快」と仰せられた。それゆえ、「参議（大江）朝綱朝臣等者旧勘申年号字文」であるが、その「旧勘文」を下し給わり「須レ定二其吉一」と仰せられた。そこで、公卿の難陳会議により「大江朝臣（継時）所レ上嘉保・康保、及（藤原）後生前年所レ上乾綱等」が撰ばれ、民部卿（大納言）藤原在衡から「可レ随レ仰」と奏上したところ「可レ用二康保字一」と勅定されるに至った。さらに大内記高階成忠の起草した詔書案を上ったところ「事意未レ尽」と仰せられたので、夜に入ってから改作した詔書案を再奏して勅許され、詔書に「画日」を加え所司に下しておられる。

（5）念のため、東山御文庫記録『革暦類』所引の「諸道勘文」をみると、まず紀伝道の文章博士善滋為政は、『開元暦紀経』を検し、「故三善清行朝臣去昌泰三年十一月上密奏」を案じて、「以二辛酉之歳一可レ謂レ当二革命一歟。」と答え、「抑清行朝臣者、道之先儒、近古碩学也、莫レ不レ渉二猟九流百家一。就中易家之道採二賾壺陰一、末学之輩何可レ伝レ之。」と碩学三善清行に絶大な信頼を寄せている。

また、同じく紀伝道の東宮学士兼文章博士藤原義忠は、王肇の『暦紀経』が「易説」と「詩説」に拠らないで、「立二其三蔀四元二元之数、陽乗陰乗之変一」しており、それによれば「推二其年紀一、雖レ未レ盈二三変之数一」と断った上で「思二其厄会一、猶可レ有二万端之惶一……早改二視聴於一時一、被レ行二政化於四海一、則妖禍無二余孽一」との理由で改元を意義づけている。

ついで明経道の博士中原貞政と助教大江有道は、「孔穎達説」（「詩緯」の註）として「十周参聚気生二神明一、辛酉革命・甲子革政。注云、天道三十六歳而一周也、十周名二王命大節一、凡三百六十歳矣」を引き、また「王肇暦紀経」の「帝王革命法」を挙げる。その上で、「帝王期運者、多在二三元甲子之年一。而或以二辛酉一為二革命一、或以二戊午一為二革運一也。然則緯候之所レ指、其説非レ一。暦道之所レ尋、其趣相同歟。玄遠之義、真偽難レ決」と率直に答申している。

また、同じ明経道の助教清原頼隆は、「易説」「詩説」と「暦紀経」を引き、続けて「礼記月令云、其日庚・辛。注云、庚之言更也。辛之言新也。万物皆新変更也」とか、「尚書洪範云、金為レ従レ革、金性能改也」とか、「案二五行大義一、金之正方在レ西。含二斂気一矣。故以二兌上離下象一革レ卦矣」との説を挙げる。その上で、「王肇雖レ立二難説一、経家何拠二詩説一。況辛酉之字釈、有二新改之義一」として「更二改号令一、弥修二聖徳一者、天下太平、宝祚長文之基也。」と改元を是としている。

ついで、暦道の主計権助兼暦博士賀茂守道は、「暦紀経」から「易説」よりも主に「詩説」を引き、「今年辛酉不レ当二易説革命一、来甲子以後及二三百歳一、以二甲子一為二革令一、以二辛酉一可レ為二革命一也」とする。しかも「祖父保憲朝臣応和勘文」を挙げて、「今年者是相当二太一天朝之変一、可レ有二大陽皆虧之厄（日食）一、臨二人之終一、豈不レ慎乎、可レ祈可レ撰。且施二徳化一、且改二号令一、天下太平、宝祚長久」と改元を意義づけている。

さらに、陰陽道の主計頭安倍吉平は、「開元暦紀経」を引いて「今年是革命年也」とし、また「易説」の「年数法」も加えて「我朝辛酉之証」を挙げ、「自二神武天皇一至二于仁明天皇辛酉一、合一千五百歳、更為二革命第一之蔀一。仁明天皇即位之後、歴二中元・下元・上元之紀一、合百八十年。為二第二之蔀一、以レ三乗レ六之数也。可レ謂二命年之辛酉一、相二当両端之革命一矣。」と第二蔀の革命に当たる（から改元するべき）としている。

この他、「私勘文」として、阿闍梨の利源が、「易説」と「毛詩」と「暦紀経」を引き、「於二我朝一者、今年辛酉為二革命一也」とする。また陰陽頭の惟宗文高は、「辛酉之歳必《ズシモ》非二革命一。然則今年革命之災、難二勘申一定一」としている。なお、十一月当時大納言（七月に右大臣）の小野宮実資『小右記』によれば、事前に「入道殿（藤原道長）大略被レ定二革命有無事一」と聞いて遺憾に思い陣定を欠席したが、後日（二月二十一日）大法師仁統と暦博士賀茂守道を呼び、「善相公（三善清行）勘文」などを見せて、「大変革命二百四十年内、小変三度〔六十年辛酉三ヶ度者〕、小変辛酉三箇度革命歟如何。頗有二疑慮一。仍為レ決二其事一」としたが、「各所レ陳不二分明一。件小変辛酉皆不吉……只辛酉今年不吉云々」という返答しかなかった。また、同二十九日にも、文章博士藤原広業と大納言藤原公任から所見を聴いている。

その所見は、公任自筆の『北山抄』巻十「吏途指南」裏書に「革命事」として記される。それによれば、広業は全ての「毎二辛酉年一可レ当」と申したが、「陣頭簽議之場」では「彼此……諸所見」あり、結局「今年不レ可レ当歟」として「改元詔不レ載レ之（辛酉革命）」ことになったとある。

（6）室町末期の戦国時代から江戸初期にかけて、永禄四年（一五六一）辛酉と同七年（一五六四）甲子および元和七年（一六二一）辛酉の三回は、年号の勘申も公卿の陣議もできなかったのか、改元が行われていない。

（7）ちなみに、「明治」は、室町時代の「応永」改元（一三九四）以来十回も候補にあがっている。その七回目「元文」改元（一七三六）の実情が大城戸宗重の「明治年号難陳」（『如蘭社話』創刊号、一八九一年）に紹介されているので、要点を引いておこう。

すなわち、桜町天皇代始の享保二十一年（一七三六）を「元文」と改元する際、大内記唐橋在秀と五条為成・東坊城総長（いずれも菅原氏）から各々五案勘申され、その一つに在秀の撰進した「明治」（引文は「周易《ニ》曰《ク》、聖人南面《シテ》而聴《カバ》、天下嚮《イテ》レ明《カニ》 而治《マル》」）があった。それに対して右大弁清閑寺秀定が「明治号《ノ》、代始《ニ》被《ル》レ用《イ》二治《ノ》字《ヲ》一凡《ソ》七八度、各々年序不レ久《シカラ》。可レ有《ク》二如何《ル》一候哉」（「平治」が一年、「天治」「康治」「宝治」が二年、「正治」「建治」が三年）と難じたところ、大納言西園寺公晃が「明治号《ノ》……其《ノ》義用甚《ダ》大《ナリ》 矣。明《カニスル》二 明徳《ヲ》于天下《ニ》一者、聖王之所レ以治《ムル》二天下《ヲ》一也。……尤《モ》宜《シ》レ為《スニ》レ号《ト》。可レ被《ル》二採用《セ》一候乎。猶可レ在《ル》二群議《ニ》一」と陳じている。

それに続いて、中納言坊城俊将が「明治之号……析《キテ》レ字《ヲ》言《ワバ》レ之《ヲ》、則《チ》明字《ノ》為《リ》二日月《ト》一、治字《ノ》従《ウ》二台水《ニ》一。台星名也《ハノ》。水既《ハ》逼《リ》二日月星辰《ニ》一、則《チ》有《リ》二洪水滔天之象《ノ》一。平時尚恐《ル》二其《ノ》不《ルヲ》レ叶《ワ》、況《ンヤ》於《テヲヤ》二龍飛之始《ニ》一乎」と再難したところ、式部権大輔高辻総長が「明治号《ノ》、析字《ノ》……明字為《ルニ》二日月《ヲ》一。按《ズルニ》二周易《ヲ》一、大人者与《ニ》二天地《ト》一合《セ》二其徳《ヲ》一、合《ス》二其時《ニ》一。此文可《シ》レ為《ス》二嘉徴《ト》一。如《キノ》下治字従《ウ》二台水《ニ》一之難《ノ》上者……推レ古《シヲ》験《スルニ》レ今《ヲ》、強《チ》無《キ》二其難一歟。可レ被《ル》二採用《セ》一哉。猶可レ在《ル》二上宣《ニ》一」と再陳している。

しかし結果的には、同じく在秀の勘申した「元文」（出典は「文選」に「武創《メ》二元基《ニ》一、文集《ル》二大命《ニ》一」……」）が採用され、「明治」は却下された。とはいえ、それから一三二年後の慶応四年九月七日、式部大輔唐橋在光（在高の兄在家の玄孫）により勘申された「明治」（出典同前）が、明治天皇の手で採択されるに至ったのである。

なお、現行の「平成」年号も、幕末の「慶応」改元（一八六五）の際、文章博士高辻脩長により『書経』を出典に勘申されたことがある（所、一九八九b）。

＊本稿では、以下の刊本から史料を引用した。

『日本書紀』『続日本紀』『続日本後紀』『帝王編年記』『扶桑略記』『令集解』（新訂増補国史大系）／『革命勘文』（群書類従・『三善清行の遺文集成』）／『革暦類』（『本朝文集』）／『村上天皇御記』（所功編『三代御記逸文集成』）／『応和四年革令勘文』（『大日本史料』）／『桜町天皇実録』（宮内省編『天皇皇族実録』）

参考文献

大谷光男、一九七五　「三国時代の年号と金石文」（『古代の暦日』雄山閣）
佐伯有清、一九八八　『三国史記倭人伝』（岩波文庫）
所　　功、一九六九　「三善清行の辛酉革命論」（一九八八bに所収）
一九七〇　『三善清行』（吉川弘文館）
一九七七　『日本の年号』（雄山閣カルチャーブックス）
一九七八　「大宝以前の公年号―諸説の再検討」（一九八八bに所収）
一九八七a　「年号の選定方法」（一九八八bに所収）
一九八七b　「一世一元制の史的考察」（一九八八bに所収）
一九八八a　「中国と日本の年号」（一九八八bに所収）
一九八八b　『年号の歴史―元号制度の史的研究―』（雄山閣）
一九八九a　『年号の歴史―元号制度の史的研究―　増補版』（雄山閣）
一九八九b　「元号〝平成〟の誕生と意義」（一九八九aに所収）
二〇一五　「古代ヤマト国家の形成過程論」（『モラロジー研究』七六）
二〇一八　『三善清行の遺文集成』（方丈堂出版）
所功編著、二〇一四　『日本年号史大事典』（雄山閣）
所功・久禮旦雄・吉野健一、二〇一八　『元号　年号から読み解く日本史』（文春新書）
林　陸朗、二〇〇二　「元号「天応」「延暦」について」（『國学院短期大学紀要』二〇）
森本角蔵、一九三三　『日本年号大観』（目黒書店）

601	辛酉	(隋)	文帝・仁寿	元	推古	9	
604	甲子		文帝・仁寿	4	推古	12	
661	辛酉	(唐)	高宗・龍朔	元	斉明	7	7/24　斉明女帝崩御
664	甲子		高宗・麟徳	元	天智	3	前年　白村江の戦い
721	辛酉		玄宗・開元	9	元正・養老	5	前年　『日本書紀』撰上
724	甲子		玄宗・開元	12	聖武・神亀	元	2/9　即位、改元
781	辛酉		徳宗・建中	2	桓武・天応	元	1/1　改元、4/3　即位
784	甲子		徳宗・興元	元	桓武・延暦	3	11/11　長岡京に移幸
841	辛酉		武宗・会昌	元	仁明・承和	8	
844	甲子		武宗・会昌	4	仁明・承和	11	
901	辛酉		昭宗・天復	元	醍醐・延喜	元	1/25道真左遷、7/15改元
904	甲子		昭宣帝・天佑	元	醍醐・延喜	4	
961	辛酉	(北宋)	太祖・建隆	2	村上・応和	元	前年　内裏焼亡、2/16改元
964	甲子		太祖・乾徳	2	村上・康保	元	7/10　改元
1021	辛酉		真宗・天禧	5	後一条・治安	元	2/2　改元
1024	甲子		仁宗・天聖	2	後一条・万寿	元	7/13　改元
1081	辛酉		神宗・元豊	4	白河・永保	元	2/10　改元
1084	甲子		神宗・元豊	7	白河・応徳	元	2/7　改元
1141	辛酉	(南宋)	高宗・紹興	11	崇徳・永治	元	7/10　改元
1144	甲子		高宗・紹興	14	近衛・天養	元	2/23　改元
1201	辛酉		寧宗・嘉泰	元	土御門・建仁	元	2/13　改元
1204	甲子		寧宗・嘉泰	4	土御門・元久	元	2/10　改元
1261	辛酉		理宗・景定	2	亀山・弘長	元	2/20　改元
1264	甲子		理宗・景定	5	亀山・文永	元	2/28　改元
1321	辛酉	(元)	英宗・至治	元	後醍醐・元亨	元	2/23　改元
1324	甲子		泰定帝・泰定	元	後醍醐・正中	元	12/9　改元
1381	辛酉	(明)	洪武帝・洪武	14	長慶・弘和	元	2/10　改元
〃	〃				後円融・永徳	元	2/24　改元
1384	甲子		洪武帝・洪武	17	後亀山・元中	元	4/28　改元
〃	〃				後小松・至徳	元	2/27　改元
1441	辛酉		英宗・正統	6	後花園・嘉吉	元	2/17　改元
1444	甲子		英宗・正統	9	後花園・文安	元	2/5　改元
1501	辛酉		孝宗・弘治	14	後柏原・文亀	元	2/29　改元
1504	甲子		孝宗・弘治	17	後柏原・永正	元	2/30　改元
1561	辛酉		世宗・嘉靖	40	正親町・永禄	4	※戦国末期　辛酉改元なし
1564	甲子		世宗・嘉靖	43	正親町・永禄	7	※戦国末期　甲子改元なし
1621	辛酉		熹宗・天啓	元	後水尾・元和	7	※江戸初期　辛酉改元なし
1624	甲子		熹宗・天啓	4	後水尾・寛永	元	2/30　改元
1681	辛酉	(清)	聖祖・康熙	20	霊元・天和	元	9/29　改元
1684	甲子		聖祖・康熙	23	霊元・貞享	元	2/23　改元
1741	辛酉		高宗・乾隆	6	桜町・寛保	元	2/27　改元
1744	甲子		高宗・乾隆	9	桜町・延享	元	2/21　改元
1801	辛酉		仁宗・嘉慶	6	光格・享和	元	2/5　改元
1804	甲子		仁宗・嘉慶	9	光格・文化	元	2/11　改元
1861	辛酉		文宗・咸豊	11	孝明・文久	元	2/19　改元
1864	甲子		穆宗・同治	3	孝明・元治	元	2/20　改元
1921	辛酉		※1911辛亥革命		大正・大正	10	※明治元（1868）一世一元

表５　辛酉年と甲子年の中国と日本の改元実態

(BC)	干支	中国			日本		<易緯>	<清行勘文>
(BC)								
660	辛酉	(周)	恵王	17	神武	元		
657	甲子		恵王	20	神武	4		
600	辛酉		宝王	7	神武	61		
597	甲子		宝王	10	神武	64	4×6元（240）	（240）
540	辛酉		霊王	5	安寧	9		
537	甲子		霊王	8	安寧	12		
480	辛酉		敬王	40	懿徳	31		
477	甲子		敬王	43	懿徳	34		
420	辛酉		威烈王	6	孝昭	56		（60）
417	甲子		威烈王	9	孝昭	59		
360	辛酉		顕王	9	孝安	33	2×6元（120）	
357	甲子		顕王	12	孝安	36		
300	辛酉		赧王	15	孝安	93		（180）
297	甲子		赧王	18	孝安	96		
240	辛酉	(秦)	始皇帝	7	孝霊	51		
237	甲子		始皇帝	10	孝霊	54	4×6元（240）	
180	辛酉	(漢)	高帝	8	孝元	35		
177	甲子		文帝	3	孝元	38		
120	辛酉		武帝・元狩	3	開化	38		（120）
117	甲子		武帝・元狩	6	開化	41		
60	辛酉		宣帝・神爵	2	崇神	38		
57	甲子		宣帝・五鳳	元	崇神	41		
(AD)								
1	辛酉	前漢)	平帝・元始	元	垂仁	30	2×6元（120）	（180）
4	甲子		平帝・元始	4	垂仁	33		
61	辛酉	後漢)	明帝・永平	4	垂仁	90		
64	甲子		明帝・永平	7	垂仁	93		
121	辛酉		安帝・建光	元	景行	51		
124	甲子		安帝・延光	3	景行	54	4×6元（240）	
181	辛酉		霊帝・光和	4	成務	51		（180）
184	甲子		霊帝・中平	元	成務	54		
241	辛酉	蜀漢)	懐帝・延煕	4	応神	91		
244	甲子		懐帝・延煕	7	応神	94		
301	辛酉	西晋)	恵帝・永寧	元	応神	101		
304	甲子		恵帝・永安	元	応神	104	2×6元（120）	（120）
361	辛酉	東晋)	穆帝・升平	5	仁徳	49		
364	甲子		哀帝・興寧	元	仁徳	52		
421	辛酉	(宋)	武帝・永初	2	允恭	10		
424	甲子		太武帝・始光	元	允恭	13		
481	辛酉	(斉)	高帝・建元	3	清寧	2		
484	甲子		武帝・永明	2	清寧	5	4×6元（240）	
541	辛酉	(梁)	武帝・大同	7	舒明	2		
544	甲子		武帝・大同	10	舒明	5		
							【601】	【601】
							【661】	【661】

表6　中国の「元日改元」一覧（601年以降）

※ 中国の正史等により、改元月日が元日と判る例を、日本との外交関係が明確な7世紀以降について表示した。
中国では6世紀にも元日改元が10数例（日本では「天応」(781)のみ）

	AD	干支	皇帝	中国年号	天皇	日本年号
隋	601	**辛酉**	文帝 9	**仁寿 元**	推古 9	
唐	627	丁亥	太宗 2	**貞観 元**	推古 35	
	650	庚戌	高宗 2	**永徽 元**	孝徳 6	白雉 元
	664	甲子	〃 16	**麟徳 元**	天智 4	
	684	甲申	睿宗 元	**嗣聖 元**	天武 12	
	685	乙酉	〃 2	**垂拱 元**	〃 13	
	689	己丑	〃 6	**永昌元・載初元**	持統 4	（朱鳥 4）
	698	戊戌	武則天9	**聖暦 元**	文武 2	〃 13
	742	壬午	玄宗 31	**天宝 元**	聖武 19	天平 14
	765	乙巳	代宗 4	**永泰 元**	称徳 2	天平神護 元
	780	庚申	徳宗 2	**建中 元**	光仁 11	宝亀 11
	784	甲子	〃 6	**興元 元**	**桓武 4**	延暦 3
	785	乙丑	〃 7	**貞元 元**	〃 5	〃 4
	836	丙辰	文宗 10	**開成 元**	仁明 4	承和 3
	880	庚子	僖宗 8	**広明 元**	陽成 5	元慶 4
	889	己酉	昭宗 2	**龍紀 元**	宇多 3	寛平 元
	890	庚戌	〃 3	**大順 元**	〃 4	〃 2
	894	甲寅	〃 7	**乾寧 元**	〃 8	〃 6
北宋	990	庚寅	太宗 15	**淳化 元**	一条 5	正暦 元
	995	乙未	〃 20	**至道 元**	〃 10	長徳 元
	998	戊戌	真宗 2	**咸平 元**	〃 13	〃 4
	1004	甲辰	〃 8	**景徳 元**	〃 19	寛弘 元
	1017	丁巳	〃 21	**天禧 元**	後一条2	寛仁 元
	1022	壬戌	仁宗 元	**乾興 元**	〃 7	治安 2
	1023	癸亥	〃 2	**天聖 元**	〃 8	〃 3
	1034	甲戌	〃 13	**景祐 元**	〃 19	長元 7
	1049	己丑	〃 28	**皇祐 元**	後冷泉5	永承 4
	1064	甲辰	英宗 2	**治平 元**	〃 20	康平 7
	1068	戊申	神宗 2	**煕寧 元**	後三条元	治暦 4
	1078	戊午	〃 12	**元豊 元**	白河 7	承暦 2
	1086	丙寅	哲宗 2	**元祐 元**	堀河 元	応徳 3
	1101	辛巳	徽宗 3	**建中靖国元**	〃 16	康和 3
	1102	壬午	〃 4	**崇寧 元**	〃 17	〃 4
	1107	丁亥	〃 9	**大観 元**	鳥羽 元	嘉承 2
	1111	辛卯	〃 13	**政和 元**	〃 5	天永 2
	1126	丙午	欽宗 2	**靖康 元**	崇徳 4	大治 元
	1131	辛亥	高宗 5	**紹興 元**	〃 9	天承 元
南宋	1163	癸未	孝宗 2	**隆興 元**	二条 6	長寛 元
	1165	乙酉	〃 4	**乾道 元**	六条 元	永万 元
	1174	甲午	〃 13	**淳煕 元**	高倉 7	承安 4
	1190	庚戌	光宗 2	**紹煕 元**	後鳥羽8	建久 元
	1195	乙卯	寧宗 2	**慶元 元**	〃 13	**〃 6**
南宋	1201	**辛酉**	〃 8	**嘉泰 元**	土御門4	建仁 元
	1205	乙丑	〃 12	**開禧 元**	〃 8	元久 2
	1208	戊辰	〃 15	**嘉定 元**	〃 11	承元 2
	1225	乙酉	理宗 2	**宝慶 元**	後堀河5	嘉禄 元
	1228	戊子	〃 5	**紹定 元**	〃 8	安貞 2
	1234	甲午	〃 11	**端平 元**	四条 3	文暦 元
	1237	丁酉	〃 14	**嘉煕 元**	〃 6	嘉禎 3
	1241	辛丑	〃 18	**淳祐 元**	〃 10	仁治 2
	1253	癸丑	〃 30	**宝祐 元**	後深草8	建長 5
	1259	己未	〃 36	**開慶 元**	亀山 元	正元 元
	1260	庚申	〃 37	**景定 元**	〃 2	文応 元
	1265	乙丑	度宗 2	**咸淳 元**	〃 7	文永 2
	1275	乙亥	恭宗 2	**徳祐 元**	後宇多2	建治 元
元	1295	乙未	成宗 2	**元貞 元**	伏見 9	永仁 3
	1308	戊申	武宗 元	**至大 元**	花園 元	延慶 元
	1312	壬子	仁宗 2	**皇慶 元**	〃 5	正和 元
	1321	**辛酉**	英宗 元	**至治 元**	後醍醐4	元亨 元
	1324	甲子	泰定帝2	**泰定 元**	〃 7	正中 元
	1341	辛巳	順帝 9	**至正 元**	後村上3	興国 2
明	1399	己卯	恵帝 2	**建文 元**	後小松16	応永 6
	1403	癸未	成祖 2	**永楽 元**	〃 20	〃 10
	1425	乙巳	宣宗 元	**洪煕 元**	称光 14	〃 32
	1426	丙午	〃 2	**宣徳 元**	〃 15	〃 33
	1436	丙辰	英宗 2	**正統 元**	後花園9	永享 8
	1450	庚午	代宗 2	**景泰 元**	〃 23	宝徳 2
	1465	乙酉	憲宗 2	**成化 元**	後土御門2	寛正 6
	1488	戊申	孝宗 2	**弘治 元**	〃 25	長享 2
	1506	丙寅	武宗 2	**正徳 元**	後柏原7	永正 3
	1522	壬午	世宗 2	**嘉靖 元**	〃 23	大永 2
	1567	丁卯	穆宗 2	**隆慶 元**	正親町11	永禄 10
	1573	癸酉	神宗 2	**万暦 元**	〃 17	天正 元
	1621	**辛酉**	熹宗 2	**天啓 元**	後水尾11	元和 7
	1628	戊辰	毅宗 2	**崇禎 元**	〃 18	寛永 5
	1645	乙酉	唐王 元	**弘光 元**	後光明3	正保 2
	1646	丙戌	桂王 元	**紹武 元**	〃 4	〃 3
	1647	丁亥	〃 2	**永暦 元**	〃 5	〃 4
清	1662	壬寅	聖祖 2	**康煕 元**	後西 9	寛文 2
	1723	癸卯	世宗 2	**雍正 元**	中御門15	享保 8
	1736	丙辰	高宗 2	**乾隆 元**	桜町 2	元文 元
	1796	丙辰	仁宗 元	**嘉慶 元**	光格 18	寛政 8
	1821	辛巳	宣宗 2	**道光 元**	仁孝 5	文政 4
	1851	辛亥	文宗 2	**咸豊 元**	孝明 6	嘉永 4
	1862	壬戌	穆宗 2	**同治 元**	〃 17	文久 2
	1875	乙亥	徳宗 元	**光緒 元**	明治 9	明治 8
	1909	己酉	恭宗 2	**宣統 元**	〃 43	〃 42

第一部

文字・言葉・記録

1　迎陽記の改元記事について

小川剛生

はじめに　―北朝の改元に関する史料―

南北朝時代はふたつの朝廷がそれぞれの年号を制定したほか、体制に反対する勢力が改元前の旧年号を使い続ける、いわゆる不改元号が見られたり、さらに私年号の使用が確認されるなど、年号の歴史上、特異な時期である。北朝でも暦応度（一三三八）から応永度（一三九四）までの約半世紀、実に十六度の改元を繰り返した（その「応永」が三十五年間も続いたのはやはり時代を劃する）。京都をめぐる政情の不安定がその主因であるが、年号と国政との関係を窺うのに好個の事例を提供しているとも言える。

この時期の年号の出典とされた漢籍・注疏の選択、あるいはその解釈は、依然として伝統的な漢学の範疇にとどまるものであった。とはいえ、南宋から元にかけての出版業の繁栄は、浩瀚な注疏合刻本あるいは韻書・類書の広範な流布をもたらし、その結果として本邦でも宋学の新たな解釈が意識されるようになっており、廟堂での難陳などにはそのことへの対応が見られる。これは当時の学問の実態を浮かび上がらせる。年号に関わる史料には学問史の豊富な材料がまだまだ眠っていて、検討すべき事柄が多い。

ところで、北朝の改元に関する史料は決して乏しくはなく、すでに第四十九冊、永和三年（一三七七）までの刊行を終えている『大日本史料』第六編にもかなり収録されているものの、この時代の公家政権への関心の低さゆえ、これまで広く利用されて来たとは言い難い。また刊行の古い時期の冊では本文批判が十分ではない。

その一つに、東坊城秀長（一三三八〜一四一一）の迎陽記がある。秀長は若年時には大内記として詔書の執筆を担当し、長じては文章博士として年号勘文を出し、さらに晩年には参議として仗議の難陳にも加わるなど、北朝の十数度の改元を経験した公卿の日記であり、この時代の年号に関する根幹史料となる訳である。もちろん、これまで迎陽記の記事が知られていなかった訳ではないが、なかなか正確な全体像が紹介されなかったので、諸本を調査した上で、校訂本文を「史料纂集」に収めて刊行した（小川、二〇一一・一六）。本論文では、この迎陽記の改元記事を主たる材料に、かつ周辺の古記録・書状も併せ用いて、与えられた主題について考えたい。

一　迎陽記とその記主

東坊城家は鎌倉時代前期の鴻儒として著名な菅原為長（一一五八〜一二四六）の四男高長（一二〇八〜八四）に出る五条家の、さらに分流に当たり、秀長の祖父茂長（一二八三〜一三四二）に始まる。

秀長前半生の官歴は、公卿補任の不備のため不明ながら、大内記・文章博士・大学頭・式部大輔などの官を歴任し、晩年には参議正二位に昇った。これに加えて、貞和年間（一三四五〜四九）に光明天皇の六位蔵人に補され（康暦二年六月二十四日条。以下迎陽記の引用は年月日のみ示す）、延文三年（一三五八）頃から永徳三年（一三八三）頃まで長く少納言・侍従を兼ねた。このため朝儀によく参仕し、後光厳天皇の「内々近習」（貞治三年九月十七日条）とされ、他の儒者とは異なる立身を遂げた。このことは父長綱（一三一三〜九二）や息長遠（一三六五〜一四二二）ら一家の廷臣に共通しており、こうした近習の地位を梃子として北朝天皇から厚遇されたことで、東坊城家はあまたの菅家一門のうちでも、とくに繁栄することになったと考えられる。

さらに東坊城家は長綱の代から二条摂関家にも家礼として仕えていた。秀長は二条良基（一三二〇〜八八）の信任篤く、外出に随行したり、右筆を務めたりし、文雅の営みにも必ず参じた。また良基の実子である一条経嗣（一三五八〜一四一八）にも親しく、秀長の女は経嗣の女房となり、応永九年（一四〇二）五月には兼良を産んでいる。このような記主の立場を反映して、迎陽記は、朝儀・行事の記事にも富むのは当然として、当時の学藝について貴重な情報が得られる。そして康暦以後は、良基に先導された室町殿足利義満（一三五八〜一四〇八）が朝廷に進出し、権力を掌握するため、政治の枢機に関わる記事が見られる。

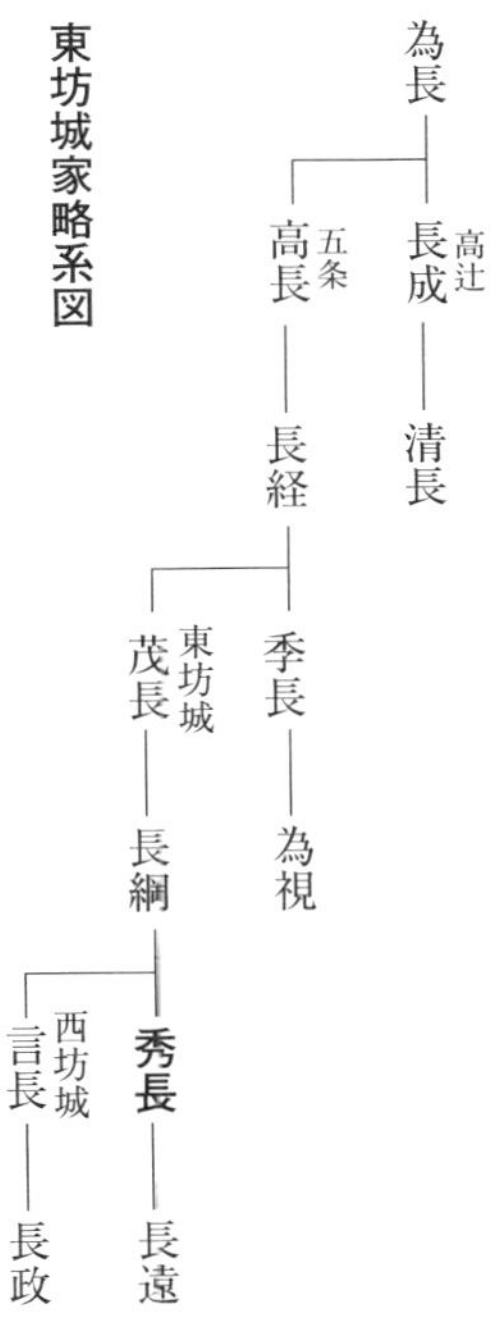

東坊城家略系図

さて「迎陽」とは秀長の号で、早く長遠が秀長の没した直後に用いており（諷誦文故実）、自称であろう。記録期間は康安元年（一三六一）二月から応永十七年（一四一〇）五月までほぼ五十年の長きに亘っているが、自筆原本は伝わっておらず、古写本にも乏しい。

現存の写本は、記事の性格から大別して左

の四種に分類できる。

（一）日次記

（二）改元記

（三）文集

（四）別記・逸文

いずれも「迎陽記」とは呼ばれるが、性格を異にし伝来も区々である。（一）と（四）のいずれかとの組み合わせからなる写本が最も多いが、本来は別々に伝来した写本が取り合わされたものである。また（二）と（三）とを合併したものが「迎陽文集」と称されることもある。

迎陽記には長く活字本がなく、記事が部分的に『大日本史料』に収録されるだけで、利用に不便があった。『史料纂集』では（一）（二）（四）を収録し、それぞれ編年順に排列して刊行した。ここでは（二）改元記についてのみ触れる。

改元記は、北朝の康安度から応永度まで、自らまとめた計十度の改元の記録である。朝廷の儒者にとり、年号勘文を作成したり、改元定に参仕して定文を執筆することは重要かつ名誉ある職務であった。したがって博士家では先例を調査集積する必要があった。秀長が初めて年号を勘申したのは康暦度であり、これ以後が特に詳細である。応永度は参議として仗議にも参仕した。なお永徳度のみ記事が欠けているが、これは辛酉革命による改元なので、別にまとめられていた可能性が高い。さらに勘文・定文をも蒐集して部類記を作成していたようで、「勘文・定文等、続加部類之間、略之」（永徳四年二月二十七日条）とある。

秀長により整理された改元関係史料は厖大な分量があって、秀長玄孫に当たる和長（一四六〇〜一五二九）などは大いに利用しているが、いつしか散逸した。僅かにこの十度の改元記と、久寿度から仁治度までの年号勘文の集成の、江戸期以後の転写本が残るに過ぎない。

その諸本のうち、まず五条為適（一五九七〜一六五二）が、寛永七年（一六三〇）に、当時東坊城家に存した秀長自筆本をもって書写し、その系統に属する本がいくつかある。ついで寛文八年（一六六八）七月から八月にかけ、為適男為庸（一六一九〜七七）がやはり秀長自筆本を書写している。そのほぼ同時期の転写本が国立公文書館蔵紅葉山文庫本十三冊のうち第一〜六冊である。為適本と為庸本との間に字句の異同は殆どない。流布した写本のうちでは紅葉山文庫本がこれまで広く利用されて来たが、自筆本の転写とは言いながら、本文に文意不通の箇所が少なくない。既に自筆本の破損が甚だしく文字が判読できなかったらしい。

一方、文明十九年（一四八七）七月、改元を控えて、三条西実隆（一四五五〜一五三七）が、秀長自筆の改元記を書写し、「迎陽記　愚抄抽要」と題した。この実隆筆本は近代に至って散佚したらしく、現在は数葉の断簡が確認されるだけであるが、幸いなことに宝永三年（一七〇六）七月、転法輪三条実治（一六五〇〜一七二四）が転写した神宮文庫蔵三條本「秀長卿記」が現存する。この三條本「秀長卿記」は親本である実隆筆本の面影を忠実に伝えており、本文も流布本より格段に善良で、その誤脱不審を悉く訂し、面目を一新することができる。但し、実隆は若干の省筆をしたようで、そこはやはり紅葉山文庫本を参照して補う必要がある。

二　応永度・永和度改元定の記事の検討

それでは具体的に記事を掲げて、改元記の本文について比較し、あわせて北朝の改元における学問的な議論について及びたい。引用の本文は紅葉山文庫本、〔　〕内は三條本「秀長卿記」の本文である。

明徳五年（一三九四）七月五日、応永度の改元では、足利義満が強く「洪徳」の号を推し、他ならぬ秀長がこの号を勘申、さらに仗議に臨んだが、万里小路嗣房（一三三八～九八）・坊城俊任（一三四六～？）らの反対に遭って断念させられたというエピソードが知られる。秀長は自身の勘申した号であるため反論できず、仗議では日野資教（一三五六～一四二八）がこの号を支持したものの、沈黙したとある。後日義満の洩らした感想を示す。

今夜参仗座人、日野大納言・新中納言・藤中納言、不及一言義勢、尤無念、後日室町殿有此仰ｌｌ〔云々〕仗座参〔仕鉗〕　餘口紅〔何〕用ｌ〔哉〕、其義縦雖不当、如ｌｌ〔俗難〕可申上〔歟〕云々、尤此仰恥思給者也、莫言々々、

「後日」以下は、紅葉山文庫本では誤字脱字がとくに多かった。しかし三條本によれば文意は明瞭である。「仗議の場に参上したくせに口を閉ざしたままでは何のために参ったのか、たとえ主張が当を得ていなくとも、世俗の難くらい述べるべきであろう」ということになる。義満が資教以下の腹心のふがいなさを慨嘆したと聞いての文章であることが明瞭となる。

ついで応安八年（一三七五）二月二十七日、永和度の改元では、柳原忠光（一三三四～七九）の勘申した「寛永」号が仗議で難ぜられた。

寛永事モ有沙汰、毛詩考槃篇、刺荘公、不能継先公之業、使賢人退而窮処之文、尤不快、面々ｌｌ〔難之〕、洞院中納言申云、今度勘文引来〔朱熹〕盡注被奏之、如彼ｌ〔注〕者無刺分、正義又如然、只鄭玄注評〔許刺〕判之、有不刺釈之上者、無子細歟云々、雖然別当猶不甘心難之、藤中納言、雖為勘進字、依有此難等、頻述所存、朱注引文雖珍敷様候、凡可然字難得之間、於朱入〔文〕公者近代名人、随而如御談義被講此注書之間、向後年号引文為傍例、今度有存〔旨〕間、勘進此注云々、陳謝之分存可〔一義〕然歟、但不能継先〔公〕・業文、於代始殊不快、朱注初度引文、又不甘心者ｌ〔歟〕、

ここでも紅葉山文庫本では判読し得なかった文字を三條本によってほぼすべて補うことができるのである。その文意も明瞭となる。

ところで、この「寛永」号の勘文は、後深心院関白記などによれば、「寛永、毛詩曰、考槃在澗、碩人之寛、独寐寤言、永矢弗諼、註曰、碩大、寛広、永長、矢誓也」というもので、毛詩巻三・衛風「考槃」を出典とする。本文に副えられた注文「碩大、寛広、永長、矢誓也」は、南宋の朱熹（一一三〇～一二〇〇）の注釈書、詩集伝による。「考槃」とは、序によれば、「刺荘公也。不能継先公之業、使賢者退而窮処（荘公を刺《そし》るなり。先公の業を継ぐこと能はず、賢者をして退きて窮処せしむ）」と、荘公を諷刺した詩とされており、ほんらい年号の出典に相応しくない内容である。とくに鄭玄（一二七～二〇〇）は、「有窮処成楽在於此澗者、形貌大人、而寛然有虚乏之色（窮処して楽を成し此の澗に在りと有るは、形貌は大人なり、而るに寛然として虚乏の色あり）」と、「寛」の訓詁のうちに困窮菜色を読んだ。

しかし朱熹は詩集伝[1]でこうした読みを取らず、単に「寛」は「広」の意であり、「詩人美賢者隠処澗谷之間（詩人の賢者の処を澗谷の間に隠すことを美《ほむ》る）」詩とした。忠光は勘文にこの注文を副えることで、朱熹の解釈に拠ることを明示しているのである。

既に住吉朋彦が明らかにした通り（住吉、一九九四）、本邦の明経道において、毛詩は、あくまで詩序を尊重する毛伝とそれを敷衍した鄭箋に沿って解釈することが主流であり、進んでも古注集成の趣の強い唐の孔穎達（五七四～六四八）の毛詩正義を参照する程度で、宋代・元代の詩学は視野に入っていない。年号の選定に際してもまったくそれを墨守していたから、王を諷刺する本文であるとして否定的な意見が大勢を占めた。仗議に参仕した九人の公卿のうち、勘者である忠光を除けば「寛永」を推したのは一人だけである。秀長は必ずしも宋学に無関心でもなかったが、改元の場となると話は別で、「朱注初度引文、また甘心せざる者か」とした。

ところで公卿の一人、洞院公定（一三四〇～九九）は、「永和」を推していたが、「寛永」号の難陳では、「今度の勘文は朱熹の注を引きて奏せらる、彼の注の如くんば刺しる分無し」と発言して、朱熹の解釈ならば諷刺の意はないから問題なし、と擁護した。また忠光も自身の勘申した年号字ながら反駁しているが、そこで傍線部のように「朱文公は近代の名人、随ひて御談義の如きはこの注書を講ぜらるの間、向後年号引文傍例たり」としたことは、朱熹が注目され始めた徴証として興味深い。

ただし、忠光は藤原北家日野流の出で、紀伝道を学んで立身してはいるが、長く伝奏を務め、後光厳上皇（一三三七～七四）随一の寵臣でもあり、むしろ公武の機微に通じた政治家であった。したがって朱熹の解釈に拠った年号勘文も、どこまで彼の学識に出たものか慎重に考えるべきであろう。

そして迎陽記の、仗議に参仕した諸卿がおのおの意中の年号字を挙奏する記事のうち、「洞院中納言永和」とあるのに対して、紅葉山文庫本には、「藤中納言見勘文之由云々」という朱傍書がある。これは三條本には存しないが、自筆本にはあった注記と考えられる。「（洞院中納言は）藤中納言の勘文を見るの由と云々」と訓むので、つまり公定は事前に忠光の勘文を見ていたのである。これは重要な情報である。このように写本としての精度は劣るが、紅葉山文庫本もやはり自筆本を直接転写した本であり、参照しなくてはならない。

三　年号字の選定をめぐる学問的なやりとり

ここから一歩を進めると、永和度改元で柳原忠光の勘申した「寛永」号は、洞院公定との談合、あるいはその教示のもとでなされた可能性が生じる。このことを考えたい。

公定はもとより博士家の出身ではなく、後に左大臣に任じた最高位の公卿である。学識に富んだことで知られた公定は、足利義満の勘気を受けた期間を除いて、毎度改元定の仗議に参仕し、明徳度・応永度には上卿も務めた。残念ながら尊卑分脈の編者として言及される程度で知名度が高いとは言い難いが、博士家の人よりも学問史的には注意すべき存在であるので、併せて述べてみたい。

「寛永」号は、その後実際に採択される元和十年（一六二四）までの間、幾度も勘申された。既に秀長生前の明徳度・応永度の改元でも勘申されている（森本、一九三八、271頁）。その際には引文の毛詩「考槃」の解釈をめぐって、同様の議論が繰り返されたらしい。

三条西実隆筆にかかる改元部類記(2)は、鎌倉後期から南北朝期にかけての冬定卿記・継塵記・中院一品通冬卿記・園太暦の改元記事および元秘抄目録の抄出からなる。ところでここには、上の記録とは無関係の、北朝の改元定に参仕した公卿の書状が写し取られている。順に列挙すると、①正親町三条実音書状（応安元年二月十五日）、②洞院公定書状（明徳元年三月二十五日）、③同上（応永元年七月七日）、④転法輪三条公忠書状（観応元年三月二日）、⑤三条西公時書状（貞治元年十月十一日）、以上五通である。

②を左に翻刻する。

（三条西実隆注記）「後中園状（洞院公定）遺廣橋状（兼綱）」

連々承候、誠本望候、以種々計略可罷出由相存候、毎物不具、中〱無是非候、第一前駈出現難治辛労候、仰天無極候、御参陣目出候、誠無人過法候、御出仕尤可然候歟、挙奏字未存定候、如承候寛永幷仁応等可然歟之由、存候、安永、雖可然候、安和・安元・安貞皆不吉候、寛永注ハ非本経、注文候歟、如先年以朱熹注勘進候

哉、此注文朱注分候也、考槃篇者序文不吉之由、先年其沙汰候き、但孔穎達正義意分明、鄭玄箋太違失候歟、且朱熹分同篇、仍勘申朱注分候者、尤可為珍重候哉、仍正義幷朱注文等一帋注進候、次憬字之条、勿論候、同毛晃韻注々進候、覚悟さとるの訓も候けに候、廟諱又遠也、むつかしく候へ共、其までの沙汰さのみいか丶と存候、又此号難は古年号同音打反候事、未一度も候はす候、永観をうちかへし候、いか丶と存候、条々難及是非候也、恐々謹言、

（明徳元年）
三月廿五日　　公定

実隆の注記の通り、公定が廣橋仲光（一三四一～一四〇六）に送った書状の写しと見て問題ない。この翌日、改元定があり、「明徳」と改元されたが、迎陽記によれば、公定は上卿を勤仕、勘者の一人であった仲光も仗議に参仕している。ここで公定は「寛永」と「仁応」を挙奏したいとするが、「仁応」は当の仲光の勘申した号なので配慮しただけで（実際の仗議の場で公定は「寛永」と「明徳」を挙げている）、その意は「寛永」に在ったことは明らかであろう。つまり仲光に「寛永」に賛成するよう働きかけたのである。

既に見た通り、永和度改元では、出典となった毛詩「考槃」が詩序によって芳しくない内容だとして斥けられた訳であるが、公定は、毛詩正義では詩序に基づく毛伝・鄭玄の説を否定した、としている。たしかに正義は(3)「此篇毛伝所説不明、但諸言碩人者、伝、皆以為大徳之人、卒章、碩人之軸、伝、訓軸為進、則是大徳之人進於道義也、推此而言、則寛・薖之義、皆不得与箋同矣（此の篇毛伝の所説不明、但し諸言の「碩人」は、伝、皆以て大徳の人と為す、卒章の「碩人之軸」は、伝、軸を訓じて進と為す、則れ是ち大徳の人の道義に進むなり、此を推して言へば、則ち寛・薖の義、皆箋と同ずることを得ざるや）」として、鄭箋の「寛」の訓詁を批判している。しかし正義は序の指し示した諷刺の意は否定していない。すると公定は、朱注が正鵠を射ていることを述べるため、正義を都合良く引用した

までのように思える。そして仲光にはこの正義と朱注の抄出をわざわざ送っているのである。

続いて「憬字」に言及するが、これは「寛永」の反切が仗議の場で問題とされることへの予防線であろう。年号字の反切については既に院政期から問題としないことになっていたが、鎌倉時代前期、韻鏡の将来によって、帰字が一つに定まることが知られ、再び一部では関心が高まることになった（小川、二〇〇九ａ）。音韻学的にはまったく無意味な試みであるが、迎陽記によれば、公定こそ韻鏡に基づき年号字の反切を知るべしと主張していたのである（康暦元年三月二十二日条）。

「寛」の中古音 k'uan の声母は「牙音」の次清（いわゆる舌根音）、「永」の中古音 ɦuaŋ の韻母は梗韻である。この組み合わせは韻鏡の外轉第三十四合表で、たしかに帰字「憬」を得る。[4] 続いて公定は「毛晃韻」を引用して、この字の字義を示す。これは宋代の代表的な韻書で、本邦でもこの時期用いられた増修互註礼部韻略である。[5] この書は「憬」字を「居永切。覚悟。詩、憬彼淮夷。又遠也。又古廻反。係　廟諱嫌名□、居永切、不当廻避」（巻三）とする。公定が「覚悟」というのはこれに拠るのであろう。また「憬」の音には他に「古廻反」があり、「廟諱」に抵触する（宋の太宗の諱「炅」と同音）という。それでもさほどの悪字ではなく、そこまでの詮索は不要であろう、という訳である。さらに「寛永」号は過去に同音や打返の難も負ったことがない、「永観」はそれかも知れないが、どうであろうか、として結ぶのである。

実は③の書状でも、公定は廣橋仲光に対し、応永度の改元で、「寛永」号が採択されなかったことの無念を述べている。仗議の難陳の場で、「考槃」の正義の注について、公定の述べるような内容は見えない、と秀長と俊任が反論したことが心外であったらしく、同座した仲光に「詩正義ニ候はぬと申候しか、又惣而毛詩正義候はぬと申候やらん、不審之余申候」と正確な発言内容を知ろうとし、自身は「孔穎達四十巻正義見及候し、何様事候哉」と、再度正義を確認したらしい。

公定の「寛永」号に懸ける執心は明らかであろう。仲光とのやりとりからしても、永和度に初めて「寛永」を勘申した柳原忠光の勘文は公定が作成して持たせたものとしてもよかろう（この点は次節で述べる）。

ところで、明徳度以後、「寛永」号を勘申し続けたのは、東坊城・五条・高辻などもっぱら菅家の儒者であった。自薦はタブーであるから彼ら自身がどう考えていたかは分からないが、取り立てて大きな難を負わなかったため、たまたま年号字の候補に残り続けたまでで、積極的に推していたようにも思えない（もちろん朱注に批判的ではないから勘申していたとも言えるが、後世のように朱子学に対する拒否反応はそもそも生じようもなかった）。とすると、やはり「寛永」号の発見は公定の功績に帰する。

公定は同時代人から見てもかなり奇矯突飛な言動をする人であった（小川、二〇一一）。その一方で、当時としてはごく新しい、大陸で刊行された字書・韻書・類書にいち早く親しみ、本邦の典籍に対しても、しばしばこれを援用して解釈しようとした。その努力は自身でも浩瀚な部類記を編纂することへ注がれ（石田、二〇〇九。末柄、二〇一一）、たとえば尊卑分脈（新編纂図本朝尊卑分脈系譜雑類要集）に結実するのであるが（小川、二〇〇九b）、そのような公定であれば、朱熹の注に価値を認めたとしてもあながち誤りではなかろう。ただしそれは宋学の思想に共鳴したのではなく、やはり版本という質量ともに圧倒的なメディアを通して得られる、緻密ながら合理的な解釈に惹かれたのであろう。いささか屈折した形ではあるが、中世の学問の新しい方向を、改元をめぐる公定の発言に見出だすことができる。

このように、年号・改元に関する史料を学問史の史料として観察すると、同じく改元に関与する廷臣といっても、字義や本文解釈の探求には、かなり温度差があることが分かる。それは仗議に参仕する公卿の側に高く、勘者の側にはむしろ低いと言える。勘者こそ改元には絶対欠かせない存在であり、実際に北朝では改元の度に勘者の数が増加の一途を辿った。秀長ら博士家の学者はともかく、たびたび勘者となった柳原忠光や廣橋仲光は北朝の治天の君や室町将軍に重んじられた廷臣であって、勘者の役が重視されていたことも分かる。しかしその実態となると、驚くほど空虚なものであった。ここでも迎陽記によって勘者の側の事情を明らかにしてみたい。

四　年号勘者の人選と改元手続きの実態

北朝での改元の手続きを、迎陽記の改元記事によって追跡してみたい。ここでは秀長が初めて年号勘文を進上した康暦度を例とする。この時秀長は大学頭・文章博士であった。

永和五年（一三七九）三月四日、前日に蔵人頭坊城俊任が前権大納言廣橋兼綱（一三一五～八一）・式部大輔栗田口長嗣（?～一三八六）・式部権大輔東坊城長綱・文章博士東坊城秀長・同粟田口淳嗣（?～一三八四）の勘者五名を載せる「改元勘者宣旨」を伝達し、左大臣二条師嗣（一三五六～一四〇〇）がめいめいに宣旨を発給するよう大外記に下知した。これには二条家の家司として秀長が申次をし、翌日には六位外記の持参した宣旨を受け取ることになる。

文章博士菅原秀長朝臣
　　菅原淳嗣朝臣
左大臣宣、奉　勅、宜令件等人撰進年号字者、
永和五年三月四日　　　　大外記中原師香奉、

改元定は十五日と決して、十二日には長綱・秀長父子は勘文を蔵人頭に付して奏上している。勘文の書式・仕立て方は、すべて先祖の為長のやり方にならうものであった。ここにはさまざまな故実が見えるが、紀伝道の博士家では初度の勘者の時には年号字を二〜三案、勘者の経験を重ねるにつれ数を増やし、最大では五案を勘申したようである。父長綱は既に六度目の勘者であり、為長もまた六度目の年号勘申時には式部権大輔の官に在ったので、長綱に意見し、年号字を五案勘申させている。秀長は初度なので、代々の例によって永吉・文昭・文仁の三案を勘申し、うち「永吉」は新字、つまりこれまで全く使われたことのない文字とした。これも故実であった。秀長の勘文は迎陽記に写し取られている。手控えであるためか、出典とした漢籍の巻篇名も注記している。

勘申

年号事

永吉

周易曰、（四益卦）十朋之亀弗克違、永貞吉、王用享于帝、吉、

文昭

毛詩注疏曰、（十九昊天有成命篇）成王能明文昭、定武烈者、夫道成命者而稱昊天、翼其上也、

文仁

毛詩注疏曰、（十七巻阿篇）有鳥曰鳳、膺文曰仁、自歌自舞、見則天下大安寧、

唐紀曰、（順宗紀）叡哲温文、寛和仁恵、

右依　宣旨勘申如件、

永和五年三月十七日　正四位下行大学頭兼少納言侍従文章博士美作権介菅原朝臣秀長

なお「文仁」は二条良基が強く推した号で、勘文に入れたとある。勘文が提出されると、方々からその草を見せるよう求められ、写しを送っている。久我具通（一三四二〜九七）や万里小路嗣房のもとには自ら参上して、おのおの数刻年号について談合しているが、ともに改元仗議に参仕する公卿であり、事前に勘文の写しを見せて、出典や予想される難などを検討しレクチャーしたものらしい。

これより先、九日に勘者の一人廣橋兼綱が所労を理由に辞退してきた。十四日、兼綱の嫡子権中納言仲光に改めて改元勘者の宣旨が下されている。その準備のためであろう、改元定は延引となった。

ところが、十六日に左大弁日野資教が勘者を望み、追加された。さらにその翌日にはその異母兄である権中納言裏松資康（一三四八〜九〇）も追加され、勘者は都合七人となった。秀長は師嗣と外記との間に立って、その都度宣旨の発給の手続きをしなければならないものだから、「自最初可有沙汰之處、於事聊爾、以外至極也」と憤懣を洩らす。そして改元定はまたも延引となった。これには「近日儀、毎事臨期有沙汰又延引、不限此一事、如元号尤為重事、聊爾之至歟、莫言々々」とも述べている。

資康・資教兄弟は、権大納言日野時光（一三二八〜六七）の子である。日野家は藤原北家の一流で、もともとは大学寮東曹に属し紀伝道を学んで立身する博士家であった。このため歴代が年号を勘申しており、資康・資教も北朝では何度も勘者となっている。

ところが日野家、また分家の廣橋家や柳原家の人物は、代々が院や摂関に接近し、鎌倉後期には伝奏・評定衆として登庸されるようになる。さらに時光の叔父に当たる三宝院賢俊（一二九九〜一三五七）は足利尊氏（一三〇五〜五八）の護持僧であったことから、将軍の信任をも受け、資康・資教の姉妹業子（一三五一〜一四〇五）は義満の御台所であった。そのため二人は義満の威を借り、しばしば横暴の振る舞いがあった。この時も分家の廣橋仲光が勘者となったのを見て、日野兄弟が無理矢理に割り込んだのが実情らしい。後愚昧記にも「権威之仁等、偏〔漏カ〕其撰之条、鬱憤之故歟、自最初不被仰之条如何」との批判が見られる。

後掲の表（70頁）には康暦度から応永度まで北朝の改元勘者を一覧した。藤原北家に属する公卿が約半数、しかも複数回勘者を務めていることが注目されるが、日野・裏松・廣橋・柳原といった家々では、南北朝期ともなれば、もはや紀伝道の学者としての実績はほとんどなく、先祖が経歴してきたからという理由で参仕したに過ぎない。そんな事情であるから、いざ勘者となっても自分では何もできなかった。そのことも秀長が余すところなく伝えているのである。

十七日には早速資教に請われて「数刻談年号間事」した。その談話から知られることであるが、資教の勘申する年号字は実は秀長が案出したものであった。このような時の秀長は実に如才なく、資教から一任を取り付けたものの、プライドを傷つけない程度にお膳立てをしておいて、まずは日野家の祖の実光（一〇六九～一一四七）以後歴代が勘申した年号字の一覧を持参して示し、そこからやはり歴代のうち資宣（一二二四～九二）・俊光（一二六〇～一三二六）・時光が勘申したことのある「長祥」はどうかと勧めた。初度の勘者は旧字一・新字一を勘申するのが例であった。したがってもう一つ候補を考えなければならないが、秀長はこれも実光・資長（一一一九～九五）が初めて勘申した時の年号字の「応保」、同じく時光は「和保」であるから、保字によって「定保」を示し、出典は尚書に求めた。ともに資教には異論があるはずもなかった。秀長は資教の勘文までも代書しているのである。

さすがに「父祖所為分明也、無覚悟之躰、頗以珍事也」とあきれてはいるが、いっぽう「近日武辺権勢、旁以施芳意了」ともしている。かつて資教の父時光も、秀長の父長綱から同じように教えられたという。なお応永度改元の時も、年号勘者は秀長含め七人であったが、自力で勘申する号を定められない日野流の公卿五人に、秀長が年号字を案出してやったという。「今度勘者七人内五人一身勘進同事也、希代事歟、道之聊爾、尤以無念、於身一任可謂栄幸哉、面々無故実子細、委細記録、還可招後嘲、仍不記之、可察之、」（明徳五年七月二日条）とあるのは、それだけ秀長の実績が認められていたことになるが、やはり驚くべきことである。

そして二十二日が改元定であった。仗座に参仕した公卿は上卿久我具通以下七人であった。

さらに関白九条忠基（一三四五～九七）とその父の大閤経教（一三三一～一四〇〇）が参仕し、後円融天皇（一三五八～九三）とともに内々に仗議を聴聞した。具通が奥座に着すと、蔵人頭が年号勘文七通を持参し、順番に回覧、末席の日野資教が上卿の命で勘文を読み上げた。そして官の下の者から年号字の挙申となる。ここでは勘文に出された年号字を吟味し、候補を二案程度に絞り込む。当然漢学はもちろんとしてさまざまな知識が要求されるので、参仕者は有識の公卿と認められることになる。ここにも裏松資康・廣橋仲光・日野資教がいて、彼らは勘者を兼ねていることになり、本来ならばたいへんな名誉であるが、もとより実力はまったく伴っていないことは理解されよう。したがっていざ候補となった年号字の難陳の段となると、ほとんど押し黙ったままであった。この時の仗議で発言しているのは洞院公定・万里小路嗣房・三条西公時らであり、文安・慶長・康暦の三案に絞り込み、上卿が天皇に奏上すると、「文安」「康暦」のどちらかに決めよとの勅答であり、ふたたび公卿たちの議論となる。文安は少し前の「応安」年間に後光厳上皇の崩御以下凶事が続いたため、大閤経教らが強く忌避した。但し天皇の意中は「文安」にあり、仲光が勘申した年号字なので「権勢勘進之故歟」との配慮があったものらしい。しかし最終的には「康暦にてこそあらんずらめ」と結論を下している。

蔵人頭が仗座に戻ってその旨を告げ、上卿を残して公卿は退出する。ついで改元詔書の作成、および大赦となり、上卿は端座に移動して、大内記を召して詔書の草を進上させる。その後、清書を進上させると、御画日を加えて、

表　北朝改元の年号勘者と勘用した年号字（主として迎陽記・後深心院関白記による）

	康安度	貞治度	応安度	永和度	康暦度	至徳度	嘉慶度	康応度	明徳度	応永度
廣橋　兼綱	文正・文康・康正		文寛・天和・康正	嘉長・寛正・嘉慶						
仲光					承延・文安	建徳・長嘉・嘉慶	建徳・弘徳・永宝	仁応・長嘉・寛承	仁応・弘徳	成徳・仁応・永宝
兼宣									長慶・養仁	
日野　時光	和保・承慶	建徳・長祥・応永								
裏松　資康					万貞・応永・安永	至徳・明徳・安永	応永・明徳・文昭	安永・明徳	明徳・安永	
重光										慶応・応永
日野　資教					定保・長祥	宝仁・慶長・承慶	慶長・元喜・建徳	元喜・養元・慶長	元喜・元宝	元喜・永寧・永隆
日野西資国							久和・長養	嘉観・久和		
柳原　忠光		嘉観・貞治	宝仁・元喜・永和	永和・宝仁・寛永						
資衡										弘化・嘉観
武者小路資俊										弘応・慶長
菅原　高嗣	寛正・康安・嘉慶	貞久・寛安・養元	建徳・寛正・万和							
東坊城長綱	文安・建徳・慶長・康安	慶長・恒久・建正・延徳・文弘	文安・慶長・康正	慶長・文昭・文長	慶長・康正・建正・建文・延徳	慶長・元喜・慶徳	永平・文安・慶長	文安・寛安・宝暦	慶長・寛永・元喜	
唐橋　時親	元寧・貞正・寛安	長仁・承寛・仁養	応安・養元・久徳・万応							

土御門在胤				建初・延徳・文弘						
粟田口長嗣					貞勝・正長・康暦	嘉慶・嘉徳・徳暦・正長				
東坊城秀長					永吉・文昭・文仁		弘徳・康応・建正・嘉慶・文仁	康応・正永・応仁	正永・正徳・応仁	正永・洪徳・永吉・安慶・宝暦
粟田口淳嗣					咸和・正永・貞正	正徳・保徳・永正・長正・貞正				
京極　氏種	元吉・応仁・仁長	仁長・嘉慶・文仁	大観・建正・貞久	観仁・貞享・建正						
藤原　有範		大観・万寧・永昌								
藤原　元範						嘉徳・喜慶・康寧	嘉徳・太平・至平	安長・寛政・弘徳	嘉徳・安長・寛寧	応宝・承宝・弘徳・寛永・寛寧

※永徳度（一三八一・二・二四）は辛酉革命だが、迎陽記には記事なし、勘者等史料も管見に入らない。

大輔を召して中務省に下す。大内記は秀長の弟言長、当時の中務大輔はもはや名のみであり、その代役を務めたのが秀長の嫡子の六位蔵人長遠であった。

以上でおよその手続きを見たが、年号制定における秀長とその一家の活躍は明らかであろう。そこからは北朝の天皇・廷臣の実態も生々しく透けて見えて来るのである。

ところで、しばしば問題となる、武家政権による改元への干渉であるが、迎陽記による限り、勘者の人選には強く容喙するものの、年号字の選定や改元の手続きにさほどの関心があったようには思えない。康暦度でさえ「近日毎事武家所存也、随而改元事、去年雖可有沙汰、武家強不可被改之由存之歟、仍于今延引、今日始可有改元之由内々申之間、有沙汰」と、改元は公家の側で忖度した感があり、二条良基からも「延文」「貞治」の文字を使うなという指示があった（それぞれ尊氏・義詮の没した年号である）。この春、幕府では管領細川頼之（一三二九〜九二）と諸大名との対立が激化、頼之が弾劾され（閏四月に失脚する）、義満は事態の収拾に苦慮し、改元どころではなかったのであろう。ところが、至徳度になると、一転して義満は年号への関心を強めた。仗議の前には年号勘文を召して意中の文字を告げ、さらに改元定も聴聞して直接関与した。この点は以前も述べたが（小川、二〇一二）、改元詔書が発給されると、内裏に詰めていた義満はさっそく「至徳」の号を試筆大書している。「准后御筆真実殊勝、為祝着可拝領之由申入之、懐中、准后有御一笑」（永徳四年二月二十七日条）とあるのは、如才ない秀長の性格をも物語る。この後、嘉慶・康応・明徳の改元でも同様に義満の意に沿って年号が決められたことが迎陽記には明記されている。応永度改元を契機として、義満は関心を沮喪したことになるが、ほんらいの武家の姿勢に戻ったと言える。

おわりに

迎陽記の改元記事には、学問史の史料も豊富に含まれることを紹介した。とりわけ漢籍受容史上、注目すべき記事がいくつかあった。秀長自身が平安時代以来の博士家の伝統を継承する学者であった一方、新しい学問の潮流にも比較的柔軟な姿勢をもって対処していたためでもある。実際にここで取り上げた漢籍以外にも注意すべき典籍が見られるのである。

さらにこの日記は、当時の改元の実態が知られることも重要であった。中世朝廷での年号制定の手続きの形式化は既に数多くの指摘があるが、北朝でのそれは予想を上回るものであり、事実上、長綱・秀長父子がその大半を担っていたといってもよいほどである。迎陽記改元の記事は、それゆえに単行で後世なお重視されたものであり、学問史の資料として利用する際にも、この点は留意しておくべきであろう。

参考文献

石田実洋、二〇〇九「洞院家旧蔵の部類記と洞院公定―高松宮家伝来禁裏本『脱屣部類記』を中心に―」（吉岡眞之・小川剛生編『禁裏本と古典学』塙書房）
臼井和樹、二〇一六「図書寮蔵『迎陽記』諸本解題―中世漢学の受容と継承」（『書陵部紀要』六七号）
小川剛生、二〇〇九ａ「『韻鏡』の悪戯―受容史の一断面」（西山美香編『アジア遊学』一二二号、勉誠出版）
二〇〇九ｂ『中世の書物と学問』（日本史リブレット、山川出版社）
二〇一一「洞院公定をめぐる書物―字書・部類記・未来記」（『京都女子大学宗教・文化研究所研究紀要』二四号）
二〇一一・一六『迎陽記　第一・第二』（史料纂集、八木書店）
二〇一二『足利義満　公武に君臨した室町将軍』（中公新書、中央公論新社）
末柄　豊、二〇一一「室町時代の禁裏本諸家系図に関する覚え書」（東京大学史料編纂所研究成果報告２００９―４『目録学の構築と古典学の再生―天皇家・公家文庫の実態復原と伝統的知識体系の解明―』）
住吉朋彦、一九九四「本邦中世に於ける『詩』学の動向」（『三田國文』二〇号）
久水俊和、二〇一一「改元をめぐる公家と武家」（『室町期の朝廷公事と公武関係』岩田書院）
森本角蔵、一九三八『日本年號大觀』（目黒書店）

註

（1）引用は静嘉堂文庫蔵南宋刊本『詩集伝』影印本（台湾藝文印書館）による。

（2）四一五・二七八。室町中期写、一冊、原外題「開元」。三条西実隆筆。墨付三十七丁、全丁に紙背文書あり。所収の古記録のいくつかの親本は、懇意であった町広光（一四四四〜一五〇四）の管理する廣橋家蔵本らしい（広光の実子守光が廣橋家を継ぐ）。長享ないし延徳度改元に関係して編纂された部類記であると思われる。

（3）引用は足利学校遺蹟図書館蔵宋刊本『附釈音毛詩注疏』影印本（足利学校秘籍叢刊2）による。

（4）引用は享禄元年（一五二八）清原宣賢跋刊本の後印本により、藤堂明保・小林博著『音注韻鏡校本』（木耳社、一九七一年）を参照した。

（5）南宋紹興三十二年（一一六二）毛晃・毛居正編。原撰本は景祐四年（一〇三七）丁度編。引用は天理大学附属天理図書館蔵元至正十五年（一三五五）刊本の影印本（天理図書館善本叢書）による。

2　金沢文庫本『群書治要』移点の意味

石井行雄
猪野　毅
近藤浩之

はじめに

日本の中世の類書『明文抄』に、次の一条が見える。

天子雖レ不レ窮二「経」「史」「百家」一、而有二何所レ恨乎。
唯『群書治要』、早可二誦習一。
勿下就二「雑文」一以消中日月上耳。
『寛平御遺誡』(1)

『神皇正統記』には、これを釈して次のように記す。

寛平の御誡には「帝皇の御学問は『群書治要』などにてたりぬべし。雑文につきて、政事をさまたげ給ふな」と見えたるにや。(2)

この『群書治要』を、『神皇正統記』は次のように説明する。

此書は、唐の太宗、時の名臣魏徴をしてえらばせられたり。五十巻の中にあらゆる「経」「史」「諸子」までの名文をのせたり。(3)

しかし、『群書治要』には欠点もあると『神皇正統記』は言う。

此書にのせたる「諸子」など、見るものすくなし。ほとほと名をだにしらぬたぐひもあり。

従って、万機を司る帝王にとって、『群書治要』の「諸子」部分は不要ではないのかとして、

まして、万機をしらせ給はむに、是までまなばせ給ふことよしなかるべきにや。

という見解に至る。当然、これら「諸子」の「本経」(抜粋本文のもとになる完全本文)の習学も不要とする。

「本経」等をならはせましますまでは有べからず。

『寛平御遺誡』に「雑文」とあるのを、『群書治要』所収の「諸子」のことと曲解して、次の断案に至る。

すでに「雑文」とてあれば、「「経」「史」の御学問のうへに、此事を御覧じて、「諸子」等の雑文までなくとも」の御心なり。

『群書治要』を「経」「史」「諸子」の名文集ととれば、「諸子」を除いた『群書治要』は「経」「史」の名文集ということになろう。しかし、こうした名文抜粋のもとになった完全本文(全経の書・三史)に則した学問について次のように言う。

「全経」の「書」「三史」等をぞ常の人はまなぶる。

ここで言う「常の人」は、天子に対し、学者も含めた臣下の意である。律令体制の下で臣下の学問は、それぞれの分野の完全本文によるべきことが律令により規定されている。しかしながら、天子の学問の規定はない。そうし

た中で、『寛平御遺誡』の一条は重要な意味を持つ。北畠親房の曲解は、本質を見えにくくしているようだ。(4)

では、『群書治要』諸子の部分は、天子に不要なものだったのであろうか。天子の重大な公事に年号決定がある。年号決定に際し、提出される年号勘文に使用された引文の出典を見る。すると、『群書治要』諸子の部分に収められた漢籍を多く確認できるのである。(5)

侍講（君主への講義）や貴族社会の教育における教科書として読まれた『群書治要』は、年号の出典を探すための有力な参考資料と考えられたのかもしれない。すなわち、院政期から鎌倉時代へ進む時流の中で、『群書治要』をどのように読む（解釈する）かは、初学入門の役割を超えて、年号字の引文を考える上で重要な意味を持つことになる。金沢文庫本『群書治要』に移点（ヲコト点などを転写すること）が施されるのはそうした時である、と考えることもできる。

一　金沢文庫本『群書治要』の奥書から

①蓮華王院宝蔵御本の移点

金沢文庫本『群書治要』巻三十一から巻五十までは、蓮華王院宝蔵御本の移点本である。

〔巻第五十〕奥書

　此御本之外、諸儒家更無此書点本、云々。尤可秘者歟。

蓮華王院宝蔵御本の外には、此書の点本は存在しないと言っている。

蓮華王院御本は、巻三十六・巻三十七・巻三十九・巻四十・巻四十三・巻四十四・巻四十六によると、

巻三十六　長寛二年五月十五日　藤原敦周　点進
巻三十七　長寛二年五月十五日　藤原敦周　点進
巻三十九　長寛二年清涼八月　藤原敦綱　点進
巻四十　長寛二年之秋　藤原敦綱　点進
巻四十三　長寛二年五月十五日　藤原敦経　点進
巻四十四　長寛二年五月十五日　藤原敦経　点進
巻四十六　長寛二年六月三日　清原頼業　点進

であり、長寛二年（一一六四）に、藤原式家、敦周・敦経・敦綱、並びに清原頼業により「点進」されたものであったことがわかる。

この貴重な蓮華王院御本を「申出」て（受け出すこと。後醍醐天皇撰『日中行事』〈群書類従、巻四六六〉参照）、移点したのが清原教隆である。巻三十二・巻三十三・巻三十四・巻三十五・巻三十六・巻三十七・巻三十八・巻三十九・巻四十・巻四十一・巻四十二・巻四十三・巻四十四・巻四十五・巻四十六・巻四十七・巻四十八・巻四十九・巻五十にある通りである。(6)

〔巻第三十二〕
群書治要巻第卅二
以蓮華王院宝蔵御本一校
幷写点了
直講清原　（花押（教隆））

〔巻第三十三〕
群書治要巻第卅三
申出蓮華王院宝蔵御本加校
点了
直講清原　（花押（教隆））

〔巻第三十四〕
群書治要巻第卅四
文応之冬参洛之次申出蓮華
王院御本校点了
直講清原　（花押（教隆））

〔巻第三十五〕
群書治要巻第卅五
文応之暦仲冬之律為進上辛酉歳
運勘文参華之次申出蓮華王
院宝蔵御本校合写点了蓋是
依越州使君閤教命也
直講清原　（花押（教隆））

〔巻第三十六〕
群書治要巻第卅六（「書」は「盡」を訂す）
点本奥云
長寛二年五月十五日
正五位下行大内記藤原朝臣敦周点進
文応元年孟冬之候為進上革
命勘〈文〉（右補）参花之次申出蓮華王院
宝蔵御本校之点之了
直講清原　（花押（教隆））

〔巻第三十七〕
群書治要巻第卅七
為進上辛酉勘文参花之次申出
蓮華王院宝蔵御本加交点了
依越州刺史尊閤教命而已
直講清原　（花押（教隆））
御本奥書云
長寛二年五月十五日
正五位下行大内記藤原朝臣敦周点進

〔巻第三十八〕
群書治要巻第卅八（「書」は「盡」字を斜線で抹消し右傍に補す）
申出蓮華王院宝蔵御本加校写点了
直講清原　（花押（教隆））

〔巻第三十九〕

群書治要巻第卅九
蓮華王院宝蔵御本奥書云
長寛二年清涼八月伏奉　綸命
謹以点進恐多魯魚之疑独招周
鼠之哂矣
河内守従五位上臣藤原朝臣敦綱
正元〻年仲冬之候為進覧革命
勘文参華之次申出蓮華王院
宝蔵御本校合之又写点了（「宝」字「蔵」字間に「命」字を墨抹。「蔵」字は加筆有り）
直講清原　（花押（教隆））

〔巻第四十〕
群書治要巻第卌
御本奥書云
課短材点進之于時長寛二年之秋也
河内守従五位上臣藤原朝臣敦綱
為進辛酉勘文参洛之次申出
蓮華王院宝蔵御本校合写
点了
直講清原　（花押（教隆））

〔巻第四十一〕
群書治要巻第卌一
以蓮華王院宝蔵御本校点了
直講清原　（花押（教隆））

〔巻第四十二〕
群書治要巻第卌二
依越州刺史尊閤教命申出蓮華
王院御本校点了
直講清原　（花押（教隆））

〔巻第四十三〕
群書治要巻第卌三（「群」字は省画文字「君」字）
本奥書云　　点校了
長寛二年五月十五日
散位従五位下藤原朝臣敦経点進（「朝臣」は合字）
以蓮華王院宝蔵御本校点了（「王」「本」は右傍

に補記）
直講清原　（花押（教隆））

〔巻第四十四〕
群書治要巻第卌四
以蓮華王院宝蔵本一校了
直講清原　（花押（教隆））
本奥書云
長寛二年五月十五日
散位従五位下藤原朝臣敦経点進

〔巻第四十五〕
群書治要巻第卌五
申出蓮華王院宝蔵御本
加校点了
直講清原　（花押（教隆））

〔巻第四十六〕
群書治要巻笫卌六
誂参州以蓮華王院本点校了（「参州」は清原教隆[7]）
越後守平　（花押（実時））

本奥書云
長寛二年六月三日点進之
元来無点本之上文字多闕謬
頗雖刊正猶有不通仍加押紙粗
呈其所
助教清原真人頼業

〔巻第四十七〕
群書治要巻第卌七
申出蓮華王院宝蔵御本
校点了
直講清原　（花押（教隆））

〔巻第四十八〕
群書治要巻第卌八
申出蓮華王院宝蔵御本
加校点了
直講清原　（花押（教隆））

〔巻第四十九〕
群書治要巻第卌九

申出蓮華王院宝蔵御本交点了

直講清原教隆

〔巻第五十〕

群書治要巻第五十

文応改元之暦応鐘上旬之候清家
末儒白地上洛盖是及六旬之後加五
儒之末雖無面目不得黙止為進上革
命勘文懃所催長途旅行也以此便
宜依越中刺史教命此書申出蓮
華王院宝蔵御本終校点之功者也
此御本之外諸儒家更無此書点本
云〻尤可秘者歟

直講清原　（花押（教隆））

②移点の契機

そもそも清原教隆が、こうして移点を行うに至った契機は次のようなものであった。

巻三十九には

正元々年（一二五九、三月二十六日改元）仲冬之候、
為進覧「革命勘文」、参華之次、
申出『蓮華王院宝蔵御本』、
校合之、又写点了。

巻三十五には

文応之暦仲冬之律（一二六〇、四月十三日改元、二年二月二十日弘長に改元）、
為進上「辛酉歳運勘文」、参来之次、
申出『蓮華王院宝蔵御本』、
校合、写点了。

巻三十六には

文応元年（一二六〇）孟冬之候、
為進上「革命勘文」、参花之次、
申出『蓮華王院宝蔵御本』、
校之、点之了。

巻第三十七には、

為進上「辛西勘文」、参花之次、申出
『蓮華王院宝蔵御本』、加交点了。
依越州刺史尊閤教命而已。
直講清原　花押（教隆）

巻第四十には、

為進「辛酉勘文」、参洛之次、申出
『蓮華王院宝蔵御本』、校合写
点了。
直講清原　（花押（教隆））

巻五十には

文応改元之暦（一二六〇）、応鐘上旬之候、
清家末儒、白地上洛、
盖是、及六旬之後、加五儒之末、
雖無面目、不得黙止、
為進上「革命勘文」、愁所催長途旅行也、
以此便宜、依越州使君教命、
此書、申出『蓮華王院宝蔵御本』、
終校点之功者也。

とある通りである。

文応二年（一二六一）は辛酉の年（革命の年）であり、革暦が行われる年廻りであった。この革暦に際し、提出されるべき「革命勘文（辛酉歳運勘文）」を進上するために参華（上洛）した折りのことであった。『革暦部類』（国立公文書館本、一四六―一三五）によると、弘長度の辛酉改元（文応二年二月二十日）に際し、教隆は革命勘文の勘申者として選ばれている。巻三十九にあるように、正元元年（一二五九）仲冬には既に上洛している。改元の前々年には勘申者に決定、勘申作業に入っていることを知るのである。

革暦は、当然、改元（年号字決定）を伴う。革暦勘申者に推された以上、改元にも注意を払うことになるであろ

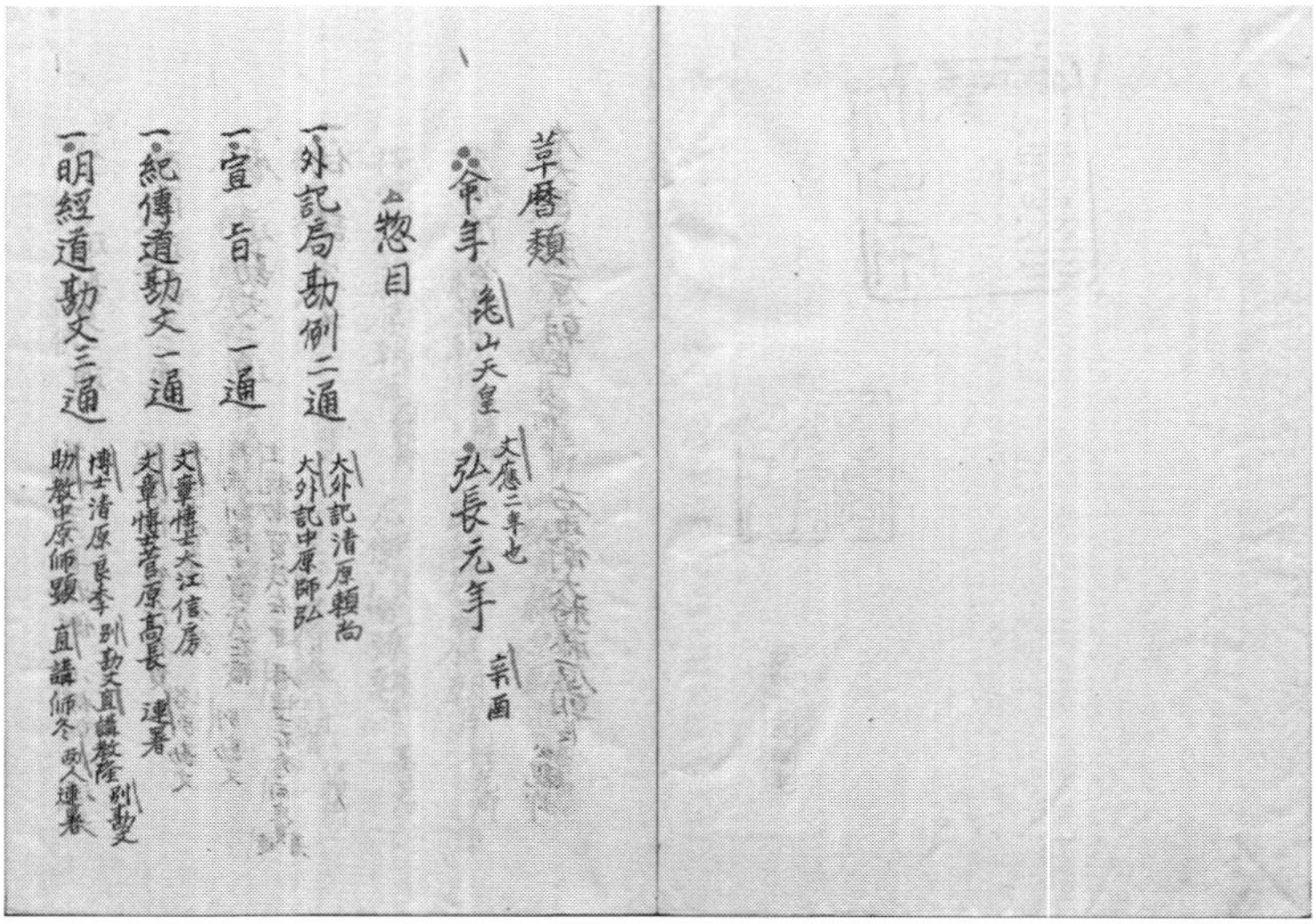
革暦類
一　年号　亀山天皇　文応二年也　弘長元年　辛酉
惣目
一　外記局勘例二通　大外記清原頼尚　大外記中原師弘
一　宣旨　一通
一　紀傳道勘文一通　文章博士大江信房　文章博士菅原高長　連署
一　明経道勘文三通　博士清原良季　別勘文　直講教隆　別勘文　助教中原師顕　直講師冬　両人連署

図１　『革暦部類』五（国立公文書館所蔵、146-135）
「一　明経道勘文三通　博士清原良季〈別勘文〉直講教隆〈別勘文〉／助教中原師顕　直講師冬〈両人連署〉」とある。

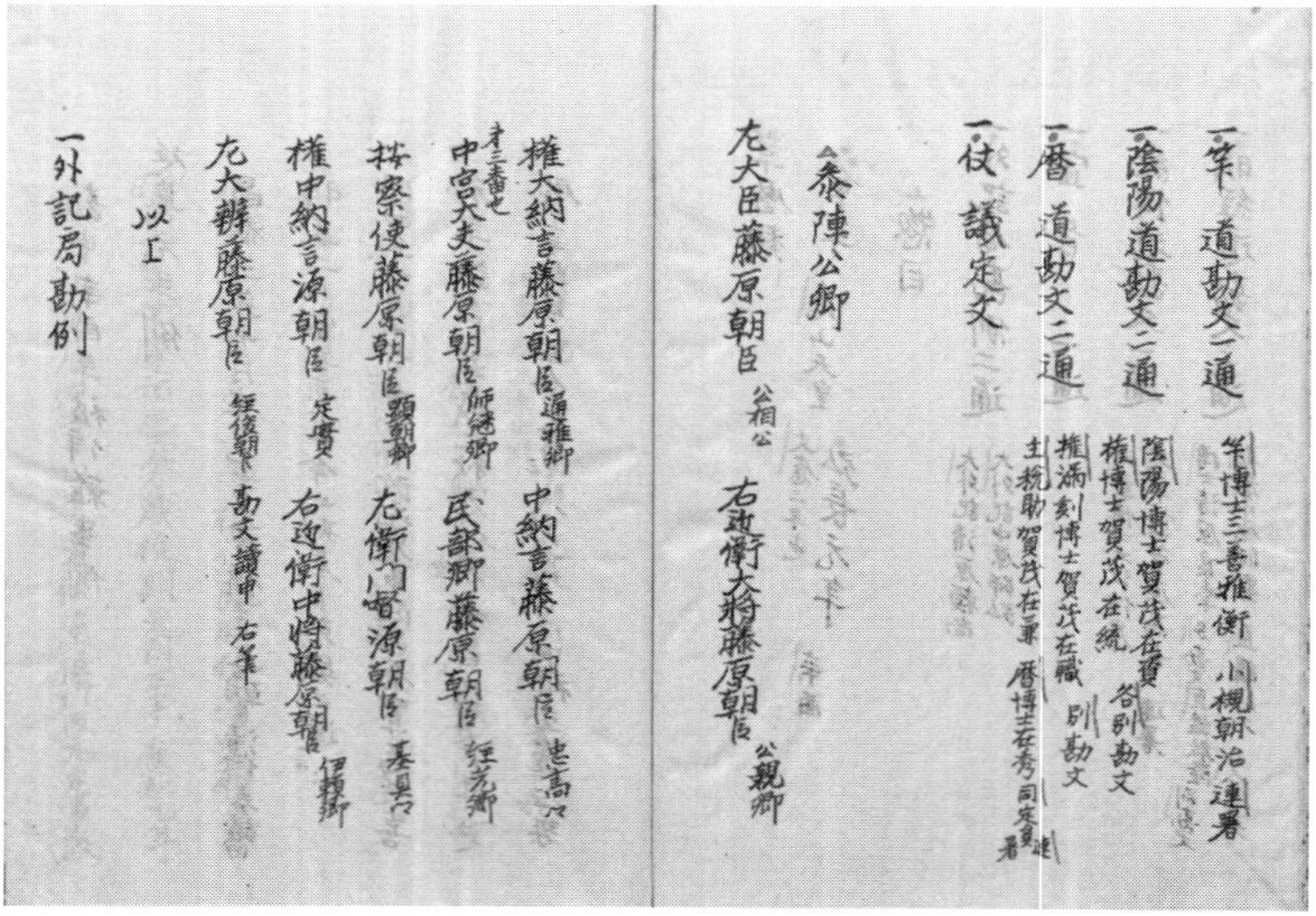
一　算道勘文一通　算博士三善雅衡　小槻朝治　連署
一　陰陽道勘文二通　陰陽博士賀茂在貞　権博士賀茂在統　各別勘文
一　暦道勘文二通　権暦博士賀茂在職　別勘文　主税助賀茂在重　暦博士
一　仗議定文
参陣公卿
左大臣藤原朝臣　公相　右近衛大将藤原朝臣　公親卿
権大納言藤原朝臣　通雅卿　中納言藤原朝臣
中宮大夫藤原朝臣　師継卿　民部卿藤原朝臣　経光卿
按察使藤原朝臣　顕朝卿　左衛門督源朝臣
権中納言源朝臣　定実　右近衛中将藤原朝臣
左大弁藤原朝臣　経俊朝臣　勘文読申　右筆
以上
一　外記局勘例

図２　『革暦部類』五（国立公文書館所蔵、146-135）　図１の続き

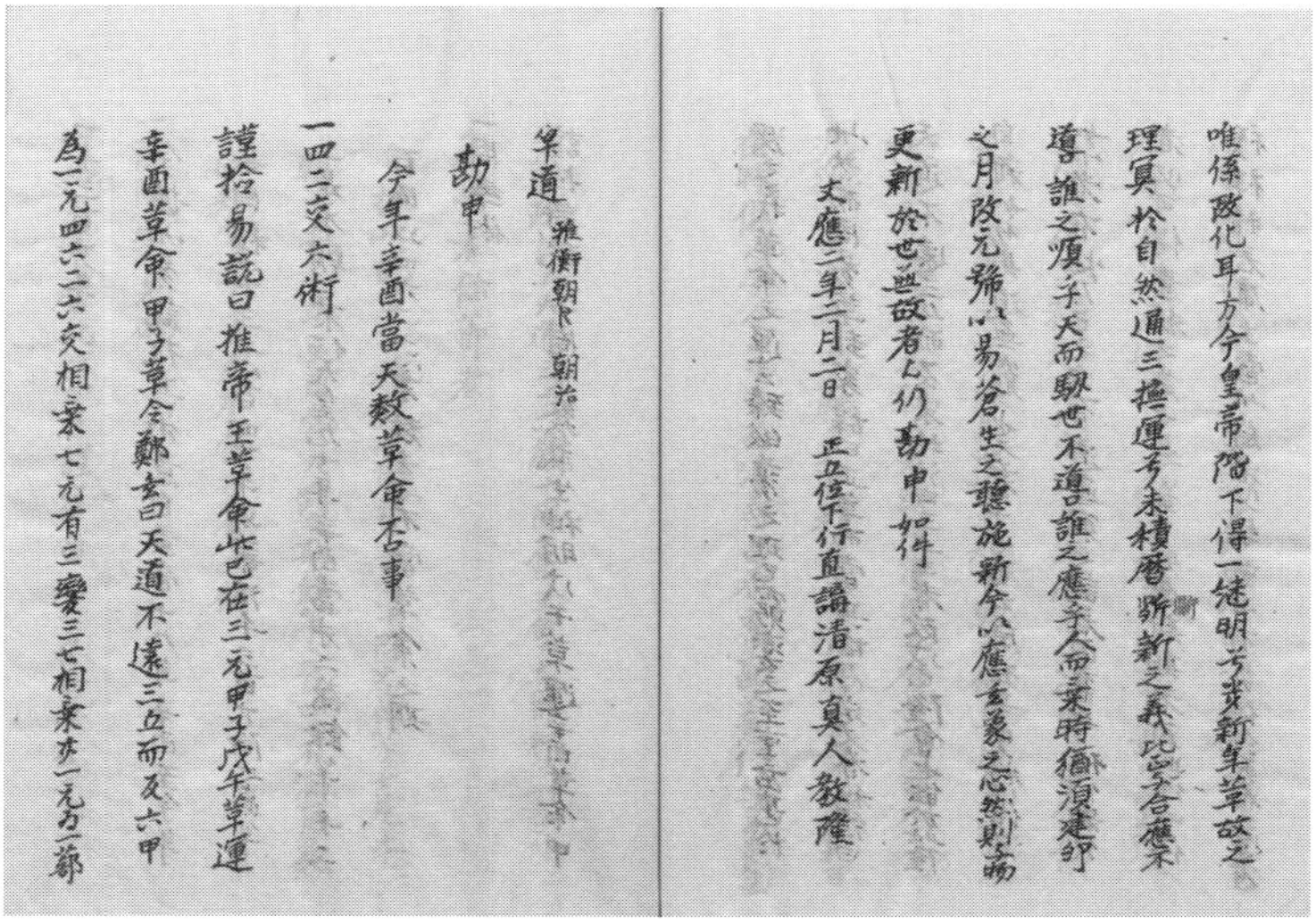

図３　『革暦部類』五（国立公文書館所蔵、146-135）
「明年辛酉当革命否事」という革命勘文の末尾に「文応二年二月二日　正五位下行直講清原真人教隆」とある。

う。革暦勘申者は、『蓮華王院宝蔵御本』の拝見に対する便宜を得やすかったのではなかろうか。しかも、直講に補せられているのである。

③北条実時の指示

その上、次のように北条実時（越州刺史）の指示（教命）に依るものであった（なお〈前三河守〉清原教隆は当時、引付衆である）[7]。

〔巻第三十五〕

群書治要巻第卅五
文応之暦仲冬之律為進上辛酉歳
運勘文参華之次申出蓮華王
院宝蔵御本校合写点了蓋是
依越州使君閤教命也（「越州」は北条実時）
直講清原　花押（教隆）

〔巻第三十七〕

群書治要巻第卅七
為進上辛酉勘文参花之次申出

蓮華王院宝蔵御本加交点了
依越州刺史尊閤教命而已
直講清原（花押（教隆））

〔巻第四十二〕
群書治要巻第卌二
依越州刺史尊閤教命申出蓮華
王院御本校点了
直講清原（花押（教隆））

〔巻第四十六〕
群書治要巻第卌六
誂参州以蓮華王院本点校了（「参州」は清原教隆）
越後守平（花押（実時））

〔巻第五十〕
群書治要巻第五十
文応改元之暦応鐘上旬之候清家
末儒白地上洛盖是及六旬之後加五
儒之末雖無面目不得黙止為進上革
命勘文愁所催長途旅行也以此便
宜依越中刺史教命此書申出蓮
華王院宝蔵御本終校点之功者也
此御本之外諸儒家更無此書点本
云〻尤可秘者歟
直講清原（花押（教隆））

④金沢文庫本『群書治要』巻第三十一から巻第五十までの移点の次第

巻第三十一から巻第五十までの奥書から知られる主な記事を時系列に並べると次のようになる。

一二五八　正嘉二年
一二五九　正元元年　三月二十六日改元　〔巻第三十九〕奥書　仲冬革命勘文進覧　上洛　教隆
一二六〇　文応元年　四月十三日改元　〔巻第五十〕奥書　応鐘上旬革命勘文進上　上洛　教隆

一二六一　弘長元年　二月二十日改元（辛酉）

『文応二年革命定』[8]に次のようにある。

抑今度教隆勘文頗委細、殆超先輩、可謂至忠歟。但就其委曲非无不審。疑思問先聖之微言也。仍案事情、件勘文云、……

（なお、同書によっては判明しない教隆の勘文の内容は図1〜3を参照）

一二六二　弘長二年

一二六三　弘長三年

一二六四　文永元年　二月二十八日改元（甲子）

以上から、金沢文庫本『群書治要』の当該部分の書写は、四次にわたって行われたと思われる。

一次（正元元年〈一二五九〉仲冬之候）　巻第三十九〜巻第四十五、藤原敦綱、原施点部分

二次（文応改元之暦〈一二六〇〉、応鐘上旬之候）　巻第四十六〜巻第五十、清原頼業、原施点部分

三次（文応元年〈一二六〇〉孟冬之候）　巻第三十六〜巻第三十八、藤原敦周、原施点部分

四次（文応之暦〈一二六〇〉仲冬之律）　巻第三十一〜巻第三十五、藤原敦周、原施点部分

⑤移点の背景

承久の乱以来、自らの立場を守るために、朝儀を補弼、指導することを余儀なくされた北条氏にとって、改元は重大な行事だったと思われる。朝儀に関し、重大な関心を払っていた（払うべき立場にあった）北条氏は、六波羅探題を中心に情報収集を行っていたのみでなく、種々の人脈を駆使して、朝儀に係わる情報収集を行っていると思われる。年号勘申に際して、引文の決定に当たっては、引文の被引典籍のみでなく、過去の勘申の記録が重要な意

味を持つ。(9)

改元・年号字決定作業に必要な引文作成のための典籍、並びにその注釈は、北条氏に順次揃えられていったと思われる。それら蓄積の一端が金沢文庫に集積されたと思われる。

一方、年号決定・勘申に中心的な役割を果たす記録・典籍類の多くのものは、鎌倉の北条執権の手許近くに集められていたのではなかろうか。しかし、これら年号字決定作業の中核に使われる記録・典籍類は、元弘三年五月二十一日に煙滅したものと想像される。(10)

朝儀を補弼・指導すべき立場になる足利氏が、北条氏の記録・典籍類を継承し得なかったことも、後代に大きな影響を与えていなかったろうか。

年号字勘申に際して、こうした引文勘案に有用な書は、一方に於いて陣座難陳に当たって、引文の解釈を行うに対しても、有意義な書となり得る。年号字決定に際して、朝廷側の意向を忖度するにも有益になろう。

二　『群書治要』講読の役割

『群書治要』は平安初、天皇に対して講読されたことが記録されている。徳治主義の顕現として、文治の要目として『群書治要』が講読対象に選ばれたのであろう。しかし、講読の記録を検討することにより、別の役割も見えてきそうである。この時期の『群書治要』の天皇への講読記録は、仁明天皇・清和天皇・醍醐天皇に対し行われたものが残っている。順次検討してみよう。

①醍醐天皇に対する講読

『日本紀略』によると、醍醐天皇に対する講読は寛平十年（八九八）二月二十六日に行われている。

式部大輔紀長谷雄朝臣侍二清涼殿一、以二『群書治要』一奉レ授二天皇一、
大内記小野朝臣美材為二尚復一、公卿同預レ席、
（『日本紀略』寛平十年二月二十二日）(11)

寛平十年四月二十六日には改元され、昌泰元年となる。この昌泰度改元は、前年（寛平九年〈八九七〉）七月三日受禅した醍醐天皇の、踰年による代始改元である。代始改元の二ヶ月前に醍醐天皇に対して『群書治要』の講読が行われていることは注目される。宇多天皇は前年七月三日に遜位。同日、醍醐天皇は元服。また、宇多天皇は同日太上天皇尊号を受ける。年号字決定は、あくまでも聖断に依るのであるから、その判断者である醍醐天皇（既元服後、摂政なし）に対して『群書治要』の講読が行われたのは注意する必要があろう。

②清和天皇に対する講読

『日本三代実録』によると、清和天皇に対する講読は貞観十七年（八七五）四月二十五日に行われている。

天皇読二『群書治要』一、参議正四位下行勘解由長官兼式部大輔播磨権守菅原朝臣是善、奉レ授下書中所二抄納一「紀伝諸子」之文上、従五位上守刑部大輔菅野朝臣佐世奉レ授二「五経」之文一、従五位下行山城権介善淵朝臣愛威為二都講一、従四位上行右京大夫兼但馬守源朝臣覚預侍二講席一。
（『日本三代実録』貞観十七年四月二十五日）(12)

清和天皇は、次年（貞観十八年）十一月二十九日に遜位。同日、未元服の陽成天皇が受禅（摂政は藤原基経）。清和天皇は同年十二月に太上天皇尊号を受ける。踰年して代始改元は貞観十九年四月十六日に行われ、元慶元年（八七七）となる。なお、陽成天皇が元服するのは、清和太上天皇崩後の元慶六年（八八二）正月二日のことである。

このような展開を辿る中で、次年の遜位、次次年の踰年・代始改元を見越して、未元服の陽成天皇、摂政の藤原基経両者に対し、陽成天皇の聖断の参考として清和太上天皇側の候補年号字を示すべく、『群書治要』の講読を清和天皇自らが受けたのではなかろうか。

③仁明天皇に対する講読

『続日本後紀』によると、仁明天皇に対する講読は、承和五年（八三八）六月壬子（十六）日に行われている。

天皇御二清涼殿一、令三助教正六位上直道宿禰広公、読二『群書治要』第一巻一、有二「五経」文一、故也。

（『続日本後紀』永和五年六月壬子[13]）

承和五年の干支は戊午であり、三年後、承和八年は辛酉に当たる。前後の「辛酉」干支の年を見ると、次の通りである。

天応元年（宝亀十二年）（七八一）、辛酉、一月一日改元

承和八年（八四一）、辛酉、改元せず

延喜元年（昌泰四年）（九〇一）、辛酉、七月十三日改元

革暦に際しては、年号使用の先進地である中国の実施状況に強い影響を受けて、実施されていると思われる。情報伝達のスピードの問題もあり、当該甲子・辛酉年の六十年前・百二十年前に、中国で実施されたか否かに影響されていると思われるので、その点を顧慮する必要があろう。[14]

七二四甲子、神亀度改元は、中国の六十年前の六六四甲子、麟徳度改元（唐）、百二十年前の六〇四甲子、大業度改元（隋）の二度の実施先例を重視し、改元を行ったものと思われる。

それに続く、七八一辛酉に際しては、六十年前の七二一辛酉に中国で改元を行っていないものの（開元九年）、百二十年前の六六一辛酉には龍翔度改元を行っており（唐）、さらに百八十年前の六〇一辛酉には仁寿度改元（隋）を行っている。三回中二回は行っていることを重視し、日本で神亀革令を行った流れから、天応度改元を行ったものと思われる。

七八四甲子には、神亀革令、天応革令に続いて、改令に当たるわけであるが六十年前七二一辛酉・七二四甲子いずれも中国では革暦を見送っている（開元九年・開元十二年）。この先例を重視して、改元を見送ったものと思われる（延暦三年）。ちなみに、この年、中国では興元度改元を実施している。もし、術数思想のみにより改暦を行うのであれば、こうした齟齬は生じにくいのではなかろうか。

八四一辛酉に際しては、六十年前に中国では、七八四甲子に興元度改元を行っており、革暦を行う方向にあったのであろう。しかし、革命のみに限ってみると、六十年前の七八一辛酉は改元せず（建中二年）、百二十年前の七二一辛酉にも改元せず（開元九年）、二度も革命を行っていない先例を重視して、革暦を見送ったのであろう（承和八年）。ちなみに、この年、中国では会昌度改元を行っている。

先述の弘長度（文応二年〈一二六一〉辛酉、二月二十日改元）の革暦改元は前々年から準備が始まっていた。承和八年に改元を予定しているとすれば、早ければ承和五年頃に準備を開始するのが至当だろう。

ところが、何らかの理由により改元は中止され、幻の改元となってしまった。その結果、この改元のための準備は無意味となったのではなかろうか。仁明天皇に対する『群書治要』講読は、承和八年辛酉改元を予定しての準備の一環だったのではなかろうか。

以上①・②・③、天皇に対する『群書治要』講読は、いずれも改元に対する準備の一環としての役割を持っていたかに見える。

まとめ

金沢文庫本『群書治要』に移点が施された理由や背景を、その奥書を中心に考えてみた。革暦改元の次でになぜ『群書治要』が移点されたのか、それも越州使君（北条実時）の教命により清原教隆が移点したのはなぜか、について私見を示した。

参考文献

尾崎　康、一九九一「群書治要解題」（『古典研究会叢書　漢籍之部　第十五巻　群書治要（七）』汲古書院）

小林芳規、一九九一「金澤文庫本群書治要の訓点」（『古典研究会叢書　漢籍之部　第十五巻　群書治要（七）』汲古書院）

古典研究会（尾崎康・小林芳規）、一九八九〜一九九一『古典研究会叢書　漢籍之部　第九〜十五巻　群書治要（一）〜（七）』（汲古書院）〈原本所蔵者、宮内庁書陵部〉

森本角蔵、一九三三『日本年号大観』（目黒書店、一九八三年、講談社復刻）

年号関係資料を廻るウェブ環境は、ここ一・二年、大幅に改善されている。本稿もこの流れに従って、次のウェブサイトを利用した。

国立公文書館デジタルアーカイブ　https://www.digital.archives.go.jp/

宮内庁書陵部所蔵資料目録・画像公開システム　http://db.sido.keio.ac.jp/kanseki/T_bib_search.php

国立歴史民俗博物館　資料・データベース　https://www.rekihaku.ac.jp/education_research/gallery/index.html

註

（1）『続群書類従』巻第八八六（第三十輯下104頁上）、遠藤光正『明文抄の研究』（現代文化社、一九七四年）。なお、通行の『寛平御遺誡』（『群書類従』巻第四七五〈第二十七輯〉・新校第二十一巻）にはこの一文見えず。藤木邦彦「寛平御遺誡」『国史大辞典』（吉川弘文館、一九八三年）・吉岡眞之「寛平御遺誡」『日本史大事典』（平凡社、一九九三年）・所功「寛平御遺誡」『平安時代史事典』（角川書店、一九九四年）

・原文を再度引用する場合は、原態の注記を省略する。

・漢文資料を含む原典の引用にあたっては、補助符号を付し改行を施すことにより解釈を示した部分もある。

（2）『群書類従』巻第二十九（第三輯104頁上、新校第二巻78頁）、『日本古典文学大系87　神皇正統記　増鏡』（岩波書店）166頁、『天理図書館善本叢書19　神皇正統記諸本集』（八木書店）享禄本251頁、青蓮院本556頁。『神皇正統記』については、以下同様に参照した。

（3）『群書治要』は、唐の太宗の貞観五年（六三一）に、魏徴らが太宗の勅を受けて、政治の規範として群書の中から治術の要に関する文章を抜粋して撰述したものである。全五十巻の中に引用する書物は、『周易』『尚書』『毛詩』などの五経をはじめ、『史記』『漢書』『後漢書』『三国志』（魏志・蜀志・呉志）などの史書、『老子』『荘子』『孫卿子』（荀子）、『崔寔政論』などの諸子、すべて六十八種にのぼり、その中には佚書も含まれている。

（4）北畠親房の曲解は「諸子」の位置を低く見すぎているようだ。朱子学について見るとき、「諸子」の位置はかなり重要な位置を占める。親房の朱子学理解（日本中世経学）にはかなりの偏りがあるように見受けられる。この点について、別途考察する必要がありそうだ。

（5）森本（一九三三）、『元秘抄』（『続群書類従』第十一輯上）などを参照。

（6）以下、各巻の奥書は、宮内庁書陵部収蔵漢籍集覧所収の画像（カラー）による。http://db.sido.keio.ac.jp/kanseki/T_bib_search.php

(7)「関東評定衆伝」(『群書類従』巻第四十九〈第四輯〉)を参照。
(8)『続群書類従』巻二九一〈第十一輯上379頁上・下〉を参照。
(9) 室町期の広橋家にあっては、これら年号字決定の記録類(年号新字も含め)の蓄積には目を見張るものがある。
(10) こうした記録・典籍類の煙滅は、後代の年号字決定作業に影響を及ぼさずにはいかなかったろう。南北朝期、北朝(足利方)の年号字決定に際し、菅家以外の他家が年号勘文を作成し難くなっていた(『迎陽記』記事)のも、記録・典籍類を温存していたのが菅家だけだったことによるのではなかろうか。
(11)『新訂増補　国史大系』。
(12)『新訂増補　国史大系』。
(13)『新訂増補　国史大系』。
(14) 本書附録2を参照。

3　年号勘文から見た日本中世における類書利用
―『修文殿御覧』をめぐって―

高田宗平

はじめに

日本では公年号を決定する上での年号案、則ち年号勘文の出典となるのは漢籍である[1]。年号勘文の勘申の実態を知ることができるのは平安時代中期以降である（所編著、二〇一四、26頁）。従って、年号勘文に引用される漢籍は、平安時代中期頃に我が国に存在していた漢籍本文にまで溯れる可能性がある。年号勘文の勘申者は、菅原氏、藤原氏北家日野流、藤原氏南家、藤原氏式家などの紀伝道を家職とする文章博士世襲氏族出身者、それらの分流の家の出身者などが多い（森本、一九三三、126～130・403～489頁）。年号勘文所引漢籍の中には、短文とは言え、唐鈔本に由来する旧鈔本の本文が遺存しているものがある（水上、二〇一七）。

日本古代中世の学問・漢学において、類書が果たした役割は大きいと考えられる[2]。また、公家・官人層の漢学の実態を考える上でも年号勘文所引類書は貴重な資料となる。年号勘文に出典として引用された類書は、『藝文類聚』『群書治要』『修文殿御覧』『太平御覧』『翰苑』『天地瑞祥志』である[3]（森本、一九三三、69〜76・491〜592頁）。

本稿では、数ある改元・年号勘文資料のうち、大学共同利用機関法人人間文化研究機構国立歴史民俗博物館（以下、歴博と略称する）所蔵の廣橋家旧蔵記録文書典籍類（以下、廣橋家旧蔵資料と略称する）の「〔経光卿改元定記寛元 宝治 建長〕」[4]（H―六三―一〇三。以下、該資料を略称する）に着目する。該資料は、記主廣橋経光（一二一三〜七四）が自筆を以て『民経記』より抄出したと推されるもので、年号勘文を含めた寛元度（一二四三）・宝治度（一二四七）・建長度（一二四九）の三度の朝廷での改元に関する議論の記録である。

以下、該資料に認められる勘申者、勘申した年号字及びその出典を表1に示しておく。

なお、廣橋経光は、寛元度及び宝治度の仗議《じょうぎ》に出仕し、年号勘文を読申したが、建長度では仗議に出仕せず、年号勘文を読申していない[5]。

右の表1に掲げたが、本稿では、藤原経範が三度の改元定に際し、「嘉元」を勘申した際の出典となった『修文殿御覧』を材料に類書の受容について検討し、併せて『修文殿御覧』を出典として勘申した年号字と勘申者の氏族・家・系流についても検討を試みたい。

一　『修文殿御覧』略説

『修文殿御覧』は、中国南北朝時代の北斉の祖珽等が後主高緯の勅によって、武平三年（五七二）に完成させた全三六〇巻の類書である。その内容は、森羅万象について分類立項し、項目ごとに関連する語句や文章を分野を問

表１　寛元度・宝治度・建長度の勘申者・年号字・出典

改元定	勘申者	年号字	出典	氏族・家・系流等
寛元度	菅原為長	正元	毛詩緯	菅原氏（高辻家）
		寛元	宋書	
		貞吉	周易	
	藤原光兼	禄長	尚書	藤原氏式家（敦光の裔）
		永康	尚書	
		康承	長短経	
	藤原経範	正建	晋書	藤原氏南家（成季の裔）
		元延	晋書	
		嘉元	修文殿御覧	
	経範の当初の勘文	文応	春秋内事	
		文建	通典	
		正建	晋書	
宝治度	菅原淳高	寛正	史記	菅原氏（輔方の裔）
		禄長〔永〕※	後漢書注	
		天聡	晋書	
	廣橋経光	元応	唐書	藤原氏北家日野流廣橋家
		正安	晋書	
	藤原経範	宝治	春秋繁露	（既出）
		文仁	春秋緯、淮南子	
		嘉元	修文殿御覧	
	経範の当初の勘文	建正	桓子新論	
		文仁	春秋緯、淮南子	
		嘉暦	隋書	
建長度	菅原淳高	元寧	東観漢記	（既出）
		応元	周易義広会	
		寛安	毛詩注疏	
	藤原経範	文仁	淮南子	（既出）
		嘉暦	唐書	
		嘉元	修文殿御覧	
	菅原（唐橋）公良	大安	漢書	菅原氏（唐橋家）
		長仁	貞観政要	
		延元	梁書	
	菅原（高辻）長成	長禄	韓非子	菅原氏高辻家
		正元	毛詩緯	
		延嘉	孝経援神契	
	廣橋経光	文安	晋書	（既出）
		元応	唐書	
		建長	後漢書	

※「禄長」は『葉黄記』二月二十八日条では「禄永」に作る。

わず類聚したもので、現在で言う百科事典である。

フランス国立図書館（Bibliothèque nationale de France）現蔵の敦煌遺書のP二五二六は、『修文殿御覧』の断簡、ないしはその藍本である『華林遍略』の断簡、の可能性が指摘されており、議論が分かれている[6]（羅、一九一三・六八。洪、一九三三。劉安志、二〇一三）。何れにしろ、確実に『修文殿御覧』と同定できるものは残存しない。

我が国では、藤原佐世（八四七～九七）によって編まれ、九世紀後半頃に成立したと考えられる書籍目録の『日本国見在書目録』[7]廿雑家に「修文殿御覧三百六十巻祖孝徴撰」と著録される。その他、日本の古代中世に『修文殿御覧』を講読した記録が認められ、更に『修文殿御覧』の佚文が遺存している[8]。以上のことから、我が国の古代中世において『修文殿御覧』は受容されていたことは明らかで、奈良時代から鎌倉時代の公家・官人層に利用され、古代中世の学問等に影響を与えた。その一例が該資料の年号勘文に引用される『修文殿御覧』である。

二　国立歴史民俗博物館所蔵「〔経光卿改元定記　寛元　宝治　建長〕」所引『修文殿御覧』の検討

該資料に認められる勘申者と年号勘文は表1に掲げた通りであるが、藤原経範[9]（一一八七～一二五七）は、寛元度・宝治度・建長度の三度の改元定にて『修文殿御覧』を出典に「嘉元」を勘申している。該資料に引く『修文殿御覧』は、以下に掲出するように全三箇条で、何れも同文である[10]。経範の主な官歴等を示すと、建久八年（一一九七）文章生、承元二年（一二〇八）非蔵人、承元四年（一二一〇）新院（土御門院）非蔵人、建暦三年（一二一三）穀倉院学問料を支給せらる、建保三年（一二一五）文章得業生（秀才）、同五年（一二一七）対策に及第し左衛門少尉、嘉禄二年（一二二六）刑部権少輔、寛喜二年（一二三〇）父孝範から大学頭を譲任せらる、貞永元年（一二三二）者儒に列せらる、天福元年（一二三三）文章博士に遷任せらる、宝治三年（一二四九）一月従三位（非参議）、建長二年（一二五〇）式部大輔、同三年（一二五一）安芸権守、康元元年（一二五六）出家、である（『公卿補任』建長元年～康元元年。永井、一九九五、25・26頁。同編、二〇〇八、200～220・453頁）。この間、摂家近衛兼経の家司、後嵯峨天皇・同院並びに宗尊親王の侍読を勤めた（永井、一九九五、25・26頁。同編、二〇〇八、453頁）。なお、経範は、藤原氏南家武智麿孫貞嗣流で、実範の男成季の裔である。

以下、実際に『修文殿御覧』の引用文を見ていく。

①仁治四年（一二四三）二月二十六日の寛元度

脩〔修〕文殿御覧曰、天-気柔《ヤワラカニシテマタヨシ》且嘉、元-吉隆《サカンナリ》二初-巳《ソキニ》一。（訓点は該資料に施されているものに拠る）

右の『修文殿御覧』からの引文について、該資料の記主藤原氏北家日野流（勘解由小路）の廣橋経光が勘文の下に小字双行書きで「後日勘之、藝文類聚三月三日許也、為引文先例不審、初-巳《シ》ト可読也」と記し、『藝文類聚』四巻・歳時部中・三月三日の詩「晋陸機詩曰、遅遅暮春日、天気柔且嘉。元吉隆初巳、濯穢遊黄河」（晋の陸機の詩に曰く、遅《ち》遅《ち》たる暮春の日、天気は柔《やわら》ぎて且つ嘉し。元吉は初巳《しょし》に隆んにして、穢《けがれ》を濯ひて黄河に遊ぶ、と）に基づき、「初巳」の「巳」を、「キ」ではなく「シ」と読むべきである、と廣橋経光が藤原経範の『修文殿御覧』の誤読を指摘している。なお、『藝文類聚』は、初唐の武徳七年（六二四）欧陽詢等のによる奉勅撰の類書である。

②寛元五年（一二四七）二月七日の宝治度

脩〔修〕文殿御覧曰、天-気柔《ヤハラカニシテマタヨシ》且嘉、元吉隆《サカリニス》初-コ《シヲ》。（訓点は該資料に施されているものに拠る）

当該勘文の欄上に「去比、刑卩卿密語云、此文上巳祓詩也云〻、引文用脩〔修〕文殿御覧、先例不審」と記し、刑部卿菅原淳高（一一七六～一二三二）が、この文は上巳祓詩（晋の陸機『陸士衡文集』巻七・楽賦・櫂歌行[11]）であって、引文に『修文殿御覧』を用いた先例を不審、と密かに語ったことを廣橋経光が記している。なお、菅原淳高は、菅原定義の六男輔方の四世孫。在高の一男である。

③宝治三年（一二四九）三月五日の建長度[12]

脩〔修〕文殿御覧曰、天気柔且嘉。元吉隆初巳。（脩〔修〕文殿御覧に曰く、天気は柔らぎて且つ嘉し。元吉は初巳に隆んなり、と。）

（建長度の年号勘文には訓点は施されていない）

右の寛元度・宝治度・建長度の年号勘文に引く『修文殿御覧』から、勘申者の藤原経範は、『修文殿御覧』を披覧し得る環境にあったと推定され、更に一歩踏み込むならば『修文殿御覧』を所蔵していたかと推測される。一方、廣橋経光は、『修文殿御覧』からの引文の読みを、『藝文類聚』を用いて訂正すべきと指摘していることから、『藝文類聚』を披覧し得る環境、ないしは所蔵していたと推測され、『修文殿御覧』を披覧し得る環境にはなかったのだろう。

また、仁治四年二月二十六日の寛元度において、藤原経範が当初勘申した年号字「文応」の出典に『春秋内事』[13]を勘文に示しているが、廣橋経光は該資料に「裏書云、……式卩〔菅原為長〕大輔云、春秋内事用引文之条不審、見在書目録内無之、春秋末文歟。乃内ゝ相尋頼尚〔清原〕真人之処、件書不知名字云ゝ、太平御覧引文書也。件目六端ニ載之歟。然者未渡之書歟。争可用引文乎。自太平御覧書出之歟。所為不審。ゝゝ」と記している。『春秋内事』は『日本国見在書目録』に著録されず、内々に清原頼尚（良隆。一二六四年に六十九歳で歿。大外記・明経博士・主計頭等に補任せらる）に『春秋内事』について尋ねたものの、頼尚は知らなかった。『春秋内事』は、我が国へは伝来しておらず、『太平御覧』を介しての転引（間接引用）[14]か等、と式部大輔の菅原為長（一一五八〜一二四六）が述べていたことを廣橋経光が裏書として記している。以上の件から、清原頼尚は『春秋内事』の存在を知る環境になかった（『春秋内事』の引用文が存する類書を披覧し得る環境になかった）と推され、菅原為長（次節で触れる菅原公良の実父）は『春秋内事』の引用文が存する類書として『太平御覧』を披覧し得る環境にあり、これを所蔵していたかと推される。

三 『修文殿御覧』を所蔵していた氏族・家・系流

前節では該資料に見える『修文殿御覧』を中心に検討した。本節では、年号勘文の出典として『修文殿御覧』を勘申した勘申者の氏族・家・系流について検討していく。森本（一九三三、527頁）を基に『修文殿御覧』を出典として勘申した年号字及び勘申者を表2に掲出した。

表2からは次のことが言えよう。

『修文殿御覧』を出典として勘申された年号字は「嘉元」「万長」「長祥」「祥和」「文安」の五種で、勘申者は全十三名である。勘申者全十三名のうち、藤原氏南家成季裔出身者が五名、藤原氏北家日野流日野家出身者が五名、菅原氏出身者が三名（唐橋家系二名、高辻家系一名）である。

藤原氏南家成季裔では、寛元度で経範が「嘉元」を勘申して以来、建長度で同人、弘安度で茂範（一二三六～歿年不詳）、正安度で明範（一二二七～一三〇一）、嘉元度で淳範（生年不詳～一三一五）が繰り返し「嘉元」を勘申し、嘉元度で採用された。この後、南北朝時代北朝の暦応度で房範（一三〇二～歿年不詳）が「文安」を勘申している。このことから、南北朝時代（北朝）暦応度（一三三八）の頃、房範は『修文殿御覧』を披覧し得る環境にあったと推定され、これを所蔵していたかと推測される。換言するならば、当該期頃までは藤原氏南家成季裔は『修文殿御覧』を披覧し得る環境にあったと推定され、これを所蔵していたかと推測される。

備考	採用の別
藤原孝範一男	
（既出）	
菅原（高辻）為長二男・菅原（唐橋）公輔猶子（ないしは養子）	
（既出）	未採用
藤原経範一男	
日野家光二男	
（既出）	
藤原経範二男	
日野資宣男	
藤原経範四男	採用
（既出）	
菅原在輔男、菅原（唐橋）公輔曾孫	未採用
藤原俊範男・藤原明範孫	※
日野資名三男、日野俊光孫	
日野時光二男	
日野有光男、日野資教孫	
五条為康男・東坊城長淳の子と為る	未採用

を出典として「文安」を勘申した。『修文殿御覧』は出典となっていない。

菅原氏では、正嘉度及び正元度で公良（一一九五～一二六〇）が「万長」を勘申し、応長度で在登（一二七二～一三五〇）が「祥和」を勘申している。公良は、菅原（高辻）為長の二男、菅原（唐橋）公輔の猶子（ないしは養子）。母は中原師茂（助教・大外記等に補任せらる）の女。在登は唐橋家系の壬生坊城家の出身で、在輔の男、公輔の曾孫に当たる。鎌倉時代後期の応長度（一三一一）の頃、在登は『修文殿御覧』を披覧し得る環境にあったと推測され、これを所蔵していたかと推測される。前節で述べた通り、公良の実父為長は、『太平御覧』を披覧し得る環境にあった。為長は、『太平御覧』を所蔵していたと推測されるが、『修文殿御覧』を披覧し得る環境になかったかと推される。以上を勘案すると、公良の外祖父中原師茂が属する系流、あるいは師茂が『修文殿御覧』を所蔵していた可能性は想定し難く、公輔が属する系流、ないしは公輔が『修文殿御覧』を披覧し得る環境にあり[16]、公良も『修文殿御覧』

表２ 『修文殿御覧』を出典として勘申した年号字及び勘申者(15)

改元定	西暦	年号字	勘申者	氏族・家・系流等
寛元度	1243	嘉元	藤原経範	藤原氏南家（成季の裔）
建長度	1249	嘉元	藤原経範	（既出）
正嘉度	1257	万長	菅原公良	菅原氏（唐橋家）
正元度	1259	万長	菅原公良	（既出）
弘安度	1278	嘉元	藤原茂範	藤原氏南家（成季の裔）
弘安度	1278	長祥	日野資宣	藤原氏北家日野流
正応度	1288	長祥	日野資宣	（既出）
正安度	1299	嘉元	藤原明範	藤原氏南家（成季の裔）
乾元度	1302	長祥	日野俊光	藤原氏北家日野流
嘉元度	1303	嘉元	藤原淳範	藤原氏南家（成季の裔）
嘉元度	1303	長祥	日野俊光	（既出）
応長度	1311	祥和	菅原在登	菅原氏唐橋家壬生坊城家
暦応度（北朝）	1338	文安	藤原房範	藤原氏南家（成季の裔）
貞治度（北朝）	1362	長祥	日野時光	藤原氏北家日野流
康暦度（北朝）	1379	長祥	日野資教	藤原氏北家日野流（快楽院家）
嘉吉度	1441	長祥	日野資親	藤原氏北家日野流（快楽院家）
慶長度	1596	長祥	東坊城盛長	菅原氏高辻家五条家・東坊城家

※室町時代の文安（1444～49）は、廣橋兼郷が『晋書』、菅原（壬生坊城）在直が『尚書』

を披覧し得る環境にあったと推測される。公輔の系流に連なる在登も『修文殿御覧』を披覧し得る環境にあったと推測される。公輔の系流は『修文殿御覧』を所蔵していた可能性が高いであろう。

藤原氏北家日野流日野家では、弘安度で資宣（一二二四～九二）が「長祥」を勘申して以来、正応度で同人、乾元度及び嘉元度で俊光（一二六〇～一三二六）、南北朝時代北朝の貞治度で時光（一三二八～六七）、北朝の康暦度で資教（一三五六～一四二八。快楽院家）、室町時代中期の嘉吉度で資親（生年不詳～一四四三。快楽院家）が「長祥」を繰り返し勘申している。資宣の母は、日野流藤原忠綱（大学允・六位蔵人・兵庫頭・左馬頭・左近衛将監・内蔵頭等に補任せらる。資業の曾孫実義の男信重〈親業〉の系流）の女。日野家で初めて『修文殿御覧』を出典として勘申した資宣は、『修文殿御覧』を披覧し得る環境にあったかと推されるが、日野家は、その後、同一年号字を繰り返し勘申しており、『修文殿御覧』を所蔵していなかったかと窺測される。

以上を勘案すると、資宣は、『修文殿御覧』を所蔵していた人物・家等から借覧した可能性を考えられなくもない。なお、織豊期の慶長度で「長祥」を勘申した東坊城盛長（一五三八～一六〇七）は、菅原氏高辻家系の五条為康（一五〇一～六三）の男。東坊城長淳（一五〇六～四八）の子となった。当該年号字は、日野家で繰り返し勘申された「長祥」を参考にして勘申したものであろう[17]。

むすびに

以上、第二節では寛元度・宝治度・建長度の改元定において藤原経範が「嘉元」を勘申した際に出典とした『修文殿御覧』を歴博所蔵「〔経光卿改元定記　寛元　宝治　建長〕」を基に検討し、第三節では『修文殿御覧』を出典とした年号の勘申者の氏族・家などを検討してきた。

検討結果を纏めると以下のことが言える。

第一に、藤原氏南家成季裔の藤原経範は『修文殿御覧』を披覧し得る環境にあったと推定され、更に踏み込むならば『修文殿御覧』を所蔵していたかと推測される。藤原氏北家日野流の廣橋経光は『藝文類聚』を披覧し得る環境、ないしはこれを所蔵していたと推測され、『修文殿御覧』を披覧し得る環境になかったと推される。また、藤原氏北家日野流廣橋家には『藝文類聚』が相伝されていたとの推測も成り立とう。廣橋家は、経光の代では『修文殿御覧』を所蔵していなかったと推測される。ただし、註（10）で若干述べた如く、廣橋仲光自筆と推定される『年号新字』に未勘申年号字の出典として『修文殿御覧』が記されている。『年号新字』は、明徳五年の応永度の際に、仲光が諸漢籍から抄出し加筆したものである。経光の四世孫の仲光は、明徳五年以前に『修文殿御覧』を披覧し得る環境にあり、一歩踏み込めば、明徳五年以前に『修文殿御覧』を所蔵していたかと推測されよう。

第二に、南北朝時代初期（北朝）の暦応度の頃、藤原氏南家成季裔の藤原房範は『修文殿御覧』を披覧し得る環境にあったと推定され、これを所蔵していたかと推測される。則ち、暦応度頃までは、藤原氏南家成季裔は『修文殿御覧』を披覧し得る環境にあったと推定され、『修文殿御覧』を所蔵し相伝されていたかと推測される。

第三に、鎌倉時代後期の応長度の頃、唐橋家系の壬生坊城家の菅原在登は『修文殿御覧』を披覧し得る環境にあったと推定され、これを所蔵していたかと推測される。菅原公輔が属する系流は『修文殿御覧』を所蔵し相伝されていた可能性が高いであろう。

第四に、藤原北家日野流の日野資宣は『修文殿御覧』を披覧し得る環境にあったものの、これを所蔵していなかったかと窺測される。あるいは、資宣は、同時代に『修文殿御覧』を所蔵していた家・人物（藤原氏南家成季裔、菅原氏唐橋家系の公輔が属する系流か）等から、『修文殿御覧』を借覧した等の可能性があろうか。

第五に、鎌倉時代中期においては、少なくとも『修文殿御覧』『藝文類聚』『太平御覧』が公家・官人層に利用されていたと言える。ただし、氏族・家・系流によって、各々利用されていた類書が異なっていたと考えられる。この点は、当該期の類書利用の一様相と言えよう。当該類書受容は、日本中世漢籍受容史・漢学史の実態の一斑を顕しており、該資料はこれを示す好資料と言える。

重要な朝儀である改元について評議する改元定の仗議の場において、『修文殿御覧』に基づいた漢学知が活用されていた。当該事例は、禁裏・公家の周辺で『修文殿御覧』が受容されていた一証左である。

類書が年号勘文の出典として利用された嚆矢は、未採用であるが平安時代中期の長久度（一〇四〇）において藤原氏式家の藤原義忠（九八四～一〇四一）が『翰苑』を出典に勘申した「延祥」である（森本、一九三三、507頁）。その後は、鎌倉時代前期、十三世紀前半の安貞度（一二二七）において大江周房（生歿年不詳。匡範の男）が『天地瑞祥志』を出典に勘申した「瑞応」（未採用）まで、類書は年号勘文の出典として利用されていない[18]。次に類書が年号勘文の出典として利用されるのは、本稿で検討した寛元度・宝治度・建長度の三度にわたり藤原経範が『修文殿御覧』を出典に勘申した「嘉元」である。これ以降、年号勘文における類書の出典としての利用が顕著となる。

他方、院政期から鎌倉時代初期頃に至ると類書の影響を受けた一連の金言集、菅原為長『管蠡抄』、『玉函秘抄』、藤原孝範（一一五八～一二三三）『明文抄』が編まれた[19]。この後の寛元度（一二四三）以降、年号勘文における出典としての類書利用の盛行期が始まる。このような観点から、我が国における類書受容の劃期と見ることも、あるいは可能であろう。

我が国古代中世の学問・漢学―漢学知―において類書が果した役割は極めて大きいと思われる。

註

（1）私年号は決定する上でのプロセス等不明な点が多く、また出典についても不明である。久保（一九六七）を参照。

（2）例えば、滋野貞主『秘府略』（八三一年）、源為憲『世俗諺文』（一〇〇七年）、『幼学指南抄』（編者未詳。院政期）、菅原（高辻）為長『管蠡抄』（院政期～鎌倉時代初期）、『玉函秘抄』（九条良経編とする説もあり。鎌倉時代初期）、藤原孝範『明文抄』（鎌倉時代初期）等の日本で編纂された類書（和製類書）や金言集は、類書を藍本、ないしは参考としている。類書、和製類書や金言集は公家・官人層に広く受容されていた。

（3）ここでは、年号勘文に出典として利用された類書について述べている。ただし、年号勘文の出典としては類書以外の漢籍（例えば、経書、史書）を挙げているが、実際は類書から転引している場合も存在する（近藤、二〇一八、

12頁）。

『群書治要』は史部政書類であるが、類書的な側面も認められ、本稿では便宜的に含めた。年号勘文における『群書治要』の利用については、近藤（二〇一八、14頁）で若干言及している。なお、『天地瑞祥志』は、麟徳三年（六六六）四月（麟徳三年は正月に乾封と改元）に薩守真が撰したと前田育徳会尊経閣文庫所蔵本等の第一・啓に記載されるが、新羅で成立したとする説もあり、なお未詳な点もある（中村、一九六八。太田、一九七三。水口、二〇〇五。前原、二〇一六、83頁）。『天地瑞祥志』は『修文殿御覧』『藝文類聚』『太平御覧』等の一般類書とは異なり、天文・気象・動植物等について記された専門類書である（太田、一九七三。水口、二〇〇五）。

（4）廣橋家旧蔵資料の来歴、該資料の書誌事項などについては、本書第七部1拙稿「資料紹介　国立歴史民俗博物館所蔵「〔経光卿改元定記　寛元 宝治 建長〕」―影印、附・略解題―」を参照。

（5）年号勘文の読申について、該資料の寛元度に「至官位姓名以下准之可知年号字并引文名、各対馬ニ読之。於本文者任本書読之、無点書籍者只相計可読之」とあり、年号勘文の読申において、年号字並びに引文の名（出典）は呉音（対《つ》馬音《しまごえ》）にて読むことが規定されていたことが記されている（本書口絵25-2を参照）。年号勘文の出典である漢籍の名称（書籍名）を漢音ではなく、呉音で読んでいたことは注目に値する。また、石井（二〇〇八）で指摘されているように、菅原（高辻）為長編『編御記』嘉禎（嘉禎度〈一二三五〉）に「（稿者注）（文暦二年）九月十六日。……〈書ノ名ハ呉音。本文ハ漢音。〉」（新校羣書類従〈四六一巻〉二十巻・272頁。稿者注―右傍に「ロ」と注記し、尾に「ロ右編御記宮内省図書寮所蔵古写本を以て重ねて校勘す／（昭和三年十二月）」と記す）とあり、寛元度以前の嘉禎度において、菅原氏では既に年号勘文の読申法について、出典である漢籍の名称は呉音で読み、本文は漢音で読むことが記されている。以上の該資料の寛元度及び『編御記』嘉禎度記載の二点は、改元と言う重要な朝儀の中で、書名としての漢籍は呉音で読まれていた証左である。我が国における書名としての漢籍の読み方（呼称）を多様な方面から検討する上で極めて重要な事実である。今後、このような点も含めた書名としての漢籍の読み方を検討すべきであろう。

（6）敦煌遺書P二五二六の資料擬定に関する『修文殿御覧』説と『華林遍略』説については高田（二〇一八a、265頁）

にて代表的な論文を挙げた。こちらを参照されたい。

（7）『日本国見在書目録』の成立時期や編纂意図については諸説が存する。諸説については、髙田（二〇一五、336・365・366頁）にて簡単に纏めている。こちらを参照されたい。

（8）『日本書紀』神代巻冒頭部に『修文殿御覧』を利用したと推定される箇所が存する（髙田、二〇一八a、261頁）。このことから、『修文殿御覧』は、八世紀前半頃には日本へ伝来していたと推定される。また、八世紀中葉頃の秋田城出土木簡（「洛神賦」習書木簡）は『修文殿御覧』を親本として書写した可能性があると言う（渡辺、二〇一三、9頁）。その他、日本古代中世における『修文殿御覧』受容の明証については、髙田（二〇一八a、260・261頁）を参照。髙田（二〇一八a、260・261頁）において触れたもの以外の『修文殿御覧』受容の例証に、平基親の撰に係る『往生要集外典鈔』に『修文殿御覧』の引用文が存し、更に『延喜式』巻十二・治部省式・祥瑞条に『修文殿御覧』を参照し作成したと推定される箇所が存する（水口、一九九八）。なお、『修文殿御覧』は、明末清初の文人・蔵書家である常熟の銭謙益（一五八二～一六六四）の蔵書楼「絳雲楼」の書目『絳雲楼書目』（銭謙益編、陳景雲注。清道光三十年南海伍崇曜刻粤雅堂叢書本に拠る）巻三・類書類に「脩文殿御覧一百六十四冊三百六十巻祖珽」と著録される。絳雲楼に『修文殿御覧』が蔵されていた可能性もあろうか。同書目著録の冊数から見れば足本となろう。清初の順治七年（一六五〇）に、絳雲楼は火災に遭い、その蔵書は灰燼に帰した。『修文殿御覧』が絳雲楼の蔵書に含まれていたならば、『修文殿御覧』も焼失したか。『絳雲楼書目』以外の明清における『修文殿御覧』流伝の手がかりとなる記載は、明代の葉盛（一四二〇～七四）の『緑竹堂書目』に四十五冊（劉全波、二〇一八、218頁）、『文淵閣目』及び『内閣目』に四十五冊、等と著録され、更に、甲戌（一八七四。同治十三）に孫詒譲（一八四八～一九〇八）が滬上（上海）の呉姓なる人物の書賈にて明鈔本『修文殿御覧』二百冊を楚人の某が購入したという話しを聞き及んだと言う（以上、『増訂四庫簡明目録標注』巻十四）。『増訂四庫簡明目録標注』に見えるものは、既に尾崎（一九六七）にて指摘されている。一方、劉全波（二〇一八、218頁）は『絳雲楼書目』著録の『修文殿御覧』の信憑性について懐疑的な立場を示す。明清における『修文殿御覧』流伝については今後の課題としたい。

（9）藤原経範を含めた後嵯峨院政期の漢籍をめぐる公武間の人的交流と書籍ネットワークについては、福島（二〇一三）に詳しい。藤原氏南家や南家儒者についての研究は、永井（一九九五・二〇一六）、小川（一九九四・二〇〇四）、仁木（二〇〇五）、福島（二〇〇六・二〇一五）等が存し、比較的進んでいる。永井（一九九五）は、平安時代中期から鎌倉時代にかけての官人としての紀伝道諸氏族諸家における藤原氏南家孝範流の位置付けを検討し、平安時代中期から鎌倉時代末期及び南北朝時代までの年号勘申者等を示す。なお、稿者は髙田（二〇一八b）において、藤原経範の生歿年を誤記した。正しくは、本稿記載の一一八七年生、一二五七年歿である。この場を借りて訂正させて頂く。

(10)　該資料に引く『修文殿御覧』は、『本邦残存典籍による輯佚資料集成』に輯佚されていない新出佚文である。このことは、髙田（二〇一八b）において触れた。近時、近藤浩之・石井行雄・猪野毅「類書と年号字勘進と―金沢文庫本『群書治要』移点の意味―」（『日中の思想と文化』総合学術会議〈北海道中国哲学会第四十八回大会・科研基盤B「年号勘文資料の研究基盤構築」関連会議〉、二〇一八年十月二十日、於　北海道大学）の発表及びパワーポイント、近藤・石井・猪野「類書と年号字勘進と―金沢文庫本『群書治要』移点の意味―（続攷）」（北海道中国哲学会十二月例会、二〇一八年十二月七日、於　北海道大学）のパワーポイント及び配布資料によると、歴博所蔵廣橋家旧蔵資料の『年号新字』（歴博での登録資料名『年号字新撰』。H―六三―二一八）に、未勘申である年号字「文康」の出典として「文康」「脩文殿御覧巻第百六品藻下曰、世中称叓文康為豊年穀王、雅恭為荒年穀」と記載があり、『本邦残存典籍による輯佚資料集成』に未輯佚の新出佚文であると言う。稿者も『年号新字』を調査し『修文殿御覧』の佚文を確認した。当該佚文に類似する文辞が、六朝宋の劉義慶編・六朝梁劉孝標注『世説新語』賞誉第八に「世称庾文康為豊年玉、稚恭為荒年穀。…」（前田育徳会尊経閣文庫所蔵金沢文庫旧蔵南宋刊本（宋孝宗朝）刊）に拠り、宮内庁書陵部図書寮文庫所蔵金沢文庫旧蔵南宋刊本（宋孝宗朝）刊）も参照した。明嘉趣堂本は「稚」を「穉」に作り、余嘉錫『世説新語箋疏』は「稚」を「穉」に作り、徐震堮『世説新語校箋』は「庾」を「叓」、「稚」を「穉」に各々作り、龔斌『世説新語校釈』は「稚」を「穉」に作る〈『箋疏』『校箋』『校釈』は何れも明嘉趣堂本が底本〉。なお、当該佚文に類似する文辞は賞誉第八に存するため、唐代初期鈔本と推定されている文化庁所蔵『世説新書』巻第六規箴第十、京都国立博物館所蔵『世説新書』巻第六規箴第十・捷悟第十一、小西新右衛門氏所蔵『世説新書』

巻第六夙慧第十二、東京国立博物館所蔵『世説新書』巻第六豪爽第十三の各鈔本〈元来は一具で東寺観智院伝来本。豪爽第十三の尾に杲宝と墨書されることから、東寺観智院開基の杲宝所蔵本であったことがわかる〉は比較の対象とはならない（文化庁監修、一九八四、135・136頁。文化庁監修、一九九七、365・366頁。東京国立博物館・毎日新聞社編集、二〇一九、302頁）と、『藝文類聚』巻二十二・人部六・品藻に「世説曰…。又曰、世中称庾文康為豊年玉、庾稚恭為荒年穀」と、『太平御覧』巻四四七・人事部八十八・品藻下に「郭子曰…。又曰、世中称庾文康為豊年玉、庾稚恭為荒年穀」と各々存する（周興陸輯著『世説新語彙校彙注彙評』にて『世説新語』と『藝文類聚』所引『世説新語』との異同が記されている）。当該佚文には「脩文殿御覧曰」と記されているのみで、出典が記されていない。当該佚文について特筆すべきは『修文殿御覧』の巻数・篇名が記されていることで、この記載は『修文殿御覧』の編成等を検討する上で重要な手がかりとなろう。『年号新字』は、原表表紙の左肩に「年号字　新撰」と打付外題が墨書され、更に原表表紙中央やや右側に「明徳五年改元之時少々抄出又書加了／権大納言藤原（花押）〔仲光〕」と墨書され、内題「年号新字」である。『年号新字』は、明徳五年（一三九四）の応永度の際に、廣橋仲光（一三四二〜一四〇六）が諸漢籍から抄出し加筆したもので、仲光自筆と推定される。従って、経光の四世孫の仲光は、明徳五年以前に『修文殿御覧』を披覧し得る環境にあり、あるいはこれを所蔵していたかと推測される。なお、当該佚文の出典や異同についての検討は、本稿の課題とは異なるとともに紙幅に限りがあるため、ここでは提示するに止め、今後の課題としたい。

(11) 晋の陸機『陸士衡文集』巻七・楽賦・櫂歌行に「遅遅暮春日、天気柔且嘉。元吉降初巳、濯穢遊黄河」とある（中国国家図書館所蔵清影宋鈔本及び明正徳覆宋刊本は「降」を「隆」に作る）。類書では『藝文類聚』の他、『太平御覧』巻三十・時序部十五・三月三日に同文が存する。なお、『太平御覧』は「降」を「陸」に作る。

(12) 近衛兼経（一二一〇〜五九）が記主の『岡屋関白記』建長元年三月十八日条に、「是日有改元事」とあり、仗座での改元定の様子、各年号勘文が記され、その次に「字難等」とし、難陳について記され、「嘉元／所引文云、天気柔且嘉、元吉隆初巳、件文晋陸機上巳祓詩也。／遅ゝ暮春日、天気柔且嘉、／元吉隆初巳、洗穢遊黄河。／……」とある。「嘉元」の出典となった『修文殿御覧』の引用文は、「晋陸機上巳祓詩」である、と記している。陽明文庫所蔵の『岡屋関白記』（近衛兼経自筆本）当該条所引『修文殿御覧』と該資料所引のそれとの間に異同は認められず、また『修文殿御覧』を含む、陽明文庫所蔵『岡屋関白記』当該条所引年号勘文には、影印本で確認可能な範囲では朱墨の訓点は施されていない（白点・角筆は原本未見のため未調査）。なお、『岡屋関白記』の成立や伝本については、橋本（一九八四）、東京大学史料編纂所編纂（一九八八）を参照。

(13)『春秋内事』は緯書、佚書。『隋書』経籍志及び南宋の鄭樵『通志』藝文略・春秋・讖緯に「春秋内事、四巻」と著録される。なお、『春秋内事』は、清の馬国翰『玉函山房輯佚書』経編緯書類、清の黄奭『漢学堂叢書』通緯、『本邦残存典籍による輯佚資料集成』経部第六・緯書類（113・114頁）、『重修緯書集成』巻四下に輯佚されるが、該資料の当該箇所と『玉函山房輯佚書』『漢学堂叢書』『重修緯書集成』『本邦残存典籍による輯佚資料集成』とを比較すると、『義楚六帖』巻第十七からの引文を採録した『本邦残存典籍による輯佚資料集成』所収佚文のみ異同が認められる。なお、『義楚六帖』は五代の釈義楚が編纂した仏教類書で、後周の顕徳二年（九五五）に成立。一名、『釈氏纂要六帖』『釈氏六帖』。

(14)『太平御覧』巻七十八・皇王部三・太昊庖犠氏に『春秋内事』が引用されている。南宋の王応麟が編纂した類書『玉海』巻九・律歴・歴法・伏羲甲暦に『春秋内事』が引用されるが、『玉海』は元代の後至元六年（一三四〇）に刊行されたことから、時期が合致せず、更に当該文とも符合しない。『太平御覧』は、北宋の太平興国二～八年（九七七～八三）李昉等による奉勅撰の類書である。鎌倉時代における『太平御覧』受容の徴証には、例えば、次のようなものを挙げることができる。東福寺開山の円爾（一二〇二～八〇）が仁治二年（一二四一）に南宋から請来し、普門院に収蔵した仏典・章疏、漢籍等の目録『普門院経論章疏語録儒書等目録』に「号　太平御覧　一部之内二冊」（大正蔵・昭和新脩宝法総目録第三巻、971頁）と著録される。後嵯峨天皇（上皇）に仕え、院の執権に補任された葉室定嗣（一二〇八～七二。藤原氏北家勧修寺流）が記主の『葉黄記』宝治元年（一二四七）九月二十日条に「入道三位長倫《（藤原）》卿送太平御覧、不慮之芳志也」とあり、定嗣が藤原長倫（一一七二～歿年不詳。藤原氏式家。敦光の曾孫）から『太平御覧』を贈呈されたことが記されている。後堀河・四条・後嵯峨・後深草・亀山・後宇多と六代の天皇に仕えた花山院師継（一二二二～八一。藤原氏北家花山院流）が記主の『妙槐記』文応元年（一二六〇）四月二十二日条に「今日或宋客持来太平御覧一部千巻、復百帖、以直銭三十貫価《買ヵ》取之。件四五ヶ帖有摺過之事、後日以他本可書改歟。直銭者今両三日之後可下行之由契約了。此書者平家入道大相国清盛、始渡取之、近高倉院以来連々宋人渡之。方今者我朝及数十本歟。雖無興予未持之文也。依思文道冥加也。雖為未施行之書、近年人翫之」とあり、師継が宋よりの客人が持って来た『太平御覧』一部一千巻百帖を三十貫で購入したこと、更に当時我が国には数十部の『太平御覧』が存していたこと等が記されている。『葉黄記』当該条から、式家の藤原長倫は、葉室定嗣に『太平御覧』を贈呈する宝治元年九月二十日までは『太平御覧』を所蔵していたことがわかる。このことから推して、式家の長倫が属する系流は『太平御覧』を所蔵していたのであろう。『太平御覧』は公家・官人層に浸透していたことがわかる。当該註で掲出した『太平御覧』受容の徴証は、既に森（二〇一一、181頁）で指摘されている。

（15）本来ならば、『元秘別録』伝本並びに改元部類記・古記録等の関連資料を調査し、善本を選択し、『元秘別録』の依拠すべき写本を確定した上で、これを底本に、年号勘文所引漢籍を調査すべきところであるが、稿者が調査し得た『元秘別録』は、京都大学博物館所蔵勧修寺家旧蔵文書、宮内庁書陵部図書寮文庫所蔵九条本・三条西本、国立公文書館所蔵内閣文庫本、歴博所蔵高松宮家伝来禁裏本・廣橋家旧蔵資料、の（資料群に含まれる）諸写本に過ぎない。また、管見の及ぶ限り、『元秘別録』の伝本研究は進んでいるとは言い難く、伝本の全貌も明らかになっていない。以上のような状況であるため、便宜的に、本稿の表2では、出典研究のうち、現時点で最も詳細な森本（一九三三）に拠って調査した。なお、『元秘別録』の伝本研究は、今後の課題としたい。

（16）菅原公良が菅原公輔の猶子（ないしは養子）となり、公輔所蔵の文書を継承したことは、藤原定家（一一六二～一二四一。藤原氏北家御子左流）が記主の『明月記』建保元年（建暦三〈一二一三〉）正月十日条に「参内裏御作文、候御座之間、蔵人次官次男公良、公輔朝臣無子、仍為伝後（補注一）文書、為後養子（補注二）、以内挙給之、給学問料之由告之」（当該条は藤原定家自筆本は散佚）（補注一・補注二『翻刻明月記』〈当該部は国立公文書館所蔵慶長本が底本〉に「〈彼ノ誤ヵ〉」とある。東京大学史料編纂所所蔵徳大寺家本及び国立公文書館所蔵慶長本の「後」は「彼」の誤写か）と、『民経記』寛喜三年（一二三一）十月三日条に「次召大内記公良被下之、〈公良草例宣命趣事、日来有猶予、公輔《故》朝臣為猶子相伝文書之故也。……〉」（歴博所蔵廣橋家旧蔵資料の廣橋経光自筆本「〔経光卿記〕」（自寛喜三年十月一日至九日)」〈H―六三―七〇〇〉に依拠した)と各々記されることからわかる。ここで「文書」の語について若干触れたい。院政期の安元の大火で、禁裏・公家・官人達の蔵書が烏有に帰したことが知られる(『玉葉』安元三年〈一一七七〉四月二十九日条)が、これに関連して、九条兼実(一一四九~一二〇七)が記主の『玉葉』安元三年五月十五日条に「未刻源中納言〔雅頼ィ〕来、……語炎上之間事、文書之中漢家書ハ悉焼了。於日記之類者大都出了云々。其中於自記者納皮子二合、焼了云々」とある。『玉葉』当該条は、源雅頼(一一二七~九〇。村上源氏、壬生家)所蔵の文書の中の「漢家書」、則ち漢籍が全て焼失したこと等が記されており、院政期の「文書」の語には漢籍が含まれていたと推測される。鎌倉時代においても「文書」の語に漢籍が含まれていたならば、公良が継承した公輔の「文書」にも漢籍が含まれていたかと推され、公輔の「文書」に『修文殿御覧』が含まれていたと想定することも不可能ではあるまい。安元の大火及び院政期の「文書」と言う語には漢籍が含まれていたと推測されることは、高田(二〇一五、334・335・363・364頁)で述べた。詳しくはこちらを参照されたい。なお、公良を『民経記』では「猶子」、『明月記』では「養子」とする。『葉黄記』寛元五年(宝治元年〈一二四七〉)四月二十七日条に「一、養子之事……〔建暦〕同三年正月十日、範宣〔藤原〕・長貞〔菅原〕等献策。座次範宣于長貞之上歟。同十二日、菅原公良給学問料、公輔朝臣為子挙之。有　勅許」とあり、養子についての説明において、公良が公輔の子となったこと等が記されている。鎌倉時代初期・前期は、猶子と養子の関係が未だ定まっておらず、相続に関して両者の区別は不分明であったかと窺測される。永井編(二〇〇八、335頁)は公良を公輔の「養子」とするが、本稿ではひとまず、公良を公輔の「猶子(ないしは養子)」としておく。

(17)　当該期には『元秘別録』(町広光編)が勘申者を輩出した家・系流や改元伝奏・奉行を輩出した家・系流などの周辺に流布し、これに記載された年号字「長祥」及び『修文殿御覧』の引文を参考にした可能性も想定される。町広光は一四四四年生、一五〇四年歿。町家は、藤原氏北家日野流日野家の支流柳原家の庶流。国立歴史民俗博物館編(二〇〇九、227頁)において『元秘別録』の編者を「町広光」と著録する。宮内庁書陵部図書寮文庫所蔵三条西実隆書写本『元秘別録』一冊(四一五―二七七。三条西本)の識語から、『元秘別録』の編者が町広光と推定されることを、宮内庁書陵部編修課主任研究官　石田実洋氏より御示教を得て、三条西実隆書写本『元秘別録』の識語

（三条西実隆による）を調査した。稿者は『元秘別録』の町広光編説を追認する。御示教頂いた石田氏に茲に記して衷心より御礼申し上げる。

(18) ただし、安貞度以前に、出典には原典を記す（類書が年号勘文の出典ではない）ものの、実際は類書から転引したと推定される事例がある。鎌倉時代初期の承久度（一二一九）において、菅原淳高が勘申した「正万」の引文に「荘子曰、天明日明、然後能照四方。君明臣明、然後能正万物」と記し、出典に『荘子』を挙げるが、当該引文は『荘子』には認められない。当該引文に近似する文は、『文子』（戦国時代の道家思想の書）巻六上徳に「天明日明、而後能照四方。君明臣明、域中乃安。域有四明、乃能長久」とある。一方、『太平御覧』巻二・天部二・天部下に「荘子曰、…。文子曰、…。又曰、天明日明、然後能照四方。君明臣明、然後能正万物。域中四明故能久。又曰、…」とあり、淳高が勘申した「正万」の引文と符合する。淳高は、『太平御覧』ないしは『太平御覧』の藍本（藍本となった類書であるならば『修文殿御覧』の可能性が高い）を披覧し勘申したと推定され、『太平御覧』ないしは『太平御覧』の藍本を披覧した際に、「又曰、天明日明、…」の前の「文子曰…」の「文子」ないしは「文子曰」を見落とし、『荘子』からの引文と誤認したかと推定される。『群書治要』（東京国立博物館所蔵九条家旧蔵本〈平安時代中期〉写）及び宮内庁書陵部図書寮文庫所蔵金沢文庫旧蔵本〈鎌倉時代〉写〉に採録された『文子』には当該引文は認められない。淳高が「正万」を勘申する際に、『太平御覧』を披覧していれば、『太平御覧』受容の早期の事例の一つとなろう（管見の及ぶ限り、『太平御覧』受容の最初の明証は、中山忠親〈一一三一～九五。中山家は藤原氏北家花山院流の支流〉が記主の『山槐記』治承三年〈一一七九〉二月十三日条及び同年十二月十六日条の院政期の二箇条である）。鎌倉時代における『太平御覧』受容の徴証については、前掲註(14)を参照。なお、『文子』は『日本国見在書目録』に著録される。

右のように勘文の引文にて、出典としては原典を挙げるが、実際は類書を介して転引した事象の実態については、別稿に譲りたい。

なお、「正万」が年号勘文では『荘子』と記すものの、その引文が『太平御覧』所引『文子』と一致することは、中央大学文学部教授　水上雅晴氏の御示教を得た。御示教頂いた水上氏に茲に記して衷心より御礼申し上げる。

（19）『管蠡抄』『玉函秘抄』『明文抄』等の一連の金言集、とりわけその本文及び出典については、遠藤編（一九七一）、遠藤（一九七四・一九八四）、遠藤編著（一九七八）の先駆的な研究がある。近時、山内編著（二〇一二）がある。なお、前掲註（2）を参照。

参考文献

石井行雄、二〇〇八「室町時代漢籍訓読の一事例―『元秘別録』と言う窓から―」（『語学文学』四六、北海道教育大学語学文学会）

遠藤光正、一九七四『明文抄の研究並びに語彙索引』（現代文化社）

一九八四『類書の伝来と明文抄の研究―軍記物語への影響―』（あさま書房）

遠藤光正編、一九七一『玉函秘抄語彙索引並びに校勘』（無窮会東洋文化研究所）

遠藤光正編著、一九七八『管蠡抄・世俗諺文の索引並びに校勘』（現代文化社）

太田晶二郎、一九七三「『天地瑞祥志』略説―附けたり、所引の唐令佚文―」（『太田晶二郎著作集』第一冊、吉川弘文館、一九九一年に所収）

小川剛生、一九九四「藤原茂範伝の考察―『唐鏡』作者の生涯―」（『和漢比較文学』一二）

二〇〇四「藤原有範伝の考察―武家に仕える儒者―」（〈新典社研究叢書一五八〉長谷川端編著『論集　太平記の時代』新典社）

尾崎　康、一九六七「北斉の文林館と修文殿御覧」（『史学』四〇―二・三、慶應義塾大学）

久保常晴、一九六七『日本私年号の研究』（吉川弘文館）

洪　　業、一九三二「所謂修文殿御覧者」（『洪業学論集』中華書局、一九八一年に所収）

国立歴史民俗博物館編、二〇〇九〈国立歴史民俗博物館資料目録［8―1］〉『高松宮家伝来禁裏本目録』［分類目録編］（国立歴史民俗博物館）

近藤浩之、二〇一八「年号に使われた漢籍」（『歴博』二〇八）

髙田宗平、二〇一五『日本古代『論語義疏』受容史の研究』（塙書房）

二〇一八a「日本書紀神代巻における類書利用」（遠藤慶太・河内春人・関根淳・細井浩志編『日本書紀の誕生―編纂と受容の歴史―』八木書店）

二〇一八b「年号勘文に引用された佚書―「経光卿改元定記」所引『修文殿御覧』を中心に―」（『歴博』二〇八）

東京国立博物館・毎日新聞社編集、二〇一九『特別展　顔真卿―王羲之を超えた名筆―』（毎日新聞社）

東京大学史料編纂所編纂、一九八八「解題」（〈大日本古記録〉『岡屋関白記』岩波書店）

所功編著、久禮旦雄・五島邦治・吉野健一・橋本富太郎、二〇一四『日本年号史大事典』（雄山閣）

永井　晋、一九九五「平安・鎌倉時代の南家儒流」（『栃木史学』九）

二〇一六「鎌倉時代の文章道大業の家―勤める官職と活躍の場―」（〈生活と文化の歴史学9〉福島金治編著『学芸と文芸』竹林舎）

永井晋編、二〇〇八『式部省補任』（八木書店）

中村璋八、一九六八「天地瑞祥志について（附　引書索引）」（『日本陰陽道書の研究』汲古書院、一九八五年に所収）

仁木夏実、二〇〇五「藤原永範考」（『大谷大学研究年報』五七）

橋本義彦、一九八四「解説」（『陽明叢書　記録文書篇　第二輯　岡屋関白記・深心院関白記・後知足院関白記』思文閣出版）

福島金治、二〇〇六『安達泰盛と鎌倉幕府―霜月騒動とその周辺』（〈有隣新書六三〉有隣堂）

二〇一三「鎌倉中期の京・鎌倉における漢籍受容者群―『管見抄』と『鳩嶺集』のあいだ―」（『国立歴史民俗博物館研究報告』一七五）

二〇一五「鎌倉中期の京・鎌倉の漢籍伝授とその媒介者―金沢文庫本とその周辺―」（『国立歴史民俗博物館研究報告』一九八）

文化庁監修、一九八四『国宝』10　書跡Ⅱ（毎日新聞社）

一九九七　『国宝・重要文化財大全』7書跡　上巻（毎日新聞社）
前原あやの、二〇一六「天文占書の解題と「天文占書フルテキストデータベース」の意義」（『関西大学東西学術研究所紀要』四九）
水上雅晴、二〇一七「年号勘文資料が漢籍校勘に関して持つ価値と限界―経書の校勘を中心とする考察―」（中央大学文学部紀要『哲学』五九〈通巻二六七〉）
水口幹記、一九九八「延喜治部省式祥瑞条における『修文殿御覧』の利用について」（『日本古代漢籍の史的研究』汲古書院、二〇〇五年に所収）
二〇〇五『『天地瑞祥志』の基礎的研究」（『日本古代漢籍の史的研究』汲古書院）
森　克己、二〇一一「日唐・日宋交通における史書の輸入」（新編森克己著作集編集委員会編　新編森克己著作集四『増補日宋文化交流の諸問題』勉誠出版。初出一九三九年）
森本角蔵、一九三三『日本年号大観』（目黒書店）
山内洋一郎編著、二〇一二『本邦類書玉函秘抄・明文抄・管蠡抄の研究』（汲古書院）
羅　振玉、一九一三「修文殿御覧跋」（『羅雪堂先生全集』四編（五）「鳴沙石室佚書」大通書局、一九七二年に所収）
一九六八「敦煌本修文殿御覧跋」（『羅雪堂先生全集』初編冊一「羅振玉校刊羣書叙録」文華出版）
劉　安志、二〇一三「《華林遍略》乎《修文殿御覧》乎―敦煌写本P.2526号新探」（高田時雄編『敦煌写本研究年報』七、京都大学人文科学研究所「中国中世写本研究班」）
劉　全波、二〇一八『魏晋南北朝類書編纂研究』（〈敦煌学研究文庫〉民族出版社）
渡辺　滋、二〇一三「古代日本における曹植「洛神賦」受容―秋田城出土木簡の性格を中心として―」（〈全国国語国文学会編〉『文学・語学』二〇七）

資料の底本

岡屋関白記…陽明文庫編『陽明叢書　記録文書篇　第二輯　岡屋関白記・深心院関白記・後知足院関白記』（思文閣出

版、一九八四年）。適宜、〈大日本古記録〉東京大学史料編纂所編纂『岡屋関白記』（岩波書店、一九八八年）を参照した。／漢学堂叢書…『漢学堂経解』（広陵書社、二〇〇四年）／玉海…『玉海』（華文書局、一九六四年）／玉函山房輯佚書…『玉函山房輯佚書』（文海出版社、一九六七年）／玉葉…〈図書寮叢刊〉宮内庁書陵部編『九条家本玉葉』五（明治書院、一九九八年）／公卿補任…〈新訂増補国史大系〉黒板勝美・国史大系編修会編『公卿補任』（吉川弘文館、一九八一～八二年）／群書治要…東京国立博物館所蔵九条家旧蔵本（列品番号　B—二五三二）は「e国宝—国立博物館所蔵　国宝・重要文化財」登載画像。宮内庁書陵部図書寮文庫所蔵金沢文庫旧蔵本（五五〇・二）は「宮内庁書陵部収蔵漢籍集覧—書誌書影・全文影像データベース」登載画像及び〈古典研究会叢書　漢籍之部〉『群書治要』（五）（汲古書院、一九八九年）／藝文類聚…『藝文類聚　附索隠』（新興書局、一九七三年）。適宜、汪紹楹校『藝文類聚』（上海古籍出版社、一九六五年）を参照した。／絳雲楼書目…〈書目三編〉『絳雲楼書目・述古堂蔵書目』（広文書局、一九六九年）／山槐記…〈増補史料大成〉『山槐記』二（臨川書店、一九六五年）／四庫簡明目録標注…邵懿辰撰・邵章続録『増訂四庫簡明目録標注』（上海古籍出版社、一九七九年）／隋書経籍志…興膳宏・川合康三『隋書経籍志詳攷』（汲古書院、一九九五年）／世説新語…前田育徳会尊経閣文庫所蔵金沢文庫旧蔵本は『世説新語』（藝文印書館、一九六八年）。宮内庁書陵部図書寮文庫所蔵金沢文庫旧蔵本（五五〇・三）は「宮内庁書陵部収蔵漢籍集覧—書誌書影・全文影像データベース」登載画像。適宜、四部叢刊初編所収『世説新語』（明袁褧嘉趣堂刊本の影印）、〈中国古典文学基本叢書〉徐震堮『世説新語校箋』（中華書局、一九八四年）、〈中国古典文学叢書〉龔斌『世説新語校釈』（上海古籍出版社、二〇一一年）、〈中国古典文学基本叢書〉余嘉錫『世説新語箋疏』（中華書局、二〇一六年）、〈古代文学名著彙評叢刊〉黄霖・陳維昭・周興陸主編・周興陸輯著『世説新語彙校彙注彙評』（鳳凰出版社、二〇一七年）を参照した。／太平御覧…『太平御覧』（中華書局、一九六〇年）／通志…王樹民点校『通志二十略』（中華書局、一九九五年）／日本国見在書目録…『日本国見在書目録』（古典保存会事務所、一九二五年）／普門院経論章疏語録儒書等目録…『昭和法宝総目録（大正新脩大蔵経別巻）』第三巻（大正新脩大蔵経刊行会、一九九一年）／文子…〈新編諸子集成〉王利器『文子疏義』（中華書局、二〇〇〇年）／編御記…松本彦次郎校訂『新校羣書類従』二〇巻・雑部二（内外書籍、一九四〇年）／妙槐記…〈増補史料大成〉『平戸記二・妙槐記』（臨川書店、一九六五年）／民経記…国立歴史民俗博物館所蔵廣橋家旧蔵記録文書典籍類の廣橋経光自筆本。適宜、〈大日本古記録〉東京大学史料編纂所編纂『民経記』一～十（岩波書店、一九七五～二〇〇七年）を参照した。経光自筆本が存しない場合は〈大日本古記録〉『民経記』一～十を用いた。／明月記…〈冷泉家時雨亭叢書五六～六〇巻〉冷泉家時雨亭文庫編『明月記』一～五（朝日新聞社、一九九三～二〇〇三年）。適宜、〈冷泉家時雨亭叢書別巻二～四巻〉冷泉家時雨亭文庫編『翻刻明月記』一～三（朝日新聞社、二〇一二～二〇一八年）を参照した。藤原定家自筆本の散佚箇所は、五味文彦監修・尾上陽介編集『明月記　徳大寺家本』一～八（ゆまに書房、二〇〇四～二〇〇六年）を用い、併せて国立公文書館所蔵『明月記』〔慶長〕写（特九七―二）。紅葉山文庫本）を参照し、適宜、『翻刻明月記』一～三を参照した。／葉黄記…〈史料纂集〉菊地康明・田沼睦校訂『葉黄記』第一（続群書類従完成会、一九七一年）、〈史料纂集一四一〉菊地康明・田沼睦・小森正明校訂『葉黄記』第二（続群書類従完成会、二〇〇四年）／陸士衡文集…劉運好校注整理『陸士衡文集校注』（鳳凰出版社、二〇〇七年）。適宜、〈国学基本典籍叢刊〉『影鈔宋本陸士衡文集』（国家図書館出版社、二〇一八年）、四部叢刊初編所収『陸士衡文集』（明正徳覆宋刊本の影印）を参照した。

　新美寛編・鈴木隆一補『本邦残存典籍による輯佚資料集成』（京都大学人文科学研究所、一九六八）／安居香山・中村璋八編『重修緯書集成』巻四下（明徳出版社、一九九二年）

〔謝辞〕該資料の調査では大学共同利用機関法人　人間文化研究機構　国立歴史民俗博物館研究部教授　小島道裕氏、同館管理部博物館事業課資料係専門職員　森谷文子氏の御高配を賜った。茲に記して衷心より御礼申し上げる次第である。

〔附記〕本稿は、第一一八回訓点語学会（二〇一七年五月三〇日、於　京都大学文学部）での水上雅晴・近藤浩之・石井行雄の三氏との共同発表の稿者担当部分を基に大幅に加筆修正したものである。なお、本稿は、JSPS科研費・基盤研究（B）「年号勘文資料の研究基盤の構築」（一五H〇三一五七）、国立歴史民俗博物館・共同研究「廣橋家旧蔵文書を中心とする年号勘文資料の研究」、JSPS科研費・若手研究（B）「日本中世漢学史の包括的把握への基礎的研究」（一六K二一一〇三）、大阪府立大学大学院人間社会システム科学研究科客員研究員・研究題目「改元・年号勘文資料の調査・研究―公家資料を中心として―」（髙田宗平）、立命館大学衣笠総合研究機構・白川静記念東洋文字文化研究所客員研究員・研究課題「日本古代中世漢籍受容史の研究」（髙田宗平）による研究成果の一部である。

4　年号と貨幣　—中国貨幣「漢興」「大夏真興」を起点として—

大形　徹

はじめに

江戸時代の代表的貨幣「寛永通寶《かんえいつうほう》」は年号の入った年号銭である。明の「永楽通寶《えいらく》」、清の「乾隆通寶《けんりゅう》」、安南《ベトナム》の「景興通寶《けいこう》」もそうである。朝鮮は当初、年号はあったが、冊封体制のもと宗主国の年号にあわせたため、年号銭はない。琉球も同様である。この年号銭は、いつはじまり、またなぜ、その必要があったのだろう。

最初の年号銭「漢興《かんこう》」から考察する。「漢興」は成漢《せいかん》（正式には漢）の年号だが、年号に国名も含む国号銭でもあり、「漢興《かんおこ》る」と読むことができる。「大夏真興《たいか しんこう》」は大夏が国名、真興が年号で、国号・年号銭である。「大夏、真《まこと》に興《おこ》る」と読むこともできる。

国を興したときに、その国独自の貨幣を作らなければ独立した国とはいえない。貨幣の文面に国名や年号を入れ、自分たちの国の存在をアピールしたい。為政者はそのように考えたのであろう。「涼造新泉《りょうぞうしんせん》」や「高昌吉利《こうしょうきつり》」は国名の入った銭貨だが、中国の周辺に位置する小国のものであった。

東アジアの貨幣の銭文の流れの中で日本の「富本銭」や「和同開珎」（大形、二〇一〇、243〜295頁）をとらえることはできないだろうか。「富本銭」の七曜（日月木火土金水・家紋）文様の「日」に着目して「旋読《せんどく》」で読めば、「富・（日）・本」と並び、「日本を富《と》ます」と読むことができ、国号銭とみなしうる。「和同開珎（旋読）」の「和同」を「和銅」ととらえれば年号銭であり、「和」を「倭」「大和」に通じるとみて「対読（直読）」で読めば「和開同珎」となり、ゆるやかな国号銭ではないか。唐の「開元通寳《かいげんつうほう》（対読）」は「開通元寳《かいつうげんぽう》（旋読）」とも読むことができるが、「和同開珎」も旋読・対読の両様に読みうるのである。

なお現在の一・五・十・五十・百・五百円硬貨のすべてが国号（日本国）・年号（平成）銭である。また引用の史料は原文は漢文だが、私に読み下した。

一　貝・金属貨幣・文字

東アジアの貨幣は貝貨からはじまる（大形、二〇〇八、247〜266頁）。タカラガイの殻の部分を削り、孔穴《あな》を開けて使用された。裏側のギザギザ部分が辟邪《へきじゃ》（魔除け）となり、身につけてアクセサリーとされ、価値が生じて他のものと交換され、貨幣となった。のちに金属貨幣も作られた。戦国時代に「円孔円銭《えんこうえんせん》」（三晋《さんしん》の「共」「垣《えん》」「桼（長、垂）垣一釿」「安臧」など）（江村、二〇一一、56頁）がある。「「釿」の重量単位から、……魏国貨幣」（同）と重さが記され、半両銭・五銖銭、日本の両、朱などの先駆けとなる。

「共」「安臧」は吉語銭の先駆けである。「「共」字は共同所有の意味の吉語」、「「安臧」は吉語」（同）とされ、後世の「高昌吉利」などにつながる。「和同開珎」の和同も吉語であり、多くの年号は好字であり吉語である。年号銭は結果として吉語銭でもある。安のつく年号は安平、安楽（河西大涼王）（成漢）、安和、安国、安定（大長和）（大興国）、安都（安南）、安和、安元、安永、安貞、安政（日本）など、かなり多い。また年号銭ではないものの「安」を使った貨幣に「安法通寶」（安南）がある。

戦国時代に「方孔円銭」（燕の一化・明化など）（同、40頁）もでき、秦の半両《はんりょう》銭や漢の五銖《ごしゅ》銭につながる。刀銭の刀は刀子《とうす》とされ、孔がある。斉大刀《せいだいとう》には吉（同右、192頁）とあり、また「寳化、円化、大化、去化、法化（貨）」（同右、170頁）とみえる。ここに「大化《たいか》」とみえる。化は貨幣の貨だが、日本の年号の「大化（皇極天皇、六四五～六五〇）」と偶合している。

二　半両銭・五銖銭

一両は一六g、一銖は〇、六七gで、その二十四分の一である。そのため半両（八g）銭、五銖（三・三g）銭は重さを記した銭貨である。のちには銭は小さく薄く、孔は大きくなった。さらに大泉五十、直百五銖、大泉五百などの大銭がつくられる。これも額面通りの重さはない。それまでの銭を集め、鋳つぶして大銭を作れば利を得ることができた。日本の「天保通寳《てんぽうつうほう》」は当百とあり額面は百文である。現代の日本の貨幣、五・十・五十・百・五百円なども大銭であるが、あえてそれぞれの材質は変えられている。

三　漢興

宮澤知之は五胡十六国の貨幣について、「成漢（三〇四～三四七）が漢興年間（三三八～三四三）に鋳造した漢興、前涼（三一七～三七六）か北涼（三九七～四三九）かが鋳造した涼造新泉、夏（四〇七～四三一）が真興年間（四一九～四二五）に鋳造した大夏真興である。……三種は伝世・出土の実物から知られるだけである」（宮澤、二〇〇七、124頁）と述べる。

漢（成漢）は五胡十六国の国名である。成（大成）から漢となる。成漢と呼ばれることも多いが、それだと「漢興」という貨幣のもつ意味はわからなくなる。成は李雄（二七四～三三四）が皇帝となり、蜀に大成国を建てた（三〇五）。異民族が中国に国を建てた五胡十六国の最初である。李期が位を継ぐも同族の李寿が国を奪い、国号を成から漢とした。成のあとを受けたため「成漢」と呼ぶ（『晋書』載記第二十一）（京都大学文学部東洋史研究室、一九六一、736頁）。

李寿は国名を漢（三三三～三四七）とし、改元して年号を「漢興」とした。李寿の漢が国を興したという意味の「漢興る」とも読みうる。

（李）寿……遂に咸康四年（三三八）を以て僭して偽位に即く、其の境内に赦し、改元して漢興と為す。（『晋書』載記第二十一）

『晋書』なので東晋の咸康四年を使って説明する。「僭して偽位に即《つ》く」とみえ、

図1-1　横漢興
郭厚0.09cm　重1g
四川成都出土（馬、2002、125頁）

図1-2　直漢興
郭厚0.09cm　重0.9g
四川成都出土（馬、2002、124頁）

帝位の継承について批判的であるが、「改元して漢興と為す」と元号が改められたことがわかる。

「漢興」という貨幣については、「漢興は隷書で上下読み或いは右から左読みがある。史書には記載がない。漢興は成漢の李寿の年号であり、これは我が国の最も早い年号銭である」（中国銭幣編纂委員会、二〇〇三、122頁）とみえる。

李寿は簒奪して皇帝となり、国号を「成」から「漢」に変え、元号も改めた。そして元号に国号を組み込む事によって、わずか二文字で、新しくできた「漢」という国を的確に印象づけたのである。「漢という国が興り、その元号は漢興である」。国号銭は新しくできた国が存在を国民および周囲の国々にアピールするために有効な手段であった。国が新しくなり、元号も新しく作った。そのことをわずか二文字であらわしたのである。成と漢は異民族の国家である。武力では漢民族を圧倒することができた。しかしかえって礼制度を中心とする中華思想に絡め取られていたのだろう。当初、言葉はあっても文字はなかった。やがて漢語を学び、漢字を使用するようになった。そして漢字の国名をつけ、年号をもち、円形方孔の漢字の銭貨を作った。そこではじめて中華の一員としての誇りをもてたのではないか。日本にもある程度あてはまるだろう。

漢興の銭文には上下と左右の二種がある。左右は半両や五銖と同じ。上下は珍しいが「富本」と同じである。

なお『漢書』食貨志第四下に「漢興《おこ》りて以為《おも》えらく秦銭重くして用い難し。更《あらた》めて民をして莢銭《きょうせん》を鋳せしむ」とみえる。ここは「漢興る」と読むべきで、「漢興」という銭名ではない。しかし『銭通』巻六（胡我琨）はそれを前漢の銭貨とみて、「右、莢銭。如淳《じょじゅん》曰く、楡《にれ》の莢《さや》の如きなり。伏無忌《ふくむき》曰く、漢、莢銭を鋳し、重さ三銖。顧烜《こかん》曰く、今の世、猶お小銭有り重さ一銖、半径五分。文に曰く漢興、小篆文」と述べ、左右二文字の「漢興」図も載せられる。

図2　太元夏泉
郭厚0.09cm　重1.5g
内蒙古林西出土（馬、2002、117頁）

図3　涼造新泉
郭厚0.1cm　重1.7g
甘粛武威出土（馬、2002、126頁）

四　太元貨泉

年号銭だが年代は不明。貨泉のみ篆書である。

右、太元貨泉、洪志に謂う、「年代を知らず」と。今按ずるに、東晋の孝武帝の寧康三年（三七五）丙子、太元に改元すれば則ち此れ孝武の鋳する所為《た》り。東晋、鼓《こ》鋳《ちゅう》の事を顧《かえりみ》るに、史伝に見えず。太元三年（三七八）の詔を攷《かんが》うるに、曰く、銭は国の重寶云云と。……開鋳を聞かざるなり。又た涼の張駿を攷うるに、晋の明帝、太寧二年（三二四）、亦た太元に改元す。此の銭、究《つい》に未だ誰《た》が氏の鋳なるやを知らず。

（『欽定銭録』巻五）

東晋の孝武帝の太元であれば三七六～九六年。前涼の張駿の太元（三二四）とする説もある。南宋、洪遵も「不知年代品」（『泉志』巻六）とする。

五　涼造新泉

「涼」は国名。前涼（馬、一九九一、274頁）あるいは北涼とされる。「……前涼（三一七～三七六）か北涼（三九七～四三九）かが鋳造した涼造新泉……は伝世・出土の実物から知られるだけである」（宮澤、二〇〇七、124頁）という。「富本銭」「和同開珎」と同様に伝世品・出土物からはじめて、その存在がわかった。史書には銭文はみえない。

「涼造新銭」と対読すれば、「涼の造りし新泉（銭）」または「涼、新泉（銭）を造る」と読むことができる。また「涼新造銭」と旋読すれば、「涼の新たに造りし泉（銭）」または「涼、新たに泉（銭）を造る」と読みうる。いずれにしても「涼」国が自らの銭を造ったことを高らかに宣言する単純明快な銭文である。国を興《おこ》した時、国をイメージさせる色を変え、音楽を変えた（六朝楽府の会、二〇一六）。銭貨を造ることも、その一環であろう。

六　大夏真興

「大（太）夏真興（旋読）」の真興も漢興と同様に年号である。「大夏」が国名、「真興」は年号で、国号と年号を並べただけの国号・年号銭である。その意味で読めば「大夏（の）真興（年間につくった銭貨）」であるが、「大夏、真《まさ》に興《おこ》る」と読むこともできる。

清、鍾淵映撰『歴代建元考』（一七八一年）によれば、

> 夏（赫連氏）
> 世祖武烈皇帝勃勃《ぼつぼつ》、匈奴、劉衛辰《りゅうえいしん》の子、姚秦《ようしん》（後秦三八四～四一七）に仕え五原公に封ぜらる。丁未（四〇七）を以て大夏天王都《と》統万己《とうばんき》と称す。未だ帝と称さず、位に在ること十八年乙丑（四二五）に殂《ゆ》く。元を改むること四たび、龍昇（六）、鳳翔（五）、昌武（一）、真興（六）。

とある。

世祖武烈皇帝勃勃の在位十八年中、龍昇、鳳翔、昌武の年号をへたのちに「真興」

図4　太夏真興
郭厚0.1cm　重2.2g
（馬、2002、130頁）

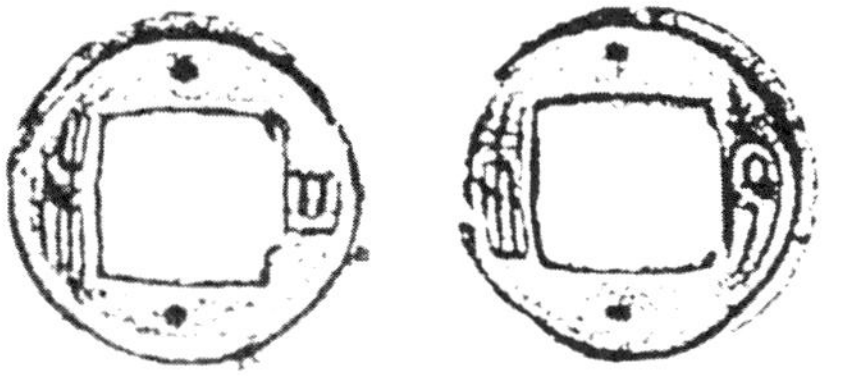
図5　孝建四銖・面背上下四星
郭厚（欠）　重さ（欠）
※星は富本銭の七曜とも通じる。
（馬、2002、152頁）

となる。十二年たって始めて銭貨を作ったのであろう。そこで「大夏が真に興隆した」というイメージを含ませているようだ。

「漢興」という銭貨を踏襲して「興」の文字を入れたようにみえる。銭貨の鋳造を前提として「漢興」に近い「真興」という年号を制定したのかもしれない。もし、そうだとすれば年号と銭文は不即不離といえる。そのことは「和同開珎」にもあてはまるかもしれない。

七　孝建四銖

梁、沈約撰『宋書』孝武帝本紀に「孝建元年（四五四）春正月壬戌、更めて四銖銭を鋳す」とみえる。「宋朝は孝建元年（四五四）、重さ四銖の孝建四銖を、大明年間（四五七～四六四）に大明四銖を発行」（宮澤、二〇〇七、118頁）、「なお孝建四銖は南朝ではじめての年号銭であり、宋朝は盛んに年号銭を鋳造したことで異彩をはなっている」（同、119頁）と述べる。一面に孝建、背面に四銖だが、表裏は解釈により異なる。

八　銭に年号を載せることの始まり

宋、史繩祖撰『学斎佔畢《がくさいてんぴつ》』巻二に「銭に年号を載《の》するの始」と題する記事がある。これは五代蜀の馮鑑の『事始』（物事の始まりを記す）という書物の内容がデタラメなことを憤っている。

馮鑑の『事始』に、「後魏孝荘の時、銭を用いること稍《しだ》いに薄し。高道穆曰く『今を論ずるに古に復し（魏書では「拠り」）、宜しく大銭に改鋳し、文、年号を載せ、以て其の始めを記すべし』と、を載す。鑑遂に以《おも》えらく、銭に年号を載すること此より始まる」と。

余按ずるに、杜佑《とゆう》の『通典《つてん》』（八〇一）に「古今銭幣の制を歴叙して、宋の武帝、孝建の初に四銖銭を鋳し、文に孝建と曰い、一辺の文に四銖と曰う」を載す。則ち是れ銭に年号を載すること、実に宋武の孝建より始まるなり。孝建元年甲午（四五四）、後魏孝荘永安二年己酉（五二九）に、永安五銖銭を鋳するの歳に距《へだ》つること、凡そ七十有六年、紀載昭昭、豈に永安より始まると謂う可けんや。鑑、書を読むこと精ならず、誤りて以えらく、高恭［道穆］の奏請、年号を載せて以て其の始を記すとし、遂に以て事、此に始まると為し、高の奏乃ち大銭を改鋳するに、年分《わ》かつの始めを謂い、事の始めに非ざるを知らざるなり。此れ固《もと》より笑う可し。当時、南北分割し、各おの自ら史を為《つく》る。鑑遂に年代の先後を失考す、見識何ぞ汗《ひ》［汚］下《く》きや。後学の訛《あやま》りを承け謬《あやま》りを襲《かさね》んことを恐れ、弁ぜざるを得ず（史、一一九二～一二七四、巻二）。

ここでは、馮鑑が、後魏［北魏］の孝荘帝の［永安五銖への］改鋳に年号を載せたことを誤って解釈して、年号銭の始まりとした、ことを批判している。そして『通典』がすでに孝建四銖を年号銭の始まりだと指摘することをあげる。

元、陶宗儀撰『説郛』巻十三上は、史縄祖『学斎咕嗶《ママ》』を引くが、そこには、

又た中国正統の年号を舎《お》きて、事の始め、諸《こ》れを北狄偏閏《ほくてきへんじゅん》の朝《ちょう》に取る、見識何ぞ汗《ひ》下《く》きや。

とみえ、正統な王朝である南朝の劉宋の銭をとりあげず、北魏の孝荘帝の時の年号銭をとりあげたことに対する見

識のなさが非難されている。正統論は宋代に活発な議論である。おそらく、南宋、史縄祖撰『学斎佔畢』の原本には、本来、この記述があったのだろう。なお『歴代建元考』巻五、孝建二年にも『説郛』とほぼ同じ内容が記されている。年号にも正統が意識される。このことは年号を考える場合にさまざまな示唆をあたえてくれる。

所功は、

中国年号の成立はBC一一三年ころ、日本年号の成立はAD六四五年であって、その間七百数十年のひらきがある。この点では、中国こそ漢字文化・律令政治に代表される東アジアの最先進国であり、日本はその恩恵に与った後進国の一つということになろう。

しかし、同時に見逃してならないことは、〝中華帝国〟の影響を受けた〝四夷〟諸国の多くが、公的には中国年号を大部分そのまま借用してきたのに対して、わが国では大化・大宝以来、つねに日本独自の公式年号を建て、大多数の国々がそれを使い続けてきたという事実である。この点からみれば、日本の年号は国家独立のシンボルであり国民統合のシンボルでもあって、歴史的には千三百年近い伝統をもつ貴重な文化遺産といってよいであろう。

と述べている（所、一九八八、6頁）。

漢民族系の南朝が正統とされ、北朝の五胡十六国、北魏は「北狄偏閏之朝」と蔑視されている。「偏閏」は「正統に属さない王朝」（羅、二〇一一、第一巻、1169頁）とされる。南宋の史縄祖は夷狄の国々は正統な王朝の年号をもちいるべきで、独自の年号をもつなどは僭越にすぎると考えたのだろう。正統を自認する国の立場からの侮蔑的な非難であり、強烈な華夷観念である。

そのように非難しなければならないのは、実際には、夷狄の国々が中国の文字である漢字を使用し、中国風の国名にし、中国と同様の年号をつくり、中国の銭貨にそっくりな形状で銭文に漢字を配した銭貨を発行したからであろう。所功のいうように、辺境国にとっては「年号は国家独立のシンボルであり国民統合のシンボル」であった。この年号は、国号や銭貨とあわせて考察することで、その意味がより明瞭になると思われる。

周辺国が中国の年号をそのまま使うことは冊封体制に組み込まれていることを示している。高句麗・新羅・百済などは独自の年号を使用していたが、冊封後は中国の年号を使用している。高麗では、宋や遼の年号を使用したが、銭貨も中国の唐と同じ「乾元重寶」や「開元通寶」を発行したことがある。なお日本では宋銭が多く使われ、その後、明の「永楽通寶」が多く使用された。これは日本でも鋳造されたようである。当時、年号こそ日本独自のものであったが、足利政権は明の冊封体制に組み込まれており、銭貨は中国のものであった。なお織田信長は「永楽通寶」の旗印を使用し、仙石氏の鬼瓦にも「永楽通寶」がある。

九　永光・景和・大明・太和五銖・永安五銖・五行大布

景和、永光は南朝劉宋の廃帝、大明は南朝劉宋の孝武帝、太和は五胡十六国、北魏孝文帝、永安は同孝荘帝の年号で、年号銭である。年号を入れることは当然のようになる。「永安五銖」に背面の孔の上に「土」の文字が記されるものがあり、「永安土字銭」（胡我琨撰『銭通』一六一五年、巻六）と呼ばれ、「土徳を以て王となる」（高、二〇〇七、105頁）と解釈される。『魏書』禮志四之一に「国家は黄帝の後を継ぎ、宜しく土徳と為すべし」とあり、五行思想の土徳の王朝だからである。孔の上に「土」を配して「吉（𠮷）」となる。北周武帝の「五行大布」は五行を強調する。これらは吉語銭へとつながっていく。

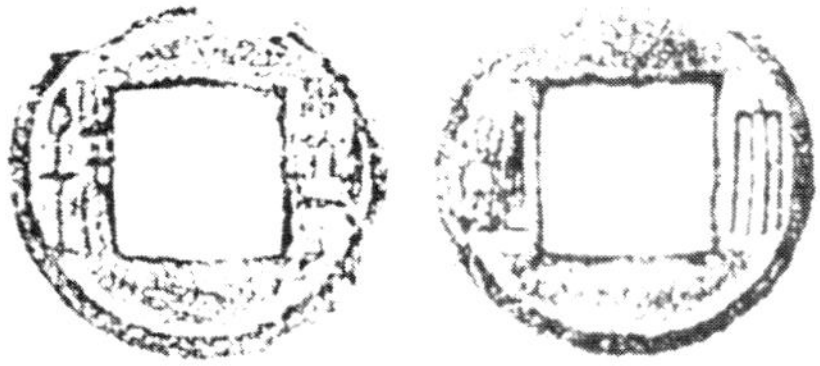

図6-3　大明四銖
郭厚0.15cm　重2g　江蘇常州出土
（馬、2002、152頁）

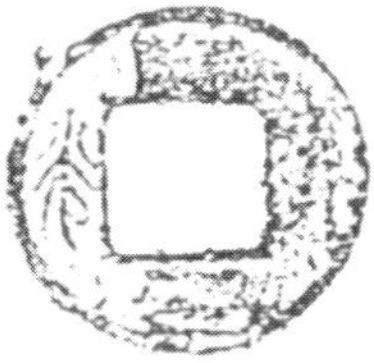

図6-2　永光
郭厚0.07cm　重1.15g
安徽寿県出土（馬、2002、154頁）

図6-1　景和
郭厚0.1cm　重35g
江蘇常州出土（馬、2002、155頁）

図6-6　五行大布
郭厚0.2cm　重4.9g
河南洛陽出土（馬、2002、200頁）

図6-5　永安五銖　背上粗五
郭厚0.1cm　重3g　中国歴史博物館蔵
（馬、2002、193頁）

図6-4　太和五銖
太和五銖・大様
郭厚0.6cm　重4g
河南洛陽出土（馬、2002、183頁）

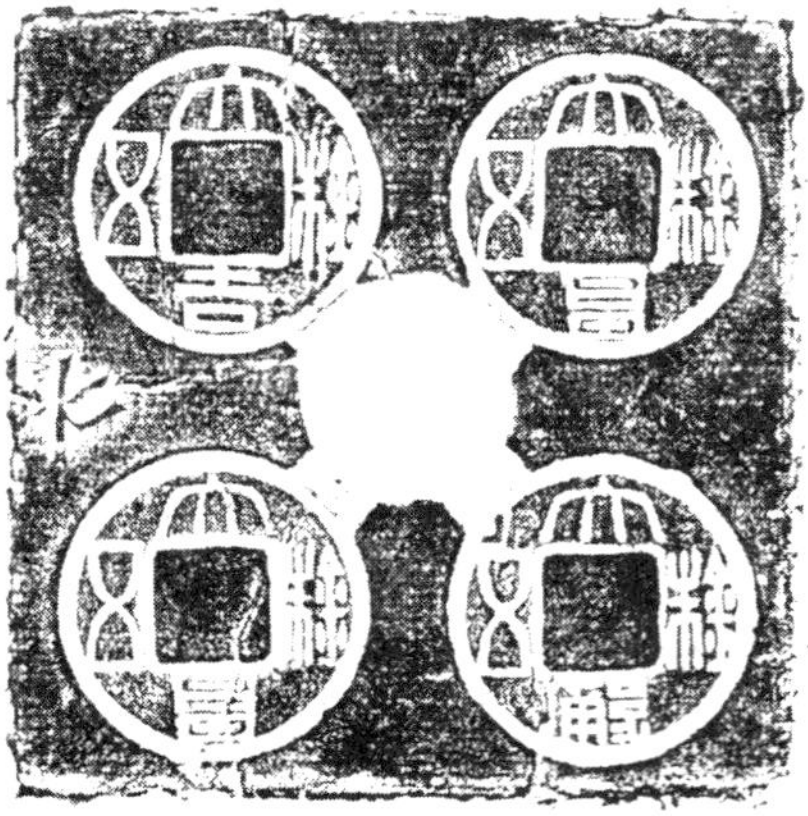

図7-2　梁鉄大吉大富大通五銖銭合範
範厚0.5cm　銭模径2.6cm　江蘇南京出土（馬、2002、167頁）

図7-1　高昌吉利
郭厚（欠）重14.26g
新疆吐魯番出土（馬、2002、207頁）

十　高昌吉利

「高昌吉利（旋読）」（高、二〇〇七、126頁）は「国名加吉語」銭（中国銭幣編纂委員会、二〇〇三、204頁）。国号銭である。高昌（四九九〜六四〇）に吉利があることを願う。高昌は新疆トルファンにあり、唐太宗に滅ぼされた。唐の開元通寶発行の一年後にあたる。「吉」の文字は表に入る。梁の「大富五銖」、「大吉五銖」（高、二〇〇七、105頁）という吉語銭と似る。高昌という国号自体、吉語である。

十一　開元通寶

右、唐の高祖、開元通寶銭、旧唐書を按ずるに、高祖位に即き、仍《な》お隋の五銖銭を用う。武徳四年七月、五銖銭を廃し、開元通寶銭を行う。給事中の欧陽詢、詞及び書を制《つく》る、其の字、八分《はっぷん》及び隷体を含む、其の詞、上を先にし下を後にし、左を次にし右を後にして、之れを読む。上自《よ》り左に及び迴環《めぐ》りて之れを読むも亦た通ず。流俗之れを開通元寳銭と謂う（『欽定銭録』巻八）。

と「開元通寶」の作られた経緯について述べられる。

図8　閞元通寶
郭厚0.15cm　重4.3g
（馬、2002、234頁）

「幵元通寶」については拙稿「和同開珎と中国」（大形、二〇一〇）で詳しく述べた。ここでは年号との関わりを中心に述べる。銭貨の「開元」は造られた時点では年号ではない。「開元通寶」が作られたのは武徳四年（六二一）で、このとき改元していない。しかしほぼ九〇年後に唐玄宗が七一三〜七四一年の年号として「開元」を使用することになる。「開元通寶」は依然として使用されており、ここでは貨幣の銭文が年号となったのである。

前王朝、隋の開国当初の年号は「開皇」で「開」の文字が使用されている。また「元」は漢武帝が年号を使用し始めた時から、「建元」「元光」「元朔」「元狩」「元鼎」「元封」と連続して使われ、その後の年号にも数多く使われている。そのように考えると、むしろ唐初の年号が「開元」であって建国の当初から「開元通寶」が作られていたとしても違和感はない。また武徳四年に改元して「開元」という年号にすることもあり得たのではないかと思われる。実際にはそのどちらにもならず、年号銭の雰囲気をもつ「開元通寶」が作られた。

この銭貨は五銖の類の重量銭を完全に駆逐した。また銭貨に「通寶」あるいは「元寶」を使用する先蹤となった。開元通寶は開通元寶とも読みうる。『旧唐書』食貨志上は「開通元寶」を流俗の読み方とするが、『資治通鑑』はむしろ「廻環して読む可し」とこの読み方を支持する。銭文を作り文字を書したのは欧陽詢（五五七〜六四一）である。彼は『藝文類聚』の編者であり、そこには「銭」の項目がある。銭貨に精通する欧陽詢が対読・旋読の両様に読みうるようにしたのかもしれない。

十二　富本銭

一九八五年に平城宮跡で出土した「富本銭」は、日本最古の貨幣とされている。

「富本」の文字を上下に、「七星文」を左右に配した古代の銅銭。直径約二四・四㎜、厚さ一・五㎜前後中央に約六㎜の方孔が開き、重量は四・六g前後である。鋳銅成分は「銅・アンチモン合金」である。一九九九

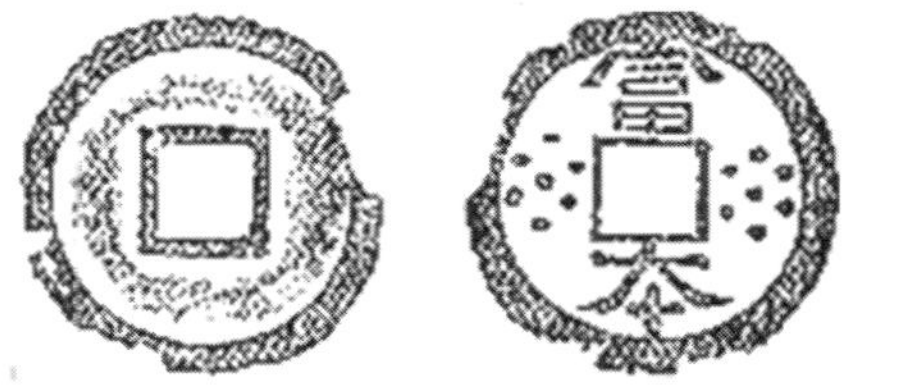

図9-2　富本
郭厚0.1cm　重3g（今井、1889、18頁）

図9-1　富本
飛鳥池遺跡出土（たつの市、2005、8頁）

年の奈良県明日香村飛鳥池遺跡の発掘調査で、七世紀末にさかのぼる初鋳年代が確定した。しかし、これまで最古と考えられてきた「和同開珎」をさかのぼる銅銭の出現に、識者の対応はさまざまで、天武十二年（六八四）の「今より以後必ず銅銭を用いよ」の銅銭に当てる説や、富本銭は通貨ではなく厭勝（まじない）銭だとの説が、現在も対立している。一九八五年平城京跡の発掘で古代の銅銭であることが初めて判明し、さらに数年後には、藤原京の時代にまでさかのぼることが確認された。ただし和同銭との先後は不明で、和同銭が通用銭、富本銭は厭勝銭と解釈されるのが一般的であった。それは和同銭の出土例が数千であるのに対し、富本銭は飛鳥池遺跡を除けば、二〇例未満と極端に少ないことにもよる。鋳造年代が和同銭よりさかのぼるとわかっても、流通の程度を疑うのは、この類例の少なさにも原因がある（黒崎、二〇〇七a、472頁）。

富本銭は和同開珎よりも古いものとして一躍、脚光を浴びた。しかし江戸の銭譜には数多く載せられている（貨幣博物館、銭譜に登場する富本銭、www.imes.boj.or.jp/cm/research/honkoku/　二〇一七年）。

朽木龍橋は「泉貨厭勝《ようしょう》品」に「富本七星銭」とし、

按ズルニ此ノ銭大小一様ナラズ大ナル者ハ極メテ厚ク製作甚巧ナリ径リ八分重サ一銭六分小ナル者ハ製作佳ナラズ径リ七分五厘重サ九分共上下ノ文ヲ富本ト云左右七星アリ富本ノ本字皆本本《タウ》ニ作ル宇野宗明其文字ノ誤リヲ知ラズ返テ富本《フタウ》ト称

ズ富本《フホン》ト云ハ厭勝ノ文ナルベシ本ハ走ルナリ富ヲ走ラシムレバナンゾ厭勝ノ文ナラン近世ノ俗皆宇野宗明ガ説ニヨツテ専ラ富タウト云モノハ愚の甚シキニアラズヤ（朽木、一八七八）。

とみえる。

「本」は「本」とは別字だが、書道で「本」を「本」と書くことはよくあり、欧陽詢の筆跡にもある。『新撰古銭帖』（一八四二年、古銭八）には「明、惠帝の建文三年（一四〇一）」と明の銭とされている。中国に渡ったものがあったのかもしれない。

今井貞吉は、

富本銭、此銭贗物最多し、真正ノモノハ僅カニ三品ニ過キズ」其製古朴、和同銭ト無二ノ看アリ……其七星ノ形ニ於ケルモ、星家ノ図スル所ロト異ナリ、本邦古来、衣紋ニ装置スル、七曜ナルモノニシテ銅質モ和同銭ト同シク、若干ノ鉄ヲ含ミテ、続日本紀、所謂、天然作成銅ニメ《シテ》、今謂「カラカ子」ナリ、故ニ多く輪邊《ミミ》ニコボレ虧ケタル所ロアリ、正シク古和同ノ銅質ト異ナラス、初学ト雖モ容易ク真偽ヲ判別シ得ベシ、或イハ富本ノ字義ハ、和同銭司《イタテバ》ノ開鑪祝賀《クチビラキイワヒ》ノ銭ナル乎、……（今井、一八八九、17頁）。

と記す。

富本銭の本物を観察して、和同開珎とかわらないとし、同時期のものではないかと看破している。また『藝文類聚』「銭」に「富本」の出典として「『東観漢記』に曰く、……民を富ますの本、食貨に在り。宜しく旧鋳の五銖の如くすべし」があることを述べている。また今井は七星ではなく七曜とする。

この銭貨を「富＋日（七曜［日月木火土金水］）＋本」と旋読すれば、「富日本（日本を富ます）」と読みうる。「日本」の国号はすでにあった。そう読むことを意図していたとすれば、国号を織り込んだ国号銭ということになる。

図10-1　和同開珎
平城京右京三条二坊二坪出土
（たつの市、2005、13頁）

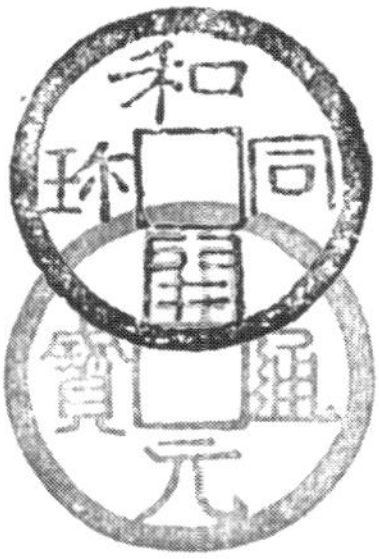

図10-2上　和同開珎　拓本　元明天皇和銅年刊
※普通和同（中橋、1973、3頁）
下　開元通寶　初鋳　拓本　唐高祖
武徳四年（同上、105頁）
※拓本二つを重ね合わせたもの。「開」の文字がきれいに重なる。

十三　和同開珎

『続日本紀』巻一、和銅元年（七〇八）正月乙巳（乙未朔十一）に「武蔵の国秩父の郡、和銅を献す」とみえる。詔に、

詔して曰く……、　聞看食国中《キコシメスヲスクニノウチ》乃《の》　東方武蔵国《ヒムガシノカタムサシノクニ》尓《に》、
自然作成和銅出在《オノヅカラニナレルニギアカガ子イデタリと》　止奏而献焉《マヲシテタテマツレリ》。此物者天坐神・地坐祇《コノモノハアメニマスカミクニニマスカミ》
乃《の》相于豆奈比《アヒウズナひ》　奉　福波倍《マツリサキはべ》　奉　事尓依而《マツルコトにヨリテ》。顕　久出多留　宝《ウツクシくイデたるタカラ》
尓《に》在羅之止奈母《アルらしとなむ》。　神随　所念行須《カムナガラオモホシメす》。是　以天地之神乃《ココヲモテアメツチノカミの》　顕《アラハシ》
奉　瑞　宝《タテマツレルシルシノタカラ》尓《に》依而《ヨリテ》、御世年号《ミヨノナ》改賜換賜波久止《アラタメカヘタマはくと》　詔　命《ノリタマフオホミコト》
乎《を》衆　聞　宣《モロモロキコシメサヘトノル》
（ひらがなのルビを付した）。

とある。
このことを嘉し、
故改慶雲五年而和銅元年為而《カレケイウムノイツトセヲアラタメテワトウノハジメノトシトシテ》　御世年号止定　賜《ミヨノナとサダメタマフ》（同右）。
と、慶雲五年を改め和銅元年とし、御世の年号とした、とある。改元である。
森林太郎は、

> 按ずるに和銅は直《ただ》ちに其の物を旨《さ》し、其の語音或いは和同に本づかんも、未だ知る可からざるなり。〔原文は漢文〕（森、一九二六、725頁）

という。

和銅は現物の銅、音は「和同」にもとづくかもしれないとし、『呂氏春秋』『淮南子』『漢書』などの「和同」の用例をあげる。

さて『続日本紀』は、そのあと和銅元年（七〇八）二月甲戌に「始めて催鋳銭司を置く。従五位上多治比真人三宅麻呂を以て之れに任ず」と記す。改元してすぐ鋳造施設を作ったのである。年号は「和銅」、銭文は「和同」であるが、音は同じ。年号銭とみてよいだろう。

「和同開珎」の銭文の解釈には、そう理解しないものもある。内田吟風は「「和同開珎」の字義とよみかたについて」において「開元通寳」を「開通元寳」と読む。そして「和同開珎」は「天与の資源と和同して開通せしむる義をあらわした」（内田、一九五七、125頁）と解釈する。内田は「和同」を年号とは結びつけず、「珎」は「珍」とする。「かいちん」説である。銭文の訓読はなく、訳の通りに訓読することも難しい。松村恵司は「和同して珍を開く」と読み、「天下和同して、坤珍を開く」（松村、二〇〇九、40頁）とする。訳には年号のことは含まない。そして「開珎」は『後漢書』の「闡坤珍」を典拠とするという。

すなおに考えれば、「開元通寳」の「開」を使いたかったのだろう。「新和同（普通和同）」の「開」は特殊な字形だが、「開元通寳」の「開」とぴったり重ね合わせられる。「開」には鉱山開鑿と貨幣制度開始の意味も含ませたのだろう。

和同を和銅に通じるとすれば年号銭である。「和同開珎」と旋読すれば、「（和銅の年に）和同の心をもって開いた弥（珍寶＝銭貨）」となる。なお和銅元年二月の詔にみえる「方今平城の地、四禽、図《と》に叶い、三山、鎮を為す」の「鎮」と「弥（珍）」は音が通じ、「和銅の年に弥（鎮）を開いた」と読みうる。実際、「和同開弥」は多く地鎮に使われている。いくつもの意味を重層的に重ね合わせているのだろう。

「和」を「倭」「大和」に通じるととらえ、対読で読めば「和開同弥」となる。「和（＝倭＝大和＝日本）が開いた同（銅）の弥（寶＝銭貨）」である。中国の国名は多く一文字である。それを「和」一文字であらわしたとすれば、ひろい意味での国号銭となる。「倭」でなく「和」を使うのは「好字」だからだろう。

「開元通寶」「開通元寶」のように両様に読みうるように考えられていたのだろう。銭文はゆるやかな意味での国号・年号銭ととらえたい。

「和同開弥」のあと、「承和昌寶」（仁明天皇、承和二年、八三五）・「貞観永寶」（清和天皇、貞観十二年、八七〇）・「寛平大寶」（宇多天皇、寛平二年、八九〇）・「延喜通寶」（醍醐天皇、延喜七年、九〇七）はそのままの形の年号銭である。

「万年通寶」（淳仁天皇、天平寶字元年、七五七）は寶のみ、金銭の「開基勝寶」（同上）も寶一字、銀銭の「太平元寶」（同上）は平と寶の二字が、「神功開寶」（称徳天皇、天平神護元年、七六五）は神一字が年号と一致する。ここでは「開弥」ではなく「開寶」である。その後の日本の銭貨は年号銭が一般的となる。

十四　中国出土の和同開珎

幣材	出土年	出土地点	出土状況	資料来源
銀質	一九七〇	西安南郊何家	在唐代窖藏中出土五枚	陝西省博物館等「西安南郊何家村発現唐代窖蔵文物」『文物』一九七五年第一期
銀質	一九九一	洛陽北郊馬坡	五枚出土、四枚被毀	岡崎敬「古址代中国和日本的貨幣交流」、『中州銭幣論文集』河南省銭幣学会、一九八六年
銅質		吉林渤海国遺址		
銅質	一九九一	西安地区	西安地区西安市中心文物庫房、清理時発現	陳尊祥「西安市房、清理時発現文物庫古銭幣清理報告」、『中国銭幣』一九九二年第一期

十二枚の「和同開珎」が中国で発見されている（張、二〇〇八、376頁）。銀銭が多いのは贈りものだからである。『続日本紀』霊亀二年（七一六）の八月癸亥（二〇日）に「是の日、従四位下多治比真人《たじひまひと》県守《あがたもり》を以て遣唐押使《けんとうおうし》と為し、従五位上阿倍朝臣安麻呂を大使と為し、正六位下藤原朝臣馬養《うまかい》を副使と為す。……九月丙子（四日）、従五位下大伴宿祢を以て、代へて遣唐大使と為す」とあり、翌年、出帆。唐にもたらしたのはこの時だろう。遣唐押使の多治比真人県守と催鋳銭司で「和同開珎」を造った多治比真人三宅麻呂は同族である。

おわりに

東アジアの銭貨と年号の歴史を概観すると、銭貨の文字は古くよりあり、年号は漢武帝の頃に始まった。銭貨と年号が結びつくのは魏晋南北朝時代である。漢民族ではない国が中国的な国家になろうとして、漢字の国名とし、年号をつけ、銭貨を作った。それらがそろってはじめて国家としての体裁が整った。漢民族ではない唐が建国して四年目にしてはじめて銭貨を作ったことは遅すぎるかもしれない。それだけに満を持して「開元通寶」を考えたのだろう。改元して年号銭を作ったかのような銭文である。七一三年、玄宗はこの銭文開元を年号とする。

魏晋南北朝には国号、年号さらに吉語を織り込み、複数の読み方が可能な銭文が考案された。そのことをふまえれば日本の富本・和同開珎が国号・年号・吉語銭であって、さらには複数の読み方をもつと考えてもおかしくはない。中国の詩文は表の意味とは異なる隠れた意味を読み取らねばならず、日本には掛詞の習慣がある。意味が重層的であればあるほど含蓄がある。銭文をつくるにはもちろん深い教養が必要だが、読み取る側の教養と共鳴してはじめて響きあうのである。

多治比真人等が唐を訪れ、「和同開珎」を贈った時のことを想像してみよう。唐人に「銭文はどう読み、どのような意味ですか」と問われたとき、「対読・旋読の両様に読め、国号と年号を織り込んだ吉語銭です」と誇らしげに答えたように思われるのである。

富本銭は中国で出土していない。また「和同開珎」のような銀銭もない。けれども明の恵帝の時の銭とする銭譜があり、あるいは中国に渡っていたのかもしれない。かりに富本銭が唐に贈られていたとするならば、やはり日本の使節は「国号を織り込んだ吉語銭です」と答えたように思われる。将来、中国で出土するようなことがあるとすれば面白い。

簡易年表(1)

西暦	中国　年号ほか	中国　銭貨	日本　年号ほか	日本　銭貨	備考
	建元（BC一四〇～BC一三五）元光（BC一三四～BC一二九）元朔（BC一二八～BC一二三）元狩（BC一二二～BC一一七）元鼎（BC一一六～BC一一一）元封（BC一一〇～BC一〇五）太初（BC一〇四～BC一〇一）天漢（BC一〇〇～BC九七）太始（BC九六～BC九三）征和（BC九二～BC八九）後元（BC八八～BC八七）	武帝半両（建元五年BC一三六）武帝三銖（元狩四年BC一一九）西漢五銖（元狩五年BC一一八）郡国五銖（元狩BC一二二～BC一一七）赤仄五銖（元鼎二年BC一一五）三官五銖（元鼎四年BC一一三）※武帝			「銖」は重量単位。二四銖で「一両（約一四グラム）」。秦の「半両銭」も重量単位からの命名。いずれも後世、その重さ通りではなくなる。「両」「銖」は重量単位のため年号とは結びつけられることはない。
	中略	五銖銭が圧倒的に多い。			
三一七～七六	北朝、五胡十六国、前涼（三一七～七六）（北涼かも）漢族	涼造新泉（篆書）（対読）			国号銭 ※涼新造泉（旋読）も意味が通じる
三二四	北朝、前涼、張駿太元（晋の明帝太寧二年（三二四））？→東晋の孝武帝の太元（三七六～三九六）。	★太元貨泉？			年号銭？年号があったか不明。★印と？がつく（内蒙古銭幣学会、一九八九、172頁）。待考（馬、一九九一）。

三三八～四三	北朝、五胡十六国漢（成漢）（三〇四～三四七）国名は「成」を改めて「漢」。李寿**漢興**（年号）。	**漢興** ※銭文は直漢興と横漢興の二種。「漢興る」と「漢興（年号）」の両様に読みうる。直漢興・背下星は背面に星（中国銭幣大辞典編、二〇〇三、123頁）。			国号・年号銭 ※直漢興は富本と似る。 ※漢代の銭とみなす説もある。
三七六～三九六	南朝、東晋孝武帝太元年間↓前涼の張駿の太元（晋の明帝、太寧二年（三二四））かも。	★太元貨泉？			年号銭？
三九七～四三九	北朝、五胡十六国、北涼（前涼かも）	涼造新泉（篆書）（対読）			国号銭
四一九～四二五	北朝、五胡十六国、大夏（四〇七～四三一）、劉勃勃（赫連勃勃）真興年間	大夏真興（旋読） ※大夏は国号、真興は年号。 ※「大夏真に興る」とも読みうる。			国号・年号銭。
四五四	南朝、劉宋孝武帝孝建元年	孝建四銖 ※篆書、孝建と四銖は別面。 ※面背上下四星・面穿四角星・背上三星・背上二星（中国銭幣大辞典編、二〇〇三、141頁）・面背各四陰文星（同、147頁）。			年号銭 ※富本銭の七星と比較しうる。
四五七～四六七	南朝、劉宋孝武帝大明年間	大明			年号銭
四六五	南朝、劉宋廃帝永光元年	永光			同右

四六五	南朝、劉宋廃帝景和元年	景和			年号銭
四九五	太和十九年北魏孝文帝	太和五銖（対読）			同右
四九九～六四〇	高昌国	高昌吉利（旋読）※開元通寳より重い。			国号銭 国名加吉語銭。
五二三	南朝、梁武帝普通四年	大富五銖・大吉五銖・大通五銖（対読）			大富・大吉銭は吉語銭。※富は富本銭と通じる。大通の通は年号と共通。
五二九	北朝、北魏孝荘帝永安二年	永安五銖（対読）背面に土＋孔（＝口）の「吉（吉）」。永安土字銭			年号銭 吉語銭
五七四	北朝、北周武帝建徳三年	五行大布（対読）※五行大いに布かる。			吉語銭
六二一	唐高祖武徳四年	開元通寳（対読）・開通元寳（旋読）			※銭文選定、書写は欧陽詢。※開元はのちに玄宗の年号。
六四五頃					「日本」国号の成立は……大化改新（六四五）のころ、大化の年号とともに制定？（直木、一九六五、112頁）
六六六	唐高宗乾封元年	乾封泉寳（旋読）			年号銭
六九一～二（地鎮）六九四～七一〇藤原京			製造年不明 持統天皇（六九〇～九七）	富本（七曜）飛鳥池遺跡。藤原京。	国号銭？藤原京の地鎮に使用？

七〇八			**和銅元年** ほか和銅年間	**和同開珎**（旋読） ※和開同珎（対読。南方熊楠）銀銭、銅銭（古和同・新和同）。	年号銭？ ※新和同の開は開元通寳の開。 ※珎は寳の一部 ※珎と鎮は音通 ※地鎮にも使用
七五九	唐粛宗 乾元二年	乾元重寳（対読） 同当五十（大）			年号銭
七六〇			天平寳字四年	万年通寳（旋読）	寳が年号と共通
七六〇			同右	開基勝寳（旋読）	同右
七六〇			同右	太平元寳（旋読）	平と寳が年号と共通
七六五			天平神護元年	神功開寳（旋読）	神が年号と共通
七六九	唐代宗 大暦四年	大暦元寳（旋読）			年号銭 ※開通元寳の元寳。
七八〇～ 八三	唐徳宗 建中年間	建中通寳（旋読）			年号銭
八三五			承和二年	承和昌寳（旋読）	同右
八四一～ 八四六	唐武宗 会昌年間	開元通寳（対読） 会昌開元銭、背面に昌。			年号銭？ 昌が年号と共通
八六〇～ 八七四	唐懿宗 咸通年間	咸通玄寳（旋読）			年号銭
八七〇			貞観十二年	貞観永寳（旋読）	年号銭
八九〇			寛平二年	寛平大寳（旋読）	同右
九〇七			延喜七年	延喜通寳（旋読）	同右

以下、年号銭・**国号銭**（**太字**）。乾統元寶・天慶元寶（契丹）・開平通寶（後梁太祖）・天福元寶（後晋高祖）・**漢通元寶**（**後漢隠帝**）・**周通元寶**（**後周世宗**）・通正元寶・天漢元寶・永平元寶（前蜀高祖）・乾徳元寶・咸康元寶（前蜀後主）・広政通寶（後蜀孟昶）・乾亨重寶（南漢劉龔）・保大通寶・**大唐通寶**・**唐国通寶**（**南唐元宗**）・得壹元寶・順天元寶（燕王史思明）・**宋通元寶**・太平通寶・淳化元寶・至道元寶（**宋太祖**）・咸平元寶・景徳元寶・祥符元寶・祥符通寶・天禧通寶（宋眞宗）・天聖元寶・明道元寶・景祐元寶・**皇宋通寶**・慶暦重寶・皇祐元寶・至和元寶・嘉祐元寶・嘉祐通寶（**宋仁宗**）・治平元寶・治平通寶（宋英宗）・熙寧元寶・元寶通寶（宋神宗）・元祐通寶・紹聖元寶・紹聖通寶・元符通寶（宋哲宗）・**聖宋元寶**・崇寧重寶・崇寧通寶・大観通寶・政和通寶・重和通寶・宣和元寶・宣和通寶（**宋徽宗**）・靖康元寶（宋欽宗）・建炎通寶・紹興元寶・紹興通寶（南宋高宗）・隆興元寶・乾道元寶・淳熙元寶・淳熙通寶（南宋高宗）・慶元通寶・嘉泰通寶・開禧通寶・嘉定通寶（南宋寧宗）・**大宋元寶**・紹定通寶・瑞平元寶・瑞平通寶・嘉熙通寶・嘉熙重寶・淳祐元寶・淳祐通寶・開慶通寶・景定元寶（**南宋理宗**）・咸淳元寶（南宋度宗）・天賛通寶（遼太祖）・天顕通寶（遼太宗）・統和元寶・開泰元寶（遼聖宗）・重熙通寶（遼興宗）・清寧通寶・咸雍通寶・大康通寶・大安元寶・寿昌元寶（遼道宗）・乾統元寶・天慶元寶・天慶通寶（遼天祚帝）・天盛元寶・乾祐元寶（西夏仁宗）・皇建元寶（西夏襄王）・光定通寶（西夏神宗）・正隆元寶（金海陵王）・大定通寶（金世宗）・泰和通寶・泰和重寶（金章宗）・貞祐通寶（金宣宗）・阜昌通寶（斉劉豫）・**元貞通寶**・大徳通寶（**元成宗**）・至大通寶（元武宗）・皇慶通寶（元仁宗）・至治通寶（元英宗）・至元通寶・至正通寶・至正之寶（元順宗）・龍鳳通寶（宋韓林児）・天佑通寶（周張士誠）・天定通寶（徐寿輝）・大義通寶（漢陳友諒）・大中通寶・洪武通寶（明太祖）・永樂通寶（明成祖）・洪熙通寶（明仁宗）・宣徳通寶（明宣宗）・弘治通寶（明孝宗）・嘉靖通寶（明世宗）・隆慶通寶（明穆宗）・万暦通寶（明神宗）・泰昌通寶・天啓通寶（明熹宗）・孔光通寶（明福王）・隆武通寶（明唐王）・永暦通寶（明桂王）・**大明通寶**（**明魯王**）・**永昌通寶**（**李自成**［**国号永昌**］）・大順通寶（大西張献思）・興朝通寶（東平孫可望）・昭武通寶（呉三桂）・洪化通寶（呉世璠）・裕民通寶（閩耿精忠）・天命通寶・天聰通寶［満洲文］（清太祖）・順治通寶（清世祖）・康熙通寶（清聖祖）・雍正通寶（清世宗）・乾隆通寶（清高宗）・嘉慶通寶（清仁宗）・道光通寶（清宣宗）・咸豊通寶・咸豊元寶（清文宗）・同治通寶・同治重寶（清穆宗）・光緒通寶・光緒重寶（清宣統帝）

【安南銭】太平興寶（安南先主丁部領）・天福鎮寶（黎先主桓）・順天大寶・天感元寶（李太祖）・**陳公新寶**（**陳太宗即位前**）・元寶通寶（陳太宗）・紹豊元寶・大治元寶・大治通寶（陳裕宗）・紹平通寶・大寶通寶（黎太宗）・大和通寶・延寧通寶（黎仁宗）・天興通寶（黎諒山王）・光順通寶・洪徳通寶（黎聖宗）・大定元寶（陳廃主）・聖元通寶（虞主）・光紹通寶（黎昭宗）・明徳通寶（莫登庸）・大正通寶（莫方瀛）・元和通寶（黎荘宗）・広和通寶（莫福海）・永定通寶（莫福源）・嘉泰通寶・平安通寶（黎世宗）・景統通寶（黎憲宗）・端慶通寶（黎威穆帝）・洪順通寶（黎襄翼帝）・永寿通寶（黎神宗）・永盛通寶（黎憲宗）・保泰通寶（黎裕宗）・景興通寶・景興重寶・景興巨寶・景興大寶（黎献宗）・光中通寶・光中大寶（東京主阮恵）・大徳通寶（広南阮岳）・昭統通寶（黎末帝）・景盛通寶（東京主阮弘）・嘉隆通寶（阮世祖）・明命通寶（阮二世主）・紹治通寶（阮三世主）・嗣徳通寶・嗣徳寶鈔（阮四世主）

【朝鮮銭】**朝鮮通寶**（**李太祖康献王**）

【日本】長禄通寶（後花園）・天正通寶・文禄通寶・慶長通寶・（後陽成）・元和通寶（後水尾）・寛永通寶・慶安通寶（後光明）・享保通寶（中御門）・天保通寶（仁孝）・文久通寶（孝明）

註

（1）中国銭幣編纂委員会（二〇〇三）、馬（二〇〇二）、藤田（一九六二他）を参照。元号は漢武帝の「建元（BC一四〇）」から始まったとされるため、「建元」以前は省略。

参考文献

安藤嘉治彦、一九一八『東洋銭貨年表』（虎僊楼商店）
今井貞吉、一八八九『風山軒泉話』（日本銀行金融研究所貨幣博物館、二〇一七検索 http://www.imes.boj.or.jp/cm/research/senpu/fuhonsen/）
和泉市兵衛、一八四二『新撰古銭帖』（甘泉堂）
内田吟風、一九五七「「和同開珎」の字義とよみかたについて—中国中世の諸事例より見て」（神戸大学『研究』一四）
内蒙古銭幣学会、一九八九　銭幣叢書『年号索引』（内蒙人民銀行金融研究所）
江村治樹、二〇一一『春秋戦国時代青銅貨幣の生成と展開』（汲古書院）
大形　徹、二〇〇八「埋葬儀礼と貝貨」（『アジア文化交流研究』三号、関西大学アジア文化交流研究センター）
　二〇一〇「和同開珎と中国」（松浦章編『東アジアにおける文化情報の発信と受容』雄松堂出版）
京都大学文学部東洋史研究室編、一九六一『東洋史辞典』（創元社）
朽木龍橋、一八七八『和漢古今泉貨鑑《せんかかがみ》』（松本善兵衛、西村源六、柏原屋清右衛門）
黒崎　直、二〇〇七ａ「最古の銅銭〈富本銭〉の発見と飛鳥池遺跡」（『考古学クロニクル二〇〇〇』朝日新聞社）
　二〇〇七ｂ「富本銭」（西谷正編『東アジア考古学辞典Ⅱ』東京堂出版）
高　英民、二〇〇七『中国古代銭幣』（学苑出版社）
たつの市立龍野歴史文化資料館編、二〇〇五『お金　貨幣の歴史と兵庫の紙幣』（たつの市立龍野歴史文化資料館図録33）
中国銭幣編纂委員会編、二〇〇三『中国銭幣大辞典』魏晋南北朝隋編（中華書局）

張銀倉・蔡運章主編、洛陽市錢幣学会編、二〇〇八「洛陽出土日本和同開珎銀幣」（『洛陽銭幣与河洛文明』科学出版社）
所　功、一九八八『年号の歴史—元号制度の史的研究—』（雄山閣）
所功編著、二〇一四『日本年号史大事典』（雄山閣）
中橋掬泉編、一九七三『新撰古銭大鑑』（紅玉堂書店・六和堂書店。一九七三年に大文館書店より復刻）
直木孝次郎、一九六五『日本の歴史２　古代国家の成立』（中央公論社）
西谷正編、二〇〇七『東アジア考古学辞典Ⅱ』（東京堂出版）
馬飛海総主編、陳源・姚世鐸・蒋其祥主編、一九九一『隋唐五代十国貨幣』（中国歴代貨幣大系三、上海辞書出版社）
馬飛海総主編、汪慶正、朱活、陳尊祥主編、二〇〇二『秦漢三国兩晋南北朝貨幣』（中国歴代貨幣大系二、上海辞書出版社）
藤田亮策監修、日本考古学協会編、一九六二『日本考古学辞典』（東京堂）
松浦章編、二〇一〇『東アジアにおける文化情報の発信と受容』（雄松堂出版）
松村恵司、二〇〇九『日本の美術』五一二、出土銭貨
宮澤知之、二〇〇七『中国銅銭の世界』（思文閣出版）
森林太郎、一九二六『元号考』（『鷗外全集』第六巻、鷗外全集刊行会）
羅竹鳳主編、二〇一一『漢語大詞典』（上海辞書出版社）
六朝楽府の会編著、二〇一六『『隋書』音楽志訳注』（和泉書院）

引用史資料の底本

『藝文類聚』（四庫全書）／『魏書』（中華書局）／『欽定銭録』（四庫全書）／『旧唐書』（中華書局）／『資治通鑑』（四庫全書）／『続日本紀』（新訂増補国史大系）／『説郛』（四庫全書）／『銭通』（四庫全書）／『歴代建元考』（四庫全書）／『晋書』（中華書局）／『漢書』（中華書局）／『宋書』（中華書局）／『学斎佔畢』（四庫全書）／『泉志』（http://www.imes.boj.or.jp/cm/research/senpu/fuhonsen/）

5　中国出土資料紀年考

名和敏光

はじめに

中国古代の紀年は古くは殷（商）代まで遡るが、年号は前漢時代・武帝になってからとされる。本稿では、一次資料である出土資料を中心に、中国古代の紀年・年号の問題に関して論述する。

一　殷（商）代の紀年

卜辞（亀甲獣骨を焼きそのひび割れで占を行った結果・内容）を刻した甲骨文には、

己巳王卜、貞〔今〕歳商受〔年〕。王𡆥曰、吉。

東土受年。

西土受年。吉。
南土受年。吉。
北土受年。吉。（『甲骨文合集』三六九七五、第十二冊第4599頁）

己巳の日に王が占をして貞《と》う、今年、商は年（作物の稔）を受けるか。王は予言をして「吉である」と言った。

東土年を受く。
西土年を受く。吉。
南土年を受く。吉。
北土年を受く。吉。

とあり、殷（商）代では干支を日付として使っていた。

王国維（『観堂集林』巻一「洛誥解」）は『尚書』洛誥に、

戊辰、王在新邑烝、祭歳文王騂牛一、武王騂牛一。王命作冊逸、祝冊、惟告周公其後。王賓、殺、禋、咸格。王入太室、祼。王命周公後。作冊逸誥。在十有二月。惟周公誕保文武受命。惟七年。

戊辰、王 新邑に在りて烝《じょう》し、文王に騂《せい》牛一、武王に騂牛一を祭歳す。王 作冊の逸に命じ、冊を祝《よ》ましめ、惟れ周公に其の後《つ》ぐことを告ぐ。王 賓《みちび》かれ、殺し、禋し、咸《よ》び格《おろ》す。王 太室に入り、祼《かん》す。王 周公に後《つ》ぐを命ず。作冊の逸 誥す。十有二月に在り。惟れ周公 誕《ここ》に文武の受命を保つ。惟れ七年なり。

とあり、甲骨文（商承祚『殷契佚存』又五一八背）に、

壬午。王田于麦（麓）。隻（獲）商戠冡。王易（賜）宰丰寝。小𩰫兄（祝）才（在）五月。隹（惟）王六祀彡日。

図１　『殷契佚存』第上冊第55葉表、又518背。

壬午。王 年麓に田《かり》す。商戠冡を獲たり。王 宰に丰箒を賜う。小⿰矢旨祝 五月に在り。惟れ王の六祀、彡日なり。

とある両者を対比して、文末の「惟七年」「隹王六祀」が王の即位紀年であることを指摘している。

伝世文献において殷代の紀年として確認できるのは『竹書紀年』であるが、この文献は西晋の二七九年に魏の襄王（安釐王ともいう）の墓から発見された竹簡の一つで、戦国時代に編纂された編年体の歴史書である。例えば、

武乙即位、居殷。三十四年、周王季歴来朝、武乙賜地三十里、玉十瑴、馬八疋。

武乙は即位し、殷に居た。三十四年に、周王の季歴が来朝し、武乙は地三十里、玉十瑴、馬八疋を賜った。

とある。この『竹書紀年』の内容には、伝説の黄帝の時代の紀年もある。

二　西周時代の紀年

西周時代の青銅器に鋳込まれた銘文には、「小臣艅犧尊」に、

丁巳、王省夔且。王易（賜）小臣艅夔貝。隹（惟）王来正人方。隹（惟）王廿有五祀、彡日。

丁巳［の日］、王　夔の祖を省す。王　小臣艅に夔の貝を賜う。惟れ王の来たり人方を征するのとき。惟れ王の［即位］十有五祀、肜日なり。

丁巳の日に、王（帝辛、殷の末王）が、その祖国である夔の祖先へのお参りに出かけた。王は、〔これに随従し世話役を勤めた〕家臣である艅に対して、夔の国に産する特別の宝貝（子安貝）を賜った。これは、王が〝人方〟（山東方面?）に遠征して帰路にあった年のことで、またそれは王・帝辛の即位十五年、肜祭のときのことでもある。

とあり、甲骨文と同様に文末に紀年を記している。

また、二〇〇八年七月に清華大学が入手した戦国時代の竹簡にも「繫年」と名付けられた紀伝体の歴史書が含まれており、西周初期から戦国時代前期までの歴史内容が記述されている。その冒頭に、

龍（共）白（伯）和十又四年、柬（厲）王生洹＝王＝（宣王、宣王）即立（位）、龏白和帰于宋（宗）。洹王是刣（始）弃帝钕（籍）弗畋（田）。立卅＝（三十）又九年、戎乃大敱（敗）周𠂤（師）于千畮（畝）。

共伯和十又四年、厲王　宣王を生み、宣王　即位し、共伯和　宋に帰る。宣王　是《ここ》に始め帝籍を弃て田せず。立ちて三十又九年、戎　乃ち周の師を千畝に大いに敗る。

とあり、「共伯和」及び「宣王」の紀年を記す。『史記』（中華書局本）十二諸侯年表に見える「共和元年」は年号ではなく、周の定公と召の穆公が協力して政治を行ったからとする説と、共の伯の和が政務を執ったという説があるうち、清華簡に基づけば後者であると考えられる。

三　戦国時代の紀年

西周時代・春秋時代・戦国時代では、王の紀年の他に諸侯の紀年も見ることができる。『春秋』（上海古籍出版社本）は魯の国の十二の殿様の歴史を記録した書物であるが、「隠公元年」から始まり「哀公十四年」までの紀年を記している。このように、王の紀年以外に諸侯紀年を見ることができる。青銅器銘文としては、擂鼓墩一号墓出土銅鎛に、

惟王五十又六祀、返自西陽、楚王酓章作曽侯乙宗彝、奠之於西陽、其永時（持）用享。

とあり、「惟王五十又六祀」は楚の恵王五十六年（紀元前四三三年）であるとされている。

戦国時代の紀年で興味深いのは、大事紀年である。先に見た「小臣艅犧尊」にも「惟れ王の来たり人方を征するのとき」とあるが、戦国時代にはその年に起こった大事件を以て紀年としている（以事紀年）。『新蔡葛陵楚簡』には、

蔞茖為如於楚之歳

……王於林丘之歳

斉客陳異致福於王之歳

……致師於陳之歳

大莫囂陽為晋師戦於長城之歳（紀元前四〇四年）

句邦公鄭途穀大城邺並之歳

王復於藍郢之歳

……公城鄩之歳

王自肥還郢徙於鄩郢之歳（王徙於鄩郢之歳）（紀元前三七七年・楚粛王四年）

とあり、『天星観楚簡』には、

秦客公孫紻問王於蔵郢之歳（紀元前三四〇年・秦孝公二二年・楚宣王三〇年）

斉客紳獲問王於蔵郢之歳（紀元前三三九年・楚宣王三一年）

とあり、『秦家嘴九九号墓楚簡』には、

秦客公孫鞅聘於楚之歳（紀元前三四〇年・秦孝公二二年・楚宣王三〇年）

とあり、『望山楚簡』には、

斉客張果問於蔵郢之歳（紀元前三一二年・楚懐王七年）

郙客困芻問王於蔵郢之歳（紀元前三一一年・楚懐王八年）

とあり、『包山楚簡』には、

魯陽公以楚師後城鄭之歳（紀元前三九四年）

斉客陳豫賀王之歳

東周之客無経致（帰）胙於蔵郢之歳

大司馬邵陽敗晋之師於襄陵之歳（紀元前三二二年・楚懐王七年）

□客臨（甘）固逅楚之歳

宋客盛公鵬聘楚之歳

大司馬悼滑将楚邦之師徒以救郙之歳（紀元前三一六年・楚懐王一三年）

とあり、『夕陽坡楚簡』には、

越涌君嬴將其衆以帰楚之歳、……王居於蔵郢之游宮（紀元前三二三年・楚懐王六年）

とあり、『秦家嘴一号墓楚簡』には、

周客韓無王于宋東之歳、冬夕之月、辛未之日、紫以其又（有）疾之古（故）、筮之於胡□曰、有敚（祟）。（紀元前二八三年・楚頃襄王十六年）

とある。

その他、『雲夢睡虎地秦簡』編年記には、

昭王元年

孝文王元年立即死

荘王元年

今元年喜傅

などの紀年が見え、『馬王堆漢墓帛書』刑徳甲篇・太陰刑徳大游図（次頁図2）には、

壬辰　張楚

乙巳　今皇帝十一年

乙卯　秦皇帝元

とあり、同陰陽五行乙篇には、

今元年

とある。

図２　太陰刑徳大游図（裘錫圭主編、2014、第５冊第214頁）

四　西漢時代の紀年

年号は前漢第七代皇帝武帝の時に初めて使われ、「建元」が中国最初の年号とされ、以後「元光」「元朔」「元狩」「元鼎」「元封」「太初」と続く。

「太初」以前の「建元」から「元封」までの年号は、「太初」年間に遡って年号を付けることが建議され、後に作られたものとされる。例えば、弩鐖の銘文に、

建元元年鐖

とあるのは、裘錫圭（一九七四）は「建元」字を「建光」字の誤釈とする。裘錫圭は更に、

今按、昆陽乗輿鼎従字体上看為西漢有年号以前之物無疑、最晩不得晩於武帝初期。（武帝前期在当時亦無年号、建元至元鼎年号皆後来追加。観『史記』封禅書自明、前人多已言之。『漢金文録』・『小校経閣金文拓本』等書所著録漢器中記元朔・元狩・元鼎年号諸器、皆為偽作、字体卑弱、与武帝時真器迥然有別。又所謂建元弩機、建元乃建光之誤釈・『漢』二・五上之中私府鍾記「四元七年正月甲寅」疑四元即当於元狩、器為元鼎元年末改元［指無年号之改元］時作、元鼎元年正月癸卯朔、甲寅為十二日。封禅書以元狩為三元、未数元朔、似誤。）

と述べ、武帝前期には年号は無く、「建元」から「元鼎」までの年号は後世の追加にかかるものとする。確かに、武帝前期までの出土資料のほとんどは年後を記していない。例えば、

「四年三月」銭范

漢武帝茂陵随葬坑出土有銘銅器一八件、「四年」「五年」「六年」西漢中期

銅山小亀山西漢崖洞墓出土銅器七件、無紀年　西漢中期
満城漢墓出土銅器四五件、「卅四年」「卅六年」　西漢中期
南越王墓出土銅器二一件、無紀年　武帝前期
太原東太堡出土銅器四件、無紀年　西漢中期
河北獲鹿出土銅器一〇件、無紀年　西漢中期（以上、徐、二〇〇五）
茂陵出土档案「三年六月乙卯」
甘粛霊台出土「安定郡庫鼎」「二年、治侖鋳……」
漢桂宮銅灯銘文「……内者重二斤四両。二年少府造。」（以上、辛、二〇一三）

などの出土資料には年号が記されていない。しかし、出土資料の中にも年号が記されているものがある。それらの多くは、現在、偽刻や習字、あるいは後世の追加にかかるものと考えられている。例えば、龍淵宮鼎に、

龍淵宮銅鼎、容一斗五升、幷重十斤。元朔三年、工禹造、守嗇夫掾成、令光、尉定省。

と見える「元朔」の年号を趙化成（一九九六）は偽刻とし、漢武帝茂陵随葬坑出土有銘銅器三件張文玲（二〇一二）に、

元封三年正月庚子有詔予衡都尉給共。

と見える「元封」や「元朔五年」弩の「元朔」を辛徳勇（二〇一三）は後世の追加にかかるものとしている。更に偽刻とされるものとして、

清端方『陶斎吉金録』「元封二年洛陽武庫」鍾
清呉栄光『筠清館金石文字』「高陽右軍、建元二年」戈
西安南郊曽出土有「建元四年長安高」陶尊

清劉体智『小校経閣金文拓本』「元光二年尺」「元朔二年龍淵宮壺」「元朔三年龍淵宮鼎」「元狩元年建昭宮鼎」
清劉体智『善斎吉金録』「元朔二年龍淵宮壺」
清鮑昌熙『金石屑』「元鼎二年柏梁四九」磚
清梁延柟『藤樹亭鏡譜』「漢元光五年丙午道鏡」
宋趙明誠『金石録』建元二年刻石「鄭三益闕銘」→東晋康帝・南朝斉高帝

などの伝世品を挙げている。

一九世紀末から中国西北部で発見された漢簡（居延漢簡など）にも「建元」から「元封」までの年号が記されたものがある。例えば、

孝武皇帝元鼎六年九月辛巳所下……（敦煌懸泉置）

とあり、胡平生・張徳芳（二〇〇一）は、

此簡乃逐録前世詔書、并非元鼎之物。

として、後に書かれたもので、「元鼎」年間に書かれたものではないとし、一九七二年以降に居延で新たに発見された漢簡（肩水金関漢簡）に、

元朔元年（72EJ:77）

牒書、除将司御史三人＝一牒、元守四年四月甲寅朔
甲寅、尉史□敢言之。（73EJT10:311）

とあり、裘錫圭（一九七九）は甘粛居延考古隊（一九七八）を引き、前者を、

図3　『金石屑』第三冊第三葉裏

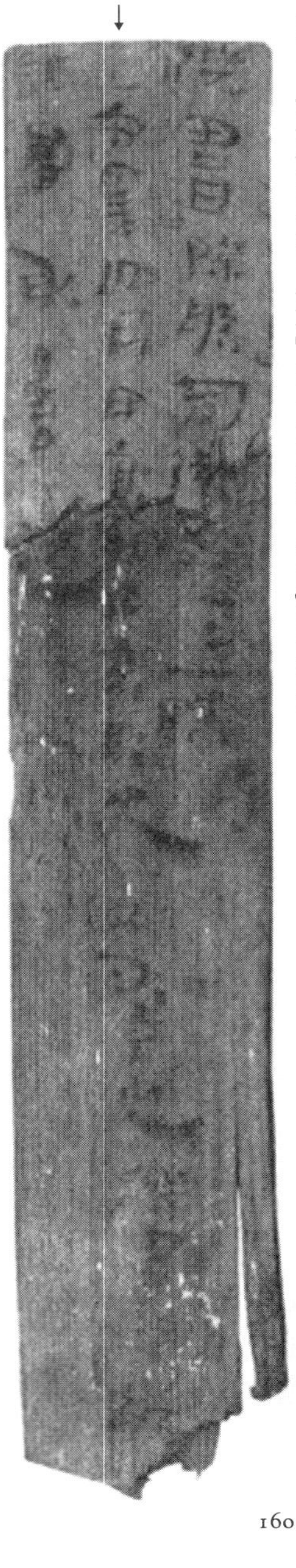

図4『肩水金関漢簡（壱）』第一冊第289頁（73EJT10:311）

「元朔元年」、疑是学字書。

として、習字簡であるとし、後者を、

其実這個字並非「守」字、而是「鳳」字的草書簡体。

として、「守」字は「鳳」字の草書体であり、昭帝の「元鳳四年」であるとする。

この様に、「太初」以前の「建元」から「元封」までの年号は、「太初」年間に遡って年号を付けることが建議され、後に作られたものと認識されている。

なお、「太初」に関しては、『漢書』（中華書局本）武帝紀「太初元年冬十月、行幸泰山」の応劭注に、

初用夏正、以正月為歳首、故改年為太初也。

とあり、この年の夏五月に太初暦への改暦が行われ、これ以前の顓頊《せんぎょく》暦の十月歳首を正月歳首としたことから、改暦とともに「太初」の年号が制定されたと考えられている。しかしながら、現在まで「太初」の年号を記す出土資料は発見されていないことから、改暦と同時に「太初」の年号が用いられていたかは確定できないかもしれない。

参考文献

晏　昌貴、二〇〇五「秦家嘴「卜筮祭禱」簡釈文輯校」（『湖北大学学報』二〇〇五年第一期）

王　国維、一九二三『観堂集林』（烏程蔣氏密韻楼）

郭沫若主編、一九七八～一九八二『甲骨文合集』第一～一三冊（中華書局）

加藤常賢、一九六四『真古文尚書集釈』（明治書院）

河南省文物考古研究所、二〇〇三『新蔡葛陵楚墓』（大象出版社）

甘粛簡牘保護研究中心編、二〇一一『肩水金関漢簡』（壱）（中西書局）

甘粛居延考古隊、一九七八「居延漢代遺址的発掘新出土的簡冊文物」（『文物』一九七八年第一期）

咸陽地区文管会・茂陵博物館、一九八二「陝西茂陵一号無名冢一号従葬坑的発掘」（『文物』一九八二年九期）4頁

裘　錫圭、一九七四「従馬王堆一号漢墓「遣冊」談関於古隷的一些問題」（『考古』一九七四年第一期、55頁。裘錫圭『古代文史研究新探』江蘇古籍出版社、一九九二年、291頁に所収）

一九七九「新発現的居延漢簡的幾個問題」（『中国史研究』一九七九年第四期。裘錫圭『古文字論集』中華書局、一九九二年に所収）

裘錫圭主編、二〇一四『長沙馬王堆漢墓簡帛集成』第五冊（中華書局）214頁

呉　栄光、一八四二『筠清館金石文字』（道光二十二年南海呉栄光筠清館刊本）

広州市文物管理委員会・中国社会科学院考古研究所・広東省博物館編著、一九九一『西漢南越王墓』（文物出版社）

黄　民岳、一九八三「漢茂陵『陽信家』銅器所有者的問題」（『文物』一九八三年第六期）

胡平生・張徳芳、二〇〇一『敦煌懸泉漢簡釈粋』（上海古籍出版社）

湖北省荊沙鉄路考古隊、一九九一『包山楚簡』（文物出版社）

湖北省荊州地区博物館、一九八二「江陵天星観一号楚墓」（『考古学報』一九八二年第一期）

湖北省博物館、一九八九『曽侯乙墓』上・下（文物出版社）

湖北省文物考古研究所・北京大学中文系、一九九五『望山楚簡』（中華書局）

山西省文物管理工作委員会・山西省考古研究所、一九六二「太原東太堡出土的漢代銅器」（『文物』一九六二年第四・五期合刊）
徐　正考、二〇〇五『漢代銅器銘文文字編』（吉林教育出版社）
　二〇〇七『漢代銅器銘文選釈』（作家出版社）
商　承祚、一九三三『殷契佚存』（金陵大学中国文化研究所）
辛　徳勇、二〇一三『建元与改元西漢新莽年号研究』（中華書局）
石家荘市文物保管所・獲鹿県文物保管所、一九九四「河北獲鹿高荘出土西漢常山国文物」（『考古』一九九四年四期）
宋趙明誠『金石録』（『古逸叢書』三編、一九八三年影印南宋刻本）
端　方、一九〇八『陶斎吉金録』（光緒三十四年湮陽端氏石印本）
中国社会科学院考古研究所・河北省文物管理処編著、一九八〇『満城漢墓発掘報告』（文物出版社）
中国社会科学院考古研究所編、二〇〇七『殷周金文集成（修訂増補本）』第五冊（中華書局）5990番、3684頁
中国青銅器全集編輯委員会編、二〇〇六『中国青銅器全集』四・商四（文物出版社）131頁、図版説明31頁
趙　化成、一九九六「漢「建元」・「元光」・「元朔」諸器辨偽兼及武帝前期年号問題」（『文博』一九九六年第四期）
張　文玲、二〇一二「茂陵博物館収蔵的幾件銘文銅器」（『文物』二〇一二年第二期）
陳　介祺、二〇〇五『簠斉金文考』（文物出版社）
陳　直、一九七九『史記新証』（天津人民出版社）
　一九七九『漢書新証』（天津人民出版社）
　一九九四『関中秦漢陶録』（天津古籍出版社）
南京博物院、一九七三「銅山小亀山西漢崖洞墓」（『文物』一九七三年四期）21～35頁
津田左右吉、一九二六「漢代政治思想の一面」（『満鮮地理歴史研究報告』第一〇。『儒教の研究』第二、岩波書店、一九五一年・『津田左右吉全集』十七巻、岩波書店、一九八九年に所収）
范　祥雍、一九五七『古本竹書紀年輯校訂補』（新知識出版）33頁

藤田至善、一九三六「史記漢書の一考察―漢代年号制定の時期に就いて」（『東洋史研究』一―五）
方詩銘・王修齢、一九八一『古本竹書紀年輯証』（上海古籍出版社）
鮑　昌熙、一八七六・一八七七『金石屑』（嘉興鮑氏刊本）
楊　啓乾、一九八七「常徳市徳山夕陽坡二号楚墓竹簡初探」（『楚史与楚文化研究』求索雑誌社）336～349頁
容　　庚、一九三一『秦漢金文録』（国立中央研究院歴史語言研究所）
李　学勤、二〇〇八「有紀年楚簡年代研究」『文物中的古文明』（商務印書館）
李学勤主編、二〇一一『清華大学蔵戦国竹簡』（弐）（中西書局）
劉　体智、一九三四・三五『善斎吉金録』「元朔二年龍淵宮壺」（民国二十三年二十四年盧江劉氏景印本）
一九三五『小校経閣金文拓本』「元光二年尺」「元朔二年龍淵宮壺」「元朔三年龍淵宮鼎」「元狩元年建昭宮鼎」（民国二十四年盧江劉氏景印本）

〔附記〕本稿は、日本学術振興会科学研究費補助金（基盤研究（B））「年号勘文資料の研究基盤の構築」（研究課題番号：15H03157）、（基盤研究（C））「中国古代の陰陽五行―占と科学の成立―」（研究課題番号：16K02157）、（基盤研究（B））「Multi Disciplinary Approach による戦国秦漢期新出土資料研究」（研究課題番号：26284010）、（基盤研究（B））「前近代東アジアにおける術数文化の形成と伝播・展開に関する学際的研究」（研究課題番号：16H03466）、国立歴史民俗博物館公募型共同研究「廣橋家旧蔵文書を中心とする年号勘文資料の整理と研究」、及び高橋産業経済研究財団助成「『天地瑞祥志』を中心とした前近代東アジア思想・文化の総合的研究」による研究成果の一部である。

第二部　朝鮮・ベトナムと年号

1　近現代朝鮮のナショナリズムと年号

月脚達彦

一　朝鮮王朝の独自年号

朝鮮における年号は、藤田（一九五八）の指摘のとおり、独自の年号が広開土王碑の「永楽」、『三国史記』『三国遺事』に現れる新羅の七年号、高麗初の二年号など「十数」に過ぎず、中国・日本・ベトナムに較べて著しく少ないことが特徴であるが、その理由は大国の正朔を奉ずる事大の礼である。特に李成桂《イソンゲ》（一三三五～一四〇八）が一三九二年に開いた朝鮮王朝は、明末まで明の正朔を順奉し、一六三七年の清に対する降服の後は清の正朔を奉じた。もっとも清の年号の使用を避けて、清に対する外交文書や清からの使節の目に触れる文書を除き、崇禎年号ないし干支を使用する場合も二十世紀に至るまであったが、康熙以後は清の年号を使用する例が増加した。小中華意識による屈曲はあったものの、朝鮮王朝は基本的に属邦として清の年号を奉じたのである。したがって、朝鮮における年号について論じる場合、高麗初期以前の独自年号の使用、あるいは中国年号の使用状況が主たるテーマとなるが（山内、二〇〇三）、本稿では一八九四年の日清戦争以後、朝鮮が中国年号を使用しなくなったのちの独自年号について検討する。

朝鮮王朝が初めて制定した独自の年号は一八九六年一月一日施行の「建陽」年号である。これは前年四月の日清講和条約第一条（「清国ハ朝鮮国ノ完全無欠ナル独立自主ノ国タルコトヲ確認ス。因テ右独立自主ヲ損害スヘキ朝鮮国ヨリ清国ニ対スル貢献典礼等ハ将来全ク之ヲ廃止スヘシ」）を受けたものだった。つまり朝鮮王朝が清の冊封を奉じる属邦ではないことが公認されたことにより、朝鮮の君主も清の君主と同様に年号を制定することとなったわけである。したがって近代朝鮮の年号の問題は、中華世界の変容と終焉という近代東アジアの国際秩序の変化、それに伴う朝鮮の王権の位相や政権の正統性、ナショナリズム等との関連で考察する必要がある。

近現代朝鮮の年号・紀年法については、同時期の日本と中国の年号・紀年法とともに論じた金（二〇一六）がある。同研究は「帝王の時間」という伝統的時間体系から国民国家の時間体系へ、そして世俗的で抽象的な一元的時間体系（西暦）へという流れで近現代東アジアの年号を扱った歴史社会学の研究で、十九世紀後半以後の朝鮮で公式に使用された紀年法・年号（開国紀年、建陽、光武／隆熙）、知識人や独立運動家によって使用された紀年法（檀君紀元・孔子紀年・大韓民国紀年）を一通り整理している。しかし、後述するように最初の独自年号として一世一元で施行された建陽年号がわずか一年半余りで取り消されていることなど、近代朝鮮の年号は同時代の政治・外交状況によって曲折を経たことに注意する必要がある。本稿はまず、近現代朝鮮の年号研究の基礎作業として日清戦争後の朝鮮独自年号制定の政治・外交史的背景を明らかにする。そのうえで、年号をめぐる曲折の背景に、近代朝鮮のナショナリズムの形成、および国家の正統性をめぐる思想史的背景が存在していたことを明らかにしたい。

二　事大と交隣における年号

先述のとおり、一六三七年の降服以後、朝鮮王朝は国内において清年号の使用を忌避しつつも、清に対しては清年号を使用した。しかしその一方で、日本に対する外交文書では清年号を使用しなかった。近代における中国年号の不使用について論ずる前に、近世における対外的な中国年号不使用について概観しておく。

朝鮮と日本との交隣の関係は、明の恵帝による足利義満の「日本国王」冊封によって始まったとされる。朝鮮史料での足利将軍は「日本国王」であり、朝鮮国王が足利将軍に送る国書には常に明の年号が使用された。一方、義満の後の足利将軍は国書で「国王」を名乗るのを避けて「日本国源何某」と記し、年号は日本年号か龍集干支を使用した（荒野、一九八八、164頁）。朝鮮側は少なくとも文書の上では明の冊封を媒介にした「朝鮮国王」と「日本国王」の対等性を保持しようとしていたのに対し、日本側はそれを回避する姿勢を見せていたわけである。

豊臣秀吉の侵攻によって断絶した朝鮮との関係を回復した徳川幕府は、柳川一件の後始末を終えた一六三五年に朝鮮との外交文書の改変を試みた。その一つが朝鮮からの国書の宛先を「日本国大君」とすることである。それまで将軍が国王を名乗るのを避けてきた流れでの改変であるが、これは朝鮮側に容れられ、翌年に朝鮮通信使がもたらした朝鮮国王の国書は「日本国大君殿下」と宛てられた。改変のもう一つは、日本側国書での日本年号の使用と朝鮮側国書での明年号の不使用である（トビ、一九九〇、79～84頁）。これはそれまで明年号を使用してきた朝鮮にとって容れ難いものであり、一六三六年の通信使及びその次の一六四三年の通信使がもたらした国書には明の崇禎年号が使用された。しかし一六四四年に清軍が北京に入闕すると、翌一六四五年から朝鮮が日本に送る書契に明年号ではなく干支が使用されるようになり、さらに一六五五年の通信使がもたらした国書でも干支が使用され、以後踏襲されることになる。順奉すべき正朔が頒布されなくなったという理由からである（孫、一九九七、149・150頁）。もっともこの時点で朝鮮には、皇帝が統治する国として独自の年号を持とうとする意志はなく、国内において政府レベルでは清年号の使用が当然のこととなり、それが日清開戦前夜まで続いた。

こうして朝鮮王朝は十七世紀半ば以降、最初は面従腹背であったが清の正朔を奉じつつ、日本に対しては清年号を使用しなかった。それが可能だったのは朝鮮と日本の交隣に清が介入しなかったからである。ところが十九世紀後半に朝鮮が「開国」すると、朝鮮の年号使用に変化が生じた。その最初の契機が条約による日本との関係の更新であり、次の契機が欧米諸国との条約締結である。特に後者は日本に加えて交隣の対象が追加されることを意味するが、これに対して清が介入することによって、事大における正朔順奉、交隣における中国年号の不使用という慣行に変化が生じるのである。

一八六九年の書契問題によって断絶した朝鮮と日本との外交関係は、一八七五年の江華島事件ののち、翌一八七六年二月の江華府における朝鮮側接見大官申櫶《シンホン》・副官尹滋承《ユンジャスン》、日本側全権黒田清隆・副全権井上馨の談判を経て再開された。調印された日朝修好条規の末尾の日付は、日本側が「大日本国紀元二千五百三十六年明治九年二月二十六日」、朝鮮側が「大朝鮮開国四百八十五年丙子二月初二日」とされており、それぞれ神武紀元・開国紀年という従来の慣行にない紀年法が使用されているが、これについて朝鮮側が反対した形跡はない。従来の慣行から外れていても双方の対等性が担保されているため、特に問題にならなかったのだろうと推測される。

すなわち、当初日本側が提示した修好条規原案は、日本側は「大日本国神武紀元二千五百三十六年明治九年」、朝鮮側は「朝鮮国丙子」だったのであるが、日本側が日本年号を使い朝鮮側が干支を使うという点で慣行に適うものの、日本側のみ国号に「大」の字を付し、独自の年号を使用するのでは両国の対等性を欠く。江華府での談判において朝鮮側が最も神経を尖らせた事案の一つが両国の対等性であり、朝鮮側は原案前文の「大日本国皇帝陛下」「朝鮮国王殿下」という両国君主の尊号表記に強く反対した。結局、君主尊号を外す代わりに両国国号に「大」の字を付け、両国政府がそれぞれ大官・副官及び全権・副全権を任命して協議したという文言に改めることにより両国の対等性を表明した。修好条規末尾の年号は、日本側は日本年号、朝鮮側は干支という慣行を踏襲しながら、日本側で新たに定められた開国紀年（神武紀元）が追加されたことにより、これに対応して朝鮮側が李成桂が朝鮮を開国した一三九二年を元年とする開国紀年を追加することに自ずとなったものだろう（ただし、日本側の神武紀元と明治年号の併記、朝鮮側の開国紀年と干支の併記は日朝修好条規とその付属文書のみであり、一八八二年八月の済物浦条約・日朝修好条規続約以後の条約には、明治年号・開国紀年が使われた）。こうして朝鮮は、条約による交隣関係において開国紀年を使用することになったのである（その後の両国間の取極や往復文書等では朝鮮側は干支のみを使うことが多かった）。

日朝修好条規締結から六年後の一八八二年五月、朝鮮は欧米諸国との最初の条約として朝米修好通商条約を締結した。日朝修好条規を旧来の交隣の回復と捉えた朝鮮は欧米諸国との条約締結を拒んでいたが、一八七九年以来の清からの勧告により米国との条約締結を決心した。米国との交渉は朝鮮政府に代わって李鴻章（一八二三〜一九〇一）が天津で行なったが、属邦である朝鮮が米国と条約を結ぶ根拠として掲げられたのが「属邦自主」論である（「属邦自主」論については岡本隆司、二〇〇四参照）。このとき李鴻章は朝米修好通商条約第一条に「朝鮮は中国の属邦であり、外交と内政は自主である（朝鮮久為中国属邦、而外交内政事、宜均得自主）」という条項を設けることを企図したが米国側の拒否によって果たせず、それに代えて馬建忠（一八四五〜一九〇〇）起草の「朝鮮は中国の属邦であり、内治外交は大朝鮮国君主の自主による（朝鮮素為中国属邦、而内治外交、向来均由大朝鮮国君主自主）」という朝鮮国王の照会文を米国大統領に送付することとなった。この照会文の日付は「大朝鮮国開国四百九十一年即光緒八年三月二十八日」であり、また朝米修好通商条約の日付にも開国紀年と光緒年号が併記された。これは朝英仁川条約（一八八二年六月。英国が批准せず）、朝英（一八八三年十一月）、朝独（一八八三年十一月）、朝伊（一八八四年六月）、朝露（一八八四年七月）、朝仏（一八八六年六月）、朝墺（一八九二年六月）と続く日清戦争以前の欧米諸国との修好通商条約に踏襲され、年号による「属邦自主」論の表現となる（往復書簡等では開国紀年のみが使用されることが多かった）。

一方、清への朝貢は継続したが、日本・欧米諸国との開港場貿易の開始に伴い、朝鮮と清との間の貿易に改編の必要が生じた。一八八二年十月の中国朝鮮商民水陸貿易章程は前文で朝鮮が「中国」の属邦であることを明文化し、日付の年号で光緒年号のみを使用している。こうして一八八〇年代の朝鮮は、対外関係において清との間では光緒年号、日本に対しては開国紀年と干支、欧米諸国との修好通商条約では開国紀年と光緒年号の併記というように、三つの局面で紀年法・年号を使い分けることになったのである。

三　日清戦争と独自年号の制定

前節で述べたように、一八八〇年代に朝鮮と欧米諸国の外交関係に清が介入し、通商修好条約には開国紀年と光緒年号が併記された。清は「属邦自主」論を維持しながらも朝鮮に対する干渉を強め、特に一八八四年十二月の甲申政変を経た一八八〇年代後半には、袁世凱（一八五九〜一九一六）を駐箚朝鮮交渉通商事宜として派遣し、国王・王妃を監督させるなど、朝鮮の自主を形骸化させることになる。それに対して朝鮮側も自主の拡大を試みた。その一つが、条約を結んだものの清を憚って公使を駐在させていなかった日本・欧米諸国への公使派遣であるが、これが行なわれた一八八七年を前後して、朝鮮の年号使用に微妙な変化が現れる。駐日公使閔泳駿《ミンヨンジュン》・同参賛官金嘉鎮《キムガジン》派遣の国書の日付は「大朝鮮国開国四百九十六年朕御極之二十四年六月十三日」であり、駐米全権大臣朴定陽《パクチョンヤン》任命の国書も同様の表記である（月脚、二〇〇九、146頁）。つまり開国紀年は従来どおりであるが、光緒年号ではなく「朕」の即位紀年を併記しているのである。これは朝鮮の君主は、中国以外の国との間において中国皇帝の年号を使わないという志向の表示である（ただし駐米全権大臣朴定陽は清側からの抗議により一年後に帰国し、また駐欧五カ国全権大臣は赴任を見送った）。

その翌年の一八八八年、国王高宗《コジョン》（一八五三～一九一九、在一八六四～一九〇七）の誕生日（陰七月二十五日）慶祝宴への漢城駐在各国公館宛招待状の形式に変化が起こった。駐箚朝鮮交渉通商事宜の袁世凱には「国王殿下千秋慶節」という従来通りの名目で招待状を出しているのに対し、日本・欧米の公館には「大君主陛下万寿聖節」という名目で招待状を出しているのである。「大君主」は朝米修好通商条約から始まる日本・欧米との外交文書上の君主名であるが、「陛下」という尊号は付さないのが慣例だった。しかしここで「陛下」「万寿聖節」を使用することによって、朝鮮の国王は皇帝を志向することとなった（月脚、二〇〇九、148・149頁）。

さらに、国内においても一八九〇年代初頭の貨幣改革（ホン、二〇〇六）において、年号をめぐる動きがあった。一八九一年、朝鮮政府は第五十八銀行頭取の大三輪長兵衛、大阪製銅会社社長の増田信之らと協議して日本に倣った新式貨幣の発行を計画する。増田から二十五万円の借款を受けた朝鮮政府は、仁川に政府鋳造所である典圜局《てんかんきょく》を新築し、漢城に葉銭と新貨幣を交換する交換局を設け、それぞれ前大蔵省参事官の横瀬文彦、大三輪が監督することになる。そうして大阪造幣局で彫刻された地金には、「大朝鮮国開国五百一年」と刻まれた。それ以前にも「大朝鮮」国号と開国紀年を刻印した貨幣が鋳造されたことがあったが、発行されることはなかったため問題にならなかった。しかし、この日本人との協力による新貨幣に対しては袁世凱が圧力を加えた。一八九三年二月七日付の大石正巳公使から陸奥宗光外務大臣宛の報告書によれば、その理由は「朝鮮ノ上ニ大字ヲ冠スルハ属国ノ例ニ違フコト幷ニ五百一年ト記シ光緒ノ年号ヲ加ヘザルハ是レ亦タ属国已往ノ慣例ニ違フコト」だった。これに対して朝鮮政府は「往歳英《ママ》国ト条約ヲ締結スルニ当ツテ如此記スベシトノ勧告ニ基キ爾今其ノ例ニ準依セルモノナリ」と反論したが（「英国」は米国の誤りであろう）、清側は「単ニ外交上ノ場合ヲ指スモノニシテ内政ニ至ツテハ去ル例ヲ開カセタルモノニアラズ」と一蹴したという（『韓国典圜局ニ於ケル貨幣鋳造関係雑纂　朝鮮国鋳貨事業ニ関スル件』、331・332頁）。

朝鮮政府の言い分は、大朝鮮国号と開国年号の使用は清の勧告に基づいて締結した米国との修好通商条約からの慣例だということである。しかし清側からすれば、朝鮮と欧米諸国の条約締結は、清が朝鮮は属邦で自主であるという「属邦自主」論に基づくものなのだから、年号において自主に対応する開国紀年だけでは不十分で、修好通商条約の日付のように光緒年号とセットにならなければならない。ましてや国内で流通する貨幣に開国紀年のみを用いることは容認できないというわけである。結局その後、朝鮮の新貨幣は「大」の字を削除して「朝鮮開国五百二年」として発行されることとなったが、発行量が少なく政治的影響はさしてなかった。

このように一八八〇年代後半以後、対内的・対外的に中国年号不使用の動きがあり、そこには国王高宗の「皇帝化」の志向も見られた。しかしそれが実現するのは一八九四年七月末の日清開戦に先立つ日本軍による王宮景福宮占領によって成立した開化派政府が推進した甲午改革においてである。開化派政府は中国朝鮮商民水陸貿易章程等の章程を破棄し、事実上宗属関係を廃棄した。年号に関しては、七月三十日の軍国機務処議定存案「今より以後、国内外の公私の文牒に開国紀年を書く事」によって、外交文書のみならず国内の公私の文書に光緒年号ではなく開国紀年を使用することとした。開国紀年は光緒年号が使用される清との宗属関係ではない、条約に基づく外交関係で使用された紀年法であり、日清開戦以前には朝鮮の「自主」を表現するものだった。これが実質的な宗属関係の破棄によって、国内の公私の文章にも使用することが定められたのである。

ただし、甲午改革が年号について最初に採った法的措置は光緒年号の不使用と開国紀年の使用であって、独自年号の制定ではなかった。これは朝鮮の君主が皇帝でなかったからである。その後、法令における「勅」「朕」「奏」の使用（「公文式」、一八九四年十二月十七日）、「大君主陛下」尊号の採用（一八九五年一月十五日勅令）等の「皇帝化」が進んだが、高宗は皇帝に即位しなかった。

一八九五年四月の日清講和条約において朝鮮が独立自主の国であり、清に対する朝貢を廃止することが決定されたが、三国干渉を機に日本と開化派政府に反発する大君主高宗および王后閔氏が反撃を始め、一八九五年十月には日本人によって王后が殺害されるという事態に至った。事件後に成立した第四次金弘集《キムホンジプ》内閣は、改革の成果を挙げることによって政権の正統性を確保しようとして政策を急進化させたが、その際たるものが十二月三十日（陰十一月十五日）の年号制定の詔勅と断髪・易服の詔勅（いわゆる断髪令）である。年号制定の詔勅は、開国五〇五年（一八九六年）より正朔を改めて太陽暦を用い、年号を建てて一世一元で制定するので万世子孫が謹んで守るようにせよという内容である（『旧韓国官報』、開国五〇四年十一月十五日号外）。これによって建陽年号が頒布されて、一八九六年一月一日より陽暦とともに使用されたのであるが、しかしそれには皇帝即位が伴わなかった。

もっとも朝鮮政府は、王后殺害事件の前から皇帝即位への動きを始めていた。七月十二日（陰閏五月二十日）、朴定陽内閣は内部大臣署理（内務大臣代理に相当）兪吉濬《ユギルチュン》（一八五六～一九一六）の請議により圜丘壇の建築を奏上し、同日に裁可されている（『議奏』二、143～145頁）。そうして王后殺害事件を経て十月十五日（陰八月二十七日）に第四次金弘集内閣は「大朝鮮王国を大朝鮮帝国と称し、大君主陛下に皇帝尊号を謹上する事」、及び「年号をお建てになること」を「伏候」し、裁可された。しかし日本を除く各国公館から反対が出て十月二十四日（陰九月七日）に皇帝尊号謹上は延期され、太陽暦への改暦のみを詔勅で公布することとなり（『続陰晴史』上、高宗三十二年九月八日、九日）、二十六日に「開国五百四年十一月十七日をもって五百五年一月一日とせよ」という詔勅が官報に掲載される（『旧韓国官報』、開国五〇四年九月九日号外）。十二月三十日の年号制定の詔勅に至る経緯は明らかではないが、本来皇帝即位とセットになるべきだった年号制定は皇帝即位を伴わない形になったわけである。

一方、断髪令は激烈な反発を呼び、各地で義兵が起る混乱の中、高宗が一八九六年二月十一日にロシア公使館に身を避けて内閣大臣の捕縛命令を出し、第四次金弘集内閣が崩壊するという俄館播遷《がかんはせん》となる。ロシア公使館で一年を過ごした高宗は、翌一八九七年二月に慶運宮に移って再び「皇帝化」を開始し、八月十二日には詔勅で「乙未十一月十五日の詔勅」、つまり年号制定の詔勅と断髪令を取り消すとともに、新たに建元することを命じた（『旧韓国官報』、開国五〇六年八月十四日号外）[1]。そうして八月十四日、議政府議政沈舜沢《シムスンテク》が「光武」と「慶徳」の二つの年号案を奏上して高宗が「光武」を欽定し、掌礼院が択んだ吉日の八月十六日から使用される（『旧韓国官報』、開国五〇六年八月十五日号外）。

この光武改元には皇帝即位が伴った。既に改元前の五月から臣下による皇帝即位要請の上疏が続き、改元後の九月には圜丘壇の修築および祀天礼の整備が決定される。そうして高宗は十月十二日に圜丘壇で祀天礼を挙行し、続けて即位儀式を執り行い（圜丘壇祀天礼と即位儀式について詳細は奥村、一九九五）、次いで十三日に国号を「大韓」とする詔勅を下す。さらに、日清開戦以後断絶していた朝鮮と清の関係は、一八九九年九月十一日締結の韓清通商条約によって回復した。この条約の日付の年号はそれぞれ「光武三年」「光緒二十五年」であり、これによって朝鮮は初めて中国に対して独自年号を使用することになったのである。

四　ナショナリズムと年号

月脚（二〇〇九）で述べたように、近代朝鮮のナショナリズムは清との宗属関係の清算に伴う「独立」意識の高揚と、日露戦争後の日本による保護国化・植民地化に対する抵抗の二段階を経て形成される。前節で見た日清戦争後の建陽年号の制定は、ナショナリズム形成の第一段階における年号使用の変化である。

年号の思想的意義について、本節ではまず、朝鮮最初の日本留学生として一八八一年から一八八二年に慶應義塾に学び、一八九五年の年号の詔勅、断髪令の際に第四次金弘集内閣の内部大臣だった兪吉濬から見ることにする。日本留学からの帰国後の一八八三年、兪吉濬は『世界大勢論』を著した（以下、『世界大勢論』については、月脚、二〇一三参照）。その内容には明治初期の世界地理書である内田正雄『輿地誌略』からの翻訳が多く含まれており、『世界大勢論』の「世界歴史一斑」の項も、基本的に『輿地誌略』の「人類の始及ひ世界歴史の大意」の項の翻訳である。しかし、『輿地誌略』が世界歴史を叙述する際に「年号を以てするときは年数を捜索するに便なら」ずとの理由から日本年号を使わず、明治三年から遡って何年前と表記しているのに対し、『世界大勢論』は「支那は古より其時の天子の建元した年を用いるが、今年は光緒九年であり、日本は其開国した天皇神武の即位歳によって紀年するが、今年が神武天皇紀元二千五百四十三年であり、西洋諸国は其宗教開祖耶蘇生歳をもって紀元するが、今年が西暦一千八百八十三年［である］と称する」との理由から、「我国は／太祖大王［が］開国なされた年によって紀元を用いる」として「我国紀元」、すなわち開国紀年を使用するのである。また『世界大勢論』は漢文ではなく、「国文」(訓民正音、今日でいうハングル)と漢字を混用して朝鮮語の語順で書く国漢文という当時の朝鮮知識人としては破格の文体で書かれているが、これは独自年号に並ぶ独自の文字への着目だった。前節で触れた「公文式」の規定に従って甲午改革における法律・勅令の文体は、漢文ではなく国漢文が主となる。兪の「我国紀元」と「我国文」は、朝鮮ナショナリズム形成の第一段階の象徴だった。

一八八〇年代の朝鮮政府においては、例えば朝米修好通商条約の締結に際して天津で李鴻章と調整を行なっていた金允植《キムユンシク》(一八四一〜一九二〇)が「属邦自主」論は朝鮮の中国に対する「事大」と内政外交「自主」の「両得」だと評価したように、米国との修好通商条約に光緒年号を使用することは妥当なものと見なされた。これに対して兪吉濬の『世界大勢論』は、朝鮮は清の朝貢国であっても国際法上の独立国だという「属邦独立」論を主張し、中国年号、神武紀元、キリスト紀元と並ぶ朝鮮独自の紀年法を使用したのである。

一八八三年から一八八五年の米国留学の後、兪は軟禁状態に置かれるなど政治的に不遇だったが、一八九四年の日清開戦に先立つ日本軍の景福宮占領とともに樹立された開化派政府で閣僚となった。開化派政府が推進した甲午改革における開国紀年の一元的使用の決定に、日本留学時以来の兪の年号構想が反映していることは間違いない。また先に述べたように、兪は一八九五年七月に主務大臣として皇帝即位式のための圜丘壇建築を請議し、さらに同年末には年号の詔勅と断髪令を主導する。王后殺害事件後の第四次金弘集内閣による一連の「皇帝化」の試みも兪の主導によると見て間違いない。

第四次金弘集内閣による「皇帝化」は、陽暦への改暦、断髪令という「文明化」とセットになっていた。しかし断髪令を契機とした義兵の高揚と高宗の俄館播遷を経て、第四次金弘集内閣は崩壊し、兪は王后殺害事件に関与した「国賊」とされ日本に亡命する。一八九七年八月には、兪が主導した断髪令とともに建陽年号が取り消されたのは先に見たとおりである。朝鮮最初の独自年号である建陽年号は、制定の政治状況から正当性を持たなかったのだが、開化派政府主導の年号改革に対して王室が当初から承服していなかったと推測される事例があり、そこから建陽・光武の両年号の背景にある文明観・世界観の相違を読み取ることができる。以下、王命と国王への上書を管理した承政院の日記の年号から検討してみたい。

一八九四年七月三十日の軍国機務処議案の後、『承政院日記』(2)の日付は八月十九日（陰七月十九日）まで光緒年号と干支を併記したが、翌二十日から光緒年号を外して干支のみを記し、十一月二十七日（陰十一月一日）に初めて開国紀年と干支を併記した。建陽年号が施行された一八九六年一月一日以後も開国年号と干支の併記は続けられ、ただ陽暦の日付が追加されるようになる。次いで建陽年号が廃止されて光武年号が施行されると、『承政院日記』の日付も一日遅れて陽暦八月十七日から「光武元年丁酉七月十九日」というように、光武年号と干支の併記となる。ただし陰暦（太陰太陽暦）が主であるのは変わりない。

ここに見られるように、『承政院日記』は一八九四年七月三十日から直ちに光緒年号の使用を止めて開国紀年を使用したのではなかった。開国紀年を使用し始める十一月二十七日は、大鳥圭介公使から代わった井上馨公使（十月二十八日、信任状捧呈）が内政改革綱領を示して高宗・王妃閔氏に強圧的な姿勢を取り始めた時期に当たる。日本軍によって景福宮が占領され、開化派政府によって年号の改変が行なわれたものの、王室は日清戦争及び甲午改革の帰趨を観望していたと推測されるのである。さらに建陽建元ののちは、官報や法令等の日付に建陽年号と陽暦を使用したが、『承政院日記』は開国紀年と陰暦を使用し続けたわけで、これは建陽年号を表向きでは使用しながら、内向きには回避する面従腹背だった。

さらに注目したいのが、陽暦改暦ののちも『承政院日記』は干支と陰暦を使用していることである。一八九六年七月二十四日の詔勅では、王室祭祀の月日は「旧暦を幷用」することとされたが（『旧韓国官報』、建陽元年七月二十七日）、これは陰暦への復旧措置である。また八月二十一日には大君主・王太后・王太子・王太子妃の誕生日は「今より陰暦に従い」、翌年に発行される暦に陰暦で記載することが裁可された（『旧韓国官報』、建陽元年八月二十五日）。そうして、甲午改革期から制定され始めて一八九六年から陽暦で施行されることとなっていた君主誕生日などの「国慶日」も陰暦で施行された。また十月十二日の皇帝即位儀礼は明礼に則って挙行され、その頃から詔勅等の文体は国漢文でなく漢文が主となった。一八九七年の「皇帝化」は文明化ではなく、小中華意識、より正確に言うなら近代主権国家体制に接して変容を遂げた小中華意識とセットになって行われたと考えられるのである。

ここで年号というテーマからはやや外れるが、暦法に言及したところで陰暦についても検討しておきたい。日清戦争に伴う暦書の表面的な変化は、まず開戦前まで「大清光緒二十年歳次甲午時憲書」のように頒布されていた暦書が、一八九五年の「大朝鮮開国五百四年歳次乙未時憲書」を経て、翌一八九六年に「大朝鮮開国五百五年歳次丙申時憲暦」として頒布されたことである。建陽年号制定の詔勅が前年十二月三十日だったため開国紀年のままであるが、乾隆帝の諱（弘暦）を避諱して「時憲書」としていたものが、ここで「時憲暦」となった。陽暦改暦の年であるが、「時憲暦」である以上、それはあくまで陰暦の暦書であり、新たに最下段に陽暦の日と七曜が加えられた。さらに高宗が皇帝に即位した一八九七年には、議政府議政沈舜沢が十一月三十日に、政治の重んずるところは「敬天而授時」だとの理由から時憲暦に代わる暦書名として「明時」と「一元」を奏上し、高宗が「明時」を欽定して（『旧韓国官報』、光武元年十二月一日）、翌年の暦書は「大韓光武二年歳次戊戌明時暦」として頒布された（チョン、二〇〇三）。「明時暦」の体裁は前年までの「時憲暦」と同様である。こうして暦書の「脱属邦化」＝「皇帝化」がいちおう完了したのであるが、それは陽暦への改暦ではなく、陰暦の暦書の改名を通じて行なわれたものだった。

ところで、明の正朔を奉ずることになった朝鮮王朝では、世宗代（一四一八〜五〇）以後は観象監が漢城基準の自国の暦書を製作していた。ところが清に降伏したのち、清が一六四五年から時憲暦を採用すると朝鮮でも一六五四年から時憲暦を採用したが、時憲暦法に関する全般的な知識の習得を清から禁じられたことなどから、その運用は進まなかった。全（二〇〇九）によれば、朝鮮が時憲暦法に関する十分な知識を得てそれを運用するようになったのは、十八世紀後半だという。もとより北京と漢城には経度差があり（時憲暦法では一二度三〇分、時間で四二分）、漢城基準の暦を使う場合、清の暦書と月の大小や閏月の配置が異なる場合があった。正祖代（一七七六〜一八〇〇）には自国の暦書を使用する機運が高まったが国内から批判が出て、自国暦書と清の暦書が著しく異なる場合、暦法の原理や定数を変えてまで、清の暦書と合致させる必要があったことも、全（二〇〇九）が指摘するところである。

観象所[3]が発行した「明時暦」が漢城の経緯度を基準としたものだったかどうかは詳らかではないが、暦法そのものの原理は時憲暦のそれであったと見て間違いない。このように皇帝即位儀礼や暦書にまで視野を拡げれば、建陽と光武の両年号は文明観や世界観において志向性を異にしたものであり、後者は必ずしもナショナリズムに結びつくものではないと推測できる。光武改元の同時期に甲午改革を継承して「国民化」＝文明化運動を民間から推進していた『独立新聞』（火・木・土曜の週三回発行）は、建陽二年八月十四日発行号の次の八月十七日発行号から発行日に光武年号を使用しつつも、改元について論説を掲げることはなかった。『独立新聞』の文体は漢字を使用しない純国文で、発行日表記は終始一貫して建陽・光武の年号と陽暦であり（陰暦を併記しない）、一八九七年七月一日に週五回発行になったのちには安息日の日曜とその翌日の月曜が休刊だった。ともすれば親日政権下で制定された建陽年号と、自主的に制定された光武年号という対比で両年号を評価しがちであるが、両年号は相異なる思想史的脈絡で制定されたと考えられるのである。

五　近現代朝鮮の年号経験

大韓帝国は日露戦争後の一九〇五年十一月の第二次日韓協約によって日本の保護国となり、それに不服の高宗はハーグ密使事件を契機に一九〇七年七月十九日に皇太子（純宗《スンジョン》、一八七四〜一九二六）に譲位した。「隆熙」改元は八月三日である。そうして一九一〇年の「韓国併合ニ関スル条約」（八月二十九日公布）を経て、朝鮮で公式に使用される年号は日本年号となる。朝鮮王朝／大韓帝国の独自年号の歴史は、建陽元年から隆熙四年までの十三年半余りで終わることとなった。もっとも、高宗の皇帝即位とセットになった光武年号は、思想史的には近代的に変容した小中華意識の脈絡に位置づけられるべきものであること、したがって建陽元年以降の『官報』や法令の日付の陽暦使用と、『承政院日記』や「明時暦」に見られる陰暦を主とした日付という二つの暦法の併存状況も、近代移行期の過渡的現象というものではなく、すぐれて王権の正統性に関わるものだったと考えられること、これが本稿の結論である。

このような状況で、同時代の朝鮮／大韓帝国には『独立新聞』のようにキリスト教会の時間観を背景に持つ独自年号の使用もあった一方で、崇禎年号と南明年号（永暦）のどちらが正しいかという純然たる小中華意識に基づく議論もあった（禹、二〇一三）。朝鮮は前近代において中国、日本、ベトナムに較べて独自年号の使用の例が極度に少ないという年号使用の特異性を持っていたが、日清戦争による中華世界の終焉ののちの年号体験も、同時代の日本、中国、ベトナムのそれとは異なるものだったはずである。東アジア近代史における朝鮮の年号使用の思想史的位置づけについては、今後の課題としたい。

ところで、朝鮮王朝／大韓帝国が独自年号を持つこと自体は清・日本と対等になることを意味し、文明化であれ変容した小中華意識であれ、朝鮮王朝／大韓帝国の他国に対する優越性という効果は基本的に伴わない。ナショナリズムへの訴求力を持つ年号は、韓国併合の直前から独立運動家らによって使用され、三・一運動の発端となった民族代表による独立宣言書の日付にも用いられた檀君紀元（檀紀）である。言うまでもなく檀紀は『三国遺事』等に記された檀君神話をもとに、檀君による朝鮮開国を西暦紀元前二三三三年に比定した建国紀年であるが、これはのちに大韓民国において一九四八年法律第四号「年号に関する法律」により「公用年号」として一九六一年末まで使用されることになる（鄭、二〇一四）。さらに朝鮮民主主義人民共和国では、一九九七年から金日成《キムイルソン》の生年である一九一二年を元年とする「チュチェ（主体）年号」が使用されている。いずれも近現代の朝鮮の年号として当然に取り上げるべきものであるが、紙数が尽きたためこちらも今後の課題としたい。

註

（1）詔勅で建陽年号が取り消されたことにより、この官報号外から八月十六日までの官報の日付の年号は開国紀年となった。

（2）承政院は一八九四年に承宣院、一八九五年に秘書院と改編され、その日記も『承宣院日記』『秘書院日記』と改題されるが、ここでは便宜上『承政院日記』に統一する。

（3）観象監は一八九五年から観象所と改称された（チョン、二〇〇三、11頁）。

引用史料

『韓国典圜局ニ於ケル貨幣鋳造関係雑纂　朝鮮国鋳貨事業ニ関スル件』「通常ノ部」（外務省外交史料館）、アジア歴史資料センター【B11090612600】／『議奏』二（ソウル大学校奎章閣、ソウル、一九九四年）／『続陰晴史』上（国史編纂委員会、ソウル、一九六〇年）／『旧韓国官報』全二二巻（亜細亜文化社、ソウル、一九七三年）／『承政院日記』高宗一三（探求堂、ソウル、一九七〇年）

参考文献

荒野泰典、一九八八『近世日本と東アジア』（東京大学出版会）
禹　庚燮、二〇一三「朝鮮後期知識人の南明王朝認識」［韓文］（『韓国文化』六一）
岡本隆司、二〇〇四『属国と自主のあいだ―近代清韓関係と東アジアの運命』（名古屋大学出版会）
奥村周司、一九九五「李朝高宗の皇帝即位について―その即位儀礼と世界観」（『朝鮮史研究会論文集』三三）
金　美花、二〇一六「近代移行期東アジアの紀年法―帝王の時間から民族／国民の時間へ」［韓文］（『社会と歴史』一一〇）
孫　承喆、一九九七「明・清交替期対日外交文書の年号と干支」［韓文］（『大東文化研究』三二）
チョン・ソンヒ、二〇〇三「大韓帝国期太陽暦の施行と暦書の変化」［韓文］（［国史館論叢］一〇三）
全　勇勲、二〇〇九「朝鮮における時憲暦の受容過程とその思想的背景」（『東方學報』八四）
鄭　栄薫、二〇一四「檀紀年号の背景と法制化、そして廃棄」［韓文］（『民族文化論叢』五六）
月脚達彦、二〇〇九『朝鮮開化思想とナショナリズム―近代朝鮮の形成』（東京大学出版会）
二〇一三「兪吉濬『世界大勢論』における「獨立」と「文明」―内田正雄『輿地誌略』との比較から」（『東洋史研究』七二―三）
トビ、ロナルド（速水融・永積洋子・川勝平太訳）、一九九〇『近世日本の国家形成と外交』（創文社）
藤田亮策、一九五八「朝鮮の年号と紀年」（『東洋学報』四一―二、三連載、後に藤田亮策『朝鮮学論考』藤田先生記念事業会、一九六三年所収）
ホン・ジヨン、二〇〇六「十九世紀末韓国貨幣制度改革の国際政治」［韓文］（『世界政治』六）
山内弘一、二〇〇三『朝鮮からみた華夷思想』〈世界史リブレット六七〉（山川出版社）

2　ベトナムの年号史試論
―丁・前黎・李・陳朝期（十世紀～十四世紀）の事例を中心に―

ファム・レ・フイ

はじめに

年号とは、空間のみならず時間も支配する皇帝権力の象徴として中国で発祥して、周辺諸国に取り入れられた紀年法である。中国と陸続きのベトナムの場合は、王朝ごとに北方と戦争を繰り返したため、ベトナムの皇帝たちにとって、年号は単なる国内における支配権の象徴にとどまらず、「北」の皇帝に対する「南」の皇帝の対等意識を主張するための手段でもあった。阮朝の最後皇帝・保大帝が退位し、ベトナム民主共和国の代表者に宝剣を引き渡した一九四五年以降、皇帝の改元による年号制は名目上で廃止されるようになったが[1]、それまでは計一四八の年号が制定されたと統計されている（ファン、二〇〇〇）。

暦法史・政治史・外交史・貨幣史に深く関連したため、ベトナムの年号はこれまで個別の研究対象よりむしろ上記領域の研究の一部として検討されてきた。たとえば、歴史年表の作成に長年取り組んだレー・タイン・ラン氏は暦法研究の立場から黎朝以降の年号を中心にその制定の時点を検証してきた（レー、一九九七・二〇一〇他）。政治史との関わりに関して、最も注目されたのは、南北朝時代の年号問題であった。日本と同様、ベトナムの歴史にも北の莫朝と南の中興黎朝に政治が分裂した南北朝時代（一五三三〜九二）が存在したが、当時期に支配権の正当性を主張するために莫朝の皇帝と黎朝の皇帝はそれぞれ自分の年号を制定した。結果的に黎朝が勝利を収めたため、莫朝は正史上で偽朝と見なされ、年号も含めて彼の王朝関係の制度も長い間批判される的となった。ところが、一九八〇年代後半以降、莫朝を再評価する研究の活発化に伴い、金石文から莫朝の年号を再整理し、また年号を根拠に各地における南北両朝の影響力を論じようとする研究が次々発表された（ディン、一九八七。レー、一九九七他）。年号はまたよく銅銭に見られるため、貨幣史の研究でもよく言及されている。その関連性を検討した最もまとまった研究は、日本の三浦吾泉の『安南泉譜』（三浦、一九七五）、中国の張秀民の「越南古幣述略」（張、一九八二）、およびベトナム国立博物館による図録『越南銭幣』（ベトナム国立歴史博物館、二〇〇五）であろう。一方、個別の年号を考証する研究として八尾隆生による黎仁宗の「大和」年号の研究（八尾、一九九五）が取り上げられるが、これに類する研究はまだ少ない。なお、二〇〇六年、台湾の学者王福順は「朝鮮とベトナムの年号についての一考察」と題した論文でベトナムの年号について触れたが、当論文の内容は、ベトナムには中国に独立した年号制が存在したという紹介や歴代年号の列記に止まったと言わざるをえない（王、二〇〇六）。

以上、従来の研究を振り返ってみると、年号そのものの歴史を研究対象とする、いわゆる年号史という学問はベトナムで未だに確立していないと言えよう。そのため、本稿ではベトナム年号史に関するいくばくかの問題点を筆者なりに整理した上で、十世紀から十四世紀までの事例を中心に、また日本との比較の視点でベトナムにおける改元の原則および年号の出典を考えてみたい。年号を検討する際に文献史料に併せてこの二十年間の発掘調査の進展に伴い、出土例が急増した文字資料もできるだけ活用したい。

一　ベトナムにおける年号使用の始まり

中国で年号が創始されたのは、前漢武帝の治世の紀元前一一五年頃だと考えられている。同じ時期でベトナムに目を転じてみると、現在のベトナム北部・北中部地域に当時存在した初期国家・甌雒国は、紀元前一七九年ごろ番禺（現、広東省広州市）を拠点とした南越国に滅亡された。甌雒国の紀年法は史料の限界により解明されていないが、『大越史記全書』（以下『全書』）をはじめとした正史上で長い間ベトナムの王朝の一つとして数えられた南越国では、帝王紀年という紀年法が利用されたことは、近年明らかにされた。一九九〇年代以降の発掘調査で広州の南越王宮署遺跡から出土した南越木簡の中に、「□張成、故公主誕舎人、廿六年七月属、将常使□□番禺人」と記された第九十一号木簡がある。当木簡にみえる「廿六年」は、高祖四年（紀元前二〇三年）に自立した趙佗の二十六年（紀元前一七八年）であったと考えられている（広州市文物考古研究所・中国社会科学院研究所・南越王宮署博物館等建処、二〇〇六。南越王宮博物館、二〇一〇）。当木簡は、南越国では漢に服属しない時期に年号が導入されておらず、また南越の版図に半自治の体制で収められた甌雒地域でも年号が使用されていなかったことを示している。

ところが、南越国が紀元前一一一年漢に滅ぼされると、わずか四年前に武帝によって創出された年号制は、漢の役人たちによって甌雒地域も含めた南越の旧領に導入されるようになった。一九六〇年代から古螺（コーロア）城遺跡や周辺地域の漢式墓から漢和帝の年号に当たる「永元十一年治」（九九年）、漢安帝の年号に当たる「永初五年中治大刑甎」（一一一年）などの文字塼や、一九九六年のハイズオン省のヴー・トウアン遺跡から漢順帝の年号に

図1　「永建五年」(130年) の文字塼
(ハイズォン省博物館所蔵)

当たる「永建五年」(一三〇年) の文字塼が発見された。これらの出土文字資料は、一世紀から二世紀にかけてのベトナムにおける年号使用の始まりを示す同時代資料として注目に値する (図1)。

十世紀まで中国の各王朝に支配されたベトナムの北部・北中部地域では、当然ながら北方各王朝の年号が使用されていた。ただ末端の辺境に位置した当地域では特筆すべき現象が発生した。それは「中原に鹿を逐う」という戦乱期にそれぞれの政治勢力が自分の年号を制定すると、ベトナムの在地勢力はどの年号を使用したらよいのかという岐路に立たされたことである。その代表的な事例は、「大隋九真郡宝安道場之碑文」という石碑にみられる「大業十四年太歳戊寅四月八日建挙碑銘」との日付である (図2)。当石碑は、隋末に九真郡を拠点にした黎氏によって建立されたもので、二〇一二年までベトナムの現存最古の石碑だと考えられていた。周知のように「大業」とは、隋煬帝が六〇五年に制定した年号のことである。ところが、大業十三年 (六一七) 十一月に李淵が長安を占拠すると、楊侑は恭帝として擁立され、義寧という新年号に改元した。一方、江都に避難した煬帝は翌年 (六一八) 四月十一日に宇文化及らに殺害された。煬帝の死に関する情報は、戦乱のため交趾・九真・日南各郡を支配していた隋の太守たちの耳に当初届いていなかったのである。『旧唐書』によると、交趾太守丘和は「隋亡を未だに知らず」、黎氏と思われる「愛州首領」とともに、江陵で梁王・梁帝を自称し、大業十三年 (六一七) 十月以降「鳳嗚」に改元した蕭銑[2]に抵抗し続けた。ところが、江都より旧驍果（煬帝の御林軍）の者が交趾に帰還すると、丘和はようやく隋朝の滅亡を知り、蕭銑に降伏することにしたという[3]。鳳鳴五年（六二二）、丘和は蕭銑に朝貢しようとしたところ、蕭銑が唐将李孝恭に大敗したことを察知し、今度は唐側に降伏することを決意した[4]。このように中原の政治に関する情報は、戦乱や地理的距離により、交趾郡に届くまで一定の遅延時間が生じ、また在地勢力にとって、どの勢力に味方し、どの年号に従うのかという、存亡に直接関わる危機に直面したことがよくわかる。九真郡の黎氏が石碑に「大業十四年太歳戊寅四月八日」と刻んだのは、恭帝の義寧年号を知らなかったのか、それとも義寧年号を知りながら、それを認めなかったかのどちらかのことであるが、丘和とともに蕭銑に抵抗したことから考えると、後者の可能性が高いだろう。

十世紀前半に入ると、曲氏、呉氏を代表としたベトナムの在地豪族は続々と台頭し、北方王朝の役人を駆逐し、独立政権を樹立することに成功した。ただこの段階では皇帝を称する勢力がなかったため、各地で引き続き北方の年号が使用されつづけたのである。それを示すのは、ハノイから発見された日早洪鐘の銘文である。当洪鐘は「交趾県下慈廉村」にある共同体「社」によって鋳造されたものである[5]。鋳造年代は「乾和六年戊申歳四月二十九日」とあるように、番禺を拠点とした南漢王朝の中宗劉晟の年号・乾和六年（九四八）である。ところが、注目すべきことにその十年前の九三八年に呉権という在地首領は白藤江の戦いで中宗

図2「大隋九真郡宝安道場之碑文」の年代

図３　仁寿元年の交州舎利塔銘

の父、高祖劉龑の水軍を撃破し、事実上南漢の影響力を交州から排除することに成功した。『全書』によると、翌年（九三九）呉権は王を称して、百官を設置し、朝儀や服飾を制定したようだが、建元に関する記事は見当たらない[6]。これについて陳朝期の史官黎文休は、「王が自ら居すると雖も、未だに帝位に即し、改元せず」と強調した[7]。呉権を継いだ楊三哥や後呉王らも年号を制定しなかったため、『全書』にはたとえば「庚戌楊三哥六年」とあるように「干支＋王名＋年数」の紀年法が採用されている。ただそれは後世の史書による紀年法にすぎず、日早洪鐘銘をみる限りでは当時、南漢の年号が使用されていたことが窺われる。この場合、乾和年号は南漢皇帝の支配権への服属というよりは、むしろ時間を記す紀年法として用いられたと考えられる。

それと同様、年号の使用から直ちに政治的

な支配・服属関係に結べないという論理は、二〇一二年に公表された隋代の仁寿元年（六〇一）の交州舎利塔銘の事例からも再確認できる（図3）。交州舎利塔銘という石碑は、仁寿元年の隋文帝の舎利頒布事業の一環として交州で建立された舎利塔で舎利とともに埋設されたものである。その銘文に隋文帝の年号「仁寿元年」が記されている。石碑が公表された後、これを根拠に当時交州が隋文帝の直接的な支配にあったと結論した研究も現れたが、拙稿で論じたように五八九年に陳を滅ぼした隋は六〇一年まで交州に進軍する余裕がなく、交州の事実上の支配者は李仏子を中心とした李氏政権であった。舎利を頒布する直前に征討軍まで準備した隋文帝は、舎利事業を実施することにより仏法の法力で李氏を服属させようとした。その一方、李氏が仁寿元年の碑銘埋設も含めて舎利事業を実施したのは、あくまでも反乱の準備時間を稼ごうとしたためである。交州舎利塔銘は、年号も含めて中国で出土した舎利塔銘とほぼ同様の内容を示しており、隋文帝が定めた共通的な様式に習って製作されたものに過ぎない。そのため、銘文にある「仁寿元年」年号は必ずしも隋による直接的な支配を意味するものではないと考えられる（ファム、二〇一五）。

二　ベトナムの年号制の始まり

十世紀後半に入ってから、皇帝を自称し、年号を制定した独立王朝はベトナムの紅河デルタに続々と登場した。宋の開宝元年（九六八）丁部領は大勝明皇帝に即位し、その二年後「太平」年号を制定した。ベトナムの現存最古の編年史・陳朝成立の『大越史略』（以下『史略』）では丁部領即位の記事の次に「有年号自此始」との注記が綴られているように、陳朝期の人々は、「太平」年号が最初の年号だと認識していた。[8] ところが、それより約四五〇年前に在地勢力によって制定された別の年号もあったことを看過することができない。すなわち、梁の大同七年（五四一）交州で蜂起した李賁という在地豪族は、梁の太守蕭諮を越州に駆逐した後、前李王朝を創立した。[9]『資治通鑑』によると、李賁は大同十年（五四四）、「越帝」を自称し、百官を設置し「大徳」に改元したという。[10]李賁の年号は『全書』などの史料に「天徳」とも記録されているため、「大徳」と「天徳」のどちらが正しいのか現在不明だが、ベトナム初の年号はこの李賁が五四四年に制定した年号まで遡れるだろう。[11]なお、八世紀前半の唐の開元年間、梅叔鸞という在地首領も唐に反旗を翻して「黒帝」を自称したのだが[12]、梅黒帝の場合は、年号制定に関する記録がなかった。

上記に触れた丁朝の丁部領、また丁朝を次いだ前黎朝の黎桓の皇帝号および年号は文献資料のみならず、金石文資料でもその実在が確かめられるものである。当時期に都・華閭京で建立された仏頂尊勝加句霊験陀羅尼経の経幢に丁部領の「大勝明皇帝」及び黎桓の「昇平皇帝」号[13]や、各地で出土した「太平興宝」や「天福鎮宝」といった銅銭[14]に丁部領の「太平」や黎桓の「天福」諸年号が確認されている。銅銭の背面にそれぞれ「丁」か「黎」という文字も見られるため、従来の史料上で「丁字銭」「黎字銭」とも呼ばれてきた。

「丁字銭」「黎字銭」を代表として独立王朝の誕生初期に鋳造された銅銭は、積極的に海外に流通し、結果的に銅銭に刻まれたベトナム王朝の年号も海外に広く知られるようになった。『続資治通鑑長編』に記録された宋真宗の天禧二年（一〇一八）の秘書丞朱正臣の上言でその一端が窺える。その上言によると、近年蕃商は多く交州に貿易に行き、「黎字及び砂鑞銭」を広州にもたらしたという状況が発生した。前通判広州はそれを違法と見て、商人たちの所持貨物（「随行貨」）をすべて没収するように朝廷に建言した。ところが、審議に当たった広南転運使は、広州の海路が交州や占城に相接するため、蕃商の商船は本来交州に行く予定がなかったものの、よく海風で交州に漂着され、余儀なく交州で貿易せざるをえなかったと論じた。そのため、広南転運使は、黎字銭などは没収すべきだが、貨物は貿易させるべきだと主張した[15]。唐代の八世紀後半以降、蕃商は広州より安南に貿易に行く方を好んでいたという状況[16]から考えると、海風で交州に漂流されたという広南転運使の説明の背後には事態を緩和させ、広州における蕃商との貿易関係を維持しようとする意図が働いたと想定できる。いずれにせよ、この史料より黎字銭、つまり前黎朝の銅銭は、ベトナム国内のみならず、一時的に海外との貿易でもよく利用され、それを通じて中国本土までも持って行かれた状況が察知できる。『続資治通鑑長編』に言及されたのは「黎字銭」のみであったが、南宋代に『泉志』を撰した洪遵によると、十二世紀に入っても黎字銭とともに丁部領の「太平興宝」も「今世至多」とあるように南中国にまだ多く残っていたようである[17]。こうして丁字銭や黎字銭が海外に大量に流通すると同時に、その表にある「太平」「天福」等のベトナム王朝の年号も多くの外国人の目に入ったと推定できる。なお、黎字銭は中国のみならず、日本の岡山県の早島村からも出土例が報告されている[18]。

宋で黎字銭が没収されたのは、中国の銅銭以外に、広く考えれば中国皇帝の年号がある銅銭以外のものを中国で認めないということを意味する。中国の皇帝を頂点とする中華思想では、ほかの皇帝や年号の存在が認められない論理があったが、当然ながら当時「安南国王」ですら冊封されていない丁部領や黎桓の年号も、中国の皇帝からみて僭偽として決して許せないものであった。

ところが、上記にみられるように、前黎朝は積極的に銅銭を海外に流通させ、自分の年号を広く発信しようとした立場であった。事実上、黎桓が皇帝を自称し、改元までもしたことは宋の皇帝の耳まで上がってきたのである。『全書』などに黎桓に対して「称帝・改元」を責めた天福元年（九八〇）の宋帝の詔書が言及された[19]。黎桓が称帝・改元のことを海外に発信しようとした背景には中国（大宋）皇帝への対等意識を示そうとしたことがある。それは

4.1.　「太平興宝」（丁字銭）

4.2.　「天福鎮宝」（黎字銭）

4.3.　「順天大宝」

図４　「太平興宝」「天福鎮宝」「順天大宝」
（出典：ベトナム国立博物館編『越南銭幣』〈2005年〉より転載）

まず宋の使節団に対する黎桓の待遇から窺える。『宋史』交趾伝には淳化元年（九九〇）に交趾を訪れた宋太宗の使者宋鎬・王世則の記録が収録されている。それによると、黎桓は近年蛮寇と戦って、落馬で足が負傷したことを理由に宋帝の詔を拝することを拒絶し、さらに「天子軍」と額に入れ墨した兵士を宋鎬たちに平気に見せたという[20]。同じことは九九六年の李若拙を正使とした使節団への対応にもみられる。その三年前の九九三年に黎桓は「応天」に改元したが、九九六年に訪れた宋使李若拙に対して、黎桓は高慢な態度を示し、礼拝もしなかった。さらに李若拙から前年に交趾が宋の如洪鎮を攻めたことを聞かれた黎桓は、それはただ外境の海賊の行動に過ぎず、もし交州（黎桓）の正規部隊ならば、如洪鎮にとどまらず、番禺（広東）、閩越（福建）まで攻め込むと脅かして、宋側にとってなかなか耳に入れない言葉を次々発言した[21]。

5.1. バクニン省博物館所蔵の遺物
（登録番号：BTBN-196）
（写真提供：ファム・バン・チェ）

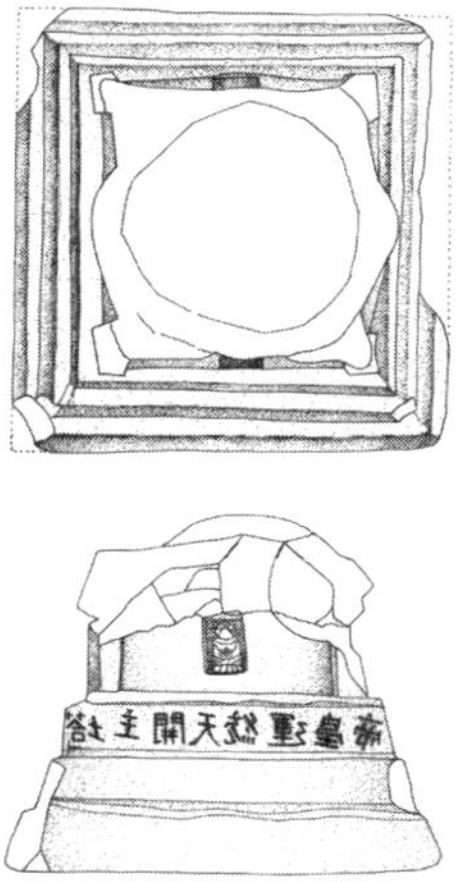

5.2. タンロン遺跡チャンフ通り62～64番地地点で李朝の層状に出土した塔
（写真提供：ベトナム考古学院）

図5 「塔主開天統運皇帝」の土蔵塔

これらの動向をみると、黎字銭も含めて、改元の情報を宋に発信した前黎朝の行動は、「日出る処の天子、書を没する処の天子に致す」という隋皇帝宛ての聖徳太子の国書との共通点がみられる。こうして中国を頂点とした中華思想の世界に加入して間もない時期に日本やベトナムの周辺諸国の君主は当初、中国皇帝との対等意識を主張しようとしたのである。

結果的に奈良時代の日本と同様、貿易関係をはじめ、中国との関係を維持するために、ベトナムの皇帝たちも、十一世紀以降冊封体制の一員を演じることにして、中国から僭越と見なされた自国の皇帝号および年号を国内のみに利用し、また中国にその情報が流出しないように隠蔽政策を行うようにした。

黎桓を次いだ黎中宗、黎臥朝や李朝の歴代皇帝は皇帝を称し、改元を行った。それは『史略』『全書』といった文献資料のみならず、銅銭な

図6　「李家第三帝龍瑞太平三年造」の文字磚

どの出土文字資料からも確認できる。たとえば、李朝の創立者、李太祖が一〇一〇年に制定した「順天」年号に対応するようにベトナム各地で李朝期の「順天大宝」が出土してきた（図4）。また、バックニン省やハノイのタンロン遺跡で従来、奈良時代後期の「百万塔」に近い李朝期の土製塔が数多く発見されてきたが、近年、一部の塔にみられる「塔主開天統運皇帝」銘文の「開天統運皇帝」は、李朝の第二皇帝李太宗であったことが明らかにされた（ファム、二〇一四b）（図5）。なお、李朝を通じて、様々な年号が制定されたのは、近年タンロン遺跡やナムディン省のチョンソン塔遺跡等で出土した李聖宗期の「李家第三帝龍瑞太平三年造」（図6）、李仁宗期の「龍符元化五年造」といった文字塼や、李仁宗期の「英武昭勝」の年号を記した保寧崇福寺碑銘を代表とした金石文など同時代資料で確かめられている。

　ところが、黎桓代を除いてこうした称帝・改元関係の情報が宋に流されたのは、李朝の第三皇帝聖宗の治世に入ってからである。『宋史』には「日尊自帝其国、僭称法天応運崇仁至道慶成龍祥英武睿文尊徳聖神皇帝、尊公蘊為太祖神武皇帝、国号大越、改元宝象、又改神武」とあるように、あたかも李日尊（聖宗）の代に入ってから、李氏が初めて皇帝を自称し、国号「大越」を定めて改元を行ったようなことが記述されている。また、南宋代の王応麟撰

『玉海』の「歴代年号」部に李朝の年号も統計されていたが、実在した李朝の三十三の年号のうち、『玉海』に記録されたのは、わずか六つのみである。細かくみると、その四つ（天貺宝象、神武、彰聖嘉慶、宝象）は李日尊（聖宗）の年号、残り一つ（太寧）は李乾徳（聖宗の次代・仁宗）の年号である。(22) これらの年号が宋に伝わった背景には李聖宗の治世に入ってから国境争いの問題が露骨し、結果的に李仁宗期に宋越戦争が勃発したことがある。ただ全体的にみると、わずか六つの年号しか流出しなかったのは、李朝の隠蔽政策が成功したと評価できよう。それは、清代編纂『四庫全書』における『大越史略』の提要（解説）の次の一文からも窺える。

> この書の原題は『大越史略』である。国号をもって（大越。以下括弧中は筆者註）書名としたものである。列記された公蘊（李太祖）から昊旵（李恵宗）までの八王は、皆帝号を僭越した。陳《（李）》日尊一代だけではかった。それは中国の史書に詳細に書かれなかった。また『玉海』に記された交趾の天貺、宝象、神武、彰聖、嘉慶諸年号は、この書に一致している。黎（前黎朝）・阮（李朝）の諸王が改元しなかったとした中国の史書は、ただ史家が全部載せなかったのではなく、当時（かの国が）深く（密かに）自ら皇帝を称し、故に中国はそれを全部知らなかっただけである。(23)

こうして李朝の隠蔽政策が成功した裏には、宋使を国境までしか受け入れなかったこと、また外国の商船を雲屯荘などの限定した地域でしか貿易させなかった規制があったからだと考えられている。(24)

三　丁・前黎・李・陳朝期の年号制定の原則およびその出典

①皇帝の践祚と「踰年改元」の礼

ベトナムでは十五世紀成立の黎朝以降、皇帝は践祚する際に、その翌年（明年）に改元を行う、いわゆる「踰年改元」が一般的であった。一四九七年に『全書』を編纂する際に史官呉士連は「春秋の法」として前代の君が崩御すると、王位を嗣ぐ君は「年を踰えて然る後改元」すべきだとし、また「即位するは、始終の義に縁り、一年に二君に非ざるは、臣民の心に縁る」との『書経』も引用し、「踰年改元」を「古礼」として位置づけた(25)。さらに阮朝の官撰行政法典『欽定大南会典事例続編』によると、たとえば阮朝の建福帝は一八八四年の即位の際に建福元年と決定するとともにその即位の詔に「古より帝王が践祚する際に「踰年改元」が正に礼」であるとし、即位当日から十二月末まで詔書や上申文書はすべて前代・嗣徳の年号を使い、翌年元旦から新年号を用いることを命じたという(26)。

「踰年改元」は、こうして儒教の経典『春秋』『書経』まで遡れる「古礼」としてベトナムの黎・阮両王朝に重要視された。周知のように日本でも「踰年改元」は遅くとも平安初期から改元の議論によく取り上げられた。たとえば、桓武天皇が延暦二十五年（八〇六）四月に崩御した後、平城天皇は同年五月に即位し、「大同」に改元したのだが、それに対して『日本後紀』の編者藤原緒嗣らは「礼に非ず」として、「年を踰えて後、改元するは、臣子の心、一年にして二君有ることを忍ばざるによるなり」と説明した上で、平城天皇の大同改元を「孝子の心に違い」、「旧典」からみて「失」（過失）だと厳しく批判をした(27)。藤原緒嗣の文章をよく読むと、上記の呉士連と同様、『書経』から強く影響をうけたことがわかる。また十世紀後半に編纂されたとされた平安時代の『新儀式』も「践祚の明年に改元の事有り」との文章に「年内改元、非礼、誤也」との注記を加えたように、践祚の場合、年内に改元を行うことが「例に非ず」とし、「誤り」であるとの見解を示した(28)。なお、『民経記』や『深心院関白記』などの古記録や『古事類苑』歳時部に引用された記録をみると、「踰年改元」は鎌倉時代以降も年号定めの際によく取り上げられたことが確認できる。

ベトナム年号史という本題に戻ると、黎阮両王朝が「古礼」とした「踰年改元」は果たして歴史を通じて歴代皇帝の践祚に遵守されたかどうかという問題がある。十世紀から十四世紀の年号史を見る限りでは、それは確かに一部の皇帝によって守られた。たとえば、景瑞二年（一〇〇九）十月に前黎朝の第三皇帝・黎臥朝が崩御すると、李公蘊は君臣の擁立をうけて即位して、事実上王権簒奪を行い、李朝を創立したのだが、『全書』に「以明年為順天元年」とあるように、李太祖は新年号の順天元年を翌年から実施することを宣言した(29)。あるいは、李英宗が治平龍応六年（一二一〇）十月に崩御すると、皇太子は同月に柩の前で李恵宗として即位したが、「建嘉」年号に改元したのは翌年の正月であった(30)。

その一方、「踰年改元」の古礼を守らなかった事例も数多く確認できる。丁氏より王権を簒奪した黎桓（黎大行）(31)、李氏から王権を簒奪した陳煚（陳太宗）(32)や兄弟を殺し即位した李仏馬（李太宗）(33)など複雑な事情で急いで即位を迫られた皇帝はもちろん、践祚をめぐって競争相手が一切なく、内外の関係者から広く支持された李聖宗など年内に改元した事例が少なくなかった。李聖宗の場合は、前代・太宗が崇興大宝六年（一〇五四）十月一日に崩御すると、太子としてすぐ柩の前で即位し、年内に龍瑞太平元年に改元したのである。

以上の検討を通じて「踰年改元」は確かに儒教経典にみられる「古礼」であったが、ベトナムの李朝期や日本の平安初期までは必ずしも遵守されなかった。それは、中国の制度を導入する過程でベトナムと日本の王朝はどこまで儒教経典を中心に王朝の礼制（儀式）を整備してきたのかということに深く関連するだろう。日本の場合は儀式書が整備されはじめた弘仁期、ベトナムの場合は仏教の代わりに儒教を重要視した黎朝期がそれぞれ大きな変革期だと想定できる。

いずれにせよ、「踰年改元」が定着すると、平城天皇の大同改元を批判した藤原緒嗣の事例にみられるように、両国で過去を振り返って批判する風潮が現れてきた。ベトナムの場合でも、践祚の年内に李太祖の順天年号から天成改元した李太宗に対して黎朝の呉士連は、「年を踰えるに至らずして改元するは、則ち不容・不議なり」「太宗乃ち先君（太祖）の年を冒し、紀年を以って何せん哉。夫れ甲子の流年、天の運なり」と、藤原緒嗣と同じような口調で李太宗を批判し、李朝末期に李恵宗が陳氏に殺害された「甲子の流年」に因果関係を結んだ。呉士連はまた李朝を通じて「踰年改元」が遵守されなかったのは、李太宗が「遂使後世襲為故事」つまり悪い先例を作ったからだとして、名君と見なされた太宗の「失大」（大きな過失）だと評価した。[34]「三王の乱」で兄弟を殺して、急いで即位・改元を焦った李太宗は、本来例外とみるべきだと思われるが、結果的に年内に改元する先例（慣行）を作ったのは、確かに呉士連の指摘通りである。

②皇帝の禅譲と「踰年改元」の礼

陳朝期に入って、前代皇帝が早めに退位し、若き皇子に禅譲するという陳朝の独特な（太）上皇制ができると、「踰年改元」よりむしろ退位・禅譲の年中に改元することが一般化された。それは、陳太宗から禅譲をうけた聖宗による宝祐六年（一二五八）二月の「紹隆」への改元、[35]英宗から禅譲をうけた明宗による興隆二十二年（一三一四）

三月の「大慶」へ改元(36)、明宗から禅譲をうけた憲宗による開泰六年（一三二九）二月の「開祐」への改元(37)、兄の憲宗の早世に伴い明宗に即位を指名された裕宗による開祐十三年（一三四一）の「紹豊」への改元(38)などの多くの事例で確認できる。

禅譲をうけ、同年に改元するという陳朝期の作法は、八世紀の日本にも共通点が指摘できる。『古事類苑』歳事部所引「改元例勘文」は「踰年改元」を「古礼」「流例」（古くからの慣例）とみなしながら、「禅譲年即位、又非無先例」とあるように、禅譲と同じ年に改元を行う先例がないことはないと指摘した。その代表として取り上げられたのは、元明天皇から禅譲をうけた元正天皇による「霊亀」改元、元正から禅譲をうけた聖武による「神亀」改元、聖武から禅譲をうけた孝謙による「天平勝宝」改元などの各事例である。(39)上記の事例はいずれも八世紀の事例であることが注目すべきである。その一方、院政期に目を転じてみると、堀河天皇、鳥羽天皇、崇徳天皇、後白河天皇の場合にみられるように禅譲をうけて「踰年改元」を行うことがむしろ一般的で、返って崇徳天皇の永治年中に康治に改元した近衛天皇のほうが異例であった。

このように比較してみると（太）上皇制ができたベトナムの陳朝期の改元は、意外に日本の院政期ではなく、八世紀の日本に近いことがわかる。その背景に「踰年改元」の古礼を強調した平安初期以降の日本とは違い、ベトナムの陳朝は、年内に改元してよいという李朝期の慣行を踏襲しながら、上皇制を導入することにより、嗣君は先君から指名され、結果的に先君の許可を得ながら即位・改元をしたため、先君への「非礼」の問題が解消されたと考えられる。

③年号の出典

図7　『大南実録』にみえる明命年号の解説

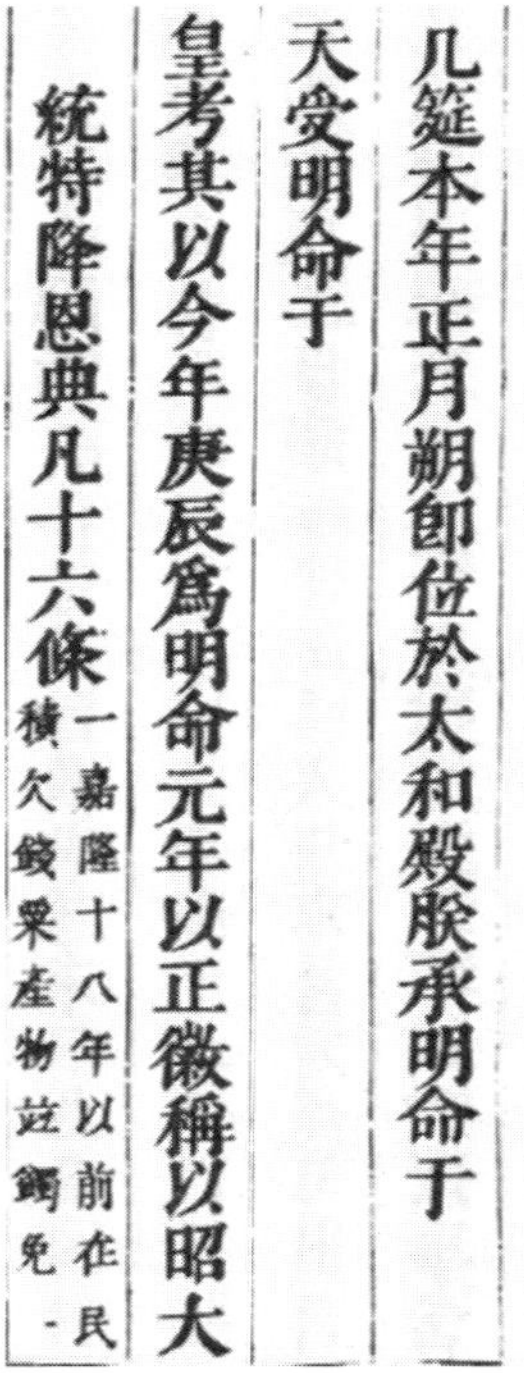

几筵本年正月朔卽位於太和殿朕承明命于
天受明命于
皇考其以今年庚辰爲明命元年以正徽稱以昭大
統特降恩典凡十六條一嘉隆十八年以前在民積欠錢粟產物竝蠲免一

ベトナムの最後王朝阮朝は、『大南実録』を代表として他の王朝に比べて史料が豊富に残っているため、各皇帝の年号出典をほぼ解明することが可能である。そのため、下記に阮朝の年号出典を出発点として遡ってベトナムの歴代年号の出典を考えてみたい。

阮朝は、明治天皇以降の日本と同様、皇帝即位のたびに改元する、いわゆる「一世一元」の制を採用することになった。諸説がある初代皇帝・嘉隆帝を除けば、阮朝の年号は基本的に下記の二通りの傾向で策定された。

まず、阮朝の前半期の年号は「先皇」(前代の皇帝)の事業・徳行を継承することをよく強調した。第二皇帝・明命帝の場合は、『大南実録』(第二紀巻一)に「朕承明於天、受明命於皇考」とあるように「克享天心、受天明命」という『書経』の文章を引きながら、皇考(父親)・嘉隆帝から「明命」をうけて即位したと、「明命」年号を説明した(図7)。第三皇帝・紹治帝は、即位の詔に「紹先皇明命之治」とあるように先皇の明命の治を「紹《つ》」ぐことを意味に年号を制定した。第四皇帝・嗣徳帝の場合も「嗣先皇紹治之徳」とあるように先皇紹治帝の徳行を引き継ぐという「嗣徳」年号に改元することを通じて、即位の正当性を主張することを図った。

ところが、嗣徳が崩御すると、わずか一年のうち、育徳・協和・建福などの皇位継承者が次々大臣に廃立され、「先皇」の遺命をうけて即位するという論理が通じなくなった。そのため、阮朝後期の皇帝たちは、『尚書』(『書経』)『左伝』などの儒教経典を出典に年号を策定するという新しい方向に転換することにした。咸宜は『詩経』の

「景員維河殷受命咸宜、百禄是何」、成泰は『易経』の「泰小往大来、吉亨、則是天地交而万物通也」、維新は『易経』の「咸与維新」、保大は『易経』や『左伝』の「保大定功」に因んで策定された。

以上、阮朝期の年号は、ほぼ二つの方向で定められたのだが、それ以前の王朝をみると、年号の出典はより多様性がある。本稿では最もバリエーションがある李朝期の事例を中心に紹介したい。

④皇帝の正当性と「天命思想」

ベトナムの年号史を通じて「天」の字がつく年号は、全部で十一例確認されているが、その多くは当時即位の正当性が疑問視された皇帝に集中したという特徴が指摘できる。

具体的にみると、最初の事例は梁に反旗を翻した李南帝の「天徳」年号である。事実上、王朝簒奪を行った前黎朝の創立者黎大行、李朝の創立者李太祖がそれぞれ「天福」「順天」の年号を制定したことは前述通りである。即位後に丁朝に忠誠した勢力を平定した後、黎大行はまた「応天」年号に改元した。王朝を中興する意味で十五世紀前半に明に対抗するために、国内の求心力を高めるために乞食の子供と言われ、陳朝の後裔の名目で擁された陳暠は「天慶」年号を利用することにした。その一方、明軍を撃退した後、陳暠を毒殺し、皇帝に即位した黎朝創立者黎太祖は、天意に従うという意味の「順天」年号を採用することにした。

兄弟を殺して即位した李太宗が策定した年号は「天成」である。李氏の血筋ではなく、外戚・黎氏の子供だろうという噂さえ立った李神宗の即位後の年号は「天順」である。南北朝時代に黎利の嫡流が絶えたため、莫朝に戦うために黎利の兄黎除の子孫である黎維邦は黎英宗として擁立されたが、かの年号は「天祐」である。黎朝の第四代皇帝黎宜民は、前代仁宗を廃して帝位に就いたため、「天興」年号を制定した。

ほかに李朝から王朝を簒奪した後、建中八年（一二三二）、陳太宗は、「天応政平」に年号を改元した。正史には、この改元出典に関する記録が見られないものの、同年に発生した一連の事件に着目すると、真相を解することが可能である。すなわち、無血で王朝交代を実施できた陳朝は、李恵宗の殺害を除いて、当初李氏の貴族を生存させたが、『全書』によると、李家の宗室が李恵宗の殺害に「失望」の気持ちをかかえており、また国内でなお李氏に思いを寄せる「民の望み」があったため、陳守度を中心とした陳氏は李氏を悉く誅殺することにした。その年の冬に李氏の人々が先后を祭祀するために華林太堂に集まることを機に、陳守度はひそかに深い坑を作り、その上に建物を築き、李氏の人々がその上で酒で酔っ払うと、機械を発動させて全員を生け埋めにしたという。また同年六月に国諱・廟諱を制定する際に「李氏への民の望みを絶つ」ために「李朝」を「阮朝」に改めたということも『全書』に記録されている[40]。これらの事件を背景に考えると、一二三二年の「天応政平」への改元は、旧王朝への記憶を撲滅し、李氏を誅殺する陳氏の行動を「天に応じる」ものとして正当性を主張するために行われたと考えられる。

以上、血統も含めて即位の資格が疑問視された皇帝は天命思想をもとに、天の意志によって即位できるという意味で「順天」「応天」「天順」、天が喜んで認め、助けるという意味を込めて「天福」「天慶」「天祐」を制定したことを論じた。

⑤皇子誕生と改元

ベトナムの年号史を通じて、「嗣」の字が付く年号は、上記に触れた阮朝の「嗣徳」以外に二つの事例が確認されており、いずれも李朝期における皇子誕生に関するものである。

まず、李聖宗の「龍彰天嗣」年号に関して、ベトナムの通史でよく触れられたように、李聖宗は八名の皇后をもつにもかかわらず、四十三歳になっても皇子がいなかった。ところが、倚蘭という新夫人を宮中に迎え入れると、ようやく念願の皇子李乾徳（後の李仁宗）が誕生した。倚蘭夫人が皇子を出産する前月（彰聖嘉慶七年十二月）に「黄龍」は曜霊殿にまず現れ、次に倚蘭夫人が居住した遊蟾閣に飛んだという祥瑞の報告があった。[41] そのため、翌年（彰聖嘉慶八年）正月二十五日の亥時に皇子が生まれると、李聖宗は、同年二月に黄龍の祥瑞および天から世継ぎを授かったという意味で「龍彰天嗣」年号に改元した。[42] それと同様、李神宗の天順五年（一一三二）に皇子李天禄が生まれたが、翌年正月にそれをお祝いするために「天順」から「天彰宝嗣」に改元が行われた。[43] なお「嗣」の字ではないが、同じく皇子誕生をきっかけに改元が行われた事例として、李高宗は、天資嘉瑞十七年（一二〇二）八月に皇太子忱が生まれたことで「天嘉宝祐」に改元した事例もある。[44]

⑥瑞祥と年号

上記の皇子誕生による改元は瑞祥による改元の一種として見なすこともできるが、他に李朝期に瑞祥による改元を行った事例は数多くみられる。それは、別の拙稿で論じたように、李朝の皇帝たちは、祥瑞に熱狂した宋真宗から影響をうけて瑞祥に格別の関心を示したという時代背景があったからである（ファム、二〇一七）。

瑞祥による改元のなかで特筆すべきなのは、神獣と僧侶の舎利を瑞祥に年号を制定した現象である。一〇六七年ごろ、真登州から白象が二匹献上された。「白象」は本来『開元占経』所引『瑞応図』によると、「王者の政教」が「四方」に達する際に現れる瑞祥として意味づけられ、『大唐六典』では「大瑞」に格付けされた。[45] そのため、李聖宗はそれに因んで正月に彰聖嘉慶から天貺宝象に改元した。[46] それと同様、貞符十一年（一一八六）、李高宗は同年七月に「白象」を捕獲し、その象に「天資」の名を下賜すると同時に「天資嘉瑞」に改元した。[47]

仏教を国教として崇拝した李朝は、僧侶の舎利も瑞祥の一つとして位置づけた。一〇三四年、厳宝性および范明心という僧侶が焼身した結果、「七宝」舎利が発見された。『全書』によると、李太宗は「その異をもって通瑞に改元」したことが注目すべきである。(48)

なお、李朝期に一〇八〇年の「神亀」をはじめ、異形の亀は計三三回瑞祥として献上されたにもかかわらず、奈良時代の「神亀」や「霊亀」のような改元はなかった。

⑦戦争と年号

ベトナムの年号史を概観すると、外国との戦争に因んで改元を行ったというパターンも指摘できる。

李朝の第二皇帝李太宗は明道三年（一〇四四）に占城国との戦争で勝利を押さえた。同年十一月に戦功をあげた六品以上の人に「錦袍」、七品以下に「羅衣」を下賜したのだが、群臣から「天感聖武」への改元を提案され、裁可したのである。(49)次代李聖宗は天貺宝象二年（一〇六九）七月に占成国から凱旋すると、太廟に俘虜を献上するとともに、「神武」に改元した。(50)太寧五年（一〇七六）、今度は宋越戦争で有利になった李仁宗は同年四月に「英武昭勝」への改元を決定した。(51)

以上は、戦争に勝利したことを誇りに行われた改元の事例であるが、その一方、一二八五年、二回目の蒙古襲来を撃退できたものの、避難場所から帰京し、昇龍京が焼き討ちされたことを目撃した陳仁宗は、感慨深く国を復興する意味合いを込めて「重興」年号を制定した。(52)

外国との戦争のみならず、内乱鎮圧に関わる年号制定の事例もある。血筋を疑問視された李英宗に対して、紹明三年（一一四〇）、仁宗の子を自称し、雲南勢力に裏付けられた申利という者は、北部の山岳地帯で反乱を起こした。同年末にようやく乱を鎮圧した李英宗は、翌年二月（『全書』では「正月」）に、状況を収集できたという意味で「大定」年号に改元した[53]。李朝末期に入ると、天資宝祐四年（一二〇五）、費郎を中心とした豪族による反乱が発生し、同年八月に彼らを無事に招喩できた李高宗は「治平龍応」の年号を制定した[54]。

おわりに

年号制は、有効な紀年法であるとともに、その制定権は皇帝の特権として中国の各王朝によって創出され、また周辺諸国にも展開されたものである。本稿ではまずベトナムにおけるその展開過程の起点を考えてみた。ベトナムの場合は、中国と陸続きのため、日本とは違い、年号使用の始まりと独立王朝による年号制定の始まりとが同じではなかったという特徴をまず強調することができた。さらに、聖徳太子の国書にみられる「天子」と同様に、年号は東アジア秩序に加盟した当初の段階で、中国の皇帝への対等意識を主張するための手段として活用されたことも明らかにした。

礼制の視点で皇帝の践祚・禅譲における「踰年改元」原則の展開も検討した。本来中国の儒教経典に帝王が守るべき「礼」として主張された「踰年改元」は、ベトナムと日本にも導入された。ところが、阮朝が歴代帝王の「古礼」とした「踰年改元」は、事実上、李陳朝期の「常識」ではなかったことを指摘した。「踰年改元」が本格的に適用されたのは、日本では平安初期以降であるのに対して、ベトナムでは仏教から儒教に転換した黎朝期以降である。また、その展開の背景には、礼制整備が途上であった丁・前黎・李朝の特徴、「二君体制」ともいえる陳朝の上皇制、女帝禅譲という日本の奈良時代の特性などベトナムと日本の独特な政治がある。

最後に十四世紀までの事例を中心に年号出典について検討した結果、儒教経典、前代皇帝の事業・徳行の継承という阮朝期によく見られるパターン以外に、天命思想、瑞祥思想、戦争関係などの改元出典も明らかにした。天命による改元の裏には、正当性が疑問視された皇帝たちの危機感が読み取れる。瑞祥に関して、霊亀を重要視した日本に違い、亀より白象を重要視した李朝の特徴が際立ってきた。また同じ戦争による改元といっても、外国（占城）への侵攻の勝利に伴う自慢も、外国（元）に侵略された悲しみも年号を検討することを通じて理解することができる。なお儒教の理想を重要視した黎朝以降の傾向に対して皇子誕生、僧侶の舎利や動物の瑞祥などの事例に見られるように、李朝期の現実主義が窺えるが、紙幅に制限があるため、その特徴の更なる解明は今後の課題にしたい。

註

（1）一九四五年から一九七五年までの期間を年号から西暦による紀年法への移行期として見なすことができる。一九四五年九月二日にベトナム民主共和国の設立を宣言した後、ホーチミンは同年十月二日に第四九号臨時政府主席勅令を発布し、公文書に「保大」年号の代わりに「ベトナム民主共和国元年」の紀年法を使用するように命じた。ベトナム戦争中、南ベトナムでも政府の「公報」などに「ベトナム共和国〜年」という紀年法が用いられた。なお、現在でも政府の政策を批判するために共産党の書記長の名前「フー・チョン」を「賦重」の漢字（賦課が重いという意）に当てはめて「賦重〜年」に作った漢文文章があちこち作られている。正当性は別として、これは年号文化が今でもベトナム社会に深く根を下ろしていることを示す現象として注目すべきであろう。

（2）「乃以十月稱梁公……於是築壇城南、柴上帝、自称梁王、有異鳥至、建元為鳳鳴、義寧二年、僭称皇帝、署百官、一用梁故事」（『新唐書』巻八七、蕭銑伝）。

（3）「会煬帝為化及所弑、鴻臚卿甯長真以鬱林、始安之地附於蕭銑、馮盎以蒼梧、高涼、珠崖、番禺之地附于林士弘、各遣人召之、和初未知隋亡、皆不就……銑利之、遣長真率百越之衆渡海侵和、和遣高士廉率交愛首領撃之、長真退走、境内獲全、郡中樹碑頌徳、会旧驍果従江都還者、審知隋滅、遂以州従銑」（『旧唐書』巻五十九、丘和伝）。

（4）「其交州刺史丘和、長史高士廉、司馬杜之松、将朝江陵、聞銑敗、悉詣孝恭降」（『資治通鑑』巻一八九、唐紀、武徳四年〈六二一〉条）。

（5）日早洪鐘銘に関して潘文閣・蘇爾夢『越南漢喃銘文匯編・第一集：北属時期至李朝』（一九九八）を参照されたい。

（6）「春、王始称王、立楊氏為后、置百官、制朝儀、定服色……」（『全書』外紀巻五、己亥元年晋天福四年〈九三九〉条）。

（7）「王薨、黎文休曰……雖王自居、未即帝位改元、而我越之正統、庶幾乎復統矣」（『全書』外紀巻五、甲辰六年晋斉王重貴開運元年〈九四四〉条）。

（8）「三年、改元曰太平元年、宋封王為安南郡王、立王后五人（有年号自此始）」（『史略』庚午宋開宝三年〈九七〇〉条）。

（9）「是歳、交州土民李賁攻刺史蕭諮、諮輸賂、得還越州」（『梁書』巻三、武帝、大同七年〈五四一〉是歳条）。

（10）「十年春正月、李賁自称越帝、置百官、改元大徳」（『資治通鑑』巻一五八、梁紀、大同十年正月条）。

（11）『史略』も李賁の称帝・改元について記録したが、それを「歴代守任」部に入れたことから考えると、陳朝当時に李賁の年号は「私年号」として見なされた可能性がある。

（12）梅叔鸞が黒帝を自称したのは、『旧唐書』『新唐書』などの文献史料のみならず、中国で発見された楊思勗墓誌でも確認できる。楊思勗墓誌の録文や拓本は周編（一九九二）や中国社会科学院考古研究所編著（一九八〇）に収録されている。

（13）仏頂尊勝加句霊験陀羅尼経の経幢に関して、潘文閣・蘇爾夢編（一九九八）を参照されたい。

（14）古銅銭に関して、「はじめに」で紹介した三涓（一九七五）、張（一九八一）、ベトナム国立歴史博物館（二〇〇五）の各研究で紹介されている。

（15）「癸未秘書丞朱正臣上言、前通判広州窃見蕃商多往交州、貿市斎到黎字及砂鑞銭至州、頗紊中国之法、望自今犯者決配牢城、随行貨尽没入官、詔広南転運使洎広州覆議既而上言、本州海路、与交州占城相接、蕃商乗舟、多為海風所漂、因至外国、本非故往貨易、欲望自今斎到黎字砂鑞等銭並没入官、其余博易、所得布帛、取三分之一、余悉還之、所犯人以違制失論、詔可」（『続資治通鑑長編』巻九二、天禧二年〈一〇一八〉十月条）。

(16)「嶺南節度使奏、近日海舶珍異多就安南市易、欲遣判官就安南収市、乞命中使一人与倶上欲、従之」（『資治通鑑』巻二三四、貞元八年〈七九二〉六月条）。「嶺南節度経略使奏、近日舶船、多往安南市易、進奉事大実懼欠供、臣今欲差判官、就安南収市、望定一中使与臣使司同勾当、庶免隠欺、希顔奉宣聖旨、宜依者」（『翰苑集』巻一八、論嶺南請於安南置市舶中使状）。

(17)「天鎮福宝、背文有一黎字在穿上、字体形製与石晋天福銭、殊不相侔、今世所見至多」「右大興銭、李孝美曰、此銭径八分、重四銖、面文曰、大興平宝、復有一丁字在背文穿上、洪遵曰、余按此銭、今世至多、背文丁字、不常其処、或在穿上、或在穿下」（『銭通』巻七）。

(18)岡山県赤磐市教育委員会（二〇一三）による。

(19)「時宋方責帝、以稱帝改元、又有取我越之意、遣張宗権復書曰、丁氏傅襲三世、朕欲以璿為統帥、卿副之、若璿将才無取、猶有童心、宜遣子母及親属来帰、俟其入朝、必示優礼、却授卿以節旄、凡茲二途、卿宜審処其一、帝皆不聴」（『全書』本紀巻一、丁廃帝、庚辰太平十一年天福元年宋太平興国五年〈九八〇〉条）。

(20)「自言近歳与蛮寇接戦、墜馬傷足、受詔不拝」「士卒殆三千人、悉黥其額曰天子軍」（『宋史』巻四八八、交阯伝）。

(21)「宋復遣李若拙齎詔書及玉帯来賜、既至、帝郊迎、慢不為礼、以示高異、謂若拙曰、劫如洪鎮、乃外境海賊也、皇帝知此非交州兵否、若使交州叛命、当首撃蕃禺、次撃閩越、豈止如洪鎮而已、言訖頓首謝」（『全書』本紀巻一、黎大行、丙申応天三年〈九九六〉条）。「七月、太宗遣主客郎中、直昭文館李若拙齎詔書、充国信使、以美玉帯往賜桓、若拙既至、桓出郊迎、然其詞気尚悖慢、謂若拙曰、向者劫如洪鎮乃外境蛮賊也、皇帝知此非交州兵否、若使交州果叛命、則当首攻番禺、次撃閩越、豈止如洪鎮而已」（『宋史』巻四八八、交阯伝）。

(22)「天覞宝象（交趾李日尊）」「神武（交趾李日尊）」「太寧（晋明帝北斉世祖趙石虎、交趾李乾徳）」「彰聖嘉慶（交趾）」「宝象（交趾李日尊）」（『玉海』巻一三、年号、歴代年号）。

(23)「此書原題大越史略、蓋挙国号為名、而所列公蘊至昊昷八王皆僭帝号、不独陳日尊一代、則尤史所未詳、又玉海記交趾天貺宝象、神武、彰聖嘉慶諸年号此書皆与相合、特所列黎阮諸王無不改元者、而史家並未悉載、則必当時深自諱之、故中国不能尽知耳」（『四庫全書』所収『越史略』提要）。

(24) 紙幅の都合により、李陳朝の隠蔽政策に関してファム（二〇一四a）を参照されたい。

(25)「春秋之法、君薨嗣君定位於初喪、踰年然後改元、書、即位者、縁始終之義、一年不二君、縁臣民之心、不可曠年無君、礼也」（『全書』本紀巻二、李太祖、戊辰順天十九年〈一〇二八〉条）。

(26)「本月日上吉即皇帝位、以明年甲申為建福元年、用明正始之義、且自古帝王嗣位踰年改元、礼之正也、茲著自本月日至十二月底、凡一切詔書頒行以及中外章疏文書仍恭著嗣徳年号俟、開正元旦以後、即従新元紀号」（『欽定大南会典事例続編』巻二〇、礼部、登光）。

(27)「改元大同、非礼也、国君即位、踰年而後改元者、縁臣子之心不忍一年而有二君也、今未踰年而改元、分先帝之残年、成当身之嘉号、失慎終无改之義、違孝子之心也、稽之旧典、可謂失也」（『日本後紀』巻十四、大同元年〈八〇六〉五月辛巳条）。

(28)「新儀式云、践祚明年有改元事（年内改元非礼誤也）」（『古事類苑』歳時部四・年号下所収『元秘別録』所引『新儀式』逸文）。

(29)「於是共扶公蘊升正殿、立為天子即位、百官于庭下羅拜、内外呼万歳、声振朝中、大赦天下、以明年為順天元年……群臣上尊号、曰奉天至理、応運自在、聖明龍見、睿文英武、崇仁広孝、天下太平、欽明光宅、章明万邦、顕応符感、威震藩蛮、睿謀神助、聖治則天、道政皇帝」（『全書』本紀巻一、黎臥朝、己酉景瑞二年〈一〇〇九〉条）。

(30)「皇太子昷即位于柩前、時方十六歳、尊母譚氏為皇太后、同聴政令」（『全書』本紀巻四、李高宗、庚午治平龍応六年〈一二一〇〉十月条）。「春正月、改元」（『全書』本紀巻四、李恵宗、辛未建嘉元年〈一二一一〉年正月条）。

(31)「太后見衆心悦服、命以龍衮加桓身、請即帝位、桓於是即皇帝位、改元天福元年、降封亭仍為衛王」（『全書』本紀巻一、丁廃帝、庚辰太平十一年天福元年〈九八〇〉条）。

(32)「十二月十二日戊寅受昭皇禅、即皇帝位、改元建中」（『全書』本紀巻五、陳太宗、建中元年〈一二二五〉条）。

(33)「己亥、太子仏瑪即位於柩前、尊母黎氏曰、霊顕太后、大赦、改元天成元年」(『全書』本紀巻二、李太祖、戊辰順天十九・天成元年〈一〇二八年〉条)。

(34)「至於未踰年而改元、則不容不議、春秋之法、君薨嗣君定位於初喪、踰年然後改元、書、即位者、縁始終之義、一年不二君、縁臣民之心、不可曠年無君、礼也、太宗乃冒先君之年、以紀年何哉、夫甲子流年、天之運也、人君法天、因甲子之運行、紀在位之久近、従古已然、帝精於礼楽書数、曽不是考、而叙擾之、遂使後世襲為故事、踵而行之、其失大矣」(『全書』本紀巻二、李太祖、戊辰順天十九年〈一〇二八〉条)。

(35)「二月二十四日、帝遜位于皇太子晃、退居北宮、太子即皇帝位、改元紹隆元年、大赦、称仁皇、尊上皇曰顕堯聖寿太上皇帝」(『全書』本紀巻五、陳聖宗、戊午紹隆元年〈一二五八〉二月条)。

(36)「十八日、帝禅位于皇太子奣、奣即皇帝位、改元大慶元年、大赦、称寧皇、尊上皇曰、光堯睿武太上皇帝」(『全書』本紀巻六、陳英宗、甲寅大慶元年〈一三一四年〉三月条)。

(37)「春二月七日、冊東宮太子旺為皇太子、十五日禅位、旺即皇帝位、改元開祐元年、大赦、称哲皇、尊上皇曰、章堯文哲太上皇帝」(『全書』本紀巻六、陳憲宗、己巳開祐元年〈一三二九〉二月条)。

(38)「秋八月二十一日、上皇迎皇子暭即皇帝位、改元紹豊元年、大赦、称裕皇」(『全書』本紀巻七、陳裕宗、辛巳紹豊元年〈一三四一〉条)。

(39)「改元例、天子践祚、以禅譲年属先代、踰年即位、古礼也、而我朝当年即位、翌年改元、已為流例、但禅譲年即位、又非無先例、和銅八年九月元明禅位、即日元正即位、改元為霊亀、養老八年〈七二四〉二月元正禅位、即日聖武即位、改元為神亀、天平勝宝元年四月聖武禅位、同年七月孝謙即位、改元為天平勝宝、神護景雲四年八月称徳崩、同年十月光仁即位、十一月改元為宝亀、徳治三年八月後三条崩、同年親王即位、十月改元為延慶、又踰年不改元例、天平宝字二年淡路廃帝即位、不改元、仁和三年宇多帝即位、不改元、隔年改為寛平、延久四年白河帝即位、又不改元、隔年改為承保等也、即位以前改元例、寿永二年八月後鳥羽受禅、同三年四月改元為元暦、七月即位、是非常例也、〈右神皇正統紀異本裏書也〉」(『古事類苑』歳時部、年号下)。

(40)「陳守度尽殺李氏宗室、時守度専政日久、既弑恵宗、李家宗室怏怏失望、是年冬、諸李因拝先后于華林太堂、守度潜作深坑、築屋居上、候至酒酣、発機並生埋之」（『全書』本紀巻五、陳太宗、壬辰建中八年〈一二三二〉条）。「夏六月、頒国諱廟諱、元祖諱李、因改李朝為阮朝、且絶民之望李氏也」（『全書』本紀巻五、陳太宗、壬辰建中八年〈一二三二〉六月条）。

(41)「冬十二月、黄龍見於曜霊殿、又見於遊蟾閣、倚蘭元妃所居」（『史略』巻中、乙巳彰聖嘉慶七年〈一〇六五〉条）。「父皇入夢、殊邦献雪象六牙、母后有娠、飛閣廥黄龍五彩」（『崇善延霊塔碑』〈一一二一年〉崇善延霊塔碑に関して、潘文閣・蘇爾夢編〈一九九八〉を参照されたい）。

(42)「春正月二十五日亥時、皇子乾徳生、後日立為皇太子、改元、大赦、封其母倚蘭夫人為宸妃」（『全書』本紀巻三、李聖宗、丙午龍彰天嗣元年〈一〇六六〉正月二十五日条）。「丙午彰聖嘉慶八年春二月、改元為龍彰天嗣元年」（『史略』巻下、丙午彰聖嘉慶八年二月条）。

(43)「五月朔、皇次長子天禄生、後封明道王」（『全書』本紀巻三、李神宗、壬子天順五年〈一一三二〉五月朔日条）。「癸丑天彰宝嗣元年春正月、改元」（『史略』巻下、癸丑天彰宝嗣元年正月条）。

(44)「秋八月、皇太子忱生、改元天嘉宝祐元年」（『全書』本紀巻四、李高宗、壬戌天資嘉瑞十七年〈一二〇二〉八月条）。

(45)「援神契曰、神霊孳液、百宝為用、則白象素象、色白如素也、瑞応図曰、王者政教、得於四方、則白象至〈得字当作行〉又曰、王者自養有道、則白象負不死薬来」（『唐開元占経』巻一百十六）。

(46)「真登州献白象二、因此、改元天貺宝象元年」（『全書』本紀巻三、李聖宗、戊申天貺宝象元年〈一〇六八〉条）。

(47)「秋七月、獲白象、賜名天資、詔改元天資嘉瑞元年」（『全書』本紀巻四、李高宗、丙午天資嘉瑞元年条）。「丙午貞符十一年、夏四月、獲白象、賜名天資象、乃改元為天資嘉瑞元年」（『史略』巻下、丙午貞符十一年〈一一八六〉四月条）。

(48)「是月、改元通瑞元年、時有巌宝性、范明心二僧焚身、尽成七宝、詔以其宝留于長聖寺、供以香火、帝以其異、改元通瑞」（『全書』本紀巻二、李太宗、甲戌通瑞元年〈一〇三四〉条）。

(49)「帝還自占城、告捷于太祖廟畢、御天安殿、設飲至礼」（『全書』紀巻二、李太宗、甲申明道三年〈一〇四四〉条）。

「冬十一月、賜伐占城有功者、六品以上錦袍、七品以下羅衣、群臣請改元曰天感聖武」（『全書』本紀巻二、李太宗、甲申天感聖武元年〈一〇四四〉十一月条）。

(50)「秋七月、帝還自占成、献俘于太廟、改元神武元年」（『全書』本紀巻三、李聖宗、己酉神武元年〈一〇六九〉七月条）。

(51)「夏四月、赦、改元英武昭勝元年」（『全書』本紀巻三、李仁宗、丙辰英武昭勝元年〈一〇七六〉条）。

(52)「九月、改元重興元年、大赦」（『全書』本紀巻五、陳仁宗、乙酉重興元年〈一二八五〉条）。

(53)「翁申利自称仁宗之子、拠上源州以叛、僭号平皇、有衆千余人、二月、詔諫議大夫劉禹称撃之、為利所敗、利出拠西儂州、攻破富良府、欲向京師……十月、英武攻隆令州、破之、俘二千余人、利奔諒州、為太傅蘇霊成所擒、送京師、斬之」（『史略』巻下、己未紹明三年〈一一三九〉条）。「二月、改元大定元年」（『全書』本紀巻四、李英宗、庚申大定元年〈一一四〇〉二月条）。

(54)「秋八月、王命侍衛都火頭阮謂往招諭大黄人、謂至、費郎与其豪長一百七十余人出降、九月壬辰改元為平治龍応元年」（『史略』乙丑天資宝祐四年〈一二〇五〉条）。『全書』では改元が三月とされたのだが、李朝末期の記事が詳細に及んでいる『史略』のほうは信憑性が高い。

参考文献

〔ベトナム語の文献〕

Phan Văn Các（ファン・バン・カク）、二〇〇〇「Chữ Hán trong niên hiệu、thụy hiệu và miếu hiệu（年号、諡号、廟号の漢字について）」（『漢喃通報』）

Bảo tàng Lịch sử Quốc gia Việt Nam（ベトナム国立歴史博物館）編、二〇〇五『越南銭幣』

Lê Thành Lân（レー・タイン・ラン）、一九九七「Niên biểu nhà Mạc（幕朝年表）」（『Tạp chí Hán Nôm（漢喃雑誌）』一九九七年第一期）

二〇一〇『Năm trăm năm lịch Việt Nam（1544-2043）（ベトナムの五百年暦〈一五四四～二〇四三〉）』（ハ

ノイ出版社）
Đinh Khắc Thuận（ディン・カク・トゥン）、一九八七「Một số vấn đề về niên đại bia Việt Nam（ベトナムの石碑の年代問題）」（『Tạp chí Hán Nôm（漢喃雑誌）』一九八七年第二期）
Yao Takao（八尾隆生）、一九九五「Khảo sát về niên hiệu vua Lê Nhân Tông 黎仁宗—Niên hiệu Nhân Tông là "Đại Hòa 大和", Chứ không phải là "Thái Hòa 太和"—」（『大阪外国語大学論集』第一三号）
Phạm Lê Huy（ファム・レ・フイ）、二〇一四a「Tin đồn về Đại Việt trên đất Tống qua các nguồn sử liệu（史料にみられる宋地における大越のうわさ）」（『Nghiên cứu Lịch sử（歴史研究雑誌）』第一〇号）

〔中国語の文献〕
広州市文物考古研究所・中国社会科学院考古研究所・南越王宮署博物館等建処、二〇〇六「広州市南越国宮署遺址西漢木簡発掘簡報」（『考古』二〇〇六年第三期）
中国社会科学院考古研究所編、一九八〇『唐長安城郊隋唐墓』（文物出版社）
張　秀民、一九八一「越南古幣述略」（『学術論壇』一九八一年第三期）
南越王宮博物館編、二〇一〇『南越国宮署遺址—嶺南両千年中心地』（広東人民出版社）
潘文閣［Phan Văn Các］・蘇爾夢［Claudine Salmon］編、一九九八『越南漢喃銘文匯編・第一集—北属時期至李朝』（フランス極東学院）

〔日本語の文献〕
岡山県赤磐市教育委員会、二〇一三『向山宮岡遺跡・丸田遺跡・中屋遺跡の大量出土銭』（岡山県赤磐市教育委員会）
周紹良編、一九九二『唐代墓志匯編』（上海古籍出版社）
中国社会科学院考古研究所編著、一九八〇『唐長安城郊隋唐墓』（文物出版社）
ファム・レ・フイ、二〇一四b「ベトナムにおける安南都護高駢の妖術—その幻像と真相について—」（水口幹記編『古

代東アジアの「祈り」宗教・習俗・占術』森話社）
二〇一五「新発見の仁寿元年の交州舎利塔銘について」（新川登亀男編『仏教文明と世俗秩序—国家・社会・聖地の形成—』勉誠出版）
二〇一七「ベトナム李朝期の祥瑞について」（立教大学日本学研究所・第59回研究例会「前近代東アジアにおける術数文化の伝播・展開—ベトナムと日本・中国を中心として—」立教大学、二〇一七年十月十四日、レジュメ）
三浦吾泉（清吾）、一九七五『安南泉譜』（小野谷印刷）
王　福順、二〇〇六「朝鮮とベトナムの年号についての一考察」（『修平人文社会学報』第七期）

引用史料

『越史略』（欽定四庫全書本）／『翰苑集』（欽定四庫全書本）／『玉海』（欽定四庫全書本）／『欽定大南会典事例続編』（ベトナム社会科学出版社本）／『旧唐書』（中華書局本）／『資治通鑑』（中華書局本）／『新唐書』（中華書局本）／『銭通』（欽定四庫全書本）／『宋史』（中華書局本）／『続資治通鑑長編』（中華書局本）／『大越史記全書』（東洋学文献センター叢刊本）／『大越史略』（創価大学アジア研究所叢刊本）／『唐開元占経』（中国書店本）／『唐代墓志匯編』（上海古籍出版社本）／『日本後紀』（新訂増補国史大系本）／『梁書』（中華書局本）

第三部　年号と正統性

1　年号と王朝交代

清水浩子

はじめに

ここでいう年号とは元号と同義語である。日本人には元号といったほうが馴染むであろうか。もちろん、日本人でも元号という名称を知らない人たちもいる。元号の歴史は長く、広く東アジアで使用されてきたが現在では日本のみで使用されるだけである。しかし、このような元号は日本に生活する外国人にとっては大変分かりにくいとかで、自動車の免許更新に用いられている元号表記は近く西暦に変更されるという。

日本では明治六年（一八七三）[1]に東アジアにおいて、いち早くグレゴリオ暦（太陽暦）を用いて太陽暦を作成して生活に使用するようになる。しかし、中国や朝鮮半島においては生活上では今でも太陰暦に基づく農暦を使用することがある。その最たるものは「春節」である。日本人の新年（お正月）は西暦の一月一日であるが、中国や朝鮮半島、台湾、ベトナムでは農暦によって「春節」（新年）が決められるため、年によってお正月、新年を祝う日が異なるのである。公式には韓国では一八九六年（建陽元年）から、中国では中華民国建国の一九一二年からグレゴリオ暦を使用している。そして、元号については、中国では中華民国建国と同時に元号が廃止されたのである。

日本では暦に関しては、いち早く西暦を用いたのであるが、元号については江戸時代のあとは明治と改められ元号が時代区分にも用いられている。江戸という名称は時代区分であって元号ではない。元号は天皇制と連動して用いられるものである。江戸時代やそれ以前にも元号は存在するが、元号で時代を区分していない。それは、現在のように一代の天皇一元号ではなく、一代の天皇の間にも元号が変わることがあったり、実際の為政者が天皇でなかったりするので、別に「鎌倉時代」とか「室町時代」といって時代区分をしている。明治以降は一代の天皇は一元号という考え方が基本になるので、時代区分と元号が一致する。日本の元号については他に譲ることにして、次に中国の年号の背景を考察していきたい。

一　中国の年号

中国の歴史は四〇〇〇年とか五〇〇〇年とかいわれるが、年号はいつから使用されたのであろうか。それは漢の武帝（前一四一～前八七在位）の時である。漢の始祖は高祖（前二五六～前一九五）であるが、高祖の時にはまだ、年号はない。第七代の武帝期になると漢王朝も安定期に入り、文化的にもおおいに目を見張るものがある。学者としては五経博士の制度を確立した董仲舒（前一七六～前一〇四）がいる。董仲舒は天人合一の思想を軸に皇帝の絶対化を考えた。その一つが年号の制定であったのではないであろうか。そして、ことあるごとに年号は変わり、武帝期には実に十一もの年号が使われている。その後、昭帝（前八七～前七四）、宣帝（前七四～前四九）の時代は最も安定した時代であったが引き続き年号が使われ、時々改元されている。このような状況は中華民国成立まで続き、清代の康熙とか乾隆という年号は文化を象徴する年号として私たちに記憶されている。いうまでもないことであるが康熙帝の時には『康熙字典』、乾隆帝の時には『四庫全書』がつくられたのである。中国の年号も日本の明治以前と同じように、一皇帝一年号ではないので、時代区分には使用されず、時代区分には秦とか漢という名称が使用され、皇帝名ではない呼称でいわれる。そして、秦から漢に変わることを、王朝が変わるといい、中国ではこの王朝交代を革命と言う。革命とは「命を革《あらた》める」ということで、為政者が代わることである。中国では古くは最高責任者である為政者は天命、天或いは天帝からの命によって即位すると考えられていたのである。それで、秦の始皇帝以前は為政者が天の命によっているので「天子」と呼ばれるが、始皇帝は天下を統一した後に自ら皇帝、始皇帝と称したのである。始皇帝とは始めての皇帝という意味である。始皇帝以後は始皇帝にならって、最高の為政者を皇帝と呼ぶようになる。始皇帝即位の様子を『史記』秦始皇本紀には以下のように記述する。

> 始皇は終始五徳の伝を推し、以て周の火徳を得、秦は周に代わり、徳は勝たざる所に従うと為す。方《まさ》に今水徳の始。年始を改め、朝賀皆十月朔を自《もち》ゆ。衣服旄旌節旗皆黒を上《たっと》ぶ。数は六を以て紀と為し、符、法冠六寸にして、輿は六尺、六尺を歩と為し、六馬に乗る。更に河を名づけて徳水と曰う。以て水徳の始と為す。

以上からは、①始皇帝は五徳終始説によって、周の火徳に代わって水徳を得て皇帝となる。②年始を改めて朝賀の日を十月一日をとする。③水徳であるので黒を尊んで、服色や旗を黒にする。数は六を基本としたので、符や法冠は六寸とし、輿の幅は六尺、六尺を一歩とし、皇帝は六頭立ての馬車に乗る。④黄河をも徳水と言い改める、ということが理解できる。

①の「五徳終始説」とは戦国末の鄒衍（前三〇五～前二四〇）によって説かれもので、五徳終始説には相克説と

相生説があり、始皇帝の場合は相克説によって帝位についたのである。すなはち、周が火徳であるので、秦は火徳に勝つことができる水徳となる。周以前には夏・殷の王朝が存在して、五徳終始説の相克説によれば夏は木徳、殷は金徳になり、夏以前の神話時代の黄帝を土徳とすることによって、五徳終始説の理論を成立させている。②の「朝賀の日を十月一日」とするということは、「暦」が改められたということである。「暦」を製作することは最高の為政者に課せられた任務である。だから、始皇帝は新年を十月一日として、新年を十二月とする周の暦を改めたのである。参考までに述べると、殷の新年は一月であり、夏の新年は二月である。このことについては後述する。③は「暦」の制定と同じように「儀礼」の制定も為政者としての務めであることを示している。「黒を尊ぶ」ということは、儀礼を行う時の衣装、旗などの色を「黒」にするということである。周は火徳であるので、色は赤を尊んでいたのである。これは五行説によるものであり、数を六とするのも五行説によるものである。年号については後で考察することにして、王朝交代の原理として用いられている五行説について考えることにする。

二　五行説

五行について、一言で説明することは大変難しいが、中国文化を理解するには最も重要な考え方であるといえる。

五行とは木火土金水という五つの要素が基本であるが、循環する性質[2]も有する。そして、先に述べたように五行は色と結びつき、季節や方位とも結びつく。表1のようになる。

表1

五行	木	火	土	金	水
季節	春	夏	土用	秋	冬
方位	東	南	中央	西	北
色	青	赤	黄	白	黒

以上によって五行の「水」は色では黒に配当されるので、水徳である始皇帝が黒を尊ぶ由縁が理解できよう。では、このような関係はどのようなものに記載されているのであろうか。これもたくさんの書物に記載されているが、隋代に蕭吉（生没年不詳）(3)によって著述された『五行大義』巻一の第一には以下のようにある。

春秋元命苞に曰く、木は触なり。地に触れて生ず、と。其の時は春。位は東方に在り。

白虎通に云う、火の之れ言為るは化なり。陽気事に用うれば、万物変化するなり、と。其の時は夏。位は南方なり。

元命苞(4)に云う、土の之れ言為るは吐なり。気の精を含み吐く。以て物を生ずるなり、と。其の時は季夏。季は老なり。万物の此に於て成就す。方《まさ》に老は四時の季《すえ》に王たり。故に老と曰うなり。（その季節は季夏すなわち夏の終わりに配当される。季とはすなわち、成熟するという意味である。だから、万物はこの季節に成熟するのである。まさに老は四季の終わりに盛んになる。だから老というのである。）其の位は内に処《お》りて、内に通ずるなり。

許慎云う、金は禁なり。陰気始めて起り、万物禁止するなり。土は金より生じ、字は土に従い、左右の注は、金の土中に在るの形を象りなり、と。（許慎(5)〈生没年不詳〉の『説文解字』には「金とは禁ずることであり、陰気が始めて起り、万物が成長をやめることである。土は金を生ずる。また、金という字は、土に従い、左右の注は金が土中にあって光っている形を象ったものである。」と言う。）其の時は秋なり。其の位は西方。

釈名・広雅・白虎通皆曰く、水は準なり。万物を平準するなり、と。（『釈名』(6)『広雅』(7)『白虎通』(8)はみな、「水は準である。万物を平らにするのである。」と言っている。）其の時は冬。其の位は北方。

以上に引用されている書物はすべて後漢時代のものである。特に『白虎通』などは『後漢書』の著述に係わった班固（三二〜九二）の著作である。このことは後漢時代には五行説は物事を理解するためには欠かせないものであったことが推察される。そして、五行は個々の性質が異なることも忘れてはならない。なお、先にも述べたように五行の考え方は戦国末の鄒衍のころに始まり発展するが、そのことについて、今は詳しく論じない。

上記の考察では色と五行についての記述がなかった。しかし、色と五行の関係の記述は『呂氏春秋』有始覧・応同篇に帝王の出現に当たっては瑞祥が下されることが説明され、五行と帝王と色の関係の記述がある。表2のようになる。

表2

五行	土	木	金	火	水
帝王	黄帝	禹(夏)	湯(殷)	文王(周)	?
色	黄	青	白	赤	黒

「?」の部分だけ『呂氏春秋』から文章を引用すると、

火に代わる者は必ず将に水ならんとし、天且《まさ》に先ず水気の勝つを見《あらわ》さんとす。水気勝つ、故に其の色は黒を尚び、其の事は水に則る。水気至りて数の備わざるを知らざれば、将に土に徙《うつ》らんとす。

（『呂氏春秋』有始覧・応同篇）

とある。以上の理論は黄帝と禹の間の帝王は省略されるという変則的なものではあるが、これは五徳終始説によって始皇帝を導き出すためにはやむ得ない方法であったのであろう。「火に代わる者は必ず将に水ならん」ということで、始皇帝は水徳の帝王となるのである。なお、方位と色の関係は『史記』天官書にも記述がある。(9)

また、五行の性質については『五行大義』第一、第二の「体性を弁ず」という項目に記述がある。表3のようになる。

表3　五行の体性

五行	木	火	土	金	水
体	温柔	明熱	含散・持実	強冷	寒虚
性	曲直	炎上	嫁穡	従革	潤下

三　数と五行

始皇帝が「六」を尊んだことが、『史記』に記述されていることを先に述べたが、数と五行の関係は『五行大義』巻一の第三の第二に以下のようにある（なお、当該引用文は訓読し、注は（　）で示した）。

『易』上繫[10]に曰く、「天の数は五。」と。（王曰く[11]、「一三五七九を謂うなり。」と。韓曰く[12]、「五奇なり。」と。）「地の数は五。」（王曰く、「二四六八十を謂うなり。」と。韓曰く、「五偶なり。」と。）「五位相《あい》得るなり。」（王曰く、「五位は金木水火土なり。」と。）「各の合する有り。」（王曰く、「水は天に在りては一と為り、地に在りては六と為り、六・一は北に合す。火は天に在りては七と為り、地に在りては二と為り、二・七は南に合す。金は天に在りては九と為り、地に在りては四と為り、四・九は西に合す。木は天に在りては三と為り、地に在りては八と為り、三・八は東に合す。土は天に在りては五と為り、地に在りては十と為り、五・十は中に合す。故に曰く、五位相《あい》得て、各の合す。」と。謝曰く、「陰陽相応じ、奇偶相配し、各の合する有り。」と。韓曰く、「天地の数、各の五有り、五の数相配し、以て金木水火土と合成するなり。」と。）

すなわち、『周易』繫辞上伝では「天の数は五。」と言っているが、「王曰く」では、「天の数五とは一三五七九のことである。」と説明し、韓康伯（三三二～三八〇）の注（『周易』注）では、「五つの奇数である。」と説明する。これは表現の違いであって内容は同じである。また、「地の数は五。」を、「王曰く」では「二四六八十のことである。」と言い、韓康伯は、「五つの偶数である。」と言う。これも王氏と韓康伯は同じことをいっている。そして「五方位（四方と中央）は奇偶の数をそれぞれ得る。」ということに関しては、「王曰く」では五方位とは金木水火土であるといい、それぞれの方位と数は結合すると考えている。王氏はそれをさらに詳しく、「水は天にあっては一であり、地にあっては六であり、六・一は北に結合する。火は天にあっては七であり、地にあっては二であり、二・七は南に結合する。金は天にあっては九であり、地にあっては四であり、四・九は西に結合する。木は天にあっては三であり、地にあっては八であり、三・八は東に結合する。土は天にあっては五であり、地にあっては十であり、五・十は中央に結合する。だから、五方位は奇偶の数をそれぞれ得て、それぞれと結合するのである。」と考えている。また、謝氏は、「陰と陽とが相感応し、奇数と偶数がそれぞれ分配され、それぞれと結合する。」と考え、韓康伯は、「天と地の数は、それぞれ五つあり、奇数と偶数のそれぞれの五つの数はそれぞれ分配されて、金木水火土に結合するのである」と考えている。五方位と数の関係についてもみな同じ考え方である。

王氏と韓康伯の考え方を図に示すと五行と天地の数の関係は以下のようになる。

	東、木（天三、地八）	
北、水（天一、地六）	中央、土（天五、地十）	南、火（天七、地二）
	西、金（天九、地四）	

しかし、『五行大義』巻一、第三、第二には『尚書』洪範篇と『礼記』月令篇を引用して、以下のようにもある。

尚書洪範篇に曰く、五行とは、一に水と曰い、二に火と曰い、三に木と曰い、四に金と曰い、五に土と曰う。皆其れ生数なり。

礼記月令篇に云う、木の数八、火の数七、金の数九、水の数六、土の数五。皆其れ成数なり。唯だ土のみを生数と言う、と。

以上の『尚書』洪範篇と『礼記』月令篇の生成の数と五行の関係は次の図のようになる。

水（生数一、成数六）	木（生数三、成数八） 土（生数五、成数五） 金（生数四、成数九）
	火（生数二、成数七）

これは先に考察した、『易』の五方位と天地の数の関係と数字は一致するが、天の数が奇数であり、地の数は偶数であるという『周易』の奇数、偶数の理論をそのまま生成の数の理論に持ち込むことはできないことが理解できる。なぜなら、生成の数の生数は『尚書』洪範篇によって「一二三四五」であり、成数は『礼記』月令篇によって「六七八九五」であるので、生数と成数は奇数・偶数の概念で捉えることはできないからである。この『尚書』洪範篇と『礼記』月令篇が別の概念であるというわけを蕭吉は以下のように説明する。

『洪範』[13]は、是れ上古に創制の書なり。故に生数と言う。

『礼記』月令は、是れ時候の書、事業を成就するを貴ぶ所なり。故に成数と言う。唯だ土を生数と言うは、土は能く生ずるを以て貴しと為し、且つ以て四行を成し、之を簡するに足ればなり。是れ其れ能く生じ、能く成すの義なり。

（『五行大義』巻一、第三、第二に「五行及び生成の数を論ず」）

すなわち、『尚書』洪範篇は上古に創られた書であるので、生数のみ述べられ、『礼記』月令篇は「それぞれの季節について記述された書であり、事を成就することを貴んでいるので、成数について述べている。」と蕭吉は考えるのである。そして、「土のみを生数」で表すのは「土の気は物を生ずることを貴び、他の気を総括しているので、それらを代表することができるからである。」とする。

以上から、五行と数の関係は「五行と天地の数」の関係と「五行と生成の数」の関係の二説が存在することが理解できる。五行と数の関係を表にすると表4のようになる。

表4

五行	土	木	金	火	水
天の数	三	七	五	九	一
地の数	八	二	十	四	六
生数	三	二	五	四	一
成数	八	七	五	九	六

五行と数の関係だけみれば、その関係に違いはないのである。

それでは始皇帝は『易』の「地数」によって「六」を得たのであろうか、『礼記』の成数によって「六」という数字を得たのであろうか。いずれにしても、上の表から「水が六」を導き出すことはできるが、始皇帝が「六」を導き出したのはどちらによったかを明確にすることはできない。歴史的観点からすれば『易』や『礼記』を見て始皇帝が「水が六」を導きだしたのでないことは明らかであるが、後世にある理論のどちらに近いかということで以上を紹介したのである。数は五行だけでなく十干十二支にも配当されるので、次に十二支と数の関係を考察する。

四　十二支と数

『五行大義』には常従の『数義』を以下のように引用する。

常従の『数義』[14]に云う、「北方の亥子は水なり、生数は一。丑は土なり、生数は五。一と五と相《あい》得て六と為る。

故に水の成数は六なり。東方の寅卯は木なり、生数は三。辰は土なり、生数は五。三と五と相得て八と為る。故に木の成数は八なり。南方の巳午は火なり、生数は二。未は土なり、生数は五。二と五と相得て七と為る。故に火の成数は七なり。西方の申酉は金なり、生数は四。戌は土なり、生数は五。四と五と相得て九と為る。故に金の成数は九なり。中央の戊己は土にして、生数は五。又た土の位は中に在り、其の数は本《もと》は五、両五相得て十と為る。故に土の成数は十なり。此れ陰陽の両気は各の一周するなり。共に一周すれば則ち生数と為る。各の一周すれば則ち成数と為る。陽は軽清を以て上りて天と為り、陰は重濁を以て下りて地と為る。而して陽の第五に至りて中に入るは、其の体《かたち》躁疾なり。故に共に一周して中に入る。陰の第十に至りて方《まさ》に中に入るは、其の体遅殿なり。故に各の一周して始めて入るのみ。然らば五行は皆中気を得て後に成る。土は中に居りて四季に王たるも、幷《なら》びに土を須《ま》ちて以て之を成すなり。」と。

（『五行大義』巻一、第三、第二「五行及び生成の数を論ず」）

常従の『数義』を図と表にすると以下のようになる。
寅・卯＝木（生数三、成数八）
辰＝土（生数五）
巳・午＝火（生数二、成数七）
未＝土（生数五）
申・酉＝金（生数四、成数九）
戌＝土（生数五）
亥・子＝水（生数一、成数六）
丑＝土（生数五）

表5

	亥	子	丑	寅	卯	辰	巳	午	未	申	酉	戌
五行	水	水	土	木	木	土	火	火	土	金	金	土
生数	一	一	五	三	三	五	二	二	五	四	四	五
成数	六	六		八	八		七	七		九	九	

この常従の説は五行と「生成の数」の関係だけでなく「十二支と五行」や「十二支と生成の数」の関係を説くものである。また、「十二支と生成の数」の関係は『太玄経』にも説かれているが、常従の説とは異なる。参考までに以下に『太玄経』の十二支と数の関係を表6にして示す。

表6

十二支	子	丑	寅	卯	辰	巳	午	未	申	酉	戌	亥
数	九	八	七	六	五	四	九	八	七	六	五	四

以上から始皇帝は「亥子」が「六」という十二支と数の関係を考慮したのではないかと考える。もちろん、始皇帝が常従の説から、十二支と数の関係を考慮したということではない。十二支と数の関係は始皇帝のころにも存在したので、それを用いて新年を十月にできたのだと考える。

新しく為政者になったものは、暦を新しくすることが重大な任務であるから始皇帝も暦を作成したのであるが、その原理がどこにあったかを明らかにするために以上を紹介した。おそらく、始皇帝が「六という数を基に、符や法冠を六寸、輿の幅は六尺、六尺を一歩とし、六頭立ての馬車に乗る。」という六は『易』の天地の数によったものであり、十月を新年にしたのは十二支と数の関係によったものと考える。このような数にたいするこだわりこそが自らの正統性を示すことであったのである。

五　循環する五行

五行には循環する性質があるからこそ、王朝交代の理論に使うことができるのである。

『春秋繁露』五刑相生篇に、

天地の気、合して一と為り、分れて陰陽と為り、判《わか》ちて四時と為り、列して五行と為る。行とは行《めぐ》るなり。

とある。『五行大義』巻一、第三、第二には、

五行は逓《たが》いに相《あい》負載し、休王して相生じ、万物を生成し、運用して休まず。故に行と云うなり。（それぞれ互いに背負ったり載せたり、休んだり盛んになったりしてそれぞれが生じ、その力が万物を生成し、万物は循環して休むことはない。だから行《めぐ》る。）

とある。いずれも「五行は行る」ということである。二例のみあげただけであるが、漢代から隋代まで、五行が循環する性質を持つと考えられていることが理解できる。五行は鄒衍以来、このように循環する性質があると考え続けられているのである。

上記では始皇帝の即位が五行説によって正当化される様子を述べたが、次の時代の始祖である高祖の場合はどうであろうか。

高祖酒を被り、夜に沢中を径《ゆ》き、一人に行前せ令《し》む。行前する者還り報して曰く、前に大蛇有り、径《みち》に当る願

う還れ、と。……前《すす》み剣を抜き撃ち蛇を斬る。……後《おく》るる人来り蛇の所に至る。一老嫗有り。……嫗曰く、吾が子は白帝の子なり、と。化して蛇と為り、道に当たる。今、赤帝の子、之を斬ると為す。（『史記』高祖本紀）

と、高祖が白蛇を殺したのはまるで赤帝であるかのように述べられている。同様の文章は『漢書』高帝紀にもある。しかし、文帝（前二〇二〜前一五七）の時には、

魯の人、公孫臣上書して曰く、秦は水徳を得るに始まりを、漢は之を受くに及び、終始伝を推せば、則ち漢は当に土徳なるべし、土徳の応は黄龍見る。宜しく正朔を改め、服色は黄を上ぶべし、と。……明年、黄龍、成紀に見る。文帝は公孫臣を召して、配して博士と為し、諸生に土徳を明らかにするを申し、草して暦服色の事を改む。（『漢書』郊祀志）

と、土徳であるかのように述べられる。このような漢土徳説は武帝期まで及ぶが、劉向（前七七〜前六）・劉歆（？〜二三）父子の出現により「漢火徳説」が浮上する。「漢火徳説」を考察するまえに武帝と年号について考察したい。

六　武帝と年号

武帝期に始めて年号が用いられたことを先に述べたが、その背景はどうであったのであろうか。武帝の年号については『漢書』武帝紀に詳しく論じられている。しかし、年号は武帝の皇帝即位時から用いられてはいない。武帝即位は前一四一年であるが、その翌年に年号が「建元」とされる。建元とされた理由として唐の顔師古（五八一〜六四五）は『漢書』の注に、

古の帝王自《よ》り未だ年号あらず。始めて此《ここ》に起こる。

と述べている。下に武帝の十一の年号について『漢書』の注によって表7にして示す。

多くは「吉祥の出現」によって改元されている。改元は五行説のような理論で行われるのではなく、吉祥の出現や祈願のために行われていることが理解できる。[15]

表7

年号	西暦	年号の由来
建元	前一四二	始めて年号を制定する。
元光	前一三四	長星の出現によって、元光とする。
元朔	前一二八	朔とは始めという意味で、更に始まるとする。
元狩	前一二二	白い鹿を獲《え》たので、改元して元狩とする。
元鼎	前一一六	宝鼎を得たので、改元する。
元封	前一一〇	武帝が始めて泰山に封じたので、改元する。
太初	前一〇四	初めて夏正を用いて正月を歳首として改元する。
天漢	前一〇〇	日照りに苦しみ天漢と改元して雨乞いをする。
太始	前　九六	天下を洗いすすぐという意味で改元する。
征和	前　九二	四夷を征伐して天下を平和にする。
後元	前　八八	改元の理由の記載なし。

七　漢は土徳か火徳か

では漢は土徳なのであろうか、火徳なのであろうか。

五徳終始説の相克説によれば、秦王朝を倒した漢王朝は土徳ということになるが、漢王朝を火徳と思わせる記載もある。漢火徳は先に述べたように『史記』の記載にあった白蛇を高祖が殺したこと、あるいは、『漢書』高帝紀に、

> 漢は堯の運を承り、徳祚《さいわい》に已に盛んなり。蛇を断り符に著き、旗幟は赤を上び、火徳に協い、自然の応、天統を得るなり。

と、漢火徳を思わせる記載がある。この二例は「殺す」という言葉から相克関係による漢火徳説であるように思えるが、鄒衍の五徳終始説の相克説に則っているとは考えにくい。なぜなら秦は水徳であるので、白蛇を殺したのでは五行相克説の理論にそぐわない。黒蛇を殺してはじめて五行相克説が成立するのである。それゆえ、鄒衍の五徳終始説の相克説に従えば漢は土徳になるのである。それは水徳である秦の始皇帝の次にくる王朝だからである。それなのになぜ火徳説が出現するのであろうか。

漢火徳については、安居香山（一九七六、199頁）、渡邉義浩（二〇一二、98頁）は前漢末の劉歆の五徳終始説の相生説によるものとする。

安居説　黄帝（土）→少昊（金）→顓頊（水）→帝嚳（木）→帝摯（閏）→堯（火）→舜（土）→禹（金）→湯（水）→周武王（木）→秦（閏）→漢（火）

渡邉説　黄帝（土）→少昊（金）→顓頊（水）→帝嚳（木）→堯（火）→舜（土）→夏（金）→殷（水）→周（木）→漢（火）

渡邉によればこれは『春秋左氏伝』[16]（以下、『左氏伝』と略称することもある）だけが記録する古帝王の少昊をいれることによって実証できるということである。

安居、渡邉の説から五徳終始説の相生説によって漢は周の木徳を受けて火徳とされていることが理解できる。この説では秦は正式な王朝とは考えられていないことになる。

漢王朝を土徳とするのは、五徳終始説の相克説によって水徳の秦の次の漢は土徳ということである。この考え方は賈誼（前二〇〇〜前一六八）や公孫弘（前二〇〇〜前一二一）によっている。彼らは先にも述べたように、文帝の時の黄龍の出現によって漢土徳を主張し、これが文帝に採用されている。その後の武帝もこれを受けて太初元年（前一〇四）に、受命改制思想に基づき太初暦を制定して、漢を土徳と決定している。

それなのに、なぜ漢火徳説が浮上するのであろうか。それは先にも述べたように劉向・劉歆父子の出現である。劉歆は太初暦に代わって新たに三統暦を作成して、太初暦に対抗する。この暦の正当性を主張するために、五徳終始説の相生説が必要であったのでる。劉歆は『左氏伝』を利用して三統暦の正しさを実証して、漢土徳の太初暦を打破し、漢が土徳でなく火徳であることを主張するのである（渡邉、二〇一二、97〜102・105頁）。漢が土徳でなく火徳であることは先にも述べたように『左氏伝』だけが記録する古帝王、少昊を入れることによって実証できるのである。その背景には三正説がある。

三正説とは夏正（夏暦）の正月は殷正（殷暦）では二月、周正（周暦）では三月となりそれぞれ年始が一ヵ月ずつずれるのである。秦は先にも述べたように夏暦の十月を正月としている。漢も武帝以前は「十月を正月（顓頊暦）」とすることを踏襲しているが、武帝が年号を太初とした時に、夏暦の「立春正月」を採用して太初暦を採用する。劉歆の三統暦も結局は夏暦を利用しているので、暦の計算では太初暦とそう違わないようである（藪内、二〇一七、36～43頁）。しかし、三統暦を用いるということは先に引用した『漢書』高帝紀にあったように「漢は三統暦の天統を得るので、火徳となる」という重大なポントがあるのである。天統は五行説では赤が配当されるので、火徳ということになる。

三統暦は三正説と五行説をミックスしたような考え方で、『漢書』律暦志の中に述べられている。[17] 三統暦の三統と色の関係は「天統（赤）・地統（黄・白）・人統（黒・青）」となる。

八　漢火徳を支持する緯書

漢火徳は緯書によっても支持されるが、そのことを論じる前に、前漢より王位を簒奪した王莽（前四五～二三）について少し考察する。前漢の終わり哀帝（前七～一在位）や平帝（前一～五）のころになると漢は衰えを見せ始める。それを上手に利用するのが王莽である。王莽は平帝が即位と同時に自らを安漢公と号して幼い平帝を補佐して政治を行い始める。しかし、平帝は元始五年（五）に崩御する。すると、王莽は、

安漢公莽に告ぐ、皇帝と為れ。（『漢書』王莽伝）

摂皇帝、当に真為るべし。[18]（『漢書』王莽伝）

という符命によって皇帝となり、九年に始建国という年号を発布して新を建国して、前漢より王位を簒奪するのである。しかし、

劉秀は兵を発して、不道を捕え、四夷は雲集して、龍は野に闘い、四七の際に火は主と為らん。（『後漢書』光武帝紀）

という予言によって、劉秀（光武帝）が王位を奪還するのである。『後漢書』光武帝紀の言葉は『河図赤伏符』の言葉であり、これは光武帝が長安遊学時代の同舎生（寄宿舎の仲間）彊華という人物が奉じたとされている。すなわち、緯書である『河図赤伏符』の言葉によって漢火徳が復興したのである。

そして、光武帝は年号を建武とする。また、建武二年（二六）春正月の壬子に、

高廟を起て、社稷を洛陽に建て、郊兆を城南に立て、始めて火徳を正し、色は赤を尚ぶ。（『後漢書』光武帝紀）

とあるように光武帝自らが火徳を宣言し、色は赤を尊ぶとしている。実はこの奪還は劉向・劉歆父子の五徳終始説の相生説に従ったものである。一時的に漢火徳説は王莽の王位簒奪によって消滅したようにみえたが、漢火徳は途絶えることなく光武帝に引き継がれるのである。

古来、中国では新しく政権を執った者は正朔を改め、服色を代え、礼楽を制定することは為政者の務めとされているので、光武帝もそれにならっている。そのことは緯書に、

王者命を受くれば、昭然として天地の理を明らかにす。故に必ず居処を移し、称号を更え、正朔を改め、服色を易え、以て天命を明らかにす。（『春秋元命苞』）

とある。また、

王者礼を制し楽を作り、天心を得れば、則ち景星見れん。（『礼緯』）

ともある。光武帝が礼楽を制定したという記載は史書にはないが、『後漢書』光武帝紀には建武十二年には二度の瑞祥が現れた記載がある。史書にこのような記載があることは、このころに緯書思想によって政治を行おうとしていた人物が存在していたことが推察できる。このように、後漢の中興は緯書に支えられていることは確かである。

九　光武帝と瑞祥

光武帝は西暦五六年に改元し年号を中元と改めている。その結果であろうか、中元元年には醴泉が湧き出たり、朱草が生じたので、群臣は前漢の宣帝は嘉瑞が有るごとに、改元を行ったことを上奏するが、光武帝は「徳無し」として、それを受け入れなかったことが、以下のようにある。

地祇霊応して朱草萌生す。孝宣帝は嘉瑞有る毎に、輒《すなわ》ち以て改元し、神爵・五鳳・甘露・黄龍、列して年紀と為す。蓋し神祇を感致するを以て、徳信を表彰す。是を以て化は升平を致し、称して中興と為す。今、天下は清寧、霊物仍《しき》りに降るも、陛下、情は損挹《ぞんゆう》に存し、推して居らず。豈に祥符顕慶をして、没して聞ゆること無からしむ可けんや。宜しく太史をして撰集せしめ、以て来世に伝う可し。（『後漢書』光武帝紀）

しかし、醴泉が湧き出たり、朱草が生じたりということは天人相関説からいえば天の子である皇帝が天に認められているからこその瑞祥であり、瑞祥が善いことの前兆であるということであり、それは緯書説によっている。そんなことを加味してか、その後、

初めて明堂・霊台・辟雍及び北郊の兆域を起ち、図讖を天下に宣布す。（『後漢書』光武帝紀）

と記載されている。この記載は光武帝が中元元年に大典を行い、明堂・霊台（天文気象の観測を行う所）・辟雍（礼楽強化を天下に宣布する建物）及び北郊の兆域（祭祀の祭場）を建立し、その上、図讖を天下に宣布したということである。一度は「徳無し」として緯書思想を否定したが、「図讖を天下に宣布する」ほど、光武帝は緯書説を受け入れるようになったのである。また、

讖記に曰く、劉秀は兵を発して不道を捕え、卯金は徳を修めて天子と為らん、と。秀は猶お固辞して再に至り三に至るも、羣下僉《みな》曰く、皇天の大命、稽留すべからず。敢て敬んで承けざらんや、と。（『後漢書』光武帝紀）

とある言葉からも緯書説を受け入れていることが理解できる。「讖記に曰く」の「讖記」とは「予言書」であり、これは光武帝も自己の権威を確立するためには天の承認が必要であると考え「図讖（緯書思想）」の助けを借りることが得策であると考えるようになったのだと考える。緯書思想は後漢王朝の復興だけでなく、その存続にも大いに力を発揮している。緯書思想の中には五徳終始説の原理も含まれているのであるが、光武帝の中興は緯書の予言によっているといえる。

おわりに

年号や王朝交代の背景には為政者の正統性と正当性の維持と理想があったのではないかと思われる。だから、哀帝の建平二年（前五）に方士である夏賀良（？〜前五）によって「赤精の讖」という予言書が奉られ、それには

漢家の暦運、中衰すれども、当に再び命を受くべし。宜しく改元して号を易うべし。（『漢書』哀帝紀）

と書かれているのを哀帝は誤解して、衰えている漢を復興させるために「太初元将」と改元し、自らを陳聖劉太平

皇帝と名乗ったりして、世を一新しようとする。しかし、「卒《つい》に嘉応亡《な》し（とうとう、めでたい予兆はない）」と、『漢書』哀帝紀に記載されているように、哀帝の時には瑞祥もなく中興することはできないのである。「漢家の暦運、中衰すれども、当に再び命を受くべし。」という言葉は光武帝の漢中興のためにあった言葉なのである。光武帝が皇帝になったことは「中興」であるので、五徳終始説のような理論でなく、王莽が用いた「符命」と同じ理論によって王莽から政権を奪還している。

王莽が「符命」によって政権を簒奪した後、新を建国して黄帝や舜の末裔であり、土徳であることを主張している。これもまた、上記に述べたように劉歆が漢火徳・漢堯後説(19)を確立したことを利用して、漢の後を継ぐ新は土徳であり、舜の末裔であるとして王莽に利用されている。

すなわち、王朝交代は五行終始説の相克であれ、相生であれ、五行の持つ循環の理論を必要とする。しかし、秦の始皇帝、新を建国した王莽は自らを土徳とするのに五徳終始説の王朝交代に組み込まれないのは五徳終始説による皇帝と認められないからである。しかし、皇帝個々の年号は五徳とは関係なく、瑞祥や符命などが利用されている。前漢末の哀帝は改元して漢の復興を願うが瑞祥なども現れず、中興するという願いを果たすことができないが、皇帝となることをあまり期待していなかった後漢の光武帝は「緯書」に支えられて漢の中興を成遂げる。五行説や瑞祥は何のためにあるのであろうか。

また、高祖が白蛇を斬り殺したという『史記』の記述は何のためにあったのであろうか。このことについては機会を得て考察したい。くり返しになるが、王朝交代には五徳終始説が必要であり、年号は瑞祥や「予言」によって左右されているということができる。

註

（1）明治五年（一八七二）に採用され、明治五年十二月二日の次の日を明治六年（一八七三）一月一日として用いている。
（2）『春秋繁露』五刑相生篇に「天地之気、合而為一、分為陰陽、判為四時、列為五行、行者行也。其行不同。故謂之五行。五行者五官也。」とある。
（3）蕭吉の業績について、中村（一九七二、26～42頁）に詳しく論じられている。
（4）『春秋元命苞』に同じ。
（5）後漢の明帝から和帝頃まで官に仕えた人。
（6）『釈名』釈天に「水準也。準平物也。」とある。
（7）『広雅』釈言に「水準也。」とある。
（8）『白虎通』五行に「水之為言准也。養物平均、有准則也。」とある。
（9）『史記』天官書「東宮蒼龍。……南宮朱鳥。……西宮。……北宮玄武。……曰中央土、主…黄王。」とある。「西宮」は「索隠」に「文耀鉤云、西宮白帝、其精白虎。」とある。
（10）『隋書』経籍志に「周易十巻。〈魏衛将軍王肅注。〉周易十巻。〈魏尚書郎王弼注、六十四卦六巻。韓康伯注繋辞以下三巻。王弼又撰易略例一巻。〉」、「周易繋辞二巻。〈晋西中郎将謝万等、注周易繋辞二巻。〉周易繋辞二巻。〈晋太常韓康伯注〉」とある。
（11）王とは王弼と思われる。しかし、現行『周易正義』の繋辞伝の注には王弼の注はない。詳しくは中村（一九七六、204頁）を参照。
（12）『周易』繋辞上、韓康伯注に「天数五、（五奇也。）地数五、（五耦也。）五位相得、而各有合。（天地之数各五、五数相配、以合戎金木水火土。）」とある。
（13）『尚書』洪範篇のこと。
（14）『漢書』藝文志、数術略には「常従日月星気二十一巻。」とあり、さらに注に「師古曰く、常従は人の名なり。老子之を師とす。」とある。常従の書は、現在は全て佚している。

(15) 武帝期の年号は、太田幸男（『中国史1―先史～後漢』山川出版社、二〇〇三年、405・406頁）は「前一一三年に汾陰（山西省栄県の西南）から美しい銅鼎が出土したことが報告されると、武帝はこのことは天が瑞祥をくだしたことの表れであるとし、この年を元鼎四年とした。元号制の開始であるが、武帝は自らの即位年にまでさかのぼり、一元号を六年間として建元、元光、元朔、元狩の年号を制定した。以後、漢代やそれ以後の各王朝でも元号制が採用され、元号によって年代が表現されるようになった。」といっているが「建元という製作年号をもつ銘文のある武器、甎《せん》（敷き瓦《かわら》）、陶器が発見されたことから、建元という年号は武帝初年から存在したとも考えられるようになった。」ともいっている。

(16) 渡邉氏は「劉歆は『春秋左氏伝』昭公十七年を論拠として、五徳終始説の相生説に基づき、堯火徳説を論証する。」としている。

(17) 『漢書』律暦志に「故三五相包而生天統之正、始施於子半、日萌色赤。地統受之於丑初、日肇化而黄、至丑中、日牙化而白。人統受之於寅初、日孽成而黒、至寅半、日生成而青。」とある。

(18) 王莽のこと。

(19) 『漢書』高帝紀下に「賛曰、春秋晋史蔡黒有言、陶唐氏既衰、其後有劉累、学擾龍、事孔甲、范氏其後也。……」すなわち、陶唐氏（堯）の子孫に劉累というものがいて、孔甲（夏の天子）に使え、それが范氏となる。范氏とは『春秋左氏伝』文公伝十三年に「其の処る者、劉氏と為る。」とあり、晋の范武子の子孫が劉氏となったということであり、その劉氏こそが漢の祖先となるのである。だから、漢の祖先は堯ということになる。一方『漢書』郊祀志に「劉向父子以為帝出於震、故包羲氏始受木徳、其後以母伝子、終而復始、自神農、黄帝下歴唐虞安三代而漢得火焉。故高祖始起、神母夜号、著赤帝之符、旗章遂赤、自得天統矣。」とある。ここからは神農、黄帝以来のめぐりで、漢は火徳を得て、符を得て正統な皇帝と認められたからこそ天統を得て火徳の皇帝として認められることが明らかになる。

＊本稿では、以下の刊本から史料を引用する。
『史記』『漢書』『後漢書』『隋書』：中華書局点校本（一九七三・一九七五年）『五行大義』：中村璋八『五行大義校註』（汲古書院、一九八四年）／『呂氏春秋』：楠山春樹『呂氏春秋』中〈新編漢文選2思想・歴史シリーズ〉（明治書院、一九九七年）／『釈名』『広雅』『尚書』：四庫全書電子版（中文大学出版、一九九九年）／『白虎通』：新編諸子集成・呉則虞點校『白虎通疏證』（中華書局、一九九四年）／『周易』：『周易正義』十三経注疏（北京大学出版、二〇〇〇年）／『春秋繁露』：蘇輿『春秋繁露義證』（中文出版社、一九七三年）／『春秋元命苞』（安居香山・中村璋八『重修緯書集成』巻四上（明徳出版社、一九八七年）／『礼緯』（安居香山・中村璋八『重修緯書集成』巻三（明徳出版社、一九七一年）

参考文献

安居香山、一九七六『予言と革命―ここにも大変革の危機がある―』（探究社）
中村璋八、一九七二「蕭吉と五行大義」（『駒沢大学外国語部研究紀要一』）
一九七六『五行大義の基礎的研究』（明徳出版社）
藪内　清、二〇一七『定本　中国の天文暦法』（『藪内清著作集』編集委員会編『藪内清著作集』第一巻、臨川書店）
渡邉義浩、二〇一二『王莽―改革者の孤独―』〈あじあブックス14〉（大修館書店）

〔附記〕この小論はＪＳＰＳ科研基盤研究（Ｂ）課題番号16H03466の成果の一部である。

2 受命と改元 ―漢末の改元をめぐって―

多田伊織

はじめに

年号といい、元号といい、改元という。これらの言葉は、現代日本ではあまり注意をせずに用いられるが、日本と中国とでも、あるいは時代によっても、その使い方が異なることはあまり意識されていない。

本論は、年号と改元に関する言葉の用法を、『春秋』から説き始め、『漢書』に及ぶ。日本と中国と、漢字を用いる点は共通するが、言葉に盛る内容は往々にして異なる。本論が、その差異のささやかな橋渡しの役割を果たせるならば幸いである。

なお、中国語文語文（漢文）の引用に関しては、註に原文（白文）を、本文に書き下し文を用いた。

一　漢代の「改元」

改元という語を、現代日本のわたしたちは「年号を改める」という意味で使っている。だが、経典や史書を繙くと、年号の出現以前から改元の語は使われている。改元の語が今の意味で使われるようになるまでには、二つの段階を経ているのである。

まずは、改元の語は『春秋』に見え、その原義が「元年を改める」であったことに注意しよう。晋・范甯『春秋穀梁伝集解』(1)定公元年では、父の昭公が国外で亡くなったため、定公が通例と異なった即位を行ったことを非難した筆法が見えるとして、晋・徐邈(2)の注を引用しているが、ここに「改元」の語が見える。

伝　徐邈曰く、案ずるに、伝の定元年　正月を書かざるは、定の正無きを言う也。然れば則ち改元即位は此の年に在り。故に以て王を書かざるべからず。王を書けば必ず月有りて以てこれを承く。故に其の執ふる月に因りて以て年首を表はす爾《のみ》。

話は溯る。定公の父、昭公は昭公二十五年（紀元前五一七）、魯国内で季氏との政争に敗れ、亡命を余儀なくされ、斉に奔った。

九月己亥、公　斉に孫《に》げ、楊州に次《やど》る(3)。

国を失った昭公は国外に留まる。七年を経ても帰国は叶わず、昭公は晋の地にあった。

三十有二年春王の正月、公　乾侯《かんこう》に在り(4)。

昭公はこの年の暮、外地で生涯を閉じる。

十有二月己未、公　乾侯に薨ず。[5]

亡命はしたが、当時、魯の君主はなお昭公であり、その名の下に魯の年代記『春秋』は綴られる。それは『春秋』の筆法である。しかし、それでは国は治まらない。実際には、国外にいる父に代わって、子の定公が位に即《つ》いた。そして、『春秋』は定公元年冒頭を次のように記す。

元年春王。

と。年首の記述であるのに、「春王正月」の定型句が見えない。その理由は、父昭公が国を出、魯公の系統が絶えようとしたので、昭公が世を去ったのではないのだが、やむを得ず、子の定公が公の位を嗣いだからだった。これは「継体」すなわち亡くなった先公の跡を襲う世継ぎの形式からは外れている。

定、何を以て正月無き。……正月なる者は、正しく即位する也。定に正月無き者は、即位の後なれば也。……今　正月無き者は、昭公　国を出奔し、当《まさ》に絶えるべし。定公　体を継ぐを得ずして、正を奉る。故に諱みて微辞を為し、即位の正月の後に在るが若から使む、故に正月と書かず。[6]

「正月」の語を省くことで、本来、諸侯は、父の亡くなった翌年の正月に即位する慣例を破り、国外から運ばれてきた父を葬った後に即位したことに「微辞」を用いた、というのである。

「微辞」について『春秋公羊伝』は続けて、

定哀　微辞多し。

という。この句に、清・孔広森は『春秋公羊伝通義』[7]で、

微辞なる者は、意の託する所有りて辞に顕われず。唯だ其の微を察する者のみ、乃ち能くこれを知る。

と解する。表立って言葉としては表現しないが、微妙な意味合いを察している者だけがその言葉に託された意味を

理解出来る、というのである。

先王身罷りし翌年に太子が即位する慣例について、後漢・班固（三二～九二）が章帝の需めに応じ白虎観で行われた儒学の議論[8]（建初四、七九）を纏めた『白虎通』[9]では、『春秋公羊伝』[10]の説を用いながら、次のように説明している。

> 天子大斂の後　王を称する者は、明《あき》らけし民臣の一日も君無き可からざる也を[11]。

天子が亡くなられると、礼の手順に従い、粛々と葬儀が進行するが、その内の「大斂」が済むと、太子は「王」と称した。先王を亡くした悲しみの儀礼の最中に新王を称するのは、王に仕える民草を慮ってのことなのである、という。そして

> 始終の義に縁れば、一年に二君有るべからざる也[12]。

と、始めと終わりの語義に従えば、一年の内に、二人の王者の治世を重ねてはならないとする。これを「踰《ゆ》年《ねん》改《かい》元《げん》」[13]というが、『白虎通』では「逾年」に作り、次のように説明する。

> 何を以て逾年即位の改元を知る也。『春秋伝』曰く、「諸侯　逾年を以て即位し、亦た天子の逾年即位を知る也」[14]と。『春秋』曰く、「元年春王正月、公即位す」と。元と位を改むる也。王者の改元は、即ち天地に事《つか》う。諸侯の改元は、即ち社稷に事う。

踰年即位は諸侯の例が『春秋』に見えるので、「諸侯は、先公亡き後の翌年に即位をするので、天子も同様であるのが分かる」とする。『春秋』では魯の代替わりの際、「元年春王正月、公は即位した」と記すことが多い[15]。

このように『春秋』の「改元」とは、代替わりで、先王先公逝去の翌年に、新たに「元年」が始まることを意味する。「改元即位」と二語が続けられていることにも注意したい。改元と新しい君主の即位とは不即不離の関係だった。

前漢の始めにも「改元」の用例は『春秋』と同様であった。実例を見てみよう。漢・司馬遷『史記』巻五秦本紀には、「恵文王十四年、更為元年」とある。恵文王はその治世の十四年目を新たに「元年」としたのである。これ以降の恵文王の治世は「後元某年」という形で表される。

　こうした「一人の治世の複数の元年」について、唐・孔穎達[16]が諸例を簡潔に纏めて、

> 輒ち元年を改むる者は、諸侯自ら其の国に於いて各の元年を称す。……汲冢竹書・魏恵王に後元年有り、漢初、文帝に二元、景帝に三元。此れ必ず古に因ること有る也。

として、皇帝や諸侯が、その治世において新たに元年を建て、その風は前漢の文帝・景帝の世にもあったことを指摘している。景帝は三度元年を建てるので、二度目の改元以降は「中元某年」「後元某年」の形で治世を表す。

　従って、「改元」とは、少なくとも前漢の景帝までは、『春秋』の用例と同様に、「元年を建てる」ことを意味していた。では、文帝の改元を見てみよう。

> 其の明年、新垣平　人をして玉杯を持ち、上書して闕下にこれを献ぜ使む。平　言上して曰く、「闕下に宝玉の気の来たる者有り」と。已にこれを視るに、果たして玉杯を献ずる者有り、刻して曰く「人主延寿」と。平又た言う「臣　日を候ずるに再中せん」と。居ること頃之《しばらく》して、日　卻《しりぞ》きて復た中す。是に於いて始めて更《あらた》めるに十七年を以て元年と為し、天下をして大酺せ令む[17]。

　方士の新垣平が捏造した「人主延寿」と寿詞を刻ませた玉杯を献じさせただけでなく「太陽が東に戻って再び南中する」と予言しそのとおりになった、というのだ。新垣平の言い分を信じた文帝は、国中に酒食を賜い、新たに元年を建てた。ほどなくして新垣平の詐術は暴かれ、その三族が夷らげられることとなる。しかしながら、改元の根拠となった二つの事象の内「日再中」がいかなる現象であったか、それは分からない。

表　前漢から新までの改元

帝　王	年　号	元　年	末　年	期　間	先帝崩／廃位
前漢　武帝	建　元	前140	前135	6年	
	元　光	前134	前129	6年	
	元　朔	前128	前123	6年	
	元　狩	前122	前117	6年	
	元　鼎	前116	前111	6年	
	元　封	前110	前105	6年	
	太　初	前104	前101	4年	
	天　漢	前100	前97	4年	
	太　始	前96	前93	4年	
	征　和	前92	前89	4年	
武帝—昭帝	後　元	前88	前87	2年	2月
昭帝	始　元	前86	前81	6年	
	元　鳳	前80	前75	6年	
昭帝—昌邑王賀—宣帝	元　平	前74	前74	1年	4月崩／6月廃
	本　始	前73	前70	4年	
	地　節	前69	前66	4年	
	元　康	前65	前62	4年	
	神　爵	前61	前58	4年	
	五　鳳	前57	前54	4年	
	甘　露	前53	前50	4年	
宣帝—元帝	黄　龍	前49	前49	1年	12月
	初　元	前48	前44	5年	
	永　光	前43	前39	5年	
	建　昭	前38	前34	5年	
元帝—成帝	竟　寧	前33	前33	1年	5月
	建　始	前32	前29	4年	
	河　平	前28	前25	4年	
	陽　朔	前24	前21	4年	
	鴻　嘉	前20	前17	4年	
	永　始	前16	前13	4年	
	元　延	前12	前9	4年	
成帝—哀帝	綏　和	前8	前7	2年	3月
哀帝	建　平	前6	前3	4年	
哀帝—平帝	元　寿	前2	前1	2年	6月
	元　始	紀元後1	5	5年	12月
孺子嬰	居　摂	6	8	3年	
	初　始	8	8	1年	
新　王莽	始建国	9	13	5年	正月簒奪
	天　鳳	14	19	6年	
	地　皇	20	23	4年	10月殺害

こうした「改元」をドラスティックに変化させたのが、武帝（前一五六〜八七、在位前一四一〜八七）であった。武帝は新たに年号を建て、元年を建てるという迂遠な手段に依らずとも、治世を区切る仕組みを作ったのである。こうして「改元」は、年号を易える意味を持つに至った。表は、前漢武帝から新の王莽までの改元を示したものである。武帝は初め六年毎に改元したが、太初元年（前一〇四）以降は四年毎になっている。武帝を継いだ昭帝（前九四〜七四）より後は、長くても六年、概ね四年ほどで改元を行っている。なお、哀帝の「太初元将」は省いた。

二　哀帝の改元

前漢・劉家の血脈は、武帝の後に揺らぐこととなる。太子拠（前一二八〜前九一）が、木の人形を地中に埋め、巫が呪いを掛ける「巫蠱」を行ったという江充（?〜前九一）の誣告によって起きた巫蠱の乱は、長安での市街戦で数万の死者を出す大乱となり[18]、不名誉に見える「戻」という諡をつけられた太子一族を夷《たいら》げる結果となった。戻という諡は「諡法解」では、

前過を悔いざるを戻と曰う[19]。

としており、最悪の部類に属する。

しかしながら、「戻」という諡を捧げたのは太子拠の子孫である。漢代は、例えば「孝文帝」のように、『漢書』『後漢書』は、歴代皇帝の諡に「孝」字を付け加える。この慣習について、初唐の顔師古（五八一〜六四五）は、恵帝紀巻頭で[20]、

孝恵皇帝　師古曰く、孝子　善く父の志を述《つ》ぐ。故に漢家の諡、恵帝自り已下　皆　孝と称する也。

と注釈している。徳目の中でも「孝」は、皇帝が自ら特に重んじるものと捉えられていたのである。

何より孝を優先する漢家において、祖先や親に悪い諡をつけるだろうか。そのため、『漢書』の注釈者の間で次のような議論が起きている。清・王先謙の『漢書補注』[21]を見よう。

韋昭（二〇四～二七三）曰く、違戻《あやまり》て兵を擅《ほしいままに》発《だ》すを以て、故に諡して戻と曰う、と。

臣瓚（西晋）曰く、太子　江充を誅して以て讒賊を除けども、事　明らかに見われず。後に武帝覚寤し、遂に充の家を族す。宣帝　悪諡を加うるを以てすることを得ざる也。董仲舒（前一七六～前一〇四）曰く、「其の功有りて其の意無きをこれを戻と謂い、其の功無く其の意有るをこれを罪と謂う」と。

師古曰く、瓚説　是也、と。

王先謙『漢書補注』　周寿昌（一八一四～一八八四）曰く、「説文、戻、曲也。犬の戸の下を出ずるに从《したが》う。戻なる者は身曲ぐる也と。漢宣　未だ必ずしも悪諡を以て其の祖に加うるを忍ばず。蓋し言《いうこころ》は身　曲戻するを受け自ら伸びること能わず」と。

王先謙（一八四二～一九一七）曰く、以て得ずは猶お已むを得ずのごとき也。

顔師古は、董仲舒の「其の功有りて其の意無きをこれを戻と謂う」を引く臣瓚注が正しいとし、王先謙は後漢・許慎『説文解字』[22]（一〇〇年成立）を引く周寿昌の説を引用する。「戻」は犬が戸の下を潜って出入する時のように「身体を曲げる」というのが原義で、圧迫を受けて本来の姿を見せられなくなった状態だ、と解している。この解釈であれば、「戻」は悪い諡号にはならない。

武帝の後を継いだのは僅か八歳の昭帝（前九四～七四、在位八七～七四）である。昭帝には嗣子がなく、密かに匿われて民間で育った戻太子拠の遺孫が見いだされて、登極することとなる。これが宣帝（前九一～前四九、在位前七四～前四九）である。宣帝・元帝（前七四～前三三、在位前四八～前三三）・成帝（前五一～前七、在位前三三～前七）と、黄老を交えるのが家風であった漢家は儒学に傾倒していく。成帝の父元帝は、儒学を好んだ。

> 孝元皇帝、宣帝の太子也。……嘗《かつ》て燕に侍して従容《すすめ》て言う、「陛下　刑を持すること太《はなは》だ深し、宜しく儒生を用いるべし」と。宣帝　色を作して曰く、「漢家自《おのずか》ら制度有り、本　覇王道を以てこれを雑《まじ》う、奈何《いか》に徳教に純《みな》任せん、周政を用いん乎《や》」……乃《すなわ》ち歎きて曰く、「我が家を乱す者は、太子也」と。(23)

父宣帝に「わが家を乱すのは、太子だ」と嘆かせた元帝だったが、儒学への傾倒を危ぶんだ宣帝の予感は的中することとなる。宣帝には孫に当たる成帝の生母は元帝の皇后王氏であったが、元帝の治世以降、前漢では王氏を始めとする外戚の力が強まる。その一人、父を早く亡くしたために、若輩者であっても飛ぶ鳥を落とす勢いのあった王氏一族の中では地味な少年期を過ごした王莽が、徐々に権力を掌握する契機は、成帝の世にあった。王莽は、儒学の古文学の世界の実現を望む、理想主義で復古主義の危険な原理主義者である。

成帝は文化に理解のある皇帝だったが、女色に溺れ、後宮は乱れた。成帝もまた継嗣に恵まれず、神助を得るために数多の鬼神の祠を建て、甘泉・后土の祀りを執り行う。それらはいずれも儒学の基本理念からは外れた「淫祠」であると儒者は糾弾し、祭祀の改廃が多く行われることになるのである。(24)

外戚の王氏は専横を極め、継嗣に恵まれない劉家の不安は、成帝を継いだ甥にあたる哀帝の世にも変わらない。漢朝の衰運は今や誰の目にも明らかである。病身の哀帝の元にやって来たのが、斉人甘忠可の弟子、夏賀良である。夏賀良の師甘忠可は、漢家の運命を変える秘策を知っていると信じていた。話は成帝の世に遡る。(25)

> 初め、成帝の時、斉人甘忠可　天官暦、包元太平経十二巻を詐造し、以て言えらく「漢家　天地の大終に逢う。当に更めて天に命を受くべし。天帝　真人赤精子をして、下りて我に此の道を教え使む」と。忠可　以て重平

の夏賀良、容丘の丁広世、東郡の郭昌等に教え、中塁校尉劉向　忠可　鬼神を仮り上を罔《し》い衆を惑わすと奏し、獄に下され治服するも、未だ断《さだ》まらざるに病死す。賀良等　忠可の書を挟《たばさ》み学ぶに不敬の論を以てするに坐す。後　賀良等復た私《ひそ》かに以て相い教う。

真人赤精子とは、赤徳を人格化し、仙人としたものであろう[26]。王朝交替を認めている中国では、王朝の徳もまた五行に対応して交替すると考えられるようになっていた（後述）。漢の徳はなかなか決まらないのだが、『史記』には、高祖を「赤帝子」とする行文がある。

高祖　亭長なるを以て県の為に徒を酈山に送るに、徒多く道より亡《に》ぐ。自ら度《わた》るに至る比《ころおい》　皆　これを亡わんと。豊西の沢中に到り、止まりて飲み、夜　乃ち送る所の徒を解縦して曰く、「公等　皆去れ、吾も亦た此従り逝かん」と。徒中の壮士　従うことを願う者十余人。高祖　酒を被《こうむ》り、夜　沢中を径《へ》て行くに、一人をして前を行か令む。前を行く者　還りて報じて曰く、「前に大蛇の径に当る有り、還らんことを願う」と。高祖酔い、曰く、「壮士行く、何ぞ畏れん」と。乃ち前《すす》み、剣を抜き撃ち蛇を斬る。蛇　遂に分れて両《ふたつ》と為り、径開く。行くこと数里、酔い、因りて臥す。後人来たりて蛇の所に至るに、一老嫗の夜哭く有り。人　問う、「何ぞ哭する」と。嫗曰く、「人　吾が子を殺せり、故にこれを哭す」と。人　曰く、「嫗の子　何為れぞ殺さる」と。嫗曰く、「吾　白帝の子也、化して蛇と為り、道に当る。今　赤帝の子の為にこれを斬らる」と。人　乃ち嫗を以て誠ならざると為し、これに告げんと欲するも、嫗因りて忽として見えず。後人至り、高祖覚む。後人　高祖に告ぐ。高祖　乃ち心に独り喜び、自負す。諸の従者　日に益《ますます》　これを畏る[27]。

この話柄は、ほぼそのまま、『漢書』にも収められている。しかしながら、『史記』の時代には、漢の徳が五行のいずれに当たるかは決まっていなかった。『漢書』が成立した後漢においては、漢の徳は火徳、色は赤で、そもそ

も光武帝は、諱は秀だが、

　劉秀　兵を発し不道を捕え、四夷雲集し竜　野に闘い、四七之際　火　主と為る。

と記す『河図赤伏符』という緯書の形式を取る符命を利用[28]して、帝位に即いた。この符命を知った劉歆はわざわざ「秀」と改名している[29]。

従って「赤帝子」の逸話は、『史記』と『漢書』では、その意味するところが異なる。『史記』においては、勉強嫌いで、一介のならず者だった劉邦が、至尊の地位、天子の位に至る奇跡を荘厳にする逸話の一つであるのに対し、『漢書』においては、当時の政権、後漢が火徳の王朝であることを補強する役割を担う。劉姓ではあるものの、貧しい学生でしかなかった劉秀が、漢家の復興を成し遂げるべく天に選ばれ、高祖劉邦に始まる王統の後継者となるべきことを、「赤帝子」の語は担保するのだ。

漢家の火徳の精髄である赤精子の授けた書物は、『漢書』哀帝本紀[30]では更に凝縮された形で表現される。

　侍詔夏賀良等　赤精子の讖を言う。漢家暦運中衰し、当に再び命を受くべく、宜しく元を改め号を易うべし、と。

「赤精子の讖」が緯書の嚆矢に近いであろうと、宋・葉夢得『春秋攷』巻三は既に指摘している[31]。緯書の成立について、新元号「令和」の出典「梅花歌三十二首」序と関わる張衡（七八～一三九）は、

　往者《さきに》　侍中賈逵《かき》（三〇～一〇一）　讖の互いに三十余事を異にするを摘《せ》め、諸の讖を言う者　皆　説くこと能わず。王莽の位を簒するに至り、漢世　大禍あり、八十篇　何為れぞ戒めざる。則ち図讖の哀平之際に成れるを知る也[32]。

とする。甘忠可の教えは劉向の阻むところとなり、遂に獄に下される。劉向もまた災異には詳しい人物[33]であり、『洪範五行伝論』の著作がある。劉向はその姓が示すとおり、漢家の血筋を承ける一人でもある。甘忠可の著作を審査

したのは、成帝を理想的「聖帝」となすべく、一族の末葉の身ながら心を砕いたものの、その熱心さが徒となって却って退けられ、宮中の秘書で校書を行っていた頃の話だろう。

甘忠可の著作『天官暦』『包元太平経十二巻』だが、後者と後の道教経典『太平経』との関係は不明である。なお、「包元」の語は、漢・董仲舒『春秋繁露』の、

是を以て春秋　一を変じてこれを元と謂う。元は猶お原のごとき也。其の義は以て天地の終始に随う也。(34)

との関係が指摘されている（王、一九九二、206頁）。

甘忠可の獄死後、師の教説を相互に教えあっていたという夏賀良達は、哀帝の世になって再び、朝廷に躍り出る機会を得た。哀帝は災異に関心が深い。災異に通じる司隷校尉解光はその才能で抜擢され、甘忠可の著作に興味を持っていたのだ。夏賀良達の味方はまだいた。やはり災異に詳しい李尋(35)である。そして、夏賀良の仲間の郭昌は長安令となり、ようやく出番がやって来た。

哀帝　初めて立ち、司隷校尉解光も亦た明経　災異に通ずるを以て幸を得、賀良等の挟む所の忠可の書を白す。事は奉車都尉劉歆に下され、歆　以為らく五経に合わず、施行すべからずと。而れども李尋も亦たこれを好む。光曰く、「前に歆の父向　奏して忠可を獄に下す、歆　安んぞ肯えて此の道に通ぜんや」と。時に郭昌　長安令と為り、尋に勧むるに宜しく賀良等を助けるべしと。尋　遂に賀良等を白して皆　黄門に詔を待ち、数ば召見さる、陳説するに「漢暦　中衰し、当に更《あらた》めて命を受くべし。成帝　天命に応えず、故に嗣絶ゆ。今　陛下久しく疾み、変異　屢数《しばしば》なるは、天の人に譴告する所以也。宜しく急ぎ元を改め号を易うべし。乃ち延年益寿して、皇子生まれ、災異息むことを得ん。道を得て行うこと得ざれば、咎殃　且に亡ぼすべし、洪水の将に出でんとすること有らざれども、災火　且に起こりて、人民を滌盪せんとす(36)」と。

父劉向亡き後、その仕事を継いで、秘書の校書に当たっていた劉歆は、当時最新の学問である古文学派の急先鋒であった。再度提出された甘忠可の教えについては、父同様、五経に合致していないとして、取り合わなかった。しかし、解光・李尋・郭昌の有力な支援を得て、夏賀良等の言説が朝廷で披露される機会がやって来た。漢家の中枢を担うべき哀帝は病の床に就いていた。

哀帝　久しく寝疾《やまいにふ》し、其の益有らんことを幾い、遂に賀良等の議に従う。是に於いて詔して丞相御史に制すらく、「蓋し聞く、尚書に『五に曰く、考終命』と、言うこころは大運　壱たび終われば、更めて天元人元を紀す。文を考え理を正し、暦を推し紀を定むること、数は甲子の如き也。朕　眇身を以て入りて太祖を継ぎ、皇天を承け、百僚を総べ、元元《たみぐさ》を子《いつく》しむも、未だ天心に応ずるの効有らず。位に即きてより出入すること三年、災変　数ば降り、日月　度を失い、星辰　錯謬し、高下　貿易して、大異　連仍《ひきつづき》し、盗賊　並起す。朕　甚だこれを懼れ、戦戦兢兢、唯だ陵夷《おとろうること》を恐る。惟れ漢興　今に至るまで二百載、暦紀　元を開き、皇天　非材の右《たすけ》を降し、漢国　再び受命の符を獲る。朕の不徳、曷ぞ敢えて通ぜざらんや。夫れ天の元命を受く、必ず天下と自新せん。其れ天下を大赦し、建平二年を以て太初元将元年[37]と為し、号して陳聖劉太平皇帝と曰う。漏刻百二十を以て度と為せ。天下に布告し、明らかにこれを知ら使めよ」と。[38]

甘忠可の教えでは、「改元」とは、単に年号を変えることではない。改元は再受命の重要なプロセスの一つであった。王朝交代を五行思想に基づく五徳の交替で説く「五徳終始説」[39]は斉人の鄒衍が創始し、鄒衍学派に保持されていたものが、秦始皇帝に採用されたというのは、『史記』秦始皇本紀等の説くところである。

始皇　終始五徳の伝を推し、以為えらく、周は火徳を得、秦　周徳に代わるは、従う所に勝たずと。方今《いま》水徳の始、年始を改め、朝賀は皆　十月朔自りす。衣服・旄旌・節旗は皆　黒を上《たっと》ぶ。数は六を以て紀と為す。符・

法冠は皆　六寸、而して輿は六尺、六尺を歩と為し、六馬に乗る。名を更めて河は徳水と曰い、以て水徳の始と為す。

始皇帝は、火徳の周に代わって天下を統一したので、秦の徳は火徳に勝つ水徳であると定め、年始を十月に改め、衣服・旄旌・節旗は水の色である黒を尊重し、諸制度は、黒の数である六を基準とした。このように、服色・制度は王朝の徳に従う。

王朝交替の五徳終始説より一歩進んで、斉人の甘忠可は「赤精子の讖」に依って制度を変えることで、衰えた王朝の徳を再び活性化できると説いた。「赤精子の讖」に基づく年号「太初元将」は、四字年号の早い例である。

夏賀良等の企ては、しかしながら　実を結ばなかった。再受命を図っても、哀帝の病は癒えなかったのだ。

後　月余、上の疾　自若《もとのよう》たり。(40)

賀良等　復た政事を妄変せんことを欲するも、大臣　争めて以為えらく許すべからずと。賀良等　奏して言えらく大臣皆　天命を知らず、宜しく丞相御史を退け、解光、李尋を以て輔政せしむべしと。

上　其の言の験亡きを以て、遂に賀良等を吏に下し、而して詔を下して曰く、「朕　宗廟を獲保するも、政を為すに徳あらず、変異　屢仍《うちつづき》し、恐懼　戦栗、未だ繇る所を知らず。待詔賀良等　元を改め号を易え、漏刻を増益し、以て永えに国家を安ず可しと建言す。朕　信道　篤からず、其の言を過り聴き、百姓の為に福を獲んことを幾う。卒に嘉応無く、久旱　災を為す。以て賀良等に問うに、当に復た制度を改むべしと対うも、皆経誼に背き、聖制に違い、時宜に合わず。夫れ過ちて改めざるは、是れ過ちと為す。六月甲子の詔書、赦令に非ざる也は、皆これを蠲除せよ。賀良等　道に反き衆を惑わし、姦態　当に窮竟《きわめつくす》べし」

皆　獄に下す。

この後、夏賀良等は死罪に、妄説に荷担した廉で、李尋・解光は死一等を減じられ敦煌郡へ流刑となった。「赤精子の讖」はこれで終わらなかった。宮中の図書館である蘭台に収められた「赤精子の讖」は、王莽が前漢を簒奪し、新を建てるときに再利用されたのである。[41]「赤精子の讖」を読み替え、王莽は居摂三年（八）を初始元年に改元、翌年前漢を簒奪、新の皇帝となった。

おわりに

小論では、「改元」が『春秋』の用例に溯ること、武帝が年号を建てた後は「改元」の意味が変化したこと、哀帝の再受命に際しては、王朝の徳を再興させて受命を可能にする手段として扱われていたことを示した。

哀帝の再受命と改元とは、儒学が王朝交替のシステムを独占せず、国家支持の基盤としてまだ整理されず、緯書を産んだ時代の活き活きとした思潮を今に伝える話柄である。「陳聖劉太平皇帝」という長い呼称、「哀帝本紀」「王莽伝」に見える四字年号「太初元将」は、道家の「赤精子之讖」から緯書へ至る過程での影響を示唆する。これらの問題の展開については、今後の課題としたい。[42]

註

（1）『春秋穀梁伝』

（2）徐邈は『春秋穀梁伝』を研究した。『隋書』巻三十二　経籍志一　経　春秋「春秋穀梁伝十二巻　徐邈　撰。春秋穀梁伝義十巻　徐邈　撰。徐邈答春秋穀梁義三巻。」

(3)『春秋公羊伝』昭公二十五年　九月己亥条

(4)『春秋公羊伝』昭公三十二年　春正月条

(5)『春秋公羊伝』昭公三十二年　十有二月己未条

(6)『春秋公羊伝』定公元年春

(7)『春秋公羊伝通義』巻十　定公元年「微辞者、意有所託而辞不顕。唯察其微者、乃能知之。」

(8)『後漢書』巻三　粛宗孝章皇帝本紀「建初四年、於是下太常、将・大夫・博士・議郎・郎官及諸生・諸儒会白虎観、講議五経同異、使五官中郎将魏応承制問、侍中淳于恭奏、帝親称制臨決、如孝宣甘露石渠故事、作白虎議奏。注、今『白虎通』。」

(9)『白虎通疏証』33頁「天子大斂之後稱王者、明民臣不可一日無君也。」この部分は、『白虎通疏証』が原文を次のような理由で改めている。「疏証曰、旧「民臣」作「士」、訛。公羊春秋桓公元年「公即位」、何注、「則者、就也。先謁宗廟、明継祖也。還之朝、正君臣之位也。事畢而反凶服焉。」」

(10)『春秋公羊伝』文公九年

(11)同右　春条「縁民臣之心、不可一日無君。」

(12)同右同条「縁終始之義、一年不二君。」

(13)「以諸侯之踰年即位。亦知天子之踰年即位也。」

(14)同右同条「以諸侯之踰年即位、亦知天子之踰年即位也。」

(15)桓公・文公・宣公・成公・襄公・昭公・哀公元年はこのように記す。

(16)『偽古文尚書』武成「惟九年大統未集（惟れ九年にして大統未だ集らず）」疏「輒改元年者、諸侯自於其国各称元年。……汲冢竹書、魏恵王有後元年。漢初、文帝二元、景帝三元。此必有因於古也。」現行の『尚書正義』には、後漢～南朝期に偽作された二五篇が竄入しており、全五八篇あるいは竄入された二五篇を『偽古文尚書』と呼ぶ。『尚書正義』が編纂された唐代には、偽作は疑われず、すべて正当な『尚書（書経）』として扱われた。参照した孔穎達の疏は、『偽古文尚書』部分に当たる。なお、「平成」の出典も『偽古文尚書』である。

(17)『史記』封禅書　巻二八「其明年、新垣平使人持玉杯、上書闕下献之。平言上曰、「闕下有宝玉気来者。」已視之、果有献玉杯者、刻曰「人主延寿。」平又言「臣候日再中。」居頃之、日卻復中。於是始更以十七年為元年、令天下大酺。」

(18)『漢書』巻六　武帝紀征和二年（前九一）秋七月条「壬午、按道侯韓説、……太子与皇后謀斬充、以節発兵与丞相劉屈氂大戦長安、死者数万人。」

(19)『逸周書』巻六　謚法解第五十四

(20)『漢書』巻二　恵帝紀「孝恵皇帝（師古曰、孝子善述父之志、故漢家之謚、自恵帝已下皆称孝也。）」

(21)『漢書補注』宣帝紀第八「武帝曾孫、戻太子孫也。（韋昭曰、「以違戻擅発兵、故謚曰戻。」臣瓚曰、「太子誅江充以除讒賊、而事不見明。後武帝覚寤、遂族充家、宣帝不得以加悪謚也。董仲舒曰『有其功無其意謂之戻、無其功有其意謂之罪』。」（師古曰、「瓚説是也。」）補注　周寿昌曰、説文、戻、曲也。従犬、出戸下戻者、身曲也。漢宣未必忍以悪謚加其祖。蓋言身受曲戻、不能自伸。（先謙曰、不得以、猶不得已也。）

(22)『説文解字』十篇上　犬部（『説文解字繫伝』十九篇）なお清・段玉裁『説文解字注』では、「戻者身曲也」の前に「犬出戸下為者」の五字を補う。

(23)『漢書』巻九　元帝紀

(24)このあたりの事情は、『漢書』郊祀志下に詳しい。

(25)『漢書』眭両夏侯京翼李伝　巻七十五　李尋伝「初、成帝時、斉人甘忠可詐造天官暦、包元太平経十二巻、以言「漢家逢天地之大終、当更受命於天、天帝使真人赤精子下教我此道。」忠可以教重平夏賀良、容丘丁広世、東郡郭昌等、中塁校尉劉向奏忠可仮鬼神罔上惑衆、下獄治服、未断病死。賀良等坐挟学忠可書以不敬論、後賀良等復私以相教。」「天官暦包元太平経十二巻」の読みには諸説あるが、後出の吉川忠夫説に従い、『天官暦』と『包元太平経』十二巻の二書とする。

(26)「真人赤精子」に関する専論は、吉川（一九七八）。

(27)『史記』巻八　高祖本紀「高祖以亭長為県送徒酈山、徒多道亡。自度比至皆亡之、到豊西沢中、止飲。夜乃解縦所送徒、曰、公等皆去、吾亦従此逝矣。徒中壮士願従者十余人。高祖被酒、夜径行沢中、令一人行前。行前者還報曰、前有大蛇当径、願還。高祖酔、曰、壮士行、何畏。乃前、抜剣撃斬蛇。蛇遂分為両、径開。行数里、酔、因臥。後人来至蛇所、有一老嫗夜哭。人問何哭。嫗曰、人殺吾子、故哭之。人曰、嫗子何為見殺。嫗曰、吾白帝子也、化為蛇、当道、今為赤帝子斬之。人乃以嫗為不誠、欲告之、嫗因忽不見。後人至、高祖覚。後人告高祖、高祖乃心独喜、自負。諸従者日益畏之。」

(28)『後漢書』巻一上　光武帝紀第一上「光武先在長安時、同舎生彊華自関中奉赤伏符、曰「劉秀発兵捕不道、四夷雲集竜闘野、四七之際火為主。」」

(29)『漢書』巻三十六　楚元王伝　劉歆伝「初、歆以建平元年改名秀、字穎叔云。（応劭曰、河図赤伏符云「劉秀発兵捕不道、四夷雲集竜鬥野、四七之際火為主、」故改名、幾以趣也。）」

(30)『漢書』巻十一　哀帝本紀「侍詔夏賀良等言赤精子之讖。漢家暦運中衰、当再受命、宜改元易号。」

(31)宋・葉夢得『春秋攷』巻三「甘忠可所作天官歴包元太平経等、蓋讖緯之始。」

(32)『後漢書』張衡列伝第四十九

(33)『漢書』巻三十六　楚元王伝第六　劉向伝「向乃集合上古以来歴春秋六国至秦漢符瑞災異之記、推迹行事、連伝禍福、著其占験、比類相従、各有条目、凡十一篇、号曰洪範五行伝論、奏之。」

(34)『春秋繁露』巻第五　重政篇第十三

(35)『漢書』眭両夏侯京翼李伝　巻七十五　李尋伝「李尋字子長、平陵人也。治尚書、与張孺、鄭寛中同師。寛中等守師法教授、尋独好洪範災異、又学天文月令陰陽。」

(36)同右「哀帝初立、司隷校尉解光亦以明経通災異得幸、白賀良等所挟忠可書。事下奉車都尉劉歆、歆以為不合五経、不可施行。而李尋亦好之。光曰、「前歆父向奏忠可下獄、歆安肯通此道」時郭昌為長安令、勧尋宜助賀良等。尋遂白賀良等皆待詔黄門、数召見、陳説「漢暦中衰、当更受命。成帝不応天命、故絶嗣。今陛下久疾、変異屢数、天所以譴告人也。宜急改元易号、乃得延年益寿、皇子生、災異息矣。得道不得行、咎殃且亡、不有洪水将出、災火且起、滌盪人民。」」

(37) 原文は「太初元年」だが、「哀帝本紀」に基づき「太初元将元年」に改めた。「漢興二百載、暦数開元。皇天降非材之佑、漢国再獲受命之符、朕之不徳、曷敢不通。夫基事之元命、必与天下自新、其大赦天下。以建平二年為太初元将元年。号曰陳聖劉太平皇帝。漏刻以百二十為度。」

(38) 『漢書』眭両夏侯京翼李伝　巻七十五　李尋伝「哀帝久寝疾、幾其有益、遂従賀良等議。於是詔制丞相御史、「蓋聞尚書『五曰考終命』、言大運壹終、更紀天元人元、考文正理、推暦定紀、数如甲子也。朕以眇身入継太祖、承皇天、総百僚、子元元、未有応天心之効。即位出入三年、災変数降、日月失度、星辰錯謬、高下貿易、大異連仍、盗賊並起。朕甚懼焉、戦戦兢兢、唯恐陵夷。惟漢興至今二百載、暦紀開元、皇天降非材之右、漢国再獲受命之符、朕之不徳、曷敢不通。夫受天之元命、必与天下自新。其大赦天下、以建平二年為太初大将元年、号曰陳聖劉太平皇帝。漏刻以百二十為度。布告天下、使明知之。」」

(39) 『史記』巻六　秦始皇本紀　始皇二十六年「始皇推終始五徳之伝、以為周得火徳、秦代周徳、従所不勝。方今水徳之始、改年始、朝賀皆自十月朔。衣服旄旌節旗皆上黒。数以六為紀、符・法冠皆六寸、而輿六尺、六尺為歩、乗六馬。更名河曰徳水、以為水徳之始。」

(40) 『漢書』眭両夏侯京翼李伝　巻七十五　李尋伝「後月余、上疾自若。賀良等復欲妄変政事、大臣争以為不可許。賀良等奏言大臣皆不知天命、宜退丞相御史、以解光・李尋輔政。上以其言亡験、遂下賀良等吏、而下詔曰、「朕獲保宗廟、為政不徳、変異屢仍、恐懼戦栗、未知所繇。待詔賀良等建言改元易号、増益漏刻、可以永安国家。朕信道不篤、過聴其言、幾為百姓獲福。卒無嘉応、久旱為災。以問賀良等、対当復改制度、皆背経誼、違聖制、不合時宜。夫過而不改、是為過矣。六月甲子詔書、非赦令也、皆蠲除之。賀良等反道惑衆、姦態当窮竟。」皆下獄。」

(41) 『漢書』巻九十九上　王莽伝上「及前孝哀皇帝建平二年六月甲子下詔書、更為太初元将元年、案其本事、甘忠可・夏賀良讖書臧蘭台。臣莽以為元将元年者、大将居摂改元之文也、於今信矣。……以居摂三年為初始元年、漏刻以百二十為度。」

(42) なお、小論成稿後に、武田時昌『術数学の思考―交叉する科学と占術―』（京大人文研東方叢書五、臨川書店、二〇一八年）が刊行された。小論と重なる部分を、術数学の立場で解析している。

＊本稿では、以下の刊本から史料を引用する。

『尚書』『春秋穀梁伝』『春秋公羊伝』（『十三経注疏』藝文印書館本）／『史記』『漢書』『後漢書』『隋書』（中華書局本）／清末民国初・王先謙撰『漢書補注』（清光緒二六年長沙王氏虚受堂刊本）同『後漢書集解』（民国四年長沙王氏虚受堂刊本）／『逸周書』（『四庫全書』文瀾閣本）／清・孔広森撰『春秋公羊伝通義』（清嘉慶二一年曲阜孔氏儀鄭堂刊　顨軒孔氏所著書本）／後漢・許慎撰　宋・徐鉉校定『説文解字』（大徐本　四部叢刊本）南唐・徐鍇校定『説文解字繫伝』（小徐本　中華書局影印本）清・段玉裁撰『説文解字注』（経韵楼本）／前漢・董仲舒撰　清・蘇輿注『春秋繁露義証』、後漢・班固撰　清・陳立注『白虎通疏証』（『新編諸子集成』第一輯　中華書局本）／宋・葉夢得『春秋攷』（清・乾隆中勅輯　武英殿聚珍版本）

参考文献

王　葆玹、一九九二「西漢国家宗教与黄老学派的宗教思想」（香港道教学院主弁・陳鼓応主編『道家文化研究』第二輯、上海古籍出版社）
吉川忠夫、一九七八「真人と革命」（『六朝精神研究』同朋舎、一九八四年に加筆し所収）

3 東アジアにおける四～六世紀の「治天下大王」と年号

甘 懐 真

序

現在、地球上には約二〇〇の国家が存在しており、それぞれに国号をもっている。国号制度は近代西欧の民族国家（nation-state）制度に由来している。前近代の東アジアはこのような国号制度が無かったがため、近代のいう意味での国号を持たなかった。しかしながら、歴史上の東アジアは独自の国家システムを有し、また独自の国号制度を有していた。この国号制度は漢の皇帝制度に従っており、「天下国家」という理論によって「天下之号」「国号」等を持つ、というものであった。七世紀以後、唐は史館を建てて正史を編修した。これによって東アジアの国号は王朝の名としても理解されたのである。この国号制度の中で最も特色あるものは年号といえよう。

伝統的な中国皇帝制度の政治形態は「天下」と称することができる。天下には二つの要素があり、一つは空間、一つは時間である。空間上において、天子は天下の中央に居り、天下の中央が「中国」であり、この地によって天下を治めるのである。全ての天下のひとりひとりが政治上の関係によって、君臣・君民といった具合に、天子とつながっており、さらに天子を媒介として天とつながっているのである。時間的規範とはつまり暦法である、全天下は時間を共有すべきものであり、であるから天子の職責は天命によって時間を決め、暦法を頒布することであった。理論上、天下は一つのみであり、故に名前は無い。もし天下が名称を必要とするならば、その一つめは、「有天下」の政権の国名である。つまり、漢・晋・唐・宋・明等といったものがそれである。漢・唐といった国名は、その政権が生まれた地名に由来する。その二つめは、年号である。われわれは年号を歴史上、東アジアの国号の一部分と見なすことができる。近代の国号は空間観念に重きがあり、それによって主権と領土とを示すのに対して、年号は一種の国号として、東アジア王権の独特な時間観念を示すものである。

二二〇年に漢が正式に滅ぶと、「三国時期」に入る。魏・蜀・呉の三国はそれぞれ漢の天下を継承したと称したが、それは漢国が魏国になったように、「有天下」の国が変わったにすぎない。「三国」はそれぞれ漢の年号制度を引き続き用いた。たとえば曹丕は魏国王から登極して皇帝となり、建元して「黄初」とした。晋が魏に代わった情況も同じく、司馬炎は二六五年に晋国王から登極して皇帝となり、建元して「泰始」とした。

三一一年に永嘉の乱が発生し、晋の洛陽政権が瓦解するのに随い、華北には「五胡十六国」の胡族国家が誕生した。この華北中部で発生したこの波動は東アジア全体にも波及し、朝鮮半島・日本列島の建国運動をも促した。五八九年に長安政権の隋が建康（南京）の陳を滅ぼし、さらに六一八年に唐が成立するまで、東アジア大陸には大帝国が出現しなかった。その間の四～六世紀は、東アジア大陸は諸国並立の状態にあった。本稿では諸国が実施した年号制度を手がかりに、この時期の漢の皇帝制度がいかに各国の建国制度となっていったのか、また各国が共有した国際社会と制度となっていったのかについて考察を行う。言い換えれば、この東アジア大分裂の時期において、皇帝制度は各国の「小天下」の制度となっていただけでなく、国際社会の「大天下」の制度となっていたのである。本稿は年号によって漢の「一つの天下」が崩潰したのち、分裂した諸国がいかに「並立天下」制度を採用したかについて考察する。その中の重要な問題の一つがこの時期の天王・大王・太王等の王号と「並立天下」制度の関連性である。

一　胡族国家と年号

五胡十六国は三〇四年の匈奴の領袖劉淵からはじまる。これ以降のこれらの胡人を首長とする国家を胡族国家というが、その立国政策はあくまで漢の皇帝制度にしたがっていた。胡族の若干の制度が加わっていたとしても、である。劉淵はその国号を漢として、その祖先で漢の官員であった呼韓邪単于と劉備の建てた（蜀）漢を継承することを宣言した。劉淵はまず漢王と自称し、年号を元熙とした。王爵の身分によって年号を建てるということの初例である。その理由は、劉淵は晋の命を革めることを宣言したがため、王と称すというのはただ順番に進めただけにすぎないのである。三〇八年に劉淵が帝と称するようになると再び改元を行った（『晋書』巻一〇一、2650頁）。その後の五胡十六国の君主はいずれも年号を建てた。

注目に値するのが国君が皇帝と称して建元をする外、天王と称して建元したものがあることである。これはこの時期の新しい制度であり、深く制度変革の意義をそなえている。記録上はじめて天王と称した君主は石勒である。石勒はもともと劉淵が率いた匈奴政団に属していた。三一八年に劉曜が漢を趙と改めると、石勒は劉曜政団に属していた。三一九年、石勒が趙国を建てたが、春秋列国と漢初侯王国の例にのっとり「称元」したため、その王国の内では「趙王元年と改称」した。石勒はこの時の天子は劉曜であり、自らを国王と考えていた。三二八年、石勒は趙国を晋を継いだ天子の国と自認して、命が革まったことを宣言し、自ら年号を建てて太和とした。これは劉曜の趙を否定するものである。しかし三二八年には、石勒はすぐに即位して皇帝と為ることはせずに、自づから「趙天王」となづけた。三二九年、趙天王は「皇帝の事を行」ったのち、正式に皇帝の位に即いた（『晋書』巻一〇四、2730頁、巻一〇五、2735・2743頁）。石勒は先ず天王となってのちあらためて皇帝となるという典範を創建したのである。この時の石勒の趙国は華北を支配するのみであったが、石勒は自ら「治天下」の君と思い込むのである。たとい天下は統一していない、としてもである。

石勒は三三三年に死去し、石勒の甥である石虎が三三四年の位を継ぎ、翌年に改元した。しかし石虎は「趙天王」と降称し皇帝とは称しなかった[1]。『晋書』には天王と称した理由が記されており「朕聞くならく、道 乾坤と合する者 皇と称し、徳 人神に協う者 帝と称す、皇帝の号敢えて聞く所に非ず、且《か》りそめに居摂趙天王と称すべく、以て天人の望に副わん」という。換言すれば、皇帝と天王はいずれも治天の君の号であり、ただ君主個人の道徳の高さによって、その尊号を異にするということである。『晋書』にまた「殷周の制に依る」（『晋書』巻一〇六、2762・2765頁）というように記されている。殷の天王の制については考察できないが、周天王の説は確かに『春秋』三伝のなかに見つけることができる。ただし周王がほんとうに天王と自称していたかについては、疑いはのこるが、ここでは述べない。すくなくとも当時の人々から言えば、周王は「治天下」の君主であり、天王としていた。周制がそうであるならば、それはつまり儒教の制度でもある。五胡十六国の状態は周代と類似するもので、いずれも諸国並立しており、周王が直接治めていたのは周国であり、上国とはいえそれらの中の一国にすぎない、と考える人もいる。石虎が即位した当初の趙も、上国であろうと大国であろうと、諸国のうちの一国にすぎなかった。このような上国の君主はたとい郡県制によっていて各国をおさめていなくとも、周の封建制度に依拠して天王となり、年号を建てることはできるのである。三四九年に石虎は皇帝と称したが、それはつまり周制の天王から漢制の皇帝へ昇格したのである。言うまでもなく、この昇格の理由は完全なる政治上の操作であり、君主本人の道徳とは関係ないものであった。

またある学者はこの時期の天王号は仏教に由来するとするが、制度の原則から言えば、この説は成立しない。天王ということばはたしかに仏教用語である。また当時の王者には仏教徒であるものがあり、人民もまた王者を仏教王権の王とみなしていた、その最たる例は後秦の姚興である。しかし五胡十六国期の天王号は明らかに皇帝号につぐ君主号として用いられており、明らかに儒教の王権制度に属すものであった。当時の人は周天王によってこの制度を説明しており、周の制度を誤解していたとはいえ、それもまたかれらが天王制は中国王権の制度に属すものであると考えていたことの反映であり、仏教王権との関係はないのである。当時の胡族国家の政体について言えば、統治者の官名は二つのシステムから名付けられており、そのひとつは中国王権に由来、もうひとつは匈奴（北アジア）王権に由来するものである。天王号は明らかに中国王権の系統に属している。石勒の例について言えば、石勒は趙王から趙天王に昇り、さらに皇帝へと昇った。石虎は君主を継承するものとしてまず趙天王に即位し、さらに皇帝へと昇った。これから推すに、王と皇帝の中間たる天王が仏教王権の官名であるというのはしごく合理的ではなかろう。

史料の中に天王号の記述がみられるものは前秦・後燕・後秦・後涼と夏の諸国の君主である。三五〇年代、石趙政権は瓦解し、陝西に本拠地を置く苻秦政権が成立した。その君主苻洪は秦王と称したのち、天王と称し、三五二年に皇帝と称した。天王と称するのと同時に「皇始と建元」した。これは石勒の例に倣ったものである。三五七年に苻堅はその位を継ぎ、すぐさま皇帝に即位はせずに、まず「大秦天王」と称し、「永興」と改元した（『晋書』巻一一二、2868・2869頁、巻一一三、2884頁）。その皇帝の位に登ったはずであるが、『晋書』には苻堅の登極のことを記しておらず、『晋書』の記述もれであるにちがいなかろう。

苻堅の在位期間、苻秦政権は華北を統一し、中国を統一する可能性も有していたが、三八三年に東晋への侵攻に失敗し、秦の華北政権もまた崩壊し、境内の各胡族政団がこの期に乗じて建国したことにより、いわゆる五胡十六国時代は更なる段階へと進んでいった。三一〇年代から三八〇年代の華北諸国は、慕容燕・石趙と苻秦のように晋の天下を継承したと自認していた政権であり、たとえ漢の天下を征服する能力あるいは願望がなかったとしても、すくなくとも華北を征服して華北帝国を建てようとしていた。比べてみると、三八〇年代以後はほんとうに諸国並立であり、各国とも内向きに皇帝・天王と称すとはいえ、外向きには諸国の並立状態を受け入れており、これこそが「並立天下」である。

苻堅政権の滅亡後、姚萇は関中地区の有力者として、その政権は後秦と称せられており、三八四年には「自ら大将軍・大単于・万年秦王と称」し、年号を建てた。年号を建てたということより（後）秦は自ら一つの天下だと認識していたことが推測できる。記録には姚萇が天王になったという記事は見当たらない。これについて二つの推論をすることができる。一つめは、この時天王でない国王だとしても年号を建てられたという可能性である。二つめは、「万年秦王」は尊貴な王者に意味であり、「万年」というのは或いは羌人の方言からの翻訳であり、王者の上に加える尊号であった可能性である。姚萇は三八六年に長安を占領し、そこで皇帝と称して、年号を建初とした。その後三九四年に姚興は皇帝の位を継いだが、三九九年災異によって、「号を降して王と称し」、同時に「大赦して、弘始と改元」した。年号のことから推せば、この「王」というのは「天王」にあたるか、あるいは天王と同様の性質を持っていたと考えられる（『魏書』巻一一六、2967頁、巻九五、2082頁）。

つぎに西涼の例である。四〇〇年前後から、李暠政団は河西走廊西部をおさえていた。李暠と東晋とは政治関係を維持し、四〇〇年に東晋は李暠に「護羌校尉・秦涼二州牧・涼公」を授け、陝西西部と甘粛の地方首長とした。史料中には李暠が涼王と称した記録はみえないが、『晋書』には李暠が年号を建てて庚子とし、四〇五年には建初と改元した（『晋書』巻八七、2268頁、巻八七、2259頁）。

『晋書』には李暠が使節を東晋に派遣して年号が必要な理由を説明した記録が見える（『晋書』巻八七、2261頁）。その文からは次の二つのことがわかる。一つめは、李暠は河西政権（涼）の首長として、ただ「名は未だ天台に結ばず」であったことである。「天台」とは東晋の建康朝廷を指し、李暠は「天台」との間に君臣の「名」がなかったとする。その表面上の原因は河西より建康まで遠くはなれており、そのため李暠は東晋朝廷に上表することができず、二者の間には君臣関係がなかった、というものである。年号は天子が天下に公布した時間であり、天子と地方首長の間の重層的君臣関係をとおして各地方に施行される。李暠と天子との間に君臣の名義がなかったことによって、晋の時間制度を実施することが不可能であったのであり、所謂「正朔未だ加えず」というものである。だが李暠は、地方にも時間制度がないわけにはいかないとしたため、地方長官の名義で一地方を範囲とする年号を公布したのである。二つめは、年号は「国憲」としており、広い意味でいえばこれも中国制度である。河西は中国西部に位置し、その周りはすべていわゆる蛮夷であり、李暠は涼州が中国に属するものであることを示すために、自ら年号を定めたのである。このことから、この年号の公布は二層の意義がある。一つは自らが自立した君主であり、臣下でないことをしめすためである。もう一つは政権の中国性をしめすためである。年号は中国性の一つとして存在し、西涼というのは東晋やその他国家に属さない中国政権であったのである。

四世紀後期より、年号を建てるということは中国性の象徴となった。「五胡乱華」以来この時期まで、中国を統一するものはなく、当時の用語によってみれば天下分裂ということができよう。たとい「五胡十六国」が胡族国家でありながら、「中国」の名義によって建国していたとしても、この名義から新しい国際社会の構成国となっていったのである。この事実は建国者が秦・燕・趙などといった春秋戦国の大国の名を国名としていたことにもしめされる。涼は春秋戦国の大国の国名ではないとはいえ、漢の州名である。三八〇年代以後、一方面では、あらたな形態の東アジア国際社会が成立し、この国際社会の共同規範は漢文行政・年号などといった中国の制度であった。その例の一つとして今の青海省に存在した涼（南涼と称される）がある。その君主の禿髪烏孤《とくはつうこ》は三九七年に「大都督・大将軍・大単于・西平王」と自称し、年号を建てて太初とした（『晋書』巻一二六、3142頁）。この禿髪部政権は成立して以来独立した国であり、その君主が大都督・西平王などと称したのは国際的な地位をしめすものにすぎず、年号はその中国性をしめし国際社会の一員たることをしめすためのものであった。西平王の西平はおそらくは方言の漢字表記であろう。これも天王と称さずに年号を建てた例である。

渠沮氏政権は在河西走廊に建てられたもうひとつの涼国であり、北涼と称される。北涼は段業が率いた政団を受け継いだもので、段業は三九七年に自ら「使持節・大都督・龍驤大将軍・涼州牧・建康公」と称し、年号を建てて「神璽」とした。四〇一年に沮渠《そきょ》蒙遜は段業にとってかわり、自ら「使持節・大都督・大将軍・涼州牧・張掖公」と称し、「永安に改元」した（『晋書』巻一二九、3190・3192頁）。これは君主が天王あるいは皇帝と称さずにただ刺史・公爵によって建元した例である。同様の例は前述の西涼がある。「使持節・大都督・大将軍・涼州牧・張掖公」は中国の制度に依拠する国君の官爵であり、年号を建てることはその国君のさらに上位に実質的な天子がいないことをしめすものである。

沮渠蒙遜は四一二年に河西王と称し、「玄始」と改元した。その後北涼の君主は陸続と年号を立てたが、ここでは措いておく。禿髪傉檀《じょくだん》の世には、北涼は後秦姚興の脅しをうけ、禿髪傉檀は人を派遣して姚興に対して臣と称し、その服従の表明が「其の年号を去る」ことであった（『晋書』巻一二九、3195頁。巻一二六、3148・3149頁）。もし国君が人臣となったならば、その君主の年号を奉じる必要がある。これがいわゆる「正朔を奉ず」というものであり、理屈からすれば当然自らの年号をもたないことになる。

建国、すなわち年号を建てるという制度は塞北の拓跋氏政権へも影響を及ぼし、三八六年に拓跋珪は代王と称し年号を建てて登国としたが、すぐに国号を改めて魏とした、これは「中国的転回」である。拓跋がこのようにせねばならなかった理由は国際社会の圧力をうけたからである。もし拓跋がこの国際社会に入ろうとするならばかならずその政権の中国性をしめさねばならなかったがゆえに、中国の国号と年号を建てたのである。

三八六年には、中国には十の年号があり、北魏の登国のほか、さらに前秦の太初、後燕の建興、後秦の建初、後涼の太安、西燕の昌平、西燕の建明、西燕の建平、西燕の建武、西燕の中興があった。こういった情勢は諸国並立を反映しており、また天下に並立していた。

夏はまた別の意味で注意に値する例である。夏は匈奴が建てた国であり、四〇九年、赫連勃勃《かくれんぼつぼつ》が自ら「天王・大単于」と称し、（大）夏を「国号」として、建元して龍昇とした。四一八年には赫連勃勃は皇帝と称した（『晋書』巻一〇、260頁。巻一三〇、3202頁）。この匈奴の夏国は漢の創造した天下の領域を統一する意図があったとはみとめられない。夏は非常に意を尽くしてその非中国性を標榜したが、その反面、夏は漢字の国号を立て、皇帝と称し、年号を建てており、その目的は当時の新しい東アジア国際社会に加わることにほかならない。

柔然（蠕蠕）は塞外（蒙古草原）の遊牧帝国であり、「中国」ではありえない。四六四年、柔然の君主受羅部真可汗は「自ら永康元年と称」した。『魏書』はさらに記載して、四八五年に柔然伏古敦可汗が「自ら太平元年と称」したとし、その後の柔然の君主はみな年号をもち、豆羅伏跋豆伐可汗も「自ら建昌元年と称」した。その後柔然は突厥の興起により衰弱する。これらの資料は『魏書』より採ったもので、柔然の建てた漢字年号も魏の朝廷の認識に由来したもので、柔然も北魏に対する外交上の必要性にあわせて、東アジア国際社会へと加わったものであろう。このこともわれわれに一方面で漢の天下が四から六世紀の間分裂していたことをしめすほか、さらに国名・年号・王号といった皇帝制度の中の中国制度が国際社会の共同制度となっていたかをしめすものである。さらにこの国際社会も漢代の中国の領域からその周辺の東アジア各地へと拡張していったものである。

二　日本と朝鮮の年号

つぎに目を日本へと移してみよう。本稿では稲荷山古墳出土鉄剣銘、とくにその中にみえる「治天下」と「大王」とについて考えてみたい。

稲荷山鉄剣銘は有名な史料であり、詳しい説明は必要あるまい。一般的に銘文は四七一年に記されたものと考えられている。この剣は当時の大和朝廷の最高首長たる「獲加多支鹵大王」がいまの埼玉県にあたる武蔵国の首長へ授けた礼物である。先学の考証によって、この獲加多支鹵大王は当時の日本列島の最大政権たる大和王権の首長であることがわかっている。銘文中にこの獲加多支鹵大王が「治天下（天下を治め）」したことが記されている。われわれはさらにこの「治天下」の大王の官名の一部分について推論を進めてみたい。その証拠となるのは熊本県江田船山古墳出土の大刀の銘文である。その銘文を復原してみると「治天下獲加多支鹵大王」という文があり、このことばは一組の称号であったと考えられる。埼玉県の剣と熊本県の刀、ここからこの大王が日本列島の大部分の地域を統治していたことがわかる。一般的にこの獲加多支鹵大王は日本の史書中にみえる雄略天皇・中国史書中にみえる「倭五王」のなかの倭王武と考えられている。

「治天下」は王号の部分であり、その後の天皇の称号から類推することが可能である。西嶋定生は「斯帰斯麻宮治天下皇」（『上宮記』逸文）・「小治田大宮治天下大王天皇」（法隆寺薬師如来像光背銘）・「飛鳥浄御原宮治天下天皇」（小野毛人墓誌）・「清御原大宮治天下天皇」（長谷寺法華説相図銘）などといった多くの「治天下」の大王もしくは天皇号を列挙した（西嶋、一九八五、79頁）。これらの例から「某宮（寺）治天下大王」から「某宮治天下天皇」にいたるまでの発展の軌跡を見ることができよう。獲加多支鹵大王王号の名はおそらく「斯鬼寺治天下大王」であろう。

漢代皇帝制度からはこの「治天下大王」を解釈することは容易ではない。なぜならば天下を治める者は天子／皇帝であるからである。あるいはこれを大和王権の特殊な王号と理解することもできるかもしれない。しかし、漢代の中国制度ではなく四世紀以来の東アジア大陸上の胡族国家体制と照らし合わせてみたならば、この「治天下大王」というのが当時の東アジア大陸に通行していた「天王」制度というように推されよう。この対照から、逆に稲荷山鉄剣銘という史料を利用して胡族国家の「天王」は「治天下大王」と推測することが可能である。当時の大和王権は当時の東アジア通行の中国制度に依っており、その地位は中国の天子より低いと認識していたものの、一般の国王よりは高いと考えていた。またその統治領域は一国だけではなく諸国に広がっており、それは小天下であるとはいえ、一つの「天下」であった。であるから、その君主は「治天下」の「大王」であったのである。

稲荷山古墳出土鉄剣銘をはじめとし、日本の史料中には断えず大和王権がその統治空間が天下であると宣言したことが見える。東アジア大陸上の中華大天下と対比した場合、日本は東夷小天下であり、東夷の小帝国という説もある（石母田、一九八九、20〜23頁）。これは意義深い学説であるが、五世紀後期について言えば、中国自身も諸国並立しており、それぞれが天下と称していた。獲加多支鹵大王が天下を治めると自称したのは統一中国王権にたいして自立したことをしめしたわけではなく、東アジア大陸上の胡族国家と天下に並立するための方法であり、その政権が一つの天王が統治する天下だと認識していたのである。

獲加多支鹵大王は諸国を治めていたため、国王の上の大王であると自認していた。この表現は獲加多支鹵大王つまり倭王武が中国（宋）に上奏した奏文のなかにも「使持節・都督倭・百済・新羅・任那・加羅・秦韓・慕韓七国諸軍事・安東大将軍・倭国王」と自称することによってしめされている（『宋書』巻九七、2309頁）。これは倭王珍以来の「自称」を襲用したもので、中国では倭王が新羅・百済・諸韓の統治者とは承認していないが、倭王の自認する天下は朝鮮半島諸国も含むものであったのである。

天王の記録は日本の史料中にもみえる。『日本書紀』には雄略天皇二十三年四月条に「百済文斤王薨ず。天王、昆支王五子中の、第二末多王を以て、……其の国に王たらしむ」とあり、この天王は雄略天皇で、雄略天皇は新しい百済王を任命している。また『日本書紀』雄略天皇五年七月条には、註に『百済新撰』を引き、四六一年に百済蓋鹵王がその弟昆支君を大和朝廷へと遣わして「天王に侍」させたことが記されている（『日本書紀』471・497・499頁）。この「天王」もまた雄略天皇である。この二つの事はいずれも百済と関わりがあるもので、雄略天皇が天王と称するのは朝鮮半島とのかかわりのある記録であり、あるいは倭と百済二国の外交上の漢字王号であることが推され、またさらに「天王」というのは日本にたいする「治天下大王」の称号であることが推されよう。

倭王の王号についていては、六〇〇年に中国が倭使節の来訪により登録した倭王の名号についてては以前より研究対象となってきた。この倭王（推古天皇）は隋文帝朝廷に使節を派遣した。中国の記録では倭王は「阿輩鶏弥と号す」

とある（『隋書』巻八一、1826頁）。この「阿輩鶏弥」は当時の日本の日常行政中にみられる和語の漢字表記である。ではこの和語については二つの可能性が存在する。一つめは「あめきみ」であり、すなわち漢字表記の天君・天王である。そうであるならば、倭王の号は天王であることになる。二つめは「おほきみ」であり、漢字表記では大君、もしくは大王である。この説も道理に合っていて、過去の雄略天皇はまさに「大王」と称していたのである。またこの倭王の名号を登録するなかで、倭王の姓は「阿毎」と記している。阿毎というのは「あめ」であり、それは「天」である。もし倭王の姓が阿毎で、号が阿輩鶏弥であるならば、その名は「天・大王」となり、これはつまり「治天下大王」の意味となる。

しかし、この時の日本の「治天下大王」は当時の東アジア大陸と半島の慣例に則って年号を建てることはしていない。稲荷山古墳出土鉄剣銘中には「辛亥年」という紀年があり、このことから当時の日本では東アジア通行の干支紀年を採用していたことがしれる。大和朝廷が五世紀の時には年号を建てていなかった原因はおそらく当時の政権が中国（宋）と冊封関係に合ったことにあると思われる。この時の冊封の事実は中国史書に記される「倭五王」にしめされている。前述のように、この時代においては、天王だけではなく、州刺史までもが年号を建てることができたが、その前提はその君主がその統治範囲を一つの自立した天下だと認識し、かつ外部政団の首長との間に君臣関係がないことである。前述のごとく、倭王武は「使持節・都督倭・百済・新羅・任那・加羅・秦韓・慕韓七国諸軍事・安東大将軍・倭国王」と自称し、中国の冊封を受けることを要求した。中国の史料中には四七八年に倭王武が南朝宋の皇帝への上表文が存在している。この上表文中、倭王武は中国（宋）の君主に向かって臣と称し、冊封を要求している（『宋書』巻九七、2395頁）。このことからこの君臣関係が存在しており、かつこの君臣関係をもとめたのは倭国であることから、獲加多支鹵大王は年号を建てなかったと考えられよう。

四世紀から六世紀には、東アジア諸国の国君はその多くが大王・太王と称していた。日本の獲加多支鹵大王のほか、高句麗の広開土王がある。広開土王の史料は主として好太王碑ともよばれる広開土王碑である。広開土王という呼称は『三国史記』にもとづき、碑文の中には「国岡上広開土境平安好太王」としるされている。この王号は解読が難しい。慶州古墳群中の壺杅塚から発掘された器物に「国岡上広開土地好太王」の銘文があるものがあった（末松、一九五四、128頁）。「牟頭婁墓誌」には「国岡上広開土地好太聖王」としるされている（武田、一九八九、320頁）。これらのことから「国岡上広開土境平安好」というのは高句麗方言の漢字表記であり、その「境」は「地」とも記してもよいものなのであろう。当時の王号の全称は王陵の所在地に諡号を加えたものである。「国岡上」は王陵地、「広開土境平安好」は諡号である。「太王」の漢字表記は中国制度に由来するものである。この王号の全称は王の死後、はじめて用いられるものである。このことから高句麗王は在世中には「太王」と称されており、それは高句麗の口語による表現であることが推されよう。この口語はまた「太聖王」とも表記することができる。

現在一般に理解されている広開土王碑文中の「号為永楽太王」という句がある。これは断句と解読を誤っているものであり、正しくは「号為永楽（号して永楽と為す）」で点を入れ、「太王」ということばはつぎの句へとつづけて、「太王恩沢洽於皇天、威武振被四海（太王の恩沢は皇天に洽ねく、威武は四海を振被す）」としなければならない。「号為永楽」というのはその年号をしるしたものである。前段に「国岡上広開土境平安好太王、二九登祚」とあり、その王名を記している以上、わざわざふたたび「号為永楽太王」という必要はないのである。そのためこの「号」は年号であり、永楽というのは年号なのである。永楽を年号とすることに反対するものは天子のみが年号を建てることができ、広開土王は天子ではないことを挙げる。しかしこの時期の国君が年号を建てることは全く異例ではなく、広開土王に年号があっても奇とするには足りない。また広開土王は太王と自称し、王の上の王であった。碑文中にしばしば年号はあらわれる。たとえば「六年」とあるのは「永楽六年」であり、「九年」「十年」とあるのも、すべて広開土太王の紀年なのである。ほかに「九年己亥」「十年庚子」「十四甲辰」「十七年丁未」「二十年庚戌」等というのが見られる。

高句麗は建国の過程の中で長期に中国政権と関係をもっており、「五胡十六国」時期にはとくに諸燕国との関係があった。四世紀中後期から五世紀の初めの広開土王の時代には、高句麗と後燕は頻繁な和戦関係にあり、朝貢の記録はあるものの冊封の記録はなく、東晋にたいしては朝貢の記録すらみられない。この時期の高句麗が自立国であったことについては疑いはない。広開土王碑の第一部分には高句麗の建国神話が記されている。その中には高句麗王室の出自が「天帝之子」「皇天之子」であることが記され、あきらかに王は天子と自認しており、その統治しているところが天下なのであった。それがたとい並立する小天下の一つであったとしてもである。これらのことから、高句麗広開土王は年号を建てて永楽としていたことが了解できよう。

つぎに目を転じて朝鮮半島南部の新羅についてみてみよう。五〇五年、新羅は国名を定めて新羅とし、その首長を王とした。『三国史記』によれば、新羅朝廷は当時「国名未定」と認識しており、いわゆる国名というのは正式な漢字の国名を指していたことがわかる。この記録中に新羅が立国して以来、「但だ方言を称して、未だ尊号を正さず」とある。当時の君主が「智証麻立干」と称していたように、これはあきらかに古韓語の漢字表記であった。また五〇三年のことを記した「迎日冷水碑」では漢字によって新羅の国名を記して「斯羅」としており、このことからもその漢字国名は方言の音を漢字で表現したにすぎないものであるとわかる。五・六世紀の端境期には、四世紀以来の華北胡族国家・朝鮮半島・日本列島の建国運動は一段落ついていた。見方をかえれば、これは新しい国際社会の誕生であり、その新国際社会はひとつの漢文世界であった。新羅はもしこの国際社会の舞台にあがろうとしたならば、かならず公認される漢字の国名と、漢字の君主の官名が必要であった。方言の新羅の君主号に結局どの漢字表を当てるかについては、新羅の朝廷は「又た古えより国家を有つ者を観るに、皆帝と称し王と称す」という議論により、新羅を「国家」なし、当時の制度に依ってから、その君主を漢字の帝あるいは王とすることにし、最終的に「新羅国王」としたのである。

新羅は五三六年に自ら年号を建てて「建元」とした。この年は法興王の在位の時にあたる（『完訳三国史記』上冊、94・95頁）。『三国遺事』には法興王が法興大王となったことが記されていることから（『完訳三国遺事』225頁）、この一年のあいだに、法興王は自称を改めて大王とし、建元したことがわかる。そののち、新羅は東アジアの自立王国としての道をすすんで行き、一つの大国となり、また小天下ともなったのである。百余年の過ぎた六四七年、新羅が首都の慶州に瞻星台を立て、王者には自らの天があることをしめしたのである。

結　語

あらためて五三六年という年の東アジアの国際社会の大勢をみてみよう。中国は「六鎮之乱」の後、北魏が分裂し、東魏の鄴政権と西魏の長安政権が分立をはじめた。華南の建康（南京）政権はちょうど梁の武帝の盛世である。朝鮮半島は三国分立している。日本列島の大和王権は宣化天皇の時期にあたり、仏教の輸入という要素により王権はさらなる発展をむかえる。またベトナム中部の林邑の発展、新疆東部の高昌国の成立などをみることができる。東アジア全体は「並立天下」という列国体系の発展へと指向しており、西晋滅亡後の新しい国際社会の完成形ということができよう。四世紀から六世紀の歴史の流れのなかで、東アジア諸国が建国の際に儒教王権の制度を利用したのが、「天下国家」である。そのはじめの目標は「家」でありそれを拡張して「国」を建て、さらに天子の政権との間に君主同士の君臣関係を築くことであり、その制度が冊封である。その次の目標が、その国君の上位には天子と称されるような外国の君主がいない、自立国たることである。このような国は他国と並立しながら、その国君は皇帝あるいは天王・大王・太王などと自称していたのである。漢朝の制に依っていえば、皇帝のみが「天下を治める」ことができ、それは「一つの天下」であるが、この時期において皇帝と自称する国君が統治していたのは「並立した天下」の中の一つの小天下である。この一つの小天下によって、その国君は時に皇帝／天子とは自称せず、降して天王もしくは大王・太王と称したのである。本稿でもこの時期の天王という言葉の意味は、その統治領域が小天下であったとしても「治天下大王」であると考えた。近代の国家体系（system of states）の標榜する諸国の国際法上の地位の平等と比べてみると、この時の東アジア世界の諸国は自立国であるとは言えるが、その国際社会の中における地位はいくつもの等級にわかれており、不平等の自立国であるといえよう。国際地位は国君の官号によって表現され、官号には天子／皇帝・大王（天王・太王）・王・侯等の爵号および将軍号・都督等があった。

この時期の各国は自らの天下の表現として年号を建てた。しかし歴史は「並立天下」という国際社会体系を維持することを許さず、六世紀後半の東アジアには大帝国運動があらわれ、五八九年には隋が中国を統一し、六一八年には唐が成立した。唐帝国の衝撃により、日本の王権も唐化運動の波に乗り始めた。唐化運動は二面性があり、一つは唐の制度を学び模倣するというもので、もう一つは唐の制度によって日本自身の「大天下」を打ち建てるというものである。天王から天皇へという号の変化はその中の一筋の手がかりと言えよう。また年号を建てたということも手がかりとなる。六四五年に孝徳天皇が大化という年号を建てたのがそれである。

このような日本の状況に対して朝鮮半島では、三年後の六四八年には、新羅は唐の攻撃を受け、一度敗れて投降しており、自国の年号を放棄している。『三国史記』には唐太宗がその官吏に真徳王が派遣してきた講和の使者に向かって「新羅　大朝に臣事するに、何を以てか別に年号を称さん」と問わしめると、使者は「曽つて是れ天朝未だ正朔を頒せず、是の故に先祖法興王以来、私に紀年有り。若し大朝　命有らば、小国又た何ぞ敢てせんや」と答えたという記載がある（『完訳三国史記』上冊、121頁）。この対話は唐と新羅がいずれも年号と二国君主間の君臣関係に関わりがあることを認識していたことをしめしている。しかし歴史事実からいえば、法興王の時期には、東アジアは唐太宗の言うような「大朝」は存在せず、新羅もまた「小国」ではなかった。「臣事大朝」ということについていうならば、中国の南北朝時代には、新羅が中国の冊封を受けたという記録はただの一度のみで、それは五六五年に北斉武成帝が真興王を「使持節・東夷校尉・楽浪郡公・新羅王」に冊封したもののみである（『北斉書』巻七、94頁）。合理的推論からいえば、新羅は自らを王国であるとみとめ、また北斉が皇帝国であると認めていた。ならば、真興王もまた皇帝／天子から授けられる新羅王の官を受けていたことになる。しかし新羅は年号を放棄することはせず、三年後の五六八年に真興王は年号を改めて大昌としている（『完訳三国史記』上冊、97頁）。六五〇年にいたるまで、新羅は年号を持ち続けていた。これは新羅がずっと自らの小天下を治めていると自認していたことの反映である。新羅のこのような態度に対して、百済は四～六世紀の中国の東晋南北朝時期には、頻繁に東晋南北朝の冊封を受けており、甚だしきに至っては南朝と北朝の君主の冊封を同時に受けることもあった。たとえば百済武寧王は五一九年に北魏孝明帝の冊封を受け、五二〇年に梁武帝の冊封を受けている。これはこの時期には複数の天子の国があったという現象である。百済武寧王からしてみれば、北魏と南朝の梁はいずれも天子之国であり、武寧王の百済は北魏と梁とに「両属」していたのである。新羅と比べてみると、百済は年号を建てることはしておらず、あるいはこれは百済が受けてきた冊封と関係があろう。

五八九年以降の東アジアの情勢は大きく変化し、その一つの変化は小天下の存在を許さなくなったことである。七世紀の東アジアはまた別の諸国戦争の波に呑み込まれた状態となり、「一つの天下」を自認する唐に属するか否かということが各国にとっての選択となったのである。六四五年には日本王権は年号（元号）を建てて大化とした。これは明らかに日本が一つの自立した天下であり、その天下は大天下であることを宣言するものであった。六五〇年、新羅は敗戦により、「是の歳始めて中国永徽の年号を行」った。『三国史記』は「論に曰く」として年号を改めたことは「臣の天子の邦に属する者は、固より以て私に年を名づく可からず」（『完訳三国史記』上冊、122頁）であるからとし、新羅の小天下は終焉をむかえ、中国大天下に服属することを迫られたのである。

註

（1） 五胡十六国時期の紀年についての研究については、鈴木（二〇〇〇）を参考のこと。

＊本稿は以下の刊本から史料を引用する。
『史記』（中華書局、一九九六年）／『魏書』（中華書局、一九九六年）／『宋書』（中華書局、一九九六年）／『隋書』（中華書局、一九九六年）／『晋書』（中華書局、一九九六年）／『北斉書』（中華書局、一九九六年）／『完訳三国史記』（明石書店、一九九七年）／『完訳三国遺事』（明石書店、一九九七年）／『日本書紀』（岩波書店、一九九三年）

参考文献

石母田正、一九八九 『石母田正著作集四　古代国家論』（岩波書店）
井上光貞等編、一九七九 『シンポジウム鉄剣の謎と古代日本』（新潮社）
内田昌功、二〇〇八 「東晋十六国における皇帝と天王」（『史朋』四一）

大津　透、一九九九『古代の天皇制』（岩波書店）
川本芳昭、二〇〇五『中華の崩壊と拡大　魏晋南北朝』（講談社）
甘　懐真、二〇〇三「中国古代皇帝号与日本天皇号」（『皇権・礼儀与経典詮釈―中国古代政治史研究』台大出版中心）
　二〇一五「古代東アジア国際関係中的高句麗（고대 동아시아 국제관계 속의 고구려）」（『史学志』五十）
耿　鉄華、二〇一二「高句麗好太王碑研究綜述」（『高句麗好太王碑』吉林大学出版社、二〇一二）
周　伯戡、二〇〇二「姚興与仏教天王」（『台大歴史学報』三〇）
末松保和、一九五四『新羅史の諸問題』（東洋文庫）
鈴木　桂、二〇〇〇「唐修『晋書』にみえる唐初の正統観―五胡十六国の称元法の検討から―」（『史料批判研究』五）
武田幸男、一九八九『高句麗史と東アジア―「広開土王碑」研究序説―』（岩波書店）
西嶋定生、一九八五『日本歴史の国際環境』（東京大学出版会）
平勢隆郎、一九九八『左伝の史料批判的研究』（汲古書院）
三﨑良章、二〇〇六『五胡十六国の基本的研究』（汲古書院）
羅　新、二〇一三「好太王碑与高句麗王号」（『中華文史論叢』二〇一三年三月号）

（翻訳：伊藤裕水）

4　鎌倉期の年号勘申者の家と公武政権

福島金治

はじめに

本稿は、改元に際して年号字の案を提出した勘申者とその家について検討するものである。年号字は漢籍を典拠に選定されたため、勘申者はその知識を蓄積した特定の家から選ばれた。勘申者の性格は、勘申者の検出と家ごとの系譜を整理した基礎作業に基づいて（森本、一九八三）、所功は儒官（文章博士・式部大輔など）としたのに対し（所、一九八九）、佐藤均は文章博士・式部大輔・儒卿で紀伝道を構成する家の人物とした（佐藤均、一九九一c）。一方、改元の基本手続きは、天皇の勅をうけた大臣が勘申者を選定し、提出された勘申案にみえる年号字を公卿の仗議で論議して決定し、改元吉書が下され詔書が各国に送られた（所、一九八九）。その過程で院・天皇の意向が直接に働くこともあった。[1]その一例は後醍醐天皇の個人的理由が正中・建武改元へ反映したとする佐藤進一の見解で（佐藤進一、一九六五、51・127〜129頁）、これに対して佐藤均は元亨改元は辛酉の慎み、正中改元は通常の手続きによらないものとした（佐藤均、一九九一a・b）。一方、鎌倉幕府の関与は、嘉禄改元に不快の意向を伝えたこと、延慶改元に幕府の要請があった可能性があることなどが指摘され（所、一九七七・峰岸、二〇〇一）、六波羅探題の設置により改元詔書の届け方は鎌倉への直接伝達から六波羅探題を媒介した伝達への転換、鎌倉での改元吉書始の儀礼化などが指摘された（北爪、二〇〇二）。その後、筆者は延慶改元について改元を改暦とあわせて検討し、改元・改暦に関わる公武交渉について述べておいた（福島、二〇一八）。

勘申者の位階や勘申者の家ごとの推移などが明らかになったものの、勘申者と時の公武権力との関係、勘申者の家の性格と相互関係、改元の故実の集積や故実書の作成のありかたなどは課題となっている。以下、検討してみたい。なお、『鎌倉遺文』は鎌遺と略称で示した。

一　鎌倉期の年号勘文提出者の家と先例

鎌倉期の改元理由は、①代始改元（一五件）、②厄歳改元〔辛酉革命（三件）、甲子革令（一件）〕、③災異改元〔天変地異・兵革等（一八件）、疫病・飢饉（七件）〕、④不明（九件）で、災異改元が多く数年を区切りに行われていた（森鷗外、一九七三）。改元の際に年号字の案を上申した勘申者は、文章博士・式部大輔・儒卿の職にあり、紀伝道を構成する菅原・大江氏、藤原南家・北家日野流・式家の人物であった。そのうち、大江氏は平安後期までがほとんどで、藤原氏は平安後期を頂点に室町中期までみえるのに対し、菅原氏は鎌倉期以降に増加していき室町期には独占するようになる（所、一九八九）。勘申者に目を向けると、院政期は転換期にあたっていた。その転換の様相をみてみたい。

勘文の様式や儀礼での立場は家格と官職を反映していた。勘文の古い様式は大江匡房の『江家次第』に以下のようにみえる（京都大学貴重資料デジタルアーカイブ、一般貴重書〈和〉）。

勘申年号事
　々々
　其書曰
　々々
　其書曰
右、依宣旨勘申如件、
　　　　官兼官姓朝臣名
　菅家者註年月日位等
　余人者如江家儀

勘文は「勘申年号事」にはじまり、年号字ごとに書名と引文を記し、末尾に勘申者名を記した。様式には、菅原氏は年月日を記入するのに他家はしないといった違いがあった。この様式は鎌倉期に踏襲されたが、家ごとの違いはより明確となった。菅原長成著『元秘抄』には、菅原家では長徳四年（九九八）以降に「勘申年号事」を「勘申」「年号事」と別行で書くようになり、承徳三年（一〇九九）以降は大江・日野・式家と同様に一行で書く場合もあるとみえる(2)。菅原家では「勘申」「年号事」と別行で年号を記入、大江・日野・式家では「勘申年号事」と一行で年号を入れない様式が恒例となっていた。十一世紀初頭には家ごとの様式が先例化していたわけで、勘申者の家はこの時期に基盤がつくりあげられていた。

また、右の書式について、『元秘抄』の「納言以後書様」に「勘申年号事」の「勘申」は納言になると使用しないとある。これは日野流にあてはまる。元暦改元では日野流藤原兼光の勘文は「年号事」に始まり、藤原光輔・光範のものは「勘申年号事」と一行書で（『兼光卿改元定記』）、兼光の場合は建久改元でも同じである（『建久改元定記』）。右の実例は、貞永改元では日野流藤原頼資の勘文が同じで、菅原在高・為長・資高は「勘申」「年号事」と別行、藤原信盛は「勘申年号事」と一行書き（『経光卿改元定記』(3)）、嘉元改元では、日野流藤原俊光は「年号事」、菅原在嗣・在兼と藤原淳範・敦継は「勘申」「年号事」と別行である（『冬平公記』「残闕日記」所収本、大月本史料稿本、東京大学史料編纂所大日本史料総合データベース）。南北朝期の貞治改元では、日野流藤原時光は「年号事」、藤原有範と菅原高嗣・長綱・時親は「勘申」「年号事」と別行、文章博士日野氏種は「勘申年号事」と一行書きである（『改元部類』、『大日本史料』六―二四）。日野流の勘申者の勘申時の官職を『元秘別録』よりみると、権中納言等の地位で勘申しており右の指摘と符合していた。勘文の様式は官職と相関していた。

官職の問題は式部大輔等と文章博士の上下関係とも関係していた。鷹司冬平の『冬平公記』には、嘉元改元での両者の序列が以下のようにみえる。

定資朝臣問云、先例為両様、先何勘文可読申哉、先可読文章博士勘文之由、示之、而先読別勘文之間、傍卿等告之、予云、先例為両様、先被読別勘文之条、不可有苦者、仍先別勘文、次読文章博士勘文、次次第可定申之由、又示之、自下臈申之、如参木逃是可申也、今夜、不然、長通卿一人逃之、

（『冬平公記』乾元二年八月五日条『史料大成』）

坊城定資は蔵人頭・右大弁で行事進行の担当者であり、勘文を読む順で文章博士を優先するかが問題となった。定資は最後に文章博士が読むべきだとした。根拠は下臈からという点にあった。実際の順も藤原俊光・菅原在嗣・菅原在兼・文章博士藤原淳範・文章博士藤原敦継の順で記され、これに見合っている。一方、徳治改元の場合は次

のようである。

仍勘文更取上、大納言披見了、次第取下之、左大弁宰相依予気色読勘文人々定先、文章博士、詞有後、次別勘文、読了次第可定申之由示之、自下﨟定申之、

（『冬平公記』嘉元四年十二月十三日条）

文章博士の前後に他の勘申者の勘文を読むように指示があり、実際の順も文章博士藤原淳範・藤原俊光・菅原在嗣・菅原在輔・文章博士藤原敦継と右の指摘のようになっている。

勘文を読む順の問題は式部大輔と文章博士の序列と関わっていた。『元秘抄』の「進年号勘文人数多少例」には、式部大輔・文章博士の欠員と勘申辞退の事例が詳細に付記され、徳治三年（一三〇八）の例をとれば「大輔菅原在輔、博士藤原敦範、同淳継、前中納言俊光」とあるように大半は式部大輔を上位に記している。菅原家の家学を記した『元秘抄』は儀礼に関わる要職の式部大輔を重要視していた。

そのため式部大輔在任者に不調があると大きな問題となった。『元秘抄』によると、正安四年（一三〇二）の乾元改元では、二月に式部大輔菅原資宗に勘文提出の命が下ったが、改元は延期され菅原資宗も死去した。後任の式部大輔藤原広範は「関東」にあり勘文を進上しなかったため、代わりに菅原在輔が選ばれた。また、乾元二年（一三〇三）の嘉元改元では、式部大輔藤原広範に命が下ったが勘文を進上しなかった。関東で出家していたためと言い、替わりを菅原在兼がつとめたとある。そこで彼らの官歴をみてみよう。広範は正安元年には非参議で十一月に春宮学士を止め、同四年に式部大輔に任官しており、前任者は在輔だった。翌乾元二年、広範が死去すると在輔が式部大輔に任ぜられた。在輔は文章博士を、在兼は式部大輔・文章博士を経歴していた（『公卿補任』〈『国史大系』〉）。式部大輔が文章博士より上位と認識するものの、式部大輔が関東にいるために右のような問題が発生していた。

鎌倉後期には、鎌倉に滞在する者が勘申者に選定され勘文を提出しない事態が発生していた。勘文提出者は京都

の枠をこえる状況を迎えていた。このことは、鎌倉での改元吉書始のありかたと関わっていた可能性がある。改元吉書始は寛喜元年（一二二九）の九条頼経の時を初見とし公武協調を象徴する行事だった（北爪、二〇〇二）。その様子は『吾妻鏡』（『国史大系』）寛喜元年三月二十五日条に「廿五日、於政所、有改元吉書始、信濃《二階堂》二郎《(行泰)》左衛門尉、為武州《(北条泰時)》御供、持参御所、披覧御前云々、大蔵卿《(菅原)》為長撰申云々」とみえ、政所で執権泰時が詔書を将軍九条頼経に披露するものであった。その後の鎌倉での改元吉書始は『吾妻鏡』嘉禎元年（一二三五）十月十四日条に「於政所、有改元吉書之儀云々」とあるのを最後に消える。

以後の記事は『鎌倉武将執権記』（国立公文書館内閣文庫、紅葉山文庫旧蔵）に徳治改元以降に継続的にみえてくる。なお、干支は割注で書かれているが、便宜、縦書としておいた。

①徳治元年丙午十二月十四日改元、同廿四日関東吉書始、
②応長元年辛亥四月廿九日改元、五月八日関東吉書始、
③正和元年壬子三月廿日改元、四月二日関東吉書始、
④文保元年丁巳二月三日改元、三月八日関東吉書始、
⑤元応元年己未四月廿八日改元、五月九日関東吉書始、
⑥元亨元年辛酉二月廿三日改元、三月八日関東吉書始、
⑦正中元年甲子十二月九日改元、同十九日関東吉書、
⑧嘉暦元年丙寅四月廿六日改元、五月十三日関東吉書、
⑨元徳元年己巳八月廿九日改元、九月十三日関東吉書、
⑩正慶元年壬申元徳四年　月　日改元、五月十四日関東吉書始、

②の改元吉書始は、『武家年代記裏書』（『史料大成』）に「依之改元、京都者四月廿八日被始書之、関東者五月八日関東吉書始云々」とほぼ合致しており、『鎌倉武将執権記』にはもととなる基本情報があったと推測される。そう考えると、嘉禎元年から徳治元年まで空白がなぜ生じているのかが問題となる。徳治以降の記録は関東吉書始を意識的に記す記録があったことを示しており、徳治以前の鎌倉にはそうした意識が薄かったか、または『鎌倉武将執権記』の基になった記録の家が『吾妻鏡』編纂素材を持つ家とは別系だったのではなかろうか。先述の藤原広範の在鎌倉の時期に符合し、この時期が幕府の年号観の転換期だった可能性がある。

そこで、鎌倉の対応を検討してみたい。花園天皇期の文保改元の伝達状況は『武家年代記裏書』に「正和六二三、改元為文保、同五日被仰武家、同六日被申関東」とあり、三日に改元、五日に六波羅探題へ伝達、六日に鎌倉へ伝達された。迅速な伝達だが、鎌倉での吉書始は『鎌倉武将執権記』に三月八日とある。鎌倉での改元吉書始は京都の改元から一月かかっていた。幕府関係文書での「文保」の初見は「文保元年二月十四日」付け鎮西御教書案で、改元の伝達は早期に完了していた（小山田文書、鎌遺二六〇九六）。京都での改元から鎌倉での吉書始までの時間は、徳治・応長・元応・正中が八〜十日、正和・元亨・嘉暦・元徳が十三日前後である。文保の改元の吉書始は鎌倉にとって期日を遅らす合理的理由があったのだろう。幕府は、延慶改元に際して内々の意向を朝廷に伝えており[4]、所功は守邦親王の元服と将軍就位への慶祝が背景にあるかと想定された[5]（所、一九七七）。また、元亨二年（一三二二）に改元が検討され正長・嘉慶が候補にのぼると幕府は「長」字を忌む意向を伝えたという[6]。後嵯峨院以降の幕府の朝廷への態度から考えれば、幕府の意向はより深く朝廷に伝わるようになっていたのであろう。

まとめておこう。鎌倉期の勘申者をみると、勘文の様式は菅原家と大江・日野・北家・式家等の間でその様式が分けられ、式部大輔を文章博士より儀礼上で上位におく意識が明確だった。また、鎌倉後期に関東に下向していた式部大輔藤原広範といった存在は、関東吉書始のありかたなどに影響を及ぼした可能性があろう。

二　年号勘申者と公武政権との関係

次に勘申者と公武政権との関係をみてみよう。菅原長成『元秘抄』には勘文の「納言以後書様」について「当家《菅イ》者、納言已後勘文書様依無先規、頗不審也、尤可加斟酌歟」と菅原家では納言昇進後の勘文の先例がないとある。国立公文書館所蔵林家旧蔵本『元秘別録』によれば、菅原氏が納言で勘文を提出した初例は文和五年（一三五六）の少納言菅原長綱の時であり、右の記述は当然のことであった。『元秘別録』等により勘文提出者の家と官職の関係をみると、藤原北家日野流は弁官から参議・納言へ、藤原式家・南家は式部大輔や文章博士へと昇進していき、前者の方が家格が高く侍読等につく頻度が高かった。勘申者には家格に明確な差があった。

それぞれの家をみよう。日野流は平安後期に侍読等の地位を確保し儒者弁を家業とするようになった。摂関家との関係も深く、藤原資長は保元の乱のころに藤原忠通の執事家司、藤原頼資が九条家の執事、孫の兼仲は近衛兼経に仕えていた（石田、一九八一。井原、一九九五）。菅原氏をみると為長の出現が大きい。為長の父長守は治承四年（一一八〇）の藤原永範没後に式部大輔・文章博士となり勘申者に選ばれた。これをきっかけに子の為長は土御門から後嵯峨にいたる五代の天皇の侍読となる一方で、九条家につかえた。為長は九条道家から土佐国幡多を没収されており九条家の家司だった（『明月記』嘉禄二年十月十二日条、国書刊行会）。この間、頼朝の側近中原親能・広元の依頼に応えて願文を制作・提供し、北条政子に「仮名貞観政要」を献上するなどして幕府要人と密接な関係を築いた。最後に藤原南家では永範が式部大輔となり後白河以下三代の侍読となり日野流と並ぶ地位となり、摂関家忠通・頼長家の家司だった（五味、一九八四。仁木、二〇〇五）。やがて茂範は鎌倉幕府にも仕えていく。いずれも公的には侍読や式部大輔・文章博士となるが、私的には摂関家の家司であった。

次に勘申者の家の推移を改元時の院・天皇と対応して検討してみたい（所、二〇一四、付1「日本公年号の出典と勘申者」参照）。大江家は、高倉院期に周房、後嵯峨期に信房がみえるが、亀山院政期以降はみえなくなる。式家は後白河院期に光輔・敦周がみえ、光兼流が断続的に選ばれていく。この二家は主流からはずれ、多くは日野流と菅原氏・藤原南家から選ばれるようになる。菅原氏では後鳥羽院期に在茂らとともに高辻為長・唐橋公輔らが選ばれ急伸していく。承久の乱から後嵯峨院初期は為長の全盛期で、他家では南家に経範、日野流に信盛・勘解由小路頼資・日野家光と一流内で分出した家から勘申者が選ばれだした。後嵯峨院期には南家に経範・茂範、日野流に勘解由小路経光、菅原氏に高辻・唐橋一族がみえて鎌倉後期に継承されるが、後醍醐天皇親政期以降、日野流では資実流と勘解由小路頼資流が消え、正慶・元弘の改元では菅原氏のみとなった。後醍醐政権と近臣の関係を反映している。

これらの家の家学の交流はどのようなものだったのだろうか。菅原為長は藤原永範に学んでいる。平安期の自家の家本を再生産する態度から、鎌倉期にはそれぞれの家の所持本の内容の相違が問題となり別系の家本との校合が行われるようになった（水上、二〇一二）。勘申者の家の人々は協調する一方で競合関係にあった。それは『元秘抄』の「撰者現存間、他人改引文、勘申同年号例」にみえる。以前に選に漏れた年号案を、元の勘申者の生存中に他者が引文を改めて提出した先例を示した部分である。事例の一つは「平治」で、久寿改元の際に藤原永範が『管子』を典拠に提出したが、平治改元の時に藤原俊経が『史記』を典拠に勘申した。二つめは「延嘉」で、貞応改元の際に菅原為長が『孝経』を典拠に提出し、貞永改元の際に藤原頼資が『晋書』を典拠に勘申した例をあげている。『元秘抄』は「其人現存之間者、不可奪取」として強く批判しているが、俊経と頼資はともに日野流で日野流への批判という側面が濃厚である。菅原氏が日野流へ不快感をもっていたことは、後年の東坊城秀長の『迎陽記』永和五年三月十七日条に「父子勘者例」として、応長改元の時の菅原在輔・在登父子、日野俊光・資名父子、文保改元の時の菅原在兼・家高父子の例をあげている点にもうかがえる（『史料纂集』）。右以外に、治承改元（藤原永範・光範）、承久・元仁・嘉禄改元（菅原在高・淳高）、嘉元改元（菅原在嗣・在兼）、正和改元（菅原在輔・在登）、元徳・元弘・正慶・元弘改元（菅原在登・在淳）と菅原氏の例が多数あるのだがこれは指摘せず、日野俊光父子の例をあげている。

勘申者と時の政権との関係が顕著となるのは、後醍醐天皇の即位を契機とした文保三年（一三一九）四月の元応改元だろう。前天皇の花園院は改元三日前の四月二十五日に「今夕可有改元之由有沙汰」と記すのみで、改元当日の二十八日にはその記述がない（『花園天皇宸記』〈『史料大成』〉）。花園院は改元の作業の外にあった。後醍醐天皇側の主導で行われた改元の手続きをみてみよう。四月六日、勘申者招請の命があり、文章博士日野資朝・前権大納言日野俊光・文章博士菅原在登・式部大輔菅原在輔・正二位菅原在兼が選ばれた。この内、日野俊光は訴訟で鎌倉におり上洛を命じられた。その際、招請形式をめぐって、日野資朝に対する菅原在登の不満があり、文章博士へは別の文書様式で招請することとなった。やがて、二十日に日野資朝は資名らと帰京した。評議で残った元応・正慶から元応が選ばれたが、この際に勘文を読む順を上臈か文章博士かそのいずれを先とすべきかが問題となり、実泰が両方あるが配慮せよということで、日野俊光から読むこととなったとある（『冬定卿記』等）[7]。日野・菅原両氏の官職をみよう。日野俊光は、延慶二年（一三〇九）の花園天皇のもとで正二位、正和六年（一三一七）に権大納言に昇った（『公卿補任』）。一方、資朝は文保三年（一三一九）には後伏見上皇の院司で（後伏見上皇院宣、鎌遺二六九九九〇）、後醍醐天皇の即位後の元亨二年（一三二二）に文章博士に昇っていく（『公卿補任』）。菅原在兼・在輔・在登の三名は伏見・後伏見・後二条・花園・後醍醐の侍読・東宮学士だった（『菅儒侍読年譜』〈『続群書類従』四上〉）。在兼は元応二年に正二位・参議・式部大輔、在輔は正和二年には正二位、在登は元徳元年に式部大輔となる（『公卿補任』）。菅原氏の二位への上昇によって「上﨟」での比較が困難となり、勘文を読む序列をめぐる両家の争いが顕在化したとみてよかろう。

争いは官職の序列にとどまらず、家学の質に及ぶこととなった。日野俊光と菅原在輔両人は『唐書』を典拠に「元応」案を提出したが、その際、『冬定卿記』によると、俊光の典拠とした『唐書』は「本唐書」（「旧唐書」）で所持者が少なく、六条有房が蓮華王院で本書を確認して後宇多院を通して後醍醐天皇に献上されて閲覧することとなった。内容を検討したところ、本文は「本唐書」に確認できず『太平御覧』に引文が発見されたとある。これについて『元秘別録』は日野俊光の勘文提出を「勘者初例」、また「唐書無此文也云云、太平御覧百八十巻有此文云々」と特記している。日野俊光は原本でなく類書に依拠していた。六条有房は後宇多院の側近で、『尊卑分脈』に「和漢才人」と記されるほどの教養人で菅原家・藤原南家伝来の『帝範』『貞観政要』等を書写しており、その校合本の一つは菅原在匡本だった（小川、一九九六）。それに対して、日野俊光の蔵書はこれらの家に比すべきものではなかったのかもしれない。年号勘申者に鎌倉滞在中の資朝が選ばれたのは後醍醐天皇との接近を示すもので、菅原氏とは立脚基盤が異なっていたのだろう。

三　広橋経光『経光卿改元定記』の特徴とその性格

勘中者の家にとって漢籍等の書物と知識、改元に関わるマニュアルの蓄積は不可欠であった。そこで勘解由小路経光の『経光卿改元定記』作成動機を検討してみたい[8]。経光は昇殿した嘉禄二年（一二二六）から没するまで日記を書き続け、私的なことは暦記に公的なことは日次記に書き分け、さらに部類記などとして残し、具注暦裏面に自身の恋愛等を記すなど意識的な書き分けを行っていた（尾上、一九九八。田中、一九八八）。そのうち『経光卿改元定記』は行事の内容を子孫に伝えるとともに自家の存立基盤を主張するものだった（尾上、二〇一二）。日記の料紙には綸旨や摂関家御教書等が使われており、頼資・経光父子が朝廷の担当行事官として保管・集積していた文書と考えられている（大村、一九九六）。

まず、経光の属する勘解由小路家の蔵書・故実の内容を検討してみたい。『民経記』寛喜元年（一二二九）九月十三日条に収録される大納言土御門定通書状には、「平野北野行幸記」を送ることを告げた後に「三史十三経以下、一世家・太平広記・御覧・広博・通鑑、随分嗜持候、若入事候者、不憚可被召候」と自家の漢籍の借用を許していることがみえる（鎌遺三八七一）。その宛先は頼資・経光父子のいずれかだろうが、勘解由小路家は土御門定通から漢籍を借用する立場にあった。土御門定通は姪が後嵯峨天皇の母、妻は北条義時の娘、後嵯峨院の評定衆で院政の主軸をなした人物で（佐藤進一、一九八三）、その蔵書は充実していたものとみてよかろう。また、『経光卿改元定記』によると、勘文の「右」の文字を読まない用例について「不読右字、嘉禄度先人（頼資）依故通具（堀川）卿諷諫、不令読給、所追彼佳例也」とある（『民経記』寛元二年二月二十六日条）。嘉禄元年（一二二五）四月の改元の際、経光の父頼資は大納言堀川通具に助言を求めていた（『頼資卿改元定記』「廣橋家記録」、『大日本史料』五―二）。頼資の代には故実が整っていなかったことを示している。してみると、日野流勘解由小路家は年号を勘申する他家より家格は高い一方、菅原・藤原南家ほどの書物の厚みには欠けていた可能性がある。

一方、年号勘申者の家相互間での漢籍の授受をみると、藤原南家と菅原家との貸借は宮内庁書陵部所蔵『貞観政要』巻一、穂久邇文庫所蔵『貞観政要』巻二〜一〇にうかがえる。建治三年（一二七七）・永仁二年（一二九四）の奥書によれば、これらは睿証から菅原為長・在宗へ伝授された菅原家伝来本で、「南家之点本」（巻一）・「南家秘本」（巻二）等と南家本で校注されていた。そのことは、巻一の安元三年（一一七七）の藤原永範による高倉天皇への伝授にはじまり孝範・経範・明範・淳範への伝授奥書から知られるが、校訂状況は以下のようである。

（巻一）此本ハ南家之点本也、奥書如表而、永仁二年八月晦日、以菅家本朱点幷墨点写也、於菅点者合短点畢、能々可分別也、又上注者是南家之注也、

（巻一〇）永仁三二廿一、以菅家本移点訖、於菅点者加短点、於南家点者、処々籠畢、「朱点了校了、」読合了、

本云、以菅師匠秘本移点校合了、　平朝臣兼俊

南家の訓点の付された本を菅原家本の朱点・墨点で校注し、上段に南家の注記を記し、菅原・南家の解釈を弁別・併記していた（小林、一九六七）。

また、九条家本『文選』巻第一には次の奥書がある。

弘安八年六月廿五日、以菅江両家証本校合書写了、　散位藤原相房

九条家本『文選』は式家藤原相房本であるが、菅原・大江両家の本で校訂されていた（小林、一九六七。佐竹、一九九九）。この関係は成簣堂文庫蔵『帝範・臣軌』が大江匡房本から藤原永範・光範を経て菅原在章に伝授され、

式家の伝本には藤原敦周に『群書治要』『六臣註文選』がみえるのに対して（以上、小林、一九六七）、鎌倉期の漢籍写本に日野流藤原氏の伝授本は希薄である。日野流は、北条実時が金沢文庫本『群書治要』の書写に藤原俊国本を使用していることがみえるものの、菅原氏・南家等との書籍の交流はみえにくい。

日野流の地位は守覚法親王著の随心院蔵『啓白諸句』にうかがえる。同書は啓白文作成のための例文集で鎌倉極初期の文章博士らの文を収録している。作者をみると、大江家は匡房のみ、式家は明衡・敦周ら八名、菅原氏は為長ら六名、南家が俊憲・永範の二名、上記の家以外が三名、日野流は宗業ら五名だが経光につらなるものはみられない（荒木、二〇〇四）。頼資・経光父子の勘解由小路流は後発だったとみてよい。

右のような状況下で作成されたのが『経光卿改元定記』だった。内題は「改元寛元・宝治・建長御記」で寛元・宝治・建長の三回の改元記録をまとめたものである。経光は宝治・建長・康元・正嘉・正元・文応・弘長・文永の改元での勘申者で、建長は経光の勘申した年号だった。一方、経光の官職をみると、貞永二年（一二三三）の天福改元で改元奉行を担当しており（『民経記』天福元年四月十五日条）、その後、仁治二年（一二四一）に従三位・左大弁、寛元二年に正三位、同五年には正二位・権中納言で、宝治二年に権中納言を辞すまで左大弁だった（『公卿補任』）。朝廷では職事弁官を中心に政治運営がなされており、弁官は上卿のもとで実務を担う立場にあった（富田、二〇一二）。こうしたことからだろう、寛元改元記には「予申云」「予等申出」などと自身の意見を詳細に記し、改元の儀式は外記が日次・内覧を行うのが通例だが今回は職事が管掌して外記に命じたと記している。左大弁という実務に関わる立場と後嵯峨院政開始期の儀礼転換の様相を具体的に記そうとしたのだろう。(9) つづく宝治改元記は自身初めての年号勘文提出、建長改元記は自身案の初採用の記録である。この二回の改元記には寛元改元記のような自己主張はみられない。右のことから、三回の改元記を一つにまとめたのは、左大弁・公卿としての初めての改元への参加、宝治改元時の初提案、建長改元での初採用の経験を子孫に具体的に示すためだったと考えられる[10]。

次に料紙をみると紙背文書があり、綸旨・関白家御教書・摂政家御教書である（『民経記』第八巻、213～220頁）。宛先は「治部少輔」のみである。経光は、『公卿補任』天福元年（一二三三）条に右少弁となった際に「去少輔、蔵人如元」とあるが、この「少輔」は経光が天福元年正月まで治部権少輔だったことを示すものと考えられ治部少輔をさすものではなかろう。そこで子弟の治部少輔在任者をみると、『民経記』正元元年閏十月十五日条に「兼頼以治部少輔譲任兼仲」と経光の子兼頼・兼仲兄弟が任官している（『尊卑分脈』第二篇）。兼頼が治部少輔だったのは、『公卿補任』の藤原基長の治部少輔任官が建長三年（一二五一）だから、これより以降で正元元年（一二五九）以前となる。改元記は宝治元年（一二四七）以降の編集であり、『大日本古記録』が改元記の紙背文書のうち九月六日付け綸旨と八月二十七日付け関白藤原兼平（カ）家御教書を建長七年（一二五五）かとし「治部少輔」を兼頼に比定したのは妥当だろう。勘解由小路家内では、経光が父頼資宛ての文書を使用し（鎌遺二六二二五等）、経光の子兼仲が兄兼頼の関係文書を使用していることからみて（森茂暁、一九九一）、経光は家伝の記録を作成するに必要な材料として兼頼宛ての文書を使用したとみてよかろう。また、綸旨など宿紙を料紙に使用したのは権威を視覚的に訴える効果を知っていたからかと思われる。

紙背文書をみよう。いずれも年が記されず、関白藤原兼平家御教書は以下の通りである。

来十月十九日可有行幸春日社、可令供奉御後給者、依
関白殿御気色、執敬如件、
　八月廿七日　　　　　左衛門少尉時□
謹上　治部少輔殿

建長七年に比定されるのは、文中の春日社行幸の十月十九日実施が『百錬抄』(『国史大系』)『深心院関白記』(『大日本古記録』)の建長七年十月十九日の後深草天皇の春日社行幸と合致することによる。発給主体が明確な文書は、綸旨が七瀬御祓結番・御方違・最勝講、院宣が県召除目を内容とし、摂政家御教書が石清水臨時祭、関白家御教書が灌仏会・御方違・七瀬御祓・平野臨時祭・主殿司五節・春日社行幸である。摂政家御教書より関白家御教書が多く、兼頼は両者に仕えていたことを示す。藤原兼平は建長四年(一二五二)に後深草天皇の摂政となり、同六年には関白となることを反映していよう(『公卿補任』)。関白期の文書が主体なのは兼頼の治部少輔任官の時期と関わろう。経光が朝廷・摂関家に仕える立場の兼頼宛ての文書を多く使用して『経光卿改元定記』を編集したのは、勘申者としての故実の基盤形成が勘解由小路流の権威発揚につながることを意図していたからだろう。

おわりに

以上、鎌倉期の年号勘申者の位置づけを勘文提出者の家と彼らの家がもっていた故実・知識をもとに検討し、国立歴史民俗博物館所蔵の勘解由小路経光『経光卿改元定記』の成立背景を考察した。平安末から鎌倉期の年号勘申者の家は、藤原南家・菅原家が興隆してくるなかで、経光の属する日野流は菅原家や藤原北家・式家等と比べると後発であり蔵書等で劣る側面があり、勘解由小路家は日野流でも傍系であった。一方、朝廷内の当時の身分的立場は、日野流は納言の地位にのぼる点で他の家より上位にあった。そのため、改元の儀礼では、納言の勘文の様式上での分化、式部大輔・文章博士の地位についての勘文を読む順などが問題となり、鎌倉後期には幕府や後醍醐天皇との個人的関係などが勘申者の立場に色濃く反映するようなった。

こうした状況下で勘申者に選ばれていった勘解由小路頼資・経光父子は、故実の不足等を補う必要があった。経光が編んだ『経光卿改元定記』は、自身の家の立場の確立と継承を意図したものであり、息兼頼宛ての綸旨・摂関家御教書を料紙に使用したのは宿紙に書かれた改元記という点で見る者の目を驚かせるもので、その意図を明確にするものだったといえよう。

註

（1）嘉暦改元の際、三条実任は「年号字事、内々有沙汰云々」と事前の内覧で使用文字の指示があり、文字の選定について「予心中所存、此号不叶意、然而時宜無力歟、内々近年改元治定、返々不可然、然者有仗議、有付詮乎」と仗議が実態的には機能していないと批判している（『継塵記』正中三年四月二十六日条、『実任卿改元定記』〈『続群書類従』第一一輯上〉から引用）。

（2）『続群書類従』第一一輯上所収。菅原長成本を底本に同家内で増補したもので、明応五年（一四九六）に東坊城秀長自筆本を章長が書写したものである。

（3）以上の『兼光卿改元定記』『建久改元定記』『経光卿改元定記』は『続群書類従』第一一輯上収録本による。

（4）『冬平公記』徳治三年十月九日条に「九日、改元定如先例、多者譲位翌年有無事而、今度関東内々有申旨、■〔急カ〕被行別儀也」とある。

（5）久明親王は徳治三年七月九日に鎌倉を出発（『鎌倉年代記』〈『続史料大成』〉）、八月四日に京着（『歴代皇記』〈『改定史籍集覧』一八、291頁〉等）。その後、八月二十五日に後二条天皇が急死、翌二十六日に花園天皇が践祚（『公卿補任』等）、二十七日に子の守邦王が将軍につき（『保暦間記』〈『群書類従』二九〉）、十月九日に延慶改元となった（『冬平公記』）。

（6）『光厳院御記』元亨二年四月二十八日条に「密々関東忌長字旨、右風聞、若彼二（ママ）事者可被憚歟、建長・応長等、関東有事之故云々」とみえる（大日本史料稿本、応長元年四月二十八日条附録、東京大学史料編纂所大日本史料総合データベース)。

(7) 以上、大日本史料稿本・文保三年四月二十八日。人名比定は『公卿補任』、井上幸治編『外記補任』等を参照した。

(8) 国立歴史民俗博物館所蔵広橋家旧蔵史料、『大日本古記録　民経記』第八巻収録。寛元改元記(201～211頁)、宝治改元記(340～359頁)、建長改元記(351～359頁)よりなる(小島、二〇一八)。

(9) 三回の改元記の性格の相違について、寛元改元記の理解は研究会での石井行雄氏のご教示による。

(10) 宝治改元記には藤原経範案「嘉元」の典拠の『修文殿御覧』の頭注に「去比、刑部卿密語云、此文上已被詩也云々、引文用脩文殿御覧、先例不審」とある。刑部卿は菅原淳高で(『元秘別録』)、建長二年五月二十四日に没した(『岡屋関白記』(『大日本古記録』))。経光と淳高は互いに年号案を事前に話し合う関係にあり、近衛兼経の淳高への人物評は「正直で曲折はない」とある。「去比」がどの段階をさすかは不明。

参考文献

荒木　浩、二〇〇五「随心院蔵『啓白諸句』解題・翻刻―付作者索引―」(『小野随心院所蔵の密教文献・図像調査を基盤とする相関的・総合的研究とその探求』)
石田祐一、一九八一「諸大夫と摂関家」(『日本歴史』三九二)
井原今朝男、一九九五「摂関家領における代始安堵考」(『日本中世の国制と家政』校倉書房)
大村拓生、一九九六「日記の記録過程と料紙の利用方法」(河音能平編『中世文書論の視座』東京堂出版)
小川剛生、一九九六「六条有房について」(『国語と国文学』七三―八)
尾上陽介、一九九八「『民経記』と暦記・日次記」(五味文彦編『日記に中世を読む』吉川弘文館)
二〇一一「『民経記』(藤原経光)―「稽古」に精通する若き実務官僚」(元木泰雄・松薗斉編『日記で読む日本中世史』ミネルヴァ書房)
北爪真佐夫、二〇〇二「元号と武家」(『文士と御家人』青史出版、初出は二〇〇〇年)

小島道裕、二〇一八「広橋経光「改元定記」と年号勘文—年号を作る会議」（『歴博』二〇八）
小林芳規、一九六七「漢籍古點本奥書識語集」（『平安鎌倉時代に於ける漢籍訓読の研究』東京大学出版会）
五味文彦、一九八四「院政期知行国の変遷と分布」（『院政期社会の研究』山川出版社）
佐竹保子、一九九九「九條本『文選』の識語の検討」（『東北大学中国語学文学論集』四）
佐藤進一、一九六五『日本の歴史9　南北朝の動乱』（中央公論社）
一九八三『日本の中世国家』（岩波書店）
佐藤　均、一九九一a「後醍醐天皇の元亨改元・正中改元について」（『革命・革令勘文と改元の研究』佐藤均著作集刊行会、初出は一九八一年）
一九九一b「（史料紹介と覚書）『元亨元年革命定文』について」（右同書、初出は一九八一年）
一九九一c「年号勘文の勘申者」（右同書、初出は一九八九年）
田中　稔、一九八八「中世の日記の姿」（『企画展　中世の日記』国立歴史民俗博物館図録。同氏『中世史料論考』吉川弘文館、一九九三年に所収）
所　功、一九七七『年号の歴史　揺れ動く〈元号〉問題の原点』（雄山閣出版）
一九八九『年号の歴史　元号制度と史的研究〈増補版〉』（雄山閣出版）
所功編著、二〇一四『日本年号史大事典』（雄山閣）
富田正弘、二〇一二「口宣・口宣案の成立と変遷」（『中世公家政治文書論』吉川弘文館、初出は一九七九・八〇年）
中川真弓、二〇〇五「国立歴史民俗博物館蔵田中穣氏旧蔵『菅芥集』について—付翻刻」（『小野随心院所蔵の密教文献・図像調査を基盤とする相関的・総合的研究とその探求』）
仁木夏実、二〇〇五「藤原永範考」（『大谷大學研究年報』五七）
福島金治、二〇一八「延慶改元・改暦への鎌倉幕府の関与について—『大書陰陽書』付載文書の検討をてがかりにして—」（『国立歴史民俗博物館研究報告』二一二）
水上雅晴、二〇一二「日本における文献考証とその発展に関する試論—儒学文献の校勘を中心に」（北海道教育大学『国

語論集』九）
峰岸純夫、二〇一七「廣橋家旧蔵文書を中心とする年号勘文資料の整理と研究」（『歴博』二〇四）
森　鷗外、二〇〇一「災異と元号と天皇」（『中世災害・戦乱の社会史』、吉川弘文館、初出は一九七九年）
森　茂暁、一九七三「元号考」（『鷗外全集』第二〇巻、岩波書店）
森本角蔵、一九九一「藤原兼仲の職務と紙背文書」（『鎌倉時代の朝幕関係』思文閣出版）
山崎　誠、一九八三『日本年号大観』（講談社）
一九七九「菅大府卿為長伝小考」（『国語国文』四八—七）

〔附記〕本稿は国立歴史民俗博物館共同研究「廣橋家旧蔵文書を中心とする年号勘文資料の整理と研究」による研究成果の一部である。研究会では多くの御教示を受けた。記して感謝申しあげる。

5　南北朝期日本の不改年号と私年号

田中大喜

はじめに

中世の日本社会では、複数の年号が同時に併存するという事態がしばしば現れた。たとえば、十四世紀の南北朝内乱期には、南北両朝がそれぞれ制定した公年号が競合併存し、領主層は各自の帰属する南北両朝の公年号を使用した。また、公年号の改元に際して、その改元を承認しない、あるいはその改元の伝達経路が断たれたことなどによって、従来の年号を使用せざるをえない地域権力が、そのまま旧年号を使用し続ける不改年号という現象も現れた(1)。一方、こうした国家レベルの政治抗争と無関係だった地域民衆も、十五世紀半ばになると、公年号とは別の独自の年号＝私年号を使用するようになったことが知られている(2)。そして、戦国大名のなかには、公年号とともにそうした地域民衆が創出した私年号も使用する者がいたことが確認されている（渡部、一九九七a）。

このように、国家権力が制定した公年号が存在する一方で、それとは異なる不改年号や私年号が社会において通用したという事態は、自律的な社会諸集団によって構成された、中世日本の多元的な社会の特色をよく現していると指摘できよう。そこで本稿では、中世の日本社会の特色を体現しているともいえる、不改年号と私年号のそれぞれの使用状況と出現背景について考察してみたい。その際、不改年号と私年号の存在が確認されているものの、その実態の追究がいまだ不充分な南北朝期に焦点を当てることにする。

南北朝期の日本における不改年号と私年号の使用状況と出現背景について、他の時代の不改年号・私年号と比較しながら考察することで、それぞれの歴史的特質を明らかにしたい。また、この作業を通して、当該期の領主層の年号に対する認識のあり方も浮き彫りにしてみたい。

一　南北朝期日本の不改年号の歴史的特質

本章では、南北朝期における不改年号の使用状況と出現背景、およびその歴史的特質について考察する。当該期の不改年号と聞いてすぐに想起されるのは、足利直冬（一三二七?～一四〇〇?）が使用した貞和年号（一三四五～五〇、不改年号としては一三五〇～五一）だろう。そこでまずは、不改年号「貞和」の使用状況と出現背景について検討してみたい。

周知の通り、直冬は足利尊氏（一三〇五～五八）の実子だったにもかかわらず尊氏に疎まれたため、叔父の足利直義（一三〇七～五二）の養子になった人物である。そのため、貞和五年（一三四九）八月に尊氏と直義の抗争（観応の擾乱《じょうらん》）が勃発し、直義が失脚すると、直冬は養父の直義を支持して実父の尊氏と争うことになった(3)。

擾乱の勃発時、長門探題として備後国鞆の浦に滞在していた直冬は、尊氏側の勢力に襲撃されて肥後国へと追われた。しかし、翌年九月、大宰府を押さえる少弐頼尚（一二九四〜一三七一）の支援を得ると、直冬は九州管領として博多を押さえていた尊氏方の一色道猷（一三〇〇？〜六九）を肥前国へ追い落とし、再起を果たした。この年の二月二十七日、尊氏が擁立する京都の北朝では改元を行い、年号は観応（一三五〇〜五二）に改められていたが、直冬は貞和年号を使用し続け、ここに不改年号「貞和」が出現したのである。

直冬が北朝の観応改元に従わず、貞和年号を使用し続けた背景には、尊氏との敵対関係があったことは間違いない。しかし、ここで留意すべきは、観応元年（一三五〇）十一月に再起をかけて挙兵した直義は、その正当性を得るべく南朝に降伏したものの、北朝の観応年号を使用したという事実である。(4)すなわち、直義は尊氏と敵対関係にあったにもかかわらず観応年号を使用したわけだが、このことは、北朝（尊氏）から失脚中の直義に観応改元が伝達され、直義はこれを承認していたことを示していよう。すると、直義を支持する直冬も観応年号を使用して問題ないように思われるが、そのようにはしなかった。これはなぜだろうか。

この点について、瀬野精一郎は、「父尊氏に対する反抗姿勢を明らかに」（瀬野、二〇〇五、29頁）するため、あえて貞和年号を使用した＝観応改元を承認しなかったと指摘している。しかし、このように考えると、直冬は直義にも反抗する姿勢を示したことになり、首肯しがたい。そこで、直冬の貞和年号の継続使用とは、そもそも直冬のもとには改元が伝達されなかったため、貞和年号を使用せざるを得なかった＝観応改元を承認できなかったことを示すものと考えたい。(5)実際、九州において直冬が発給した軍勢催促状には、必ず「為奉息両殿御意、所打立也」という文言が記入されており、(6)直冬は味方を募るために「両殿」＝尊氏と直義の意向を受けて九州に下向したことを強調している。このことから、直冬は尊氏に反抗する姿勢を極力隠したかった様子がうかがえ、畢竟、直冬も観応年号を使用したかったはずと推測できよう。したがって、不改年号「貞和」は、観応改元を北朝から伝達されず、その承認手続きを行えなかった直冬が、貞和年号を継続使用せざるを得なかったがために現れたものと理解したい(7)。

右に述べた不改年号「貞和」の出現背景は、それ以前の不改年号のそれと基本的に同じだったと考えられる。すなわち、貞和以前の不改年号としては、源頼朝（一一四七～九九）が使用した治承年号（一一七七～八一、不改年号としては一一八一～八三）がある。治承年号は同五年七月十四日に養和元年に改められ、さらに養和年号（一一八一～八二）も同二年五月二十七日に寿永元年と改められたが、頼朝はその間も治承年号を使用し続けたのである。

頼朝の治承年号の継続使用は、一般的に平家が擁立する安徳天皇（一一七八～八五）の即位を認めない＝養和・寿永改元を承認しない姿勢を示すものと理解されている(8)。しかし、頼朝は養和元年（一一八一）七月の時点で後白河院（一一二七～九二）に密使を送り、平家との和平を提案していた事実に鑑みると(9)、治承年号の継続使用を一概に平家および安徳への反抗姿勢の明示と理解することはできないだろう。すなわち、頼朝は平家との和平を模索していたのであるから、安徳の即位と養和・寿永改元を承認する用意があったと見るのが至当と考えられるのである。したがって、頼朝は平家との和平を実現できなかったために、朝廷から反乱軍と見なされ続けた結果、改元が伝達されずに治承年号を継続使用せざるを得なかったまでと理解できよう(10)。

このように不改年号「貞和」は、不改年号「治承」と同様に、朝廷から改元が伝達されなかったことを受けて現れた現象と考えられる。ところが、南北朝期にはこれとは異なる出現背景を持つ不改年号が確認できる。それは、新田義貞（一三〇〇？～三八）が使用した建武年号（一三三四～三六、義貞が使用した不改年号としては一三三六）である。義貞が使用した不改年号「建武」の存在は、これまでほとんど認識されていないと思われるので、まずは実例を示そう。

【史料1】「大阪青山歴史文学博物館所蔵文書(11)」

為　天下泰平・当家安全、可被抽懇祈之状如件、
　建武三年三月六日　左中将（新田義貞）（花押）
　　神護寺衆徒御中

建武政権（南朝）の主将の一人だった義貞が、京都の神護寺に対し祈祷を命じた文書である。当時の義貞は、前月の摂津国豊島河原の戦いで建武政権軍に敗れ、九州へ敗走した尊氏を追撃するべく出陣を控えていた時期に当たる[12]ことから、この文書は神護寺に対し尊氏との合戦の勝利を祈願するように求めたものと見られる。

この文書で注目すべきは、その年月日である。実は、建武政権では建武三年（一三三六）二月二十九日に年号を延元（一三三六～四〇）に改めていたが、【史料1】において義貞は三月六日になっても建武年号を継続使用しており、不改年号「建武」の出現が知られるのである。それでは、義貞が建武年号を継続使用した背景とは、いったいいかなるものだったのだろうか。

まず考えられる背景としては、改元伝達の遅れという事態が挙げられる。実際、北朝が年号を暦応（一三三八～四二）に改めた際、足利氏への改元伝達が遅れたために、足利氏は引き続き建武年号を使用したという事例が確認できる[13]。したがって、【史料1】の義貞も、改元伝達が遅れたために、旧年号を継続使用した可能性が想定できるのである。しかし、同じ京都に居ながら、一週間も義貞に改元が伝達されなかったとは考えにくい[14]。そこで、延元の改元定《かいげんのさだめ》に出席した中院通冬（一三一五～六三）という公家の日記を見てみると、次のような興味深い記事に目がとまる。

【史料2】『中院一品記』建武三年二月二十九日条[15]
酉刻許堀川亜相参、招光吉暫（守カ）被談話、今度改元不審、建武不吉何事哉、凶徒雖乱入京都、忽令敗北了、後漢光

武時有此号、其間両三年有兵革、然至卅一年不改其号歟、光吉申其事候之由了、①此事惟継卿、十九日於或所参会之時相語曰、改元事於御前被仰下候間、非不吉候歟、自被付此号之時、可有兵乱之条勿論之旨申入了、今改元令参差歟之旨申入之処、於陣座可申此意見之由被仰下云々、於其段者難治候、可進勘文之旨、被宣下候之上者、争可申入子細候由令申処、只可申之旨被仰下之間、聊可出詞之由、雑談之次被告示、而自御前退出之時、招予曰、②先日之事、不可出詞之旨、又有仰云々、右府同被示、其故者、民庶謳歌改元、凡儀又改民之体〔心カ〕許歟、天下不受建武之上者、不可及子細之由被示云々、

記主の通冬は、平惟継（一二六六～一三四三）から聞いた話しとして、傍線部①・②のような情報を記している。すなわち惟継は、かつて兵乱が起きるため反対したにもかかわらず、後醍醐天皇（一二八八～一三三九）は自らの意思で建武改元を行ったが、この度兵乱を原因として改元を行うのは矛盾していると後醍醐に申し上げたところ、後醍醐から改元定が行われる陣座《じんのざ》でその意見を述べるように命じられた。これに対し惟継は、すでに年号勘文《かんもん》の提出が宣下された以上、改元に反対する意見を述べるのは難しいと答えたが、後醍醐からは反対の意見を述べるように命じられたので、少々発言する意思を固めた（傍線部①）。ところが、その後、惟継は後醍醐から発言しないように命じられ、それには右大臣の洞院公賢（一二九一～一三六〇）も同意していた。その理由は、民衆が改元を望んでおり、改元により人心を一新するためであるという（傍線部②）。

この記事からは、実は後醍醐が延元改元を望んでいなかった事実が判明する。後醍醐は改元を阻止するべく、惟継に自分の本意を代弁させようとしたのである。しかし結局のところ、後醍醐はこの試みを撤回したのだが、右大臣の公賢もこれに同意していたという事実が注目される。すなわち、後醍醐の本意は改元反対にあったことを踏まえると、この事実からは、公賢の説得により後醍醐は本意を翻した様子がうかがえるのである。その際、公賢が持

ち出した論理が民衆の改元待望論だったのであり、後醍醐はこの論理に屈して改元を受け入れたと見られる。公賢の説得の背後には、彼を支持する公家が少なからずいたことが推測される。したがって、延元改元をめぐっては、民衆の声を掲げて改元を主張する公家たちと、建武年号に執着する後醍醐との確執があり、最終的に後醍醐が折れて改元が実現したという事実が明らかになる。このことから、当時の建武政権内部では、後醍醐に対する公家たちの批判が強まっていた様子が看取されよう。こうした事態を踏まえると、義貞の建武年号の継続使用とは、後醍醐に改元を迫った公家たちへの反発姿勢によるものと捉えられる。つまり義貞は、建武年号の継続を望む後醍醐の本意を忖度して、あえて建武年号を使用する＝延元改元を承認しない姿勢を示したと考えられるのである（田中大喜、二〇一五）。

義貞が使用した不改年号「建武」の出現背景がこのようなものだとすると、これと不改年号「治承」「貞和」とは本質的に異なるものであることがわかる。すなわち、後者は朝廷から改元が伝達されなかったために旧年号が継続使用されたものだったのに対し、前者はおそらく改元の伝達があったにもかかわらず意図的に旧年号が継続使用されたものだったと見られるのである。したがって、義貞が使用した不改年号「建武」とは、改元の不承認という事態にもとづいて現れた新たな不改年号だったと指摘でき⒃、ここから十四世紀前半の領主層のなかには公年号を相対化する意識が芽生えつつあった状況が看取されよう⒄。

公年号を相対化する不改年号は、その後、鎌倉公方が使用した至徳年号（一三八四〜八七、不改年号としては一三八七）・正長年号（一四二八〜二九、不改年号としては一四二九〜三一）へと続いていく（峰岸、一九七九）が、義貞が使用した不改年号「建武」はその端緒になったと評価できる。このような不改年号が現れた点に、南北朝期の不改年号の歴史的特質を認めたい。

二　南北朝期日本の私年号の歴史的特質

中世の私年号は、十五世紀半ば以降の東国社会において顕著に確認されるため、先行研究では当該期の東国社会における私年号の使用状況と出現背景が追究されてきた(18)。これに対し、現在、南北朝期のものと見られる私年号は、元真・応治・白鹿・真賀・品暦・弘徳・至大・永宝・永幻の九例が確認されている（千々和、一九九五）ものの、いずれも実例がきわめて少なく、その使用状況や出現背景の追究には著しい史料的制約を受けるため、研究の蓄積がほとんどないのが現状である(19)。そこで本章では、南北朝期の私年号のなかで唯一使用者を特定でき、かつその動向をわずかながらでも追跡できる白鹿年号に焦点を絞り、その使用状況と出現背景を検討する。また、ここから南北朝期の私年号の歴史的特質についても考察してみたい。

史料上、白鹿年号の使用者として現れる人物は、村上源氏の一流である中院家の傍流に出自を持つ中院定平（生没年不明）という人物である。最初に、定平が発給した白鹿年号の文書の実例を確認してみよう。

【史料3】「得江文書(20)」

（花押）（中院定平）

云先年軍忠、云御志、以殊神妙候、善悪一頭〔統カ〕之時者、先立可有忠賞御沙汰之由、中院右中将〔定平〕家依仰執達如件、

白鹿二年卯月廿日　行貞奉

得江九郎〔頼員〕殿

白鹿二年四月二十日付けで能登国の武士の得江頼員（生没年不明）に対して発給された、奉書形式による定平の

感状である。文書に現れる白鹿年号は、この一点のみとなる。『太平記』の古態本として著名な西源院本『太平記』の巻第二五の奥書には、「京方貞和元年乙酉　南方号白鹿元年」という記述があることから、白鹿二年は南朝方が使用した年号で、北朝の貞和二年（一三四六）に相当することが判明する。しかし、定平は南朝方の公家だったものの、当時の南朝が使用した公年号は興国七年（興国年号は一三四〇～四六）であるため、白鹿二年は定平が使用した私年号と判断されるのである。

それでは、なぜ定平は私年号を使用したのだろうか。このことを考えるうえでの前提となる史料が、次の定平の発給文書である。

【史料4】「得江文書」[21]

（中院定平）
（花押）

為朝敵対治、御発向候之処也、急参御方、奉儀炳〔義兵〕被致忠節者、可有忠賞之由、中院右中将（定平）家依仰執達如件、

興国二年三月二日　行貞奉

得江九郎（頼員）殿

同じく得江頼員に対して発給された、奉書形式による定平の軍勢催促状である。この文書で注目すべきは、定平が「興国二年（一三四二）」という南朝の公年号を使用しており、この文書の発給時点では私年号を使用していなかったという事実である。この時点の定平は、純粋な南朝方の一員として軍事活動に従事していたことが知られるわけだが、定平の軍勢催促状はどのような情勢下で発給されたのか。

当時の北陸では、南朝方の宗良親王（一三一一？～八五？）が越後国から越中国への進出をうかがっており、南朝の後村上天皇（一三二八～六八）は同国の滝口氏や成田氏に対し、所領を「勲功賞」として給与する旨の綸旨を

発給するなど、宗良の軍事行動を支援するべく越中国の武士の切り崩し工作を行っていた[22]。こうした情勢を踏まえると、定平の軍勢催促状は後村上の綸旨と同時期に発給されていることから、同様の趣旨にもとづく行動と見るのが妥当と考えられる。すなわち、定平はかつて建武政権下において能登国司を務めたという経歴を持っていたため[23]、同国の武士に対する影響力を後村上から期待され、その指示のもと宗良を支援するべく軍勢催促状を発給したと見られるのである。したがって、定平の得江氏に対する軍勢催促状の発給は、北陸における南朝の軍事作戦の一環と捉えられ、興国年号の使用は当然のことと理解できる。

定平が白鹿という私年号を使用するのは、この四年後のことになる[24]。すると、その背景には、興国二年から白鹿元年（興国六年・一三四五）までの間に、定平を取り巻く政治情勢に何かしらの変化があったことが予想されよう。このように考えたときに注目されるのが、延元三年（一三三八）九月以来常陸国において南朝の関東経営を担ってきた北畠親房（一二九三～一三五四？）が、興国四年（一三四三）十一月の関・大宝城の落城を受け、翌年春に吉野に撤退したという出来事である[25]。親房が五年におよぶ関東経営を断念して吉野に撤退した最も大きな要因は、むしろん北朝方の軍事的攻勢にあったが、それとともに近衛経忠（一三〇二～五二）を中心とする南朝内の反親房勢力の台頭があったことが指摘されている[26]。そのため親房は、吉野に戻ると准大臣に任じられて南朝の中枢に参画し、反親房勢力の刷新を図った。しかし、これにより経忠ら反親房勢力が南朝から一掃されたわけではなかったため、南朝は親房派と反親房派の対立を内包することになったと見られる。こうした南朝内部の対立の勃発が、白鹿年号の出現に大きく関係していると考えられるのである。

すなわち、「北畠系図」[27]には親房の三男顕能（一三二六？～八三？）の実父が定平と見え、これが事実だとすると、定平は親房と親しい関係にあったことがうかがえる。仮にこの系図が事実でないとしても、かつて後醍醐が尊氏の和平の呼びかけに応じて比叡山から京に帰還した際、定平は後醍醐の命を受けて河内国へ下り、(28)同じく伊勢国に下った親房らと呼応して南朝方の再挙に備えたと見られる事実に鑑みると、両者はもともと南朝の主戦派として政治志向を共有していたことが認められる。これらのことから定平は、南朝親房派の主要メンバーの一人だった様子がうかがえ、南朝内において親房が主唱する北朝方との武力決着の政治路線を支持・実行したものと考えられる。実際、白鹿年号の定平の感状は、越中国・能登国における南北両勢力の激戦の最中に発給されている。

前述したように、越中国への進出をうかがっていた宗良は、興国三年（一三四二）の春に同国の名古浦（放生津）への進出を果たしたが、同五年（一三四四）には信濃国への撤退を余儀なくされた。しかしその後、井上氏と吉見氏による越中国と能登国の支配権をめぐる確執が生じ、井上氏は南朝方、吉見氏は北朝方にそれぞれ分かれ、興国五年から正平三年（一三四八）にかけて激戦を展開した。白鹿年号の定平の感状はこの最中に発給されており、定平が親房派の一員と見られることを踏まえると、定平の感状発給は親房が主唱する北朝方との武力決着路線の支持・実行の現れと理解できよう。このように考えると、白鹿年号とは、正確には南朝の親房派が創案・使用した私年号ということになる。そして、「白鹿」という年号名称に鑑みると、これは藤原氏を意識したものと推測でき、ここにも南朝の内部対立の影響が垣間見られるのである。

すなわち、かつて親房は常陸国で北朝方と交戦していた折、経忠が東国の藤原氏に出自を持つ武士たちを「藤氏一揆」に組織して、親房を失脚させようとしているとの情報を得たことがあった。このことを踏まえると、この経忠の動きに対抗して、親房・定平らも藤原氏に出自を持つ武士たちの組織化を図るべく、藤原氏の氏神を祀る春日大社の創始に因んだ「白鹿」を年号の名称に用いたと推測できるのである。(29)【史料3】の定平の感状が発給された北陸地域は、利仁流藤原氏に出自を持つ武士たちが割拠した地域であることから、親房・定平らは彼らに白鹿年号の文書を発給することで、春日大社の祭神の一人である武甕槌命《たけみかづちのみこと》が白鹿に乗って鹿島から大和へやって来たという伝承を想起させ、大和（吉野）＝南朝への与同を呼びかけたのではなかろうか(30)。

これまで白鹿年号は、それが能登国の史料に確認できることから、越中国に進出してきた宗良を擁立する勢力が使用した私年号と指摘されたことがある（田中義成、一九七九、147・148頁）。しかし、前述したように、宗良は興国五年には北陸から撤退しており、その後も北陸地域の武士たちを組織しようとした動きは確認できないため、この指摘は成り立ちがたいと考える。これに対し本稿では、白鹿年号の出現を、その使用者であることが確実な定平を取り巻く政治情勢の変化と関連づけて考察し、南朝内の親房派が反親房派への対抗上、北陸地域の利仁流藤原氏に出自を持つ武士たちを組織するべく創案・使用した私年号と捉えられる旨を論じた。この想定が妥当だとすると、白鹿年号の出現とは、親房派が北陸地域の利仁流藤原氏に出自を持つ武士たちを自派に引き込むことを願望した現れと見ることができよう(31)。

そもそも私年号は、全体として呪術性を強く意識して使用されたことが指摘されている（千々和、一九八一・一九九五。渡部、一九九七b）。すると、白鹿年号も例外ではなく、使用者の願望を託した呪術性の濃厚な年号といえよう。領主層（大名）が自身の希望や願望を託して私年号を使用したという事例は戦国期にも確認されている（渡部、一九九七a）が、白鹿年号の事例はその先駆けと評価でき、このような私年号が出現する点に南北朝期の私年号の歴史的特質を認めたい。しかし、戦国期の領主層は寺社や民衆が創案した私年号を自分の都合のいい方法で利用したという点において、自らが創案者となった南北朝期の領主層とは異なる点に注意したい。すなわち、南北朝期の日本社会では、年号を自在に操れたのは領主層に限られていたのであり、当該期の年号は基本的に支配者層のための「道具」であったことが認識されるのである。

おわりに

以上、本稿では、南北朝期の日本における不改年号と私年号の使用状況と出現背景を検討するとともに、それぞれの歴史的特質について考察した。本稿の主張をまとめると、次のようになる。

南北朝期の不改年号の基本的な出現形態は、朝廷から改元が伝達されなかった者によって、旧年号が継続使用されたものと把握できる。しかしその一方で、改元の伝達があったにもかかわらず、意図的に旧年号を継続使用する者も現れた。南北朝期は、このように改元の不承認という事態にもとづいて新たな不改年号が現れた時代であり、こうした公年号を相対化する不改年号が現れた点に、当該期の不改年号の歴史的特質が認められる。

一方、南北朝期の私年号は、白鹿年号の場合、南朝内部の親房派と反親房派の対立を背景に、前者が自らの願望を託して使用したものだったと見られる。領主層が自身の希望や願望を託して私年号を使用したという事例は戦国期にも確認されていることを想起すると、白鹿年号はその先駆けと評価でき、このような私年号が出現する点に南北朝期の私年号の歴史的特質が認められる。

右に述べたように、南北朝期の不改年号の歴史的特質は、公年号を相対化するものが現れた点に求められるが、当該期の私年号も公年号の存在を知っていながら使用されたという意味では、同じく公年号を相対化するものといえる。私年号は、十二世紀後半の院政期から確認できるが、鎌倉期まではわずか七例にとどまる（久保、一九六七。千々和、一九九五）。これに対し、南北朝期の私年号は九例確認されており、使用が増加する傾向が認められる。この背景には、領主層における公年号を相対化する意識の芽生えと促進があったと理解できるならば、南北朝期の私年号の増加という現象は、当該期の公年号を相対化する不改年号の出現と通底する現象と把握できよう。そして、南北朝期の私年号の歴史的特質に鑑みると、当該期の領主層の年号に対する認識の特色とは、公年号の相対化を図る一方で、年号が持つ呪術性に期待する意識が肥大化したところに求められると指摘できよう。

本稿が考察対象とした南北朝期の不改年号と私年号のうち、後者についてはは史料的制約が著しいとはいうものの、白鹿年号のみからの立論となり、総合的な議論を提示できなかった。また、白鹿年号の使用状況と出現背景についても、推測に依拠するところが多分にあり、いまだ検討の余地を残していると自覚している。すべては今後の課題として、ひとまず擱筆したい。

註

（1）峰岸（一九七九）は、「不改年号」という呼称を初めて用い、南北朝〜室町期の東国社会に現れた不改年号の使用状況と出現背景を考察している。

（2）十五世紀半ば以降に現れる私年号については、後掲註（18）の諸研究を参照。

（3）以下の直冬の動向については、瀬野（二〇〇五）の成果にもとづく。

（4）直義は、挙兵後の十一月二十三日に南朝に降伏した。しかし、「長府毛利文書」観応二年（一三五一）正月十四日付足利直義軍勢催促状（『南北朝遺文中国四国編』一九三三号）など、その後の発給文書には一貫して北朝の観応年号が使用されたことが確認できる。

（5）後述するように、直冬は尊氏と直義の意向を受けて九州に下向したことを強調した。このことを踏まえると、直冬は自身が長門探題という幕府の地方機関の首長であることを周囲に誇示したがゆえに、改元詔書の到来と認証という改元の正式な承認手続きを経ずに新年号を使用することが憚られたのではなかろうか。

（6）たとえば、「熊谷文書」貞和六年（一三五〇）六月二十七日付足利直冬軍勢催促状（『南北朝遺文中国四国編』一八三六号）等。

（7）　直冬の観応年号の初見使用事例は、「都甲文書」観応二年六月十日付足利直冬感状（『南北朝遺文九州編』三一〇三号）である。これは、同二年二月に直義が摂津国打出浜の戦いで尊氏を破って政務に復帰し、三月に直冬が鎮西探題に就任したことにより、北朝（直義）から観応改元を伝達されたことを受けてのことと見られる。

（8）　たとえば、河内祥輔は、「これは先学の指摘するように、養和・寿永がともに安徳天皇の即位の後に制定された年号であるためであり、安徳の在位を否定する態度を年号不使用によって明らかにしたものである」（河内、一九九〇、74頁）と述べている。なお、河内は、頼朝が寿永年号を使用するようになった時期を、後白河院の正式な使者が鎌倉に到着した寿永二年（一一八三）八月と推定している。

（9）　『玉葉』（図書寮叢刊本）養和元年八月一日条。

（10）　北爪（二〇〇〇）も、改元詔書の伝達がなかったために、頼朝は治承年号を継続使用した可能性があることを指摘している。しかし、頼朝発給文書のなかにある、寿永二年号を持つ文書五通（『平安遺文』四〇七一～四〇七三号・四一〇九～四一一〇号）を積極的に正文と認め、「『寿永二年』になって都の『元号』と共通した元号を関東でも、部分的には使用するようになった」（北爪、二〇〇〇、283頁）と指摘する点には首肯できない。というのも、これらの文書五通については、黒川（二〇一四）が頼朝生存時の文書だったとしても寿永二年時のものとは見なせない（『平安遺文』四〇七一～四〇七三号）、あるいは信頼性が乏しい（『平安遺文』四一〇九～四一一〇号）と指摘しており、妥当な判断と思われるからである。

（11）　建武三年三月六日付新田義貞自筆書下。本文書は、上島（二〇〇一）において写真画像とともに紹介されている。

（12）　『太平記　二』（日本古典文学大系35、岩波書店、一九六一年）巻第十六「西国蜂起官軍進発事」の補注によると、『太平記』の古写本の一つである釜田本『太平記』には、義貞の京都出陣が【史料1】と同じ三月六日と見えるという。

（13）　『実夏公記』暦応元年（一三三八）八月二十八日条（『大日本史料　第六編之五』所収）。

（14）　同右史料によると、暦応改元では、改元して六日後に足利氏に連絡された。

(15)『大日本史料　第六編之三』所収。

(16)『続史愚抄』(新訂増補国史大系本)元徳三年(一三三一)八月九日条によると、元弘(一三三一～三四)改元に際し、鎌倉幕府は改元詔書が到来しなかったために改元を施行できず、元徳年号(一三二九～三一)を継続使用したという。これに対し、延元改元の場合はそうした手続き上の不備は見当たらないため、義貞が使用した不改年号「建武」の出現は改元そのものを認めない姿勢に起因していると指摘できる。なお、周知のように尊氏も不改年号「建武」を使用したが、これは後醍醐に敵対したため、改元が伝達されずに建武年号を継続使用したことによるものと考えられる。

(17)竹内(一九八九)、北爪(二〇〇〇)が夙に指摘しているように、元亨年号(一三二一～二四)は同四年十二月九日に正中(一三二四～二六)に改元されたが、特に九州では翌年になっても元亨年号を使用する領主層の文書が多く確認できる(『鎌倉遺文』二八九一二号～二八九一六号等)。この理由は不明だが、あるいはこれも領主層の公年号を相対化する意識の現れと見ることができるかもしれない。しかし、そうだとすると、こうした意識が何に根ざしているのかを問わなければならないが、成案を得ないため、今後の課題としたい。

(18)代表的な先行研究として、勝俣(一九九六)、佐々木(二〇〇二)、千々和(一九八一・一九九〇・一九九五)、山田(一九九八)、渡部(一九九七b)が挙げられる。

(19)こうした現状のなか、久保(一九六七)は、南北朝期の私年号の使用状況と出現背景について網羅的に追究した貴重な成果となっている。

(20)白鹿二年(一三四六)四月二十日付中院定平袖判御教書(『加能史料　南北朝Ⅰ』所収)。前田育徳会尊経閣文庫所蔵の原本を実見したところ、本文書は縦一〇・七㎝×横六・七㎝の斐紙の小切紙と確認できた。文章に辿々しさが認められるものの、文書の形態は南北朝期の軍事関係文書によく見られるものであり、墨継ぎも文意を踏まえてなされていることが確認できるので、本文書は正文と認めて問題ないと思われる。

(21)興国二年(一三四一)三月二日付中院定平袖判御教書(『加能史料　南北朝Ⅰ』所収)。同じく原本を実見したところ、本文書は縦八・二㎝×横八・二㎝の斐紙の小切紙と確認できた。【史料3】と同様、文書の形態や墨継ぎに問題はなく、本文書も正文と認めてよいと思われる。
(22) 以下、南北朝期の北陸の政治情勢については、棚橋（一九八四）を参照。
(23) 定平の能登国司としての事績については、東四柳（一九九九）に詳しく紹介されている。
(24) 定平が白鹿元年（一三四五）の年号を使用した文書は現存していない。しかし、後述するように、白鹿年号を創案・使用したのは南朝の主戦派（親房派）であり、定平はその一員と目されることから、白鹿元年号も使用したと推測する。
(25) 以下、北畠親房の動向については、岡野（二〇〇九）を参照。
(26) 一般的に経忠は、南朝内部の和平派と理解されている。しかし、亀田（二〇一四）が指摘する通り、経忠和平派説には確たる史料的根拠がない。したがって、以下に述べる経忠の藤氏一揆形成の画策も、亀田（二〇一四）にならって南朝の分派活動と理解したい。
(27) 『群書系図部集　第三』所収。
(28) 『太平記　二』巻第十七「義貞北国落事」。
(29) 白鹿年号は、一見すると祥瑞年号のように見える。しかし、祥瑞年号は九世紀後半の元慶年号（八七七〜八五）を最後に途絶えたので、そのように捉えるのは不自然と考える。なお、久保（一九六七）は、白鹿年号を「瑞祥による年号で、すなわち復古的なものである」（274頁）と指摘している。
(30) 【史料3】の定平の感状の発給対象者である得江氏の本姓は、残念ながら明らかにならない。しかし、この推測が妥当だとすると、得江氏は自身が藤原姓の武士と認識し、また周囲からもそのように認識されていたことが知られる。
(31) 「得江文書」貞和二年（一三四六）五月日付得江頼員軍忠状（『加能史料　南北朝Ⅰ』所収）によると、【史料3】の定平の感状発給前後の時期、頼員は一貫して北朝方として軍事活動に従事していたことが確認できる。したがって、【史料3】に見える「云先年軍忠、云御志、以殊神妙候」という文言は虚構であり、定平の感状発給は得江氏を南朝方に与同させたいという願望を託したものだったことがわかる。

参考文献

上島　有、二〇〇一『足利尊氏文書の総合的研究　写真編』（国書刊行会）
岡野友彦、二〇〇九『北畠親房　大日本は神国なり』〈ミネルヴァ評伝選〉（ミネルヴァ書房）
勝俣鎮夫、一九九六「戦国時代東国の地域年号について」（同『戦国時代論』岩波書店、一九九六年に所収）
亀田俊和、二〇一四『南朝の真実　忠臣という幻想』〈歴史文化ライブラリー三七八〉（吉川弘文館）
北爪真佐夫、二〇〇〇「元号と武家」（同『文士と御家人』青史出版、二〇〇二年に所収）
久保常晴、一九六七『日本私年号の研究』（吉川弘文館、新装版は二〇一二年）
黒川高明、二〇一四『源頼朝文書の研究　研究編』（吉川弘文館）
河内祥輔、一九九〇『頼朝の時代　一一八〇年代内乱史』〈平凡社選書一三五〉（平凡社）
佐々木茂、二〇〇二「東北の私年号―「延徳」の事例を中心に―」（『歴史民俗資料学研究』七号）
瀬野精一郎、二〇〇五『足利直冬』〈人物叢書通巻二四〇〉（吉川弘文館）
竹内理三、一九八九「『元亨年間』論（二）」（『鎌倉遺文月報』三八号）
田中大喜、二〇一五『新田一族の中世　「武家の棟梁」への道』〈歴史文化ライブラリー四〇八〉（吉川弘文館）
田中義成、一九七九『南北朝時代史』〈講談社学術文庫三三四〉（講談社、初刊は明治書院、一九二二年）
棚橋光男、一九八四「南北朝時代の越中」（『富山県史通史編Ⅱ　中世』富山県）
千々和到、一九八一「金石文からみた中世の東国―中世東国の社会と文化―」（歴史学研究会編『世界における地域と民衆―国家支配の問題をめぐって―一九八一年度歴史学研究会大会報告』青木書店）
一九九〇「改元と私年号」（『歴史評論』四七七号）
一九九五「暦と改元」（永原慶二ほか編『講座・前近代の天皇４　統治的諸機能と天皇観』青木書店）
東四柳史明、一九九九「建武政権と能登国」（加能史料編纂委員会編『加賀・能登　歴史の窓』青史出版）
峰岸純夫、一九七九「災異と元号と天皇」（同『中世　災害・戦乱の社会史』吉川弘文館、二〇〇一年に所収）
山田邦明、一九九八「香取文書にみる中世の年号意識」（『千葉県史研究』六号）

渡部恵美子、一九九七ａ「戦国大名と私年号」（『信大史学』二二号）
一九九七ｂ「戦国期の私年号について」（『信濃』四九―一二号）

〔附記〕「得江文書」の原本閲覧に際し、前田育徳会尊経閣文庫の菊池浩幸氏には多大なご高配を賜った。末尾ながら記して謝意を表したい。

第四部　「時」の支配

1　五胡十六国前期「列国元年」紀年研究序説

童　嶺

一　前趙から後趙へ

筆者は二〇一七年八月十六日から二十日まで、河北省邯鄲《かんたん》磁県にて、「中国魏晋南北朝史学会第十二届年会」に参加した。学会後、中古時代の鄴《ぎょう》城遺址を参観した。南京は中国中古時代における「六朝古都」（呉・東晋・宋・斉・梁・陳）であるのに対し、鄴城は「北方六朝」（曹魏・後趙・冉《ぜん》魏・前燕・東魏・北斉）といえよう。

このいわゆる「北方六朝」のうち、三つの政権（後趙・冉魏・前燕）はいずれも五胡十六国時代にあたる。漢族の正統政権たる晋・宋と平行する五胡十六国は、中国史上もっとも複雑な時期に位置する。この時代を研究する上での難点について、近年流行の「内陸アジア遊牧民族研究」という視座が必要であるということのほか、筆者はさらに二点あると考えている。ひとつは時間であり、もうひとつは地域である。その第一点たる「時間」について最も深刻なのは、胡・漢それぞれの政権の異なる「年号」「紀年」を用いていたことであり、さらに胡族の間でも異

大趙「萬歳瓦當」
（鄴城博物館所蔵、著者撮影）

なる「年号」「紀年」を用いていたことである。
　鄴城遺址の参観の後、鄴城博物館も参観した。館内にはいくつもの「大趙万歳」とかかれた瓦当（のきがわら）があり、壊れてしまっていたものもあったが、最も完全なものは三つの「大趙万歳」という瓦当文様が捺された泥質灰陶器である。これは二〇〇六年に磁県南営窯址において採集されたもので、現在は鄴城考古隊の所有となっている[1]。この瓦当は「品」字の形をしており、その造形は美しく整っており、十六国文物中の極品の一つといえよう。瓦当に見える「大趙」は、十六国の中、南匈奴の漢趙と羯族の後趙のみがこの国号を使用しており、出土地点から見て、疑いなく羯族の後趙政権を指している。

　十六国前期のふたつの「趙」——漢趙と後趙、両者の実際の権力交替は、晋成帝咸和三年（三二八）・前趙光初十一年におこった。石虎は四万の兵を率い、軹関《しかん》より前趙の河東地区を伐ち、さらに蒲坂へと兵を進めた。前趙の皇帝劉曜はみずから南匈奴の精鋭を率いて蒲坂に救援に向かい、八月に石虎を破り、後趙の都である「襄国大いに震う[2]」いう状況であった。同年冬、石勒はみづから主力を率いて洛陽の救援へ向い、洛陽において劉曜を打ち破り、南匈奴の軍事力をほぼ壊滅した。

　華北における権力の中心が南匈奴屠各《とかく》部の前趙から羯族の後趙へとかわったことは、五胡十六国時代のターニングポイントである。

漢朝の継承者と称した南匈奴の「最も豪貴」な屠各部攣鞮《れんてい》氏の貴族とは異なり、後趙の石勒は完全に相反する態度を取った。筆者はかつて以下のように論じたことがある。

> 後趙と漢趙との本質的な相違は、羯族は尊貴な血統ではない胡族である、という点にあり、彼らが「五部匈奴」を殺戮し中華の地という中央舞台に登場した時点で、北方胡族の「共同体」意識の中で、以後決して血統を王や帝たる上での最重要要素としないことが示されたのである。（童、二〇一六、186頁）[3]

つまり、後趙の興起というのは、北方胡族の指導者「攣鞮氏（劉氏）血統観」が薄くなっていくことの始まりを示しているのである。そして、匈奴冒頓《ぼくとつ》の血統は政権正統化の唯一の基準でなくなった後、新た政権正統化の根拠が必要とされたのである。

前趙と後趙の異なる部分について、従来学者はあまり注意を払ってこなかった。たとえば内田吟風『北アジア史研究・匈奴篇』では、前趙・後趙を本質的に区別していない（内田、一九七五）[4]。一九九六年、アメリカのブリガム・ヤング大学のディビッド＝ブライアン＝ハニー（David B. Honey）教授が発表した「Signification as Statecraft in Conquest Dynasties of China : Two Early Medieval Case Studies」[5]によってはじめて初歩的な分析がなされた。

以下、筆者は石勒が「趙王元年」と称した背景について、前趙・後趙の根本的な差異という文脈を踏まえた上で考察をおこなう。

二　石勒の「元年」

西暦三〇四年八月、西晋恵帝の永興元年、人質として西晋の帝都洛陽にとらわれていた南匈奴屠各部の貴族劉淵は、「八王の乱」に乗じて、五胡十六国の覇史の序幕を開いた。三〇四年十月、劉淵は離石県の左国城において漢王と称した。左の表を参照されたい。

西暦紀年	晋年号	匈奴年号	劉淵称号	匈奴都城
三〇四年十月	永興元年	元熙元年	漢王	左国城
三〇六年十月	永嘉二年	永鳳元年	皇帝	蒲子

『晋書』劉元海載記に「永興元年、元海乃ち壇を南郊に為り、僭して漢王の位に即く。……乃ち其の境内に赦して、年を元熙と号す」(6)とあり、中国古代において現政権と異なる年号を用いることは、非常に特別な意義があった。すなわち国内外にむけて自らこそが神聖正統であることの宣言をするのに等しかったのである。

西暦三一〇年六月、帝と称して四年たらずにして劉淵は病死し、子の劉和が後を継いだ。しかし一月たらずにして、劉和の弟劉聡が政変をおこし、劉和を殺して即位した。劉聡は臨終の際に、急いで詔をくだして劉曜・石勒を取り込んで政を輔けさせようとしたが、二人とも都に入らなかった。西暦三一八年七月、劉聡の死後、「靳準《きんじゅん》の乱」がおこった。

靳準の乱の情報を得た後、外に在った東西双方の両胡族勢力（劉曜と石勒）は、それぞれの利益から、いずれも乱を治めるという名目によって、素早く軍を漢の首都たる平陽へと向けた。つまり、長安を鎮守していた南匈奴の劉曜と襄国を鎮守していた羯族の石勒が、それぞれ精鋭部隊を率いて東西より軍を進めたのである。当時平陽の叛乱軍は「（靳）準、卜泰をして乗輿服御を送りて和を請わしむるに、勒、劉曜と競いて招懐の計有り(7)」という動きをみせ、最終的に劉曜が一歩先んじて、皇帝の権威を示す「伝国六璽」を得、劉聡の後を継いで、皇帝の位へと登った。

本節で論ずる「趙王元年」と密接に関わる事件は、靳準の乱を平定して伝国六璽を得た後、かつ長安に遷都する前というタイミングにおいて、「なんとか勝ちを制した」劉曜が石勒を籠絡するために行った以下のような決定である。

劉曜又た其の使人郭汜等をして持節して勒を太宰に署し、大将軍を領し、爵を趙王に進め、七郡を増封して、前の二十郡と幷せ、出入には警蹕し、冕は十有二旒、金根車に乗り、六馬を駕せしむること、曹公、漢を輔くるの故事の如くし、夫人を王后と為し、世子を王太子と為さしむ(8)。

「趙王」という爵位は、石勒がこのとき初めて得たものである。同時に、「曹操が漢の宰相となった時の故事にならった」ことは愚策とはいえ、授爵が起こったタイミングは劉曜が国号を「漢」から前趙に改める以前のことであることがわかる。ただし石勒の舎人曹平楽の進言を受け、元来、優柔不断な劉曜は、石勒に「趙王」の称号を授けるため遣わした郭汜を呼び戻し、石勒の左長史である王脩を殺した。

このことは二つの結果を引き起こすこととなった。第一に、史書の読者には周知のことながら――劉曜と石勒の決裂が表面化したこと、第二に、石勒が皇帝の授ける王爵の称号を得ていないとはいえ、石勒が内心で、「趙王」という称号――自身に属すべきこの爵位を必ず奪い返すと考えたことである。「石勒載記」には石勒が使者が道半ばにして帰り、「又た殊礼の授を停むを知る」の後、次のように憤懣をぶちまけたという。

孤兄弟[9]の劉家を奉ずるは、人臣の道過まてり、若し孤兄弟微《な》かりせば、豈に能く南面して朕と称せんや。……帝王の起こるは、復た何ぞ常ならんや。趙王・趙帝、孤自ら之れを取らん、名号の大小、豈に其の節するところならんや。

「載記」に記録されている上述の「趙王」「趙帝」の言は、その両者のできごとの間に「趙公」の一段階を書き漏らしているに違いない。『資治通鑑』晋元帝太興元年（三一八）冬十月の条に次のように言う。

石勒を以て大司馬・大将軍と為し、九錫を加え、増封すること十郡、爵を進めて趙公と為す。[10]

『通鑑』の当該年の記録に従うと、この後に靳準への進攻についての記述が続くことから、この初めての授爵は「靳準の乱」を平定する前にあったことが知られる。『晋書』石勒載記は、或いは筆法上の問題により、「趙公」について記述しなかったのかも知れない。これらのことからすると、靳準の乱を平定する際、劉曜は今後の潜在的敵たる石勒を抑えるため、短期間内に、まず「趙公」の爵位を与え、ついで「趙王」へと進めたのである。『通鑑』と「載記」はそれぞれの視点の違いから、『通鑑』は二つの事柄を記録したのに対し、「載記」はその中の一つ趙王への昇進しか記録しなかったのである。上述のように、「趙王」を授爵するということについて劉曜は決断しきれず、封爵の使者を呼び戻したことで、石勒と南匈奴の決定的な決裂を招いたのである。

「靳準の乱」を記述することは本稿の要点とは関係ないが、ここで漢と前趙が石勒に与えた爵位の変遷を整理しておこう。

石勒爵位表

国号	授爵者	時期	爵位	受諾／拒否
漢	劉淵（漢王）	三〇七年十月	平晋王	受諾
漢	劉淵（皇帝）	三〇八年十月	「王如故」	受諾
漢	劉聡	三一〇七月	「王如故」	受諾
漢	劉聡	三一〇年八月	汲郡公	受諾
漢	劉聡	三一一年	「公如故」	受諾
晋	劉琨	三一一年冬	襄城郡公	拒否
漢	劉聡	三一二年秋	上党郡公	受諾
漢	劉聡	三一四年三月	東単于	拒否
漢	劉聡	三一五年九月	陝東伯	受諾
漢	劉聡	三一八年七月	「公如故」	拒否
漢	劉曜	三一八年十月	趙公	受諾
漢	劉曜	三一九年二月	趙王	使者呼戻し
後趙	石勒	三一九年冬	趙王	自称
後趙	石勒	三三〇年二月	大趙天王 行皇帝事	自称
後趙	石勒	三三〇年九月	皇帝	自称

西暦三一九年、漢趙が石勒に授けかけてやめた最後の封爵は、まさしく石勒と劉曜の決裂を示している。右の表の中、三度の「拒否」があるが、これは石勒が封爵を受けなかったケースである。一度目は西晋の幷州の孤立勢力

の劉琨による授爵であり、二度目は劉聡が国力盛んなる時期の「東単于」としての授爵であり、三度目は劉聡が病床に臥した際の臨時の加封である。

劉聡の死後、劉曜と石勒はほぼ同等の実力を有していたが、南匈奴の種族であり、かつ伝国六璽を獲得したことから、劉曜が先に帝位に登った。石勒への「趙王」の称号授与を撤回した後、同年（三一九）の中に劉曜は国号を「漢」から「趙」へと改め、歴史的には「前趙」と呼ばれる。この国号を改めた意義について、羅新は「石勒が河北に割拠する合法性を否定した」と見ているが（羅新、二〇〇四、45〜56頁）、筆者は劉曜が国号を「趙」に改めたのは、この他に、さらに別の原因が存在していたと考えている。『資治通鑑』および湯球『十六国春秋』によれば、劉曜は劉淵によって「中山王」に封爵されていたのであり、分野説によれば中山は趙に属していた。(11) さらに「趙」というのは南匈奴勢力が興起する足がかりとなった地域である。

『資治通鑑』には漢から前趙に国号を改められた月が明記されていないが、「秋八月」の前であったことは知られ、『十六国春秋』では劉曜が「（前）趙」と称した時を具体的に光初二年（三二〇）六月に定めている。つまり、おおよそ三一九年の夏秋の間に行われたようである。

劉曜が国号を「漢」から「（前）趙」に改めたのと同じ年（三一九）の冬十一月、石勒は正式に「趙王」と称して、劉曜と袂を分かった。『通鑑』と「載記」にはそれぞれ記録がある。

十一月、将佐等復た勒に大将軍・大単于・領冀州牧・趙王と称し、漢昭烈の蜀に在り、魏武の鄴に在るの故事に依り、河内等二十四郡を以て趙国と為し、太守を皆、内史と為し、「禹貢」に准じて、冀州の境を復し、大単于を以て百蛮を鎮撫し、幷・朔・司の三州を罷め、通じて部司を置き以て之れを監せしめんことを請う。勒、之を許す。戊寅、趙王の位に即き、大赦し、春秋の時の列国に依りて元年と称す。(12)

太興二年、勒、趙王と偽称し、殊死已下を赦し、百姓の田租の半を均しくし、孝悌・力田・死義の孤に帛を賜ひ、各おの社稷有らしむ。……春秋列国・漢初の侯王、世毎に元と称するに依り、改めて趙王元年と称す[13]。

この時、石勒がうち建てた「趙国」は、歴史的には「後趙」と称され、鄴城を都とした。趙王の位に即いた石勒は、「春秋の故事に依り」――おそらく漢文典籍に精通した謀士の「右侯」張賓等の画策に違いない――「趙王元年」と称したのである。

劉曜の前趙と並立していたとはいえ、石勒はすぐに帝と称することはせず、「年号」を用いるのみであった。しかもそれは年号のない春秋時代の元年紀年法である。『春秋』の書を調べてみるに、冒頭の隠公の第一句は、「元年、春、王の正月」である。

杜預『左伝注』に「隠公の始年は、周王の正月なり。凡そ人君即位するに、其の元を体して以て正に居らんと欲す、故に一年一月とは言はざるなり。隠は位に即かずと雖ども、然れども君事を摂行す[14]」とある。杜預は非常に正確に『春秋』の「元年」の含義を解釈している。「位に即かずと雖ども、然れども君事を摂行す」がそれである。石勒の「趙王元年」をこの文脈のうえに置いてみると、帝と称することはなくとも、君主のことを代わって執り行う、ということとなろう。

孔穎達《くようだつ》の疏証は、さらに『公羊伝』の「元なる者は、気の始めなり」ということばを引用し、さらに踏み込んで「故に晋宋の諸史、皆『元年、春、王の正月』と言ふは、帝、位に即く是れなり[15]」と解釈する。当時の晋宋の史官の思想は、北方へも流入していたに違いない。中国化の程度について言えば、羯族の石勒・石虎は、その前の南匈奴の漢趙には及ばず、またその後の鮮卑の慕容が建てた前燕にも及ばなかった。だが巧みに「趙王元年」という紀年法を用いることにより、当時の東晋元帝司馬睿・前趙皇帝劉曜という二人の皇帝より一等低いとはいえ、春秋列国もしくは漢初の侯王と同じように、完全に独立した勢力であることを暗示していたのであり、その最たるものが「帝、位に即く」であり、石勒は「趙王元年」として「王」と言っているが、今見たように経学的に見れば、実質的には皇帝の位に即いたことと変わらないのである。

「即位」と「称元」の関係については、清朝考証学者劉文淇《りゅうぶんき》の『春秋左氏伝旧注疏証』がもっとも詳しく、北朝の李徳林の説を引いて次のようにいう。

即位の元は『春秋』の常義なり。謹しんで按ずるに、魯君は即位を称せざるも、亦た元年有れば、独り即位のみ元年を称するを得るに非ざるなり。[16]

経学の観点からみれば、「列国」の一つである魯国であっても「元年」と称していたことは、実質的に「即位」の権利を獲得していたことになる。章太炎『春秋左伝読』には『漢書』律暦志が『春秋』について述べたものを引いて次のようにいう。

元典に暦の始を元と曰う、伝に曰く「元、善の長なり。」共に三徳を養うを善と為す。又曰く「元は、体の長なり。」三体を合して之が原と為る、故に元と曰う。[17][18]

「元」に対する経学的解釈から、石勒がこのように巧みに春秋の「元年」の法を用いたのは、五胡時代の「天王」という号と、一定の関わりがあることが認められよう。谷川道雄『五胡十六国・北周的天王称号』に「それはあたかも、宗法的関係の政治的拡延であった周代の封建制度にも擬せられるべき体制ではないであろうか[19]」とあり、本稿では「天王」という号について議論を行わないが、「元年」と「天王」とがいずれも胡族政権が周代礼制に求めた「正統化」のための理論的支柱であることについては疑いを容れない。

このほかに、石勒が「趙王元年」と称した後、石虎に「中山公」という爵位を授けたのは、劉曜が最初に「中山王」であったという正統性を否定するためであり、このような含義があったことは疑問の余地がない。

三　慕容儁の「元年」

五胡十六国前期に、「元年」と称した胡人は、石勒のほかに前燕の慕容儁がいる。

慕容儁は慕容皝《こう》の第二子であるが、実質的には『晋書』載記に記述される系譜からいえば、前燕の鮮卑慕容氏の第三代の君王であり、慕容廆《かい》・慕容皝から慕容儁にいたるまでに、三代をかけて単于→燕王→皇帝へと昇っていく三部曲を完成したことになる（童、二〇一四、131頁）。王から帝になる上で肝腎な一歩は、慕容儁の時代に完成している。漢趙・後趙が自立して「趙帝」「趙王」となったのとは異なり、前燕の第二代君王慕容皝は、咸康七年（三四二）に東晋から「幽州牧・大単于・燕王」[20]という称号を授けられ、この「燕王」という称号は順当にその子慕容儁に伝えられた。

『晋書』慕容儁載記に次のようにいう。

　皝死し、永和五年、（慕容儁）僭して燕王の位に即くに、春秋列国の故事に依り元年と称し、境内に赦す。[21]

この「永和五年」（三四九）という数字には大いに疑念が存し、唐長孺の「校勘記」には次のようにある。

　皝死し、儁、位を嗣ぐは永和四年に在り、元年と改称するは則ち五年に在り。『御覧』一二一に引く『前燕録』は、「皝薨ずるに、燕王の位に即き、其の境内に赦す。元年春正月、儁、春秋列国の故事に依り、元年と称す。」に作れば、甚だ明らかなり。「載記」「元年春正月」を改めて「永和五年」と為す、而かも誤りて「燕王の位に即く」の前に移し、遂に皝死し即位するも亦た五年に在るに似たり。[22]

筆者は以前、慕容儁の即位について永和四年（三四八）かそれとも同五年かについて、それに関わる重要な干支紀年について言及し、慕容儁の即位にまつわる讖言と符合することを論じた（童、二〇一四、128頁）。概要を示すと、唐長孺の提示するところに従って『前燕録』輯本を調べると次の二条がみつかる。

A：永和四年、皝薨ず。僭して燕王の位に即き、其の境内に赦す。

B：己酉、元年（晋永和五年）春正月、春秋列国の故事に依り、元年と称す。(23)

この二条から、慕容儁の「即位」と「称元」とが同じ年になされていないことが理解されよう。対して、「慕容儁載記」は誤って同じ年になされたことにしてしまっているのである。

中国化の程度について言えば、鮮卑慕容氏は石勒・石虎よりも遙かに顕著であり、史書に「歩揺冠を冠し」「漸く諸夏の風を慕ふ」と称される。(24) 慕容氏は東北地域より起こり、一歩一歩南下して中原で覇を争った。彼らの態度は、南匈奴・羯族のように東晋と相容れずに対立するものではなく、儀礼においては江南の東晋朝廷に従ったのである。

慕容儁が「春秋列国の故事に依り、元年と称」した政治的意義は、すでに孫英剛『神文時代』における唐代以前の無年号紀年についての叙述の中に考察があり、「（慕容儁は）自らを諸雄の一人ではあるが、正統を代表する周の天子とは見なかった」と説いている。孫英剛は同時に「我々は、慕容氏が実際は周代の伝統の継承者であると自任していた可能性も排除できない」とも推測している。(25)

以下、本稿ではまず以下の二つの問題を整理しておきたい。一つめは東晋政権はいつ燕王の称号を認めたのかであり、二つめは前燕政権は東晋の正朔を奉じていたかである。

まず一つめの問題。第一代の慕容廆の時代、石勒が誼を通じるために使者を遣わしたが、慕容廆に捕えられて建康へと送られた。また慕容廆時代に「皇帝の玉璽」三紐が発見されたが、慕容廆は自分のもとへ留めておかずに、「長史裴嶷《はいぎょく》を遣はして建鄴に送らし(26)」めた。このことから、慕容氏の鮮卑勢力が興起した時、すくなくとも形式的には東晋を仰いでいたことが理解される。この状況は、第二代の慕容皝までつづいた。慕容皝は晋の咸康三年(三三七)十月に「燕王」の位に即いた(27)。しかしこの即位は「燕王と称すと雖ども、未だ朝命有らず」というもので、東晋の朝廷が授けた正式の官職は、次のようなものである。

帝又た使を遣はして皝を進めて征北大将軍・幽州牧と為し、平州刺史を領せしめ、散騎侍郎を加へ、邑を増すこと万戸、持節・都督・単于・公、故《もと》の如くせしむ(28)。

この「公故の如くせしむ（公如故）」というのは、慕容皝が「一に廆の故事の如く」に「遼東公」を承け継いだことを指す。つまり晋成帝は当初、慕容氏に「燕王」を授けるつもりは全くなかったのである。この後、庾冰《ゆひょう》・庾翼が権力を掌握していた時、慕容皝は、晋の皇帝に向かって自らの王爵を認めるように要求する一方で、庾冰に書簡を送って脅しをかけた。結果、庾冰は何充とともに「皝の燕王と称するを奏聴」した。『資治通鑑』はこの事を咸康七年（三四一）春のこととしており、この時から、慕容氏は東晋の正式な承認を得た「燕王」の称号を用いることとなるのである。

二つめの問題については、慕容廆・慕容皝の時代を通じて、利益から時に石勒・石虎と通じたが、基本的には東晋の正朔を奉じていた。慕容皝が東晋から「燕王」の称号の承認をうけてから四年目、永和元年（三四五）冬、慕容皝は時がきたとみて「燕王十二年」と自称し、東晋正朔を廃した。『資治通鑑』に「燕王皝以為えらく古者へ諸侯位に即くに、各おの元年と称す、と、是に於いて始めて晋の年号を用いず、自ら十二年と称す」とあり、胡三省注には「燕是れ自り復た命を晋より稟けず(29)」とある。

十二年をさかのぼってみると、西暦三三三年であり、「慕容皝初めて位を嗣」いだ時である。(30)注意をせねばならぬのは、「嗣位」頭初、慕容皝は燕王の位にはなく、正式な即位は三三七年を待たなければならぬことである。つまり慕容皝の「燕王十二年」というのは、その遡る時間点は、「嗣位」（燕「主」三三三年）であって、「即位」（燕「王」三三七年）ではないのである。

以上のことから、慕容儁が西暦三四九年に「春秋列国の故事に依り、元年と称」した意義について考えてみる。それは、実質的な意味のみにおける列国状態から、名目と実質を兼ね備えた二重の意味での列国状態に変化したことである。父親の慕容皝は「燕王元年」と称することはなかったとはいえ、その子慕容儁は「称元」についてはしとげていた。これは天下にむかって燕の統治の正当性・合法性を宣言するものであった。

慕容儁が晋から受けた「燕王」から、さらに進んで「燕王元年」と自称したのとは別の事件が、同じく西暦三四九年に起きていた。石虎が「大趙天王」から「皇帝」位に即き、改元して「太寧」としたのである。これにより中国大陸に、南北同時に趙帝石虎と晋帝司馬聃《たん》の二人の皇帝が存在することになったのである。

石虎死後、天下は大いに乱れ、冉閔がそれを掌権した後、これも皇帝の位に即き、「永興」に改元し、国号は大魏とした。(31)いわゆる「冉魏」である。慕容儁は決断をくだして軍を南に向け、驍勇の聞こえ高い冉閔《ぜんびん》を潰し、華北のほとんどを自らの勢力におさめた。(32)

羯族の石勒・石虎がすんなりと「趙王」「大趙天王」「趙皇帝」と称したのと比べ、慕容氏は小心翼翼と一歩ずつ段階を踏んですすめていったのである。

晋の穆帝永和八年（三五二）年十一月戊辰、慕容儁は皇帝の位に即いた。みずから伝国の璽を得たと言い、「元璽」と改元した。(33)これにより、前燕は東晋に属する王国から東晋と対等の帝国へと変化したのである。『晋書』慕容儁載記に次のようにいう。

時に朝廷、使を遣わして（慕容）儁に詣《いた》らしむるに、儁、使者に謂いて曰く、「汝還りて汝が天子に白《もう》せ、我、人の乏しきを承け、中国の推す所と為り、已に帝と為る。(34)」

台湾の学者の苑作賓の『冒劉漢史』はこの称帝事件について、「これによって冒劉漢・趙・後趙・冉魏の時代は終わり、まことの胡人が中原を擾乱する時代は、ここから始まったのである(35)」とする。「燕皇帝」の前の「燕王元年」は、推算してみると、ぜんぶで四年使用され、「燕王二年」（三五〇）・「燕王三年」（三五一）・「燕王四年」（三五二）が他にあることになる。

これらの状況を整理してみると慕容儁の進爵は左の表の通りとなる。

慕容儁王／帝位表

国号	授与者	時間	年号	爵位
晋	成帝	三四一年春	咸康七年	燕王世子 左賢王
晋	穆帝	三四八年	永和四年	燕王
燕	慕容儁	三四九年春	永和五年（晋） 太寧元年（趙） 燕王元年（燕）	燕王
燕	慕容儁	三五〇年春	永和六年（晋） 永興元年（魏） 燕王二年（燕）	燕王
燕	慕容儁	三五二年冬	永和八年（晋）	燕皇帝

このように、「燕王」から「燕王称元」をへて「称燕帝」に至る流れの中で、だんだんと華北の勢局の変化にあわせていっていたことがわかる。慕容儁は局面が変化する前には称号をかえることはなく、実際、爵号の変化は、勢力の拡大・安定をえた後にようやく改めたものである。

清代の万斯《ばんし》同《どう》『歴代紀元彙考』は晋穆帝の永和五年条に次のようにいう。

趙太寧元年正月、帝と称す。

趙石鑑青竜元年。案ずるに元と庚戌に系《か》くるも、今此の年に移す。

燕慕容儁元年。案ずるに年号は燕元なり(36)。

万斯同の考証は一得一失があり、その得は、慕容儁が「燕王元年」の時に華北後趙政権の年号が頻繁に変わったことを指摘していることであり、その失は、「燕元」というのはけっして年号ではなく、列国紀年にすぎないことに気づいていないことである。同様に慕容儁の「燕王元年」を誤って年号の「燕元」としている清代の学者は、ほかに『歴代紀元編』の作者李兆洛がある(37)。

周知のとおり、五燕（前燕・后燕・西燕・北燕・南燕）の慕容氏政権は内在的連続性をもって受け継がれていた。ここから「燕王元年」の政治史上の意義は、前燕のみにとどまるものでなかった。

たとえば、慕容垂は淝水の戦の後独立して、後燕の第一代皇帝となった際には次のようであった。

垂、兵を引きて滎陽に至り、太元八年を以て自ら大将軍・大都督・燕王と称し、承制行事し、建元して燕元と曰う(38)。

こののち建てられた南燕の慕容徳も、「燕元」の影響を受けている。

漳水に白玉を得るに、状は璽の若し。是に於いて徳、燕元の故事に依りて、元年と称し、大いに境内の殊死以下を赦し、百官を置く(39)。

この「燕元の故事」というのは、慕容儁が三四九年春に「燕王元年」と称したという故事に違いない。

趙翼『陔餘叢考』年号重襲には「慕容垂、燕元と号して、慕容徳も亦た燕元と号す(40)」とするが、趙翼の考察の観点は、単純に「彼は僭偽草窃の朝なれば、疏漏荒略にして、詳考に及ばず。層《しば》しば見《あら》われ復た出づるも、固《もと》より怪しむに足る無し」[41]というものにすぎない。また清代の鍾淵映は『歴代建元考』慕容氏三主同号に「蓋し当時の疆宇阻隔して、相い通問せず、因りて重複に至るのみ」[42]とする。

しかし、後燕の慕容垂と南燕の慕容徳は、ほんとうに「疏漏荒略、不及詳考」あるいは「疆宇阻隔、不相通問」であったのだろうか。五燕政権の連続性を考えると、慕容垂と慕容徳はわざわざこの「燕元」という年号を使ったとしか考えられない。つまり自らの後燕・南燕は、昔日の前燕のかがやきを取り戻したということを示したのである。

四　結　語

五胡時代の知識人からしてみると、もっとも近い「列国紛争」の時代は春秋戦国時代であった。魏・蜀漢・呉という三国時代があったとはいえ、列国の数の上では五胡時代と対比可能なのものは、春秋戦国の乱世しかない。このことによって、「春秋称元故事」というものが石勒と慕容儁の理論的根拠となりえたのである。

中国史上、「故事」の形成は、漢代まで遡ることができる。漢代の史籍中に常見の「如故事」ということばそのものがその一証たろう。両漢には故事をつかさどる専門職があり、その名を「掌故」という。たとえば『漢書』晁錯《ちょうそ》伝に「文学を以て太常掌故と為す」とあり、東漢の後は、尚書が故事を掌った。つまり、「故事」を提示できたのは、中央の高級官員のみだったのである。

五胡前期になると、胡族の首領たる劉聡・石勒・慕容皝・慕容儁といった人びとがどれくらい読書をしていたかというと、それぞれ差異があろう。ただしその漢文修養という点においては、おそらくだれも「故事」を提示することはできなかったと思われる。このことから石勒・慕容儁に「春秋列国故事」を提示したのは、おそらく漢人官僚にちがいなかろう。石勒には張賓といった当時一流の漢族の謀士がおり、慕容氏の麾下には漢人は更に多かった[43]。これらの華北に流寓し、胡族に投じた漢族知識人の古典修養は、完全に「趙王元年」或いは「燕王元年」のための経典掌故を探し出すことができたであろう。

たとえば、西暦三一九年、石勒が「趙王元年」と称した時間上の重要な意義については、当時の流寓政権たる東晋の政治動態と関係している。『資治通鑑』晋紀十三の太興二年（三一九）三月に次のような記載がある。

帝、之に従い、郊丘を建康城の巳の地に立つ。辛卯、帝親づから南郊を祀る。未だ北郊有らざるを以て、地祇を幷《あわ》せて之れを合祭す[44]。

郊祀をおこなっていない帝王は、本当に天命を受けたとはいえない[45]。石勒もちょうどこの一年のうちに、春秋列国故事を利用して、「趙王元年」と称している。これはたまたま合致しただけのように見えるが、その実、華北胡族各政権内部のみならず、南北胡漢双方での「正統」性を巡る争いの一つの形であったのである。

石勒と慕容儁の「称元」の差異について分析してみるならば、時間上の趙が先で燕が後ということの外、さらに二点の違いが認められる。第一、石勒は東晋に対して徹底的な対立の態度をとり「自立」していたが、慕容儁は父祖から一歩一歩の勢力経営の後、順を追って東晋政権とたもとをわかった。第二、石勒は「趙王」と称した時間が最も長く、「趙王元年」から「大趙天王」まで十一年あるが、慕容儁の「燕王」は四年しかない。石勒は自立して趙王となった後、多くの時間をついやして勢力と声望の強化を計らねばならなかったが、慕容儁は三代にわたる段階的な画策があったため、「燕王」から「燕皇帝」までたった四年のみでよかったのである。

石勒と慕容儁の「故事」と「称元」という事件を中国中古史という文脈においてみたとき、石勒と慕容儁以外にも「漢魏の故事」を用いるものがあったのである。たとえば羌族の後秦姚興の時代に群臣が太后虵氏の葬礼について議論した時がそれである[46]。また西魏・北周の初期には、軍事力が東魏・北斉に対して劣っており、文化もまた南方の蕭梁より劣っていたことから、それらの王朝も「無年号紀年」をもちいていた[47]。またそれに類するものとして、隋末の李密の「魏公元年」等がある（孫、二〇一四、386〜391頁）。

これに反して、中国の中古史において、王位に就いて「年号」を立てた者として、南匈奴の「漢王」劉淵を除くと、鮮卑族による南涼の禿髪烏孤がいる。彼は、三九七年に「自ら大都督・大将軍・大単于・西平王と称し、其の境内を赦し、年を太初と号」している[48]。鮮卑族による西秦の乞伏《きつぶく》国仁は、「王」の身分がなく、わずかに「大都督・大将軍・大単于」の地位にあっただけだが、「建元して建義と曰」っている[49]。乞伏国仁の弟乞伏乾帰《けんき》は、「河南王」の身分で、「改元して太初と曰」っている[50]。

この他、よく知られている例として、西暦二二二年十月に「呉王」の身分で即位し、「黄武」の年号を置いた孫権、それに、西暦三一七年三月、「晋王」の身分で即位し、「建武」の年号を置いた司馬睿があげられる。孫権にしろ司馬睿にしろ、王位に就いて年号を立てた場所は、いずれも南方（孫権は武昌、司馬睿は建康）である。彼らが「王」の身分で年号を置いた背後には、依然として正統論の影響がある。要するに、これらの事例も本稿が分析を加えている「列国紀年」と密接な関係がある。

上述のようにこれらの「称元」事件は一連のものとして考える必要があり、それぞれに差異があるとはいえ、いずれも春秋の典故の中に理論根拠を求め、みずからの正統性のありかを証明せんとしているこの一点は共通のものである。

通例からすれば、漢武帝建元元年（前一四〇）より中国帝王はみな年号紀年を用い始めた、つまり年号は皇帝即位に必ずあらわれる目印なのである。このような思想がある中で、五胡十六国のような乱世においては、「正朔を奉ず」ということが地方政権の中央政権に対して忠義を示す重要な信号であったのである。紀年方法において、帝王の「年号紀年」より一等低い「列国元年」紀年を用いることは、一種の間に合わせの計策であったのである。当時の五胡政権が東晋の合法性を否定するためか否かにかかわらず、華北においてその他の胡族政権よりも自らの正統性を強化せしめるためには、「某王元年」という方式が最も有効な選択の一つであったのである。

最後に、再び本稿のはじめに提示した、近年流行の「内陸アジア」という視野からこれを見てみたい。たとえば隋の文帝の時、突厥の沙鉢略可汗（イシュバラカガン）が隋に降り、開皇六年に「暦を突厥に班し」たが、突厥はそのうちの干支の思想だけを吸収し、「十二支紀年法」を使用し、「年号紀年法」(51)を用いることは無かった。これは純粋な北アジア遊牧民族はわざわざ中原式の「年号」や「称元」を用いることはなかった。本稿で取り扱った中原に南下した南匈奴・羯・鮮卑などがきそって伝統的中原王朝と類似の称元方法を採用したことは、その内在する意義は中国中古史を考察する上において鍵となるものであり、そこには極めて重大な示唆が存在しているのである。

註

（1）中国社会科学院考古研究所等編『鄴城考古菁華』（文物出版社、二〇一四年）58頁。
（2）司馬光『資治通鑑』巻九十四「晋紀十六」（中華書局、一九五六年）2960頁。
（3）日本語版は、六朝史研究会（京都外国語大学、二〇一六年五月七日）において口頭発表した。
（4）同書の「南匈奴に関する研究」に見られるように、内田吟風は前後両趙の本質的な差異を指摘していない。
（5）原文は、Denis Sinor 主編 *Journal of Asian History*, 30(1996)2, pp.115-151. 所載。同論文には、筆者が指導する大学院生による中国語訳がある。韓大偉著・馮倩訳・童嶺校「征服王朝的中国化政治体制―両個早期中古史的案例

―」（『中国中古史集刊』第三輯、商務印書館、二〇一七年）359～392頁。

(6) 『晋書』巻一〇一「劉元海載記」2649・2650頁。

(7) 『晋書』巻一〇四「石勒載記上」2728頁。

(8) 『晋書』巻一〇四「石勒載記上」2728・2729頁。

(9) 呂思勉は、この「兄弟」が指しているのは石虎だと見なしており、「胡族は昭穆をさほど重視しない」と述べている。呂思勉『両晋南北朝史』第五章「東晋中葉形勢上」（上海古籍出版社、一九八三年）158～159頁を参照。

(10) 『資治通鑑』巻九〇「晋紀十二」2863頁。

(11) 『資治通鑑』巻九一「晋紀十三」2870頁。『十六国春秋輯補』巻六「前趙六」45頁。十六国の封爵については、王安泰「漢・趙の封国と天下秩序について」（『中央大学アジア史研究』三八、二〇一四年）31～74頁および同「皇帝的天下与単于的天下―十六国時期天下体系的構築―」（童嶺主編『皇帝・単于・士人―中古中国与周辺世界』中西書局、二〇一四年）82～98頁を参照。

(12) 『資治通鑑』巻九一「晋紀十三」2871頁。

(13) 『晋書』巻一〇五「石勒載記下」2735頁。

(14) 『春秋左伝正義』巻二「隠公元年」阮元校刻『十三経註疏（附校勘記及識語）』（中華書局、二〇〇九年）1713頁。

(15) 同上。孔穎達はここで「元年」の意味について説明し、隋の劉炫《りゅうげん》の考証を引用している。

(16) 劉文淇『春秋左氏伝旧注疏証』（科学出版社、一九五九年）3頁。

(17) 「元典」二字の意味は不明。

(18) 章太炎『春秋左伝読』（『章太炎全集　二』上海人民出版社、一九八二年）61頁。

(19) 谷川道雄著・李済滄訳『隋唐帝国形成史論』第三編第三章「五胡十六国・北周的天王称号」（上海古籍出版社、二〇〇四年）249頁（訳者補：谷川道雄『隋唐帝国形成史論』第Ⅲ編第三章「五胡十六国・北周における天王の称号」筑摩書房、一九七一年、331頁）。

(20) 『資治通鑑』巻九六「晋紀十八」3044頁。

(21)『晋書』巻一一〇「慕容儁載記」2831頁。
(22)『晋書』巻一一〇「校勘記」2845頁。
(23)『十六国春秋輯補』巻二六「前燕録四」201頁。
(24)『晋書』巻一〇八「慕容廆載記」2803頁。
(25)孫、二〇一四。下篇384頁第三章「無年号与改正朔：安史之乱中粛宗重塑正統的努力」。しかし、孫英剛の後半の推測は、この時点の状況には恐らく当てはまらないと思われる。
(26)『晋書』巻一〇八「慕容廆載記」2807頁。
(27)『資治通鑑』巻九五「晋紀十七」3012頁。
(28)『晋書』巻一〇九「慕容皝載記」2818頁。
(29)『資治通鑑』巻九七「晋紀十九」3068・3069頁。また、趙丕承『五胡史綱・上冊』(藝軒図書出版社、二〇〇〇年)、212〜213頁を参照。
(30)『資治通鑑』巻九五「晋紀十七」2990頁。
(31)『資治通鑑』巻九八「晋紀二十」3102頁。
(32)慕容儁の冉魏に対する南下戦争の経緯については、DAvid A. Graff, *Medieval Chinese Warfare 300〜900*, Routledge, 2002. pp. 62-63. を参照。
(33)『資治通鑑』巻九九「晋紀二十一」3131頁。
(34)『晋書』巻一一〇「慕容儁載記」2834頁。
(35)苑作賓『冒劉漢史―附廿三国並柔然吐谷渾高句麗春秋』上冊(寧陽修徳堂、二〇〇六年)404頁。
(36)万斯同『歴代紀元匯考』(江蘇広陵古籍刻印社、一九九〇年影印版)184〜185頁。
(37)李兆洛『歴代紀元編』(商務印書館、一九三三年)28頁。
(38)『晋書』巻一二三「慕容垂載記」3082頁。
(39)『晋書』巻一二七「慕容徳載記」3164頁。

(40) 趙翼著、欒保群・呂宗力校点『陔餘叢考』（河北人民出版社、一九九〇年）、巻二十五「年号重襲」483頁。
(41) 『陔餘叢考』巻二五「年号重襲」484頁。
(42) 鍾淵映『歴代建元考』（商務印書館、一九三七年）12頁。
(43) 田村実造『中国史上の民族移動期―五胡・北魏時代の政治と社会―』五胡篇第四章「慕容王国の成立とその性格」（創文社、一九八五年）135～136頁。三﨑良章『五胡十六国の基礎的研究』第二部第三章「前燕の官僚機構」（汲古書院、二〇〇六年）53～69頁。
(44) 『資治通鑑』、巻九一「晋紀十三」2867頁。
(45) 中古の郊祀については、金子修一『中国古代皇帝祭祀の研究』（岩波書店、二〇〇六年）を参照。
(46) 『晋書』巻一一七「姚興載記上」2977頁。
(47) 趙翼『廿二史札記』巻十五「魏末周初無年号」条。徐沖『中古時代的歴史書写与皇帝権力起源』単元一第三章「西魏北周無年号紀年考」（上海古籍出版社、二〇一二年）44～65頁も参照。
(48) 『晋書』巻一二六「禿髪烏孤載記」3142頁。
(49) 『晋書』巻一二五「乞伏国仁載記」3115頁。乞伏国仁が「建元」した後、苻登の冊封を受けて「苑川王」になったことに留意されたい。
(50) 『晋書』巻一二五「乞伏乾帰載記」3116頁。
(51) ルイ＝バザン『Les systemes chronologiques dans le monde turc ancien』（Budapest : Akadémiai kiadó ; Paris : Editions du CNRS, 1991）（耿昇訳『突厥暦法研究』中華書局、一九九八年）を参照。

参考文献

内田吟風、一九七五『北アジア史研究―匈奴篇』（同朋舎）
孫　英剛、二〇一四『神文時代―讖緯・術数与中古政治研究』（上海古籍出版社）
童　嶺、二〇一四「釈〈晋書・慕容儁載記〉記石虎所得玉版文―読十六国北朝文史札記之一」童嶺主編、孫英剛・

王安泰・小尾孝夫副主編『皇帝・単于・士人—中古中国与周辺世界』（中西書局　二〇一六

二〇一六　「『五牛旗建』与『赤牛奮靷』—文本視域下南匈奴漢趙時代的預言与讖緯」『文学遺産』二〇一六年第六期

羅　新、二〇〇四「十六国北朝的五徳歴運問題」『中国史研究』二〇〇四年第三期、45～56頁

〔附記〕本稿の初稿については徐興無教授（南京大学文学院）、周秦漢唐読書会の諸位同仁の教示をたまわった。茲に特にお礼申し上げる。また本稿は、中国国家社科基金青年項目「五胡十六国覇史基礎文献考証及研究」（15CZW018）による研究成果の一部である。

（翻訳：伊藤裕水）

2　平安時代初期の王権と年号

久禮旦雄

はじめに　―王権と年号の関係について―

かつて法制史家の瀧川政次郎は、年号制度について論じ、「元号は過去における天皇の時空に対する統治権の作用として生まれたものであって、……この権能は、何人もこれを犯すことのできない……私はこれを「元号大権」と名づけている」と述べ（瀧川、一九七四、12頁）、「日本天皇のもつ元号大権は、古代中国の帝王が有した授時大権に由来する」ことを指摘した（瀧川、一九七四、31頁）。これは日本の天皇（及びそのモデルとしての中国皇帝）が持つ時間の支配権に関わるものとして元号の決定権を位置づけたものである。瀧川自身が江戸幕府の例をあげて指摘したように、そのような年号（元号）のあり方は、政権を担当した実力者が年号のあり方に介入するという事態も生んだ。また、治承・寿永の内乱や南北朝の際には、東西・南北に天皇が並び立ち、年号も分立することとなったが、これは当時の政権の構造がそのまま年号に反映したものと言える（瀧川、一九七四、117頁）。

一方で、日本古代の権力構造（天皇を中心としたそのあり方は「王権」と呼称される）については、近年、特に奈良時代において、必ずしも天皇がその主導権を掌握することはなく、天皇を中心としつつ太上天皇や皇后、皇太子などが協力し、時に対立しながら政治を行ってきたことが、荒木敏夫の研究などにより明らかにされている（荒木、二〇一三、31頁）。特に譲位した天皇（太上天皇）は天皇と同等の権能を有しており、これは譲位した前皇帝といえども現皇帝の臣下にすぎないとした中国のあり方とは大きく異なることは、春名宏昭が指摘するところである（春名、一九九〇、28頁）。そのような権力構造のかたちは年号に対していかなる影響を与えたのであろうか。また、そこに貴族層はいかなる関与を示したのであろうか。

本稿は奈良時代から平安時代初期という、天皇と太上天皇が並立し、ともに権力を行使していた状況から、天皇に権力が集中し、続いてそれが藤原氏により掌握されていく時代の年号について論じ、日本的な権力構造と、年号との関係について考察するものである。

一　平城天皇による「大同」改元の評価

『日本後紀』大同元年（八〇六）五月辛巳条には、平城天皇の即位とそれに伴う「大同」改元について以下のように記す。

即二位於大極殿一。詔給二諸社禰宜祝、及諸寺智行僧尼、孝義人等、位一階一。又五畿内鰥寡孤独之不レ能二自存一者給物。又免二天下言上未納一。改二元大同一。非レ礼也。国君即レ位、踰レ年而後改元者。縁下臣子之心不上レ忍三一年而有二二君一也。今未レ踰レ年而改元。分二先帝之残年一。成二当身之嘉号一。失二慎レ終无レ改之義一。違二孝子之心一也。稽二之旧典一。可レ謂レ失也。

従来注目されていたのは、『日本後紀』がこの記事において、平城天皇の即位改元を「大同改元は非礼である。先代の君主が崩じたならば、年をまたぎ、翌年になってから改元すべきである。なぜなら年内に改元すると、一年に二人君主がいることになる。年内の改元は孝の教えに反し、古典に照らし合わせても誤りである」と論じ、「踰年改元」の原則に反するとして批判していることであった。

この考え方は、後代に継承され、平安時代半ばには踰年改元が恒例となっており、たとえば『新儀式』には「践祚明年有二改元一事〈年内改元非レ礼、誤也〉」と記されている。

橋本義彦は、「新帝が踰年改元の理を知らないわけはなく、この大同改元は、桓武天皇の治世に反発する新帝の心情を端的に物語っているのではなかろうか」とし、父帝に反発する平城天皇がことさらに「延暦」年号を否定してみせたのであり、平城天皇朝における、官制改革や『続日本紀』の記事の削除など、桓武天皇朝の政策に対抗的な姿勢の出発点というべきものとしている（橋本、一九八六、50頁）。

また、坂本太郎は『日本後紀』の性格を論ずる際に、この記事に注目し、「堂々正面より改元非礼論を展開している。六国史には一切このような論賛めいたものはないが、これはりっぱな論賛であり、この点に至って後紀の特異性は最も顕著である」と述べ、君主の批判も辞さない中国的な史書の性格を『日本後紀』に取り入れたのは編纂の中心人物であった藤原緒嗣であろうとしている（坂本、一九六四、262頁）。

しかし、このような『後紀』の評価について、近年では疑問視する研究もある。大平和典は『日本後紀』の性格について「天皇に対する批判はその対象が平城天皇に限られる」（大平、二〇一八、123頁）のであり、君主（天皇）一般への批判とは言えないとし、遠藤慶太は大平の指摘を受けて、「平城太上天皇に対する史臣評は、政変後の朝廷が下した平城太上天皇評である。なにより編纂を命じた嵯峨天皇が……生存している。『日本後紀』が朝廷の公式見解を覆すことはできなかった」（遠藤、二〇一六、115頁）と述べている。

ここで遠藤がいう政変とは後述する薬子の変（平城太上天皇の変）のことである。『日本後紀』の編纂は、その「序文」によれば弘仁十年（八一九）に第一次編纂関係者の任命が行われている。その場合、史書編纂の対象となるのは『続日本紀』が終わっている延暦十年（七九一）から弘仁十年の約四十年間にすぎない。薬子の変から十年ほどしか経っておらず、これは現在においてもほぼ現代史といってよい期間である。このような早期の編纂命令には、自らの存命中に薬子の変の評価を確定しておきたいという嵯峨天皇の意志さえ感じられる。『日本後紀』の評価を、当時の社会一般の意識を反映したものと言うことはできない。

清水潔は、この改元記事について、八世紀には即日改元が行われた例があることを指摘している。清水は、奈良時代の即位改元は、霊亀（元正天皇）・神亀（聖武天皇）・天平勝宝（孝謙天皇）・宝亀（光仁天皇）が即位同日の改元であり、踰年改元は和銅（元明天皇）・天平神護（称徳天皇）の二例しかないこと、また、桓武天皇の「延暦」改元、嵯峨天皇の「弘仁」改元は踰年改元であるが、その詔書には「未レ施二新号一」とあり、もし踰年改元が既に恒例のことであるならば、わざわざ断る必要もないのにそれを記していることなどから、平安時代初期まで、即位同日の改元が非礼であるという思想は一般的ではなかったのではないかとしている。その上で『日本後紀』の指摘は、嵯峨天皇による弘仁年間の儀式・法制整備の結果として生まれた思想であり、それが遡って平城天皇の評価にも反映された可能性を指摘している（清水、一九七七、50頁）。

そのため、訳注日本史料『日本後紀』の当該条補注には「これを踰年改元と称し、弘仁以降はこれが慣例化するが、八世紀の段階においては守らない例が多かった」としている（黒板・森田、二〇〇三、1203頁）。平城天皇の数少ない伝記を著した春名宏昭も「踰年改元は嵯峨天皇以降に定着したものであり、平城天皇には概して厳しい評価を下している『日本後紀』ゆえの記述だと考えてよい」と述べている（春名、二〇〇九、53頁）。

改めて清水の指摘を踏まえて、八世紀から九世紀にかけての改元の日時をまとめると以下のようになる（表1）。

表1　奈良～平安時代初期の即位改元

天皇名	即位（践祚）年月日	年号	改元年月日	即位から改元の期間	皇位継承理由
文武天皇	文武元年（六九七）八・一	大宝	文武五年（七〇一）三・十一	約五年	譲位
元明天皇	慶雲四年（七〇七）七・十七	和銅	慶雲五年（七〇八）一・十一	約六か月	崩御
元正天皇	霊亀元年（七一五）九・二	霊亀	霊亀元年（七一五）九・二	同日改元	譲位
聖武天皇	神亀元年（七二四）六・二十五	神亀	神亀元年（七二四）六・二十五	同日改元	譲位
孝謙天皇	天平勝宝元年（七四九）七・二	天平勝宝	天平感宝元年（七四九）七・二	同日改元	譲位
淳仁天皇	天平宝字二年（七五八）八・一	―	―	―	譲位
称徳天皇	天平神護元年（七六五）十一・十六（大嘗祭）	天平神護	天平宝字九年（七六五）一・七	約十か月？	重祚（廃位）
光仁天皇	神護景雲四年（七七〇）十・一	宝亀	神護景雲四年（七七〇）十・一	同日改元	崩御
桓武天皇	天応元年（七八一）四・三	延暦	天応二年（七八二）八・十九	約一年	譲位
平城天皇	大同元年（八〇六）五・一	大同	延暦二五年（八〇六）五・一	同日改元	崩御
嵯峨天皇	大同四年（八〇九）四・一	弘仁	大同五年（八一〇）九・十九	約一年	譲位
淳和天皇	弘仁十四年（八二三）四・十六	天長	弘仁十五年（八二四）一・五	約九か月	譲位
仁明天皇	天長十年（八三三）三・六	承和	天長十一年（八三四）一・三	約八か月	譲位
文徳天皇	嘉祥三年（八五〇）三・二十一	仁寿	嘉祥四年（八五一）四・二十八	約一年	譲位
清和天皇	天安二年（八五八）八・二十七	貞観	天安三年（八五九）四・十五	約八か月	崩御
陽成天皇	貞観十八年（八七六）十一・二十九	元慶	貞観十九年（八七七）四・十六	約五か月	譲位
光孝天皇	元慶八年（八八四）二・二十三	仁和	元慶九年（八八五）二・二十一	約一年	譲位
宇多天皇	仁和三年（八八七）十一・十七	寛平	仁和五年（八八九）四・二十七	約一年五か月	崩御
醍醐天皇	寛平九年（八九七）七・三	昌泰	寛平十年（八九八）四・二十六	約九か月	譲位

ここからわかるように、奈良時代においても即位後の踰年改元の例はあり、元明天皇は息子である文武天皇の崩御と、それを受けての慶雲四年（七〇七）の即位から半年後にあたる翌年正月に「和銅」と改元している。即位と改元の時間差ということでは淳仁天皇の廃位による称徳天皇の即位も該当するが、即位礼を行わず、大嘗祭のみ行っているため、先例とはし難い。

平城天皇にとって直近の例としては、父の桓武天皇の「延暦」改元がある。桓武天皇は、光仁天皇の譲位を受け、天応元年（七八一）四月に即位し、約一年後の天応二年八月に「延暦」と改元している。実はその間、天応元年十二月に光仁太上天皇が崩御しており、そこから年をまたいで改元しているため、これも踰年改元の例といえる。つまり先帝が崩御している場合も存命の場合も踰年改元の例はあり、平城天皇の場合も、先帝の桓武天皇の崩御を受けての即位であるから、元明天皇の例により踰年改元という選択肢もあったのである。しかし、一方で称徳女帝の崩御を受けて即位した光仁天皇のように、即位同日に「宝亀」改元を行った例もあるため、これはあくまで選択肢に留まる。まとめるならば、平城天皇の即位同日改元は、同時代において、それほど異例とはやはり考えにくい。

むしろ、異例なのは、平城天皇に続いて即位した嵯峨天皇の例である。嵯峨天皇は、兄の平城天皇の譲位を受けて即位し、その後、一年ほどおいて即位したため、踰年改元であり、後代の先例となったと考えられる。しかし、表にも示したように、先帝の譲位による即位、即ち先帝が存命なうちに即位し、踰年改元を行った例というのはそれまで確認できない。むしろこちらのほうが特殊なのである。

ここで想起されるのは、山本信吉が嵯峨天皇の「弘仁」改元が踰年改元のかたちをとっていることと『日本後紀』にみえる「大同」の即日改元への批判は相互補完関係にあると指摘していることである（山本、二〇〇一、37頁）。では なぜ嵯峨天皇は即位後、一年ほど改元を行わなかったのであろうか。

二　改元をめぐる天皇・太上天皇の対立

嵯峨天皇の即位と、「弘仁」改元の経緯について、主に『日本後紀』の記述をもとに以下にまとめておこう。

大同四年（八〇九）四月に、「風病」を理由として平城天皇は皇太弟（賀美能親王＝嵯峨天皇）に譲位し（『日本後紀』大同四年四月丙子条）、十二月に平城旧都に入り、太上天皇宮の造営を開始する（『類聚国史』大同四年十二月乙亥条）。翌年正月、嵯峨天皇の病により元日朝賀が中止されており、新朝廷の先行きに不穏な空気が漂い始める（『類聚国史』弘仁元年正月壬寅条）。しかし、そのような中で三月に蔵人頭に藤原冬嗣・巨勢野足が任命されていることは注目される（『公卿補任』）。

この年の六月に平城太上天皇は詔を出し、かつて自ら設置した観察使を廃し、参議を復置することを命じており、再び政治への積極的な姿勢を示し始める（『日本紀略』弘仁元年六月丙申条）。そのため、平安京の嵯峨天皇と旧都平城京の平城太上天皇がそれぞれ詔を出すという、「二所朝廷」というべき状況となった（『日本後紀』弘仁元年九月丁未条）。九月六日、平城太上天皇は平城京への還都（遷都）を命じる詔を出す（『日本後紀』弘仁元年九月癸卯条）。十日に嵯峨天皇側は三関を固め、平城太上天皇の側近である藤原仲成を拘禁、さらに仲成とその妹薬子の罪状を批判する詔を出し、対決の姿勢を明らかにした（『日本後紀』弘仁元年九月丁未条）。十一日、平城太上天皇が東国に入らんとしていることを知った嵯峨天皇は坂上田村麻呂を派遣し、仲成を禁所において射殺した（『日本後紀』弘仁元年九月戊申条）。翌日、平城太上天皇は坂上田村麻呂に道を塞がれ、平城京に戻り、出家し、相前後して藤原薬子が自殺して、一連の混乱は終結した（『日本後紀』弘仁元年九月己酉条）。その後、平城太上天皇の皇子であった高岳親王が皇太子を廃され、代わって大伴皇子（のちの淳和天皇）が皇太子となり（『日本後紀』弘仁元年九月庚戌条）、官人たちの賞罰人事が終了した（『日本後紀』弘仁元年九月壬子条・甲寅条）直後の十六日に「弘仁」改元が行われている（『日本後紀』九月丙寅条）のは、改元とこの混乱の終結との関係を推測させる。

「薬子の変」、近年では「平城太上天皇の変」とも呼ばれる、この一連の政治抗争は、「二所朝廷」という表現に象徴される、天皇と太上天皇という国家のトップの対立が背景にあることが指摘されている。橋本義彦は、令制において太上天皇と天皇は同じ権能を有しており、薬子の変以降、太上天皇のそれは弱まっていくとした（橋本、一九八六、58頁）。春名宏昭は、この事件と、弘仁十四年（八二三）の嵯峨天皇の譲位に伴う太上天皇号辞退以前は、太上天皇は天皇と同じ権能を有しており、その権能の衝突が「薬子の変」であると論じ（春名、一九九〇・26頁）、「弘仁」改元は、「平城天皇の政治生命が終わり、嵯峨天皇が唯一の国家の主人となって、文字通りの嵯峨天皇の治世が始まることの宣言だった」としている（春名、二〇〇九、223頁）。

春名がいうように、「弘仁」改元が、平城太上天皇の政治的権能の消滅によるものだとするならば、嵯峨天皇の即位当初は太上天皇の政治的権能が生きており、改元ができないという状況であったと推測される。実は同様の状況は奈良時代の淳仁天皇の治世において確認できる。

「弘仁」改元を、太上天皇が存命で、即位同日に改元を行わなかった事例とするならば、一代にわたり改元を行わなかった淳仁天皇の治世はその先例ともいえる。そして、淳仁天皇が改元を行わなかったのは、孝謙太上天皇の存在と、それによる権力の未掌握によるものと推測されている。

土橋誠は、これを「改元を行う権力が即位の当初から淳仁にはなかったことを示している」とし（土橋、二〇〇五、47頁）、更に、奈良時代の即位改元について、①先帝崩御の時は翌年正月に改元する、②譲位による即位の時は即日改元する、③政変による即位の時は翌日か、翌年か、少し間をおくかのいずれかを採る、という原則を指摘し、淳仁天皇の治世は、光明皇太后・孝謙太上天皇の権力が強く、改元ができなかったとしている（土橋、二〇一〇、217頁）。

ただ、淳仁天皇については、藤原仲麻呂の後ろ盾を得て行われた立太子に連動し、称徳天皇朝において「天平宝字」改元が行われたという仁藤敦史の指摘がある（仁藤、一九九四、571頁）。いわば即位改元に準ずる「立太子改元」というべきものだが、それにしても、たとえば桓武天皇については、弟の他戸親王が皇太子を廃され、山部親王として立太子してしばらくして「天応」改元が行われており、将来の即位を寿ぐ意味での改元と考えられる（林、二〇〇三、4頁）が、即位すると改めて「延暦」改元を行っている。立太子の時に改元したから即位したら改元しなくてよい、というものでもないのである（細井浩志の指摘による）。

淳仁天皇が改元を行うためには、即ち嵯峨天皇と同じく、軍事行動により太上天皇の権能を停止することが必要であった。そしてそれが行い得た可能性も存在する。いわゆる「藤原仲麻呂（恵美押勝）の乱」と呼ばれる内乱において、仲麻呂とともに孝謙太上天皇に勝利した場合である。

藤原仲麻呂の乱の経緯について、『続日本紀』により、その具体的な経緯を示しておく。

天平宝字二年（七五八）、孝謙天皇が譲位し、淳仁天皇が即位する（『続日本紀』天平宝字二年八月庚子条）。その後、二人と、当時の政界の実力者で、淳仁天皇の後ろ盾であった藤原仲麻呂と孝謙太上天皇との調整役であった光明皇太后が崩ずると、天平宝字六年（七六二）孝謙太上天皇は淳仁天皇との対立を深め、「国家大事賞罰二柄」は自らが行うことを宣言した（『続日本紀』天平宝字六年六月庚戌条）。そして二年後の天平宝字八年（七六四）九月十一日、孝謙太上天皇は淳仁天皇の居所である中宮院より鈴印を回収せんとし、軍事衝突が起こる（『続日本紀』天平宝字八年九月乙巳条）。しかし仲麻呂が敗れ、近江国で斬られる（『続日本紀』天平宝字八年九月辛亥条）と、十月に淳仁天皇は廃され、淡路国に配されることとなった（『続日本紀』天平宝字八年十月壬申条）。その後長く「淡路廃帝」と呼ばれた所以である。そして孝謙太上天皇は重祚し（称徳天皇）、翌年正月に反乱鎮圧を神々の守護によるものとして「天平神護」改元が行われた（『続日本紀』天平神護元年正月癸巳条）。

　薬子の変と仲麻呂の変を天皇と太上天皇という同質の権能をもつ存在の対立という点で構造的に類似する事件とすることは、春名などが既に述べるところである（春名、一九九〇、29頁）。ここでは、それに加えて、より具体的な共通点について言及しておく。

　即ち、薬子の変に際しては、外記なども、平安京と平城京に分裂して活動を行い、また藤原薬子が天皇への奏上伝宣の職務を担う内侍司を統括する尚侍であった。橋本義彦はそのため、「天皇側の奏上伝宣の機能はとどこおり、機密を保つことも困難となった。そこで創設されたのが蔵人頭で、……尚侍・典侍らの奏請・宣伝の機能を吸収するのがそのねらいであろう」としている（橋本、一九八六、54頁）。

　実はこれと同様の事態は仲麻呂の乱に際しても発生している。

『続日本紀』天平宝字六年（七六二）八月丁巳条には、「令二左右京尹従四位下藤原恵美朝臣訓儒麻呂、文部大輔従四位下中臣朝臣清麻呂、右勇士率従四位下上道朝臣正道、授刀大尉従五位下佐味朝臣伊与麻呂等一、侍二于中宮院一。宣二伝勅旨一。」とある。訓儒麻呂は仲麻呂の息子、上道正道は橘奈良麻呂の変において、反仲麻呂のクーデター計画を密告して褒賞を受けた人物であり、おそらく中臣清麻呂、佐味伊与麻呂も仲麻呂の側近的な人物であったと推測される。その四人が、淳仁天皇の居所である「中宮院」に侍し、その「宣伝勅旨」に関わったというのである。仲麻呂の乱は、孝謙太上天皇が、少納言の山村王により、淳仁天皇のもとにあった鈴印を奪わせようとしたのに対し、訓儒麻呂がこれに抵抗したことが直接のきっかけであるが、訓儒麻呂が鈴印争奪に関わった理由は、この時の任命により天皇の近くに仕えていたことによると推測される。そうだとすれば、その職務はますます後世の蔵人頭に近いものであったであろう。

仲麻呂の乱の原因の一つとして、尚蔵兼尚侍であったその妻、藤原袁比良売が天平宝字六年に没し（『続日本紀』天平宝字六年六月庚午条）、代わって仲麻呂に対立する藤原豊成の妻である藤原百能や、藤原永手の妻大野仲千が後宮の主導権を握ったことがあったと推測されている。遠藤慶太は妻の死は仲麻呂にとって「挽回しがたい痛手」であったとしている（遠藤、二〇一三、55頁）。先述した「勅旨宣伝」に関わる男官の設置は、袁比良売の死の二か月後であり、妻の死により失われた天皇への勅旨宣伝機能への関与を回復・強化しようとする仲麻呂の意図を読み取ることができる（直木、一九九〇、28・46・97頁。木本、二〇〇七、7頁）。それは後代の薬子の変に際しての蔵人頭設置と同様の事態であった。

以上見てきたように、薬子の変と仲麻呂の乱は天皇と太上天皇の権能の対立という、同様の構造のもとに発生した事件であった。それを踏まえて考えるならば、嵯峨天皇が即位して一年近く改元できなかったのは、淳仁天皇が即位後改元することなくその治世を終えたのと同様に、太上天皇の政治的影響力の存在によると推測することが可能である。もし、平城太上天皇が勝利していれば、孝謙太上天皇のように、嵯峨天皇に変わって再び政治的主導権を掌握し、改元をしていた可能性もあった。しかし、現実には嵯峨天皇が勝利し、平城太上天皇の政治的影響力を排除した上で、改元を行った。つまり、これは本来的な意味での「踰年改元」とは言えないのである。

『日本後紀』は平城天皇の「大同」改元を踰年改元の原則に反していると指摘するが、嵯峨天皇の「弘仁」改元に際しては何も語らない。しかし、『日本後紀』を読み進めていけば、平城天皇の時に守られなかった「踰年改元」

によって嵯峨天皇の改元が行われたと読み取れる。『日本後紀』の内容は、嵯峨天皇の失われた一年を、平城太上天皇の政治的影響力によるものではなく、あくまで礼制に従ったのみとすることで、嵯峨天皇の政治的主導権が一貫して存在していたと主張するものであり、そのために平城天皇の「大同」改元に際して、ことさらに批判を加えているのである。

なお、『日本後紀』は、「延暦」と「弘仁」の改元の詔を掲載する。

『続日本紀』延暦元年（七八二）八月己巳条

詔曰、殷周以前、未レ有二年号一。至二于漢武一始称二建元一。自レ茲厥後、歴代因循。是以、継体之君、受禅之主、莫レ不二登レ祚開レ元、錫レ瑞改レ号。朕以二寡徳一、纂二承洪基一、託二于王公之上一、君二臨寰宇一。既経二歳月一、未レ施二新号一。今者宗社降レ霊、幽顕介レ福。年穀豊稔、徴祥仍臻。思与二万国一、嘉二此休祚一。宜下改二天応二年一、曰中延暦元年上。

二其天下有位、及伊勢大神宮禰宜大物忌内人、諸社禰宜祝幷内外文武官把レ笏者、賜二爵一級一。但正六位上者廻授一子一、其外正六位上者不レ在二此限一。

『日本後紀』弘仁元年（八一〇）九月丙辰条

詔曰、飛鳥以前、未レ有二年号之目一。難波御宇、始顕二大化之称一。爾来因循歴レ世。至レ今是用、皇王開レ国承レ家、莫レ不二登レ極称レ元、随レ時施一レ号也。朕以二眇虚一、嗣二守丕業一、照二臨四海一、于レ茲二周。雖二日月淹除一、而未レ施二新号一。方今時属二豊稔一、人頌二有年一、実頼二宗廟之霊、社稷之祐一。非二朕之寡徳一。所二能可一レ致也。念下与二天下一、嘉中斯休祥上。宜下改二大同五年一、為中弘仁元年上。布二告遐邇一、知二朕意一焉。

この二つの詔は、①年号の歴史、②即位改元の原則と、それが現在実行されていない（改元の遅れの指摘）、③祥瑞としての五穀豊穣、④改元の宣言と、非常によく似た構造をしており、嵯峨天皇が父である桓武天皇の即位改元を強く意識していたことと、『日本後紀』がそれを強調しようとしていることが読み取れる。しかし、父である光仁天皇の崩御を受けての即位による「延暦」改元と、兄の平城天皇の譲位を受けての即位による「弘仁」改元を同じ原則で理解することは難しい。そしてこれに対して、平城天皇の「大同」については改元の詔は掲載されていないのである。

山本の『日本後紀』の「大同」改元と「弘仁」改元の記事を一体のものとしてみるべきであるという視点を継承するならば、「延暦」「大同」「弘仁」の三つの改元詔に対する扱いに、「弘仁」改元は「延暦」改元を継承するものであり、「大同」改元をイレギュラーなものとして排除しようとする『日本後紀』の、具体的にはその編纂を命じた嵯峨天皇の姿勢を読み取ることができよう。

三　仁明天皇・藤原良房と「嘉祥」改元

林陸朗は、桓武天皇の即位に先駆けて行われた「天応」改元については、奈良時代のいくつかの改元と同様に、慶雲の出現を理由としながらも、祥瑞に関する「雲」などの具体的な文字を伴わない点で、従来とは異なる年号のあり方が提示されたとしている（林、二〇〇三、4頁）。また、遠藤慶太は、「天応」とそれに続く「延暦」改元以降、「祥瑞そのものを年号とするのではなく、漢籍に典拠を持つ吉祥句・徳目を年号に選ぶようになる」「年号の〈唐風化〉」が起こるとし、「その背景には九世紀での学制の充実があって、大学寮で経史を修めた儒士が諮問に答えて儀式・制度の唐風化に貢献するなかで、年号の命名にも変化が及んだ」（遠藤、二〇一八、11頁）のであろうと考察している。そこで遠藤が注目するのが『元秘別録』所収の淳和天皇の即位改元に際して提出されたと思われる「天長」の年号勘文である。

弘仁十五年正月五日改元天長　代始三人博士都腹赤・左少将南淵弘貞・弾正大弼菅清公、三人連署撰申。

定二年号一事勘文不二載引文一、而選申例、又不レ及二杖議一例

天長

右、依二宣旨一定如レ件。

文章博士都宿禰腹赤・左近衛権少将南淵朝臣弘貞・弾正大弼菅原朝臣清公

これはいわゆる年号勘文の初例とされるもので、後世のそれとは、例えば漢籍の出典を乗せていない（「不レ載二引文一」）などの違いがある。遠藤は、ここで年号案を提出している三人の人物がそれぞれ、平安遷都前後に改氏姓された氏族で、大学寮に学んだ人物であることから、『西宮記』などにみられる、大江・菅原氏及び藤原南家出身の博士家が年号勘文を提出するかたちの原型をここに求めている。

このかたちが「天長」改元にはじまるのか、それともそれ以前に遡り得るのかは更なる検討を要するが、天皇と文人官僚たちのつながりの中で年号が決定されていることは注目される。

また、桓武天皇朝以来の特徴としては、表2に示したように、天皇一代につき、一年号というかたちが行われ、以後、平城・嵯峨・淳和天皇の三代において継承されている。

ここには、奈良時代のたびたびの改元とは異なり、祥瑞とは距離を置き、天皇と年号との一体性を強調しようとする姿勢を読み取ることができよう。このあり方が変化したのが仁明天皇朝の「嘉祥」改元である。その改元の経緯について、『続日本後紀』をもとに以下にまとめておく。

承和十五年（八四八）五月十四日に大宰府より「白亀」が献ぜられた（『続日本後紀』承和十五年五月壬申条）。こ

れは豊後国の擬少領膳伴公家吉が発見し、大宰大弐紀長江により報告されたものであった。六月三日、左大臣源常・右大臣藤原良房・大納言源信・中納言源弘・中納言安倍安仁・参議源定・参議滋野貞主・参議藤原助・参議藤原長良・参議橘岑継・参議小野篁・参議藤原良相・参議伴善男、以上公卿十三人が連名で天皇に対して上表を行い、『礼含文嘉』や『熊氏瑞応図』『後魏書』を引いて、祥瑞出現を寿いでいる（『続日本後紀』承和十五年六月庚寅条）。これに対して仁明天皇は二日後に勅を下し、「而今卿等表賀如レ斯。朕之菲、何以克任」と自らの薄徳を強調し、提出された上表による祝賀を退けている（『続日本後紀』承和十五年六月壬辰条）。しかし、六月八日、公卿たちは再び上表し、あわせて式部省と僧綱も、同様の上表を行っている（『続日本後紀』承和十五年六月乙未条）。これを受けて六月十三日、仁明天皇は祥瑞を理由して「嘉祥」と改元することとなった（『続日本後紀』嘉祥元年六月庚子条）。その際の詔に、『孝経援神契』や『熊氏瑞応図』が引用されるとともに、祥瑞を否定する王充や唐の太宗の思想についても言及されている（遠藤、二〇一八、5頁）。

表2　平安時代初期の天皇と年号

光仁天皇	宝亀（770）
	天応（781）
桓武天皇	延暦（782）
平城天皇	大同（806）
嵯峨天皇	弘仁（810）
淳和天皇	天長（824）
仁明天皇	承和（834）
	嘉祥（848）
文徳天皇	仁寿（851）
	斉衡（854）
	天安（857）
清和天皇	貞観（859）
陽成天皇	元慶（877）
光孝天皇	仁和（885）
宇多天皇	寛平（889）
醍醐天皇	昌泰（898）
	延喜（901）
	延長（923）

このような仁明天皇の、祥瑞に距離を置く姿勢を、桓武天皇以来の改元のあり方の延長線上に置くことも可能であろう。

この公卿たちの重ねての上表により、仁明天皇が改元を行わざるを得なかったという事件について、佐伯有清は、この祥瑞に良房が皇太子の道康親王（のちの文徳天皇）への早期の譲位をほのめかしており、これを受け入れざる得なかった天皇の意志が「完全に良房らの力におさえつけられたことを意味した」事件としている（佐伯、一九七〇、113頁）。また、中野渡俊治は、「改元という天皇の決定事項に臣下が介入する手段に上表が用いられ、上表による臣下の意志は、天皇も拒み切れないという事例」としている（中野渡、二〇一七、34頁）。

これに先立つ承和九年（八四二）七月十五日、嵯峨太上天皇が崩ずると、二日後には春宮坊官人の謀反計画が発覚し、それを理由として淳和天皇の皇子であった皇太子恒貞親王は廃され、仁明天皇の皇子の道康親王が立太子する。いわゆる「承和の変」であり、この際、事件の告発と収拾の中心となったのが藤原良房であった（今、二〇一二、14頁）。そして、道康親王の立太子に際しても議政官の上表が行われていることも注目される（『続日本後紀』承和九年八月乙丑条）。承和九年段階では左大臣が藤原緒嗣、右大臣が源常、大納言が橘氏公で、藤原良房は中納言であった。しかし、緒嗣は高齢であり、源常・橘氏公はそれぞれ嵯峨太上天皇の皇子、皇太后橘嘉智子の弟という関係による地位であり、政治の主導権は既に良房の手に掌握されつつあったと推測される。承和十五年段階になると、左大臣は源常だが、良房は右大臣に登っており、その指導力は更に強化されていた（今、二〇一二、30頁）。これらの経緯を踏まえて考えるならば、「嘉祥」改元は、藤原良房が承和の変以来確立しつつあった政治的主導権を背景に、公卿たちをまとめて、仁明天皇に改元を強制した事件ということができよう。

これにより、天皇と年号の一体的つながりは弱まる。平安時代中期以降のたびたびの改元は、直接的には醍醐天皇朝以降の災異改元、革年改元によるところが多いが、その淵源として、仁明天皇朝における天皇と年号の一体性の挫折を位置づけることも出来るだろう。

おわりに

日本古代の王権は、七世紀以来、荒木敏夫の表現を借りるならば、天皇のほか、太上天皇や皇后も王権を構成する「多極的構造」を有していた。それは年号においては、太上天皇と天皇の関係によっては、天皇が即位しても改元できないという状況をもたらした。具体的には改元が行えなかった淳仁天皇、即位後一年間改元が出来なかった嵯峨天皇である。しかし、「薬子の変」の後、天皇と同質のものであった太上天皇の権能は縮小され、王権はほぼ天皇のもとで一元化されることとなる。しかし、それは逆に皇位継承や統治の不安定をもたらすこととなり、その補佐役として、将来的には摂政・関白が天皇の代行・補佐役として登場し、事実上王権を牛耳ることとなる。「嘉祥」改元はいわばその先駆けというべき事件であり、公卿たちの支持を背景に、藤原良房が天皇に祥瑞による改元を強制した。これにより、桓武天皇以来の祥瑞に距離を置き、天皇一人につきほぼ年号一つという、天皇と年号の一体化の状態は解体される。これは平安時代中期以降のたびたびの改元の源流となる事件でもあった。

＊本稿では、以下の刊本から史料を引用する。
『公卿補任』『続日本後紀』『日本紀略』『類聚国史』（以上、新訂増補國史大系）／『続日本紀』（新日本古典文学大系）／『日本後紀』（訳注日本史料）／『新儀式』（神道大系）、『元秘別録』は宮内庁書陵部本を用いた。

参考文献

荒木敏夫、二〇一三「王権とは何か―王権論への問い―」（『日本古代の王権』敬文舎）

遠藤慶太、二〇一三「尚侍からみた藤原仲麻呂政権―議政官とヒメマチキミ―」（木本好信編『藤原仲麻呂政権とその時代』史聚会）
　　　　　二〇一六『六国史―日本書紀に始まる古代の「正史」―』（中央公論社）
　　　　　二〇一八「年号と祥瑞―九世紀以前の年号命名をめぐって―」（『日本歴史』八四六）
大平和典、二〇一八「『日本後紀』の編纂と藤原緒嗣」（『日本後紀の研究』国書刊行会。初出は二〇〇二年）
木本好信、二〇〇七「淳仁天皇とその政治的権威試論―天平宝字期政治史の一齣（1）」（『甲子園短期大学紀要』二六）
黒板伸夫・森田悌編、二〇〇三『訳注日本史料　日本後紀』（集英社）
今　正秀、二〇一二『藤原良房　天皇制を安定に導いた摂関政治』〈日本史リブレット人15〉（山川出版社）
佐伯有清、一九七〇『人物叢書　伴善男』（吉川弘文館）
坂本太郎、一九六四「六国史とその撰者」（『日本古代史の基礎的研究上　文献編』東京大学出版会。初出は一九五五年）
清水　潔、一九七七「年号の制定方法」（『神道史研究』二五―五・六）
瀧川政次郎、一九七四『元号考証』（永田書房）
土橋　誠、二〇〇五「淳仁天皇　ほんろうされた傀儡の帝〈藤原仲麻呂の王朝簒奪計画〉」（栄原永遠男編『古代の人物3　平城京の落日』清文堂出版）
　　　　　二〇一〇「即位改元について」（『京都府埋蔵文化財論集　第6集―創立三十周年記念誌―』京都府埋蔵文化財調査研究センター）
所　功、一九七七『日本の年号―〈元号〉問題の原点―』（雄山閣出版）
　　　　一九八九『年号の歴史―元号制度の史的研究〈増補版〉』（雄山閣出版）
所　功編、二〇一七『〔普及版〕日本年号史大事典』（雄山閣。初出は二〇一四年）
所功・久禮旦雄・吉野健一、二〇一八『元号　年号から読み解く日本史』（文藝春秋）
直木孝次郎他訳注、一九九〇『続日本紀』三〈東洋文庫〉（平凡社）

中野渡俊治、二〇一七「古代日本における公卿上表と皇位」（『古代太上天皇の研究』思文閣出版。初出は二〇一一年）
仁藤敦史、一九九四「天平宝字改元と益頭郡」（『静岡県史　通史編1　原始・古代』静岡県）
橋本義彦、一九八六「〝薬子の変〟私考」（『平安貴族』平凡社。初出は一九八四年）
林　陸朗、二〇〇三「元号「天応」「延暦」について」（『國學院短期大学紀要』二〇）
春名宏昭、一九九〇「太上天皇制の成立」（『史学雑誌』九九―二）
　　　二〇〇九『人物叢書　平城天皇』（吉川弘文館）
山本信吉、二〇〇一「日本後紀」（皆川完一・山本信吉編『国史大系書目解題　下』吉川弘文館）

3 「一世一元」制度の淵源 —明朝の年号をめぐって—

鶴成久章

一 明治の改元と「一世一元」

明治天皇は慶応四年八月二十七日（一八六八年十月十二日）に京都御所で即位した後、九月八日（十月二十三日）に改元の詔勅を出し、慶応四年を明治元年に改めた。この明治改元に当たっては、旧来のやり方とは大きく異なる方式が採用されている。[1]難陳を廃止して、勘申された次の三つの候補の中から、天皇が御籤を抽いて明治という年号を選んだのである。

観徳、『礼記』楽記篇「楽行而民嚮方、可以観徳矣。」、菅原長熙
明治、『周易』説卦伝「聖人南面而聴天下、嚮明而治。」、菅原在光
康徳[2]、『尚書』康誥篇「用康乃心、顧乃徳、遠乃猷。」、菅原長延

（『明治度年号勘文』宮内庁書陵部蔵）

そして、さらに重要な変革と言うべきは、これ以降、一人の天皇が一つの年号のみを使用する「一世一元」の制度が「永式」として定められたことである。このことを記した明治改元の詔書（『明治改元文書』宮内庁書陵部蔵）は次の通りである。

詔、体二太乙一而登レ位、膺二景命一以改レ元、洵聖代之典型、而万世之標準也。朕、雖二否徳一、幸頼二祖宗之霊一、祇承二鴻緒一、躬親二万機之政一。乃改レ元、欲下与二海内億兆一、更始一新上。其改二慶応四年一為二明治元年一。自今以後、革二易旧制一、一世一元、以為二永式一。主者施行。

明治元年九月八日

所功の研究によると、この一世一元制度は、岩倉具視《いわくらともみ》（一八二五～八三）の発案によるものであったとされる。また、所は岩倉が一世一元制度を主張した背景として、江戸の寛政年間（一七八九～一八〇一）の初期に既にその議論の萌芽があったことも明らかにしている（所、一九八九、174～184頁）。

周知のように、いわゆる一世一元を最初に採用したのは、年号制度の創始国である中国の明朝であり、それは続く清朝においても踏襲された。明治改元の際に一世一元を導入したのは、明清の制度に倣ったものであることはほとんど議論の余地はないであろう。

そこで、小論では、「一世一元」制度の濫觴をなす明朝の「一君一元」(3)確立の経緯とその評価に関わる資料を紹介しながら若干の考察を試みたい。

二 「一世一元」の語の典拠

改元詔書の中で使用されている一世一元という語は、行政官による布告の文章（『岩倉公実記』「年号明治ト改元ノ事」546頁）では、

今般御即位御大礼被レ為レ済、先例之通被レ為レ改二年号一候。就テハ是迄吉凶之象兆ニ随ヒ屢改号有レ之候得共、自今御一代一号ニ被レ定候。依レ之改二慶応四年一可レ為二明治元年一旨、被二仰出一候事。

というように、「御一代一号」という言い方がなされている。明治改元以降の日本では、一世一元、一代一号の語は、ごく一般的な用語として定着するが、実はこれらの語は、主要な漢籍の中にその典拠を指摘することはできない。伝統的な漢語の語彙を広く収録する諸橋轍次著『大漢和辞典（修訂版）』巻一（大修館書店、一九八六年）が「一世一元」の項目に載録する用例は、『皇室典範』第二章第十二条「践祚ノ後元号ヲ建テ一世ノ間ニ再ビ改メサルコト明治元年ノ定制ニ従フ。」（34頁）のみである。また、中国の代表的な漢語辞典である『漢語大詞典（第二版）』（漢語大詞典出版社、二〇〇一年）には、「一世一元」も「一代一号」も収録されていない。前近代の中国においては、一世一元、一代一号の用例が皆無とまでは断定できないが、少なくとも一般的な語ではなかったと言ってよい。

日本についてはどうであろうか。所の研究（所、一九八九、179〜184頁）を参考に、岩倉以前に一世一元の長所を認めて、その採用を唱えた江戸時代の儒者・文人の文章を確認してみると、「一代只一年号」（雨森芳洲《あめのもりほうしゅう》『橘窓茶話《きつそうちゃわ》』460頁）、「一代一号」（中井《なかい》竹山《ちくざん》『草茅危言《そうぼうきげん》』6オ〜7ウ頁）、「於即位之踰年改元、終身不易」（藤田《ふじた》幽谷《ゆうこく》「建元論《けんげんろん》」231頁）、「一帝一元」（広瀬《ひろせ》淡窓《たんそう》『懐旧楼筆記《かいきゅうろうひっき》』705頁）、「一帝一年号」（広瀬《ひろせ》旭荘《きょくそう》『九桂草堂随筆《きゅうけいそうどうずいひつ》』27頁）といった様々な言

い方をしている。これらのうち中井竹山『草茅危言』に「一代一号」の語が使われているが、「一世一元」の語は見られない。

もっとも、一世一元の語の典拠が中国ではないにしても、一世一元制度の淵源が中国にあることは明らかである。上記の江戸の儒者・文人の中で、明治の一世一元制度採用に影響を与えた可能性の高い人物として所が指摘するのは、中井竹山（一七三〇～一八〇四）と藤田幽谷（一七七四～一八二六）であるが、中井竹山『草茅危言』は、「明清の法に従ひ」（7オ頁）、「明清の如くに」（7ウ頁）と明言しており、一方、藤田幽谷「建元論」に「於即位之踰年改元、終身不易」と言うのは、後述する謝肇淛《しゃちょうせつ》（一五六七～一六二四）の『五雑組《ござっそ》』の記述を踏まえており、それが明の制度に倣おうとする主張であることがわかる。さらに、所の指摘（所、一九七八、205・206頁）によれば、明治改元時に岩倉具視から相談を受けた松平慶永《まつだいらよしなが》（一八二八～九〇）は、その際の状況を述懐した文章の中で、「清廷の法を用られたるなるべし」（『逸事史補《いつじしほ》』107頁）という言い方をしている。

では、江戸時代の儒者・文人は、いかなる文献に基づいて明清の一君一元制度に関する知識を得たのであろうか。この問題を考える上で興味深いのが、伊藤東涯《いとうとうがい》（一六七〇～一七三六）の『制度通《せいどつう》』巻一「元年改元の事」（54頁）の記述である。

明《みん》の太祖にいたりて、改めて一帝一号にきはめらる。中ごろに年号を改むることなし。謝在杭が『五雑組』に云、「我が国家列聖相承く、惟《ただ》於て二即位之踰年に一改めレ元を、終身不レ易へ、亦可しレ謂ふレ卓二越すと千古に一矣」と。今清《しん》朝もその通りにて、第一世順治、第二世康熙、今第三世雍正と云と。書籍いまだ伝《つたは》らざれば、詳なることはしりがたし。

伊藤東涯は明の太祖朱元璋《しゅげんしょう》（洪武帝、一三二八～九八）が、「一帝一号にきはめ」たとする根拠を示してはいない。

唯一引用している文献は、『五雑組』（巻十五「事部三・改元」）である。しかしながら、『五雑組』の内容は朱元璋が一帝一号を制度として定めた事実を指摘しているわけではなく、あくまでも、明朝の歴代皇帝が踰年改元《ゆねんかいげん》（即位の翌年に改元）を行い、その後は終身改元を行わなかった事実を顕彰しているにすぎない。

また、伊藤東涯は清朝が明朝と同様に一帝一号を採用していることを指摘しているものの、これについては、第一世が順治、第二世が康熙、第三世が雍正、それぞれ一つの年号しか用いていない事実を確認しているだけで、清朝が一帝一号制度を定めたことを示す詔令等の記録には言及していない。

勿論、それは伊藤東涯はじめ江戸の儒者・文人が中国の制度史に暗かったとか、文献調査が不十分であったとかいうわけではない。そもそも、一君一元の制度は、明朝においてある時期に詔勅等によって定められ、成文化されたものではなかった可能性が高いのである。

三　明朝の「一君一元」について

元朝の至正二十八年（朱元璋の呉二年、一三六八）に元の順帝（一三二〇〜七〇）が大都（北京）を放棄して北方に拠点を移した後、明朝の初代皇帝朱元璋が南京で即位し、洪武という年号を建てた記録は諸書に見られる。例えば、『明太祖実録《みんたいそじつろく》』巻二十九「洪武元年春正月・乙亥」（146頁）に、

上　天地を南郊に祀り、皇帝の位に即く。天下を有《たも》つの号を定めて曰く大明、洪武と建元す。

とあり、『明太祖集《みんたいそしゅう》』巻一「即位詔」（1・2頁）には、

呉二年正月初四日、天地を鍾山の陽に告祭し、皇帝の位に南郊に即く。天下を有《たも》つの号を定めて曰く大明、呉

二年を以て洪武元年と為す。

とある。ところが、いずれの文献にも一君一元に定めたといった類の文言は見られない。

明の鄭暁《ていぎょう》（一四九九〜一五六六）は、『今言《きんげん》』巻一（9頁）において、

一帝一紀元は、実に洪武より始まる。

と述べているが、その典拠は何も示しておらず、単に歴史的事実として指摘しているにすぎない。管見による限り、明朝において一君一元制度を定めた経緯を記した史料の存在は未詳である。それゆえ、朱元璋が一君一元をいかなる理由で採用したのかはよくわからない[4]。

ちなみに、明初の時期の年号をめぐる逸話として、明の李詡《りく》（一五〇六〜九三）の『戒庵老人漫筆《かいあんろうじんまんぴつ》』巻一「国初諱用元字」（14頁）に、次のような興味深い指摘がある。

余が家の先世の分関（分家の財産分けを記録した文書）の中、「呉原年」「洪武原年」と写《か》き、倶に「元」字を用いず。想うに国初 勝国（元朝）の号を悪《にく》んで之れを避く、故に民間相習うこと此《か》くの如し。

これと同様の指摘は、沈徳符《しんとくふ》（一五七八〜一六四二）の『万暦野獲編《ばんれきやかくへん》』補遺巻一「列朝・年号別称」（799頁）にも見られる。

嘗《かつ》て故老の云うを見る、国初の暦日、洪武より以前は、倶に本年の支干を書きて、元の旧号を用いず。又た貿易の文契、「呉元年」「洪武元年」の如きは、倶に「原」の字を以て「元」の字に代《か》う。蓋し又た民間 蒙古を追恨し、其の国号を書くを欲せず。

元朝は中国の主要部から撤退した後も、朱元璋の最晩年に至るまで北方で皇統を継承し続けていた。このいわゆる「北元」王朝は、明朝の北辺をしばしば脅かしており、明朝にとって元朝は完全に滅亡した存在ではなかったの

である。上記の文章はともに「民間」のこととして書かれているが、明朝の為政者にとっても「元」の字が多用されるのは好ましくなかったであろう。朱元璋が改元を行わなかった理由の一つとして、「元年」の語を忌避しようとした可能性も排除することはできないのではあるまいか。

ともかく、事実として、朱元璋は三十一年もの長きにわたって年号を改めることなく死去した。後を継いだ孫の朱允炆《しゅいんぶん》（建文帝、一三七七～一四〇二？）は、即位の翌年に年号を建文と改める踰年改元を行った（『明太宗実録《みんたいそうじつろく》』巻一「洪武三十一年閏五月・乙酉」）。ところが、彼の在位中に燕王朱棣《しゅてい》（後の永楽帝、一三六〇～一四二四）が叛旗を翻えし、帝位を簒奪する事件（靖難《せいなん》の変）が起きた。朱棣は建文四年（一四〇二）六月に首都南京を攻略すると、同月十七日に即位した。そして、七月一日に即位の詔を出し、建文四年六月十七日以降を洪武三十五年に改め、翌年を永楽元年とする詔勅を出した（『明太宗実録』巻十上「洪武三十五年秋七月・壬午」）。

朱棣が建文四年七月に建文の年号を洪武に戻した上で、翌年より永楽に改元したのは、極めて変則的ではあるが踰年改元を行ったことになる。そして、朱棣は永楽から一度も改元することなく死去しており、一君一元を守ったことになる。朱棣は父の遺志に背いて帝位を簒奪した負い目もあり、朱元璋の定めた制度の復元と継承に努めている。勿論、北京遷都をはじめ、大胆な改変も少なくないが、『明太宗実録』巻十上に見られる「即位詔」（1009頁）に、

> 建文以来、祖宗の成法に更改有る者は、旧制に仍復《かえ》す。

と言うように、朱元璋の遺制を受け継ぐ姿勢を宣伝しようとした。『明太宗実録』巻十四「洪武三十五年十一月・己亥」（1037頁）に記された次の逸話は、朱棣が太祖の旧制を守ることを天下に示そうとした事例の一つである。

> 戸部尚書夏原吉《かげんきつ》言《もう》す、「宝鈔（紙幣）、提挙司の鈔板、歳久しくして篆文銷乏せり。且つ皆な洪武の年号なり。明年永楽に改元す。宜しく併せて之れを更《か》うべし。」と。上曰く、「板の歳久しくして当《まさ》に易《か》うべきものは則ち

易《か》えよ。必ずしも洪武を改めて永楽と為さざれ。蓋し朕の遵用する所は皆な太祖の成憲なり。永《とこし》えに洪武を用うと雖も、可なり。」と。

彼が父帝の行わなかった改元を避けたのは当然と言えよう。このような朱棣の祖制遵守の姿勢が、以降の明朝歴代皇帝にも影響を与えたに違いない。明朝では、朱祁鎮《しゅきちん》（正統帝・天順帝、一四二七〜六四）が重祚《ちょうそ》して建てた年号である天順も含め、延べ十七名の皇帝が十七の年号（洪武、建文、永楽、洪熙、宣徳、正統、景泰、天順、成化、弘治、正徳、嘉靖、隆慶、万暦、泰昌、天啓、崇禎）を建てたが、やむを得ない状況による臨時の対応を除くと、一君一元、踰年改元の原則を破った皇帝はいない。

特殊な事例としては、初代皇帝の朱元璋が「即位建元」であったことは既に述べた。それ以外で一君一元、踰年改元の原則を破ったのは、第六代皇帝でありかつ第八代皇帝に復辟した朱祁鎮のことが知られる。彼は正統十四年（一四四九）九月に瓦剌《オイラト》の捕虜になった（土木堡《どぼくほ》の変）ため、弟の祁鈺《ききょく》（景泰帝、一四二八〜五七）が第七代皇帝に即位し、踰年改元により翌年を景泰元年に改めた（『明英宗実録《みんえいそうじつろく》』巻百八十三「正統十四年九月・癸未」）。その後、講和が成立して、北京に送還されて太上皇となっていた朱祁鎮は、景泰八年（一四五七）一月十七日に皇帝の位に復辟し（奪門《だつもん》の変）、かつその直後、祁鈺の死去を受け、二十一日に年号を天順に改めている（『明英宗実録』巻二百七十四「天順元年正月・丙戌」）。

踰年改元の原則を破ったもう一つの事例としては、即位後わずか一月あまりで死去した朱常洛《しゅじょうらく》（泰昌帝、一五八二〜一六二〇）のために講じた特別な措置がある。万暦四十八年（一六二〇）七月に第十四代皇帝朱翊鈞《しゅよくきん》（万暦帝、一五六三〜一六二〇）が死去すると、皇太子の常洛が八月一日に即位し、翌年一月から泰昌と改元することを決めたが、九月に急逝してしまった（紅丸《こうがん》の案）。すぐに長子の由校《ゆうこう》（天啓帝、一六〇五〜二七）が即位したが、このままでは泰昌の年号が存在しなかったことになってしまうため、廷臣が議論を重ねた結果、この年の八月から年末までの年号を泰昌とし、翌年一月から天啓に改元するという極めて変則的な処置を決めたのである（『明光宗実録《みんこうそうじつろく》』巻三「泰昌元年八月・丙午」、『明熹宗実録《みんきそうじつろく》』巻一「泰昌元年九月・庚寅」）。

明朝の他の皇帝はすべて一君一元、踰年改元を守っている。そのような事実は、漢籍を通じて江戸の儒学者や文人によく知られていたに違いない。

四 「一君一元」の思想的根拠

明朝が一君一元を導入した具体的な経緯が未詳のため、その思想的な根拠を明確に断定することは困難である(5)。とはいえ、贅言するまでもなく、前近代の中国において、様々な制度の思想的な拠り所となったのは経学であった。そして、年号といった紀年の問題と直接関係する経書といえば『春秋』である。また、明朝以降は、南宋の朱熹《しゅき》（一一三〇〜一二〇〇）の作り上げた思想体系、いわゆる朱子学の影響力が経学・性理学はもとよりあらゆる方面に強い影響力を有していた。したがって、一君一元の思想的基盤が朱熹の『春秋』に関する学説によって裏付けられれば、制度採用の意図が明らかになるはずである。ところが、実に厄介なことに、『春秋』は朱熹が最も問題を感じていた経書であり、彼は『春秋』の注釈を残していないどころか、『朱子語類《しゅしごるい》』巻八十三「春秋・綱領」（2144頁）を見ると、いきなり冒頭に、

『春秋』は、煞《はなは》だ暁《さと》るべからざる処有り。

という言葉が現れるほか、『春秋』はわからないといった類の発言を繰り返している。朱熹の経書観のうちとりわ

け複雑で理解に苦しむのが、『春秋』に対するものであった。

朱熹が『春秋』の注釈を書いていないことから、明朝の初期に朱子学の経学説と性理学説を集大成するべく編纂された「永楽三大全《えいらくさんたいぜん》」の『春秋』は、宋の胡安国《こあんこく》（一〇七四〜一一三八）の『春秋胡氏伝《こしでん》』(6)が採用された。科挙試験のための国定教科書として広く学ばれたこともあり、この書は明朝においては最も権威ある『春秋』の注釈書であった。そのような事情もあって江戸期の日本でもよく読まれている。この『春秋胡氏伝』巻四「桓公上・元年」（42頁）には、一君一元に関連する議論として次のような主張がある。

> 元年は、即位の始めの年なり。是れより累数、久しと雖も易《か》えざるは、此れ前古の人君の事を記すの例なり。『春秋』祖述して編年の法と為す。漢の文帝 方士の言に惑い、後元年に改むるに及び、始めて古制を乱る。夫れ位に在ること十有六載たり、復た元年と称するは、可ならんや。孝武 又た事に因り別に年号を建て、歴代之れに因り、或は五六年、或は四三年、或は一歳 再び更《か》うるは、記注をして繁蕪ならしめ、之れを勝《あ》げて載する莫し。夫れ歴世窮り無くして美名は尽くること有り。豈に久しきを記し遠きを明らかにして行うべきの法ならんや。必ず久しきに伝えんと欲すれば、当に『春秋』の編年を以て正と為すべし。

注目すべきは、胡安国は一人の君主が在位中に再び元年を称する改元を否定するのみならず、そもそも年号を建てること自体を否定している点である。そして、この胡安国の主張に異を唱えたのが朱熹であった。『朱子語類』巻七十六「易十二・繋辞下」（1944頁）において、朱熹は次のように述べている。

> 年号の一事の如きは、古は未だ有らざる所なり。後来既に置きて、便ち廃すべからず。胡文定（安国）却て後世年号を建つるを以て非と為し、以為《おも》えらく年号の美《よ》きもの、時有りて窮らん、只だ元年二年と作《な》すに若《し》かずと。此れ殊に然らず。三代以前の事迹の攷《かんが》うるべからざる者有ること多きは、正に年号無きに縁《よ》り、所以《ゆえ》に事

紀を統ぶる無く、記し難し。某年、王の某月と云うが如き、箇箇相似て、理会する処無し。漢に及びて既に年号を建つ。是《ここ》に於て事乃ち各おの紀の属有りて記すべし。今 年号有るも、猶《な》自お姦偽百出す。若《も》し只だ一年二年三年と写《か》くのみなれば、則ち官司の詞訟簿暦は、何に憑《よ》りてか決せん。少間に都《すべ》て理会する処無し。

さらに、『朱子語類』巻八十三「春秋・綱領」（2157頁）には次のように言う。

胡文定『春秋』を説くこと、高くして事情を暁《さと》らず。「元年」に年号を要せずと説く。且つ如今《いま》中興以来七箇の元年を更《か》う、若《も》し号無くんば、則ち契券能く欺弊する者無からんや。

朱熹の批判はもっぱら胡安国の年号不要論に向けられており、一君一元の問題については何も触れていない。それどころか、年号がなければ歴史記録がわかりにくいし、現実生活の面でも様々な公文書に混乱が生じるという主張を見る限り、朱熹はむしろ「称元」の多さを前提とした上で年号の必要性を力説していると取れないこともない。

ところで、『春秋』に関する言説だけではなく、現存する朱熹の著作をほぼ網羅している『朱子全書』（上海古籍出版社、二〇〇二年）を調べてみても、一君一元をめぐる朱熹の見解を明らかにすることは困難である。朱熹の著作に幅広く通暁していた江戸時代の碩学であっても、一君一元を主張する根拠を朱熹の学説に直接求めることはできなかったと思われる。そして、その一方で朱熹が胡安国の年号不要論を批判している事実を考慮すれば、胡安国の学説を一君一元の論拠として喧伝するわけにもいかなかったであろう。藤田幽谷「建元論」（230頁）、伊藤東涯『制度通』（52頁）、さらに、後述する山崎闇斎《やまざきあんさい》（一六一八〜八二）『本朝改元考《ほんちょうかいげんこう》』（237頁）等は、みな上引の『朱子語類』の主張を取り挙げているが、それらはすべて一君一元を賞揚するための手段としてではなく、専ら年号不要論に反駁するためであった。[7]

では、年号制度を否定する立場で一君一元を提唱した胡安国と年号制度の存在意義を強く主張した朱熹とは全く相容れないのかというと、そうとも言い切れない。年号の必要性を強調する朱熹の意見に賛同した上で、一君一元制度をも賞賛した学者が明朝に存在した。それは『大学衍義補《だいがくえんぎほ》』の著者として有名な明朝中期の朱子学者丘濬《きゅうしゅん》（一四二一～九五）である。そして、その主張は彼の『世史正綱《せしせいこう》』の中に見ることができる。なお、この書は山崎闇斎が『本朝改元考』（237頁）において、先に取り上げた『朱子語類』（胡文定却て～理会する処無し）の引用に続けて、次のようなかたちで引いている。

丘瓊山《きゅうけいざん》が『世史正綱』に曰く、「年の号有るは、事古に非ずと雖も、然れども以て世代を別ちて偽妄を防ぐに足れり。『礼』に所謂『義を以て起こすべき』者とは、其れ此の類なるか。」と。正に朱子の旨を得たり。

山崎闇斎が引用している文章は、『世史正綱』巻四「漢世史・世宗孝武皇帝」（193頁）の一部であり、実は引用箇所の直前の部分に「一君一元」の語が見られるのである。

秦の侯を罷《や》め守を置きてより、天子始めて之れ（紀元）を専らにして、天下之れを奉り行い、敢えて其の正朔の奉を貳《ふた》つにすること有らず。之れを三代に比《くら》ぶれば尤も厳たり。然れども一君一元なり。文帝方士に惑いて後元の建有るは、則ち是れ二なること始まれり。然れども猶お未だ号有らざるなり。年の号有るは武帝即位の初めより始まる。……

山崎闇斎は年号の重要性を述べた朱熹の主張を補強するのが目的であったため、丘濬のこの発言の最後の部分「年の号有るは（武帝～始まる）……」のみを引用している。しかしながら、丘濬のこの文章の有する重要な意義は、一君一元に関する議論が見られる点にあると言える。もっとも、右の条では、一君一元が優れているといった主張をしているわけではないが、別な条（『世史正綱』巻三「漢世史・太宗孝文皇帝」187頁）において、一君一元こそが『春秋』以来の伝統であるという議論を展開している。

人君即位の一年、是《こ》れ之れを元と謂う。元とは首なり。始なり。人に二首無し、故に国に二王無し。国に二王無し、故に年に二元無し。三代より以来 未だ之れを改めざるなり。文帝 新垣平《しんえんぺい》の「日 再び中するを候《うかが》う」の説を信ず。是《ここ》に於てか詔して十七年を以て元年と為せり。嗚呼《ああ》、是《こ》れ悪《いず》くんぞ『春秋』の始めを正す所以の意を知らんや。後世 遂に之れを祖として以て常と為す。故に一君にして二元三元なる者 之れ有り。甚しきは乃ち六七元に至れり。我が朝の列聖に至りて始めて古制を復するは、百王を超越する者と謂うべし。

ここには、後述する明清の諸学者の主張に見られるような、明朝における一君一元こそが古の制度の復活であるとする見解が既に明示されている。管見の限り、明朝において一君一元を称揚した最も早い時期の資料の一つと思われる。ともあれ、丘濬の『世史正綱』によって、朱熹の主張と春秋学の学説とをともに踏まえた上で、年号制度の重要性を認めつつ、一君一元の採用を提唱する議論が成り立つことがわかるのである(8)。

五 「一君一元」をめぐる明清の学者の評価

明朝の一君一元はそもそもある時期に詔令で制度化されたものではなく、朱元璋の遺制を歴代皇帝が遵守し続けた結果によるものであった。したがって、明朝の初期から中期頃までは、突然何らかの理由で皇帝が在位中に改元を行う可能性も皆無ではなかった。しかしながら、王朝成立から百数十年が過ぎ、十名を超える皇帝の治世を経ても一君一元が踏襲され続けてきた明朝後半期になると、在位途中の改元が行われる蓋然性は極めて低くなった。ここに至って、一君一元は明朝の卓越した制度の一つとして盛んに喧伝されることとなった。

例えば、嘉靖年間（一五二二～六六）の末に郎瑛《ろうえい》（一四八七～一五六六）が刊行した『七修《しちしゅう》類稿《るいこう》』巻十九「弁証類・

改元」（190頁）には次のように言う。

上古は年号無く、甲子を紀《しる》すに過ぎざるのみ。……大抵一帝止《た》だ是れ一号なるは、最も理有りと為す。但し事に遇《あ》い瑞に遇い、遂に屢《しば》しば之れを易《か》う。豈に本朝の高く上古に出ずるに如《し》かんや。

また、郎瑛と同時代の人である楊慎《ようしん》（一四八八〜一五五九）は、『升菴全集《しょうあんぜんしゅう》』巻七十二「紀元」（942頁）において次のように主張している。

古は、天子諸侯　継ぎて立ち、踰年にして始めて元年を称し、一主を終うるまで一元と為し、未だ一主にして再び元を称する者有らざるなり。漢の文帝　新垣平《しんえんぺい》の言を信じ、再び後元を称す。自後　武帝更《か》うること十数紀元なり。歴代皆な然り。俗諺に、「乱主は年年号を改む。窮士は日日名を更う。」の譏《そし》り有り。……然れば則ち本朝の制、豈に漢唐を度越せざらんや。

この楊慎の主張とほぼ同趣旨の議論は、既に何度も言及した謝肇淛『五雑組』巻十五「事部三・改元」（296頁）にも見られる。

夫れ元とは始なり。人に二始無し、帝に二元無し、而るを況んや十数をや。我が国家の列聖相承《あいう》くるに、惟だ即位の踰年に於て改元するのみにて、終身易《か》えず、亦た千古に卓越すと謂うべし。

ちなみに、『五雑組』には、年号制度に関する指摘がこれ以外にもあり、それらによって情報を得た江戸の儒者や文人は多かったであろう。[9]『五雑組』は、寛文元年（一六六一）に最初の和刻本が出版された後、何度か再版されており、岩城秀夫によれば、「江戸時代の人びとにとって、比較的近い時代の中国の知識人の思考を、窺い知ることのできる書物として、親しまれたのではないかと考える。」（岩城、一九九六、276頁）という。

さらに、『五雑組』が刊行されたのとほぼ同時期（万暦四十四年・一六一六）に進士となった徐応秋《じょおうしゅう》（生没年未詳）

は、『玉芝堂談薈《ぎょくしどうだんわい》』巻一「即位紀元」（16頁）において、中国の歴代紀元に関する詳細な議論を展開しており、明朝の一君一元は「古道」を遵守したものであることを称賛している。

国朝の列聖、即位して踰年に改元し、再び改めざるは、古道に遵《したが》うなり。洪武三十一年戊寅閏五月、太祖高皇帝西宮に崩ず。皇太孫即位し、明年己卯に建文に改元せり。又た三年、壬午六月、位を成祖文皇帝に遜《ゆず》るに、乃ち建文の年号を革《あらた》め、洪武三十五年と通称す。英宗睿皇帝、正統十四年己巳、北狩し、八月、土木に困《くる》しむ。景泰八年丁丑春正月を以て、南宮より復辟し、天順に改元せり。蓋し民の与《ため》に更新するは勢い已《や》むを獲《え》ず。豈に因無く改元する者の例と与《とも》に論ぜんや。

このような一君一元制度への賛辞は明末に向かうほど増えていく。

明朝が滅亡し、清朝が成立すると、明朝の一君一元はもはや歴史的事実となった。そして、明朝を滅ぼした清朝も勝朝（明朝）の遺制を継承したことにより、一君一元は完全に評価が定まったと言える。清初の人宮 夢仁《きゅうぼうじん》（一六三一〜一七一三）の『読書紀数略《どくしょきすうりゃく》』巻十六「人部・考年類・漢諸帝年号」（173頁）には、

惟《た》だ明の一君一元のみ世法と為すに足るなり。

と述べて、明朝の一君一元を高く評価している。また、康熙年間（一六六一〜一七二二）に『昭代叢書《しょうだいそうしょ》』を刊行した張 潮《ちょうちょう》（一六五〇〜一七〇九?）は、その第五巻に呉《ご》粛公《しゅくこう》（一六二六〜九九）の『改元考同《かいげんこうどう》』を収録し、自ら執筆した「小引」（13頁）において、一君一元を遵守した明朝の歴代皇帝のことを絶賛している。

唯だ有明の十七帝のみ、即位の後、更に改元せず。誠に千古に度越する者と為すに足るのみ。

ところで、康熙年間に作成された鍾 淵映《しょうえんえい》（一六四〇?〜八〇?）の『歴代建元考《れきだいけんげんこう》』は、中国の歴代紀年に関する著作の中では最も内容豊富なものの一つで、乾隆年間（一七三六〜九五）に四庫館臣の評価を得て『四庫全書』に

著録されている。この書に冠せられた「自序」（3頁）は、歴代の改元の問題に関する概論のような内容になっており、その主旨は、

改元は古に非ざるなり。周衰え道微《かすか》にして、王者作《おこ》らず、列国自ら相雄長し、魏の若き秦の若き、各おの以て王の歳を称して改元するも、其の事 固より法《のっと》るに足る無きなり。……善きかな、号 屢《しば》しば更めざること、陳《ちん》承祚《しょうそ》（『三国志』の著者陳寿）の美を諸葛《しょかつ》（亮）に帰する所以なり。[10] 有明継代、高皇帝 国を享《う》くること最も久し。大経大法は、再四更張することを憚らず。独り洪武の元のみ、終世易《か》えず。聖子神孫、踵《つ》ぎて之れを行う。而して歴代相沿うの謬《あやま》り始めて革《あらた》まる。嗚呼《ああ》、法を変え制を乱るは易く、今に居り古に復《かえ》るは難し、独り一建元を云うのみならんや。

という主張にあると言ってよいであろう。つまり、在位途中の改元は古の道ではないにもかかわらず、長年にわたって繰り返されてきた悪弊であり、これを改革するのは容易ではなかったが、明朝の歴代皇帝の英断によって、ようやく『春秋』以来の伝統的な「称元」法に回帰することができたというのである。

このように、勝朝の制度を清朝の学者もこぞって称賛しているわけである。日本で一世一元制度導入の議論の萌芽が江戸期に生じた前提として、同時期に、年号制度の創始国である中国において一君一元の評価が確乎たるものとなり、一君一元が揺るぎない制度として根付いていた事実は重要であったはずである。

六　「踰年改元」の問題

最後に、一君一元とともに、明朝はもとより中国の年号制度の根幹をなした「踰年改元」について、簡単に言及

しておきたい。

踰年改元は、『春秋』以来の伝統であって、『春秋』は「踰年改元」（「踰年称元」とも言う）で統一されている（野間、二〇一七、132頁）。『春秋左伝正義《さでんせいぎ》』巻五「桓公元年」の「元年、春、王正月、公即位す。」に対する晋の杜預《どよ》（二二二〜二八五）の「注」（151頁）は、

嗣子の位は初喪に定まるに、而も改元は必《かなら》ず踰年なるべきは、父の業を継ぎ、父の志を成すに、中年に変ずること有るに忍びざればなり。

と言っており、踰年改元する理由が、「継父之業、成父之志、不忍有変於中年」からであるとする。また、『資治通《しじつ》鑑《がん》』巻二百八十三「後晋紀四」には、南唐の李璟《りけい》（九一六〜九六一）について、「唐元宗即位し、大赦して保大に改元す。秘書郎韓熙載《かんきさい》 請う 踰年を俟《ま》ちて改元せんと。従わず。」という記録があり、これに対する元の胡三省《こさんせい》（一二三〇〜一三〇二）の「注」（9247頁）には、

古は、人君即位し、踰年にして後改元するは、遽《にわか》に父の道を改むるに忍びざればなり。

と言い、踰年改元する理由を、やはり「不忍遽改父之道」と指摘している。

一方、鍾淵映の『歴代建元考』巻上（46頁）は、三国時代の蜀の劉禅《りゅうぜん》（二〇七〜二七一）が踰年改元を行わなかったことについて、正史の批判を取り上げている。

『三国志』の「評」に曰く、「礼、国君継体、踰年にして改元す。而して章武の三年、則ち革《あらた》めて建興と称す。之れを古義に考うるに、体理 違《たが》えりと為す。」……『宋書』「五行志一」に、「劉備卒す、劉禅即位し、亦た未だ踰月ならずして改元して建興と為す。此れ言の従わざるなり。習 鑿歯《しゅうさくし》曰く、『礼、国君即位し、踰年にして後改元するは、臣子の心、一年にして二君有るに忍びざるに縁《よ》るなり。今 亟《すみ》やかにして礼を知らずと謂うべし。

君子是《ここ》を以て蜀の東遷する能《あた》わざるを知るなり。」

『三国志』（巻三十三「蜀書三・後主・劉禅伝第三」）、『宋書』（巻三十「五行 二」）、いずれも、踰年改元が「礼」であると主張し、さらに『宋書』では、踰年改元を行う理由を、「臣子之心、不忍一年而有二君」と説明している。

ちなみに、朱熹は、踰年改元の問題についても、ほとんど意見を述べていないが、『朱子語類』巻百二十七「本朝一・太祖朝」（3043頁）に、次のような問答が見られる。

問う、「開宝九年に、年を踰《こ》ゆるを待たずして遂に改元するは、何ぞや。」と。曰く、「這《こ》れは是《こ》れ開国の初めにて、一時の人材は粗疏にして、理会し得ず。……」と。

断片的な資料であり、この問題に関する朱熹の見解を直接述べたものとは言い難いが、踰年改元が自明のことであると認識しているのは疑いない。古来、中国における年号に関する議論では、改元を繰り返し行った君主に対する批判よりも、むしろ、踰年改元を行わなかった君主に対する批判の方が根強いものがあったのである。

註

（1）難陳はじめ伝統的な改元儀式については、本書第五部収録の水上雅晴「5　難陳―朝廷における改元議論の実態―」を参照。

（2）康徳は昭和九年三月一日に帝政に移行した満洲国の年号に採用されたことが知られる。ただ、当初作成された「即位改元詔」では「啓運」となっており、二月二十一日に関東軍参謀長小磯国昭が陸軍次官と参謀次長に送った極秘電報で「康徳」に改められている。国立公文書館アジア歴史資料センター「即位改元詔」（Ｃ０１００２９６４１００）参照。

（3）小論では日本の明治以降の年号制度については「一世一元」を用い、中国の年号の歴史を取り挙げる際には「一君一元」を用いる。

(4) 洪武朝の改元をめぐっては、方以智《ほういち》(一六一一～七一)の『通雅《つうが》』巻二十六「事制」に、「『学古適用編《がっこてきようへん》』に曰く、洪武の初め、政府に年号を改むることを命ずるに、前に同じくするを可《ゆる》さず。……」(847頁)と言うが、呂 純如《りょじゅんじょ》(一五八〇～?)の『学古適用編』巻四「経術所以経世」には、「聖祖高皇帝、年号を定制せしむるに、前代と同じきを許さず。」(456頁)とある。方以智の見た版本は未詳であるが、いずれにしても一君一元の採用と関わる記録ではない。

(5) この問題について、小島毅は朱子学をはじめ南宋時代に培われた思想の与えた影響を指摘している(小島、二〇一八、282～305頁)。

(6) 朱熹は、「某《それがし》平生敢えて『春秋』を説かず。若し説く時は、只だ是れ胡文定の説を将《もっ》て扶持し説き去るのみ。」(『朱子語類』巻八十三「春秋・綱領」、2150頁)と述べて胡氏伝を支持する一方で、「『春秋』の制度大綱は、『左伝』較《や》や拠るべし。『公』『穀』は較《や》や憑《よ》り難し。胡文定は義理は正当なるも、然れども此の様の処は、多く是れ臆度の説なり。」(同、2151頁)といった手厳しい批判も行っている。朱熹の胡氏伝への評価は複雑である。

(7) 伊藤東涯『制度通』巻一(52頁)に、「胡氏の『春秋伝』におもへらく、『古へは元年と称して、号を建《たつ》ることなし。歴世無しレ窮り、而美名有りレ尽ること、豈記しレ久を明にしレ遠を可きレ行ふ之法ならんや也』と、聖人の意にあらずといへり。『朱子語類』これを非《ひ》とせらる、ことはりなり。後世より興《おこ》りても、世の為人の為に宜しきことは、取るまじきにあらず。」と言う。

(8) 所(一九八九、204頁)の紹介する資料、石原正明《いしはらまさあき》(一七六〇～一八二一)『年々随筆』(83頁)に、「明世祖より、かの国は一帝一元なり。から書よむ輩、これをいみじき事にほめの、しる。されどこれはいとしもなし。一帝一元がめでたくば、某皇帝初年二年にて事たれり。年号は何の料ぞや。……何のほむる事かはあらん。」と言うように、一帝一元の肯定は、ともすれば年号不要論にまで繋がりかねないのも事実である。

(9) 『五雑組』は、新井白石《あらいはくせき》(一六五七～一七二五)の『正徳年号弁《しょうとくねんごうべん》』(148頁)によれば、林鳳岡《はやしほうこう》(一六四五～一七三二)らが、自説の論拠として使った明人の著作の一つである。

(10)『三国志』巻三十三「蜀書三・後主・劉禅伝第三」に見られる陳寿の「評」に、「(諸葛亮は)然れども載十二を経て年の名易《か》えず、軍旅屢《しば》しば興して赦妄りに下さざるは、亦た卓ならずや。」(903頁)と言う。

＊本稿では、以下の刊本から史料を引用する。

『五雑組』『七修類稿』(歴代筆記叢刊、上海書店出版社、二〇〇一年)／『制度通』上巻(岩波書店、一九四四年)／『明太祖実録』『明太宗実録』『明英宗実録』『明光宗実録』『明熹宗実録』(『明実録』中文出版社、一九八四年)／『明太祖集』(黄山書社、一九九一年)／『戒庵老人漫筆』『今言』『万暦野獲編』下、以上、元明資料筆記叢刊、中華書局、一九九七年)／『朱子語類』(理学叢書、中華書局、一九八六年)／『春秋胡氏伝』(浙江古籍出版社、二〇一〇年)／『本朝改元考』(『山崎闇斎全集』第二巻、ぺりかん社、一九七八年)／『世史正綱』『学古適用編』(四庫全書存目叢書、史部第六冊・子部一三六冊、斉魯書社、一九九六年)／『升菴全集』『歴代建元考』(国学基本叢書308・364、台湾商務印書館、一九六八年)／『玉芝堂談薈』『読書紀数略』(四庫全書883・1033、台湾商務印書館、一九八三～八六年)／『改元考同』(『昭代叢書』1、上海古籍出版社　一九九〇年)／『通雅』(『方以智全書』第一冊、上海古籍出版社、一九八八年)／『正徳年号弁』(『新井白石全集』第三、吉川半七、一九〇六・〇七年)／『春秋左伝正義』(『十三経注疏』北京大学出版社、二〇〇〇年)／『三国志』『宋書』『資治通鑑』(中華書局、一九五九・一九七四・一九八六年)／『年々随筆』(日本随筆大成・第一期21新装版、吉川弘文館、一九九四年)／『草茅危言』(懐徳堂記念館、一九四二年)／『橘窓茶話』(『影印日本随筆集成』第二輯、汲古書院、一九七八年)／『建元論』(『幽谷全集』吉田弥平、一九三五年)／『懐旧楼筆記』(『淡窓全集』上巻、日田郡教育会、一九二五年)／『九桂草堂随筆』(『広瀬旭荘全集』11(随筆篇)、思文閣出版、一九八六年)／『岩倉公実記』下巻1(皇后宮職、一九〇六年)／『逸事史補』(幕末維新史料叢書4、人物往来社、一九六八年)

参考文献

岩城秀夫、一九九六『五雑組(一)』(平凡社)
小島　毅、二〇一八『天皇と儒教思想―伝統はいかに創られたのか?』(光文社)

所　功、一九七八『日本の年号―揺れ動く〈元号〉問題の原点』（雄山閣）
一九八九『年号の歴史―元号制度の歴史的研究―〈増補版〉』（雄山閣）
野間文史、二〇一七『春秋左伝正義訳注 第一冊』（明徳出版社）

〔附記〕本稿は、ＪＳＰＳ科研費（一五Ｈ〇三一五七、研究代表者・水上雅晴）による研究成果の一部である。

4　近世日本における一世一元論

大川　真

はじめに

明治以降とそれ以前の改元に関する最大の違いは、天皇の一世一元制であるか否かということに存する。天皇の一世一元は岩倉具視の建策により実行されたが、それ以前にも一世一元論者はいた（所、一九七七・一九八九）。寛政期で活躍した懐徳堂四代目学主の中井竹山（一七三〇〜一八〇四）と後期水戸学を代表する思想家・藤田幽谷（一七七四〜一八二六）である。この幽谷が『正名論』を書き上げた三日前（寛政三・一七九一年十月十一日）に脱稿したのが『建元論』である。この著は会沢正志斎の弟子で長州藩校明倫館教授であった加藤桜老を介し明治改元に影響を与えた可能性があることが所功によって指摘されているが（所、一九七七、197〜204頁。同、一九八九、174〜184頁）、本稿ではその仔細の検討は行わないこととする。かわりに竹山が寛政元年（一七八九）に松平定信に奉呈した『草茅危言』での議論にふれておきたい。竹山は、建元をはじめ古代の年号が祥瑞と結びつけられたことに一定の理解を示すものの、祥瑞や災異、辛酉革命、甲子革令を理由とする改元は合理的な根拠が無く妄誕であると斥ける。そして中国では洪武帝以降、一世一元制になっており、日本でもそれに倣うべきだと主張している。

建元と名づけしより、始て年号定りたりし、元来禨祥の云に足ざることなれども、後世よりは、年代を考ふるに、記認しよく、簡便なることゆへ、長くその制を守ることになりたれ、されども禨祥を離れざるゆへ、天変地妖人事の変などにつきては、必ず改元して、厭勝するの風は、いつの世も替らず、但し千数百年を経て、明清に至り、始てその惑も解たるにや、一代に年号一と定りたるは、是大に簡当のことなり、我邦は李唐の制を取て、大化白雉を始め、大宝以来今に連綿たり、かの禨祥の風まで存して、一代に数度改元あるも同じ、又神武帝元年は辛酉に当るより、辛酉革命と云ことをいひ立て、必ず改元あることとし、延喜より寛保まで、定式となりたり、その間に改元なかりし辛酉は、永禄四年と、元和七年のみなり、又甲子の歳を革令と云て、必改元あることとし、康保年より始まり、延享に至り、その間改元なかりし甲子は、永禄七年のみなり、又継代の実の元年に、改元なかりしも毎度あり、上下千有余年の間、改元ありてさして吉もなく、改元なくてさらに凶もなし、一代数号の時も、一代一号の時も亦同じ、禨祥の妄、厭勝の誕たること、識者に非ずとも、明かに知べきことなり、何ぶん是は明清の法に従ひ、一代一号と定めたき御事なり

（中井竹山『草茅危言』巻一「年号の事」、六丁裏～七丁表）

ここで重要なのは、一世一元制の主張の前提には、吉凶の社会的出来事や讖緯と改元とを関連させる前代までの考え方の否定があるということである。文字の吉凶や讖緯の否定は幽谷をはじめ、幕末の改元論にも広く見られる。また政治の支配者が時の支配者たり得るという思想は、東アジアだけではなく世界の諸文化に広く見られるが、日本の場合は、なぜ一世一元が実効的な政治的支配者である将軍ではなく、天皇に関わる大権として定着していくの

か。これは明治以降の天皇を国家元首とした国制からはじめて生まれた考え方では勿論無い。近世に遡って考えてみる必要があろう。その際にやはり竹山の議論が重要な手がかりを与えている。

神武天皇已来、御歴代帝王の謚号は、文徳帝の御時に、一時に撰定ありたる由、それまでの称号は、甚だ冗長煩雑にて、記認しがたき御ことなれば、追号の挙、大に至当の御事なり、然るにそれよりわづか三四代を経て、宇多醍醐の二帝、はや謚号の文字に非ず、朱雀帝より始て院号を用ひさせらるゝことになり、地名に院を連用せらるゝのみにて、天皇の文字を廃せらるゝことになり、嘆ずべき義なり、その後も折には崇徳安徳光厳光明崇光称光帝、又は近き比の明正霊元帝など、謚号立玉へるもあれども、安徳の外は、みな院号に連なれば、仏寺の称とかはりたることもなし、……故に文徳帝の例を推て、宇多帝以来、先帝までの謚号を、一時に撰定ありたきものか、それも御代々の事迹を、委しく考て、一々文字を撰定あらんには、事煩はしく、評議も区々になるべければ、幸に中古以来は、年号ありて、海外にては、明清両朝は、年号を以て帝王を称し、洪武帝永楽帝順治帝康熙帝など云例あり、是は謚号廟号の外の仮称なれども、それを例として従がひ御一代中にて、長かりし年号、又は謚号に似合はしき年号を用て、謚号に奉つること、至簡至当の御事なるべし、

（中井竹山『草茅危言』巻一「謚号院号の事」、四丁裏～六丁表）

尊王の志を強く持つ竹山にとって[1]、天皇の謚号が定まっていなく、しかも院号に替えられている事実は許しがたいものがあった。そこで竹山が提案したのが、天皇の在位中最も長く用いられた年号もしくはその天皇の功績や遺徳を偲ぶに相応しい年号を謚号にすることである。すでに中国では明の洪武帝、清の康熙帝のように年号を皇帝の謚号として使用しており、何ら異とするところは無く簡便な方法であると述べる。日本でも明治以降は歴代の天皇の謚号に年号を冠するが、この考え方の濫觴は竹山にあると言えよう。

寛政期になると竹山の所説にあるように、改元が讖緯や吉凶に基づき頻繁に行われることは非合理的であると批判し、国家に便ある方式として天皇の一世一元制を主張する言説も見られるようになる。こうした思想史的な文脈を踏まえないと、明治以降の一世一元制が突然生まれたかのような錯覚に陥ってしまう。

以下の本論では寛政期に至るまでの改元論の流れ、すなわち近世の前期の林家や山崎闇斎、そして中期の新井白石の所説を検討してその思想史的な文脈を明らかにしていきたい。

一　林鵞峯『改元物語』と山崎闇斎『本朝改元考』

林家の改元論としてよく知られているのが、延宝元年（一六七三）九月に林鵞峯（一六一八〜八〇）が脱稿した『改元物語』である。(2) この著作は末尾に「蓋改元ハ、天下ノ大挙ナリ、然ルニ正保ヨリ明暦マテハ、毎度先考ノアツカル所ナリ、万治ヨリ此度マテ、三度予カ預ル所ナリ、此僉議（センキ）ノ時、執政ノ外、予父子ナラテハ一人モ預ル者ナシ、微少ノ身ト雖モ、是亦稽古ノ力ニ非スヤ、事ノ次テ子孫ニ示サン為ニ、言長ケレドモ、記シ侍ル者ナリ」とあるように、正保（一六四四〜四八）から延宝（一六七三〜八一）の年号選定過程において林羅山・鵞峯父子が果たした役割の大きさを、同家の子孫に伝えるために著されたものであり、公に目に触れることを目的としたものでない。しかし『徳川実紀』に引用されていることからすれば、林家のみならず幕府の中で近世前期の重要資料として位置づけられていたと言える。

『改元物語』でまず気づくのは、改元の理由として火災が多く挙げられていることである。実際に近世の改元理由で火事を理由にした改元は、万治（一六五八〜六一）、寛文（一六六一〜七三）、延宝（一六七三〜八一）、宝永（一七〇四～一一）、安永（一七七二～八一）、寛政（一七八九～〇一）、弘化（一八四四～四八）、万延（一八六〇～六一）の八度にわたり、災異改元のなかで最も多い（表「徳川政権期における改元」を参照されたい）。特に天皇の居所である京都と将軍の居所である江戸とで大火災があった時には改元が行われることが多かった。周知の通り、近世日本では火災以外にも様々な大規模災害に見舞われたが（倉地、二〇一六）、災害被害の大きさと改元は直接には関係ない。たとえば天明三年（一七八三）七月八日に浅間山の大噴火があったが、改元は天明九年（一七八九）正月二十五日に行われた。理由は天明八年正月の京都での火災である。また宝永四年（一七〇七）年十月四日に起こった宝永大地震では南海トラフが震源と見られ、M八・八～八・九（宇佐美ほか、二〇一三、84頁）、津波も伊豆半島から九州に至る太平洋沿岸、大阪湾、播磨、伊与、防長、さらに八丈島まで襲うという最大規模の地震であったと推測されるが（同前、81頁）、改元は宝永八年（一七一一）四月二十五日、中御門天皇の即位によるものである。また平安後期や南北朝期では内乱（兵革）を理由にした改元も見られた。前期徳川政権下で最も大規模の内乱となった島原の乱が起こったのは寛永十四年（一六三七）年十月二十五日、鎮圧されたのが寛永十五年（一六三八）年二月二十八日であった。しかし改元が行われたのは寛永二十一年（一六四四）十二月十六日であり、後光明天皇の即位による。

『改元物語』において、火災を改元の主たる理由として考えている記述が多く見られるのは先に述べた通りであるが、さらに京都での「巷説」を幕府が相当に意識していることが窺える。

①元和年中、京師大火アルニ由テ、京童部ノ癖ナレハ、元和ノ字ハ、ケムクワト読ムヘシナト、ノ、シルニヨリ、十年ニ当ル時改元アツテ寛永ト号ス、

②正保五年亦京童部ノ癖ナレハ、正保ハ焼亡ト声ノ響似タリ、

③其三年ニ当ル九月廿日、後光明天皇崩御アツテ、今ノ新院承ケツギタマヒシナリ、其明年改元アツテ明暦ト

号ス、其三年正月江戸大火アリ、其時ノ巷説ニ、明暦ノ二字日月ニ又日ヲソヘタリ、光リ過キタルニ由テ、大火事アルナド、云フ、翌年改元アツテ万治ト号ス、(3)

音の類似性から、元和が「ケム（煙）カ（火）」、正保が「焼亡」、そして字の組み立てから明暦が明の「日、月」に暦の「日」が加わっていることで光りが過ぎ、それぞれ火事を連想させるという。稚拙な語呂合わせであるが、しかしこうした巷説に幕府が相当に神経質になっており、理知的な学問を展開した林家も、こうした巷説を取るに足らないとして否定することはしなかった。林鵞峯とほぼ生没年を一緒にし、林家と異なる思考方法で日本の朱子学を追究したのが山崎闇斎（一六一九〜八二）である。彼もまた改元について一家言をなしている。山崎闇斎は『本朝改元考』（延宝五・一六七七年刊）を著し、測字占に基づく年号選定を取るに足らないものとして一蹴しているの(4)が刮目に値する。たとえば南宋の孝宗の治世で用いられた淳熙号について、はじめ「純熙」という案が出されたが「純」の字には滞ることを意味する「屯」の字が入っており相応しくないとされたこと、南宋の寧宗の治世で用いられた慶元号は、はじめ「隆平」という案が出されたが、「隆」は「降」の字に似ているので不可とされたことを取り上げ、これらはすべて「閑議」であると断じている。ただし一方で、辛酉革命につき以下のような独自の主張を展開していることを看過してはいけない。

嘉按革命勘文蔀首有法二焉、一神武天皇元年、此至当之法也、一黄帝十九年、此無稽之言也、且勘文有本朝奚取法異邦之議、尤為格論矣、猶之可也、或謂用易卦金革之義、或謂用素問三合為治、此勘文所不道、而三合不限于辛酉也、原夫神道土金之伝五十鈴之敬礼猿田彦命所守所導、而神武天皇即位天運妙契、則辛酉宜宸慎之歳矣。（山崎闇斎『本朝改元考』）(5)

辛酉革命の蔀首について、神武天皇即位年、黄帝十九年とする二説のうち、後者を無稽として斥ける。そして日(6)

本の改元には日本独自の考え方を用いるべきであり、猿田彦の導きによって邇邇藝命が高千穂へと降った天孫降臨から「百七十九万二千四百七十余歳」を経て神武天皇が即位した「辛酉」の年は、神道土金之伝によれば、猿田彦が慎んで（金＝土がしまる＝つつしむ、敬、慎）邇邇藝命を葦原中つ国に迎えたという「宸慎」の年となるというのである。合理主義的側面ばかりを見るのは不十分であろう。(7)

二　新井白石の改元論

続いて新井白石の議論を検討したい。従来の研究史では、正徳改元について、白石を中心に幕府が、「寛和」号を推薦する中御門天皇の意向を無視して強引に推し進めたとする見解があった。しかし九〇年代以降の久保貴子（久保、一九九八）、平井誠二（平井、一九九五・一九九六）らの研究によって、以下の事実が明らかとなった。すなわち朝廷が幕府に伝えたのは、「寛和」ではなく、「正徳、享和、享保、寛保、明和」の五号であり、白石の推した「正徳」号（勘申は高辻総長）は、野宮定基も推していたという事実である。ちなみに正徳改元における白石の動向は以下の通りである（平井、一九九六および新井白石『折たく柴の記』）。

宝永六年（一七〇九）六月二十一日　中御門天皇践祚。
同七年（一七一〇）十月二十四日　白石上洛。
十一月十一日　中御門天皇即位式。白石観覧。
同八年（一七一一）正月元日　中御門天皇元服の儀式。白石謁見。
元日～二十二日　この期間に野宮定基を訪問。

三月三十日　武家伝奏より改元の連絡が朝廷に届く。
四月十二日頃　朝廷、年号五案を幕府に伝える。
十五日　幕府、正徳号を選定。
十七日　勘者、年号勘文を奏上。
二十二日頃まで　幕府案が京都に伝えられる。
二十五日　改元定の儀。
二十九日　正徳に改元が勅定されたことが幕府に伝わる。

このスケジュールを見てすぐに気づくのは、白石を中心にした正徳号の選定、そして続く幕府から選定の伝達から改元定までの日程の異例の短さである。白石と定基の間で綿密な意志の疎通があったと考えられよう。ここで正徳号の選定に関しては、白石以外の幕閣の意見も見てみたい。

越前守可対面哉旨有案内、早可対面由令返答、卒刻来談、五六ヶ条有談合事子細難記、先以年改元之事引文、彼是正徳号宜思給、猶可得御意旨也、且又於京極仙洞御内意相丞各寛保宜歟之由有申調云々、於保字者当時松平保山美濃守入道可有俗難思給、明和猛火ノ声号俗難亦可有之、享和音ノヒ、キ不快歟、傍正徳宜旨也□此事閑談注記参差、仍不書之

（『基熙公記』宝永八年四月十五日条）[8]

越前守、すなわち間部詮房の言うことには、霊元上皇らが推す寛保号の「保」は、松平保山（柳沢吉保）を連想させ、また明和号は、大火の号である明暦と「明」が重なり、享和号は音の響きが良くない（「凶」の音と同じ）ので、いずれも不可であり、正徳号が良いと言う。ここでも幕閣内では今までの語呂合わせや測字占的な考え方に囚われていることが分かる。実は後に述べるとおり、白石はこうした考え方とは決別して正徳号を提案しているので

あるが、儒者だからといってこうした測字的な発想から自由になれたわけではない。白石のライバルである林鳳岡は、正徳二年（一七一二）十月十四日の将軍家宣死去に伴い、改元の提言を行った。

此ほど、又信篤、蜀都雑抄、秘笈、千百年眼等三部の書を引きて、「年号に正の字を用ふるは不祥の事也。早く改元の事あるべき」由をしるして、老中の人々にまゐらす。（『折たく柴の記』下、330頁）

鳳岡は、「一に止まる」ともなる正の字を不吉とした明代の『蜀都雑抄』を典拠に、測字の発想から改元を主張したのである。これに対しては白石から直ちに反論があり、端的には以下のように、「正」の字を不吉とするならば、かつて正保号を選定した林家も誤っていることになる。結局、鳳岡は自分を失脚させるための姦計をなしているに過ぎないと白石は断ずる。

されど、正保の改元の時は、其祖、其父の世にありし比にこそあれ。「正徳の号しかるべからず」と申さざりしが、前代に用ひ給ひしものどものあやまりならむには、「正保の号しかるべからず」と申さざりしは、その祖、その父のあやまりにぞあるべき。……例の曲学阿世の故智によりて、ふたゝび時にあふべき事をこひねがふ姦計に出しとぞみえたる。（『折たく柴の記』下、335頁）

応酬としてはここで決着しているが、白石は『折たく柴の記』の記述の他にも正徳二年に『正徳年号弁』を著し、自己の年号論を披瀝している。白石の年号論での基本姿勢は、語呂合わせや測字占のような文字の吉凶で判断する考えからの決別である。

天下の治乱、人寿の長短のごとき、或は天運にかゝり、或は人事によれり。いかむぞ年号の字によりて祥と不祥とにあるべき。魏の斉王芳、高貴郷公、梁の武陵王、金の煬王哀帝、元の順帝のごときは、皆其不徳により給ひし也。たとひ其年号に正の字用ひられずとも、これらの人主、其国を失ひ、其身を給ふ事なかるべしや。

大明の世に至とも、正統、正徳の代々の事、皆其徳の至り給はぬと、其政のよからざるとによれり。年号の字の罪にはあらず。（『折たく柴の記』下、330頁）

政権年数の長短は年号の文字には全く関わりなく、為政者の徳や政治実績にのみ関わるという思想が白石の年号論の骨格である。こうした思考を可能にしたのは、彼が世界情勢に精通していたからである。

某、意多礼亜、喝蘭地亜等の人にあひて、当時万国の事どもつぶさに聞しに、年号を用ゆる国〳〵わづかに二三には過ず。其余は皆これ年号といふ事はなくして、天地開闢より幾千幾百幾十年など申す也。されど廿余年のさきより、西洋欧羅巴の国々、多くは其君死して、それらよつぎの事によりて乱れし国すくなからず。去年の冬、是年の春も多くの人戦ひ死せしなど申也。これらはまたいかなる事のたゝりぬるによりてかくはあるにや。さらば、年号なしとも、天運の衰人事の失ふ所あれば、みだれほろびざる事を得がたしとは見えたり。

（『折たく柴の記』下、333頁）

白石はオランダ商館長のみならず、宝永六年（一七〇九）年十一月にはヨハン・シドッチ（Giovanni Battista Sidotti、一六六八〜一七一四）への尋問を通じて海外情報を得ていた。その際に、白石は同時期に起こっていたスペイン王位継承戦争（一七〇一〜一四）のことを聞くが、この戦争を例にして、年号を用いないヨーロッパの国々も関係なく兵革が起こることを述べている。

年号選定において文字の吉凶を考えることは無益であり、また年号と治乱とも関係が無い。「但年号のよきあしきなど申事は其文字に祥と不祥とあるにはあらず。其文字を用るによきとあしきとの心得有事也。」（『正徳年号弁』150頁）と年号が典拠とする「文字の用い方」に意味があると白石は言う。白石が正徳号で典拠したのは「禹曰、於、帝、念哉。徳惟善政、政在養民。水火金木土穀惟修、正徳利用厚生惟和。九功惟叙、九叙惟歌。戒之用休、董之用威、勧之以九歌俾勿壊。帝曰、俞。地平天成。六府三事允治。万世永頼、時乃功。」という『書経』大禹謨の記述である。禹が舜に善政の在り方を確認した場面で、為政者が自らの徳を正すことで、民の生活が豊かになるという教えを述べた文章であるが、白石が正徳号の選定に込めたのも、まさにこの『書経』大禹謨で見られるような仁政が当代において実現させることへの願いに他ならない。年号は政治的スローガンとして選定させるべきだという主張が白石にはあった。

だとすれば、実効的な政治支配者である将軍の代替わりにあわせて、改元を行うべきだとする考え方も出てくるように思われる。白石は断固として改元は天皇大権に属するものとして譲らなかった。

又我朝の今に至て、天子の号令、四海の内に行はるゝ所は、ひとり年号の一事のみこおはしますけれ。異朝の書にも、其事を論ぜし事もみえたり。古より此かた、我朝改元の例は、代始、または革命・革令・三合・天変・地妖・水旱・疾疫・兵革・飢饉等の事によれり。武家の代となりしより後も、武家の御事によりて、此事ありし例はいまだ聞えず。その中一二の疑ふべき事あるをもて、或はまた其事ありなども申すべきにや。其事又弁ぜざる事を得べからず。建久十年正月十三日、前右大将頼朝薨し給ひ、此年四月十一日改元ありて正治と号す。これは土御門院御代始によれる也。建保六年正月廿七日、右大臣実朝弑せられ給ひ、此年四月十三日改元ありて承久と号す。これ三合、並天変・地妖によれる也。貞治六年十二月七日、宝篋院義詮薨し給ひ、明年二月廿七改元、応安と号し、長享三年三月廿六日、常徳院義尚薨し給ひ、此年八月廿日改元、延徳と号す。これら兵革・天変の事によれる也。此外応永三十五年正月十一日、勝定院義持薨し給ひ、此年二月五日に改元、正長と号す。これ称光院御代始によれり。これよりさきに応永十五年正月六日に鹿苑院義満薨し給ひ、同三十二年二月十七日、長徳院義量薨し給ひしかど、改元ありしにもあらず。又嘉吉三年七月廿一日、慶雲院義勝薨し給ひ、四年二月五日改元、文安と号す。これ革命によれり。これよりさき、嘉吉元年六月廿四日、普広院義教弑せられ給ひしかど、改元ありしにはあらず。これらその疑ふべき所なれど、武家の御事によらざる事すでにかくのごとし。

（『折たく柴の記』下、334〜335頁）

歴代将軍の死去と改元の関係が疑われる事例を取り上げ、これらがすべて天皇の代始、災異、辛酉革命（正しくは甲子革令）に基づくものとして論定する。禁中並公家諸法度第八条では「一、改元、漢朝年号之内、以吉例可相定。但、重而於習礼相熟者、可為本朝光規之作法事。」と改元選定を朝廷の役割として規定しているが、白石はさらに将軍の死去・代替によって改元を行うべきではないという主張を展開している。こうした主張からすれば、家宣の死去に伴い改元を行うべきだとする鳳岡の提案は到底肯んぜられないことになる。白石は年号選定に際して、文字の吉凶ではなく、文字に政治理念を表明するべきであり、また改元に際しては、幕府は朝廷に協力しつつも、あくまで天皇に改元の大権があることを心得るべきだと考えた。

おわりに　―年号と東アジア外交―

白石は天皇の一世一元までは主張していないが、文字の吉凶や災異を考えることなく改元を行うという主張は年号数の減少を含意していたと考えられる。白石の年号論のもう一つの重要な点は、改元の回数を減らすことが東アジア外交にとっては必須の課題であったということである。中国ではすでに明代から一世一元制を採用しており、頻繁な年号の使用は東アジア世界では王朝の不安定さを意味しかねなかった。近世日本が通信の対象とした国は朝鮮と琉球の二国であったが、歴代の政権が重視してきたのは朝鮮との外交である。初期の朝鮮外交における年号使用についてはロナルド・トビ氏の研究があるが、トビ氏の研究は初期外交を中心に論じられているため、本稿の当該期である中期までの実態は書かれていない。将軍から朝鮮国王への復書で年号がどのように用いられたのかを、林復斎が中心となって編纂し嘉永三年（一八五〇）に刊行された外交資料集である『通航一覧』で見ていきたい。

①龍輯丁巳秋九月日　日本国源秀忠（林復斎編『通航一覧』巻九三、92頁）
②龍集甲子冬十二月日　日本国源家光（同前、100頁）
③寛永二十年八月三日　日本国源監国（同前、108頁）
④明暦元年乙未十月日　日本国源家綱（同前、110頁）
⑤正徳辛卯十一月日　日本国王源家宣（同前、145頁）
⑥享保四年己亥月日　日本国源吉宗（同前、181頁）
⑦延享五年戊辰六月日　日本国源家重（同前、189頁）

ここから初期外交では、当年を意味する「龍輯（龍集）干支月（空欄）日」と表記していたのが、家光の後半期以降になると「日本年号干支月（空欄）日」という表記に変化することが分かる。周知の通り、東アジア世界において独自の年号を用いることはその国が独立国であることを表明することになるが、日本が中国年号を用いず独自年号を用いることは朝鮮に対する優越感を生むことにもなった。『通航一覧』でしばしば引用されている『異本朝鮮物語』には次のような記述がある。

公方様と朝鮮王との御書通に、日本よりは正徳何年、享保何年と御書候ても、朝鮮の方よりは年号無之、ゑとひよみ計を書申候、昔より今に至るまて、朝鮮国に年号を立不申、唐之年号を受申候、今も清朝之年号を受候故、唐之年号を書申も気之毒にそんし候、亦朝鮮にて年号無之故可致様無之、年号なしに書札相調申候事 異本朝鮮物語

（林復斎『通航一覧』巻九五、110頁）

国書の書式や通信使の待遇の改変に心血を注いだ白石にとって、外交文書における年号の記載は重大事であった。「文事」で日本に敵愾心を燃やしている朝鮮国に対して、高度な儒学的知識に基づいて選定された日本独自の年号を用いる必要があり、また身分的上位者である天皇―朝廷と実効的政治支配者である将軍―幕府（および全人民）との協調・融和関係を基盤とする近世日本の二元的王権（大川、二〇一二）の在り方にも相応しい外交姿勢が求められた。白石以前にも外交文書で政治支配者の将軍の姓名だけではなく、日本年号が冠せられたが、その年号が天皇大権に属すると強固に主張するのは、かかる白石の国家像を反映しているからに他ならない。このように張りめぐらされた意識を白石の年号論に窺知できるのである。

表　徳川政権期における改元

元号	改元日	改元理由	備　考
元和	慶長二十年七月十三日	天皇代始（後水尾天皇即位）	
寛永	元和十年二月十三日	甲子革令	
正保	寛永二一年十二月十六日	天皇代始（後光明天皇即位）	
慶安	正保五年二月十五日	不明	
承応	慶安五年九月十八日	不明	※慶安四年四月二十日将軍家光死去
明暦	承応四年四月十三日	天皇代始（後西天皇即位）	
万治	明暦四年七月二十三日	災異（火災）	※明暦三年一月十八日に大火発生
寛文	万治四年四月二十五日	災異（火災）	※万治四年正月十五日、京都で火災。御所炎上。
延宝	寛文十三年九月二十一日	災異（火災）	※寛文十三年五月八日、京都で火災。御所炎上。
天和	延宝九年九月二十九日	辛酉革命	
貞享	天和四年二月二十一日	甲子革令	
元禄	貞享五年九月三十日	天皇代始（東山天皇即位）	※戊辰革運にあたる。
宝永	元禄十七年三月十三日	災異（地震、火災）	※元禄十六年十一月二十三日、南関東一帯で地震。同月二十九日、江戸で火災。
正徳	宝永八年四月二十五日	天皇代始（中御門天皇即位）	
享保	正徳六年六月二十二日	災異（「関東凶事」）	※正徳六年四月、将軍家継死去。
元文	享保二十一年四月二十八日	天皇代始（桜町天皇即位）	
寛保	元文六年二月二十七日	辛酉革命	
延享	寛保四年二月二十一日	甲子革令	
寛延	延享五年七月十二日	天皇代始（桃園天皇即位）	※戊辰革運にあたる。
宝暦	寛延四年十月二十七日	災異	※寛延三年四月桜町院崩御、同年八月地震、寛延四年二月地震、同年六月将軍吉宗死去。
明和	宝暦十四年六月二日	天皇代始（後桜町天皇即位）	
安永	明和九年十一月十六日	災異（火災）	※明和九年二月二十九日、江戸で火災。
天明	安永十年四月二日	天皇代始（光格天皇即位）	
寛政	天明九年一月二十五日	災異（火災）	※天明八年正月、京都で火災。
享和	寛政十三年二月五日	辛酉革命	
文化	享和四年二月十一日	甲子革令	
文政	文化十五年四月二十二日	天皇代始（仁孝天皇即位）	
天保	文政十三年十二月十日	災異（地震）	※文政十三年七月、京都で地震。
弘化	天保十五年十二月二日	災異（火災）	※天保十五年五月十日、江戸城本丸にて火災。
嘉永	弘化五年二月二十八日	天皇代始（孝明天皇即位）	
安政	嘉永七年十一日二十七日	災異	※嘉永七年四月御所炎上。異国船の来航。
万延	安政七年三月十八日	災異（火災）	※安政六年十月十七日、江戸城本丸消失。
文久	万延二年二月十九日	辛酉革命	
元治	文久四年二月二十日	甲子革令	

※所功編『日本年号史大事典』（雄山閣、2014年）、中沢伸弘「近世改元日考補―改元勘申の家」（『神道学』148、1991年）により作成。

註

（1）大川（二〇一二）の第一章第三節「中井竹山の正名論」を参照されたい。
（2）「（寛文十三・一六七三年九月—注）七日、飯後、作改元物語、島周筆之。」（『国史館日録』第五）とあることから鵞峯の作としてみて間違いないだろう。
（3）テキストは国立公文書館所蔵林家旧蔵本を用いた（請求番号一四五—一三九七）。なお寛永の改元理由は後水尾天皇の即位による。
（4）中国の年号選定における測字の実態については、二〇一七年九月十六日に開催された第一〇六回歴博フォーラム「年号と日本文化」での石立善氏の発表「中国の年号と予言」に大いに教示を受けた。
（5）国立公文書館所蔵本（請求番号一四五—一四〇一一）、一八丁裏～一九丁表。
（6）王鞏『開元暦紀経』に「蔀首　黄帝二十二年甲子」（『兼良公三革説』に記載）とあり、辛酉は甲子から三年前になるから、辛酉の蔀首は黄帝十九年となる。なお『兼良公三革説』については佐藤（一九九一）を参照した。
（7）垂加神道で猿田彦の教えが重視されていることについては、近藤（一九九五）。
（8）宮内庁書陵部蔵、国文学研究資料館マイクロフィルム請求記号 DIG-KSRM-40740-1、コマ番号 5222。なお翻刻に関しては平井（一九九五）、79頁に基本的に拠った。

＊本稿では、以下の刊本から史料を引用する。
『草茅危言』（懐徳堂記念館、一九四二年）／『折たく柴の記』（日本古典文学大系『戴恩記 折たく柴の木 蘭東事始』、岩波書店、一九六四年）／『国史館日録』5（史料纂集、二〇〇五年）／『通航一覧』（『通航一覧』三、泰山社、一九四〇年）／『正徳年号弁』（『新井白石全集』6、国書刊行会、一九〇六年）

参考文献

宇佐美龍夫ほか、二〇一三『日本被害地震総覧　五九九—二〇一二』（東京大学出版会）

大川　真、二〇一二『近世王権論と「正名」の転回史』（御茶の水書房）
久保貴子、一九九八『近世の朝廷運営―朝幕関係の展開―』〈近世研究叢書2〉（岩田書院）
倉地克直、二〇一六『江戸の災害史―徳川日本の経験に学ぶ―』〈中公新書〉（中央公論新社）
近藤啓吾、一九九五「山崎闇斎と庚申―「教へは猿田彦神の教へ」考―」（『続々山崎闇斎の研究』神道史学会）
佐藤　均、一九九一『革命・革令勘文と改元の研究』（佐藤均著作集刊行会）
所　　功、一九七七『日本の年号―揺れ動く〈元号〉問題の原点―』〈カルチャーブックス〉（雄山閣出版）
一九八九『年号の歴史―元号制度の史的研究―〈増補版〉』〈雄山閣 books22〉（雄山閣出版）
平井誠二、一九九五「新井白石と正徳改元」（『季刊日本思想史』四六）
一九九六「正徳改元の経緯について」（『大倉山論集』三九）

5　年号と暦法 ―本居宣長における作為「人作」と自然「神作」―

清水正之

はじめに

本論では、元号そのものを問うことを少し離れ、年号という制度の根底にある時間感覚、時間の経過や区分の把握を暦法との関係で論じた論考、本居宣長の『真暦考《しんれきこう》』（天明二年〈一七八二〉、五十三歳の成稿、寛政元年〈一七八九〉刊行）という小論を主に取り上げることとする。今の私たちにとって、暦が人為的なものであることは、反省的に考えるなら自明というべきであるが、しかし人為的・人工的であるということ自体は、容易には日常のなかでは意識に浮上してはこない。暦というものが本質的に自然との深い関わりにあるゆえであろう。時に「うるう秒」の挿入などで、始めてその人為性が身近になることがある。宣長の目は、その自明とみられる時間の経過の分節そのものに向かう。それを辿った上で、宣長における元号についてふれたい。

もとより本居宣長は、中国にたいして、日本の独自性あるいは優越性を説く自国文化中心主義者、ないしナショナリストであるとする解釈がされてきたし、現在でも同様であろう。本論では、そうした論点をあらためて論じるものではない。年号という制度や文化が大陸から日本列島に及んだという事実から、宣長が反中国的言辞の中で、中国式「年号」の否定におよんでいるのではないかと予想することには合理性がある。しかし実際は、宣長は、そうした言説を残していないし、従来、九州にあった私年号の存在に言及しているということを重く見る研究があるとはいえ、原典テキストからも、後述するようにその解釈はいささか当を失しているといわざるを得ない。

そのような宣長に、本書の全体主題の元でふれるのは、東アジア文化圏の中で、暦法および時間のながれとその分節ということを、どのように見ていたかという思想の一端を示すことにより、ささやかながら主題に参与するためである。その中心的な視点は、中国暦法およびそこで成立した年号という制度の人為性、ないし作為性を論じることが、すなわち宣長の思想のなかで、どのような意味をもっているか、そのうえで、表面的な事実の背後へと考察の手を延ばし、年号という主題に側面から参与していきたい、ということになる(1)。

宣長の暦法についての議論、そしてそれとの関連での年号への言及は、おのずからの自然性に思想の根拠をおく宣長の究極的形而上学につらなっている。文化一般の背後にそもそもある自然性ないし自然的根拠を表面化することによって、宣長がみるところのわが国の習俗、すなわち「皇朝のてぶり」(『直毘霊』)、「風儀人情」(『排蘆小船』等々)あるいは文化制度が本来的に有している自然的本質を照らし出すひとつの方法の提示をみることができる。

一　本居宣長の「真暦」と何か　—作為と自然—

まずは、本居宣長の『真暦考』でいう「真暦」「真《まこと》の暦」とは何か、宣長の定義をみよう。真暦とは、天地のはじめのときに皇祖神（いざなぎの大神、いざなみの大神を指す）が作為し、万国に授けた天地の自然の暦であり、人が作為やたくらみでつくったものではなく、たいへん貴い暦である、と宣長は言う。すなわち外国の暦法が渡来する以前のわが国古代の自然の暦法ということである。

宣長の言葉を参照するなら、「この天地のはじめの時に、皇祖神《すめろぎのかみ》の造らして、万の国に授けおき給へる、天地のおのづからの暦」「人の巧みて作れるにあらざ」る「たふときめでたき真の暦」ということとなる（『本居宣長全集』巻八、214頁。以下全集八、214頁と表記する。漢字・用字は現代表記に一部変えてある）。後世の暦はこの真暦にあわせ修正されるべきだと、宣長はいう。

いうまでもなく中国の思想文化への対抗と、日本の「おのづから」と形容される古代の風儀の由緒、その普遍性、正しさを「暦」に託して主張したものである。その真暦の存在と由緒、正しさの根拠と宣長が主張するものを以下に示す。

①作為と自然

まずは作為と自然の対比である。

最初に宣長は、年の初めすなわち正月をどの月とするかについての中国の恣意性を指摘する。「夏」の時代には、現在の正月を正月にあて、「殷」代には今の十二月を正月とし、「周」代は十一月としていた（「三正」）。それには理があると中国は主張するが正しいものではない。何事も変革することのほうに理屈が通ると考えがちなのが中国である。さらに「秦」代に年の初めを「冬十月」と表記したのは珍妙である。その後、それが「史記漢書」によれば景帝までつづき、武帝の代で夏代と同じに戻り、その時から、年の初めは今の正月に定まって今日に至る。わが国でも古代で立春のころを正月としたのは中国暦の影響であり、従って、さらに古い時代から、日本もそうであったと解するのは誤解である。以上が宣長の冒頭の議論である。（全集八、203〜204頁）

②時間の推移

続いて宣長は、時間の推移、経過の意識とは何かを指摘していく。

（a）四季　まずは、四季、春夏秋冬についてだが、宣長から見れば、四季は「これらも神の御心もてさだめませる物」（全集八、204頁）であり、その四季がそれぞれに始期・中期・終期があるのも、天の有様、日の出いり、月光の清さ・にぶさ、木草の様子、田に実るもの、畠、稲、麦の穂、鳥の渡り、虫の穴の出入り、これら「天地の間の物のうへ」の移り変わりをよく見て、季節のどこにあたるかを「さだめ」られたものである。こうしたことが暦というものが出来るまでのさだめであった。「いにしへこよみのなかりし代には、かならず然《しか》してさだむるならひであったのだ。この「古意《いにしへごころ》」は『古事記』に示されており、神が人のしわざをみてこのようにさだめた趣がよくあらわれている。『万葉集』などの例はさらにそのことを例証している（全集八、206頁）。なお季節の区分は中国と一致していると宣長はいう。

（b）四季の推移　一つの季節の移りゆき（「一季の来経《きへ》」）については、始まりの時期、中頃、終期とわけるのみで、日の経過（「日次」）までをいく日というように、どの日であるかを定めることは古代ではしてこなかった。「から人のようなさくじりたる心」のなかった古代の人々は、暦がなくてもおおらかにそれをわきまえていたのであり、さだかに「今日」といえる日はなかった。しかし、次第に季のはじめの月のはじめを「きはやかに」さだめ、その月の始めの日から二日、三日というようにその日その日がさだめられるようになった。その痕跡が「二日の日」、「三日の日」という表現に残ったのである。その後に、月の名前が定まっていった（全集八、206・207頁）。

年号の読み方については、元年二年三年を、文字のままに読むのはこの国の読み方ではない。「にねん」「さんねん」は序数をいうにすぎない。「はじめのとし」「ふたとせにあたるとし」等々とよむことが「古の意言《こころことば》」であった。元年よりかぞえてたとえば「ふたとせ」といっていたのである。宣長はいう、

　然るを近き世の人の、文などに、年号月日をかくに、其年号の二つの年、三つの年などとかくは、皇国の詞のつかひざまをしらざるなり、中昔《なかむかし》までの文には、然書ることはなくて、其年号の二とせにあたる年、あるいは二とせといふとし、などとのみ書りき、これ古の意言の残れりしなり　（全集八、209頁）

(c) 月　月については、「天の月」が満ちたり欠けたり、見えたり見えなかったりの一巡りをひと月とした。中国とことなり「皇国」では月が空に見え始めるのを「朔」「月立」すなわち「ついたち」とした。なかごろを「もち」といい、末を「月隠《つごも》り」といったのである。

(d) 閏月　こうして月次《つきなみ》、日次《ひなみ》は定まったが、月の名前はなく、月の始めを終わりの感覚もなく、季節とも関わりなく、ひと月ひと月と経過するだけで、年のめぐりとは別であった。月が十二回巡れば年の経過になったが、それでは十日ばかり日数が足りなかった。そこで閏月をいれることとなった。

なお、時間の経過についてのあり方を宣長は次のようにまとめている。

　そもそも上の件のごと、季のはじめなども、きはやかにあらず、月次も日次もなく、又かの天の月による月は有しかども、別事にてありつるなど、すべて事たらはぬに似たれ共、然思ふは、よろづこまやかにこちたきをよきにする、後の世の心にこそあれ、上つ代は、人のこゝろも何も、ただひろく大らかなむ有ければ、さて事はたり。　（全集八、213頁）

空の月と年の来経とを強いてあわせなくても「天地のあるがまま」にあったのである。

二　「真暦」の根拠

宣長の学は、村岡典嗣以来、実証的としばしば評されてきた。厳密には文献実証主義というべきであるが、『古事記』等の古伝説（古文献）に根拠がないことについては、一部例外を除いて、宣長は、語ることをしない不可知論的な態度をとるといえる。ところがこの『真暦考』では、以上のような時の経過についての論を宣長は、「（上述の）上つ代の来経のさだまりをいへる、さる古き伝説《つたへごと》のあるにもあらず」と古伝説に記述としての根拠がないことを認め、自分の議論は長年の思索の末の結論だという（全集八、213頁）。この説を肯定しない者がいることを予想しつつ、この項の冒頭でふれた「真暦」の定義を提示するのである。(2)

真暦が確かに存在したという宣長の確信（推定）は、当然に中国来歴の「暦」の批判を背景にしている。中国の暦については、「もろこしの国などの暦はといふ物は、神のなしおき給へるによらずて、聖人のおのが心もて作りて、民に時を授くとか、ことよげにいふ」ようなものであるが、皇朝での「上の件のごとく、天地のおのづからなるこよみにて、民は授けざれども、時をばみづからよくしる」と対比される。田植えの時期、種を蒔く時期等々、「教へずて有べき事」であり、それを「こちたくしふる」のは中国の「くせ」であった、と宣長は論ずる。

なお暦法についてはどうみているか。「月の大小」と閏月との関係が次第に狂うこととなるが、正確を期する考究はいつまでも完成しないので、近い時代は改暦自体があまりおこなわれなくなった。かといって月日星辰のめぐりに異変があったわけではない。みな「さだまり有て、いく万世をへても」いささかも異なるものではない（全集

八、214頁）。過去において精緻に考えたものが、かえって後世、粗雑な物とみえてくるのである。大らかに考えてきた皇国のやりかたこそ「真」であるというべきである。

中国暦の伝来によって、その後わが国では、一年を十二ヶ月、月次を季節に配当し、月の名前をさだめるようになった（その際、節季は古来のものと一致した）。『古事記』では月の名前がまだないが、『万葉集』では見受けられることを宣長は指摘している（「むつききさらぎやよい」等々。全集八、216頁）。受け入れた際に、天の月の運行と月次の設定をあわせれば良かったが、そうしなかったので複雑なこととなったのである。

日本で月次が定まったのは仁徳天皇の時代であったろうと宣長は推定する。『日本書紀』仁徳紀に、和爾の来朝、中国書の伝来、国々に「史《ふみびと》」をおいた等の記述があることを、宣長は傍証に挙げる。

甲子（十干十二支）の使用もこの頃のことであったろうと宣長はいう。また甲子については、暦はなくとも年と月の甲子は定めることが出来るが、甲子がなくてもやっていけるという。

なお『日本書紀』には、暦博士、暦本の伝来を第二十九代欽明天皇（師木嶋宮）十四年とし、その時は暦法は施行はしなかったこと、さらに推古朝十年に百済の観勒が暦本を献上したが、すぐに施行されず、用いられたのは同十二年正月からであったとする、平安時代の政務運営に関する事例を挙げた書『政事要略』（明法博士惟宗允亮）を宣長は引いて、その推定に同意している。その後、わが国でも暦法がおこなわれることとなった(3)。

三 『真暦考』の性格

ここで『真暦考』という一書の性格を考えておきたい。

古伝説とりわけ『古事記』解読の実証的態度とはことなり、真暦について、先にふれたように、文献的事実をこえて（『古事記』からの証拠なしに）いわば踏み越えた結論に宣長は踏み込んでいく。中国風の思惟が、おのづからの天地のあり様に対して、作為であり強いごとであること、元来自然の運行、人の世のめぐりは「教えなくとも」ことゆくものであること、こうした立場からの中国批判は、いわば宣長の思想そのものである。しかしそのなかで推定を交えて一歩踏み出すことをあえてした宣長にとって、この真の暦があったとすることは、思想の核心的ないわば形而上的な問題であったからといえるだろう。古伝説による証拠がないことを宣長は認めつつ、思索の結果でありこうでなくてはならぬ（「かくあらではえあらぬ」）わざであるとする（全集八、213頁）。

> これぞこの天地のはじめの時に、皇祖神の造らして、万の国に授けおき給へる、天地のおのづからの暦にして、もろこしの國などのごと、人の巧みて作れるにあらざれば、八百万千万年を経《へ》ゆけども、いささかもたがふしなく、あらたむるいたつきもなき、たふときめでたき真の暦には有ける、（全集八、214頁）

「年号」を問うというこのシンポジウムのテーマから見れば、枝葉の論点であるが、年号についてこの宣長の時間意識が、なにをとらえていたかが、以上からも分かるだろう。

先ほど形而上学であるといった。それはこの問題が儒教への対抗を意識した宣長学の根幹に関わっていると思われることである。

それは二つの方向をとっている。

ひとつは古代の文学の修辞・表現が、宣長の見解を保障するという意味である。この点は、宣長の初期歌論からはじまり、特に『古事記伝』の執筆をはじめたころから、ゆらがない思想的姿勢であり『真暦考』もその延長にある。

もう一つは中国的思惟の影響を受けているがゆえに宣長から『古事記』に劣るとされる『日本書紀』の記述における年号表記への批判である。宣長生涯の長い期間をかけて完成した『古事記伝』の冒頭「一の巻」の序と方法論を記した部分に『日本書紀』をめぐる一節がある（全集九巻、7頁以下）。「書紀の論ひ《あげつろ》」と題されたその節で、宣長は、世間が書紀を古来高く評価したことについて、世人の「漢籍意《からぶみごころ》」になづみ「漢意《からごころ》」に惑わされた結果であると非難する。その論点は、文章上の漢籍風の潤色があること、作為にすぎない陰陽論をもちいていること、『古事記』の古伝説に反すること、等である。この『古事記伝』における『日本書紀』批判に見られない論点が、『真暦考』にはみられるといえる。

『真暦考』末尾に展開されている『日本書紀』の記述の批判を引く。「神武紀」の記述を例にとって宣長はいう。

然るを書紀には、神武の御巻に、是年也太歳甲寅、冬十月丁巳朔辛酉云々、辛酉年、春正月庚辰朔、天皇即帝位於橿原宮　などあるをはじめてすべて上つ代の事にも、皆年月をしるし、又甲子にうつして、日次までをしるされたるは、いとも心得がたし。（全集八、218頁）

宣長によれば、『日本書紀』の年月日の記述も後世「長暦《ちょうれき》」(4)を採用し定めた時点からの逆の推定である。年についても伝承によって異なっており、定まらないのである。日次の制さえさだまらない時代に「某日」と日を定めた伝承があろうはずがない。

もし上つ代に月次日次なかりきといふ、おのが考へを、信ぬ人もありなむか、いでそのゆゑをつばらにさとさむ、すべて暦といふ物のなき世には、其月の其日と定むべきよしなし。（同218頁）

まして月次年次に誤差があることははっきりしている。月に大小を分けず、年に閏年を加へなくて日次と天の月のめぐりがことなって、一年は（三六五日と三時間であり）二十年間で一〇〇日の誤差、誤差は三十四年では半年ともなるのである。

しかれば、もろこしならぬ他暦をもちいられむはしらず、ひたぶるに暦なからむには、其月といふことだに、天の月によりては、さだめがたからむを、まして某日といふことをば、いかにしてさだめんとする、書紀をよまむ人は、かならずこのこゝろをえて（読むべきである）。（同　219頁）

と『日本書紀』の読み方についての見解で『真暦考《しんれき》』をおえている。

宣長のいわゆる「古学」、古代学の核心的な形而上学に関わっているといえるだろう。「暦法なき世の人」（『真暦不審考』全集八、236頁）の時代の生活と自然にこそ「おのづから」の真実性をみてとる宣長の形而上学にかかわるものであったろう。

宣長が徂徠学の影響下にあることは明白である。天地のことは「神妙不測」で「知られぬこと」であり、たとえば雷は雷として差し置かれるべきである、とする徂徠の、人間の「窮理」は主観性を免れがたいとする陰陽にもとづく形而上学を否定する議論は、宣長にも通じている。本居の考え方は、一見して徂徠に似ているが、徂徠が「窮理」が人間には不可能であるがゆえに聖人の制作した物に従って生きるしかないということに対して、その従うべきものを開闢の神々と宣長はみなす。神は窮理するのか、神が造ったがゆえに「おのずから」であるとはどのような意味か等々、宣長の思想の興味深い論点ではある。(5)

『真暦考』で本居宣長は人作の暦が自然の事実に反するといい、暦は修正されるべきだとする。修正の背後に真の暦、すなわち「天地のおのずからの暦」に達すると考えた。四季の区別というものは、自然の例えば花がさき葉が散るといった推移のなかで分けられ、さらに前中後期と分けられるものであった。春立って何日目というような、大らかなさだめであった。しかし、なぜ四季の区別があるかといえば、それは神が「御心をもってさだめませ」るもの、神作である。しかし、その根拠は人間には不可知であるということになる。不可知はしかしながら、そもそも限界をもった窮理の営みの、その先の究極である。

ところで、古伝説すなわち『古事記』に書かれていることをそのまま受け取るというのが宣長が取った態度であるが、しかしまた『古事記伝』には、『古事記』を踏み越えたと見えるいくつかの点がある。ひとつは、この世の不合理なこと、あるいは悪は、悪神の荒れ狂うことによっておこされることであり、人間は対抗できない、しかしいずれ善を司る神によって善に復帰する、という神義論的議論、そして二つは、高天原、この世、黄泉国の位置関係について、弟子の言説を紹介しながら、それを推量すること、のふたつである。その意味では、『真暦考』の考察は、『日本書紀』を批判の対象にして、真暦はあったのだという確信を述べる点において、『古事記』の神義論とは異質な新たな位相を切り開いているといえよう。その両者の関係は今回の主題のもとでとは異なる考察が求められる。

『古事記伝』執筆当初の宣長（三十六歳頃）は『日本書紀』を中国風の書物として低く評価した。現実には『古事記』の読解には『日本書紀』との比較が不可欠であることは認識していた。しかし後年の『真暦考』では、『日本書紀』の記述へのさらに根本的批判が打ち出されているといえるだろう。

四　暦法から年号へ

以上をふまえ、年号・暦法に戻ろう。

宣長には年号についての明白な言辞がない。しかしながら従来の研究の中で、『玉勝間』において九州にあった私年号について触れているということを根拠に私年号に関心をよせていたという主張する研究がある。確かに『玉勝間』巻十一—四の「東遊の起り」の項で、宣長は室町期の楽書『體源抄』（雅楽家豊原統秋《むねあき》の作、永正九年〈一五一二〉）を引用して、「同書に丙辰記云、人王廿八代安閑天皇御宇、教到六年【丙辰歳、】」という東遊《あずまあそ》びの発祥の一挿話を引いている。「教到六年」は一書の引用中の文言に過ぎない（全集一、336頁）。宣長が私年号について関心を持っているとする研究は、邪馬台国の所在を九州とする論者に見られるものである。その一つを例にとると、「教到」は通例五年までとされているので、上記の「教到六年」とする宣長の記述がどのような「丙辰記」の写本を原文として参照しているか、という関心から来ている（古賀、二〇〇四）。しかし、それを考慮しても、宣長が私年号に心を寄せていたとはいえないだろう。

　ちなみに宣長は、『魏志』倭人伝の記述について卑弥呼の国は九州にあったという見解を持っているとされることがある。しかし卑弥呼を息長帯姫尊《おきながたらしひめのみこと》と同定し（卑弥呼＝ひめごであり、息長帯姫尊、即ち神功皇后を指すとする）、邪馬台国を「やまと」と読む宣長は、あくまで「やまと」を当時の中央の政治的権力とみなしている。宣長の『馭戎慨《ぎょじゅうがい》言《げん》』に、卑弥呼による魏との交渉に触れる中で、彼ら筑紫の地方勢力が大和王権の名を借りてその姫の名を騙って使者を送ったという言及があるが、それらと私年号のことが交錯したのであろう（全集八、31～33頁）。『真暦考』で、人間が作為した暦を、原理から否定する宣長が、私年号というものはどれほどの作為性を持っていると考えるかは明白である。

　江戸時代は、元号は幕府の掣肘のもとにあった。年号制定の政の根幹にふれることは、被治者の立場に徹しようとする宣長の思想からはでてこない。自らの思想の実現（道の実現）が一〇〇〇年、二〇〇〇年後であろうと現前の倫理道徳には、ある意味で暫定道徳的な対応をし、かつ上代のさだめられた「制法」のままに生きることを「皇朝のてぶり」として理想とする宣長の思想の核心からは、年号への現実的対応をみることはできない。

しかし、宣長に先立つ、改暦の歴史のともなう朝廷側と幕府側の軋轢等を振り返ると、他方で、常にかたわらに世界地図を置いていた宣長の、西洋天文地理学への関心をあわせても、改暦問題に多大の関心をよせていただろうことは十分に予測される。しかし、その著作からは明確な言及はみつからない。上の決めた「制法」に随順することを古代の人の生き方とみた宣長は、政治的問題としての改暦、さらには元号については正面から触れることはしなかった。人作の暦を否定し、神作の暦が取り戻されることを一〇〇〇年、二〇〇〇年後に予想していたかも知りがたい。

しかし、後代の問題となる「皇紀」の制定という事柄については、宣長の『日本書紀』の年号記述の批判からみれば、根拠なきものとして宣長は、否定するであろう。中国文化に対して、独自性と優越性を主張する宣長の思想のそのナショナルな部分からであれ、中国風の元号を否定し、私年号のような独自の元号を生み出すという補助線を引くことはできないだろう。

貞享改暦を上表し、はじめての日本人による改暦を主導した渋川春海は、山崎闇斎の朱子学と垂加神道を思想的背景としていた。「皇紀」がその春海の『日本書紀』に依拠した原理的考察（『日本書紀暦考』等）から、そして彼が水戸光圀の庇護を受け、関わりを持った水戸学の流れのなかで成立したことを考えると、『真暦考』で『日本書紀』のあらたな立場からの批判に及んだ意味は案外長い射程を持っているように見える。

本居の考え方の根底には、暦なるものが自然と不可分のものであるという、ある意味で通有の人間社会の理解があろう。日本ではだいぶ遠のいたが、今でも中国や韓国では旧暦の行事を多くの人が楽しんでいる。日本でも、以前より節季への関心が高まっている。暦の本来的な自然性は、元号の人為性と対を為すだろう。元号の行方を考えるに落とせないポイントとなろう。天空の月の運行と月次をあわせよと説く宣長の議論は、原子時計さらには宇宙を基準にした時間の経過といった現代の時間観の変化と通じるものがあるやもしれない。宣長の神々の「作」が窮理的なもの、法則性をもつものか、本稿の範囲をこえる。

元号問題は現代でも政治的な性格をもつ。しかし、元号と西暦年、さらに固有の暦法、それをあまり意識しない便宜的な現代人の対応こそ、案外に宣長の発想につらなる一現象といえるかもしれない。

註

（1）本居宣長自らの知の東アジアの思想的様態の中での位置の自覚については、清水（二〇〇八、206〜238頁。〔韓文〕179〜203頁）等。

（2）宣長は『真暦考』への川邊信一の『真暦不審考』による批判をうけて『真暦不審考辨』（文政三年〈一八二〇〉刊行）を著している。全集八巻所収。一部誤りのあることを認めるが、基本的には『真暦考』と変わらない。

（3）参考までに、飛鳥時代以降の太陰太陽暦による暦法の変遷を、徳川期から明治期までを含め注記しておく。近世に入り、西洋天文学の知識にも触れ、暦と天体の運行（冬至、日蝕、月蝕等）とのずれが問題となり、改暦の動きが起こった。

持統天皇六年（六九二）　元嘉暦の採用
文武天皇元年（六九七）　儀鳳暦の採用
天平宝字八年（七六四）　大衍暦の採用
天安二年（八五八）　五紀暦の採用
貞観四年（八六二）　宣明暦の採用。貞享改暦まで使用された。
（一五八二年　ヨーロッパで一部カトリック国ユリウス暦からグレゴリオ暦に改暦、後ドイツが採用した。さら

に一六九九年、デンマーク、イギリス、スウェーデンが採用）

〈徳川期〉

貞享二年（一六八五）　貞享の改暦　渋川春海による日本の偏差にあわせた暦法（大和暦）の考案。元代の「授時暦」を補正した。

宝暦五年（一七五五）　宝暦の改暦　明末に中国に渡った宣教師による「崇禎暦書」の影響下での改暦。徳川吉宗の元で当初渋川則休・西川正休らが担うも、途中で陰陽頭・土御門家が主導権をとる。

寛政十年（一七九八）　寛政の改暦　中国で西洋暦法天文学の漢訳書を参考に改暦。「暦法新書」にまとめる。

弘化元年（一八四四）　天保の改暦　「新巧暦書」（蘭訳）による。

〈明治期〉

一八七二年　太陽暦（グレゴリオ暦）に改暦。「太陰暦を廃し太陽暦を頒行す」（太政官布告）。

（4）現行の暦法の確認、またこれからの天文上の日蝕等の推定のため、過去の長期の暦日を復元修正したもの。司馬光が『資治通鑑』を執筆したときに参照した劉羲叟の作による長暦が元となる。宣長は、直接には、延宝五年（一六七七年）に渋川春海によって編纂された「日本長暦」をも念頭に置いているだろう。これは、日本に適合させた最初の長暦となる。単に「長暦」とも呼ばれる。日本では長い間宣明暦が使われていたため、長暦が作成されることはなかったが、貞享暦への改暦に尽した渋川春海が、貞享暦の編纂（「貞享暦書」）に先立って延宝五年（一六七七年）『日本長暦』を作成した。太陰太陽暦は、不規則性があり天文現象からばかりではなく、施行者の恣意的な選択が入ることもあり、過去の暦日について不明になる場合があった。そのため、歴史書編纂などの際に使われる過去の暦日について決定するのに必要な情報を網羅している。本稿との関係では、上巻序で日本の暦学史と本書編纂目的について解説され、渋川が心酔していた垂加神道の説に従って、イザナギノミコトが初めて日の三天を観測し、神武天皇の時代に始めて正月を年始にしたとする説や儀鳳暦以前に失われた上古暦法が存在したとする説などが重要であろう。古暦復元と貞享暦編纂の意義を説いているが、暦算計算と実際の暦との関係なども記載され、以後甲寅年より持統天皇十一年即ち文武天皇元年（六九七）までの暦日を扱い、文武天皇二年（六九八）以後、貞享二年（一六八五）までの暦日を対象としている。渋川にはそのほか、長暦編纂の資料とするために『日本書紀』が用いた暦法について研究した『日本書紀暦考』と貞享暦と宣明暦との比較を論じた『古今交触考』がある（桃、一九九〇。内田、一九八六等による）。

（5）相良亨は形而上学の否定のうえに、「自然と神との新たな関係」へのまなざしが本来の姿である人間了解につながるという予想を述べている（相良、一九八九、118～120頁）。のちに「おのずから刑而上学」の樹立という見通しのなかで宣長を位置づけようとする。本稿との関連では神は窮理の主体なのか、別の認識論を想定しているのか、が問題となろうが、その点は別の論点としてあらためて論じたい。

＊本稿では、以下の刊本から史料を引用する。
『天文瓊統《てんもんけいとう》』（渋川春海著。『近世科学思想』下、日本思想大系63、岩波書店、一九七一年）／『玉勝間』（本居宣長著。『本居宣長全集』第一巻、筑摩書房、一九七二年）／『真暦考』『真暦不審考辨』（本居宣長著。『本居宣長全集』第八巻、筑摩書房、一九七二年）

参考文献

内田正男、一九八六『暦と時の事典―日本の暦法と時法』（雄山閣出版）
古賀達也、二〇〇四「本居宣長『玉勝間』の九州年号―「年代暦」細注の比較史料―」（『吉田史学会報』六四号）
相良　亨、一九八九「国学と科学―本居宣長の学問を中心に」（伊東俊太郎・村上陽一郎編『講座科学史4　日本科学史の射程』培風館）
清水正之、二〇〇八「本居宣長における「死と生」―18世紀日本および東アジアの〈知の配置〉へのまなざしを通して―」『茶山學』一三（韓国・茶山財団）
桃　裕行、一九九〇『桃裕行著作集八　暦法の研究』（思文閣出版）

第五部　改元の思想的要素

1　天命・暦法と年号

鄭　吉　雄

一　問題の提示

古い時代の中国において、天命の観念、暦法の施行、年号の制定は、いずれも天文天象の観測を離れることはなかった。本稿では天文天象という角度から、最初に「三正」の暦法の問題について説き、次に天命の問題について論じ、最後に王朝年号の繫年の問題、つまり「元年」と称して「一年」と称さず、「正月」と称して「一月」と称さない問題について論じる。

二　「三正」辨疑

殷商時期、暦法の制定には「日」と「月」とが主として用いられた。当然、殷人は節気を把握しており、彼らの天象観測は、おそらく太陽・月にとどまらず、星辰も含んでいたと思われる。『逸周書』周月に云う。

惟《こ》れ一月、既に南至、昏に昴・畢見《あら》わる、日は短きこと極まり、基は践長、微陽、黄泉より動き、陰、万物に惨たり。是の月、斗柄建子、始昏に北指し、陽気虧け、草木萌蕩す。

『逸周書』各篇の年代について、学界には甚だ多くの異なる見解がある。「周月」の成立年代については、文中に見える「閏無中気（一年を二十四に等分した二十四節気は「正節」と「中気」が交互に十二ずつあらわれる。月の朔望によって月を決めていくと、その「中気」が入らない月があらわれる。その月を閏月とすること）」の説が戦国後期に始まると誤解し、そのことから『逸周書』を戦国末年の成立とする先行研究もあるが、実際のところ、「周月」の成立時期は、三正・三統等の語が見えることから、もとより西周の初めでないことは確定でき、まして『尚書』の「召誥」「洛誥」といった歴史的な実録と同列に論じることはできない。しかし、そこに記述されている内容はあきらかに殷周の際の歴史事実に符合していて、後人の加工修正が加えられている点が異なるにすぎない。「周月」の「惟れ一月」は周暦の一月であり、夏暦（立春の月を一年の始まりの月とする暦法）の十一月であり、またおおよそ今の西暦の十二月にあたる[1]。この節候では黄昏の時に、「昴・畢見わる」。「昴」宿と「畢」宿はいずれも金牛宮に属し、明るさの等級が比較的高い星宿である。「日、短きこと極まり」というのは、冬至の月は、まさしく日の光が北半球から最も遠ざかる時期であるためである。「周月」の作者が「微陽、黄泉より動き」と言うのは、「陽」の力が厳冬にあって最も衰えている時、まさしく「一陽」が一刹那の間に「来復」する時だと考えるからである。つづいて「周月」は「日月権輿」について述べる。

日月倶に牽牛の初に起こり、右回して行《や》る。月周天して起〔進〕こること一次にして、日と宿に合す。日行、月に一次周天して、十有二辰に暦舎し、終われば則ち復た始まる。是れ日月の権輿と謂う。

「斗柄建子、始昏に北指し」から「日月倶に牽牛の初に起こり」までは、冬至の時の天象の描写である。「日月、牽牛の初に起こる」は、劉歆『三統暦』にも「牽牛の初、冬至る」といい、『漢書』律暦志に「太初暦、冬至の日は牽牛の初に在り」というのと同様の意味である。[2] 冬至の日、太陽は南回帰線上にあり、距離は北半球から最も遠くなる。二十世紀東アジアの天文学者飯島忠夫・新城新蔵等は、この一段について牽牛星が赤経（right ascension）零度（春分点、vernal equinox）の位置にあることを示すと解読しているようである。

「周月」における「日月権輿」四字の意味について、「月周天して起こる」の「起」字を諸本がいずれも「進」に作ることから、孫詒《そんい》讓《じょう》は「超」に作るべきでないかと考え、「超辰」の意に理解した。[3] 実際のところ、「起」に作ろうが「進」に作ろうが、この句の意味は非常に解釈しづらい。確実なことは、地球の表面から天空（天球）を仰ぎ望むと、黄道（太陽が見かけ上動く道、すなわち日行之道）と白道（月が動く軌跡、すなわち月行之道）が定期的にふたつの点で交わるということである。これが「宿に合す」である。「周月」には「周正の歳首」[4]「四時、歳を成す」、「各おの孟仲季有り」、さらに「春三月中気」より「冬三月中気」に至るまでの「十二中気」、および「閏には中気無く、斗は両辰の間を指す」について述べられている。[5] 前半の長々と続く文章は、すべて周王朝が建てた新暦の法統が、いささかも大自然の現象と規律に違背しないことを説いている。故に下文に云う。

> 万物、春に生じ夏に長じ、秋に収し冬に蔵するは、天地の正、四時の極、不易の道。夏数、天を得るは、百王の同じき所。

「天道」が大自然をとりしきることには、もとより不易の規律がある。「夏数、天を得るは、百王の同じき所」は、夏暦の「建寅」が一貫して不易の理であることを明確に認めているから、後の百王が如何に新暦を天下に施行しようとも、実質的に「夏暦」は廃することができないのである。このことから、『詩経』豳風《ひんぷう》「七月」の中で、「七月」

と「九月」の語によって夏暦を指し、「一之日」と「二之日」の句によって周暦を指しており、両者が併存している理由が説明される。「周月」はつづけて云う。

　其れ商の湯に在りては、師を夏に用い、民の災を除き、天に順いて命を革め、正朔を改め、服を変じ号を殊にし、一文一質して、相い沿せざるを示す。建丑の月を以て正と為し、民の視を易え、天時の大変に若《したが》うも、亦た一代の事なり(6)。

「正」は歳の始めであり、「朔」は月の始めである。「夏」より「商」に至る叙述の中で、「天に順いて命を革め、正朔を改め、服を変じ号を殊に」した事を述べ、王朝交替の状況を示している。「一文一質」は、暦法について言えば、夏暦は「百王の同じき所」であるから、「周月」の作者がこれを「質」とするのに対して、殷暦は「建丑の月」に改め、新しい時代になって新暦を施行し、ひと月はやく新たな歳をはじめることで、新たな気風を示し、人民の耳目を新たにしたわけであり、これを「文」とするのである。押さえておかねばならないのは、「四時の極」はそもそもが「不易の道」であること、つまり春夏秋冬の変遷はおおむね安定したもので、人類の生活を統御していることである。かくの如き自然の規律は永久不変にして、人類とて改変しえぬものである。国家のなし得ることは、ただ一月早く正月を宣布し、人民に政治の革新がなされたことを実感させることのみであった。これこそ「周月」の作者が殷商の改暦を「文」とした意図である。「文」「質」の二者が「相い沿せざるを示す」は、互いに矛盾することなく併存できることを表している。故に「周月」はつづけて云う。

　亦た越《こ》こに我が周王、伐を商に致し、正を改め械を異にし、以て三統を垂る。敬《つつし》んで民の時を授け、巡守祭享するに至りては、猶お夏よりす。是れ周月と謂い、以て政を紀《ただ》す。

文王・武王が殷を滅ぼした後、殷暦が夏暦を改めた伝統を受け継ぎ、「建子」の月を周正とする新暦を立てた。これが「以て三統を垂る」の意である。「三統」の名は後人が追ってつけた名であるとはいえ、暦法の改変について言えば、それは事実であって、また史実でもある。「敬しんで民の時を授け、巡守祭享するは、猶お夏よりす」は、実際のところ、各種の政治と農業の活動について説いたものであり、用いられているのは依然として夏暦である。

筆者がこの点について煩をいとわず詳しく説明を行うのは、春秋時代の晋国と魯国がいずれも「周正」を用いていないことから、「三正」の信憑性に疑いを持ち、それは一種の「託古」で、まったく行われたことがない理想にすぎないと考える学者がいるためである。これは実のところ考え過ぎである。王朝が新暦を施行するのは、政治的宣伝の意味合いが何よりも大きく、実際には民間に用いられる暦に干渉することは無かったのであり、諸国の用いる暦にすら干渉することは無かったのである。「文」と「質」との区分についてきちんと理解していれば、誰しもこのような疑念をいだくことは無いに違いない。

『逸周書』周月を通して、夏・商・周と朝代の移り変わりに従って改暦することは、歴史の中で現実に発生した事であることがわかる。春秋時代に至っても、このことは依然として伝述されていた。『左伝』昭公十七年に云う。

梓慎曰く、……火出づ、夏に於いては三月と為し、商に於いては四月と為し、周に於いては五月と為す。夏数、天を得《う》。

「火」はさそり座のアンタレスを指し、春夏の間にあらわれ、季節にしたがって西へ移る。豳風「七月」に見える「七月流火」は、それが西へと移る現象を述べたものである。「夏数、天を得」はまさに「周月」から引かれた言葉であり、換言すると、西周には「三統」や「三正」等の名称が無かったとはいえ、周代以前に王朝が移り変わる中で、二種の暦法が並存していた。民間で用いられていた夏暦がその一であり、殷商が施行した「建丑の月」と周王朝が施行した「建子の月」とがもう一つである。前者は自然に則っていて改変することはできないのに対して、後者は示威的な性格を有する。これが「三正」「三統」の説の来源であり、また梓慎の説こうとした意味である。換言すると、暦法の施行は純粋に実用に属すること以外に、政治的宣伝の役割も元来含まれていたのである。これこそが『春秋公羊伝』何休注において次のように説かれていることである。

王者、命を受くるに、必ず居処を徙《うつ》し、正朔を改め、服色を易え、徽号を殊にし、犠牲を変え、器械を異にするは、之れを天に受け、之れを人に受けざるを明らかにす。(8)

「之れを天に受け、之れを人に受けず」と言っているからには、王たる者にとって、どのような行動も「正朔を改める」こと以上にふさわしいものは無いと想定することが出来よう。この行動は、「夏数、天を得るは、百王の同じき所」という事実に影響を及ぼさないばかりでなく、大自然に密着した「暦」に借りて、新たな王朝が定まったという雰囲気を示すことができる。董作賓は言う。

春秋時代、晋は夏正を用い、魯はその初期に依然として殷正を用いており、民間では前代の正朔を沿用していたことがわかる。(9)

春秋時代の魯の文公や宣公以前においては、冬至の次の月、つまり「殷正」の月を正月としていた。文公・宣公以後において、はじめて冬至を含む月、つまり「周正」を正月としたのである。(10) このような現象があっても何ら不思議なことはない。豳風「七月」に「七月、九月」と「一之日、二之日」とがあるのをみれば、周民族の郷土詩歌は周暦と夏暦を併用しているのであり、春秋の各国がひとつの「暦」を選んで実用に供するにせよ、政治的に用いるにせよ、そもそも民間において「不易の道、百王の同じき所」の暦を用いることが妨げられることはないのだから、晋国が夏正を用い、魯国が殷正を用いていても、どうして怪しむに足ろうか。それどころか、史実を考えると、周の平王は鄭・虢二国の保護下にあり、あわただしく東遷している。東周の始めにおいて、天子の勢力はすでに衰微しており、覇主の支持によってなんとか命脈をつないでいた。西周初年に天下を統一し、新暦を施行した時の雰囲気ははや失われており、各国がそれぞれの考えによって異なる暦を施行していても不思議ではない。

客観的な自然の規律と古人の主観的な願望との間に存在する落差は、絶えず種々のトラブルを引き起こした。日、月、群星の運動原理の複雑性を理解しようとしても、それは古人がなしうることでなく、天文暦法の知識は、上古政治にとって示威的な意味を存分に備えていたから、天象の秩序と規律は、統治者の主観的な願望を反映した政治的な意義について言えば、極めて重要であり、整然とした天上の秩序は、地上の秩序を決めるものであった――日月列星の運行が不変であっても、統治者は一年の正月、あるいは建寅、あるいは建丑、あるいは建子など、新たな解釈を打ち出し、新王朝の新たな気風を押し広げようとしたのである。

三 「天命」の理想性 ―可知か、不可知か―

古人は宇宙の知識を十分に持ち合わせていなかったため、天地の秩序についての観測も、日月星辰の規律にもとづいて行うよりなかった。彼らについて言えば、規律の中に誤差が存在することに絶えず気がついていたが、長期的に見ると安定していて、かつ運行が予知可能な日月星辰の規律に影響を及ぼすことはない、と仮定するしかなかった。心理面でこのような認識が確立されたことで、「天」によって人事の「命」が確定されると見る考えが意義を持つに至った。換言すると、古人は、星象の誤差を観測することで「天命」の信頼性を疑うようなことはなく、「天命」が絶対であって信頼できるという前提のもと、「天」に対する自身の認識が不足していると謙虚に考えるばかりだったのである。殷周以降、すくなくとも秦漢の時期に至るまで、中国人は実際のところ、このような心理状態にあり続けながら、次第にかれらの天人合一思想を作りあげていった。つまり自然と人事とが相互に対応するという考えである。この対応は、天文から人事に及ぶだけでなく、地理にも及ぶ。『春秋左氏伝』襄公九年によると、宋国で火災が発生した時に、晋侯が士弱に尋ねている。双方のやりとりは以下のようなものである。

（晋侯、士弱に問いて）曰く、「吾れ之れを聞く、宋災あり、是に於いてか天道有るを知る。何の故なるか。」（士弱）対えて曰く、「古えの火正、或いは心を食し、或いは味を食さば、以て内火を出だす、是の故に味は鶉火為り、心は大火為り、陶唐氏の火正閼《あつ》伯、商丘に居り、大火を祀りて、火もて時を紀す。相土之れに因る、故に商は大火を主とす、商人、其の禍を閲て之れを釁に敗る、必ず火に始まる、是こを以て日ありて其の天道有るを知るなり。」

士弱の「陶唐氏の火正閼伯、商丘に居り、大火を祀り」および「商は大火を主とす」という言葉は、中国の「星野」という観念に及んでいる。つまり天上における星辰の分布と地理上の国家の分布とは、一つ一つ対応しているという考えである。星野という思想がいつ始まったか不明だが、数千年にわたって影響を持ち続けた。清代に至るまで、地方志には常に「星野」もしくは「方野」という項目があり、その地が属する天文上の位置を説明した。

古代文献に記される「文王受命」という説の解釈について、最近、清華簡「程寤」篇（『逸周書』の佚篇）が世に出たことで、学界ではあらためて関連する問題を探求しはじめた。「受命」の説は非常に早くからあり、『尚書』無逸においては、「殷王中宗、厳恭に寅しんで天命を畏れ、度を自《もち》いて民を治め、祇《つつ》しみ懼れて敢えて荒寧せず」まで遡るほか、さらに「文王、命を受くるとき惟れ中身」と説かれる。のちに司馬遷は『史記』周本紀において、互いに争った「虞・芮《ぜい》の君」が西伯を訪ね、最終的には譲り合って戻ったが、そのことを聞いた諸侯が「西伯は蓋し命を受くるの君」と述べたことを記している。『史記』の故事は、おそらく次の『詩経』大雅「緜《めん》」に由来する。

　虞芮、厥《そ》の成を質《な》し、文王、厥の生を蹶《うご》かす。

別の説では「程寤」に記される「大姒《たいじ》の夢を解く」の後に受命したとする。晁福林「従清華簡『程寤』篇看「文王受命」問題」(11)は、文王の受命の問題について詳細に論じ、おおむね以下のように考える。周人の「受命」は、第一段階は、商王の命を受けて西伯となったこと、(12)第二段階は、「程寤」に記す通り、大姒が夢をみた後に周公が明堂で占い、「商命を皇上帝より受け」(13)たこと、つまり殷商にかわって天命を継承したのを知ったことを意味する。第三段階に至ると、「大命を受」けることまで拡大し、それは周公が摂政となった時期におこり、周は天命を受けて天下を治めるようになった。晁福林の説明はかなり明確であるが、筆者は以下のことを補なわねばなるまい。早期における「受命」の意味については、董作賓がずっと以前に明らかにしているのである。(14)『詩経』采薇正義に引く『帝王世紀』に云う。

　文王、命を受くること四年、周の正月丙子朔、昆夷氏、周を侵す。一日に三たび周の東門に至るも、文王、門を閉ざし徳を修めて与に戦わず。

董作賓は『殷暦譜』「殷帝辛五十六祀、一一一九年壬午、周武王三祀（立之四年）」条において次のように説く。

　按ずるに、周人は武王即位の年を周の受命の年とするのが常であり、「文王」はすべて「武王」の誤りに違いない。武王は紀元前一一二二年己卯に即位しており、この紀元前一一一九年まで、ちょうど四年である。故に「命を受けて四年」と称するのである。周人が「文王、命を受けて九年にして崩ず」と称するのは、殷王の命を受けたことを意味し、それは「西伯」となる命を受けたにすぎない。武王が即位したことを「命を受く」と称するのは、同様のことに違いない。後代、この「受命」を「上帝の命を受く」、すなわち「天命」を受けたこととするのはこじつけであり、『詩』『書』や古い銘文に見える例は非常に多いが、ここでは詳しく述べない。……受命の説は、そのはじめは事実にもとづいていた。『尚書』無逸正義は、「文王受命」に対する鄭玄の説を引き、「殷王嗣位の命を受く」と云う。卜辞に、武乙・文武丁の世において「周侯に命ぜらる」ことの記録があるのは、鄭説の証拠となろう。文王は二度受命しており、一度は位を継いで周侯となった時であり、もう一度は西土方伯、つまり西伯となった時である。文王が没し、武王が立った時も、殷王室の命を受けたに違いない。今ここで考察すると、ここに出てくる「王」はおそらくいずれも帝辛を指している。周人が天下を取ると、受命の史実が神秘化され、人の王からの命だったものが天の神からの命へと変化し、そうして文王が天命を受けたという説ができたのである。文王の受命が西伯となった年であり、また天命を受けた年であって、武王が紂を伐ったのは、文王の位を継いで命を受けた年だと考えるから、所謂「十一年」や「十三年」は、いずれも「文王受命」から起算する。この説は殷暦、『世経』、『史記』にもとづいており、周の年を考察する近頃の学者が落とし穴にはまり込んでいるため、論じないわけにはいかないのである(15)。

董氏はつづけて『詩経』や西周の鼎の銘文を引用し、「周初に朝野が一致して周が天命を受けたと吹聴した熱烈な運動」について説明しているが、後に出土した清華簡「程寤」を目にすることができなかったため、大姒の夢については論及のしようがなかった。そのため、晁氏の論文はやはり大いに参考に値する。

『爾雅』釈天に「夏は歳と曰う」と称し、郭璞注に「歳星の行くこと一次なるに取る」と云う。また「商は祀と曰う」の注には「四時の一たび終わるに取る」と云い、「周は年と曰う」の注には「禾の一たび熟するに取る」と云い、「唐虞は載と曰う」の注には「物の終わりて更めて始まるに取る」と云う(16)。これらのことから、「一年」に関する四種の呼称は、いずれも自然界の四季がひとめぐりすることから意味を取っていることがわかる。それは古人の「天」に対する自然観察の結果である。『殷墟書契考釈』下「礼制」第七において、羅振玉は次のように説く。

『爾雅』釈天に「商は祀と曰う」とあり、之れを卜辞に徴するに、「祀」と称する者四、「司」と称する者三。「惟れ王の二祀」と曰い、「惟れ王の五祀」と曰い、「惟れ今に九祀」と曰い、「王の廿祀」と曰い、「王の廿司」と曰う。是れ商、「年」を称して「祀」と曰い、又た「司」と曰うなり。「司」は即ち「祠」字、『爾雅』に「春祭を祠と曰う」とあり、郭『注』に「祠の言 食」とあり。『詩』正義に孫炎を引きて、「祠の言 食」と云うは、郭『注』の本づく所と為す。是れ「祠」と「祀」音義倶に相い近く、商の時に在りては、殆んど「祠」と「祀」とを以て祭の総名と為し、周の始めに「祠」を以て春祭の名と為す。故に孫炎、商の祀と称するを釈し、「四時の祭祀の一たび訖わるに取る」と謂うは、其の説殆んど之れを得たり[17]。

「年」字は甲骨文では（甲二八七二）に作り、ひとりの人が穀物を背負っている様子を象っており、豊かな収穫の意味をあらわしている。『説文解字』に云う。

　年は、穀の熟するなり。禾に従う、千の声。

董作賓は次のように指摘する。殷代の甲骨で「年」が用いられるのは、「求年」と「受年」の場合のみである。「求年（年《みのり》を求む）」は後世の「祈穀」の祭であり、「受年」は「受黍年（黍の年《みのり》を受く）」、すなわち穀物の豊作の意であって、いずれも歳を記録するのに「年」を用いてはいないことがわかる[18]。『逸周書』のような周代の典籍には、文王の時代の周人が歳を記録するために「祀」を用いている例が多く見られる。例えば『逸周書』酆保《ほうほ》に「維《こ》れ二十三祀庚子朔」とあるが、朱右曽は「二十三」を「四十三」に作るべきであり、周文王の四十三祀が殷帝辛の四十六祀に相当するとみなす。そこで潘振は「祀と称するは、殷の正朔に従うなり」と考えた[19]。また『逸周書』小開には「維れ三十有五祀」とあり、劉師培は次のように説く。

　文王、命を受くる以前、蓋し殷正を用い、命を受けて以後は則ち周正を用うること、均しく本書に即きて之れ劉師培は「受命」がどの年の出来事かを指摘していない。『尚書』洪範に云う。

惟れ十有三祀、王、箕子を訪ぬ。

偽孔伝には、以下のように解説されている。

商は祀と曰う。箕子、祀と称するは、本を忘れざればなり。此の年の四月、宗周に帰するに、先づ武成に告げて、次に天道を問う。

「洪範」のほか、実は「洛誥」にも「功を記さん。宗ぶに功を以てし元祀と作《な》さん。……惇く将礼を宗び、元祀に称秩せん」との記述があり、『逸周書』柔武にも「維れ王の元祀、一月既生魄、王、周公旦を召して曰く……」とある。「洪範」は周人が記したものであり、殷人の立場から書かれたものではない。それでも「祀」と称しているのは、必ずしも箕子がその本づくところを忘れなかったことを意味するわけではなく、あるいはただ単に殷商の「祀」を襲用して、「年」を用いなかっただけの話かもしれない。

次に、紀月について論じる。もともと殷商の暦法における紀月の習慣は、幾度もの変更を経ていた。董作賓は甲骨文の紀月に対する考察を通じ、以下のように推論する。

殷正では、天文月の建丑月を一月や正月と称する。般庚十五年から祖庚七年に至るまでは、一月と称して正月と称さず、閏月を十三月と称している。祖甲は暦を改め、その元年から正月と称して一月と称さず、閏月は一年の中に並べている。武乙と文武丁は古に復し、一月と称して、閏月を十三月と称している。帝乙と帝辛はふたたび改め直し、正月と称して、閏月も一年の中に並べ、十三月は設けてない[21]。

甲骨文に記録されている文字から帰納したものであるから、その説は至って正確である。しかし、結局「一月」

がなぜ「正月」と呼ばれるかについては、董作賓も「一月は『正月』とも称する」ことしかわかっていない。武丁の時の卜辞は全て「一月」であって「正月」は見られず、帝乙・帝辛の頃の卜辞はこれと反対である。これらの表記について例外は見られないが、正直なところ、その原因についてはよくわかっていない(22)。

数理上は、一から十二、あるいは十三までの数字で紀月を行うのが合理的である。なぜ後に一月を正月と改めるようになったのだろうか。「正」字は甲骨文では口と止とに従っており、原義は当然、前に向かって行動するという意味である。「口」が城邑、一つの地域を表すのは、邑・韋等の字と同じパターンである。「邑」は、人がある場所に座っていることを象り、城壁があり、住民がいることを表している。「韋」は、二つの「止」字が城郭の左右にあり、人がここで守衛に当たっていることを意味する。「正」は、殷代において本来は征伐の「征」の字として用いられ、足を目的地に向けて前進することを示しているから、『爾雅』釈言では征を行と訓じる。『説文』では正を是と訓じており、この字は正すの意もそなえている。一月を正月と改めるのは、暦法上、必ず深い意味があると思われ、そのため正月という名称は周秦以後も用いられた(23)。

周知のごとく、王国維（一八七七〜一九二七）「殷周制度論」に述べられているように、周民族は殷商を滅ぼした後、礼楽服色の制度に関して多くの改革を行ったが、殷人の習慣を受け継いだ部分も少なくなかった。帝乙・帝辛の時期の卜辞では、一律に「正月」と称し、「一月」と称していないことに留意しなくてはならない。だから周代の経典の中で「一月」がおしなべて「正月」と称されているのは、もとより歴史的な淵源があるのであり、それは決して以下に引く『春秋公羊伝』の解釈のようなものではない。

曷為《なんす》れぞ先に王と言いて後に正月と言う。王の正月なればなり。何ぞ王の正月と言う。一統を大《とうと》べばなり。

何休『注』に云う。

夏は斗建寅の月を以て正と為し、平旦を朔と為し、物の見わるるに法《のっと》り、色は黒を尚《とうと》ぶ。殷は斗建丑の月を以て正と為し、鶏鳴を朔と為し、物の牙《きざ》すに法り、色は白を尚ぶ。周は斗建子の月を以て正と為し、夜半を朔と為し、物の萌ゆるに法り、色は赤を尚ぶ。

孔穎達『疏』には、以下のように解説されている。

凡そ十二公の即位、皆正月に在り。是こを以て有事無事を問わず、皆「王の正月」と書するは、人君の即位の年を重んずる所以なり。[24]

『公羊伝』の注と疏は、いずれも「斗建」を背景としており、専ら「即位の年」という部分に着目して「正」字の解釈を行っている。さらに、「大一統」の義まで敷衍し、「統」字を「始」と解釈している。[25] ここから「物事の最初を正す」という新たな意味が導き出された。甲骨文が発見されたことで、現在では、このような新しい意味づけは西周において礼楽が定まった後になされたことがわかっている。

公羊家はこのように「正月」と記されることを称揚するが、左に引くとおり、『尚書』武成では依然として「一月」という呼称を用いている。たとい歴代の学者が「武成」は『古文尚書』であって偽造品であると指摘していても、ここ一世紀、武王が殷を滅ぼした年代を研究する学者たちが皆、この一篇によって殷を滅ぼした年月を定めていることに対する妨げとはならない。

惟れ一月壬辰旁死魄。越こに翼日癸巳、王朝《あした》に歩くこと周よりし、于《ゆ》きて商を征伐す。厥の四月、哉生明、王来たること商よりし、豊に至る。

偽孔伝で「一月は周の正月」と説き、『漢書』律暦志も「周正」と明言しているが、[26] 結局のところ、殷正の「丑月」（夏暦十二月）なのか、それとも周正の「子月」（夏暦十一月）なのかについては、学界の中に異なる意見が認められる（「亥月」とする学者すらいる）。それは、主として『逸周書』世俘解によく似た記載があるためである。

惟れ一月丙辰、旁生魄、若《こ》こに翼日、丁巳、王乃ち歩くこと周よりし、商王紂を征伐す。

陳逢衡は、『漢書』律暦志所載の「武成」の内容にもとづき、「旁生魄」を「旁死魄」、「丁巳」を「癸巳」、「丙辰」を「壬辰」と改める(27)。右に引く武成の「一月」が殷正によるか周正によるかについて、これまで学者が様々な論を出してきた。朱右曽は「王、十一年建子月三日癸巳を以て乃ち行く」と指摘し、『彙校集注』では顧頡剛の見解を引いて以下のようにまとめている。

『孔卮言』では当時において依然として殷正を用いていたと考え、丑月二日と定めた。陳以綱の『漢志武成日月表』も亥月二日と定めた。王国維『生覇死覇考』では子月二十五日としている。本文で「一月」と明言されていることを踏まえれば、周正で言うとこの月は建子、殷正で言うとこの月は建丑となり、亥の月が「一月」と称される道理は無い(28)。

董作賓はその「定点月相」の理論に基づき、「武成」の「一月壬辰旁死覇」は殷暦正月（小の月）三日であり、「粤《こ》こに来たる二月既死覇に若《いた》り、粤こに五日甲子、商王紂を咸劉《ほろぼ》す(29)」は殷暦二月（大の月）一日己未、甲子は六日であることを論証した。三月には殷商が既に滅んでいるため、月の表示「四月旁生覇」は周暦による四月（小の月、殷暦三月）十六日甲辰を指している。このように計算すると、殷暦三月（周暦四月）には庚戌がある(30)。このことから、「武成」篇の記載には、殷を滅ぼす前夜に至るまで、周がなおも殷暦を用いていて、殷を滅ぼした後になって周暦に改めたことが見事に反映されていることがわかる。

「文王受命」の後、武王がその事業を引き継ぎ、兵を挙げて紂王を伐った。事が成就してすぐさま周正に改めたのは、本稿第二節「『三正』辨疑」で説いたように、新たな気風を示すためである。どうやら事前の準備があったようであり、それゆえ殷を亡ぼしてすぐに改暦を実施できたのである。上古の帝王は、「天」の権威を借りて、人々に向けて天子が政権を獲得したことの正当性を示したのであり、それが新たな王朝の成立に必要なプロセスであったことが見て取れる。

暦法によって自然の規則をあらわし、周人がみずからの意志にもとづいて「天命」の観念に解釈を加えたことは、『逸周書』命訓にも見える。

天、民を生じて大命を成し、司徳に命じて之れを正すに禍福を以てし、明王を立てて以て之れを順ならしめて、曰く、「大命は常有り、小命は日び成る。」成れば則ち敬あり、常有れば則ち広し。広くして以て命を敬すれば、則ち度は極に至る。夫れ司徳、義を司りて、之れに福禄を賜う。福禄は人に在り、能く懲無からんか。若し懲ありて過ちを悔ゆれば、則ち度は極に至る。夫れ或いは不義を司りて、之れに禍いを降す。人に在りては、能く懲無からんか。若し懲ありて過ちを悔ゆれば、則ち度は極に至る。夫れ民生じて醜明らかならず、以て之れを明らかにする無くんば、能く醜無からんや。若し醜有りて競いて不醜を行えば、則ち度は極に至る。……人を正すに、極有るに如くは莫く、天に道《したが》うに極無きに如くは莫し。天に道うに極有れば則ち威あらず、威あらざれば則ち昭らかならず。人を正すに極無ければ則ち信あらず、信あらざれば則ち行われず。明王、天を昭らかにし人に信あらしむるに度を以てし、地に功して以て之れを利し、使《も》し人に信ありて天に畏あらば、則ち度は極に至る[31]。

「命訓」の一つ前の篇は「度訓」であり、「度訓」の「度」は天行の度数を指し、「訓」は訓示を指し、それは陳逢衡の言うところの「天行、度有りて四象正し、皇極、度有りて万民順なり[32]」である。「命訓」の「命」は「天命」を指し、「天命」は天行度数と密接な関係がある。この話の中で、作者は「天」と「人」との間に境界線を引く。「天」

は人民を生み、同時に「人」に二つの大きな宝を与えた。一つは禍福を司る神であり、人民に徳行を遵守するよう奨励した。もう一つは天子であり、人民の生活を滞りなく行えるようにした。「命」によって区分すると、「人」の「命」は「小命」であり、徳行を積むことで獲得され、徳行があると政治上の模範となることができる。「天」の「命」は「大命」であり、徳を修めることで成すことができるものではなく、何かに遵守して獲得できるような如何なる方法も無く、天の常道──治乱・革命──に寄託することで実現されるものである。「大命」は「天」に属して「人」には属さず、「小命」は「人」に属して「天」には属さない。大命は治乱にもとづき、王朝の交代に実現される。日月星辰の規律のように、その規律はどこまでも届くものであり、人類が徳行に力を尽くすことで獲得できるものではない。小命はそれとは異なり、次第に進んでいくものであり、人事に対する恭敬・謹慎によって獲得し、福を招いて禍を避けることができる。「人」について言うと、「徳」と「義」を遵守できるならば、天から福禄が与えられる。福禄は人によって決まるが、人が間違いを犯さないはずがないので、重要な点は、当事者が「懲ありて過ちを悔」い、「競いて不醜を行」い、「之れに勧むるに忠を以てし」、「恐れて教を承く」ることできるかどうかである。これら全てが「極」であり、準則である。(33)「度は極に至る」は、天による勧善懲悪や福善禍悪の基準の在りかを示しており、それはまた統治者が人類の行為を正すために用いる指導方針でもある。「天命」に至っては、一般人が追求できるものではない。なぜなら天命が畏れられるのは「無極」である点にあり、それは予知できないものであって、人類が徳行を積もうと勉め励んでも到達しようがないからである。もしも大命（天意）が予知可能であれば権威が失われてしまい、人類に至高の譴告を与えることができなくなる。であるから「天」を知ることができる準則があれば威厳が失われ、威厳が失われればその力が明らかでなくなる。小命（禍福）はそうではなく、人類が遵守する明確な基準が必要であり、それが無ければ治道が行き詰まって行われがたくなる。これが「人を正すに極無ければ則ち信あらず、信あらざれば則ち行われず」の意味するところである。

中国の伝統的な年号の呼称では、「正月」と称して「一月」と称さず、それが殷商の時代にまで遡るものであることは、すでに上で述べた。降って秦代に至ると、「正月」が「端月」と称されることまであったが、これは特例と見なければならない。「元年」と称して「一年」と称さないことについても由来がある。『後漢書』律暦志中に云う。

四　「元年」と「一年」

詔書して、三公・百官に下して雑議せしむ。太史令の虞恭・治暦の宗訢《きん》等議するに、「暦の本を建つるに、必ず先づ元を立つ。元正しくして、然る後、日法を定め、法定まりて、然る後、周天を度《はか》りて以て分至を定む。」

われわれは、殷商の紀年において既に「元祀」という呼称が用いられていたことを確認した。「元」を用いる原因、それにどのように「暦の本を建つる」かについては、検討する必要がある。文義の上から考察すると、「元正しくして、然る後、日法を定め、法定まりて、然る後、周天を度りて以て分至を定む」は、天体の一周の測定、および二分（春分・秋分）と二至（夏至・冬至）の確定に関わっているようであり、「斗建」は別として、別の方向の解釈はなさそうである。

「天」が崇高であり、「天命」が畏るべきものであることから、もう一つ別の観念――「元」に行き着く。「元」字は、許慎『説文解字』において二番目に出てくる文字であり、「一」字のすぐ後に並んでいる。『説文』は「一」字について云う。

惟れ大極に初まり、道は一より立つ。天地を造分し、万物を化成す。凡そ一の属、皆一に从《したが》う。

「元」字については次のように云う。

始なり。一に从い兀《ごつ》の声。

「一に从う」は、「一」という字の形を取っていることであり、「兀の声」は、「兀」を音とすることである[35]。しかし「一に从う」は、実は単にその「一」字の形を取っているだけばかりなく、その義も併せて取っていることを意味している。われわれが了解しているように、『説文』の配列の中で同部に属する字について言うと、配置される位置の遠近は意味の遠近によって決まっている。許慎の理解によれば、「元」字は「惟れ大極に初まり、道は一より立つ」の「一」字の意味を直接承ける関係にある。按ずるに、「元」字の甲骨文は以下のように作る。

　鉄、四五・三　　前四・三二・五

金文では以下のように作る。

　師虎簋

甲骨文字の上にある横画は、部分的に「天」字の上にある横画の形と似ており、その本義は必ずしも数字の「一」字ではないかもしれないが（筆者：「一」は造字の方法についていうと「指事」である）、もしかすると許慎のいう「惟れ大極に初まり、道は一より立つ」の意を含んでいるかもしれない。あるいは人の頭頂部の位置を象っているかもしれない。下半分は人型であり、甲骨文の他の「人」字が多くの形状に作るのと似ているのが参考になる。とりわけ『周易』乾卦文言伝「元は善の長なり」の一節について言うと、『左伝』襄公九年の穆姜《ぼくきょう》の発言と文言伝との内容が似ていることは周知の事実である。穆姜は次のように言う。

元は体の長なり。

文言伝ではここの「体の長」を「善の長」に作る。「長」は「大」の意であり、[36]「体」の「大」が指すのが「しゃれこうべ」であるのは、重量があるばかりでなく、人体の活動の中枢であるということによる。これはまさしく穆姜のいう「元」字の本義でもある。故に総合的に考えてみると、「天」と「元」の二つの文字は、上古に字が造られた時に、意味上の関係は相当に密切なもので、そのことが『説文』に反映している。「一」の次が「元」、「元」の次が「天」というように、この三字は密着して配置されており、意味につながりがある。「天」と「人の頭」との間の密切な関係を基礎として、自然（天）と人文（人の頭、物事のはじまり）の一体関係を示しているのである。

周代の経典の中で、「元」字は「大」の意味に用いられることが多い。たとえば『詩経』小雅「六月」に云う。

元戎十乗、以て先に啓行す。

また魯頌「泮《はん》水」に云う。

元亀象歯、大いに南の金を賂《おく》る。

このふたつの「元」の字義はいずれも「大」の意味に取る。『周易』の「元亨」や「元吉」も、「大」の意味に取る。「大」字の古文の字形は、H・G・クリール（Herrlee G. Creel、一九〇五～九四）が「釈天」の一文[36]において指摘しているように、これも人の形であって、もっぱら大人を指すのに用いられ、「人」一般を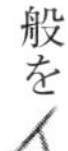の形に作るのとは異なる。『説文』の「大」字は「一」「元」「天」と同列の位置にはなく、単独で一部をなしているが、この三字と同様に「人の形を象」ったものである。

天は大、地は大、人も亦た大なり。人の形に象る。……凡そ大の属、皆大に従う。

これは非常に道理のあることであり、甲骨文の字形の構成とも完全に符合している。「天」「大」「元」の三字の密切な関係は、古文字の形を除いても、経典の中における運用の面も相当一致している。その義はあるいは「首」

となり、たとえば紀年の第一年を「元祀」「元年」と称する。あるいは「大」となり、あるいは直接「大」字のかわりとなる。たとえば『尚書』多士に云う。

　厥《そ》れ惟れ元命を廃し、降して罰を致す。

「呂刑」に云う。

　惟れ天徳を克《よ》くするに、自ら元命を作《な》して、配享して下に在り。

五経のうちで、「元」字の字義を最も押し広げているのは、『周易』『春秋』の二書である。『周易』乾卦の卦辞に「元亨利貞」とある。「元」字に対して豊富な解釈を打ち出すことに関しては十翼が最も早く、かつこの「元」字について、その意味をおしひろげて新たな意味を生み出している。たとえば彖伝に云う。

　大いなるかな乾元、万物資りて始め、乃ち天を統《す》ぶ。雲行き雨施し、品物、形を流《し》く。大いに始終を明らかにし、六位、時に成り、時に六龍に乗りて以て天を御す。乾道変化し、各おの性命を正しくし、太和を保合す、乃ち利貞なり。首は庶物に出でて、万国咸な寧《やす》し。

彖伝の作者は卦名の「乾」字を取り、卦辞の冒頭の「元」字と結びつけて「乾元」という一つの言葉を作りだし、そうして天道の偉大さをひっくるめて表し、さらに「開始」の意に引伸し、「万物資りて始め」と称し、さらに「天」の意にも引伸するので「乃ち天を統ぶ」と称する。「大」の意にも引伸するので、「大明」「大和」と称し、さらに「首」、つまり「あたま」と「はじめ」の両義へと引伸するので、「首は庶物に出づ」と言うのである。文言伝でも次のように云う。

　元なる者は、善の長なり。……君子は仁を体して以て人に長たるに足る。

「長」字の意味も「元」字から引申したものであり、この段の前後に見える二つの「長」字には二つの異なる意味がある。前者は「大」の意であり、「元」字の字義から引伸したものである。後者の「人に長たる」の「長」は、「おさめる」の意である。文言伝の作者は、『左伝』の中で穆姜が述べている「体の長」句の名詞の「体」字を取り、それを「仁を体す」と他動詞に転化し、実践の意を生み出している。「元亨利貞」句下で孔穎達『周易正義』は「体」を「行」、「長」を「治」と解釈する。

言うこころは、聖人も亦た当に此の卦に法りて善道を行い、以て万物を長《おさ》むべし。物、生存するを得て、「元」と為すなり。(38)

さらに、荘氏の文も引用して説く。

第一節「元なる者は、善の長」なる者は、天の性を体し、万物を生養するを謂う。善の大なる者は、生に施すより善きは莫し。元は生に施すの宗為り、故に「元なる者は、善の長」と言うなり。(39)

『周易』乾卦が冒頭で「元」字を掲げるのが『易』の作者の本来の意図であるかどうかについては、もはや知るすべが無い。知ることができるのは、『易』学者が「元」字と「天」字の意味を関連させて、意味を引申させたことである。このように関連づけられるのは、実は「一」「元」「天」「大」がいずれも訓詁の面でつながっていることによる。元の字は、『周易』経文の中で特殊な位置を占めており、彖伝の作者に「乾元」という言葉を作り出して敷衍させた。これは決して孤立した例ではない。上文に言及した文言伝の「四徳」は、『左伝』襄公九年において穆姜が「随」卦を論じた言葉を襲用しているように見えるが、実際のところ、『左伝』昭公十二年によると、南蒯《かい》は枚筮《ばいぜい》（内容を伏せて占うこと）して「坤の比に之《ゆ》くに遇い」「黄裳元吉」の爻辞を得たところ、恵伯がそれを解釈して言った。

黄は中の色なり。裳は下の飾なり。元は善の長なり。

恵伯が「元」を「善の長」と定義づけるのは、文言伝の作者と同じである。「元」には長大の意があり、「体の長」のしゃれこうべの意にしろ、「善の長」の懿徳の意にしろ、いずれも春秋時代の人に共通して受け入れられていた通義であった。故に『春秋』家は「元」の義を掲げるのが常であった。『春秋公羊伝』に云う。

元年、春、王の正月。

孔穎達『正義』は次のように解説する。

『左氏』の義の若くんば、天子諸侯を問わず、皆、元年と称するを得。『公羊』の義の若くんば、唯だ天子のみ乃ち元年と称するを得て、諸侯は元年と称するを得ず。此の魯の隠公は諸侯なり、而るに元年と称するを得る者は、『春秋』、王を魯に託し、隠公を以て受命の王と為す、故に元年と称するを得たり。

この一段の内容について見る限り、理屈は通っている。しかし殷商以降、「元祀」「元年」と称していた例からすれば、実際はそうではないことがわかる。もし「王を魯に託す」の説が成り立つならば、魯国が長期間にわたって殷正を用いていたことは、どう解釈したらよいのであろうか。『大戴礼記』保傅《ほふ》に云う。

君子は始めを慎しむなり。春秋の「元」、詩の「関雎《かんしょ》」、礼の「冠」「婚」、易の「乾」「巛《こん》」、皆始めを慎み終わりを敬しむのみ。

董仲舒『春秋繁露』玉英篇と王道篇には、「元」を「大」「始」「正」と解する豊富な解釈が見られる。重政篇に云う。

『春秋』、一を変じて之れを元と謂い、元は猶お原のごときなり。其の義、天地の終始に随うを以てなり。故に人は惟だ終始有りて生じ、必ずしも四時の変に応ぜず。故に元なる者は万物の本為りて、人の元、焉《ここ》に在り。

深察名号篇に云う。

君なる者は元なり、君なる者は原なり、君なる者は権なり、君なる者は温なり、君なる者は群なり。「原」「元」の二字はいずれも疑母元部に属する字であり、古音は同じである。そのため『繁露』ではただちに敷衍して「君なる者は元なり、君なる者は原なり」とする。『繁露』では「元」を解釈して「大」「始」の意があるとし、「本」「正」の意に引伸して、その中に君主の至高無上の権威という含意を満たした。この考え方は西周初年の「天命」観念と一致する。(40)もし殷周までさかのぼれば、われわれは「天」の意味が多様であることに気づくだろう。つまり殷商では干支によって帝王を命名し、循環の観念によって天を理解していた。殷末周初に至ると、革命の必要性から「天命」が広く論じられ、王朝の交替を説明するのに用いられるばかりでなく、夏・殷・周の政権交替が一種の自然の規律に則っていることを説明するのにも用いられ、革命と統治権の合法性を解釈するに足るものとなった。ここで言う治権とは、「普天の下、王土に非ざる莫し」という観念を指し、周人にとって「天」は至高無上のものなのであった。(41)そのため『詩経』大雅「板」では「天の怒に敬しみ、敢えて戯予すること無かれ。天の渝に敬しみ、敢えて駆馳すること無かれ」と称し、周頌「我将」では「天の威を畏る」と称して、いずれも周人の「天」に対する畏敬の念を充分に示している。殷商の天子は天の時によって命名し、升天等の神話によって人と神の疎通を明示したが、その情況とは異なる部分がある。

五　結　論

1.「三正」の政治的効用と意義について言うと、従来より一ヶ月早い月を一年の始まりの月と定めて新暦を施行し、新たな「正」を広めるのは、殷が夏の命を改め、周が殷の命を改めた時に実施されたことであり、政治宣伝上の意義の方が実際の効用よりも大きかった。というのは、新暦が施行されても、民間において二十四節気の立春を歳首としていた事実に対して実質的な影響が無かったからであり、『詩経』豳風「七月」の中では周暦と夏暦が並存しており、春秋列国で周正を用いない国が多かった。これが古人のいわゆる「文」「質」の区分である。

2.『逸周書』命訓に「大命は常有り、小命は日び成る」とあるのは、西周王朝における「天命」観を示す重要な記述である。同じ篇の中に「人を正すに、極有るに如くは莫く、天に道うに極無きに如くは莫し。天に道うに極有れば則ち威あらず、威あらざれば則ち昭らかならず。人を正すに極無ければ則ち信あらず、信あらざれば則ち行われず」とあって、「天」と「人」が明確に区別されている。天子の大位に関わる天命が大命であり、変化もあれば常道もあるが、従うべき準則は無い。個人の命運が小命であり、従うべき準則があり、毎日の徳行の積み重ねが必要とされる。

3.中国で帝王の世系を伝承するには、年号の外に、繋年紀月の方法があり、「一月」はいずれも「正月」と称し、「一年」はいずれも「元年」と称し、これは殷商の文献からすでにそうであった。「正」字は甲骨文においては「征伐」を意味していたが、循環する天道観の中では「始めを慎む」意味を体現していた。「元」字の情況も同様であり、しかも「元」の古文字の形は「天」「人」のいずれとも密切な関係があり、殷周二代の敬天重人の思想から発して、『周易』『春秋』等の経書の中に哲学と倫理に関わる豊富な意義を発展させたのである。

註

（1）黄懐信・張懋鎔・田旭東著『逸周書彙校集注』573頁に引く劉師培の指摘によると、宋・鮑雲龍『天原発微』巻三上および『玉海』巻九の引用文は、いずれも「維十有一月」に作っているが、それは後儒が夏正にもとづいていい加減に改めたものに違いない。

（2）『後漢書』律暦志中に、「太初暦冬至日在牽牛初者、牽牛中星也。古黄帝・夏・殷・周・魯冬至日在建星、建星即今斗星也。」とある。

（3）『逸周書彙校集注』下冊、577頁。

（4）原文では「歳道」に作る。校本によって改めた。

（5）按ずるに、古文献学者の多くは、「孟、仲、季」によって一つの季節を三つの段階に分けることは、比較的早期の文献には見られないと考えている。故にこのことを一つの証拠として、「周月」篇が晩出の文献であることを論証する。

（6）『逸周書彙校集注』下冊、579頁。

（7）「統」字の字義は「本」や「始」である。『春秋公羊伝』隠公元年に「大一統也。」とあり、何休注には「統者、始也。」とある。『周易』乾卦彖伝に「乃統天」とあり、『経典釈文』には「鄭云、『統、本也。』」とある。朱右曽『逸周書集訓校釈』では、「統、本也。寅為人統、丑為地統、子為天統。」と説き、三代を並立して言っている（『逸周書彙校集注』下冊、576頁）。『詩』『書』のいずれにもそれに触れている部分があるとはいえ、「三統」という言葉自体は西周文献に見られず、後に補入された言葉と見て間違いない。

（8）何休解詁、徐彦疏『春秋公羊伝注疏』（李学勤主編『十三経注疏』整理本、北京大学出版社、二〇〇〇年）巻一、10頁。

（9）董作賓『中国年暦総譜』上冊「編輯凡例」（香港大学出版社、一九六〇年）、44頁。

（10）黄沛栄・屈萬里・李邁主編『周書周月篇著成的時代及有関三正問題的研究』（国立台湾大学文学院、一九七二）によると、このことは日本の天文学者新城新蔵（一八七三～一九三八）が指摘している（12頁）。

（11）『北京師範大学学報（社会科学版）』二〇一六年第五期所収。本稿では以下の「中国社会科学網」のサイトより引用した。http://www.cssn.cn/lsx/lskj/201705/t20170511_3515078.shtml

(12)『史記』周本紀に「賜之弓矢斧鉞、使西伯得征伐」とある。按ずるに、『竹書紀年』紂王三十三年に「王錫命西伯得専征伐。」とある。
(13)「受商命」の三字は第三簡に見え、「于皇上帝」は第四簡に見える。清華簡「程寤」は、清華大学出土文献研究与保護中心編、李学勤主編『清華大学蔵戦国竹簡（壱）』（中西書局、二〇一〇年）に収録されている。
(14)董作賓は『中国年暦総譜』「編輯凡例」の18～22頁において、周文王と武王が天命を受けたことを論じ、18頁3～4行において、「附『殷暦譜』上編巻四「殷之年代」附列「周殷之際年暦表」及本譜暦法之対照、要点如下」と述べ、一部分は『殷暦譜』を参照し、また一部分は『中国年暦総譜』の成果であることを説明している。
(15)『中国年暦総譜』上冊「編輯凡例」19～21頁。一点補足しておけば、董作賓および近代の天文暦法学者、たとえば陳遵嬀（一九〇一～一九九一）や薄樹人（一九三四～一九九七）などはいずれもオーストリアの天文数学者テオドール＝オッポルツァー（Theodor von Oppolzer, 一八四一～一八八六）『食宝典』（*Canon der Finsternisse*, 英題 *The Eclipse Canon*）における日食月食の計算を用いている。
(16)郭璞注、邢昺疏『爾雅注疏』（李学勤主編『十三経注疏』整理本、北京大学出版社、二〇〇〇年）188頁。
(17)羅振玉『殷墟書契考釈』「礼制第七」（中華書局、二〇〇六年）648頁。
(18)「卜辞中所見之殷暦」（『董作賓先生全集甲集』藝文印書館、一九七七年、174頁）を参照。
(19)『逸周書彙校集注』上冊、194頁。
(20)前註書、218頁。
(21)『中国年暦総譜』上冊「編輯凡例」45頁を参照。
(22)董作賓「殷暦中幾個重要問題」、『董作賓先生全集甲集』183～184頁を参照。
(23)前註書、182～183頁を参照。
(24)以上はいずれも『春秋公羊伝注疏』巻一、10～12頁に見える。
(25)「大一統」句下の何休注に「統者、始也、摠繫之辞。」とある。前註書、12頁。
(26)『漢書』律暦志下に「後三日得周正月辛卯朔、合辰在斗前一度、斗柄也。故伝曰、『辰在斗柄。』明日壬辰、晨星

始見。癸巳武王始発、丙午還師、戊午度于孟津。」とある。また武成篇に「惟四月既旁生覇、粤六日庚戌、武王燎于周廟。」とある。

(27)『逸周書彙校集注』上冊、413頁。

(28)前註書、414頁。

(29)ここの原文「粤若来二月」を『漢書』律暦志下では「粤若来三月」と引用するが、「三」は「二」の誤りである。『尚書』武成の孔穎達疏では「粤若来二月」と正しく引用する。

(30)『漢書』律暦志下に「故武成篇曰、『惟四月既旁生覇、粤六日庚戌、武王燎于周廟。』」とある。王国維の説に拠れば「一月壬辰」の「一月」は周暦であり、「四月」は必然的に「庚戌」が無い。また董作賓の説によれば「一月壬辰」の「一月」は殷暦であり、「四月……庚戌」の「四月」は周暦（すなわち殷暦の「三月」）であり、その月の二十二日が「庚戌」となる。

(31)『逸周書彙校集注』上冊、20〜27頁。

(32)『逸周書彙校集注』上冊、1頁。

(33)『尚書』洪範に「皇建其有極」、『中庸』に「峻極于天」とあり、これらの「極」の意味は同じである。

(34)陳偉「秦避諱「正」字問題再考察」（『簡帛網』に二〇一四年八月二十七日に発表）および「秦避諱「正」字問題再考察補証」（『簡帛網』に二〇一四年九月一日に発表）における初歩的な発見によると、一年の始まりの月の呼称として用いられる「正」と「端」二字の入れ替わりの状況はすこぶる複雑であり、秦王政であった時期には「正月」と称して「端月」と称していなかったが、秦始皇統一初期の二十六・二十七年では「端月」と称して「正月」と称さず、二十九から三十六年までは「正月」と称して「端月」と称さず、秦二世の元年には「端月」と称して「正月」と称していない。『簡帛網』所載の上記陳論文や魯家亮「二〇一四年秦漢魏晋簡牘研究綜述」（『簡帛』十一期、上海古籍出版社、二〇一五年十一月）273頁を参照されたい。

(35)段玉裁注に「古音元兀相為平入也。凡言从某某声者、謂於六書為形声也。凡文字有義、有形、有音。『爾雅』已下、義書也。『声類』已下、音書也。『説文』、形書也。凡篆一字、先訓其義、若始也、顛也。次釈其形、若从某某

声是。次釈其音、若某声及読若某是。合三者以完一篆。故曰形書也。」とある。

(36) たとえば、『呂氏春秋』任数「今乱而無責、則乱愈長矣」句について、高誘注では「長」を「大」と解釈している。高誘注『呂氏春秋』巻十七「審分覧」第五。『諸子集成』（中華書局、一九七八年）第六冊、203頁。

(37) 顧立雅（H. G. Creel）「釈天」（『燕京学報』第十八期、一九三五年）59～71頁。

(38) 王弼注、孔頴達疏『周易注疏』（李学勤主編『十三経注疏』整理本、北京大学出版社、二〇〇〇年）1頁。

(39) 前註書、14～15頁。

(40) 拙稿「従遺民到隠逸：道家思想溯源―兼論孔子的身份認同」を参照。またS. J. Marshall, *The Mandate of Heaven: Hidden History in the Book of Changes*, Surrey: Curzon, 2001.を参照。

(41) 『詩経』小雅「北山」に「溥天之下、莫非王土。率土之浜、莫非王臣。」とあり、『左伝』昭公七年において芊尹無宇がこれを引用している。

＊本稿は以下の刊本から史料を引用する。

『史記』『漢書』『後漢書』（中華書局標点本）／『逸周書』（『逸周書彙校集注』上海古籍出版社、二〇〇六年）／『三統暦』（『漢書』律暦志、北京中華書局、一九六二年）／『詩経』（『詩経注疏』、『十三経注疏』整理本、北京大学出版社、二〇〇〇年）／『春秋公羊伝』（『公羊伝注疏』、『十三経注疏』整理本、北京大学出版社、二〇〇〇年）／『春秋左氏伝』（『左伝注疏』、『十三経注疏』整理本、北京大学出版社、二〇〇〇年）／『周易』（『周易注疏』、『十三経注疏』整理本、北京大学出版社、二〇〇〇年）／『経典釈文』（北京図書館蔵宋刻本、上海古籍出版社、一九八四年）／『説文解字』（『説文解字注』北京中華書局、二〇一三年）／『春秋繁露』（『春秋繁露義証』北京中華書局、一九九二年）／『尚書』（『尚書注疏』、『十三経注疏』整理本、北京大学出版社、二〇〇〇年）

（翻訳：伊藤裕水／岸本明子）

2　日本中世における改元と陰陽家

赤澤春彦

はじめに

日本中世と呼ばれる時代（院政期～戦国期）は頻繁に改元が行われた。なかには三十五年も続いた応永（一三九四～一四二八）という長命の年号もあるが、平均すれば概ね四年に一度の割合で改元された。改元のきっかけは大きく、①天皇の代替わりによる代始めの改元、②祥瑞・災異による改元（ただし、祥瑞による改元は中世では見られない）、③甲子革令年・辛酉革命年による改元、が挙げられる。このうち、本稿では甲子《かっし》革令《かくれい》・辛酉革命《しんゆうかくめい》を契機とした改元において、陰陽家がいかなる役割を果たしていたのかについて検討する。

一　革命・革令思想と改元

辛酉革命改元と三善清行

甲子革令・辛酉革命とは古代中国に起こった讖緯《しんい》思想の一つである。甲子の年は政令を革《あらた》め、辛酉の年は天命が革まるとされる。『易緯』鄭玄《じょうげん》注(1)では辛酉革命、甲子革令を説き一三二〇年をサイクルとし、『詩緯』では戊午革運、辛酉革命、甲子革政（三革説）を説き三六〇年をサイクルとするなど、紀年の数え方には諸説あるが、日本では昌泰四年（九〇一）を延喜元年に改元してから甲子年・辛酉年がくるたびにほぼ改元を繰り返してきた。

日本における辛酉革命改元の嚆矢となったのが、著名な昌泰四年の三善清行による『革命勘文』である。清行は『易緯』『春秋緯』『詩緯』の革命・革令説を引用し、「神武天皇即位辛酉年」と「天智天皇即位辛酉年」を重視し、九〇一年を天智即位から二四〇年目にあたる「大変革命の年」と解釈して改元の必要を上奏した。その背景には前年の清行による菅原道真への辞職勧告と、これを受けた藤原氏が道真左遷を正当化する根拠として利用したことが所功（一九六九・一九七〇）によって指摘されているように、清行の『革命勘文』は当該期の政治動向に密接に絡むものであった。

ただし、武田時昌（一九九六）は『革命勘文』の論拠となった緯書暦運説は『易緯』世軌法や『詩緯』四始五際説を作為的に用いて三革説に作り替えられた可能性を指摘する。加えて佐藤均（一九九一）によれば、清行の緯書説の情報源は唐代に編纂された王肇《おうひつ》の『開元暦紀経』であるという。すなわち、辛酉革命・甲子革令を検討するさいは『易緯』『詩緯』そのものよりもむしろ唐代による緯書編纂物の影響に注意を払う必要があろう。

以降、江戸時代末期にいたるまで日本では辛酉革命と甲子革令の年のほとんどで改元をおこなってきた（合計三二回[2]）。また、近代に入ると清行の『革命勘文』は、那珂通世《なかみちよ》らによる紀年論争で大きく取り上げられ（辻、一九四七）、歴史学のみならず思想史や中国哲学の分野からも注目を集め研究が蓄積されてきた。

佐藤均による『革暦類』の研究

辛酉革命・甲子革令に関する研究で、本稿で特に注目したいのは佐藤均による『革暦類《かくれきるい》』の研究である（佐藤均、一九九一）。残念ながら佐藤均は一九九〇年に四十三歳の若さで逝去したが、その研究は遺稿集『革命・革令勘文と改元の研究』にまとめられている。佐藤の研究は『革暦類』『革命勘文』といった平安期以降の革命・革令勘中の史料を渉猟し、厳密な史料批判に基づく精緻な検討の中から重要な事実を数多く導き出し、高い評価を受けている（大谷、一九九一。厚谷、一九九三）。例えば、通説では三善清行の『革命勘文』が、それ以降の革命・革令改元の折に最も重視されたものといわれてきたが、十一世紀前半までは清行の説を無批判に継承することはなく、むしろ多数の説から各自が取捨選択して自説を展開していたこと、また、清行の説や紀年の立て方がきちんと理解されるようになるのは、院政期の藤原頼長、鎌倉前期の九条良経による再整理以降であることを明らかにした。これらの検討から佐藤は、讖緯思想による改元の問題は清行の『革命勘文』のみを重視するのではなく、『革暦類』など後代の勘文を含めて総体的・具体的に検討することが必要であると提言した。

このように革命・革令の研究において、佐藤の再評価と研究視角の継承が求められるだろう。本稿では日本史学の立場から革命・革令と改元の議論を深める一助として、辛酉革命・甲子革令勘文における陰陽道・暦道の勘申者について検討し、あわせて陰陽家（賀茂氏・安倍氏）における革命・革令勘中の展開・継承のあり方、陰陽家による革命・革令勘文の特質について考えてみたい。

改元と陰陽家

陰陽道《おんようどう》は一九九〇年代前半までは「古代中国に起こった陰陽五行説《いんようごぎょうせつ》を中心とする思想とそれに基づく諸技術」と理解されてきた（村山、一九八一）。しかし、近年では九〜十世紀にかけて日本の国家や社会に規定されて新たに展開した学術・技能・呪術宗教、またそれを扱う集団という理解が定説となっている（山下、一九九六）。やや極言すれば、中国から入ってきた知識や技能を日本流にアレンジされたものが「陰陽道」であるという。陰陽道は平安期に入ると貴族個人にも占術や呪術が求められて貴族社会に広く展開し、十世紀後半には賀茂保憲《かものやすのり》と保憲の父忠明の弟子安倍晴明が活躍をみせる（保憲も晴明の師である）。そして十一世紀中ごろには賀茂氏が暦道、安倍氏が天文道を家職とし、両家が陰陽道を主導するようになった。

改元にさいして陰陽道はいくつか関わりを持っていた。まず、一つは祥瑞・災異に対する占である。祥瑞・災異が発生すると、紫宸殿の軒廊で神祇官・陰陽寮の官人が行う軒廊御卜《こんろうのみうら》、あるいは蔵人所で行う蔵人所御占《くろうどところのみうら》によって吉凶が判断され、その結果が改元の理由の一つとなることもあった。二つめは改元にかかる諸儀礼において吉日を選ぶことである。例えば、治承五年（一一八一）、養和への改元が決定した後、改元の吉日を陰陽頭《おんようのかみ》賀茂在憲に諮問している。(3) これは必ずしも改元だからというわけではなく、朝廷の行事・儀式において陰陽師が恒常的に日次を選んでいたことによるものだろう。三つめは甲子革令年・辛酉革命年における勘文の提出である。そしてこれに加えて四つめとして、甲子年・辛酉年の改元後に海若祭《かいじゃくさい》という陰陽道祭祀を執行することになっていた。(4)

なお、陰陽道は院政期以降、賀茂・安倍氏間や氏族内で競合が激化し、有力家と庶流家が分立する（赤澤、二〇一一）。その結果、有力家が庶流家や六位陰陽師（非賀茂氏・安倍氏の陰陽師）を門生として包摂する構造を母体とし、国家から占・吉凶勘申・呪術や造暦、天文観測を請け負う、いわば職と家と家産とが一体化した集団として定着する。さらに十三世紀初頭には鎌倉幕府にも定着し、室町期には足利将軍との関係を深め、公卿の地位まで昇進するにいたる。本稿ではこうした陰陽家をめぐる動態も視野に入れながら検討したい。

二　革命・革令勘申と陰陽家

革命・革令勘申の手続き

まず、基本的な事柄として革命・革令勘申の手続きについて確認しておこう。

①大臣より外記を介して諸道へ勘申を行うよう宣旨が下される
②外記局が過去の革命・革令勘申の勘例を挙げる
③諸道勘文、すなわち紀伝道・明経道《みょうぎょうどう》・算道・暦道・陰陽道の五道が勘文を進上する
④諸道勘文を受けて公卿による合議が行われる
⑤何か問題が指摘されれば、覆問宣旨をもって重ねて諸道に諮問する
⑥諸道はこれに答えて陳状を提出する

なお、③諸道勘文において陰陽家からは陰陽道と暦道が勘申するが天文道は勘申しない。五道の勘申者は基本的には博士（文章博士、明経博士、算博士、暦博士、陰陽博士）であるが、紀伝道は儒卿（式部大輔など）、明経道は直《ちょっ》講《こう》・助教も勘申し、後述するように暦道では博士以外の複数人を含む連署勘文がみられる。ちなみに五道すべてが

揃うのは永保元年（一〇八一）以降である。

甲子革令改元の初見と賀茂保憲

延喜元年（九〇一、辛酉年）～寛永元年（一六二四、甲子年）までの陰陽道・暦道の勘申者を整理したものが表1であるが、いくつか興味深いことが認められる。まず、初めて甲子革令改元を行った時のことである。

三善清行の辛酉革命勘文から六三年後の応和四年（九六四）、この年は甲子の年にあたり算道の小槻糸平・大蔵具傅（いずれも算博士）が連署勘文を献じ、陰陽道（あるいは暦道）の賀茂保憲（天文博士）[5]、明経道の時原長列（直講）、紀伝道の三善道統（清行の孫）からも勘文が提出された。これが日本における甲子革令勘申の嚆矢となる。仗議・覆問の経緯やその結果が『村上天皇御記』に示されているのでみてみよう。

【史料1】『村上天皇御記』

応和四年六月四日、遣二蔵人済時於左大臣第一仰云、直講長列勘二申暦運雑事二ヶ条一、一今年当二甲子年一被レ施二徳化一事、一応和四年甲子値二中興年一、可レ被レ慎二災変一事、其右状云、若改元施徳、新其視聴者、天文博士保憲覆勘文申云、当二甲子之年一、仍施二徳化一及慎二災変一、并改元事所二勘申一可レ然、但値二中興之運一事不レ可レ然、抑屢改二年号一、頗雖レ有二所念一、勘申之旨為レ之如何、済時還来、伝二大臣報一云、依二長列・保憲等勘申一被レ改二年号一、尤可レ然、

十八日、此日召二保憲・長列・兵部丞三善道統於蔵人所一、令レ問下今年当二革命年一否之由上、済時申、道統申、案二祖父清行朝臣所伝王肇開元暦紀経一、今年不レ当二革命一、但非レ無二易説并詩説一、依被レ施二徳行一有二何妨一乎、保憲申云、道統依二家所説一陳申尤可レ然、但易説・詩説同聖人所伝也、就可レ有レ慎之趣、不レ棄二此説一、甚以可レ宜、

為㆔両説共難㆓弁決㆒也、長列偏申㆘当㆓革命之運及中興之年㆒由㆖、而道統等不㆑詳㆓其所㆒㆑申、令㆑仰云、保憲・道統所㆑申各有㆓所拠㆒、長列申中興之運頗似㆑不㆑叶、須以㆓此由㆒仰㆑示、
十九日、令㆓済時㆒仰㆓左大臣㆒云、保憲・長列・道統等勘申革命当否事、大臣令㆑申云、道々博士各有㆑所㆓争申㆒、忽難㆓弁決㆒、但各申件革令事有㆓両説㆒、依㆓先聖撰定之旨㆒難㆑決、依㆑有㆓所拠㆒、同被㆑用㆓両説㆒、有㆓何妨㆒乎、然則如㆓前日定申㆒、被㆑行㆓徳政㆒〔改脱カ〕年号可㆑宜、仰㆘依㆓定申㆒令㆑勘㆓可㆑改㆗年号字㆖、

時原長列より、当年は甲子年にあたるため徳政を行うべき事、および中興年にあたり災変が起こるため慎むべき事が勘申された。これに対し、賀茂保憲は甲子年にあたるため徳政と災変に対する慎み及び改元は行うべきだが中興年にはあたらない旨を申し述べた。これを受けて十八日、蔵人所に長列・保憲と三善道統を召し、革令改元の当否について諮問した。道統は祖父清行から伝来する『開元暦紀経』をひもとき、同書によれば今年は革令にあたらないこと、ただし『易緯』『詩緯』によれば徳政を行うことに何ら問題ないことを申し述べた。この道統の意見に保憲が賛同し、最終的に賀茂保憲と三善道統の勘文が根拠ある説として採用されることになった。

このように日本で最初の甲子革令改元が採用された議論において深く関与した一人が賀茂保憲であった。賀茂保憲は安倍晴明とならぶ著名な陰陽師だが、加えて陰陽道という枠組みに収まらない幅広い知識の持ち主でもあったことがこの史料からわかる。また、これ以前の暦道勘文として、昌泰四年に暦博士阿保経覧が勘文を提出しているが、これは算博士惟宗弘諸と連署で献じたものであり、かつまた経覧自身も算博士を兼ねていたことから、暦道勘文というより算道勘文というべきものであろう。すなわち、革命・革令に対して陰陽家として初めて意見を述べたのが賀茂保憲であり、この保憲の関与がその後の革令・革命勘申において陰陽家が恒常的に勘文を提出する先例となったのである。

1264 甲子	文永 （弘長4）	賀茂在資（陰陽博士） 賀茂在統（権陰陽博士）	賀茂在兼 賀茂在秀（暦博士） 賀茂在臣 賀茂定員（権暦博士）	『革暦類』
1321 辛酉	元亨 （元応3）	賀茂在済（権陰陽博士） 賀茂在基（権陰陽博士） 安倍親宣（陰陽博士）	賀茂在実（暦博士） 賀茂清平（権暦博士） 賀茂在永（権暦博士）	『革暦類』
1324 甲子	正中 （元亨4）	賀茂在夏 （＊権陰陽博士） （安倍ヵ）為弘	賀茂在実（暦博士） 賀茂清平（権暦博士）	暦道勘文は「正中元年革令勘文案」、陰陽道勘申者は「正中度革令雑事文書」による（いずれも東洋文庫）。ただし、甲子年を理由に改元せず
1381 辛酉	永徳 （康暦3）	賀茂在音（権陰陽博士） 賀茂在方（陰陽博士）	賀茂在弘（陰陽頭兼暦博士） 賀茂定時 賀茂在俊 賀茂定弘 賀茂定光（権暦博士）	『革暦類』
1384 甲子	至徳 （永徳4）	賀茂在俊（権陰陽博士）		「至徳度革令諸道勘文案」（東洋文庫） 暦道勘文みえず
1441 辛酉	嘉吉 （永享13）	賀茂定職（陰陽博士） 賀茂秀弘（権陰陽博士）	賀茂在成（権暦博士） 賀茂在盛（暦博士）	『革暦類』
1444 甲子	文安 （嘉吉4）	賀茂定職（陰陽博士） 賀茂秀弘（権陰陽博士）	賀茂在成（権暦博士） 賀茂在盛（陰陽頭兼暦博士）	『革暦類』
1501 辛酉	文亀 （明応10）		賀茂在基（暦博士）	『革暦類』 陰陽道勘文みえず
1504 甲子	永正 （文亀4）	安倍有憲（陰陽頭） 安倍有尚 安倍有親	賀茂在基（権暦博士）	『革暦類』
1561 辛酉	永禄4	改元なし		
1564 甲子	永禄7	改元なし		
1621 辛酉	元和7	改元なし		
1624 甲子	寛永 （元和10）		賀茂友景（暦博士）	『革暦類』 陰陽道勘文みえず

・辛酉革命勘文および甲子革令勘文に載る陰陽道・暦道署名者を列記した。
・正中元年は甲子革令ではなく別の理由で改元されたが革令勘文は出されているため表に加えた。
・勘申者の官位官職は陰陽頭と陰陽博士・暦博士（権博士を含む）のみ示した。
・＊は赤澤（2011）をもとに推定して補った。

表1　陰陽道・暦道による革命・革令勘申例（901年～1624年）

西暦	新年号 （旧年号）	陰陽道勘申者	暦道勘申者	出典、備考
901 辛酉	延喜 （昌泰4）		惟宗弘諸（算博士） 阿保経覧（算博士兼暦博士）	『革暦類』（国立公文書館、以下同）
961 辛酉	応和 （天徳5）			勘文なし
964 甲子	康保 （応和4）	賀茂保憲 （この当時、陰陽道、暦道の区別はないと考える）		「応和四年甲子革令勘文」（東大史料編纂所）
1021 辛酉	治安 （寛仁5）	安倍吉平 僧利源（宿曜師） 惟宗文高（陰陽頭）勘申辞退	賀茂守道（暦博士）	『革暦類』
1024 甲子	万寿 （治安4）		賀茂守道（暦博士）	勘文なし。勘申者は「甲子紀伝勘文部類」（東山文庫）による
1081 辛酉	永保 （承暦5）	安倍有行（陰陽博士）	賀茂道言（陰陽頭兼暦博士） 賀茂成平（陰陽博士）	『革暦類』
1084 甲子	応徳 （永保4）		賀茂道言（陰陽頭兼暦博士） 賀茂成平（陰陽博士） 賀茂家栄（権暦博士）	『革暦類』 陰陽道勘文みえず
1141 辛酉	永治 （保延7）	賀茂守憲 （陰陽頭兼陰陽博士）	賀茂在憲（陰陽博士） 賀茂憲栄（権暦博士） 賀茂宣憲（暦博士）	『革暦類』
1144 甲子	天養 （康治3）	賀茂守憲 （陰陽頭 ＊権陰陽博士）	賀茂在憲（＊陰陽博士） 賀茂憲栄（暦博士） 賀茂宣憲（権暦博士）	勘文なし。「甲子紀伝勘文部類」（東山文庫）から勘申者のみ判明
1201 辛酉	建仁 （正治3）	安倍晴光 （権陰陽博士） 安倍孝重（陰陽博士）	賀茂在宣（陰陽頭） 賀茂宣平（暦博士） 賀茂俊平 賀茂定平（権暦博士）	「建仁度革命諸道勘文」（宮内庁書陵部）
1204 甲子	元久 （建仁4）	安倍晴光 （権陰陽博士） 安倍孝重（陰陽博士）	賀茂在宣（陰陽頭） 賀茂在親 賀茂定平（権暦博士） 賀茂宣俊（暦博士）	『革暦類』
1261 辛酉	弘長 （文応2）	賀茂在資（陰陽博士） 賀茂在統 （権陰陽博士）	賀茂在職 賀茂（＊在兼） 賀茂（＊在資、陰陽博士） 賀茂（＊在統、権陰陽博士） 賀茂（＊在秀、暦博士） 賀茂（＊定員、権暦博士） 賀茂在兼 賀茂在秀（暦博士） 賀茂定員（権暦博士）	『革暦類』 なお、暦道1通目の在兼以下実名の記載なし

賀茂氏・安倍氏による勘申体制の確立

再び表1をみると、治安元年（一〇二一）の辛酉革命勘文で陰陽道勘文と暦道勘文がはじめて揃うことがみてとれる。ここで中心的な役割を果たしたのが安倍吉平と賀茂守道であった。その一方で、当時陰陽頭に就いていた惟宗文高も陰陽道勘申を命じられるが辞退している。これは陰陽道勘文においては、陰陽頭ではなく安倍吉平が主導していたことを示していよう。また、興味深いのは僧利源の勘文である。利源は東大寺別当平崇の弟子で、『二中歴』[6]にも名が挙がる宿曜師《すくようし》である[7]（藤本、一九八〇）。宿曜師の勘文は全ての勘文のなかでもこの一通のみであることから、私勘文の可能性、また後の時代に混入された可能性もある。ともあれ、賀茂・安倍氏が中心的役割を果たしている点、非賀茂・安倍氏の陰陽寮の長官の発言力が低下している点、宿曜師の勘申が認められる点などの特徴が認められる。これらの特徴と十一世紀前半という時代を合わせて考えると、賀茂・安倍氏が他氏族や宿曜師との激しい競合を乗り越え、陰陽寮を掌握しはじめる時期にあたり、こうした陰陽道をめぐる状況が革命勘申にも反映されていると理解できるだろう。そしてこれ以降、革命・革令勘文は基本的に陰陽道と暦道の両道が勘文を提出し、賀茂・安倍氏が独占することになる。

このように賀茂保憲によって革命・革令改元に勘申を認められた陰陽道では、十一世紀に賀茂・安倍氏による勘申体制が確立したのである。その背景には当該期の「陰陽道」成立にかかる動向が密接に関わっていたと考えられよう。

陰陽道・暦道勘申の特質

勘申者は表1を概観してわかるように賀茂氏に大きく偏りをみせる。賀茂氏が多い理由としては、陰陽博士は賀茂・安倍両家より輩出されるが、暦博士は賀茂氏によって独占されていたことが影響していると思われる(8)。加えて、陰陽道と暦道の勘申形態に起因することも考えられる。表1から陰陽道勘文の勘申形態をみると、ほとんどが別勘《べちかん》すなわち単身による勘申となっている。若干の連署勘文も認められるが、十一〜十四世紀の安倍氏の勘申はすべて別勘となっている。これは安倍氏内における競合の激化や各流の自立化、あるいは天文密奏のあり方（個別もしくは父子で密奏を勘申する）を反映することも想定される。かつまた陰陽道勘文の勘申者はほぼ陰陽博士に限定される。つまり革命・革令の陰陽道勘申は「陰陽博士」という「職《しき》」に規定されていたことを示していよう。

これに対して暦道は連署での勘申を基本としている（表1）。勘申者には必ず暦博士が含まれるがそれ以外の者も多く加署し、特に十一世紀後半から連署者が増え、十四世紀にかけて多いときには六名にも及ぶことがみてとれる。同じ陰陽家の手による勘文でも陰陽道と暦道では明らかな差異が認められるのである。また、暦道の連署勘文では必ずしも暦博士が連署者の筆頭になるとは限らず、むしろ連署者の中でもっとも官位が高い者を筆頭として署名していた。すなわち、暦道勘文は「暦博士」という「職」に規定されず、賀茂氏内の序列に従って連署者が決定され、勘文を献じていたことになる。

さらに興味深いのは、応徳元年（一〇八四）〜文永元年（一二六四）の暦道勘申者が暦跋《れきばつ》の連署者と完全に一致する点である。暦跋とは具注暦《ぐちゅうれき》の末尾に示された暦奏の日付と造暦に携わった人物の位職・姓名を記した部分であるが、この暦跋には中世における賀茂氏の動向や変遷が如実に反映されていることを遠藤珠紀（二〇〇五）が明らかにしている。暦跋の連署者が多数であるのは、造暦という公事が氏族全体での共同作業の性格が強く、氏族内の合意形成が必要だからである。こうした暦跋にみられるような特徴が革命・革令勘文からもうかがえるということは、暦道の革命・革令勘文の作成も賀茂氏内の動向や序列に左右されていたということになる。つまり、暦道勘文の作成と勘申は暦家という「家」に規定された賀茂氏の特質を反映していることになる。

以上のことから、院政期～鎌倉期における革命・革令改元の諸道勘申は、技能系官人（「諸道輩《しょどうのともがら》」）の「家」のあり方に規定されていたと考えられるのではないだろうか。これは陰陽道だけでなく、他道（紀伝道、明経道、算道）の検討を要するが、中世の段階になると、革命・革令改元のあり方は勘申制度に基づくものから、実務系官僚またその母体となる「家」の特質に沿うように柔軟に変容したのではないだろうか。

三　陰陽家による革命・革令勘文の特質

陰陽道勘文・暦道勘文の典拠

最後に陰陽家による革命・革令勘文の内容について検討しよう。四十二通の革命勘文・革令勘文を検討し、彼らが勘文を作成する上での典拠を整理すると、大きく以下の六つが挙げられる。

まず、必ず引用されるのが『易緯』、『詩緯』、『開元暦紀経』である。この三書は革命・革令勘申において最も重要な典籍とされ、他道の勘文でも必ず引用されている。ただし、先に述べたように『革命勘文』の論拠となった緯書暦運説は作為的に三革説に作り替えられた可能性があることは留意しておく必要がある（武田、一九九六）。

次に三善清行の『革命勘文』も多くの勘文で引用されているが、これも先に述べたように十一世紀では必ずしも全面的に肯定されていたわけではない（佐藤均、一九九一）。こうした状況は陰陽家の勘文を読む限り十三、十四世紀まで続く。しかし、十五世紀以降は清行の『革命勘文』を無批判に引用して革命・革令を判断するさいの根拠として挙げるようになる。勘文の定型化にともない清行の勘文が先例の一つとして重視されるようになるのである。

次なる典拠としては以下に挙げるように父祖・先祖の過去の勘文を引用する例も散見される。

【史料2】陰陽道・暦道の革命・革令勘文にみる父祖・先祖の勘例（出典は表1を参照）

治安元年（一〇二一）賀茂守道暦道勘文「祖父保憲朝臣応和勘文云」

永治元年（一一四一）賀茂守憲陰陽道勘文「先祖保憲朝臣応和勘文云……、又曾祖父守道朝臣寛仁勘文云」

建仁元年（一二〇一）安倍晴光陰陽道勘文「曩祖吉平朝臣寛仁勘状云」

元亨元年（一三二一）安倍親宣陰陽道勘文「先祖吉平・有行等朝臣寛仁・承暦勘状云」

ここで注目すべきは賀茂氏では甲子革令改元に大きな役割を果たした賀茂保憲の勘文が引用されている点で、保憲の勘申が賀茂氏の有力な根拠となっていたことがみてとれる。一方、安倍氏では安倍氏で初めて勘文を献じた吉平（晴明の子）の勘文を重視しており、安倍氏における吉平の位置づけを物語っていよう。

『五行大義』の引用

最後に十二世紀中頃から『五行大義《ごぎょうたいぎ》』の引用が頻出することを指摘しておこう。『五行大義』は隋の蕭吉《しょうきつ》撰とされる五行説の編纂書で、天平宝字年間（七五七～七六五）以前に将来したと考えられている（中村、一九七〇・一九九三。中村・古藤・清水、一九九八）。陰陽寮では陰陽師の見習いである陰陽生《おんようしょう》必読の書として『周易』や『新撰陰陽書《しんせんいんようしょ》』『黄帝金匱経《こうていきんきけい》』などとともに挙げられている。(9) また、陰陽家だけでなく摂関家や他の諸道の家でも所持しており、当該期の貴族社会に広く知られた典籍であった。(10) 後に卜部家が所蔵し、吉田神道に大きな影響を与え、天台・真言の仏典注釈書にも引用が散見されることも指摘されている（山下、二〇〇六）。佐藤均（一九九一）は『革暦類』や『革命勘文』にみられる『五行大義』の引用は三例のみであると指摘しているが、陰陽家の勘文だけで少なくとも九例を見いだせた。

【史料3】陰陽道・暦道の革命・革令勘文にみる『五行大義』の引用例（出典は表1を参照）

＊傍線部は引用された『五行大義』の本文

○永治元年（一一四一）賀茂在憲等暦道連署勘文

五行大義云、庚者更也、辛者新也、謂二万物成戊《ママ》改更復レ新也、鄭玄云謂二万物粛然改更秀実新成一也、又云易説云辛酉釈其字云礼記月令云、其日庚辛経云庚之言更也、辛之言新也、万物皆新変更也、又云金之正方在レ酉食二殺気一矣、計《許イ》填公《云イ》金者楚也、陰気始起文云従革、従革者革更也、尚書洪範云、金為二従革一金性能改也云々

○建仁元年（一二〇一）賀茂在宣等暦道連署勘文

五行大義云、易説釈辛酉字礼記月令注曰、庚之言更也、辛之言新也、万物皆新変更也、又云金之正方在二辛酉一含二殺気一、夫故以免上離下象、革卦又云金曰二従革一、従革更也、尚書洪範云、金為二従革一能改也

○建仁元年安倍晴光陰陽道勘文

五行大義云、庚者更也、辛者新也、万物成代更復新也、注云万物粛然改更秀実新成也、又礼記月令云、金正方在レ酉含二殺気一、或云一周甲子之終、聖人出世在二災変一者、就レ中以辛酉為レ重

○弘長元年（一二六一）賀茂在資陰陽道勘文

五行大義云、易説云辛酉釈其字礼記月令注曰、庚之言更、辛之言新也、万物皆新変更也、又云金曰二従革一、従革者革更也、尚書洪範云、金為二従革一能故也《ママ》云々、大歳辛酉変更之象也

○永徳元年（一三八一）賀茂在方陰陽道勘文

五行大義易説云、辛酉釈其字礼記月令注曰、庚之言更、辛之言新也、万物皆新変更也、又云金曰二従革一、従革

者革更也、尚書洪範云、金為二従革一能改也、大歳辛酉変更之象也

○永徳元年賀茂在音陰陽道勘文

礼記月令注曰、庚言更、辛之言新也、万物皆新変更也、又云金曰二従革一、従革者革更也、三礼義宗云申者身也、酉者老也、尚書洪範云、金為従革能改也云々、大歳辛酉変更之象也

○永徳元年賀茂定時等暦道連署勘文

五行大義易説云、辛酉釈其字礼記月令注曰、庚之言更、辛之言新也、万物皆新変更也、又云金曰二従革一、従革者革更也、尚書洪範云、金為二従革一能改也、大歳辛酉変更之象也

特に引用が多いのが『五行大義』巻第一の第一の二「論支干名（支干の名を論ず）」に載る「庚者更也、辛者新也、謂万物成代、改更復新也、鄭玄云、謂万物皆粛然改更、秀実新成也（庚《こう》は更《こう》なり。辛《しん》は新《しん》なり。万物成代《せいだい》し、改更《かいこう》して新たに復するをいうなりと。鄭玄いう、万物みな粛然として改更し、秀実《しゅうじつ》新たになるをいうなりと）」[11]の一文である。加えて、巻第一第二の「弁体性（体性を弁ず）」に載る「金曰従革、従革者革更也、従範而更、形革成器也、西方物既成、殺気之盛（金に従革《じゅうかく》と曰《い》う。従革とは革《かく》は更《こう》なり。範《はん》に従いて更《あらた》まり、形革《あらた》まりて器をなすなり。西方の物既になり、殺気の盛んなるなり）[12]」の引用もみられる。史料3に挙げた七例の他にも元久元年（一二〇四）安倍晴光陰陽道勘文、同年賀茂在宣等暦道連署勘文にも『五行大義』からの引用が認められる。これらの引用文は十干の属性について解説した箇所であり、五行説を駆使してさまざまな活動を行う陰陽家は五行の原理に基づいて革命・革令に対する説を形成していったことがみてとれる。

このように陰陽家の勘文には『五行大義』が十二～十四世紀に集中して引用され、説が創り出されてゆくが、『五行大義』の引用は陰陽家だけではない。とはいえ、『革暦類』に載るほかの諸道勘文を全て確認したところ、『五行

大義』を引用するのは、治安元年（一〇二一）清原頼隆明経道勘文、永治元年（一一四一）中原師安等連署明経道勘文、天養元年（一一四四）藤原永範紀伝道勘文の三例のみであった。ということは、革命・革令勘文の典拠として『五行大義』を用いるのは十二～十四世紀における陰陽家の特質と理解できるのではないだろうか。加えて、『五行大義』を引用する勘文に賀茂氏のものが多いのは、典籍類において善本を所持し、学問的にも厳密であった賀茂氏に対して、安倍氏は本文引用でしばしば問題を起こしたという小坂眞二（二〇〇一）の指摘とも関係があるのではないだろうか。

また、注意したいのは永徳元年の三通の勘文がほとんど同文であること、またこの三通は弘長元年の陰陽道勘文とほぼ同文とみられる点である。すなわち、陰陽家による五行説に基づく自説の形成は十二世紀中頃から十三世紀後半にかけて構築され、それが十四世紀末になると定型化される動向をみせるのである。先に述べたように十五世紀には清行の『革命勘文』が無批判に論拠として挙げられるようになるが、革命・革令をめぐる陰陽家内の議論は十四世紀末から十五世紀にかけて急速に退潮し、単なる形式的なものとなってゆくのである。

おわりに

以上、雑駁ではあるが辛酉革命・甲子革令改元における陰陽家の関わりとその特徴についてみてきた。最後に本稿で明らかになった点をまとめて結びにかえよう。

陰陽家による革命・革令改元への関与は康保元年（九六四）の甲子革令改元における賀茂保憲の働きに大きく起因するものであった。これが十一世紀の賀茂・安倍氏による陰陽道掌握の中で革命・革令における勘申も両氏に独占されるようになり、陰陽道と暦道から勘文を献じる体制が整えられた。陰陽道・暦道による勘申には差異が認められ、前者は「陰陽博士」という「職」に規定された単独の勘申を基本とした。これに対して賀茂氏が職を独占する暦道では「暦博士」という「職」に縛られず、賀茂氏内の序列や役割分担に基づいた連署勘文の形式が取られた。すなわち、一口に諸道による勘申といってもその勘申形態や勘申者は厳密に定められたものではなく、むしろ諸道の「家」のあり方に規定されていたのである。これは当該期の朝廷運営の基本的なあり方、すなわち官司請負制（佐藤進一、一九八三）に基づくものと理解できよう。

院政期から鎌倉期は陰陽家内の競合が激化し、賀茂・安倍氏の家が乱立する時代であるが、こうした状況は革命・革令勘文にもうかがうことができる。すなわち、基本的な典拠である『易緯』『詩緯』『開元暦紀経』だけでなく、父祖あるいは先祖の例を引き、かつまた『五行大義』から引用することによって家説を形成して他家より優位に立とうとしていたのである。しかし、こうした動向も賀茂・安倍氏が急速に縮小する南北朝期（十四世紀中頃）以降、退潮し、陰陽家における革命・革令勘申は形式化してゆくのである。

註

（1）ただし、『易緯』および鄭玄注は佚文である。

（2）佐藤（一九九一）によれば、実は「革命」「革令」を改元の理由としている年は僅少で、紀伝道や明経道など諸道による革命・革令の当否が曖昧で決し難かったため、「辛酉・甲子の年を慎む」ことを理由に改元するようになるという。

（3）『吉記』治承五年四月十七日条。

（4）例えば、康保元年（九六四）八月二十一日に賀茂保憲が難波浦で執行している（『革暦類』、『文肝抄』など）。

（5）なお、この時の賀茂保憲の官職は天文博士であるが、天文道が後代、勘文を献じないことに鑑みれば、天文道からの勘申ということは考えられない。また、保憲の立場が陰陽道なのか暦道であるのかについても断定はできない。むしろ、甲子革令勘申の初例となるこの時点では陰陽道か暦道かという厳密な立場で勘申したわけではなかったと判断するのが妥当ではないだろうか。

（6）『二中歴』第十三、一能歴。

（7）なお、藤本（一九八〇）によれば利源は藤原伊周が起こした道長呪詛事件に関与した可能性が指摘されている。

（8）賀茂氏に勘申者が多いのは暦博士を独占していたことによるが、いずれにせよ革命・革令勘申の場における賀茂氏の優位性は疑いない。これは当該期における賀茂氏と安倍氏の状況（賀茂氏が安倍氏を優越する）とも合致する。その起源として甲子革令勘申の初例を決定づけた賀茂保憲の存在が大きく影響しているのではないだろうか。

（9）『続日本紀』天平宝字元年（七五七）十一月条に「陰陽生者周易、新撰陰陽書、黄帝金匱経、五行大義」とあり、陰陽生必修の書であることが掲げられている。

（10）例えば、藤原頼長の日記『台記』の康治元年（一一四二）八月十六日条に「五行大義見了」とみえ、おそらく安倍泰親所蔵の『五行大義』を書写したものと思われる。

（11）この文の意味を中村・古藤・清水（一九九八）を参考に訳せば、「庚という字は更（かわる）に通じる。辛という字は新（あらた）に通じる。すなわち、万物が成長して改め替わり新たな物に生まれかわることを示しているのである。鄭玄は「万物はみな縮んで改まり、秀でた実が新たにできる様を示しているのだ」と説いた」となろうか。

（12）この文を先のように訳せば、「（『尚書』洪範に）「金に従革と曰う」という文言がある。「従革」の「革」とは更（あらた）まるという意味である。つまり、範に従って更まることを表し、それはまるで形が改まって器になるようなものである。とりわけ西方に位置する物は成就し、殺気が益すことになる」となろうか。

＊本稿では以下の刊本・原本から史料を引用する。

吉記（高橋秀樹編本文編二）／続日本紀（新訂増補国史大系本）／台記（増補史料大成本）／文肝抄（京都府立京都学・

歴彩館所蔵「若杉家文書」）／村上天皇御記（続群書類従巻第二百九十一）／二中歴（尊経閣善本影印集成16）

参考文献

赤澤春彦、二〇一一『鎌倉期官人陰陽師の研究』（吉川弘文館）

厚谷和雄、一九九三「「革命・革令勘文と改元の研究」佐藤均」（『日本歴史』五四〇号）

遠藤珠紀、二〇〇五「鎌倉期における暦家賀茂氏の変遷」（『中世朝廷の官司制度』吉川弘文館、二〇一一年に「暦道賀茂氏の変遷」と改めて所収）

大谷光男、一九九一「序」（後掲佐藤均『革命・革令勘文と改元の研究』）

小坂眞二、二〇〇一「『黄帝金匱経』について」（小林春樹編『東アジアの天文・暦学に関する多角的研究』大東文化大学東洋研究所）

佐藤進一、一九八三『日本の中世国家』（岩波書店、二〇〇七年に岩波現代文庫）

佐藤　均、一九九一『革命・革令勘文と改元の研究』（佐藤均著作集刊行会）

武田時昌、一九九六「三善清行『革命勘文』所引の緯書暦運説」（中村璋八博士古稀記念論集編集委員会編『東洋学論集中村璋八古稀記念』汲古書院）

所　功、一九六九「三善清行の辛酉革命論」（『神道史研究』一七―一）

　　　　一九七〇『人物叢書　三善清行』（吉川弘文館、一九八九年に新装版）

辻善之助、一九四七「解説」（同編『日本紀年論纂』東海書房）

中村璋八、一九七〇「我が国に於ける「五行大義」の受容について」（『駒澤大學文學部研究紀要』二八）

　　　　一九九三「陰陽道に受容された「緯書」について」（『日本陰陽道書の研究（増補版）』汲古書院、二〇〇〇年に所収）

中村璋八・古藤友子、一九九八『五行大義』上（明治書院）

中村璋八・清水浩子、一九九八『五行大義』下（明治書院）

藤本孝一、一九八〇「藤原伊周呪詛事件について―宿曜師利原を中心として」（『中世史料学叢論』思文閣出版、二〇〇九年に所収）
村山修一、一九八一『日本陰陽道史総説』（塙書房）
山下克明、一九九六『平安時代の宗教文化と陰陽道』（岩田書院）
二〇〇六「陰陽道関連史料の伝存状況」（『平安時代陰陽道史研究』思文閣出版、二〇一五年に所収）

〔附記〕本稿はＪＳＰＳ科研費基盤研究（Ｃ）１７Ｋ０３０８０による研究成果の一部である。

3　祥瑞改元から災異改元へ

水口幹記

一　古代（平安前期）までの改元理由

通常、改元がなされる場合、当然ながら何らかの理由がある。最もポピュラーなものは天皇の代替わり（代始）になされるもので、それは、近現代の日本においても同様で大正・昭和・平成と、全て前天皇の死去に伴う新天皇即位に合わせ改元がなされている。原稿執筆時（平成三十年〈二〇一八〉八月）に予定されている翌年の現天皇譲位および新天皇即位に合わせ、やはり、改元がなされる運びとなっている（現時点では、まだ新年号は公表されていない）。少なくとも年号は、平成の次の年号までは連綿と続くこととなった。

周知の通り、現在の制度は一世一元制であり、天皇在位中に年号が変わることはない。しかしながら、前近代においては必ずしもそうではなく、天皇一代中に、一度ならず複数度改元を行う場合もあったのである。そのとき、理由として挙げられるのは、祥瑞の出現であり、また、逆に災異の発生に基づく場合もあった。

平安前期までの改元の特徴は、以下の三点にまとめることができる。一つは、大化・白雉《はくち》・朱鳥の七世紀段階の年号について。これらは、それぞれが単発であり、継続性がない（大化から白雉は「改元」とされているが、両年号の存否が問題となる）。二つは、大宝以降であり、以後継続的に年号が設定されるようになった（改元が繰り返されるようになった）もので、それがそのまま現在の平成年号にまでいたっている。三つは、改元の「理由」の変化である。醍醐《だいご》天皇の昌泰年号までは、代始（天皇の代替わりによる改元）と祥瑞によっていたものが、延喜になり新たな理由（革年）が加わり、以降、祥瑞を理由とする改元が消え、代わって災異が増えてきている。そのほか、改元の理由である祥瑞・災異・革年は全て中国思想に由来していることも指摘できよう。

二　祥瑞災異と古代日本の制度

古代日本においては、祥瑞が出現した場合の対処方法が、法令として定められていた。養老儀制令8祥瑞条には、

凡祥瑞応見、若麟鳳亀竜之類、依二図書一合二大瑞一者、随即表奏其表唯顕二瑞物色目及出処所一、不レ得下苟陳二虚飾一、徒事中浮詞上。上瑞以下、並申二所司一、元日以聞。其鳥獣之類、有二生獲一者、仍遂二其本性一、放二之山野一。余皆送二治部一。若有レ不レ可レ獲、及木連理之類、不レ須レ送者、所在官司、案験非レ虚、具画レ図上。其須レ賞者、臨時聴レ勅。

とあり、「図書」により大瑞と判断されたらすぐに表奏すること、上瑞以下は正月に奏聞することが規定されている。この条文は、唐令（儀制令復旧第一二条）を継受したものであり（大隅、一九九三）、大瑞・上瑞という用語も同様に受け継いでいる。

そもそも祥瑞とは、中国思想の天人相関思想に基づくものである。古来中国において、地上の為政者の政治と至

上神である「天」とが結びつき、為政者の政治の判断を「天」が下すという考えがあった。その方法として、吉報として「天」は祥瑞を下す。『論語』子罕《しかん》篇の「子曰、不レ至二鳳鳥一、河不レ出レ図。吾已矣夫」（先生はおっしゃった。「鳳鳥は現れず、黄河からは河図も出ない。私はもう終わりである」と）は、孔子が、聖天子が出現しないことを嘆いた言葉であるが、そこに鳳鳥が現れないことが一つの証拠としてあげられているのは、その考えがかなり早くから根付いていたことを示していよう。

一方、災異は天の譴責である。旱や地震など、さまざまな自然災害であったり、何らかの怪異を示し、「天」は為政者を嗜めるのである。災異に関する制度としては、養老公式令50国有瑞条がある。

凡国有二大瑞、及軍機、災異、疾疫、境外消息一者、各遣レ使馳駅申上。

この条文中に見られる「災異」については議論があるが、自然災害のほかに異常現象も含まれているという指摘が穏当だろう（松本、一九九〇）。

さて、上記に出てくる「大瑞」と「上瑞」という用語であるが、これは、祥瑞品目を大瑞・上瑞・中瑞・下瑞と四段階にランク分けした際の用語である。もちろん、これもまた中国から受容した分類である。しかし、中国においても初めから分類されていたわけではない。漢代以来、次第に祥瑞品目も増加していき、後漢代には、壁に祥瑞が描かれる墓も現れた。多くの祥瑞図が刻まれている武氏祠画像石は特に著名である。また、史書にも『宋書』符瑞志や『南斉書』祥瑞志のように、独立した志がおかれるものもあり、それらにも祥瑞品目が示されている。しかしながら、これらはすべて品目が区別なく列挙されているだけで、ランク分類はなされていない。祥瑞品目に優劣を付けるランク分類は、唐礼部式の制定時に新たに定められたと考えられる。上記したとおり、唐儀制令復旧第一二条には、「大瑞」「上瑞」の用語が見られることから、令制定時には品目リストが記された唐礼部式（『唐六典』により復元）も備わっていたと思われる。大隅は、太宗の貞観二年（六二八）の禁奏祥瑞詔が淵源の一つであると指摘しており、同年には何らかの分類がなされていた可能性もある。

ランク設定の理由については、大隅は、祥瑞の報告というイデオロギー的な政治活動を、官僚機構により管理・統制させ、一定の枠内に収めようとするためと指摘しており、ランク分類も国家安定化のための方策であったことが考えられよう。さらに、元会儀礼において奏瑞儀が取り入れられるようになったのは隋唐期であることが明らかとなり（渡辺、一九九六）、こうした儀礼整備・運営の円滑化に際して大瑞以下ランク分類が必要とされたであろうことも、ランク分類設定の一因であったのではないだろうか（水口、二〇〇七）。

こうして作成された唐礼部式を日本は受容した。日本において大瑞と上瑞以下とを判断するのは治部《じぶ》省においてであり、治部省には祥瑞を大瑞・上瑞・中瑞・下瑞のランクに四分類した一覧があった。それが、『延喜式』巻二十一・治部省式の冒頭に配されている祥瑞条（以下、治部省式とする）である。本条文は、唐で作成された礼部式を引き写して作成されているのだが、唐と異なる点もある。それは、品目名の下に双行で記された説明文があることである。たとえば、冒頭の大瑞では、

景星徳星也。或如㆓半月㆒、或如㆓大星㆒而中空、慶雲状若㆑烟非㆑烟、若㆑雲非㆑雲

とあるが如くである。本条文は、大宝令制定時にはまだ日本には存在していなかった可能性が高い。祥瑞ランクが初めて見えるのが、『続日本紀』和銅五年（七一二）九月己巳条の黒狐進献に対しての「即合㆓上瑞㆒」であり（リストには「玄狐」が上瑞に含まれている）、遅くとも和銅期には本リスト（当初は「瑞式」と称されていた）が備わっていたと考えられる。ただし、当時はまだ品目名だけで、説明文は付されていなかった。しかし、奈良時代末になると偽の祥瑞が進献されるなど（『続日本紀』神護景雲二年〈七六八〉十二月甲辰条など）、祥瑞をめぐり混乱が生じ、桓武

朝に「瑞式」に手が加えられ、新たに説明文が付されたと考えられる。そして、説明文は『藝文類聚《げいもん》』祥瑞部・『顧《こ》野王《やおう》符瑞図』・『孫氏瑞応図』を主として参考し、そのほかに『宋書』符瑞志・『修文殿御覧』休徴部を補助的に参照して作成したと思われる（水口、一九九七・一九九八a・一九九八b）。

三　古代日本の祥瑞改元

古代日本の年号使用において、まず注目すべきは「白雉」年号である。白雉年号については、「白雉」という動物が有している思想的意味、白雉の進献者名や地域、宮中で行われた進献儀式の次第などが『日本書紀』中に詳細に記述されており、『日本書紀』に、ごく簡単に触れられているだけの大化年号設定と大いにその扱いが異なっているからである。[1]『日本書紀』白雉元年（大化六・六五〇）二月戊寅条（九日）・甲申条（十五日）両条がそれである。以下に簡単に内容を紹介しよう（以下、水口、二〇〇五参照）。

白雉元年（大化六）二月九日に穴戸国の国司であった草壁連醜経《くさかべのむらじしこふ》が、正月九日に国造首の同族である贄《にえ》という人物が麻山で捉えた白雉を進献した。それに対し、百済君（豊璋）や沙門等、道登、僧旻《みん》らに諮問を下し、その意味するところを求めたところ、白雉が「休祥」（よきしるし）であるということになった。そのため、白雉を園に放した。

それから約一週間後の十五日に百官人等が参加して、朝廷で白雉を天皇に進献する儀式が執り行われた。まず、白雉を輿に乗せ、左右大臣らが孝徳天皇の前まで運び、それを天皇と皇太子（中大兄皇子）が見た。続いて、百官人等を代表し巨勢大臣が天皇の徳を称え、奉賀し、それに対して天皇が詔を下し、白雉と改元する旨を述べた。最後に、穴戸堺に鷹を放つことを禁じ、百官人等に賜禄を行い、また進献した醜経への褒賞を行った。つまり、全体としては戊寅条では白雉の意味づけが行われ、それを受けて甲申条では儀式・改元・褒賞が行われたという流れである。白雉年号が重要なのは、それが白雉という祥瑞に基づいた名称であるという点である。日本の年号設定においてまず登場したのが、祥瑞であり、以後、延喜改元まで重要視されていく。

白雉年号について、筆者は、拙論において以下のことを論じている。推古朝以降、『漢書』『後漢書』的な知識は確実に列島内で根付いていっていたことを確認し、その上で、戊寅条での白雉の意味づけが、同時代的である隋や唐からの影響ではなく、『漢書』や『後漢書』に見られる意味合い―皇帝の徳が遠く辺境にまで行き届いていることの象徴物としての「白雉」―によるものであり、これが白雉が出現した穴戸国の持つ境界地域としての意味に合致し、天皇の徳の広がりを表す存在であることを指摘した。

そして、進献儀式には、対外的パフォーマンスの意義と、対内的パフォーマンスの意義とが含まれており、それらが無理なく結合している儀式であることを述べた。具体的には、進献儀式が唐代に行われていた朝賀の儀をモデルに組み上げられていたこと、それは儀式に参列していた朝鮮三国の人びとにも感じ取れるものであり、日本が中国的世界観を導入していたことをアピールする場であったことであり、一方、白雉は在地レベルでは贄としての存在に過ぎず、それが中央に進献されたことにより上記の意味づけがされたのだが、贄はそもそも食することにより国魂を体内に取り入れる意味合いを持ち、天皇が境界地域である穴戸までを支配していることをアピールするものであった。しかし、実際はこの白雉は食されておらず、儀式において群臣等が輿に載せた白雉（聖なる存在としての白雉）を天皇に捧げ、それを天皇に「見」せている。古代において「見る」行為は、国見行為に象徴されるようにその対象物や対象物の出た土地を我が物とすることを意味すると同時に、生命力を体内に取り入れ魂を振り動かす行為でもあった。孝徳天皇は、中大兄皇子らによるクーデターによって即位するという異例の方法で即位した天皇であり、それは、従来の即位儀礼での群臣によるレガリア献上を行わずに即位した、いわば不完全な状態であった。それを解消したのが、白雉をレガリアに見たてて群臣等に進献させ、それを天皇が見ることにより、天皇自身のタマフリが行われ不完全から完全へと即位を完成させることとなる白雉進献であったのである、と結論づけた。

以上のように、両条文は、さまざまなモチーフが有機的に結びついて理解することができるのであり、条文全体を検証することが大切なのである。そして、『日本書紀』にこれだけ多くの情報が示されていること、そのことには特に注意を払っておく必要がある。なぜならば、『日本書紀』を繰り返し読むことにより、それが事実として定着し、後世に強い影響を持つ可能性があるからである。

奈良時代になると、祥瑞に関しては、前節で触れた治部省式（「瑞式」）の影響が強くなる。東野治之によると、養老年間以降、治部省式と一致する祥瑞、特に大瑞が増えていくという（東野、一九六九）。当然、この状況は、改元にも影響を与えていた。改元に「大瑞」が利用されるようになるのである（なお、上述した白雉は治部省式では中瑞に位置づけられている）。

たとえば、養老改元（七一七）である。この改元は、美濃国に出現した「美泉」を理由としている。『続日本紀』養老元年十一月癸丑条の改元の詔をみてみよう。

天皇臨レ軒、詔曰、朕以二今年九月一、到二美濃国不破行宮一。留連数日、因覧二当耆郡多度山美泉一、自盥二手面一、皮膚如レ滑。亦洗二痛処一、無レ不二除愈一。在二朕之躬一、甚有二其験一。又就而飲浴之者、或白髪反レ黒、或頽髪更生、或闇目如レ明。自余痼疾、咸皆平愈。昔聞、後漢光武時、醴泉出。飲レ之者、痼疾皆愈。符瑞書曰、醴泉者美泉。可二以養一レ老。蓋水之精也。寔惟、美泉即合二大瑞一。朕雖二庸虚一、何違二天貺一。可下大赦二天下一、改二霊亀三年一、為中養老元年㆖。

本条では、その後、高齢者に位や物を賜ったり、「鰥寡孤独疾病之徒」などに賑恤するなど弱者救済策が盛り込まれ、また、「美濃国司及当耆郡司等、加㆓位一階㆒。又復㆓当耆郡来年調・庸、余郡庸㆒」と、当該地域への手当を行っている。

ところで、本条で注目したいのが、美泉に対する評価方法である。まず、実際に天皇が使用したところ、肌がなめらかになるなどの効果が現れたと記し、続けて中国の事例（後漢光武帝の事例）を持ち出し、さらには「符瑞書」によってこれが「醴泉」であると解釈し、その上で、「美泉即合㆓大瑞㆒」と判じているのである。改元を行うために、いくつかの読み替えがなされていることがわかるであろう。

養老改元での「醴泉」は、治部省式では大瑞に含まれ、「美泉也。其味美甘、状如㆓醴酒㆒」とある。『太平御覧』巻八七三・休徴部二には「白虎通曰、徳至㆓淵泉㆒、則醴泉湧。醴泉者美泉也。状如㆓醴酒㆒、可㆓以養㆑老也」とあり、養老改元詔で引用された「符瑞書」と同文言が見られる。この「符瑞書」こそが、上掲した儀制令に示された「図書」であり、恐らく「符瑞書」には、『太平御覧』所引の「白虎通」と同文が所載されていたのであろう。

また、奈良時代には多くの瑞亀が進献されるが、それらが改元にも多く関わってきている。霊亀・神亀・天平・宝亀がそれである。治部省式には、大瑞に「神亀黒神之精也。五色鮮明、知㆓存亡㆒明㆓吉凶㆒也」とある。

これら瑞亀出現による改元には大きな特徴がある。元正天皇は、霊亀進献直後に即位し改元（和銅から霊亀）を行っており、神亀改元は聖武即位、天平改元は光明立后、宝亀改元は光仁即位と、いずれも皇位継承・立后といった皇権に関わる大きな出来事に際して出現しており、皇権を安定させる役割が瑞亀に期待されていたのである（東野、一九六九）。天平改元の契機となった瑞亀は、「左京職献㆓亀長五寸三分、闊四寸五分㆒。其背有㆑文云、天王貴平知百年」（『続日本紀』神亀六年〈七二九〉六月己卯条）とあるように、「河《か》図《と》洛書《らくしょ》」を彷彿とさせるかのようなものであった。

四　祥瑞改元から災異改元へ

奈良時代には、一代中での複数回の改元はむしろ一般的であったが、平安時代になると、しばらく一代一年号の時代が続いた。ところが、醍醐朝になると、昌泰から延喜、延喜から延長と二度の在位中の改元が行われ、それのみならず改元理由にも変化が現れた。醍醐朝は日本の改元史上、一つの大きな画期となったのである（以下、延喜改元については水口、一九九七による）。

昌泰四年（九〇一）二月二十二日、三善清行《みよしのきよゆき》は醍醐天皇に対して、当年が辛酉の年にあたるため、改元すべきとの勘文「請三改元応二天道一之状」（いわゆる、『革命勘文』）を提出した。

革命勘文とは、当該の辛酉の年が革命にあたるか否かについて、紀伝・明経・算・暦・陰陽の諸道から勘申されたものである。辛酉革命とは、辛酉の年は一定の法則により革命すなわち天帝の命令が革まる年にあたることがあるという思想である（同様に、甲子の年には、時の制令が革まるため、「甲子革令」と称される。佐藤、一九七九）。清行は昌泰四年がまさにその革命の年にあたるとして、醍醐天皇に『革命勘文』を提出したのである。

『革命勘文』は、四カ条の論拠で構成されている。第一が、昌泰四年が「大変革命年」に当たっていること、第二が、前年の昌泰三年の秋に彗星が出現したこと、第三が、同じく前年の秋以来、老人星が出現していること、第四が、高野天皇（称徳天皇）の天平宝字九年から天平神護元年に改元した事例、である。

その結果、昌泰から延喜への改元が行われた。その理由としては、「改二昌泰四年一、為二延喜元年一。詔書去歳之秋、老人垂二寿昌之耀一、今年之暦辛酉呈二革命之符一云々」（『革暦類』。『大日本史料』一―二、八七三頁）、「延喜二十二年昌泰四年七月十五日改元。依二辛酉革命、老人星一也」（『帝王編年記』巻十五・醍醐延喜条）、「七月十五日、改為二延喜元年一。依二逆臣幷辛酉革命一也」（『扶桑略記』巻二十三裏書。延喜元年七月十五日条）と、辛酉革命・老人星（祥瑞）、そして逆臣が挙げられている。逆臣とされ、その直前に大宰府へ左遷となった菅原道真も改元を知ったときの詩「読二開元詔書一」（『菅家後集』四七九）に、辛酉歳と老人星を改元の理由として挙げている。すなわち、『扶桑略記』の逆臣は後世の付会である可能性があるが、共通するのは、延喜改元は辛酉革命と老人星の出現によって行われたと認識されていることである。延喜改元は、日本で初めて行われた革命改元であるとされることが多いが、老人星という祥瑞出現も根拠となっていることに注意をしておきたい。なぜならば、それは、辛酉革命のみを理由として改元することは、それまでの歴史を鑑みて難しかったであろうことを指し示すからである。そのことは、『革命勘文』を提出した三善清行が最も理解していたと思われる。

清行は、『革命勘文』の中で、改元すべき理由として、辛酉年・老人星出現のほかに、彗星出現を挙げている。しかしながら、上記諸資料では彗星出現を改元理由として認めているものはない。元来彗星は災異現象であって、それまでの歴史上認めにくいものであった。その点は清行も承知しており、『革命勘文』の中では、彗星を祥瑞であるかのように文章に細工を施していたことが明らかとなっている。また、清行は『革命勘文』を提出する以前の昌泰三年十一月二十一日に「預論二革命一議」（『本朝文集』巻三十一）と題される書を朝廷に提出したのだが、そこには、「伏惟陛下誠雖二守文之聖主一、既当二草創之期数一。故即位之初、遇二朔旦冬至之慶一、改元之後、頻呈二寿星見極之祥一、長星垂二掃旧之象一、衆瑞表二維新之応一」と、明らかに彗星も「衆瑞」に含んでいるのであり、清行も災異を改元の理由として挙げるのを躊躇ったものと思われるのである。

とはいえ、延喜改元によって、それまで代始を除いては祥瑞出現のみを理由としていた改元に、革命（及び革令）が加わったというのは、改元の歴史上大きな変化であった。祥瑞でなくても改元できる可能性がひらけたのであり、延喜改元は、改元の歴史上の変革の過渡期であったと考えられるのである。そして、その延喜改元に続いてなされたのが、延長改元であった（以下、延長改元については、水口、二〇一八による）。

延喜二十三年（九二三）閏四月十一日、年号を延喜から延長と改元した。『日本紀略』同日条には、

詔、延喜廿三年、為二延長元年一。依二水潦疾疫一也。有二大赦一。

と、大赦を行ったことと共に、その理由として「水潦」（ながあめ）と「疾疫」が挙げられている。まさに、災異による改元であったことがわかる。実は、災異改元はこの延長改元が日本の歴史上初めてのこととなるのだが、その年号決定の過程も異例であった。『西宮記』臨時一（乙）・改年号に、

延長年号、博士所レ進字不レ快、有レ勅以二文選白雉詩文一被レ改閏月改レ之。延喜元年八月廿九日、改元之由告二神明一。

とあるように、延長年号は、博士等が勘申した年号候補に対し、醍醐天皇が「不快」を表明し、そのため、自ら『文選』所収の白雉詩によって、「延長」年号を定めたというのである。この延長の事例は、後に先例として扱われる（『三長記』建久十年〈一一九九〉四月二十七日条）など、後世へ強い影響を与えていた。では、醍醐天皇は、なぜこのような異例な形での改元を推し進めていったのであろうか。

醍醐天皇が出典とした「文選白雉詩」は、『文選』の巻一・賦甲・京都上に収載されている。ただし、「白雉詩」は独立して収載されているものではなく、漢の班孟堅（班固）の「東都賦」に付された五篇の詩の一つとして収められている（中島、一九七七）。

啓霊篇兮披瑞図、　霊篇を啓きて瑞図を披き、
獲白雉兮效素烏。　白雉を獲て素烏を效す。
嘉祥阜兮集皇都。　嘉祥阜かにして皇都に集まる。
発皓羽兮奮翘英、　皓羽を発し翘英を奮い、
容絜朗兮於純精。　容は絜朗にして於純精なり。
彰皇徳兮侔周成、　皇徳を彰すこと周成に侔しく、
永延長兮膺天慶。　永く延長して天慶を膺けん。

最後の句に出てくる「延長」が醍醐天皇が典拠とした用語になる。「東都賦」は、張衡の二京賦（「西京賦」「東京賦」）、左思の三都賦（「蜀都賦」「呉都賦」「魏都賦」）など『文選』に複数収載される京都賦の一つで、「東都賦」の前には「西都賦」が置かれる。班固の両都賦は、『文選』の冒頭を飾るもので、『文選』を代表する文章でもある。そして、京都賦はほとんどが架空人物による討論という形態を取り、大別すると豪奢と節倹の道を説く二種類の賦があるという（VERNON、一九七七）。班固の両都賦も同様であり、西都（長安）の奢侈に対し、東都（洛陽）の倹約や節度規律の美を説いている。こうした「東都賦」の末尾に、「明堂詩」「辟雍詩」「霊台詩」「宝鼎詩」が配され、その最後に「白雉詩」が置かれているのである。

『文選』は周知の通り、日本において長く利用された書物である。これを年号の出典とした醍醐天皇は、当然のことながら、『文選』及び、所収の「東都賦」「白雉詩」、作者である班固を熟知していたと思われる。

班固は、『文選』の中に残された文章も多いのだが、班固の事績として特記されるのは、父の死によって受け継がれ完成された『漢書』の編纂である。

表　三史を対象とした詠史詩一覧

出典	巻	詩番	史書	作者	詩題	利用刊本	備考
凌雲集			史記	賀陽豊年	史記竟宴、賦得大史公自序伝	群書類従	
文華秀麗集	中	四二	史記	御製（嵯峨天皇）	史記講竟、賦得張子房、一首	日本古典文学大系	
		四三	史記	良安世（良岑安世）	賦得季札、一首		
		四四	史記	仲雄王	賦得漢高祖、一首		
		四五	史記	菅清公（菅原清公）	賦得司馬遷、一首		
扶桑集	九		史記	江相公（大江朝綱）	春日侍前鎮西都督大王、読史記、応教〈并序〉	群書類従	A
			漢書	菅淳茂（菅原敦茂）	北堂漢書竟宴、詠史、得高祖		
			漢書	江相公（大江朝綱）	漢書竟宴、詠史、得楊雄		
			漢書	橘列在	北堂漢書竟宴、各詠史、得淮南王劉安		
			史記	紀納言（紀長谷雄）	北堂史記竟宴、各詠史、得叔孫通		
			史記	都良香	詠史、得漢濱父老		
			後漢書	菅丞相（菅原道真）	八月十五日、厳閣尚書授後漢書畢、各詠詩、得黄憲〈并序〉		B
			後漢書	紀納言（紀長谷雄）	後漢書竟宴、各詠史、得龐公		C
			漢書	菅三品（菅原文時）	北堂漢書、詠史、得路温舒		
			漢書	源訪	北堂漢書、詠史、得李広		
			漢書	紀在昌	北堂漢書竟宴、詠史、得蘇武〈并序〉		D
本朝麗藻	下	一一九	史記	儀同三司（藤原伊周）	客有図孟嘗君像以詩讃其徳者矣、余昔読史記知四君之為人、因成四韻加篇末	群書類従	
田氏家集	上	三七	史記	嶋田忠臣	於右丞相省中直廬読史記竟、詠史、得高祖、応教	群書類従	
		五五	漢書		菅著作講漢書、門人会而成礼、各詠史		E
	中	九四	後漢書		後漢書竟宴、各詠史、得蔡邕		C
	下	一八八	史記		史記竟宴、詠史、得毛遂		F
菅家文草	一	九	後漢書	菅原道真	八月十五夜、厳閣尚書授後漢書畢、各詠史、得黄憲〈并序〉	日本古典文学大系	B
		三四	史記		史記竟宴、詠史、得司馬相如		F
		六三	漢書		漢書竟宴、詠史、得司馬遷		E
		九一	後漢書		後漢書竟宴、各詠史、得光武		C
	二	一四五	漢書		勧学院、漢書竟宴、詠史、得叔孫通		
	五	三七二	漢書		文章院、漢書竟宴、各詠史、得公孫弘		
法性寺関白御集			史記	藤原忠通	読史記、賦周本紀	群書類従	
			史記		読史記、賦秦本紀		
			史記		読史記、賦魯周公世家		
			史記		燕世家		
			史記		管蔡世家		
資実長兼両卿百番詩合			漢書	日野資実	読漢書伝梁孝王	群書類従	
			史記		読史記伝范蠡		
本朝文粋	九		史記	後江相公	春日侍前鎮西都督大王、読史記、応教	新訂増補国史大系	A
			漢書	紀在昌	北堂漢書竟宴、詠史、得蘇武		D
			後漢書	紀納言	後漢書竟宴、各詠史、得龐公		C
			後漢書	菅贈大相国	八月十五日、厳閣尚書授後漢書畢、各詠詩、得黄憲		B
本朝続文粋	八		後漢書	大江佐国	七言冬日於翰林藤主人文亭、諸文友読後漢書畢、各詠史、得後漢詩一首〈并序〉	新訂増補国史大系	

＊刊本では『本朝麗藻簡藻』（勉誠社、一九九三年）、『田氏家集全釈』（汲古書院、一九九三年）も参照した。
＊備考欄のアルファベットはそれぞれ（AならばA）で同内容のものを指す。

『漢書』は日本にも早くから伝来し、『史記』『後漢書』とともに「三史」として広く参照されていた。そして、平安朝になると三史を中心とした講書及び講書竟宴が催されるようになり、講書修了後に開催される竟宴では、講書した書物を対象とした漢詩が詠まれることとなった。これらの詠史詩の中には、史書の編者が対象となっているものもあり（たとえば、『漢書』に関しては「班史」〈『扶桑集』所収源訪「北堂漢書、詠レ史、得二李広一」〉と表現されているものがある）、史書と編者は当時の人びとに一体で認識されていたようなのである。

そこで注意したいのが、醍醐朝では、『漢書』が重要視されているように思えることである。醍醐朝になって初めての漢書講書である延喜三年（九〇三）の講書では、旬（十日）ごとに蔵人に対し『漢書』の試験を行い、その出来によって賞罰があることが示されている（『西宮記』臨時二・蔵人所講書事）。蔵人にとって『漢書』が学ぶべき基礎教養と位置づけられたことになるのである。以降、漢書講書は何度か行われている。

その中でも、延長改元の直前に行われている延喜十九年（九一九）から二十二年にかけて大学寮北堂で行われた漢書講書は示唆的である。このときの講者は、文章博士菅原淳茂《すがわらのあつしげ》であり、翌年の二十三年三月に竟宴が行われている。そして、この竟宴で詠まれた詩序が『本朝文粋』巻九に残されている。作者は紀在昌で、「蘇武」を得て詠詩している。その中に、

班孟堅之修二斯書一也。摭二北闕之故事一、正二西都之前史一。

という文章がある。ここでの「西都」は前漢を指すのであろうが、「西都」という用語は明らかに「西都賦」を意識したものと考えられる。班固の修史事業を班固の言葉で説明したのである。他にも、詩序中の「錦摛」は「西都賦」の「蘭茝発レ色、曄曄猗猗、若摛レ錦布繡、燭二燿乎其陂一」に、「惇誨」も「西都賦」の「命二夫惇誨故老、名儒師傅一」にそれぞれ依っている。本詩序は、明確に班固の両都賦を意識して詠まれているのであり、当時、両都賦

が当然の基礎知識となっていたことをうかがわせる。醍醐天皇も「文選白雉詩」を熟知していたであろうことは想像に難くない。

しかし、なぜ醍醐天皇は「文選白雉詩」から「延長」という用語を選んだのであろうか。そもそも「延長」は、『漢書』や『後漢書』など歴代史書にも見られ、『文選』でも顔延年「赭白馬賦幷序」（巻十四・賦庚・鳥獣下）に「歯算延長、声価隆振」と記されるなど数多くの漢籍に見られる用語である。にもかかわらず、『西宮記』では醍醐天皇が「白雉詩」からこの用語を選んだと出典が明記されている。

当時日本で流行していた『文選』は李善注であった（東野、一九七七）。「白雉詩」の李善注には、

獲白雉兮效素烏范曄後漢書曰、永平十年、白雉所在出焉。東観漢記、章帝詔曰、乃者白烏神雀屢臻、降レ自二京師一也。
彰皇徳兮侔周成、永延長兮膺天慶。韓詩外伝曰、成王之時、越裳氏献二白雉於周公一。河図曰、謀道吉、謀徳吉、能行レ此大吉、受二天之慶一也。

と、白雉に関する情報が示されている。中でも注目したいのが、『後漢書』と『韓詩外伝』の文章である。前者は『後漢書』巻二・明帝紀・永平十一年是歳条「時麒麟、白雉、醴泉、嘉禾所在出焉」を出典としており、後者は『藝文類聚』などの類書類にも含まれる特に有名な文章である。

そして、これらの文章が載るのは、中国古典のみではない。第三節で触れた『日本書紀』白雉元年二月戊寅条にも、両文章が載り、続く甲申条でも詔内で両例に触れており、古くから日本においても有名な事例であったのである。

醍醐朝では、『日本書紀』が再び注目される出来事があった。それは、日本書紀講書が開催されていることである。養老四年（七二〇）五月癸酉に、舎人親王等により「日本紀」が撰進されて以降、奈良・平安期に公的に『日

本書紀』を読む「日本書紀講書」が数度開催された。このうち、醍醐朝のものは、延喜の日本書紀講書であり、延喜四年（九〇四）八月二十一日から同六年十月二十二日までの約二年間かけて行われた（「延喜竟宴和歌序」）。博士は藤原春海《はるみ》であり、尚復として矢田部公望《きんもち》・葛井清鑑・藤原忠紀が務め、当時文章博士であった三善清行も参加している。延喜講書でも、他の講書同様に「私記」が作成され（『本朝書籍目録』では「延喜四年私記」とある）、『釈日本紀』に所収される「公望私記」（「延喜公望私記」）がそれであると言われている。

日本書紀講書は、神代から持統紀まで全ての巻を読むことを基本方針としている。当然、第三節で触れた白雉進献に関わる孝徳紀もその中に含まれている。延喜講書でもそれは行われていたようで、講書後の竟宴で読まれた和歌（日本紀竟宴和歌）の中に、孝徳紀に関わるものもある。藤原玄上が「天万豊日天皇」の題を得て詠んだ、「食す国の　法垂れ給ふ　大御世は　難波の長柄　とこそ聞こゆれ」がそれである。日本書紀講書を通じて、改めて白雉進献に注目が集まったとしても不思議ではない。

ただし、『釈日本紀』を見ても、延喜講書で「白雉」に関する議論が行われた形跡はなく、また、醍醐天皇は講書には参加していない。とはいえ、二年にも長き期間、内裏内の宜陽殿東廂で開講されていたのであり、また、開講期間中になされた延喜六年（九〇六）五月からの史記講書では、藤原時平・藤原清経・殿上侍臣・紀長谷雄・高向宿禰らが講に預かる中、日本書紀講書にも参加していた式部大輔の藤原菅根が博士を務めており（『日本紀略』延喜六年五月十六日条など）、何らかの形で日本書紀講書内での情報が醍醐天皇に詳細に伝わっていた可能性は十分考えられる。そもそも、延喜講書開催については「甲子歳、降二綸旨一」（「延喜竟宴和歌序」）とあり、天皇の意志が強く感じられるのである。

ではなぜ、この白雉進献の情報が重要なのか。それは、この進献が大化から白雉への改元の理由であり、そして、その後続く祥瑞改元の端緒となっているからである。日本の改元の歴史上、白雉改元の持つ意味は非常に大きい。また、第三節で見た通り、改元の詔のみならず、進献儀礼が詳細に記述され、読者にとっても記憶に残りやすい内容となっているのである。

延長改元は、歴史上初めての災異による改元である。上述したように、延喜改元で改元理由に変化が生じた。それまで祥瑞のみであったものに、別の理由が付加されるようになり、改元理由として祥瑞が絶対条件とはならなくなっていた。とはいえ、一度の改元で認識が一新されることは考えづらく、祥瑞の影響はまだ残っていたであろう。そうした状況の中、災異を理由に改元を行うことになった。醍醐天皇は、数ある漢籍の中から、日本初の祥瑞改元である白雉改元を連想させる「文選白雉詩」から「延長」の用語をあえて選び取ったのではないだろうか。災異のみでの改元ではあるが、やはり、延長改元は延喜改元で生じた変革の過渡期にあったというべきなのだと考える。

本節の最後に、なぜ延喜二十三年に改元がなされたのかという問題に触れておきたい。醍醐朝に起こった災異事情（天文変異・自然現象・怪異など）を総じてみても、延喜二十三年及び前年の二十二年だけが突出して多いわけではない。特に、延喜九年（九〇九）は、地震・霖雨による洪水・疾疫など延長改元理由と重なる事例が多発している。しかも、同年には、藤原時平が三十九歳で死去しているのである。この時、改元しなかった理由は正確にはわからないが、災異で改元した前例がなかったことが理由として考えられよう。ただし、時平の死は、菅原道真の怨霊によるものであるという認識は、以降深まっていったことと思われる。

そのような状況の中、延喜二十三年三月に皇太子であった保明親王（母は時平の妹である醍醐天皇の后藤原穏子）が二十一歳の若さでこの世を去った。この時のことを『日本紀略』同年同月二十一日条では、「挙レ世云、菅帥霊魂宿忿所レ為也」と、明確に道真の怨霊の仕業であると記しており、翌月には、道真に右大臣と正二位を贈っている（『同』

同年四月二十日条など）。当時すでに道真の怨霊は、人びとの中に住み着いていたようだ。

また、「延長」が選ばれた理由として、笠井昌昭は「幼い皇太子の長命への祈りがこめられた」ものだとみる（笠井、一九九七）。保明親王に代わり皇太子となったのは、その子慶頼王だった。当時三歳の王の母は、時平の娘仁善子である。笠井の指摘は、情況を考えれば納得のできるものであろう。

五　祥瑞改元と災異改元と

前節で述べたような状況下、災異改元がなされた。醍醐朝以降、祥瑞を理由とした改元がなくなり、災異・革命（革令）を理由とする改元が増加してくる。祥瑞改元は、言うなれば、天からの褒賞をそのまま言祝ぐ形でなされたものであり、当該の時代そのものを言祝ぐ意味をもっていたとも言える。一方、災異改元は、それまでの不幸な側面・天からの譴責を拭い去り、新たな時代に期待を込める形でなされたものであった。いずれにせよ、改元することにより、当該の時代を前向きに捉える意思を見せることで、時代を、生活を、前に進めていこうとする営為だったとも言える。しかし、自然は（もしくは、「天」は）、それをも簡単に打ち砕くこともある。

永延三年（九八九）の八月、年号を改め、「永祚」とした。その理由は、「彗星天変地震之災異」を攘うためであり（『日本紀略』同年同月八日条）、延長改元によって先鞭を付けられた災異改元であった。しかし、皮肉にもそのわずか五日後に、京中を揺るがす「大風」が発生した。その時の様子は、複数の文献に詳細に残され、人びとの記憶に留められている。以下に、史書・古記録・説話の三例を挙げておこう。

酉戌刻大風、宮城門舎多以顚倒。承明門東西廊・建礼門・弓場殿・左近陣前軒廊・日華門御輿宿・朝集堂・応天門東西廊卌間・会昌門・同東西廊卅七間・儀鸞門・同東西廊卅間・豊楽殿東西廊十四間・美福・朱雀・皇嘉・偉鑑・達智門・真言院、幷諸司雑舎・左右京人家、顚倒破壊不レ可二勝計一。又鴨河堤所々流損、賀茂上下社御殿・幷雑舎・石清水御殿東西廊顚倒。又祇園天神堂、同以顚倒。一条北辺堂舎・東西山寺皆以顚倒。又洪水高潮、畿内海浜河辺民烟人畜田畝為レ之皆没。死亡損害、天下大災古今無レ比（『日本紀略』永祚元年八月十三日条）

十三日、……自二酉時許一大風、及レ子終止。此間雨脚更飛、万人失レ神。

十四日、壬戌、参内及摂政殿御宿所、公卿被二参入一。建礼・承明等門・東西廊・日華門御輿宿・左近陣南軒廊・美福・朱雀・皇嘉・儀鸞等門・朝集堂・豊楽・会昌・応天門・門々具廊・安嘉・偉鑑・達智等門悉倒。……諸司諸衛所々、東西京上下人家・仏神寺顚倒、破損不レ可二勝□一。去夜風間普門寺焼亡、右馬寮顚倒之間、御馬為レ屋被二打圧一。其両疋偶得レ生、自余皆悉斃畢云々。自余奇異事不レ可二計尽一。小野宮厩舎顚倒、今日令二構立一。又二条東廊・政所屋・雑色所舎等顚倒、四面築垣□如レ払云々。筆墨有レ限、不レ能レ注レ之（『小右記』永祚元年八月十三日条・十四日条）

今昔、比叡ノ山ノ東塔ニ大鐘有ケリ。高サ八尺廻リ也。而ル間、永祚元年己丑八月ノ十三日、大風吹テ、所々ノ堂舎・宝塔・門々戸々ヲ吹倒シケルニ、此ノ大鐘ヲ吹辷バシテ、南ノ谷ニ吹落シテケリ。最初ノ房ノ棟・板敷ヲ打切テ、谷様ニ辷テ、次々ノ房共同ジク打抜ツツ、七ツノ房ヲ打倒シテ、南ノ谷底ニ落入ニケリ。夜半計ノ事ナレバ、此ノ房共ニ人皆寝タル程ド也。其レニ、人一人不損ザリケリ。其ノ比ノ希有ノ事ニナム云喤ケル。「山ノ三宝ノ加護ニ非ズハ、其ノ房々ノ人可生キニ非ズ」ト云テゾ、貴ビ礼ミケルトナム語リ伝ヘタルトヤ（『今昔物語集』巻十九・比叡山大鐘、為風被吹辷語第三十八）

こうした状況を受け、十七日には、彗星・霖雨・大風などのため、伊勢神宮以下諸社に幣帛使を送るなど、政府は災異に立ち向かおうとしていた（『日本紀略』同年同月十七日条）。

しかしながら、結果的に政府は、翌年十一月七日、永祚を「正暦」と改元した。そこで示された理由は、「大風天変」であり（『日本紀略』同日条）、永祚はわずか一年三ヶ月で幕を閉じたのである。以降も災異改元を繰り返すが、果たして「改元」が本当に災異を攘うことができると考えていたのか（天の譴責から逃れることができると考えていたのか）、それとも、単なるポーズであったのか、その点は、「そもそも改元とは何なのか」ということとも関わってくる大きな問題であり、今後の検討課題である。

註

（1）白雉年号をめぐる近年の諸説とそれに対する自説については、水口（二〇一九）参照。なお、本稿は、日本古代史以外の方々にも読んでいただくことを目的としており、専門的に概論を述べた水口（二〇一九）と文章・構成共に重なる部分が多くあることをお断りしておく。詳細はそちらを参照願いたい。

＊本稿では、以下の刊本から史料を引用する。

『延喜式』（訳注日本史料）／『革命勘文』（日本思想大系『古代政治社会思想』）／『革暦類』（『大日本史料』一ノ二）／『菅家後集』（日本古典文学大系）／『後漢書』（中華書局標点本）／『今昔物語集』（新日本古典文学大系）／『西宮記』（神道大系）／『釈日本紀』（新訂増補国史大系）／『小右記』（大日本古記録）／『続日本紀』（新日本古典文学大系）／『太平御覧』（中華書局影印本）／『帝王編年記』（新訂増補国史大系）／『日本紀略』（新訂増補国史大系）／『日本書紀』（日本古典文学大系）／『扶桑集』（群書類従）／『扶桑略記』（新訂増補国史大系）／『本朝書籍目録』（和田英松『本朝書籍目録考証』）／『本朝文集』（新訂増補国史大系）／『文選』（新釈漢文大系）／『養老令』（日本思想大系『律令』）／『論語』（新釈漢文大系）

参考文献

大隅清陽、一九九三「儀制令における礼と法―律令法系の構造的特質をめぐって―」（『律令官制と礼秩序の研究』吉川弘文館、二〇一一年に所収）

笠井昌昭、一九九七「天神信仰の成立とその本質」（『日本の文化』ぺりかん社）

佐藤　均、一九七九「革命勘文・革令勘文について」（佐藤均著作集刊行会編『革命・革令勘文と改元の研究』、一九九一年に所収）

東野治之、一九六九「飛鳥奈良朝の祥瑞災異思想」（『史料学遍歴』雄山閣、二〇一七年に所収）

一九七七「奈良時代における『文選』の普及」（『正倉院文書と木簡の研究』塙書房）

所功編著、久禮旦雄・五島邦治・吉野健一・橋本富太郎執筆、二〇一四『日本年号史大事典』（雄山閣）

中島千秋、一九七七『新釈漢文大系　文選』賦編上（明治書院）

松本卓哉、一九九〇「律令国家における災異思想―その政治批判の要素の分析―」（黛弘道編『古代王権と祭儀』吉川弘文館）

水口幹記、一九九七「延喜治部省式祥瑞条の成立過程」（『日本古代漢籍受容の史的研究』汲古書院、二〇〇五年に所収）

一九九八ａ「延喜治部省式祥瑞条の構成」（『日本古代漢籍受容の史的研究』）

一九九八ｂ「延喜治部省式祥瑞条における『修文殿御覧』の利用について」（『日本古代漢籍受容の史的研究』）

一九九九「天文・祥瑞の典拠とその意味―『革命勘文』における類書・図書の利用について―」（『日本古代漢籍受容の史的研究』）

二〇〇五「表象としての〈白雉進献〉―文化受容における軋轢回避の様相―」（『日本古代漢籍受容の史的研究』）

二〇〇七「祥瑞」（虎尾俊哉編『訳注日本史料　延喜式』下、集英社）

二〇一八「災異改元のはじまり―醍醐朝の延長改元をめぐって―」（『日本歴史』八四二）
二〇一九「祥瑞災異と改元」（仁藤敦史編『古代王権の史実と虚構』竹林舎）
渡辺信一郎、一九九六『天空の玉座―中国古代帝国の朝政と儀礼―』〈叢書歴史学と現在〉（柏書房）
VERNON,CHARLES、一九七七、「京都賦の対話部分について」（『中国中世文学研究』一二）

〔附記一〕本稿は、科学研究費助成事業基盤研究（B）（一般）「前近代東アジアにおける術数文化の形成と伝播・展開に関する学際的研究」（課題番号：16H03466）による研究成果の一部である。

〔附記二〕本稿脱稿後、泉武著『キトラ・高松塚古墳の星宿図』（同成社、二〇一八年）の第二章「天武天皇の皇位の正当性と天命思想」において、白雉改元に関する拙論に対する批判が展開されている。主旨は、白雉元年二月条は、天武天皇時代に行われた儀式の遡上掲載されたものであるということになる。これに対し、相原嘉之氏がその書評（『日本歴史』八四六、二〇一八年）の中で、考古学見知から遡上掲載には慎重であるべきとの意見を呈している。共に、参照して頂きたい。

4　文字の想像力と改元
―改元における「キャンプ」なるものをめぐって―

尾形弘紀

はじめに

「キャンプ（camp）」という少し奇妙な概念を論じるにあたって、かつてスーザン・ソンタグ（Susan Sontag）は、「この世には名づけられていないものがたくさんある。そしてまた、名づけられてはいても説明されたことのないものがたくさんある」と語っていた。とりわけ、明確な「観念」としてかたちをなす以前の茫洋とした「感覚」は、「話題にすることが最も難しいものの一つである」ともいう彼女は、この概念の検討により、六〇年代アメリカの大衆文化に胚胎する「説明されたことのない」感覚を明るみに出している（ソンタグ、一九六四、303頁）。なるほど例えば、ある時代で隠微に瀰漫する、誰もが共有していながら反省することのほとんどない基底的な「感覚」、つまり時代の〝空気〟のようなものなどは、そうした捉えがたさを持つ存在の一つかもしれない。改元、すなわち新たな年号の制定をめぐる議論においても、その種の空気が実は漂っているのではないだろうか。

従来の改元に関する研究においては、年号を定める制度的手続きや、これと政治的動向との関わりについての検討がその主調音をなしてきたように思われる。また、年号は漢字で構成されるものである限り、当然のことながら形・音・義の三つの相を孕んでいるものであるが、(1)もっぱらそのうちの「義」（語の意味）に焦点が当てられ、「年号勘文」や「難陳」に見られる漢籍の引用状況、および中国年号の考慮のされ方などが注意されてきたようである。しかし、改元をめぐる人びとの関心のうちには、その種のいわば真面目で内容ある議論のかたわらに、一見取るに足らない、ある意味ではやや不真面目なものが紛れ込んでおり、年号確定の議論を方向づけていたところがある。さきのソンタグであれば、「キャンプ」なものと指摘するだろうような何かがそこには潜んでいるのである。キャンプとは、彼女によれば、人の持つ「内容については判断を下さないような態度」であり、「内容を犠牲にして、見た目の肌合いや感覚に訴える表面やスタイルなどを強調する」物や出来事のことである。(2)改元というすぐれて政治的な行為においても、まさにキャンプと呼ぶほかないきわめて「表面」的な―語義という「内容」が問題となる以前の―漢字の「音」や「形」をめぐるいささか文字遊びにも似た奇妙な関心が当事者らの心中に蟠《わだかま》っていたようである。それがまた、どこかである時代の空気とも通底していることを示すことができれば、本論の目的は達せられるのだが、ここではさしあたり、しばしば改元を導く起因となる祥瑞の現象に着目することから始めたい。

一　あわいに湧出する文字

①自然と人事のあわい

祥瑞とは、天が為政者の政治を賞讃して出現させたという、珍奇な動植物や特異的自然現象のことである。『日本三代実録』の序に「祥瑞は天の人主に祚《さいは》ひする所、災異は天の人主を誡《いまし》むる所」といわれているように、有徳の王のもとで治政が安定していれば天は奇異なる祥瑞を現わして彼を称揚するし、逆に不徳の王が世に混乱を招いたなら天は彼を譴責し、さまざまの災害・異変を示すのだという。中国から移入されたこの「天人相関思想」は、例えば『日本書紀』孝徳天皇条に見える、「白雉」の献上を機に大化から白雉への改元を行ったことを記す改元の詔においては、次のように表現されている。

　聖王世に出でて天下を治むる時に、天応《こた》へて其の祥瑞《みつ》を示《あらは》す。曩者《むかし》、西土の君、周の成王の世と、漢の明帝の時とに、白雉《しろきぎす》爰に見ゆ。我が日本国の誉田天皇〔応神天皇〕の世に白烏宮に樔《すく》ふ。大鷦鷯帝〔仁徳天皇〕の時に龍馬西に見ゆ。是を以て、古より今に迄《いた》るまでに、祥瑞時に見えて有徳《いきほひ》に応ふること、其の類多し。所謂る鳳凰・麒麟・白雉・白烏、若斯《かか》る鳥獣より、草木に及《いた》るまで、符応《しるしこたへ》有るは、皆是、天地の生す所の休祥《よきさが》嘉瑞《よきみつ》なり。

後の本居宣長（『講後談』）ならば、「麟鳳」（麒麟と鳳凰）のような「ただ何となくをりをり〔折々〕は出る鳥獣なるを、上代たまたま出たるをさいはひに、聖人の徳の感ずる所ぞといひなして、世の人をあざむき、聖人といふ物の証拠にしたるを……」などと懐疑し、例の漢意《からごころ》の現われだと批判もしようが、この観念は、古代の日本、特に律令制の成立間もない奈良時代前後の日本には強く影響を与えており、この時期の改元の多くが祥瑞の出現を契機としてなされている(3)。

この孝徳紀の言葉のうちにも珍奇な動物や草木が見えているように、祥瑞観念の中核をなすのは、人事を離れた自然に存在する不可思議な物あるいは出来事である(4)。八世紀末に現在見られるかたちで明文化されたと目される(5)、延喜治部省式祥瑞条に挙げられた、大瑞・上瑞・中瑞・下瑞の四等級に弁別される祥瑞品目リストは、天文現象（景星、慶雲など）、自然現象（醴泉、山称万歳、川水五色など）、動物（神亀、龍、神馬など）、植物（嘉禾、芝草、木連理など）、器物（玉甕、神鼎、丹甑など）などに整理できるが、器物を除くそのほとんどは自然の領域にある何かと見て誤らない。ここには、異形・畸型を生む自然の〈驚異《ワンダー》〉を目ざとく見つける博物学的視線が伏在していよう。

ただし、古代の歴史書に散見される実際の祥瑞出現を述べた記事を仔細に検討すると、こうした法制上の定義のうちではどうも座りの悪い、しかし非常に興味深い現象が記録されていることに気づく。いわば自然と人事とのあわいに発生する祥瑞である。本論では、その中間的な場にときに湧出する不可思議な文字について特に注目することとしたい。まずは『続日本紀』から文字の奇瑞に関わる事例を摘記する。

①己卯、左京職、亀を献る。長さ五寸三分、闊《ひろ》さ四寸五分。その背に文有りて云はく、「天王貴平知百年」といふ（天平元年〈七二九〉六月二十日条。二日後、孝謙天皇は諸王・群臣らに命じて、その「瑞の字」を実見させている）

②三月戊辰、天皇の寝殿の承塵《しょうぢん》の裏に、「天下大平」の四字自ら生れり（天平宝字元年〈七五七〉三月二十日条）

③己丑、駿河国益頭郡の人金刺舎人麻自、蚕《こ》産みて字を成すを献る（同年八月十三日条。なお、後文の天平宝字改元の詔を参照すると、その文字は「五月八日開下帝釈標知天皇命百年息」と書かれていたことがわかる）

④己巳、勅して曰はく、「大和国守従四位下大伴宿禰稲公らが奏を得るに偁《い》はく、部下城下郡大和神山に奇《くす》しき藤を生せり。その根に虫の彫り成す文十六字『王大則并天下人此内任大平臣守昊命』とあり」といふ。即ち、博士に下して議らしむるに、咸《みな》云はく、「臣、天下を守り、王の大なる則并《のりあは》す。内を此人に任せば、昊命《かうめい》大平ならむ」といふ。……」とのたまふ（天平宝字二年〈七五八〉二月二十七日条）

⑤己酉、右京の人白原連三成、蚕産みて字を成すを献る（宝亀二年〈七七一〉五月二十三日条）

いずれも不意の文字の出現が人びとの興味を惹いている。もっとも①の記事であれば、「天王貴平知百年」の文字の載る亀をさきの『延喜式』の祥瑞品目における「神亀」（大瑞）に比定するなら、不思議な亀の出現自体ですでに祥瑞を意味し、文字の存在は副次的なものと評し去ることもできる。(6) しかし②以下の事例では、普段なら注目することのほとんどないはずの天井をなす布（「承塵」）の裏面に、(7) または小さな蚕の活動を観察して―蚕が糸で文字を紡いだものか、蚕の卵の配列が文字をなしていたものか、蚕の幼虫が葉を食み、その虫食いが文字に見えたものか、いずれ詳細は不明である―、さらにはどうして掘り出したものやら藤の木の根において、人びとはさまざまの文字を執念く読みとっており、この文字の存在こそが奇瑞の核心と捉えられていたことが窺われる。世界の驚異を見据える博物学的視線は、自然のただなかにあるものというより、自然の辺縁にあって人事と境を接しているものに向けて注がれ、文字をなす奇妙なカタチが摑まえられている。

②祥瑞と讖文のあわい

これらの奇事はさきの『延喜式』の祥瑞品目リストに見えない。これまでの祥瑞研究のなかでこの文字の奇瑞のみ明らかに言及が手薄であったゆえんであるが、『法曹類林』（巻二二六、公務三四）に採録されている、大宰府からの言上にある筑後国高良上宮の「石硯」と高座橋に出現した「瑞花」を、「此の如きの異物は、縦ひ本文無くとも善く賞翫すべし。蓋し祥瑞たり」と判断する後の明法博士菅原有真の勘文（応徳二年〈一〇八五〉九月十九日）に倣って捉えるなら、(8) ここで問題とする奇瑞も、たとえ『延喜式』のような―あるいは中国より将来された『宋書』符瑞志や、『顧野王符瑞図』『孫氏瑞応図』等の祥瑞を図入りで示した佚書のような―「本文」を持たなくとも、「賞翫」すべき「異物」として、すなわち改元までも惹起しうる重大な祥瑞として評価できよう。事実、①の出来事は神亀六年が天平元年へと改まる、また②、③のそれは天平勝宝九年が天平宝字元年へと切り替わるきっかけとして機能しているのである。後の『今昔物語集』に、大化の年号を制定するにあたって、天人が降下し宇治の橋を造営した奇事がきっかけとなっていたとする逸話が述べられていることからしても[9]、年号の制定を促すきっかけとなる出来事は、厳密な意味での祥瑞品目に留まらない、広義の奇跡的事態と見られていたとしておく必要もありそうである。

主に儀制令祥瑞条の分析を通じ、瑞物が政府に貢進される経緯や元日朝賀における奏瑞儀礼の分析を行って、制度史的観点からの祥瑞研究に先鞭をつけた東野治之は、それらの不可思議な文字を「讖文」（未来の予言を記した文書）に類似した、「現実の政治過程との深い関わりを示すもの」と評している（東野、一九六九、56頁）。なるほど、例えば①の天平元年の奇瑞であれば、長屋王の変後の人心一新を期す目的が、②、③の天平宝字元年のそれであれば、皇太子（道祖王）更迭の機運を是認し、謀反をはかったという橘奈良麻呂勢力に否を突きつける隠れた意志が、それぞれ諸家により指摘されている。また④の根に文字を現わした植物が、時の権力者藤原仲麻呂を連想させる「藤」であることもやはり暗示的というべきだろう。もっともどんな瑞物であれ、それを単なる〝異例《アノマリー》〟とせずに祥瑞とみなす人びとの心のうちには、既存の権力構造の承認願望や新たな政治体制の構築の庶幾、さらには中央の為政者にとり入ろうとする地方官人の政治的欲求などが潜んでいるはずだが、この文字の奇瑞は、それが言葉であるだけに、そうした権力意志がより露骨なかたちで透けて見えてしまうのである。

近年では、上掲の文字の奇瑞が持つこうした政治的性格を重視して、後に出現する「邪馬台詩」やいわゆる聖徳太子未来記などの中世的讖文の古代的形態として捉える興味深い研究も見られるが[10]、しかし一方で、「現実の政治過程との深い関わり」からあれらの文字を讖文とだけ解することもまたできないはずである。①に見える文字を背負った亀の出現を承け、約二か月後の改元の詔において、此の大き瑞の物は、天に坐す神・地に坐す神の相うづなひ〔「うづなふ」は珍重するの意〕奉《まつ》り福《さき》はへ奉る事に依りて、顕し奉れる貴き瑞なるを以て、御世の年号改め賜ひ換へ賜ふ。是を以て神亀六年を改めて天平元年と為て……（天平元年八月五日条）

といわれるように、この奇事はやはり「瑞物」「貴瑞」なのであって、さきに留意したごとくこれにより改元が挙行されていることからして、既存の祥瑞観念に内包されるものとみなされていることも依然考慮せねばならない。この文字の奇瑞はつまるところ、祥瑞と讖文の境界に位置する、その意味でもきわめて座りの悪い事態として捉えるのが一番適切なようである。自然的現象を主眼とする祥瑞にはうまく回収しえず、といって人的作為が露わな讖文と解釈するのは行きすぎであるような何ものかとして。その点では、自然と人事とのあわい、あるいは祥瑞と讖文とのあわいに湧出したこの不可思議な文字は、祥瑞観念の焦点の辺縁を徘徊する「キャンプ」じみたものとしてみなすことができるはずである。

そこで勘案したいのは、祥瑞観念の帰趨の問題である。祥瑞研究において思想史的意義を持つ貴重な研究の一つというべき高田信敬の仕事によれば、桓武朝―前述したように、この時代は延喜治部省式祥瑞条にみえる祥瑞の法制上の分類意識が完成した画期と目される―以降で見た場合、平城から醍醐までの平安前期は祥瑞観の点から三つに区分することが可能である（高田、一九七八）。すなわち、①（平城～淳和朝）祥瑞・災異ともに少ない時代、②（仁明～宇多朝）祥瑞・災異ともに増加する時代（特に災異が激増する）、③（醍醐朝以降）祥瑞・災異ともに減少する時代（特に祥瑞が激減する）の三つである。重松明久も述べるように（重松、一九七七）、最後の祥瑞改元（昌泰から延喜へ、九〇一年）が見られる③醍醐朝は、前代以来の改元にまでいたる公式的な祥瑞観念がほぼ消滅する時代であり（もっとも祥瑞記事自体は、その形骸化したものが鎌倉期まで見られる）、この後は災異あるいは革命革令説に基づく改元が支配的となる。

この推移の原因を、高田や重松は、天皇を中心とする律令体制から藤原氏の専権による摂関体制への権力構造の変貌に求めている。祥瑞が理論的には「天人相関思想」、すなわち天と天子（日本においては天皇）との密接な関係に基礎を持つものである以上[11]、摂関期にいたり政治の実権が藤原氏に移行した際には、もはやその意義をあらかた消失してしまったというのである。「王化徳治主義の後退」（高田、一九七八）、「儒教的聖代観の凋落」（重松、一九七七）などとさまざまに呼びうる状況のなかで、世界に発生したアノマリーは、旧来の祥瑞観念に基づく律令的世界へと公的に回収されるのではなく、後に述べるように、一個人が見つめ、対応を迫られる私的な珍奇へと頽落を余儀なくされてしまうものらしい。

ただし、これまで注目してきた文字の奇瑞に焦点を当てるとき、このような祥瑞観念の帰趨に関して若干の修正を行う必要を感じる。なるほど改元に結びつくような、天体現象、動植物を中核とする主流の祥瑞観念は、前述のごとく、醍醐朝あたりでほぼ姿を消すものかもしれない。しかし、数ある祥瑞品目のなかで〝鬼子〟あるいはキャンプにすぎない文字の奇瑞を見つめた人びとの想像力あるいは感受性は、少なくとも摂関政治の渦中を通過してもかすかに生きのび続け、院政期の改元過程においても年号の文字へのある種のこだわりとしてその残響を聴きとることができる。そこでは、文字の奇瑞への注意は漢字の「音」や「形」へのそれと姿を変え、なおも目撃されるのである。

二 「難陳」におけるキャンプなもの

①漢字の「音」への注目

天明改元の始に、或人眉を顰《ひそめ》て、「諺に天命に尽ると云事有り。此の年号の間に、何ぞ尽る大事有らんと囁《ささやき》しが、果して千とせ経る繁栄の平安城、まさに尽て新都となんぬ。往し明和改元の折からも、八年迄の間は、異なる事も有まじ。明和九に至らば、世人迷惑する事あらん」と申せしが、明和九辰年世難数々有て、安永に改られぬ。昔も例なきにあらず、平治改元の時、大宮の左府伊通《これみち》公之を難ぜられて、「平治は平地なり、上下なからんやと宣ひしが、案の如く上下を分ぬ世と成けらし。此の伊道公は常に狂語を宣ひて興ぜらるる事多かり。其頃阿波の大臣と称する人おはしけるを笑ひ給ひて、「昔こそきび〔黍〕の大臣〔吉備真備を指す〕はあなれ、今またあは〔粟〕の大臣出たり、後の世には定て稗《ひえ》の大臣、麦《むぎ》の大臣など出来ぬべし」と興ぜられぬ。是等唐土の滑稽に近し。滑稽は道に非ずして、而も道なる物と云り。和国にては、和音の通ずる処をもて、吉凶おのづから顕はるるなり。改元の時諸卿の難陳は、字義に寄る許なり。冀くは俳諧に長ぜしものを難陳に召加へられなば、此の難は有べからず。俳諧則滑稽なり。（以下略）

はるかに時代の下る、京都町奉行所与力を務めた神沢貞幹（杜口）の随筆『翁草』よりやや長く引いた（巻一六一「年号改元の評」）。「天明」の年号は天命（の尽きる事態）を連想させ、「明和九（メイワク）」年は迷惑に通じている――こうしたやや冗談のような議論が記されている。年号を読んだその音は世の吉凶に直接結びつくから、仗議でなされる年号制定のための討論すなわち「難陳」においては、中国風にいえば「滑稽」の、日本的に呼べば「俳諧」のセンスをそなえた者―藤原伊通のような〝烏滸《おこ》〟の者―がぜひとも加えられるべきであるという。この言葉は、筆者一流の皮肉なのやら、意外に真面目な提言であるやら、ちょっとわかりかねるところはあるが、以下に見るように、改元過程に参画する平安時代後期の貴族の年号観に一脈通じているように思われる。

実際の仗議の場をいくつか覗いてみよう。鳥羽天皇の即位に伴い、「天仁」への改元が決められた嘉承三年（一一〇八）八月三日の仗議においては、「年号勘文」（年号案とその典拠となる漢籍の関係文言が記されたもの）は、文章博士菅原在良、同じく文章博士藤原敦光、大宰権帥大江匡房ら三人から提出されている。[12]そのうち匡房が挙げた「正治」と「天仁」に対して、藤原宗忠は、「正治は反音詞なり。頗る忌諱の音有るなり」「天仁は音また天人に通ずるなり」とそれぞれ疑義を述べている。[13]前者の「反音」とは、「反切」に基づき漢字二字から隠れた一字を抽出する方法で、「正治」の二音には「詞」（おそらく「死」字の表記を忌んで置き換えたのだろう）という忌避すべき一音が潜んでいるという解釈である。[14]この反音（返音とも）を利用した年号案の検討は、例えば『台記』には「康治反飢」、「久寿は反音柩」などと見えており（ただし「康治」「久寿」の両案は正式に採用されている）、平安時代後期においてかなり一般的な論点だったようである。[15]

また、後者に見える、「天仁」と「天人」の音の一致を難じた視点でみるなら、「保安」改元時に候補となった「長仁」に対して、「長仁はまた近代の散楽法師の名なり。天下上下の衆人頗る嘲哢せんか」と言われているのも参考になろう。[16]この批判の載る『中右記』によれば、「年号に於ては、世間の人の妖言は尤も避けらるべき事」（内大臣藤原忠通の言）と考えられており、音の一致・類似に基づく不用意な語義の揺れはしばしば問題視されているのである（もっとも今の例で散楽法師の名を挙げた宗忠は、あまりの「興言」ゆえ「沙汰」すまじきことと注意を受けている）。

②漢字の「形」への注目

ところでさきほど挙げた大江匡房は、年号の文字への注意として次のように語ったとされている。

先年、唐年号寄韻の書（佚書。中国の年号を韻により分類した書かという）を見るに、これ広相（阿衡事件で知られる平安前期の学者橘広相を指す）の抄《ぬき》づるところなりと云々。件の書は年号の難等を注し付したり。いはゆる大象は大人象の義に渉り、隆化は降死の体に似たり。ある人問ひて云はく、「大象は後周の年号、隆化は北斉の年号なり。件の年号に北斉は周に滅ぼされしか」と。また魏の時に、正始の年号有り。ある人云はく、「正の字は一たび止むなり。詳かには所出の書を覚えず」と。（『江談抄』第五―六三「広相七日の中に一切経を見る。およそ書籍は皆横さまに見る事」）

ある人が問うている。中国の北斉は後周の武帝に滅ぼされるが、それを招いたのは他でもない「隆化」という不吉な年号ではないのかと（「隆」字の旁《つくり》にある「生」の一番下の横画を次の「化」字に送ってやると、隆は「降」字に、化は「死」字に読むことができる）。また別の人は案じている。「正」字を分解すれば「一」と「止」とに分かれる（「一たび止む」と読める）から、たやすく王朝の永続を断つ呪符に転じるではないかと。それぞれに匡房とは別人の言葉を引用した体裁にはなっているものの、『江家次第』（第一八「改元事」）によれば、ほかに「宣政」「広運」「大業」「天正」「元始」などの中国年号の過去の例をも自身で同様に解読しているから、(17) 年号の用字への関心はやはり匡房自身のものでもあったようである。さらに付け加えるなら、『江談抄』全編を通じて、難読文字や例えば「二冂口月八三」のような判読しがたい語句（これは文字すべてに縦棒を通して「市中小斗を用ゐる」と読むとのこと(18)）の読みへの関心が散見され、彼が文字のカタチそれ自体への強い興味を持っていたことを窺わせる。

さきの文中に見える「正」字への非難――王の治世のつつがなきを言祝ぐべき年号において、「一たび止む」とはもってのほかであるとする議論は、実際の「難陳」の場でもしばしば姿を見せるものである（源俊房の『水左記』によれば、さきに見た「天仁」への改元の際に提出された「正治」の案は、反音に「死」を持つだけでなく、まさに「正」字であるがゆえに忌避すべきであるとされている）[19]。また、「天承」改元時に候補となった「天受」「永受」が、「受」字の下部に「又」が見える（後に何らかの凶事によりまた改元を行うことを予想させる）として退けられているのも、同様の視点であろう[20]。このときには「慶成」の案もあったが、「成」字は「戈」を含む（戦乱を想起させる）のがいけないとされるし、「久寿」の改元の場合では、候補の「天保」の点画が「一大人只十」と分解され（大人たる君の寿命あるいは治世が一〇年で絶えることを指すか）、やはり批判されている[21]。

藤原頼長（『台記』）がいうには、いまの「天保」二字の解読は、「漢朝の旧難」であるらしい[22]。たしかに、上にいくつか挙例したやや〝文字遊び〟とも見える年号の検討法は、中国では「測字術」と呼ばれ、春秋時代にまで遡りうる占いの一種であったようである[23]。その限りでは、この奇妙な議論はひとまず「難陳」の伝統の中に据えられるべきものではあろう。しかし、日本においては、平安時代後期くらいを緩やかなメルクマールとするささやかな、しかし興味深い文字観の進展というもう一つの事態との照応関係をも見定めておく必要があると思われる。

③世界の文字化と文字の世界化

やや大仰ないいかたをするなら、古代末期とは〝世界への文字の拡散〟とでも称すべき事態が見られる時代である。その早期の例として、橘俊綱の『作庭記』を挙げることができよう。

○峰の上に又山をかさぬべからず。山をかさぬれば、崇〔「祟」字の誤りか〕の字をなす。

○門の中心にあたるところに木をうふる事、はばかるべし。閑の字になるべきゆへなり。
○方円なる地の中心に樹あれば、そのいゑのあるじ常にくるしむことあるべし。方円の中木は、困の字なるゆへなり。

庭のなかの事物がカタチなす文字の吉凶は、その持主の未来を左右する。場面はあくまで庭ではあり、文字を見いだす眼はここでは自身の邸宅のうちに限られているが、辺りに文字の存在を嗅ぎつけるそうした視線は、すぐにも世界全体へ拡張されたとおぼしい。後の『今物語』によれば、比叡山の横川に棲む小法師が、薪にしようと柿の木切れを割ったところ、そこに文字らしきものが書かれていたという。

坊の前に柿の木のありけるを、切りて焚かんとて、一のきれを割りたりける、中に、黒みのありけるが、文字に似たりけるを、あやしと思ひて、坊主に見せたりければ、南無阿弥陀仏といふ文字にてありける。（第三四段）

小坊主が坊の主である僧侶に見せると、彼はその「黒み」を六字名号と判読する。この奇妙な木切れはその後、この時期の代表的な日本風〈驚異の部屋《ヴンダーカンマー》〉の一つというべき蓮華王院（後白河法皇の勅願により造営）の「宝蔵」に収められた(24)。同書の別の説話では、ある女房がふと手に握った「木綿垂」の切れ端に墨痕が三十一個付いていたのを、昨夜夢に賜った賀茂の神の歌（三十一文字）はこれであったかと考えて、感激しているし（第二九段）、仏舎利を覆う「帳」に見えた虫食いの痕を「帰命蓮華王……」と経典の文句として読んだりもしている（第三五段）。

ちょうどロールシャッハ・テストに用いられるインクの染みのなかから被験者が時に意味深い何らかのカタチを見出すように、人びとは、ただの図形とも、意味を有する文字とも、両様に捉えうる微妙な黒い滲みあるいは虫食いを世界に見つけたならば、それを積極的に文字として読むだろう。ここに見られるのは、〈世界の文字化〉というべき事態であるが、われわれはここで、その先駆的事例として、本論冒頭に見た改元に関わる文字の奇瑞をあらためて捉え直すことができる。文字らしきモノをそれとして読まずにはいられぬ強迫観念《オブセッション》は、おそらくどの時代にも通有する素朴な心性ではあろう。しかしさきに見たごとく、その文字の奇瑞においては、既存の祥瑞観念のもとで公的性格が顕著に見られるのに対し、こちらの文字はすでにそうした性格を喪失し、より私的な珍奇へと変貌している。『作庭記』の例に戻るなら、庭の中の不吉な文字はどうやら家主の身にだけ関わるものとされているようだし、『今物語』に見える木綿垂に付いていた黒い染みは、ある女と賀茂の神との私秘的な感応の証拠として、彼女ひとりに関わる記念品となりはてている。六字名号が隠れていたあの木切れならば、かろうじて王権との結びつきが保存されてはいるものの、もはや政治状況の解釈に利用されることはなく、単に後白河院の蒐集欲を満足させたにすぎないのだった。古代末期の時代には、アノマリーの〈民主化〉とでも評すべき世相が醸成されていたのである。

ところで、世界への文字の拡散という事態は、もう一つの形態――〈文字の世界化〉としても展開する。その一番顕著な例こそが、本節に見た「難陳」の場における文字の音や形をめぐる特異な想像力ではないだろうか。年号の文字は、その後の世の未来を左右するがゆえに、世界全体と釣りあう重量を獲得していると見えるからである。改元というハレの機会は、文字を見つめる独特の視線を一貫して内包させた場でもあった。律令期において自然の驚異を見つめていたその視線は、古代末期では年号のうちの文字の「表面」を捉え―語義という文字の「内容」への考慮のかたわらでそれはなされている―、「俳諧」的感覚によって音をいろいろ読み換えたり、または「測字術」的思考に基づき点画をあれこれと操作しつつカタチをもて遊んだりしている。いずれにせよ、そこに貫流しているのは、世界と文字との深い結びつきを認め、後者に前者と同じ重みを与えるような、今となってはなかなか視認しえない時代の「キャンプ」な感覚であったはずである。

おわりに

近代の洋画家木村荘八が、文明開化期においてはガス燈がしばしば「弧光燈」「現華燈」などと表現されたことを想い起こして、「巧まずして明治初年代の、なんぞといふと画の多い「字」が幅を利かせた世態を思はせて、面白い」と語っている（木村、一九四九、27頁）。小難しい漢字ばかり世に横行したのがその時代だったというわけだが、このささやかな証言は、声低く語られている分だけなおのこと、その時代特有の〝空気〟がそこで呼吸されているように思われ、今のわれわれには貴重なものと感じられる。

ある時代を振り返るとき、その時期のエンブレムとでも表現したくなるような文字が想起されてしまう、と木村はいいたいのではなかろうか。画数の多い漢字は近代初頭の世相をあらわす標徴なのである。もちろん彼は、年号のことなど一言も語っていないが、われわれは木村の視点を、年号の文字へと敷衍することができそうにも思われる。実のところ、ある時代と文字のもつ〝感じ〟というのは、どこかで密接に結びついているのであり、その文字の筆頭に挙げられるものこそ年号のそれに他ならないはずである（われわれは例えば昭和を振り返るとき、平成とも明治、大正とも異なる印象を抱くが、それは「昭和」という文字の感じとどこかで通底していないかどうか……）。いまかりにそのような想像を自身に許すとき、年号の語義にさしあたり触れない感慨を抱いているという点で、われわれは「難陳」の場にいる貴族たちと同様の、文字の「表面」をめぐる特異な想像力を発揮していることにふと気づくはずである。

註

（1）漢字のこの三つの属性に依拠しつつ、改元過程の諸問題を明快に整理したものに、水上（二〇一八）がある。

（2）以上はソンタグ、一九六四、305～310頁より。

（3）『日本書紀』以下の歴史書から窺知しうる祥瑞観念を精査した平秀道によれば、奈良期直前の文武天皇の「大宝」から、平安期初頭の桓武天皇の「延暦」までの十五の年号のうち、実に約三分の二までがいわゆる祥瑞改元であったという（平、一九六四、80頁）。

（4）この主題に関する代表的論者も、祥瑞を以下のように定義づけている（なお、文中の圏点は引用者が付したもの）。

〇祥瑞というのは、天子の徳が高く、政治がよく行われていると、天（天帝・上帝・昊天上帝）がこれに感応して、麟・鳳・亀・龍その他の珍しい動植物や天然現象を出現させるというものであって……（関、一九七七、2頁）

〇祥瑞とは動植物の突然変異体（白亀や木連理など）や無生物の不可思議な自然現象（五色雲など）に、律令国家が天の啓示を見出したものである（細井、一九九七、76頁）

これらの定義は、この後に触れる延喜治部省式祥瑞条中の祥瑞品目に照らしても、きわめて妥当なものというべきだろう。しかし本論の主眼は、以下に述べるように、これまでの祥瑞研究においてはやや見過ごされてきた観のあるささやかな奇瑞に着目する点にこそある。

（5）水口幹記は、延喜治部省式祥瑞条の成立経緯について以下のように整理している。祥瑞品目のランク分類は、大宝令施行当時はいまだ存在しなかったものの、慶雲期（遅くとも和銅期）には治部省に簡単な書物が備えられた。これが『続日本紀』神護景雲二年（七六八）九月辛巳条に見える「瑞式」であろうが、この書は奈良期を通じ増補・改訂を加えられた形跡がなかった。この「瑞式」に双行註のかたちで説明文が付され、現在見られる形態になったのは、延暦期（「長岡京遷都の後それほど遠くない頃」）であるという（水口、一九九七、62・63頁）。

（6）この種の亀は『日本書紀』にも記されている。

六月に、邑中に亀を獲たり。背に「申」の字を書せり。上黄に下玄《くろ》し。長さ六寸許（天智天皇九年〈六七〇〉六月条）日本古典文学大系本の頭注によれば、「申」字は、壬申の申であり、日（天子）を縦棒が貫く字形であること、また「上黄下玄」は「天地玄黄」（『千字文』冒頭にこの句が見える）の逆であり、天地の顚倒を含意することから、ここに見える亀は、後の壬申の乱の伏線としてはたらく凶兆に近いものとして考えられているようである。なお、文字が明記される奇瑞は、管見によればここの記述が史書にはじめて見えるものである。

（7）「承塵」とは「屋根裏から落ちる塵を防ぐため、板・むしろ・布などを室の上方に張ったもの」。新日本古典文学大系本、当該部分の脚注を参照。

（8）福原（一九七四）をも参照。福原は、この『法曹類林』からの挙例によって、「その時々の議によって治部省式の品目にみえないものが祥瑞とされ得る」ことを確認するが、そこで「単に治部省式の祥瑞品目のみを機械的な作業で正史の中から抽出するのみでは十分な祥瑞の把握はできないこととなる」（同、3頁）とも述べている。本論における基本的視点の所在もここにある。

（9）『今昔物語集』（巻第一九―三一「髑髏、報高麗僧道登恩語」）には、「宇治ノ橋」の由来に関して、「此ノ道登ガ造リ始タル也」との指摘に付随して、「「天人ノ降テ造タル」トモ云フ。其レニ依テ大化ト云フ年号ハ有ケルトゾ云フ」という一文が見える。

さらに、後にやや注目する大江匡房の言によれば、醍醐天皇朝の「延長」への改元のきっかけとなったのは、源公忠の〝冥界下り〟（そこで彼は冥官の「延喜の帝はすこぶるもつて荒涼なり〈軽率である〉」という発言を耳にする）にあったとされている（『江談抄』第三―三三「公忠の弁たちまちに頓滅するも蘇生し、にはかに参内する事」）。

もとより、改元理由としてこれらが史実であったか否かが問題ではない。これらの逸話は、年号の制定にはおのずと奇跡的出来事が先行するはずとの想像力の顕現と捉えるべきであり、そうした観念は思いのほか後代にまで残存していたもののようである。

（10）この観点から、堀裕は文字の奇瑞を讖文として解釈し、古代から中世にいたる「図讖」観の変遷を跡づけるきわめて興味深い研究を行っている。堀（二〇一三）を参照。ただし本論では、後述するように、古代の文字の奇瑞に関してその見かたのみでは不十分であると考える。

(11) ただし、日本において「天人相関」をいう際の「天」は、儒教的なそれではもはやなく、この国在来の天地の神―「天に坐す神、国に坐す神」（『続日本紀』和銅元年〈七〇八〉正月十一日条）―の観念の混入によって変質していることが指摘されている。関前掲論文を参照。

(12) なお、『大日本史料』第三編之一〇の当該記事のうちに収載されている『元秘別録』によれば、菅原在良は「天永」「承安」「文安」の三つを、藤原敦光は「平治」「治和」の二つを、大江匡房は「元徳」「安徳」「正治」「天仁」「承安」の五つを、年号案として提示している。匡房のがひときわ多いが、博覧強記を自認する彼のメンタリティーを示す一挿話というべきだろう。なお、このことにつき宗忠は、以下に挙げる『中右記』天仁元年（一一〇八）八月三日条のなかで、「江帥の勘文、年号六つ〈五つの誤りか〉有り。先例は三つを過ぎざるなり。頗る多きは如何」と不審がっている。

(13) 『中右記』天仁元年八月三日条。引用は『大日本史料』第三編之一〇より。

(14) 「正治」（sho-ji）の二字のうち、前から子音（声母）〈sh〉を取り、後ろから母音（韻母）〈i〉を取って組み合わせると、〈shi〉の音を得ることができる。なお、「正治」の案はこのときには用いられなかったものの、後の鎌倉時代（土御門天皇朝）になって採用されている。

(15) 『台記』康治元年（一一四二）四月二十八日条、および久寿元年（一一五四）十月二十八日条。ただし、同条によれば、「枢」音の不吉を問題視した筆者頼長に対して、諸卿は「旧き年号は必ずしも反音の忌を避けず」と反対しているから、いちいち反音を取るやりかたは決して古くからの検討法ではなかったことが窺われる。

(16) 『中右記』保安元年（一一二〇）四月十日条。引用は『大日本史料』第三編之二四より。

(17) 新日本古典文学大系本、当該部分の脚注を参照。

(18) 同書、第三―三九「嵯峨天皇の御時、落書多々なる事」。

(19) 『水左記』天仁元年八月三日条。引用は『大日本史料』第三編之一〇より。蔵人頭藤原為房の言。なお、後に新井白石が、間部詮房の問いに応じるかたちで、「年号に正の字を用ふるは不祥の事なり、早く改元の事あるべき」と主張する林信篤（鳳岡）を手厳しく批判している（『折たく柴の記』巻下）。正の字が不祥というなら、例えば一年は正月から始まるのだから、毎年不祥の月をもって我われは一年を迎えることになってしまうではないか。そもそも改元とは、「倭漢共に、多くは天変、地妖、水旱、疾疫等の事によらざるはあらず。されば古より年号に用ひしほどの字、一字として不祥の事に逢ふことなかりしといふものはあらず」というのが白石の言い分である。彼のモダニストぶりが躍如とした主張というべきか。

(20) 源師時『長秋記』天承元年（一一三一）正月二十九日条。「年号は一号を以て長年に渡るべき料なり。而して又に作るは頗る後事有るべきに似るなり」と見える。

(21)『台記』久寿元年十月二十八日条。

(22) 同書。筆者頼長の言として「天保とは一大人只十、是れ漢朝の旧難なり」と見える。

(23)「測字術」については、水上（二〇一八）、および石（二〇一八）に言及がある。

(24) この寺の「宝蔵」には、『年中行事絵巻』『後三年合戦絵巻』などの貴重な絵巻物や、法然上人の真影、琵琶の名器の模造品《イミテーション》、変わったものでは伊豆の離島に流れ着いたという鬼の帯（『古今著聞集』に関係話が収載されている）など、珍奇なモノばかり収められていたらしい。なお、「宝蔵」が王権に対して持つ象徴的意味を論じた貴重な論文に、田中（一九八九）がある。

＊本稿では、特に注記しない限り、以下の刊本から史料を引用する。

『日本三代実録』『法曹類林』新訂増補国史大系／『日本書紀』日本古典文学大系／『講後談』筑摩書房版『本居宣長全集』第一四巻／『続日本紀』『今昔物語集』『江談抄』新日本古典文学大系／『台記』『長秋記』増補史料大成／『作庭記』日本思想大系（『古代中世藝術論』）／『今物語』講談社学術文庫／『翁草』日本随筆大成第三期第一三巻／『折たく柴の記』新井白石全集第三。なお、以下史料の引用に際しては、原漢文のものは私に、または引用する註釈書の訓読に従い、書き下して使用する（その際、読みやすいように表記を改める場合がある）。

参考文献

木村荘八、一九四九「東京の風俗」(『東京の風俗』冨山房百科文庫、一九七八年に所収)
重松明久、一九七七「古代における祥瑞思想の展開と改元」(『地域文化研究』三、広島大学総合科学部紀要Ⅰ)
スーザン・ソンタグ、一九六四「《キャンプ》についてのノート」(高橋康也ほか訳『反解釈』竹内書店、一九七一年に所収)
関　晃、一九七七「律令国家と天命思想」(『日本文化研究所研究報告』一三)
石　立善、二〇一八「中国の測字術と年号の予言」(『歴博』二〇八)
平　秀道、一九六四「続日本紀と讖諱思想」(『龍谷大学論集』三七七)
高田信敬、一九七八「祥瑞―平安文学史のための覚書―」(『むらさき』一五、紫式部学会)
田中貴子、一九八九「宇治の宝蔵―中世における宝蔵の意味―」〈ディヴィニタス叢書四〉(『外法と愛法の中世』砂子屋書房、一九九三年に所収)
東野治之、一九六九「飛鳥奈良朝の祥瑞災異思想」(『史料学遍歴』雄山閣、二〇一七年に所収)
福原栄太郎、一九七四「祥瑞考」(『ヒストリア』六五)
細井浩志、一九九七「『続日本紀』の自然記事―祥瑞・天文記事と国史―」(『古代の天文異変と史書』吉川弘文館、二〇〇七年に所収)
堀　裕、二〇一三「日本古代の予言(讖)と皇位継承」(科学研究費・基盤研究C、課題番号:二三五二〇八〇〇、二〇一一~二〇一三年研究成果報告書)
水上雅晴、二〇一八「難陳―年号を決める議論」(『歴博』二〇八)
水口幹記、一九九七「延喜治部省式祥瑞条の成立過程」(『日本古代漢籍受容の史的研究』汲古書院、二〇〇五年に所収)

5　難　陳　―朝廷における改元議論の実態―

水上雅晴

一　難陳とは？

年号を決める一連の手続きの中、その決定に直接関わりがある部分は、以下のように図式化される。(1)

①年号勘文の勘申　②仗議における諸卿による挙奏と難陳

③二、三の候補年号を選んで上奏　④天皇は候補年号の中から一つに定めるように指示

⑤仗議における諸卿による再度の難陳　⑥候補を一つに定めて上奏

⑦天皇は基本的にそれを嘉納し、新年号が決定

「年号勘文《かんもん》」（口絵2・3参照）には、年号案と「引文」すなわち典拠となる漢籍の引文とが記されており、新年号は基本的に年号案の中から選ばれる。「年号勘文」を勘申する年号勘者を務めるのは、漢籍に関して一定の素養を持つ者であり、文学や歴史に関わる漢籍の教授を担当する「文章博士」およびその経験者が主としてその任にあ

たった。国政を審議する会議は「仗議《じょうぎ》」と呼ばれ、清涼殿近衛府の左右の陣にて開催されたが、年号を決定する会議は特に「改元定《かいげんのさだめ》」と呼ばれた。改元定に参仕するのは公卿すなわち大臣・大納言・中納言・参議や三位以上の官人であり、勘申された三～七通の年号勘文をもとに議論を進める。一通の年号勘文には通常、三つの年号案が記されるから、改元の都度、十～二十程度の年号案が勘申される。改元定の中で読み上げられる年号勘文の中から、各参仕公卿は一つ二つの年号を推薦する。これを「奏挙」と称する。続いて、「難陳」と呼ばれる審議が行なわれるが、大半の議論は奏挙された年号に対するものである。二度行なわれる難陳を経て新年号が撰出される。

かように難陳は年号決定プロセスにおいて重要な地位を占めるにもかかわらず、年号研究の基本文献である『日本年号大観』の著者森本角蔵は、難陳を構成する議論について、「文字の形態、音韻、語句の意味又は先例等である」とその内容を概括した後、「今日から見れば殆どとるに足らぬことが多い」（森本、一九三八、19頁）と述べ、学術的価値をあまり認めていない。そのためか、難陳が研究対象として正面から扱われることはこれまでなかった。管見によると、難陳にはこじつけに類する論難も少なからず含まれているが、議論の内容は多岐にわたっており、日本の思想・文化史の研究資料として一定の価値が認められる。本稿では、幕府からの関与が皆無もしくは比較的少なく、難陳の議論が実質的な意味を持っていたと考えられる中世以前の難陳を紹介し考察を加えていく。

二　難陳の参加者と記録

難陳について考察を進める下準備として、難陳が収録されている資料について説明しておこう。年号勘文を集成した資料集としては、菅原長成（一二〇五～八二）原撰『元秘《げんぴ》別録』があり、改元定において勘申された年号勘文を年代順に収録する。長成没後に同書の増補作業が続けられたので、現行の『元秘別録』には勘申された年号勘文がほぼ網羅されている。それに対して、難陳については同様の資料集が作成されておらず、主要な情報源は公家の日記になる。朝廷内の記録体制が十分に整っていなかったため、公家の日記がその代わりになることが多く、故事先例を考える際の主要な拠り所だったのである。現在、難陳を調べるには、改元定の参加者や関係者の日記本体、もしくは日記から改元に関わる記事を抜き出して編集した『改元部類記』の類を参照することになる。

改元に関する記録をたどっていくと、改元定の参仕者は藤原氏と村上源氏の二氏によって占められ、藤原氏の公卿は大多数が北家に属する。他方で、年号勘文を勧申するのは式部大輔と文章博士にほぼ限られており、これらの役職は紀伝道の五家、すなわち菅原氏・大江氏、それに藤原氏式家・南家・北家日野流によって世襲されていた。藤原氏北家は、年号勘文を勘申する側とそれを審議する側の両方に含まれており、自家の権勢を拡張もしくは維持するため、家内の関係者が協力し合うことがあったのではないかとも思われるが、実際はどうであろうか。

建保（一二一四～一九）度、すなわち年号が建暦（一二一一～一四）から建保に変わる時の改元定における難陳は、この問題を考察する上で参考になる。年号勘文を勘申したのは、菅原在高（一一五九～一二三二）、高辻（菅原）為長（一一五八～一二四六）、藤原宗業（生卒年未詳）、菅原公輔（生卒年未詳）、藤原孝範（一一五八～一二三三）の五名であり、宗業は藤原氏北家日野流、孝範は藤原氏南家貞嗣流の出であった。年号勘文が読み上げられると、「改元上卿《しょうけい》」として改元定を取り仕切る徳大寺（藤原）公継（一一七五～一二二七）から各公卿に対して、「定め申せ」といずれの年号案に賛同するかの意見表明が求められた。参仕した公卿は九名、その中、七名が為長によって勘申された「承久」を奏挙したため、それを上奏することに議論がまとまりかけたが、太宰権帥の任にあった日野資実（一一六二～一二二三）が「代始年号上字被用同字之例、皆為吉例也」と述べて一石を投じた。

資実の見るところ、代始年号の上に使われた文字を直後の年号に使うのは吉であり、「村上天暦・天徳、円融天禄・天延、一条永延・永祚、後朱雀長暦・長久、白河承保・承暦、鳥羽天仁・天永等也」（『猪隈関白記』建保元年十二月六日条）のごとき先例がある。かかる見解に立つと、代始年号である現行の「建暦」と同じ「建」字を含む「建保」こそが上奏する候補年号としてはふさわしく、その意見が上皇の御意にかなったため、建保に改元されることとなった。「建保」を勘申したのは藤原宗業であり、資実と同じく藤原氏北家日野流に属する。

改元定の状況を知った藤原定家（一一六一～一二四一）が「（太宰権）帥挙建保、有自讃之気」（『明月記』建保元年十二月八日条）と評しているように、資実の所業は身びいきだと見なされた。難陳の中で同族の援護射撃をしようと思えばそれは可能であり、実際、建永（一二〇六～〇七）度において、年号勘者として大喜と建正の二つを勘申した藤原親経（一一五一～一二一〇。北家日野流）が挙奏の時に自身が勘申した大喜を含む三案を推薦している事例もあるが（『猪隈関白記』建永元年四月二十七日）、「自讃之気」を顕わにするのははしたないと見なされたのか、露骨な身びいきが認められる同様の事例はほとんど確認できない。

難陳の議論の俎上に載るのは、挙奏がなされた年号案であるから、この時点で第一次選抜がなされると言え、もし援護射撃をするならば、挙奏の段階で同族が勘申した案を推せば、採択される確率が上がることは容易に推察される。しかし、公卿は通常二案を挙奏するが、同族の案を一つ挙げることはあっても、二つとも同族の案を推薦する事例は皆無に近い。難陳の議論の中に党派性が目立つようなことはなかったと言えよう。

三　難陳の諸相

難陳が始まった時期を正確に定めることは難しいが、各種史料の記録をたどっていくと、長徳（九九五～九九）度まではさかのぼることが可能である。長きにわたって続けられた難陳の主要な論点を五つの項目に整理して概説する。

①外国年号

年号案に国外で使用された年号が並ぶことは珍しくない。ただし、すべての外国年号を同等に扱うわけではない。年号の本家である中国は「漢朝」や「異朝」と称され、その年号は以下に示す通り吉凶を判断する材料に用いられる。

天寿、隋末宇文和之所立年号也。天祐、唐末亡時年号也。用漢朝年号、是雖常事、於有憚者、不可被用也。
（天承（一一三一）度「天保」難陳。『長秋記』天承元年一月二十九日条）

前大納言云、亨字本朝未用之。重思異朝之例、唐高宗有咸亨元号。高宗者、太宗之子、守文之君也。饗国三十有四載、海内安定、天下無事、尤足比擬云々。
（元亨（一三二一～二四）度「元亨」難陳。『改元部類（自元亨至文和）』）

前者では、「天」の字を持つ年号の例として、隋末の天寿（六一八～一九）と唐末の天祐（九〇四～〇七）が挙げられ、中国で既に使われた年号に含まれる文字を用いることは可能だが、その年号に問題がある場合は使用できないことが説かれている。後者では、国内の年号に「亨」が用いられたためしはないが、中国の例を考えると、長く安定した治世を実現した唐の高宗の時に咸亨（六七〇～七四）が用いられており、吉字であることが説かれている。

中国内の正統王朝以外が非公式の独自年号、すなわち「偽号」を用いることがあったが、偽号、別の表現を用いれば「私年号」は吉凶が問われる前に、議論の対象から退けられるのが常であった。

予……又申云、応暦者、契丹王《主》邪《律》律明之年号也。左府被申云、偽朝事尤可禁忌。

（久寿〔一一五四～五六〕度「応暦」難陳。『久寿改元定記』）

ここでは、年号案「応暦」が契丹人によって建てられた遼国の耶律述律（漢名：劉明。九五一～六九）の時に使われた年号であることが指摘されたのを受けて、左府、すなわち左大臣藤原頼長（一一二〇～五六）が「偽朝」の年号は避けるべきであるという見解を示している。中国の外では、朝鮮とベトナムでも年号が使われていたが、難陳において言及されたことは皆無のようである。

②文字の位置

かつて使われた年号の文字が年号案に見える時、国内外の年号が先例として比較検討の対象となる。その場合、基本的に二字からなる年号の上下いずれに使われているかも考慮される。

以寿為上、我朝無例、吉否不可及沙汰。永為元永・天永吉例也。

（寿永〔一一八二～八四〕度「寿永」難陳。『改元部類（自応和至建久）』）

貞字在下、本朝無其例。仍求例於異朝者、唐順宗永貞、李熅《ウム》建貞等歟、共以可有豫議也。

（安貞〔一二二七～二九〕度「安貞」難陳。『頼資卿改元定記』、『大日本史料』第五編之四、201頁）

前者では、年号案「寿永」と同様に「寿」字が上に来る年号は従来使われたことがなく、吉凶の判断材料がないのに対して、「永」字を含む先例は元永（一一一八～一九）と天永（一一一〇～一二）の二つがあって、いずれも吉例である、という見解が示されている。補足すると、この難陳が行われた時点で、「寿」字を含む年号は、仁寿（八五一～五四）・万寿（一〇二四～二八）・久寿（一一五四～五六）の三つが使われていたが、いずれも「寿」字が下に来る年号である。後者では、年号案「安貞」と同様に「貞」字が下に来る年号は国内で使われたためしがなく、国外では唐の順宗の永貞（八〇五）と唐末に襄王李熅が用いた偽号の建貞（八八六）があるが、いずれも吉例と見なしがたい年号である、との見解が示されている。以上の二例から、年号案と同じ文字が既出年号の同じ位置に使われている場合に限り、先例として比較検討の対象とされる、という原則が存在したことが判明する。

ただし、その原則には例外があり、それは「打返《うちかえし》」と呼ばれるものである。打返というのは、既出の年号の文字の上下をひっくり返すことである。既出年号と年号案とでは、文字が使われている位置が逆になるが、二つとも同じ文字が使われていることから、以下のように難陳の中で取り上げられるのである。

異朝号打返用本朝之例、元永・寿永・貞永・康元・嘉元等、皆以不快之上者、今更難被採用歟。

（享禄〔一五二八～三二〕度「和元」難陳。『資定卿改元定記』）

ここでは、元永（一一一八～一九）は後漢の年号永元（八九～一〇四）の打返、寿永（一一八二～八三）・貞永（一二三二）・康元（一二五六）・嘉元（一三〇三～〇五）は、順に後漢・唐・西晋・南朝宋の年号の打返であり、先例はいずれも面白くないから、打返年号は採用しがたいことが説かれている。

③年号の持続年数と代末年号

源師時（一〇七七～一一三六）が天治（一一二四～二六）度の難陣において「年号撰文、吉字為年号、所期万歳千秋也」（『長秋記』天治元年四月三日条）と述べているように、年号は安定した統治が長期にわたって続くことを願って吉字を選んで定めるものだから、短期間しか使われなかった年号の文字は縁起が悪いと考えられた(2)。「代末年号」、すなわち支配者の治世の最後の年号に使われた文字は治世の終わりを暗示するので避けられた。

永貞、右兵衛督云、是唐年号也。只一年也。尤有憚者。（天治度「永貞」難陳。『改元部類（自応和至建久）』）

民部卿云、養元度々出来了。養字、養老代末、天養一年号也。不快歟。（承安（一一七一～七五）度「養元」難陳。『改元部類（自康治至康正）』）

前者では、年号案の「永貞」は唐順宗の時に使われた年号（八〇五）であり、一年と持たずに改元されていて縁起が悪いことが右兵衛督の藤原伊通（一〇九三～一一六五）によって指摘されている。後者では、民部卿の藤原親範（生卒年未詳）によって、年号案の「養元」はこれまで何度か勘申されているが、「養」字を含む先例を見ると、養老（七一七～二四）は元正天皇の代末年号であり、天養（一一四四）は一年しか持たなかった年号であるから好ましくない旨が述べられている。

④縁起が良い文字と悪い文字

難陳で年号案をふるいにかける際に重視されるのは、使われている文字の縁起が良いか悪いかである。縁起の良し悪しは、主として年号案に含まれる文字が使われていた時の政治・社会状況によって判断される。

又日本年号、徳字只天徳也。彼年有疫癘。又有内裏焼亡者。（長徳度「長徳」難陳。『改元部類（自応和至建久）』）

後漢書云、帝崩于嘉徳前殿云々、尤無便。（永保（一〇八一〜八三）度「嘉徳」難陳。『改元部類（自応和至建久）』）

前者の難陳がなされた時点では、国内の年号で「徳」字を含むものは天徳（九五七〜六一）しかなく、天徳年間には疫病や火災があったことが指摘されている。実際、天徳元年（九五七）二月十一日に「神祇官倉火」（『日本紀略』）、七月二十七日に「無相撲節、以六月六日康子内親王薨并飢渇疫病也」（『日本紀略』）、天徳四年九月二十三日に「大内災」（『皇年代略記』）、九月三十日に「勧学院火」（『扶桑略記』）などの災害が続いている。後者では、年号案の「嘉徳」は、後漢の皇帝が崩御した宮殿の名であるから、縁起が悪いとされている。実際、『後漢書』巻八「霊帝紀」に「帝崩于南宮嘉徳殿」とある。余談ながら、「嘉徳」を勘申した藤原実政（一〇一九〜九三）は、次の応徳（一〇八四〜八六）度においても同じ「嘉徳」を勘申して、大江匡房から全く同じ反対意見を出されている（『改元部類（自応和至建久）』）。

⑤新　字

年号制定のプロセスにおいて、「新字」、すなわちこれまで年号に使われたことがない文字は、比較検討すべき先例が存在しないので、それを含む年号案は、改元定に参仕する公卿にとって扱いづらいものであった。新字に対する対応状況は、以下の事例からうかがわれる。

久字善悪相交候。恒字珍ク候。被用新字者、撰無殊難之字可宜候歟。（元暦（一一八四〜八五）度「恒久」難陳。『改元部類（自応和至建久）』）

年号案「久恒」の「恒」が「新字」であり、新字を使う場合は取り立てて問題がない文字を選んで使うべきことが説かれている。改元に関わる官人は、新字の導入に慎重であったが、吉字だけ使い続けていると、いずれ年号に使用可能な文字が払底してしまうことは自明であり、次の事例からは、その点に対する懸念が平安時代において既に持たれていたことがわかる。

於無難之字、雖無旧字有何事矣。若字尽後、以何可為年号哉。（天承度難陳。『長秋記』天承元年正月二十九日条）

先例のある文字が払底しないためであろう、藤原氏北家日野流に属する広橋家は「初度先例新字一古字一、已上二所献也」（永仁〔一二九三～九九〕度。『改元部類（自永仁至貞治）』）というしきたりに従っていた。初めて年号勘文を勘申する時は、先例に含まれる文字を使った年号と新字を使った年号の二つを提出していたのである。国立歴史民俗博物館に収蔵されている『新字』（登録番号：H―六三―一九七）と『年号字』（内題：年号新字。登録番号：H―六三―二一八。口絵14）は、いずれも広橋仲光（一三四二～一四〇六）自筆本であり、それまで年号に使われたことがない漢字を含む年号案とその典拠となる漢籍の文字が並んでいる。十四世紀時点における、広橋家の新字対策の状況を示す資料である。

四　年号案に使われる漢字

漢字を使って表記される年号には、漢字が備えている性質が反映する。漢字は、形・音・義の三要素から構成されているので、難陳の議論もこの三要素をめぐってなされることがしばしばある。以下、具体的な事例を紹介しながら論じていく。

①形

（a）偏と旁　漢字の形態上の構成要素は、通常、偏と旁《つくり》に分解される。この部分に着目してなされた議論は以下のように例示される。

　抑承因炎旱改元由、然者治暦何事候哉。其由者、以治字有三水点也、以水祈雨也。

　（治暦〔一〇六五～六九〕度「治暦」難陳。『改元部類（自承平至寛治）』）

　治承者頗優。但両字共有水作、洪水之難可忌歟。

　（治承〔一一七七～八一〕度「治承」難陳。『改元部類（自応和至建久）』）

前者では、旱魃のため改元するので、三水《さんずい》を持つ「治」字を含む年号が好ましい、という見解が開陳されている。後者では、年号案「治承」について、二字とも「水の作《つくり》」を含むので洪水の心配があるとの懸念が示されている。実際のところ、「承」は「手の作」に従う字だが、難陳の中では、見かけの形状にもとづく字形が論じられることが少なくない。「水」以外の「作」を含む漢字を取り上げた事例を一つ紹介しよう。

　弘字有弓作、弘仁有兵革、当世殊可忌避。

　（治承度「弘保」難陳。『改元部類（自応和至建久）』）

　年号案「弘保」の「弘」字が「弓」の「作」を持つ字であって戦争とのつながりが懸念され、同じ「弘」字を含む弘仁年間（八一〇～二四）に「兵革」、すなわち薬子の変が起こっていることが指摘されている。治承改元がなされた時期は、武家政権が樹立される時期に相当し、武家に脅かされるようになった朝廷文官の危機感がこの論難に反映している。なお、「弓」の「作」を持つ字を含む年号案に対する同様の論難は、養和（一一八一～八二）度「弘保」難陳、弘安（一二七八～八八）度「弘安」難陳、元亨度「弘元」難陳、正中（一三二四～二六）度「弘暦」難陳などにも見える。

（b）測　字　測字は漢字を分解して吉凶を判断する文字占いの手法であり、拆《せき》字、破字、相《そう》字などとも呼ばれる。難陳の中では、測字を利用した議論がなされることもある。たとえば、天仁（一一〇八～一一一〇）度の難陳の中で年号案の「正治」が取り上げられ、藤原為房（一〇四九～一一一五）が中原師遠（一〇七七～一一三〇）から聞いた話として「正」字は「一止」に分解できるので、改元しても「一（年）にして止む」、すなわちすぐに改元が必要な事態になるので縁起が悪いと指摘している（『改元部類（自応和至建久）』）。

一見、単なる文字遊びに見えるが、「正」を「一＋止」に分解可能であることを指摘したのが中原師遠であることには注意を要する。師遠は当時、大外記の地位にあり、大外記が属する外記局は先例故実の調査を職務の一つとする部署であった。それに加え、中原氏は明経道の博士家であり、漢籍に関する造詣は深い。実際、『隋書』巻二十二「五行志上」には、北朝北斉の文宣帝の太子である高殷が元服する時、博学で知られる邢邵《けいしょう》が帝の命を受けて「正道」という字《あざな》をつけたところ、帝は、「『正』の字は、『一』と『止』とからなるから、我が息子はすぐに位が替わることになるのか」（正、一止也、吾児其替乎）と述べたという故事が記されている。

中国に由来する測字が難陳の中で応用されていると考えられる例としては、久寿度において勘申された「天保」に対する論難も挙げられる。その論難は「天保」の二字が「一大人只十」の五字に分解できるというのが根拠になっている。「一大人只十」が天子の治世が十年しか続かない意味に取れるからである（『久寿改元定記』）。詳細は割愛するが、これも全く同じ測字が『北史』巻七「斉本紀中」に見える。

以上は中国に先例がある測字だが、改元定参仕の公卿が独自に測字したと見られる例として以下が挙げられる。

盛字従戈従血歟、頗不快者。（寛徳〔一〇四四～四六〕度「盛徳」難陳。『改元部類（自承平至寛治）』）

為経卿、暦者日也、天道也。日二之条有其憚歟。経高卿云、日二是難事。延喜之聖代已有昌泰。是已日二也。

前者では、年号案の中に含まれる「盛」字が「戈」と「血」とを含んでいることが問題視されているが、「盛」の下部は「血」ではなく「皿」であるから、かなり強引な測字である。後者では、年号案「暦仁」に「日」と「二」が含まれていて、日が二つあることになって差し障りがある、と藤原為経（一二一〇～五六）が指摘したのに対して、延喜の治を実現した醍醐天皇の治世に、日が二つある「昌」字を含む昌泰（八九八～九〇一）の年号が使われている、と平経高（一一八〇～一二五五）が反論している。（暦仁（一二三八～三九）度「暦仁」難陳。『改元部類（自大治至正慶）』）

②音

ⓐ音通

日本語の音節の総数は中国語と比べると遙かに少ないため同音異義語が多い。難陳ではそのことに起因する年号案の語呂の悪さが指摘されることがある。

長徳似有俗忌、可謂長毒歟。（長徳度「長徳」難陳。『改元部類（自応和至建久）』）

天治雖宜、文字音似天智天皇。（保安（一一二〇～二四）度「天治」難陳。『改元部類（自応和至建久）』）

淳仁字有可宜之由被申人々云々。而前中納言朝隆卿、已訓読醍醐天皇御諱之字被難申。……但或人云、天皇御諱隔七代之後、雖正字無憚。況年号字不読訓、更不可及其憚云々。（平治（一一五九～六〇）度「淳仁」難陳。『改元部類（自康治至康正）』）

一例目では、年号案の「長徳」が「長毒」を、二例目では、年号の「天治」が「天智天皇」をそれぞれ連想させることが指摘されている。三例目は訓読みした時に同じ読みになるケースであり、藤原朝隆（一〇九七～一一五九）が年号案「淳仁」に対して、醍醐天皇の諱が「敦仁」であって、訓読みするといずれも「あつひと」になると論難を加えたのに対して、ある人から、天皇の諱であっても既に七代の時を経ているので、その文字自体を用いても構わないし、まして年号は訓では読まないのだから、支障はないとの反論が寄せられている。

日本の漢字音は、唐代の中国語の発音にもとづく漢音と、漢音流入以前に伝わった音にもとづく呉音との二つに大別される。天仁度の難陳において、「年号ハ或漢音或倭音、共所被読也」（『中右記』天仁元年八月三日条）との発言がなされているから、年号の文字はいずれの音で読まれても支障を来すことがないように留意されていた。

人々申云、永長字対馬音似笛名、仍不申之歟。（永保度「永長」難陳。『水左記』承暦五年二月十日条）

ここに見える「対馬音」は呉音を指す。欽明天皇の時、百済の尼僧法明が対馬に来て呉音で『維摩経』を読んで仏教を伝えたという伝承にもとづく呼称である。「永長」の呉音が「ようじょう」であることが論難の理由である。これがなぜ笛の名に似ているかと言うと、横笛を「おうてき」と音読みすると「王敵」に通じるので、「ようじょう」と読み替えられることがあったのである。(3)

(b) 反　音　難陳における漢字の音をめぐる議論の特徴の一つとして「反音」を重視することが挙げられる。反音は「返音」とも表記し、中国語における伝統的な字音表示法である「反切《はんせつ》」を応用した文字構成法である。全ての漢字は一音節からなり、一つ一つの音節は「声母＋韻母」の構造を取る。反切では漢字を二つ並べ、上の字で声母、下の字で韻母とアクセントを表し、それらを組み合わせて一つの音節を示す。難陳における反音は、この反切を応用したものであり、年号案の漢字二字の上で声母を定め、下で韻母を定め、この声母と韻母の組み合わさった音節を持つ漢字を導き出す。難陳の中で反音が話題に上った事例として、たとえば以下が挙げられる。

正治ハ返音詞也、頗有諱音也。（天仁度「正治」難陳。『中右記』天仁元年八月三日条）

政治、反音死也。可無便也。（長承〔一一三二～三五〕度「政治」難陳。『中右記』長承元年八月十一日条）(4)

一例目では、年号案「正治」における「正」の声母「s」と「治」の韻母「i」を組み合わせると「詞」の発音を持つ文字になり、縁起が悪いことが指摘される。「詞」の音は「シ」であるが、「シ」の音を持つ漢字は大量にあり、これだけではどの文字が想定されているかが確定できない。しかし、二例目を見ると、どの文字が想定されているかが明確となる。年号案「政治」における「政」の声母は「正」と同じ「s」であり、「治」の韻母「i」と組み合わせると「死」の字ができあがることが指摘されている。このほか、延喜（九〇一～一二三）の反音が「異」となり、天暦（九四七～五七）の反音が「敵」になるような事例は、年号勘者を何度か経験している東坊城和長（一四六〇～一五三〇）が年号の文字に関わる先例を集めた『元号字抄』の中に集められている。

ここで注意したいのは、「正＋治」の反音が「死」と同音になるのは、日本語の字音に限った場合である、ということである。比較の便宜上、現代中国語のピンインで反音を取ると、「正（zheng）」の「zh」と「治（zhi）」の「i」が組み合わさると「zhi」（チー）になり、「死」の字音を表す音節「si」（スー）にはならない。日中の漢字音の違いは、平安時代から仏僧によって認識されていた。中国で音韻体系を図式化した『韻鏡』が十一世紀後半に出版され始めると、彼らが研究を重ねていた悉曇学《しったんがく》と呼ばれる音韻学が飛躍的に発展したが、難陳の議論を追っていくと、僧侶たちの知見は朝廷内の官人には共有されなかったことが判明する。日本の漢字音に即して年号案の文字の反音を考えることが無意味であることの指摘は、東坊城和長『元号字抄』に至って、ようやく見られるようになる。

③義

漢字は一つ一つが意味を持つ「語」であり、一つの漢字が複数の意味を持つことは通常のことである。年号案にめでたい文字を用いたつもりでも、ふさわしくない意味も一義としてあったり、二字が組み合わさることで縁起が悪くなったりすることもあり、難陳の議論では、その点にも注意が払われる。

天寿雖優美、頗有所憚歟。天、天子也。寿、寿命也。仍天寿二若三四五年止之、尤似謂短命天子也。

（大治（一一二六〜三一）度「天寿」難陳。『改元部類（自応和至建久）』）

安字止訓歟。仁止如何。

（仁安（一一六六〜六九）度「仁安」難陳。『改元部類（自康治至康正）』）

前者では、年号案「天寿」は、表面的には結構だが、「天子の寿命」の意味に取ることができるから支障があることが指摘されている。既述の通り、年号は治世の永続を願って定められるものだが、一つの年号がせいぜい二年から五年程度しか持続しないことも経験上わかっているから、縁起が悪いと見なされるのである。後者では、年号案「仁安」について、「安」には「止」の意味があり、「仁が止まる」の意になってしまうから、疑義が寄せられるのである。「安」に「止」の意味があるというのは、宋代に編纂された韻書『広韻』にもとづくと考えられ、上平二十五「寒」の下に、「安、徐也、寧也、止也、平也」と字義が列挙されている。なお、『広韻』など中国で編纂された韻書や字書は、難陳の中で漢字の意味を示す場合にしばしば用いられ、「宋韻」と称されることが多い。(5)

五　年号案と引文の関係

改元定において検討が加えられる年号勘文には、年号案のみならず漢籍の引文も記されているから、難陳の中では、必然的にこの部分にも議論が及ぶことになる。(6)

①引文の趣意

引文について議論の対象となる要素の一つは引文の趣意である。参考になる事例として、以下の二つが挙げられる。

案後漢書本文、諸侯王事也、非王者事。（応徳度「永長」難陳。『改元部類（自応和至建久）』）

中将云、漢文帝徳及四海。彼聖代事雖不及左右、依蝕事、帝嘆息之詞也。甚不吉歟。左府・中宮大夫等曰、蝕者雖不吉事、又是常事也。帝者愁変下詔趣、以凶改善之心歟。

（安元〔一一七五～七七〕度「養治」難陳。『改元部類（自康治至康正）』）

前者は、前回永保度に勘申され、当該の応徳度に勘申されていないが話題に上った年号案の「永長」に対する論難である。引文の典拠となっている『後漢書』光武帝紀「享国永長、為後世法（国を享《う》くること永長にして、後世の法と為《な》る）」は、上段に「周封八百、同姓諸姫並為建国」とあることからわかるように、主語が天下の主ではなく諸侯王であるから、年号に用いるには不適当だというのである。

後者は、引文として挙げられている「天生烝民、為之置君以養治（天、烝民《じょうみん》を生じ、之《これ》が為《ため》に君を置きて以て養治せしむ）」の言葉が発せられた状況も含めて議論の対象としている。中将、すなわち藤原実守（一一四七～一一八五）の論難によると、この言葉は、前漢の文帝二年（前一七八）の十一月と十二月に続けて日食があったことを憂慮して帝が下した詔に見えるので、縁起が悪いと考えられる。漢代を含め、中国では長らく日食は君主の不徳や悪政を正すために天が下す徴だと認識されていた[7]。論難に対して、左府、すなわち左大臣藤原経宗（一一一九～八九）や、中宮大夫、すなわち藤原隆季（一一二七～八五）は、日食は不吉とは言え、文帝の詔には「凶兆を踏まえ善に改めたいという心」が現れていると反論している。

②引文における文字の位置

二字からなる年号案の文字が引文の中で連続する場合もあれば、そうでない場合もある。二つの字が離れている場合、その引文が典拠としてふさわしいかどうかが問題となる。

　予云、年号本意可撰畳字本文歟。而件康和以康楽与和気而生合。若有同品年号者、可被用畳字歟。

（寛徳度「康和」難陳。『改元部類（自承平至寛治）』）

年号案の「康和」は、文章博士平定親（生卒年未詳）によって勘申されたものであるが、『元秘別録』などによると、典拠については「正政論云」とあるばかりで詳細が示されていない。管見によると、『正政論』は、後漢の崔寔《さいしょく》が著した『政論』を指し、同書は『隋書』経籍志では「正論六巻」、『旧唐書』経籍志では「政論五巻」と著録されていることが「正政論」の表記につながったと考えられる。『政論』は現在、佚書になっているが、『群書治要』巻四十五に節録されている文章に、「苟有康楽之心充於中、則和気応於外」とあり、これが勘文に記された引文であったと推察される。

「康」と「和」の間には七文字もはさまっているが、原文の中で熟語を構成していない二つの文字が抜き出されて年号案の典拠として提示されることは珍しくない。抜き出された二つの文字が組み合わさった語によって示される意味やイメージについて言うと、原文の趣意とのつながりが希薄になる可能性も高い。文中の「予」、すなわち源師房は、年号案には、引文の中で、「畳字」、すなわち隣合っている文字からなるものが望ましいが、年号案「康和」は離れた文字をつなげた「生合」であることに不満を示している。

年号案が「生合」であるかどうかの判断に迷う場合もある。永長（一〇九七）度の年号案「承徳」は、『易経』蠱《こ》卦象伝《かしょうでん》「幹父用誉、承以徳也（父を幹《ただ》し用《もっ》て誉れありとは、承《う》くるに徳を以てすればなり）」を典拠とするが、引文の

「承」と「徳」の間に助字の「以」が挟まっていることから、「生合」と見なす意見と「成文」（畳字）と見なす意見とが出されている（『改元部類（自承平至観応）』、『大日本史料』第三編之四、509頁）。

六　難陳と漢籍

年号勘文に使われている漢籍については、高辻長成が『元秘抄』巻二「年号引文」において十三世紀までの状況を整理している(8)。このリストには、七十二種類の漢籍が収録されているが、重複や誤記が含まれているので、実質的に収録されているのは六十一種類である。森本角蔵によると、実際に年号勘文を見ていくと、引文に使われている漢籍は百六種類に達する（森本、一九三八、69～70頁）。

難陳の中でも漢籍に言及されることがある。勘文の引文に使われている漢籍が議論の中で取り上げられることが多いが、中には年号勘文に使われたことがない漢籍が引用されたり、言及されたりすることがある。紙数の制約があるので、難陳における漢籍の利用状況を一例だけ紹介する。

改元定の結果、永治（一一四一～四二）から康治（一一四二～四四）に年号が改まった後、藤原頼長は、「今卿士皆以不学経史、国家滅亡、豈不宜哉」（『台記』康治元年四月二十八日条）と述べ、新年号が康治になったのは、難陳に参加した公卿が儒家の経典や漢籍の史書を学ばない結果であり、漢学の素養が浅い者が不見識な年号を考案・選出する状況を放置すると国家の滅亡につながりかねない、と強い危機感を表明している。頼長が日記の中で展開する反論は以下の通りである。

案之、康治、反飢。又穀梁伝昭廿一年云、大饑。伝云、一穀不升、謂之嗛。二穀不升、謂之饑。三穀不升、謂

之饉。四穀不升、謂之康康、虚。五穀不升、謂之大侵。今案、康治二字、皆従水。然則以水災可飢饉之象也。「康治」二字の反音が「飢」となること。儒家の経典の一つ『春秋穀梁伝』昭公二十一年（実際は、襄公二十年）によると、五穀の中、四種が実らないことを「康」と称すること。「康治」二字がいずれも「水」を含む文字でもあること。以上を勘案すると、「康治」は水害によって饑饉が起きることを暗示する甚だ不吉な年号なのである。頼長の批判は改元定の場で示されたものではないが、その後、「康」字を含む年号案が出される度、難陳の中で言及され続けることになる。

仁治（一二四〇～四三）度の改元定の時、藤原為経は、「康字、穀梁有飢釈」と述べ、頼長と同様、『穀梁伝』の記述をもとに年号案「元康」に対して批判を加えた。為経は発言の中で『宇左御記』（『台記』の別称）に触れており、頼長の日記を見ていたことは間違いない。大蔵卿高辻為長は、改元定が終わった後、この記録を残した日記の撰者に向かって、「件釈歟字也。非康字云云」と述べ、『穀梁伝』襄公二十年の「四穀不升、謂之康」の「康」字が実際は「歟」字であるはずだという見解を示した後、持参の「摺本」、すなわち宋版『穀梁伝』も当該の箇所を「康」に作るが、それは「摺本多略片作康字」からだと述べた。つまり、宋版では「歟」の代わりに「片《つくり》」（「片」は偏旁の「偏」の仮借字）の「欠」を除いた「康」が使われることが多いというのである。為長は自説の正統性を示すため、『広韻』と『東宮切韻』とがいずれも「歟」字の下に「穀不升云歟」と字釈を示していて、これが『穀梁伝』の記述を踏まえていると考えられることを挙げる。前者は上述の通り宋代に編纂された韻書であり、後者は平安時代に編纂された韻書であって菅原是善（八一二～八〇）が息子道真（八四五～九〇三）の手を借りて完成させたと考えられている（以上、『改元部類（自承平至観応）』、『大日本史料』第五編之十二、912頁）。

『穀梁伝』襄公二十年の記載、それに菅原為長が引証するのに用いた『広韻』と『東宮切韻』は、嘉暦（一三二六～二九）度に提出された年号案「康永」、さらに北朝康永（一三四二～四五）改元時に提出された年号案「康永」をめぐる難陳の中でも取り上げられている。最終的に「康」字を含む康永に改元されたということは、改元定に参仕した公卿たちが韻書の記述をもとに、襄公二十年の記述が元来、「四穀不升、謂之歉」に作っていたと結論づけたわけであるが、実際にそのように作る版本を示し得ぬまま典籍の文字を改めるのは武断の誹りを免れられず、頼長から「今卿士皆以不学経史」と二百年前と同じ譴責を受けるかも知れない。ともあれ難陳において、年号勘文を含め他の史料に引かれることが極めて少ない『穀梁伝』が引かれ、その文字をめぐる議論が積み重ねられたことは事実であり、難陳資料は、日本漢学に関してこれまで看過されてきた状況に光を当てる情報源と見なしうる。

七　調査と研究を待つ資料群

平安時代に始まった難陳は、江戸時代の末まで九百年前後もその営みが積み重ねられた。本稿では、これまで省みられることがなかった難陳が一定の学術的価値を有することを明らかにするために、中世以前におけるその議論の一端を概説した。大量の関連資料が未整理な状態にあって詳細が不明な部分が多いことに加え、難陳の内容をできるだけ多く紹介する方針をとったため、設定した一つ一つの項目に関して断片的な紹介にとどめざるを得なかった。

本稿で紹介した諸事例を見るだけでも、改元定に参仕した公卿が多方面にわたる要素に留意しながら、年号案をしぼり込んでいったことが理解されることであろう。年号勘文を勘申したり、難陳に参加したりするのは、国内の文化と学術の主流に位置していた家に属する者であり、その中で開陳される意見には、家々の中で伝承した学識が反映されることもあった。難陳の中で漢籍の解釈をめぐる議論が展開されたり、過去の議論を踏まえた見解が提示されたりすることが珍しくなく、それがくり返される中で一つのテーマが発展・進化を見せることもあったが、これを詳論する余裕もなかった。難陳は国内における学術知の継承と発展の状況をたどる上で有用な資料群であり、それに対する調査と研究が進展することを願って擱筆する。(9)

註

（1）年号が決まる具体的な手続きについては、森本（一九八三、14〜39頁）や所（一九八九、第五章「年号の選定方法」）などを参照。

（2）大治度「天寿」難陳に「天寿雖優美、頗有所憚歟。天、天子也。寿、寿命也。仍天寿二若三四五年止之、尤似謂短命天子也」（『改元部類（自応和至建久）』）とあるように、改元定に参仕する公卿は、五年程度で改元がなされることを前提としていたが、建前としては治世永続の願いを新たに決まる年号に込めようとしていた。

（3）この点については、山田以文『錦所談』巻二において論じられている。

（4）増補史料大成本など刊本『中右記』は、長承元年八月十一日条の記事を欠く。本文中で引用した記述は、『改元部類記』所引『中右記』に見える。本稿では、大炊御門家旧蔵本『改元部類記』（架蔵本）を用いた。

（5）安元度「安元」難陳の中で、「中宮大夫曰、安ハ止也。元ハ首也。……左府云、見何文哉。中將云、見宋韻」というやり取りがなされている（『改元部類（自康治至康正）』）。「安ハ止也」は本文に示した通り『広韻』に見えるが、「元ハ首也」に相当する記述は『広韻』に見当たらず、宋代に重修された字書『玉篇』巻一「一部第一・元」に「春秋伝曰、狄人帰其元。元、首也」と見える。文中の「春秋伝」は、『春秋左氏伝』僖公三十三年を指す。

（6）建武（一三三四〜三八）と元和（一六一五〜二四）のように、中国の年号をそのまま使って典拠を持たない年号もあるが、それは例外に属する。森本角蔵は、日本で使われた年号の中、最初の四十あまりの年号には出典に関する記録がないが、それらにも出典があったはずだと考え、それらを含めた典拠の一覧を「日本年号要覧」において示している（森本、一九八三、68頁・155頁～307頁）。しかし、『元秘別録』を見る限り、最初に典拠が示されている年号は、『孫氏瑞応図』を典拠とする仁寿であり、大化（六四五～五〇）を起点にすると二十五番目の年号になる。仁寿に至るまでの年号の典拠は記録が失われてしまっていると見ることも勿論可能だが、記録するための情報が最初から存在していない可能性も排除できない。年号の典拠については再検討の余地があると愚考する。

（7）文帝を含む漢の諸帝が日食などの異変を天意の現れと見て自戒していたことは、趙翼『廿二史箚記《さつき》』巻二「漢重日食」・「漢詔多懼詞」を参照。

（8）年号勘文に使われている漢籍が持つ学術的価値については、水上（二〇一七）を参照。

（9）本稿執筆中に、所功、久禮旦雄、吉野健一（二〇一八）が刊行された。第四章に「新年号の考案・審議・勅定」の一節が立てられおり、難陳にも三頁分の解説がなされているのは、難陳の重要性が認識し始められたことを示していると言えよう。

＊本稿では、以下の刊本から史料を引用する。

『元号字抄』（東坊城和長著）『改元部類（自応和至建久）』『改元部類（自承平至寛治）』『改元部類（自大治至正慶）』『改元部類（自康治至康正）』『改元部類（自永仁至貞治）』『改元部類（自元亨至文和）』『大治改元定記』『久寿改元定記』『資定卿改元定記』、以上、『続群書類従』十一上（続群書類従完成会、一九五八年）／『改元部類（自承平至観応）』（『大日本史料』第三編之四・第五編之十二、東京大学出版会、一九六九年・一九七二年）／『中右記』（藤原宗忠の日記。増補史料大成本、臨川書店、一九六五年）。『水左記』（源俊房の日記。増補史料大成本、臨川書店、一九七五年）。『台記』（藤原頼長の日記。増補史料大成本、臨川書店、一九七五年）、『長秋記』（源師時の日記。増補史料大成本、臨川書店、一九六五年）／『明月記』（藤原定家の日記。国書刊行会、一九六九年）／『猪隈関白記』（近衛家実の日記。大日本古記録、岩波書店、第四冊：一九八〇年・第六冊：一九八三年）

参考文献

所　功、一九八九『年号の歴史〈増補版〉』（雄山閣）
所功・久禮旦雄・吉野健一、二〇一八『元号―年号から読み解く日本史』（文藝春秋）
水上雅晴、二〇一七「年号勘文資料が漢籍校勘に関して持つ意味と限界―経書の校勘を中心とする考察」（『中央大学文学部紀要（哲学）』五九）
森本角蔵、一九八三『日本年号大観』（講談社）

〔附記〕本稿は、ＪＳＰＳ科研基盤研究（Ｂ）（一五Ｈ〇三一五七）、国立歴史民俗博物館共同研究「廣橋家旧蔵文書を中心とする年号勘文資料の整理と研究」による研究成果の一部である。

第六部　年号と時間

1　中国古代の暦運説　―数理と展開―

武田時昌

一　前漢末の終末論

鄒衍の五徳終始説に発端する中国古代の暦運説は、国家衰亡の終末論として政治的変革のイデオロギーに活用される。それが政治の表舞台に登場するのは前漢末である。元帝、成帝の時代になると、北方民族の侵入に加えて外戚や宦官によって政権が牛耳られ、政情がきわめて不安定になった。すると、国家の盛衰サイクルによって災厄の到来がまことしやかに唱えられ、世紀末的な危機意識をさらに煽った。そして、王家の勢力が中衰する運気を払拭し、再受命を図ろうとする暦運説が唱えられるに至る。

事の起こりは、成帝の時代、斉の人甘忠可が『天官暦包元太平経』を著し、次のような再受命の予言説を唱えたことに始まる（『漢書』李尋伝）。

漢の時代は終わろうとしているので、天命を再度受けなおす必要があります。天帝は真人赤精子を遣わして私にその方法を教えました。

甘忠可は中塁校尉劉向《りゅうきょう》に人々を惑わすものと弾劾されて獄死した。ところが、哀帝の時代になり、哀帝の重用されていた司隷校尉の解光が甘忠可の書のことを上言した。それに対して奉車都尉の劉歆《りゅうきん》は反対したが、李尋は赤精子の予言に心惹かれ、「父劉向が弾劾したものを子の劉歆が認めるはずがありません」と反論した。甘忠可の弟子に夏賀良、郭昌がいた。郭昌は長安令になっており、夏賀良らの援助を李尋に働きかけた。そこで、李尋は夏賀良らに意見を聞くよう哀帝に勧め、夏賀良らは師の教えを上言するチャンスを得た。

漢暦は衰えており、再度天命を受けるべきです。成帝は天命に応じなかったために世継ぎに恵まれなかったのです。今陛下が病気となり、天変地異も頻発しているのは天が譴責を与えているのです。急ぎ年号や帝の称号を改めれば、寿命は延び世継ぎに恵まれ、天変地異も止むことでしょう。

夏賀良らの進言に従って建平二年（ＢＣ五）を太初元将元年と改元し、自分の号を「陳聖劉太平皇帝」と改めた。哀帝は、再受命を標榜することで、外戚、宦官などに奪われた実権を取り戻し、国家の再興を図ろうとしたのである。

改元の目論見はたいした効験がなく、失敗に終わり、二ヶ月後に元の年号に戻される。史書には明記されないが、排除しようとした外戚の圧力に逆に屈したにちがいない。その後、皇帝の求心力はなくなり、世紀末の様相を呈する。改元を敢行させた言説は妄言として表向きは斥けられるが、国家の衰亡を予言する暦運説は強烈なインパクトを与えた。その結果、予言と革命の讖緯思想が政界を席捲し、王莽の政権簒奪、光武帝の漢王朝再興の大変革が興起する。

『天官暦包元太平経』が唱えた暦運説の具体的な内容は伝わらない。ところが、京氏易を学んだ人物の上奏文やそれを活用した王莽の発言には、漢王朝が中衰の暦運に差しかかっているという終末論が見出せる。それを集約的に述べているのが、成帝の時代に活躍した谷永（?～BC六）の元延元年（BC一二）の上書である。

陛下は、（高祖から数えて）八世の功業を受け継がれ、（第九代目〈呂后時代の二人の少帝は数えない〉という）「陽数の標季（陽である奇数の最後）」に当たり、「三七の節紀」に渉り、「无妄の卦運」に遭い、「百六の災阨」に直たっておられます。三つの難儀は異なる方式ですが、雑然とこの時期に会同しております。（『漢書』谷永伝）

「三七の節紀」「无妄の卦運」「百六の災阨」の異なる災難の時期が間近に迫ってきているとする。成帝は第九代であるが、「九」は陽数（一桁の奇数）の最後であることを指摘し、世紀末の雰囲気をさらに醸し出す。

「三七の節紀」とは、起点より数えて二一〇年目の節目が変革の時期とするものである。宣帝（在位BC七四～BC四八）の時代に活躍した路温舒が祖父から天文暦数を学び、漢王朝の厄が「三七の間」にあることを察知し、封事を奉っている。だから、この暦運説が提唱されたのは、前一世紀前半まで遡る。その暦理は、後述するように斉詩学派の四始五際説にあると思われ、詩緯にも展開されている。

「无妄の卦運」は、『易』の无妄卦が「望外の災」の卦とされることから、无妄卦が配された年月に最大の災害が起こるとする説である。谷永が学んだ京氏易では、一年に六十四卦を配当する分卦直日法（六日七分法）がよく知られているが、もっと大きな周期に易卦を配当する卦運説があったようである。京氏易を敷衍する易緯は、独特の暦運説を展開し、関連する論述が見られるが、起点や易卦配当の順序など具体的な数理はよくわからない。

「百六の災阨」は、起点となる入元初年から数えて一〇六年後からスタートする災厄を言う。『漢書』王莽伝では「陽九之阨、百六之会」とあり、陽災（干魃）もしくは陰災（水害）が数年にわたって生起する災厄の周期が交互にやって来ると考える。『漢書』律暦志に引く『易九戹（＝厄、阨）』に数理的な説明がなされており、その数理を次節以下で考察する。

二　陽九・百六の災厄説

『漢書』律暦志には、劉歆の三統暦を論述した文中に次のような引用文が存在する。

易九阨に曰く、初め元に入ること百六にして、陽九あり、次に三百七十四にして、陰九あり、次に四百八十にして、陽九あり、次に七百二十にして、陰七あり、次に七百二十にして、陽七あり、次に六百にして、陰五あり、次に六百にして、陽五あり、次に四百八十にして、陰三あり、次に四百八十にして、陽三あり。凡そ四千六百十七歳にして、一元と終わる。経歳四千五百六十、災歳五十七なり。

陽九・百六の厄災とは、陽災（旱災）、陰災（水災）の歳が一定の周期に交互にやって来るとするものである。その周期は、施行する太初暦と顓頊《せんぎょく》暦の暦定数を折衷させる。すなわち、顓頊暦（または古四分暦）の大周期一元四五六〇年と太初暦の一元四六一七年の年数差五十七年に着目し、四五六〇年を「経歳」（災歳ではない経常の歳）とし、災歳五十七年を附加させることで太初暦の一元の年数に合致させる。

災歳五十七年を経歳四五六〇年に割り込ませるのに、両者を九期に分ける。災歳の期間を九年、七年、五年、三年の陽数（奇数）と仮定する。それらの年数を合計すると、二十四年となる。水旱（陰陽）の災害を交互に繰り返すことを想定すると、合計年数は二倍の四十八年になる。通算の年数を五十七歳になるようにするには九年足りないので、陽九をもう一つ付け加えて九期とし、「陽九、陰九、陽九、陰七、陽七、陰五、陽五、陰三、陽三」という具合に配列する。

一方、経歳四五六〇年は、二四〇年の十九倍であり、十九は六、五、四、四の総和である。そこで、二四〇年の半分である一二〇年を基数とし、四倍、六倍、五倍、四倍の年数を二度繰り返すと、四八〇、四八〇、七二〇、七二〇、六〇〇、六〇〇、四八〇、四八〇という順序で、八期に分かれる。九期とするには、もう一期必要なので、最初の四八〇年だけ変例を設け、一〇六年と三七四年に二分する。

九期に分けた経歳と災歳は、以下のような周期で交互に入れ替わる。

一〇六年→陽九年→三七四年→陰九年→四八〇年→陽九年→七二〇年→陰七年→七二〇年→陽七年→六〇〇年→陰五年→六〇〇年→陽五年→四八〇年→陰三年→四八〇年→陽三年

	始年	終年
陽九	一〇七	一一五
陰九	四九〇	四九八
陽九	九七九	九八七
陰七	一七〇八	一七一四
陽七	二四三五	二四四一
陰五	三〇四二	三〇四六
陽五	三六四七	三六五一
陰三	四一三二	四一三四
陽三	四六一五	四六一七

この暦運説で注意しないといけないのは、災歳の年数が経歳中に含まれないので、起点から数えた積年数（「入元」の年数）は中途半端な数値になる。経歳と災歳として分離させることについて、災歳を「閏」として扱い、孟康注では「前元の余気」と注解する。最初の四八〇年の場合、一〇六年と三七四年に分けて、起点となる首歳から一〇六年後経った後に、九年間の陽九の災歳があるとする。積年数で言うと、入元して一〇六年間は経歳であり、その翌年の一〇七年から一一五年までの九年間に陽九の災歳となる。そして、その後の三七四年間が経歳（積年数一一六歳から四八九歳）であり、翌年から陰九の災歳（積年数四九〇歳から四九八歳）が続くことになる。一サイクルにおいて、災歳の始まりと終わりの積年数を掲げると、上掲の表のようになる。

三　易数と暦数との結合

一〇六年、三七四年を設定したことには、数理的な注解がなされていない。一〇六は素数五十三の二倍、三七四は素数の十一と十七の積の二倍であり、暦定数にあまり用いない数である。「百六」は、「陰六」とも呼ばれ、易数との結合が想定されている。「陽九・百六の会」とするのは、「陽九」（老陽の数九）と「陰六」（老陰の数六）とを対比させ、「入元百六」の変革期に陰陽が混ざり合い、「陽九・百六（陰六）の際会」となると考えたのであろう。

漢志では「入元百六」という言い方がなされているが、実際には起点から丸一〇六年経過した一〇七年目、入元以来の積年数で言えば、「入元百七（歳）」である。「入元百六」は、一般的には入元初年から数えた積年数が一〇六年であり、漢志の記載とは一年ずれる。ひょっとすると初源的な数理は、一〇六年目（起点から一〇五年後）から陽九の災歳が九年続くと考えていたかもしれない。

その場合、入元以来の一〇五年間が「経歳」であり、最初の四八〇年は一〇五年と三七五年に二分されていたことになる。一〇五という数値は一、三、五、七の陽数の積であり、三七五は五の三乗の三倍である。災歳の年数が九から三に至る陽数であることと対応する。そのように一から十までの奇偶の自然数や六七八九の数を用いた数理思想は、象数易や占術の常套手段であり、分割の数理としてはこちらのほうがもっともらしい。

四八〇年・七二〇年・六〇〇年という年数について、孟康注、如淳注は八十年と易数九八七六との倍数で説明する（四八〇年＝八十年×老陰六、七二〇年＝八十年×老陽九、六〇〇年＝〈八十年×少陰八＋八十×少陽七〉÷二）。『乾鑿度』では、「入軌年数」から「水旱の厄」を算定する類似する暦術が存在する。「世軌」の法と呼ぶものであるが、

『易』の筮法における「六七八九の数」から算出される。陽九・百六の術も同類の数理である。ただし、六〇〇年を導くのに、少陰八と少陽七との平均値を用いる変例になっており、易数との結合は後づけの解釈であるかもしれない。

基数に八十年を用いることに暦数的な根拠がないわけではない。如淳注は「八十歳紀一甲子冬至」という表現を用いているが、古四分暦において甲子日が起点となる「十一月朔旦冬至」に復帰する周期を意味する。すなわち、十九年七閏法を用いる暦法では、一章十九年二三五ヶ月を小周期とし、積年の日数の端数がなくなる一蔀七六年二万七七五九日を中周期とする。ところが、総日数は六十の倍数にならないから、起点（暦元）の甲子日に復帰しない。古四分暦の場合、一年で三六〇日より五・二五日の余分があるので、冬至点の日の干支は四年で二十五個の割合でずれていき、八〇年二万九二二〇日でちょうど余分のない十一月朔旦冬至甲子日となる。八十年と七十六年の最小公倍数が一紀一五二〇年である。これは、六十の倍数ではないので、歳干支は暦元に合致しない。そこで、三倍の四五六〇年を一元として暦元回帰の一大周期とするのである。

太初暦・三統暦では、十九年七閏法を踏襲するものの、日月の会合周期を二十九日八十一分の四十三日に改変するので、一太陽年は三六五日一五三九分の三六五日という大きな端数の日数になる。積年の日数の端数がなくなるのは、一五三九年（一統）であり、むしろ古四分暦の「一紀」に近い。そこで、九章の一七一年を「九道小終」、その三倍の一統一五三九年を「大終」とする。一統の総日数（五六万二一二〇日）は六十の倍数ではなく、日干支は起点に回帰しない。その三倍の四六一六年（「一元」）でようやく実現する。ただし、歳の干支は回帰せず、もっと大きな周期を必要とする。

太初暦・三統暦の一五三九年（一統）、四五一七年（一元）は、顓頊暦（古四分暦）の一五二〇年（一紀）、四五六

〇年（一元）に近似した数値であるが、暦法の周期としては顓頊暦の七十六年、八十年に相当している。四五六〇年を九分割するのに八十年を基数とするのは、そのような暦定数の数理が介在する。洪邁が『容斎随筆』で指摘するように、災歳の合計数五十七年は、四五八〇年を八十年で割った数値にもなっている。そのような不思議な数の一致も当初から意識されていたかもしれない。

なお、三統暦では一四四年ごとに干支を一つ飛ばす超辰法を用いるので、暦元と同じ歳干支になる周期は六十歳ではなく一七二七歳である。また、歳の干支が暦元に回帰する大周期は、二九万五四八八歳（六十四元）となる。漢志には記載がないが、六十四元というのは易数との結合を企てようとした三統暦にふさわしい周期であるので、附言しておく。

以上のように、「陽九・百六」の災厄説を数理分析すると、顓頊暦（または古四分暦）の周期説に依拠しながら、実際に施行する太初暦（三統暦）と折衷的に接合させた暦運説であることがわかる。そのような折衷は、緯書の『易緯乾鑿度』『尚書緯考霊曜』の暦術にも窺うことができる。『易九戹』は、『漢書』律暦志に引用されて、太初暦・三統暦の系統であるかのように考えられているが、前漢末に古四分暦を唱えた殷暦一派や京氏易およびそれらに影響された緯書により深く関係することを指摘しないといけない。谷永が京氏易を学んだ人物であることも、そのことを裏づけている。

中世の道教、唐代の太乙術では、まったく別法の「陽九・百六」の災厄説を主張している。そこでは、「入元百六」に「陽九」の災厄があるとするのではなく、「陽九」「百六（陰六）」を陽災、陰災として別々の周期を想定する。漢志掲載の暦術とは大いに異なっているが、こちらのほうが陰陽二元論に合致している。後で詳しく考察するように、唐宋に流行した太乙術には、「三七の節紀」の暦運説の理論基盤である斉詩学派や詩緯に展開された四始五際説の三基法が応用されている。穿った見方をすれば、太乙術で別系統の災厄説が唱えられており、前漢末の殷暦や京氏易の周辺において暦数や易数と接合させることで暦運説に取り込んだのかもしれない。

暦運説が易姓革命のイデオロギーとして予言色を強めていく流れは、王莽の時代から後漢の初めまでに緯書が編纂されることとパラレルな関係にある。易理による理論化を試みた劉歆の三統暦は、殷暦や京氏易を批判しているためにも、対立的な関係が強調されている。しかしながら、『易九阨』という易緯と同類の典籍を引用していることからもわかるように、殷暦や京氏易に強い影響を受けている緯書の暦術との距離はさほどなく、依拠する数理的基盤は共通する。太初暦成立後の天文暦数学の展開において、三統暦だけを特別視すべきではない。民間で活躍する方術の士が唱え始めた暦運思想は、劉向、劉歆または京房、谷永といった経学を修めた儒生によって支持される。そして、『易』『春秋』などの経義によって理論武装され、経学的な潤色が施されることで、方術から経術＝サイエンスへと昇華され、政界の中枢部へと進出するのである。

四　王莽、光武帝の革命思想と緯書

谷永が言及した三難の暦運説のうち、无妄の卦運の期間は不明であり、他の二つも起点をどこに取るかで変わってくる、「三七の節紀」では漢王朝の創立から数えたとすると、元延元年は一九五年目であり、実際に節目になるのは十五年後の平帝元始四年甲子歳（ＡＤ四）である。哀帝の急逝によって平帝を擁立して復活した王莽が、娘を皇后に立てた年であり、翌年に平帝を毒殺し、自ら摂皇帝となる。路温舒が唱え始めた時には、まだ五十余年を残す近未来であった。国家衰亡の危機感を煽り、人々を慌てさせるにはほどよい長さであったのである。

また、陽九・百六の災厄は、太初暦の暦元である太初元年丁丑歳から数えるなら、前年の元始三年癸亥歳から辛未歳（王莽始建国三年）までの九年間となる。その前後に、王莽や側近がそれらの暦運説を引き合いに出して政治不安や飢饉に論及し、漢王朝の衰微を根拠づけ、王莽の政権簒奪を正当化している。まさに見事に的中した世紀末の大予言説となっている。

前漢末の暦運説は現実化して王莽の新王朝が成立する。その後、傍流であった劉秀（景帝の子の長沙王劉発の末裔、光武帝）が図讖という未来記、予言書を活用して皇帝となる天命が下ったことを主張し、クーデターを生起させて漢王朝を復興させる。その過程において、前漢末の災異説、暦運説は予言と革命をめぐる讖緯説に変容し、それが虚言、妄説として否定されるどころか、国家イデオロギーの理論的根幹として最重要視されるようになる。その結果、緯書が編纂され、それを研究する緯学が立ち上がって五経の解釈学（経学）の補完として国家の学問に公認されるに至る。

緯書は、孔子が著した釈経書と主張されることで、五経に次ぐ権威を持った。後漢の章帝建初四年（七九）に開催された白虎観学術会議では、自然哲学的方面の議論に大いに引証され、また四分暦への改暦やそれ以降の暦議では、論拠の中心的役割を担うなど、大きな存在感を発揮している。

緯書に展開される暦運説は、「三五の運」すなわち三〇〇年、五〇〇年または一五〇〇年といった周期で王朝の変革がなされ、改暦や諸制度が一新されることを説いた。それらの年数は、古四分暦の暦定数を敷衍するものであった。易緯や春秋緯では、天地開闢から「獲麟」の年（『春秋』哀公十四年、ＢＣ四八一）までの積年数を「二七六万歳」とする壮大な暦説を唱えた。その具体的内容については、かつて論じたことがあるので、ここでは繰り返さない（武田、一九八九、55～120頁）。

緯書が古四分暦を敷衍して遠大な周期の暦運説を構想した狙いは、古代王朝の歴史を天地開闢まで遡らせて新たに創造することにあった。先秦以来、夏の禹・殷の湯王・周の文王（または武王）の「三王」よりも以前に、伏羲、神農、黄帝や堯舜などの古帝王が神話、伝説として様々に語られ、彼らと臣下との問答に仮託した哲学談義や医説、養生論が大いに流行した。やがて理想的な統治を行った三皇五帝説にまとめられ、太古に理想を置く中国思想の理論的基盤を形成した。

緯書が暦元に想定するのは、天地開闢した後に人類が誕生し、最初に君臨する皇帝＝人皇の治世である。そして、二七六万歳を十紀に分け、九龍・五龍・摂提・合雒・連通・序命・脩飛（循蜚）・回提（因提）・禅通・流訖（疏訖）と命名する。暦運説を天地開闢まで遡らせ、人皇以来の古帝王を系譜化し、神話、伝説の世界を漢に至る王朝興亡の歴史に書き換えようとした。その全容は、緯書自体が散佚していてよくわからない。一紀の年数は、等分したとすると二七万六〇〇〇歳であるが、佚文を引用する諸書でばらつきがあり、近時である疏訖紀の始まりについても、三皇の伏羲なのか、五帝の黄帝なのか、判然としない。しかし、神話、伝説の世界で語られていた古帝王を史実化し、中国王朝興亡の歴史を天地開闢まで遡らせたことは確かである。

緯書は、漢代の暦運説を集成し、陰陽五行説を説明原理にした天人感応説を大々的に展開した。そこに展開される讖緯思想や暦運説は、王権擁護の武器であると同時に、国家転覆を企てる人物にとっても易姓革命の道を拓く爆弾でもあった。両刃の剣であるがゆえに危険視され、権力を掌握する者によって独占的に秘蔵されるべきものであった。だから、三国以降になって後漢の緯学が廃れると、しばしば図讖禁絶政策が施行され、漢代の緯書がそのままの形で後世に伝わることは困難となったが、類書を始めとする諸書に引用され、断片的に受け継がれた。自然探究の学問分野では、先秦方術を中世術数学へと変容させ、歴史学の分野では古史ブームを巻き起こした。『隋書』経籍志に、数多くの術数書や古史、雑史が著録されているのは、緯書が中世社会にもたらしたものを反映させている。

五　道教の劫運説

漢代の暦運説が中世、近世にどのように展開したかを窺うと、それを主導したのは道教文化とその周辺であった。後漢末に宗教教団として組織化した道教が成立し、発展していく過程で、太乙神をはじめとする古代の神々が習合して祭壇に祀られた。先秦方術をルーツとする占術、呪法も宗教思想のベールを纏わされ、教理の言説に組み込まれていった。

初期の経典である『太平経』や六朝道教の上清経、霊宝経では終末論（劫運説）を大いに説く。その立論には、陽九・百六の災厄が登場する。ところが、漢志に記載された暦術とは別物である。例えば、『三天正法経』では、黄帝に始まる六天＝人間世界は、陽九・百六の災厄によって終末を迎えようとするので、九天真王が太上道君に『三天正法経』を授け、太古の三天の理想状態に復帰させる手立てを教えたと語る。

黄帝の時代になると、人民（の恰好をした土人形）を設置して元気で蠢かせ、五色の衣冠を纏わせた。（苦悩に満ちた）六天の治が、これから興起する。そこで、太上大道君は鬼兵を雇用し、三代において悪人を駆除させた。そもそも陰陽二気は離合を繰り返し、事物の統治には定まった周期がある。「（火厄の）陽九」が気を散布し、「（水厄の）百六」が災いを執行させる。（日月星の）三道は満ち欠けしながら、旋転して生成を繰り返す。（災厄の）期限は壬辰・癸巳の年に終わる。九天真王は太上大道君に（天界の中央にある）太微霊都の婉転真三方文や衆書真籙を授け、六天・三天の法を制定させようとする。

黄帝が土から造った人民が殺し合い、天賦自然の性を踏み外したので、天の気が憤激し、三五の暦運が常軌を失ったために、陽九・百六の災厄を生起させ、悪業の人間を誅殺して取り除こうとしたと述べている。また、『霊宝天地運度経』では、「陽九」を「天厄」、「百六」を「地虧」とし、三三〇〇年を「小陽九・小百六」、九九〇〇年を「大陽九・大百六」の周期とする。そして、甲申歳にその際会を迎え、聖君が壬辰歳に受命すると述べる。

霊宝自然の運度（暦運の法度）には大陽九、大百六、小陽九、小百六がある。三三〇〇年を小陽九、小百六の周期とし、九九〇〇年を大陽九、大百六の周期とする。天厄を陽九と言い、地虧を百六と言う。金氏の後、甲申の歳に至ると、天地の運度で、天地が交わる否泰二卦が通過する時となり、（天厄である）陽九が将に際会しようとする。その時運が到来すると、道徳がまさに明らかになり、凶醜なるものがただちに取り除かれる。聖君は、壬辰の年に命を受けて王に任ぜられる。

「金氏（『雲笈七籤』巻二では「金天氏」に作る）の後」とあるのは、東晋の司馬氏が少昊金天氏の末裔として金徳を継いだことに関連すると考えられる。つまり、東晋王朝の成立をめぐって唱えられた終末論である。『霊宝天地運度経』では甲申歳を「陽九将会」（『雲笈七籤』巻二では「陽九百六会」に作る）、壬辰歳を「聖王受任」とし、『三天正法経』では終末の歳を「壬辰・癸巳の年」とする。東晋（三一七～四二〇）に入ってからの甲申歳は明帝太寧二年（三二四）、壬辰歳は成帝咸和七年（三三二）に当たるので、その頃の変革を予言した西晋末の終末論なのであろう。何らかの暦術に依拠した立論と思われるが、数理は秘められ語られない。そのために、道教の終末論は、中世的な末法思想として鼓舞されたが、漢代の暦運説ほどには社会一般に術数学的な作用を発揮するには至らなかった。

六　詩緯の三基法

中世から近世にかけて、暦運説が社会的に影響を与えたのは、国家祭祀に関わる側面であった。そこには、道教の天神崇拝も大いに関与しているが、数理的基盤は「太乙」と呼ばれる占術が供給した。

先秦以来、六壬、遁甲、太乙、建除、風角、刑徳など多種多様な占術が存在した。太乙という占術は、天地開闢の創造神である太乙とその従える諸神が上下、四方、九宮、十二次等の各方位に遊行することに着眼して吉凶禍福を占う術式である。太乙術（以下、術名と遊行神の両者が紛らわしいので、「太乙術」「太乙神」と区別して表記する）の起源は先秦に遡るが、初源的な理論がどのようであったのかを伝える資料は乏しい。今日に伝わる著作には、唐の王希明が編纂した『太乙金鏡式経』がある。本論中に上元から大唐開元十二年甲子歳（七二四）、開元十五年の積年数を掲げており、開元年間に成立したことがわかっている。

そこには、太乙諸神の遊行に独特の暦構造を想定した種々の占術が展開される。最も特徴的であるのは、三六〇年を大周期とし、「三基」と名づけられた暦運説である。「三基」とは、太乙神を「君、臣、民」の三つのランクに分けたものである。それぞれに異なる周期の太乙神を想定し、十二支の方位を順行（時計回りの巡り）していく。「君基」は三六〇年を一周期とし、三十年ごとに十二支の方位を順行し、「臣基」は三十六年を一周期とし、三年ごとに十二支を順行し、「民基」は十二年を周期とし、一ヶ月ごとに十二支を順行する。君基太乙が一周する間に、臣基太乙は十周、民基は三十周し、三六〇年で再び三つの太乙神がともに初源状態に復帰する。

ところで、詩緯にも類似した三基法が存在し、それを用いた立論が後漢の郎顗の上奏文に見られる。郎顗は、京氏易や緯学を学び、易占、天文占や種々の占術に精通した占術師である。順帝陽嘉二年（一三三）に上奏した建議の第七番目において、「詩三基」に言及する。

臣伏して惟えらく、漢興りて以来三百三十九歳なり。詩の三基に於て、高祖は亥仲二年に起こり、今は戊仲十年に在り。……

高祖元年乙未歳を「亥仲二年」とし、そこから数えて三三九年目（三三八年後）の順帝陽嘉二年癸酉歳を「戊仲十年」としている。そこに言う「亥仲二年」「戊仲十年」とは、君基の配当説であり、三十年ごとに十二支を順に配当し、さらに十年ごとに孟仲季の三期に細分することによって、三六〇年の大周期を表記する暦術である。

郎顗は詩三基説に続けて、『詩（緯）汎歴枢』の次の文を引く。

卯酉は革政であり、午亥は革命である。神は（西北の）天門に在り、出入して世の情況を世情を状況を感知する。

この詩緯説は、前漢の翼邦が唱えた斉詩学派の四始五際説に基づく。「四始」とは四時の始まりである孟月（四孟）、すなわち「亥、寅、巳、申」を指す。「五際」とは仲月である「子午卯酉」のうち、「子」に代えて「戌亥」を当てたものである。そして、四始五際に、『詩経』の七篇を配当するが、その配当説や経解釈がそのようなものであったのかは、史料が乏しく、よくわからない。

四始：大明―亥（水始）、四牡―寅（木始）、南有嘉魚―巳（火始）、鴻雁―申（金始）、

五際：大明―亥、天保―卯、采芑―午、祈父―酉

「卯」は仲春で春分となって陰陽が交接し（「陰陽交際」）、「午」は仲夏で夏至となり、陽が極まって代謝し陰が興起し（「陽謝陰興」）、「酉」は仲秋で秋分となり、陰が盛んになって陽が微かになっていく境目である（「陰盛陽微」）。

そのように、四時における陰陽消長の推移を「際会」として捉える。「子」の冬仲（冬至月）は、「一陽来復」「終而復始」の始点とするのが一般的である。ところが、五際から外し、四始でもある「亥」をあえて入れるのは、「酉」から「子」に至る方位に天神の出入する天門があるとし、そこに地上世界の始まりを想定しているためである。

『広雅』釈天には、詩緯に基づく論説が見られる。

太初は、気の始めであり、酉仲に生まれ、清濁はまだ分かれていない。太始は、形の始めであり、戌仲に生まれ、清らかなものは精となり、濁っているものは形となる。太素は、質の始めであり、亥仲に生まれ、すでに素朴な形質を持っているが、まだ拡散していない。三つの気が接しあい、子仲に至ると、二つに割れて分離し、軽くて清らかなるものは上昇して天となり、重くて濁ごっているものは下降して地となり、中和して万物となる。

すなわち、天地万物が生成する前段階の始原的な「気」の状態に、太初・太始・太素という三段階を考える。それら「三気」（元気の三態）は、気・形・質（または陽・陰・物の根源である雄・雌・魂）の始まりである。三基説における「酉仲」「戌仲」「亥仲」において、三気が萌芽し、「子仲」に至って元気が陰陽に別れ、天地が生成され、陰陽二気が中和して万物が発生する。西北には天神が出入する天門があるから、「酉」から「子」において、天地万物が生成がなされると考える。つまり、四始五際説は、一年の陰陽消長に基づく四時循環説に、三六〇年周期の三基説を組み合わせた暦運説なのである。

暦の数理構造を分析しておくと、高祖元年乙未歳が「亥仲二年」であるので、亥孟初年は始皇三十年甲申歳（BC二一七）となる。三十年サイクルなので、首歳の干支は六甲（甲子、甲戌、甲申、甲午、甲辰、甲寅）のいずれかが必ず配当される。すなわち、「孟元年」は甲寅歳と甲申歳、「仲元年」は甲子歳と甲午歳、「季元年」は甲戌歳と甲辰歳を交互に繰り返す。黄宗羲（一六一〇～九五）の『易学象数論』によると、君基、臣基は「午」を起点とし、民基は「戌」を起点として十二支を順行する。そこで、すべての起点となる上元を高祖元年の「亥仲二年」から逆算すると、一六一年前の周顕王二年甲寅歳（BC三六七）が「孟午元年」となり、そこから三六〇年の整数倍を加算したところに上元が置かれていたことになる。甲寅元を採用しているところに、顓頊暦または殷暦の影響が窺える。

漢代での暦運の周期を考えると、高后元年甲寅歳（BC一八七）が百八十年の中間点の「子孟元年」であり、初源状態に復帰する三六〇年後の「午孟元年」は、前漢末の綏和二年甲寅歳（BC七）に該当する。つまり、成帝崩御によって哀帝が即位した年である。

また、五際となる時期を考えると、以下の巡りになる。

・卯仲元年　武帝後元二年甲午歳（BC八七）
・午仲元年　平帝元始四年甲子歳（BC四）
・酉仲元年　和帝永元六年甲午歳（九四）
・戌仲元年　安帝延光三年甲子歳（一二四）
・亥仲元年　桓帝永興二年甲午歳（一五四）

このように、「仲」のサイクルの歳干支は甲子歳、甲午歳を交互に繰り返す。高祖元年の前年（BC二〇七）が甲子歳なので、それを亥仲元年とし、高祖建国を「太素を生ずる亥仲」における「革命の際」に当てたのである。その次の革命歳となる午仲元年は、平帝元始四年甲子歳で、高祖元年（亥仲二年）から数えて二一〇年目になる。それが漢王朝が中衰を迎える「三七の際会」と唱えられたにちがいない。

七　十神太乙の遊行

太乙術は、太乙神が九宮を巡る「太乙下行九宮法」がよく知られている。九宮それぞれに貴神がいて、三年ごとに、九宮を移動していく。九宮には、一から九までの数字が縦・横・斜めの合計数が十五となるように配置された三次魔方陣となっており、その数字の順序に従って移動していく。ところが、近世には「十神太乙」が流行する。「十神太乙」とは、「五福太乙、天一太乙、地下太乙、四神太乙、太乙大遊、太乙小遊、君基太乙、臣基太乙、民基太乙、直符太乙」である。道教では「十神真君」とも称する。君基太乙、臣基太乙、民基太乙は、言うまでもなく、三基法に基づく。

『太乙金鏡式経』巻五では、三基法の推積年法を詳しく述べている。上元甲寅歳から開元十二年甲子歳までの積年数を二八万〇五一一年とする。周顕王二年甲寅歳から数えると二七万九四二〇年前になり、甲寅歳ではあるが、三六〇の倍数ではなく六十年余る。また、三基の遊行はいずれも「戌」を起点としている。ところが、宋代の『景祐太乙福応経』巻五では、上元甲寅歳から景祐元年甲戌歳（一〇三四）までの積年数四二万四〇四〇年を推算に用いる。周顕王二年甲寅歳または綏和二年甲寅歳までの積年数は三六〇の倍数であり、君基、臣基の起点は「午」となっており、古法と合致する。

十神のなかで最も注目を集めたのは、太乙大遊と五福太乙である。それらは一元を四三二〇年とし、大唐開元十二年までの積年数一万三三三一年を用いる。つまり、起算の暦元は紀元前一万二六〇七年の甲寅歳に置いている。この場合には顕王二年甲寅歳もしくは綏和二年甲寅歳までの積年数は三六〇の倍数になっている。

『弘決外典抄』（具平《ともひら》親王撰、九九一）所引の唐釈霊実『帝王年代暦』には伏羲以後、神農以前に十五姓があり、積年数が一万一〇一三年とある。また、神農元年丁亥歳から唐の武則天久視二年辛丑（七〇一）までが三七九五年とする（『歴代皇記』文武天皇条、裏書）。その年代記によると、伏羲から大唐開元十二年までは一万四八三一年となり、一五〇〇年多くなる。少し年数が違っているが、『太乙金鏡式経』の積年数は、同様に伏羲の治世に上元を置いたと推察される。

太乙大遊は、三十六年ごとに中宮を除く八宮（四正四維の八方に配置する）を遊行する。九宮の「七」を起点として九宮の魔方陣を逆行し、七（右、西）→六後右（西北）→四前左→三左→二前右→一後→九前→八後左と移動する。二八八年（三十六年×八宮）は、その一巡りの周期である。「推大遊太乙所在」章では、「（三十六年の期間において）最初の十二年は天を治め、次の十二年は地を治め、終わりの十二年は人を治め、人君の善悪を査定する」とあり、天地の凶神として畏怖される。

一方、五福太乙は、行き先の分野に兵革・疾疫・飢荒・水旱の災から逃れて五福をもたらす吉神で、大周三六〇年を八等分した四十五年を遊行の周期とする。遊行する方位は四正四維の八方ではなく、乾・艮・巽・坤の四維と中宮の五方とし、二二五年（四十五年×八）を大周とする。

十神太乙の数理構造を分析すると、三六〇日、三六〇年を基本的な周期とし、十干十二支に加えて八方、九宮、十六神を用いる。三六〇は、多くの約数を持つ（一、二、三、四、五、六、八、九、十、十二、十五、十八、二十、二十四、三十、三十六、四十、四十五、七十二、一二〇、一八〇、三六〇）。ところが、七、十一、十六は含まない。そこで、三六〇と十六との最小公倍数七二〇、または三六〇を十二倍した四三二〇という大周期を想定する。一日を十二時とすると、三六〇日は四三二〇時である。百六の厄、太乙大遊の周期二八八年は、十五周が四三二〇年となるところから導き出せる。五福太乙の二二五年は、三六〇年を八等分した四十五年の五サイクルであるが、四三二〇年の約数ではない。二八八年や三六〇年との最小公倍数二万一六〇〇年は、四三二〇年をさらに五倍する必要があり、吉神である五福太乙ができるだけ凶神と遭遇しないような工夫を凝らしている。

『太乙金鏡式経』において、大唐開元十二年までの積年数一万三三二一年を用いる占術には、漢代に唱えられた陽九災、百六厄を冠する暦術も存在する。その推算法は巻七に展開されるが、『漢書』律暦志に引く『易九戹』とは大いに異なっている。すなわち、陽九の災は、四五六〇年を一元とし、四五六年ごとに十周とし、百六の厄は四三二〇年を一元とし、二八八年ごとに十五周する。それぞれ異なる一元と周期であるが、上元は太乙大遊や五福太乙と同様に、紀元前一万二六〇七年の甲寅歳に置く。

興味深いことに、陽九災、百六厄に該当する年を古代から近時に至るまで列記する。陽九の場合、炎帝熙三十五年庚寅歳（積年数九五七七年＝四五六〇年×二＋四五六＋一、BC三〇三一）に第三元に入元してから二番目の陽九となり、さらに七変を経て、隋の義寧二年戊寅歳（＝唐武徳元年、積年数一万三二二五年＝四五六〇×二＋四五六×九＋一、六一八）が第十番目の陽九となる。

「百六」の場合、炎帝神農一一三年戊寅歳（積年数九五〇五年＝四三二〇年×二＋二八八年×三＋一年、BC三一〇三）が第三元に入元してから四番目の「百六」となり、さらに十一変を経て東晋穆帝永和十年甲寅歳（積年数一万二九六一年＝四三二〇年×三＋一年）が第四元最初（第四元の初年）の「百六」であり、二番目が大唐貞観十六年壬寅歳（六四二）となる。

八 宋王朝の五福太乙信仰

太乙術の陽九・百六の災厄説や五福太乙の招福説は、新たな暦運説として注目を集めた。北宋の姚寛は、『西渓叢語』において乾徳四年丙寅歳（九六六）における推算を試み、呉太和二年庚寅歳（九三〇）が第三番目の百六の厄であったこと、二五一年後に第四番目の百六の厄に入ること、陽九の災は一〇八年後に次の元の第一番目の陽九の災となることを論述する。

一〇八年後の甲寅歳は、北宋の神宗熙寧七年（一〇七四）に当たる。その三年前の熙寧四年には、司天中官正の周琮がそのことを問題視し、「陽九・百六は、（再来年の）癸丑・甲寅の歳に災厄の会となる」と述べ、災異を消して吉祥を招くための方策として、中宮に遷移しようとする五福太乙を都城に迎え入れるの祭殿を設けることを進言した。その結果、中太一宮を都城内に造営した。周琮の上奏文には、前例の故事として、雍熙元年甲申歳（九八四）に太乙神が東南の巽宮に入るので東太乙宮を蘇村に建て、天聖七年己巳歳（一〇二九）に西南の坤位に入るので西太一宮を八角鎮に建てたとある。北宋の姚寛の所説の直後から四十五年ごとに、太乙神が遊行する方位に、祭殿を建設していた。また、四十五年後の重和元年（一一一八）には西北の乾位に入るが、その前年も北太一宮を龍徳宮、都城の西南隅に建てている。その遊行の推算は、『太乙金鏡式経』の所説にぴったり合致する。

太乙神を祀ることは漢の武帝期からあり、唐代には九宮貴神壇を設けた。宋代になると、太乙術における一神太乙に信仰が高まり、とりわけ五福太乙が吉神として崇拝されるようになり、その遊行先に祭殿を造って豊年祈願を行う国家祭祀を周期的に行った。四十五年という暦運での遊行が、新たな建造物の程よいタイムスパンとして受け入れられたのである。

太乙術は、遁甲、六壬ともに三式と呼ばれ、天文暦官が兼修する主要科目に組み込まれていた。仁宗の景祐年間（一〇三四～三八）に仁宗は司天春官正の楊惟徳に『景祐太一福応集要』『景祐遁甲玉函符応経』を編纂させている。宋代以降の象数易では、緯書の理論的基盤であった京氏易に代わって、邵雍の唱えた先天易が流行した。そこにも壮大な循環周期による暦運説が展開されているが、それと並行して太乙術の暦運説も人々の関心を大いに集めたのである。

宋代以降の暦運思想は、邵雍が『皇極経世書』を著して唱えた先天易が数理的な中心理論となる。張世南の『游宦紀聞』巻七では、邵雍の先天易とともに太乙術にも論及が見られる。

天地の万物は、数から逃れることのできない。数を知る道理は、易よりほかに出ることはない。易を知る巧妙さは、邵康節先生だけがよくする。その学問の伝承は途絶えてしまったが、皇極経世書をじっくり見れば、概略は知ることができる。この他にいわゆる太乙の数というのがあり、天運、災禍、吉祥、戦争、干魃、洪水、大雨、晴曇、風雨などを知ることができ、また出兵、守城や傍流の小法を知ることができ、さらに寿命や貴賤を知ることができる。

そして、南宋の紹興年間（一一三一～一一六二）に活躍した王湜《おうしょく》が太乙術を深く研究し、『太乙肘後備検』三巻を著したとし、その議論を転載する。そこで議論されているのは、五福太乙や陽九災、百六厄の暦運説である。その記載によれば、王湜は、帝堯から紹興六年丙辰歳に至るまでの三四九二年について、六十干支で類別的に表にまとめ、『資治通鑑』のような編年体で配列することで前代の興亡を歴然と考察できるようにしている。そして、太乙術の暦運説が歴史的事実と符合しているかどうかを批判的に検討し、合致しなかった要因を考察している。

また、張世南は、太乙術の陽九・百六の暦運説が四五六年と二二八年の周期であることを簡潔に述べた後に、洪邁の『容斎随筆』中に論及するする陽九・百六の説と大いに異なることを指摘する。洪邁はそこでは『漢書』律暦志の所説を考察しているが、『容斎三筆』巻七・太一推筭では、前掲した周琮の上奏文を取り上げ、五福太一が臨んだのに世が乱れ、百六の際会になってしまったのは、王安石が新法運動を唱えて祖宗の法度を乱したからだと述べる。

王湜と洪邁の議論は、まったく異なる方向を向いているが、両説から暦運説がもたらすものが太古から現世に至る史実の周期性という遡及的考察と末世的な社会的混乱を招く悪政批判であるという二つのベクトルを見出すことができる。それは、漢でも宋でも共通する暦運説に発揮された数理思考の特色なのである。

結びにかえて

本稿では、漢代に唱えられた暦運説の数理構造を明確にし、それが唐宋に至るまでどのように受け継がれ、変容したかを検討した。実のところ、その考察の視界の先には、日本的な受容と展開がある。

緯書や術数書に展開された暦運説は、漢代では受命改制のイデオロギーによって改元、改暦に直結したが、中世以降の天文暦学ではそれほど密接な関係ではなくなった。ところが、日本においては、それらを論拠にして頻繁に元号を変更した。改元の理由には、天皇の交代による代始改元のほか、祥瑞改元、災異改元、革年改元があった。革年改元とは、易緯の「辛酉革命、甲子革令」、詩緯の「十周参聚、気生神明、戊午革運、辛酉革命、甲子革政」の緯説とその鄭玄注を典拠として、辛酉歳、甲子歳に改元を実施したことを指す。

革年改元の開始は、文章博士であった三善清行（八四七～九一九）の意見封事に始まる。彼は、昌泰四年辛酉歳（九〇一）二月二十二日に、醍醐天皇の命により密封して政治意見書を提出した。原題は「請改元応天道之状」（改元もて天道に応ぜんことを請うの状）であり、後に「革命勘文」と呼ばれる。そこで、昌泰四年が易緯、詩緯に説く辛酉革命の年に当たることを指摘し、改元することを提言した。彼は、前年十月十一日に上奏した「預論革命議」（預じめ革命の議を論ず）においても、翌年二月が「帝王革命の時期、君臣が相克し合う時運」にあたると論じている。

三善清行の建議は説得力を有し、昌泰四年七月十五日に「昌泰」を「延喜」（選定者：紀長谷雄）と改元し、辛酉改元の端緒を開くことになった。六十年後の天徳五年辛酉歳（九六一）には、同様に辛酉革命の年に当たるために「応和」に改元し、さらに三年後の応和四年甲子歳（九六四）には甲子革令の年に当たるとして「康保」に改元した。それ以降、三善清行が著した革命勘文を規範として辛酉改元、甲子改元は慣例化し、明治元年に一世一元の制を採用するまで二度の例外を除いて、辛酉歳、甲子歳には必ず改元を行った。

二度の例外とは、皇室の力が衰微した戦国時代の永禄四年（一五六一）、朱子学によって讖緯説が批判された江戸時代の元和七年（一六二一）である。辛酉改元、甲子改元は、中国でそのような事例があったわけではない。にも拘らず、緯書やそれを引用する唐代の術数書に依拠して敢行された。日本文化史上、きわめて特異な中国文化受容であった。

論者は、かつて緯書研究の立場から三善清行の立論が、緯書に展開する暦運説の原旨ではなく、唐代に成立した王肇の『開元暦紀経』を情報源とすることを明らかにした（武田、一九九六、965～982頁）。本稿は、その続きとして漢代から唐宋に至る暦運説を遡及的に考察し、三善清行が唱えた暦運説（三革説）の数理的基盤を探ろうとしたものである。

前述した通り、四始五際説では、「甲子、甲午」または「甲寅、甲申」が革命、革政の暦運となる。後世では、斉詩学や詩緯の三六〇年周期の三基説が十分に理解されなくなり、道教経典の終末論、日本で唱えられた「辛酉」「戊午」「甲子」の三革説などのように、干支の組み合わせに変化していったと考えられる。そして、唐宋に流行した暦運説として、『太乙金鏡式経』に展開された太乙術が浮上してきた。『開元暦紀経』は、『太乙金鏡式経』とほぼ同時に成立したと考えられ、両書の暦術には類似点を大いに見出すことができる。そのことを踏まえて、王肇や三善清行の暦運説を検討すると、これまで謎めいていた日本的受容の具体的様相を探ることができる。すでに考察を終えて小論をまとめつつあるが、本稿の紙面も尽きたので別稿に譲ることにする。

参考文献

川原秀城、一九九六『中国の科学思想—両漢天学考』（創文社）
菊地章太、二〇〇〇「六朝道教における終末思想の形成」（『桜花学園大学研究紀要』二）
金　志玹、二〇一一「上清経における水と火のシンボリズム—修行論と救済論—」（武田時昌編『陰陽五行のサイエンス　思想編』京都大学人文科学研究所）
坂出祥伸、一九七八「北宋における十神太一と九宮貴神」（『中国古代の占法—技術と呪術の周辺—』研文出版、一九九一年）
佐藤　均、一九九一『革命・革令勘文と改元の研究』（佐藤均著作集刊行会）
辛　賢、二〇〇二『漢易術数論研究—馬王堆から『太玄』まで』（汲古書院）
武田時昌、一九八九「緯書暦法考—前漢末の経学と科学の交流—」（山田慶兒編『中国古代科学史論』京都大学人文科学研究所）
一九九六「三善清行『革命勘文』所引の緯書暦運説」（中村璋八博士古稀記念論集編集委員会編『中村璋八

博士古稀記念東洋学論集』汲古書院）
二〇一八『術数学の思考―交叉する科学と占術』〈京大人文研東方学叢書5〉（臨川書店）
久野昇一、一九四一「四始五際の思想に就いて」（『東洋学報』二八―三）
一九四一「谷永の所謂无妄の卦運に就いて」（『加藤博士還暦記念東洋史集説』冨山房）
一九四七「易緯に見えたる軌について」（『東洋学報』三一―一）
堀池信夫、一九九三「緯学詩説考―四始五際と三期・三気―」（中村璋八編『安居香山博士追悼　緯学研究論叢』平河出版社）
村越貴代美、二〇一七「西太一宮をお祀りする―北宋の官僚文人の生活と文学―」（『中国研究』一〇）
安居香山、一九七九『緯書の成立とその展開』（国書刊行会）
林　金泉、一九九三「易緯徳運説の歴数について」（中村璋八編『安居香山博士追悼　緯学研究論叢』平河出版社）

2 日本の古代における年号制の成立について

細井浩志

はじめに

日本において年号は、律令国家の成立期に、時を示す制度として導入された。つまり年号は、律令国家を前提に成立したものである。一度、年号制が確立して自明のものになったからこそ、律令国家が変質してしまった後も、年号は存続したといえる。

年号が連続的に使用されるようになるのは、大宝元年（七〇一）からである。当然のことながら、これによって時間意識に大きな変化があったはずである。年号を常用すれば、文字に込められた意味、それで区切られる期間が使用者の時間感覚に影響を与え、その感覚が社会で共有されるようになるからである。

しかし年号はなぜ使われるようになったのだろうか。律令国家は唐の制度の輸入なので、年号も唐の模倣だという点は間違いない。しかし年号という従来はなかった時間観念が採用され、それが社会に定着したことには理由も

表　七〜九世紀の改元一覧（参考：所、一九九六・小倉、二〇一一、〔　〕は延喜治部省式祥瑞条に該当しないもの）

年号	施行年月日	日子	西暦	施行時天皇治世	継続年数	施行理由	出典
大化	皇極天皇四年六月乙卯	十九	六四五	孝徳天皇元年	六	代始	日本書紀
白雉	大化六年二月戊寅	九	六五〇	孝徳天皇六年	五	祥瑞	日本書紀
朱鳥	天武天皇十五年七月戊午	二十	六八六	天武天皇十五年	一	祥瑞？・天皇病	日本書紀
大宝	文武天皇五年三月甲午	二十一	七〇一	文武天皇五年	四	祥瑞〔黄金〕	続日本紀
慶雲	大宝四年五月甲午	十	七〇四	文武天皇八年	五	祥瑞	続日本紀
和銅	慶雲五年正月乙巳	十一	七〇八	元明天皇二年	八	祥瑞〔和銅〕	続日本紀
霊亀	和銅八年九月庚辰	二	七一五	元正天皇元年	三	祥瑞・代始	続日本紀
養老	霊亀三年十一月癸丑	十七	七一七	元正天皇三年	八	祥瑞	続日本紀
神亀	養老八年二月甲午	四	七二四	聖武天皇元年	六	祥瑞・代始	続日本紀
天平	神亀六年八月癸亥	五	七二九	聖武天皇六年	二十一	祥瑞	続日本紀
天平感宝	天平二十一年四月丁未	十四	七四九	聖武天皇二十六年	一	祥瑞〔黄金〕	続日本紀
天平勝宝	天平感宝元年七月甲午	二	七四九	孝謙天皇元年	九	代始	続日本紀
天平宝字	天平勝宝九歳八月甲午	十八	七五七	孝謙天皇九年	九	祥瑞	続日本紀
天平神護	天平宝字九年正月己亥	七	七六五	称徳天皇二年	三	反乱平定・代始	続日本紀
神護景雲	天平神護三年八月癸巳	十六	七六七	称徳天皇四年	四	祥瑞	続日本紀
宝亀	神護景雲四年十月己丑朔	一	七七〇	光仁天皇元年	十二	祥瑞・代始	続日本紀
天応	宝亀十二年正月辛酉朔	一	七八一	光仁天皇十二年	二	祥瑞	続日本紀
延暦	天応二年八月己巳	十九	七八二	桓武天皇二年	二十五	〔祥瑞〕・代始	続日本紀
大同	延暦二十五年五月辛巳	十八	八〇六	平城天皇元年	五	代始	日本後紀
弘仁	大同五年九月丙辰	十九	八一〇	嵯峨天皇二年	十五	代始	日本後紀
天長	弘仁十五年正月乙卯	五	八二四	淳和天皇二年	十一	代始	日本紀略
承和	天長十一年正月甲寅	三	八三四	仁明天皇二年	十五	代始	続日本後紀
嘉祥	承和十五年六月庚子	十三	八四八	仁明天皇十六年	四	祥瑞	続日本後紀
仁寿	嘉祥四年四月庚午	二十八	八五一	文徳天皇二年	四	祥瑞・代始	日本文徳天皇実録
斉衡	仁寿四年十一月辛亥晦	三十	八五四	文徳天皇五年	四	祥瑞	日本文徳天皇実録
天安	斉衡四年二月己丑	二十一	八五七	文徳天皇八年	三	祥瑞	日本文徳天皇実録
貞観	天安三年四月十五日庚子	十五	八五九	清和天皇二年	十九	代始	日本三代実録
元慶	貞観十九年四月十六日丁亥	十六	八七七	陽成天皇二年	九	祥瑞・代始	日本三代実録
仁和	元慶九年二月二十一日丁未	二十一	八八五	光孝天皇二年	五	代始	日本三代実録
寛平	仁和五年四月二十七日戊子	二十七	八八九	宇多天皇三年	十	代始	日本紀略
昌泰	寛平十年四月十六日乙卯	十六	八九八	醍醐天皇二年	四	代始	日本紀略

あるはずである。本稿はこのような点を明らかにしたい。なお最初に本稿で扱う七〜九世紀の改元一覧を掲げておく。

一　七世紀年号について

唐の年号は、多くが徳治を示す吉祥句年号で、八世紀の日本の年号が祥瑞の具象的表記（金→「大宝」、白亀→「神亀」、瑞字の文言→「天平」など）であるのとは異なっていた。また高句麗の独自年号や、唐年号を採用した真徳王四年（六五〇）以前の新羅の独自年号も吉祥句年号である（河内、二〇一六など）。なお七世紀の日本にもっとも文化的影響を与えた百済は、ほぼ一貫して干支年を使った（濱田、二〇一三）。とすると、七〜八世紀の日本の年号のほとんどが、祥瑞の具象名であった理由が問題となる。

まず中国正史の影響が考えられる。『日本書紀』が、『漢書』以下の史書を参照して編纂されたことは知られており（小島、一九六二）、漢代の年号にも「甘露」「黄龍」などの祥瑞の具象名のものがある。さらに三国時代の、特に呉においては、「黄龍」「嘉禾」「赤烏」など多数の祥瑞年号が見られる。『日本書紀』編者が『三国志』を見ていたのは確かであり、七世紀に同書が倭国に入ってきていた可能性は高い。また京都府大田南五号墳からは、青龍三年銘方格規矩四神鏡（青龍三年＝二三五）が、山梨県西八代郡三珠町鳥居原狐塚古墳から、「赤烏元年五月廿五日」（赤烏元年＝二三八）銘の神獣鏡が出土しており、祥瑞年号の知識が、古くから日本（倭）にも存在した可能性は十分にある。

ところで七世紀の日本（倭）の年号は、①『日本書紀』通り実施されたものか（通説）、②『日本書紀』編者の造作か、③『日本書紀』以前に作られた追年号（過去に遡及して年号を与えたもの）か、研究者の見方が分かれている。後述のように木簡等の同時代史料によれば、七世紀の紀年表記は干支が基本だからである。

年号に関する諸説のうち、②については田中卓（一九八六）の批判が妥当だろう。つまり造作なら八世紀の通例に倣い、大化以後連続して年号を並べるのが自然であり、かつ『日本書紀』には更に多くの祥瑞がみえるので、祥瑞年号がもっと多くあるはずである。また白雉・朱鳥（白鳳・朱雀）年号については、八世紀の公文書にも記されている。よって編者が使った原資料にも、これらの年号があったことは間違いない。そこで問題となるのは、①の実施された年号か③の追年号かである。

田中（一九八六）や水口幹記（二〇〇五）・新川登亀男（二〇一一）らは、斉明・天智天皇即位前紀に、白雉五年に当たる年が「後五年」とあること、白雉年号が同時代史料に見えないことから、孝徳天皇は漢の先例にならって年号名のない「改元」（治世の更新）を行ったとし、白雉は追年号とする(1)。

だが治世の更新という、きわめて思弁的な政治的パフォーマンスを、年号抜きに行ったという想定には躊躇を覚える。年号なしの改元は『漢書』に見られるが、改元を行い、年号を創始した漢の場合はすでに暦が発達し、十九年という暦サイクルの回帰を祝う朔旦冬至儀が始まるなど、時間に関する観念が相当程度進んでいた。また古くから天の思想も発達していた。一方、頒暦制度も整わず、中国的時間観念の移入がまだ不十分だったと思われる孝徳朝の倭国において、「後元年」「後二年」といった抽象的な治世呼称に、「天意により治世を更新する」というイデオロギー的な効果があるのかというと疑問である。所功（一九九六、55頁）「追記」がいうように、「改新政治家」は隋唐を手本に改革を行っていたとするなら、むしろ同時代の唐・新羅・高句麗の知識によってまずは干支年を年号という「めでたい」名称で修飾するのが自然と思われる。

また河内春人（二〇一六）は、『日本書紀』が「朱鳥」を「アカミトリ」と訓ずると記すことから、「朱鳥」と「朱雀」、「白雉」と「白鳳」の関係は、年号の読みをそれぞれが漢字で書き取ったものと推測する。これは政務上の口頭伝達の比重がまだ大きかった時期なので、肯定できる。なお白雉は中瑞だが鳳は大瑞なので、「白鳳」と表記されるようになったという説もある（坂本、一九八九）。祥瑞の等級が定まったのは八世紀初期だが（水口、二〇〇五）、一方で文書行政が成熟していくこの時期になって、遡って公文書の年号を書き換えたという想定は難しい（田中、一九八六）。とすると「後五年」の表記も、七世紀末~八世紀のある段階の『日本書紀』稿本の編者が参照した原資料の孝徳崩年が、「白雉五年」「白鳳五年」と一定しないので、何れが正しいとも決せなかった苦肉の策として採用したとも解釈できよう。

一方、吉祥句年号である大化は、祥瑞年号全盛の八世紀の造作とは考えがたく（河内、二〇一六）、また六四五年という時期からみて、同時代の唐・新羅・高句麗の影響で制定されたという可能性が高い。ただし吉祥句年号の前提となる儒教知識の普及や水準がきわめて不十分な段階だったので、白雉以降は、天の祝意であることがもっとわかりやすい祥瑞の具象名を年号に使うようになったのだと思われる。

次に孝徳朝の白雉年号は、祥瑞（白雉）の発見と制定までの経緯が、『日本書紀』には詳しく記されており、編者の造作とは見なしがたいというのが研究者の理解の主流である。ところが『続日本紀』神亀元年（七二四）十月丁亥朔条聖武天皇詔、天平九年（七三七）三月十日太政官奏所引皇后宮職解（『類聚三代格』巻二）、天平宝字年間に藤原仲麻呂が編纂した「鎌足伝」「貞恵伝」（『藤氏家伝』所収）では、白雉・朱鳥年号ではなく白鳳・朱雀年号が使われる。藤原氏周辺では「白鳳」年号が根強く記憶されていた（新川、二〇一一）。たとえば『続日本紀』同条は、次のように記す。

治部省奏言。勘㆓検京及諸国僧尼名籍㆒、或入道元由、披陳不㆑明。或名存㆓綱帳㆒、還落㆓官籍㆒。或形貌誌㆑黶、既不㆓相当㆒、惣一千一百廿二人。准㆓量格式㆒、合㆑給㆓公験㆒、不㆑知㆓処分㆒。伏聴㆓天裁㆒。詔報曰、白鳳以来、朱雀以前、年代玄遠。尋問難㆑明。亦所司記注、多有㆓粗略㆒。一定見㆑名、仍給㆓公験㆒。

律令国家における最大の公的存在である聖武天皇が、白鳳・朱雀という『日本書紀』にない年号を使っているのである。前述のように、七世紀の年号は字よりも読みが先行して広がり、表記は任意になされたとする河内説は支持できる。だが天武朝末年になっても、文書行政上、重要なはずの年号表記の統一がなされていなかった点で、やはり注意が必要である。

『日本書紀』編纂は、さまざまな原資料を綜合して、「日本の歴史」を作り出し、確定する作業である（細井、二〇一五b）。編者が集めた史料の中には、散発的に使われていた倭国年号と、永昌のような唐年号、あるいは高句麗・新羅年号とがあったはずである。那須国造碑には、那須直韋提の評督就任を、「永昌元年己丑四月」（持統三年、六八九）とする。これは下毛野国に移配された新羅人の影響だとされる（東野、二〇〇四）。

『日本書紀』は基本的には天皇の治世紀年で年代を定めているが、いくつかの倭国年号に関しては拾って使い、唐や高句麗・新羅年号に関してはその使用が唐などへの従属を意味してしまうので捨てたと判断される。これは倭五王の朝貢記事を採らなかったのと同じである。

また諸史料に見え、『日本書紀』にない年号に「法興」がある。これは厩戸王（聖徳太子）と結びつけられる場面で多用され、法隆寺金堂の釈迦三尊像光背銘や『伊予国風土記』逸文の伊予道後温湯碑などに記されるので、七世紀に存在したことは間違いないだろう。一般にこれは私年号や追年号だったとされるが（所、一九九六など）、厩戸王を天皇と認定していない『日本書紀』において、彼を顕彰する年号は採用しなかったと考えることができるのである。

研究者によっては、『日本書紀』にあるものを公的な年号、それ以外は—後世の偽年号は別にして—私年号とよぶ場合がある。だが大宝以前は国家的年号が未成立だったという見解もあり（佐藤、一九六八・一九七七）、律令国家成立以前の年号を、公私に峻別することができるのかは問題である。

比較の対象として、年号と同じく時間を定める暦を取り上げたい。七世紀段階の倭国では、百済伝来の元嘉暦法で暦が作られた。七世紀になると諸種の金石文の暦日が現れるので、暦が畿内の豪族を中心にある程度普及していたといえる。では頒暦制度成立以前は、十世紀以降のように、大王宮廷で作成された暦が豪族たちによって転写されて広まったのだろうか。

天文卜筮をよくした新羅僧行心は、大津皇子の変に連座して、飛騨の伽藍に追放された（『懐風藻』大津皇子伝、『日本書紀』持統天皇称制前紀）。その子の隆観は、大宝二年（七〇二）四月乙巳に祥瑞である神馬を飛騨より献上して都に戻される。そして彼は「藝術」「算暦」をよくしたので、還俗して金財と名乗った（『続日本紀』大宝三年十月甲戌条）。隆観の暦術は、父行心より飛騨の寺院で伝授されたはずである。行心にしろ隆観にしろ、過去に暦法を学んだだけで、その後、暦を作らなかったとは考えにくい。暦は百済より仏教文化の一部として倭国に伝播した。よって有力寺院などの複数の場所それぞれで毎年作られ、使われた可能性が想定できる（細井、二〇一五a）。同じ暦法を使っていれば、通常は同一の暦日になるが、計算の微妙な違いで、日付がまま異なることもありうる（細井、二〇一四）。この場合、暦の時間が完全に共有されているとは言えない。

こうした時間が統一されていない状況なら、天皇（大王）が年号を定めても、そのごく周辺はともかく、社会的には共有されにくい。年号が時の表示として機能しないからである。『続日本紀』や『類聚三代格』などによれば、

「白鳳」「朱雀」のように、公文書の一部で七世紀にも年号が使われた形跡がある。だが同時代の木簡などによれば、年号は使用されていない（佐藤、二〇〇〇。河内、二〇一六。細井、二〇一八など）。たとえば難波宮で発見された「戊申年」木簡は、大化四年（六四八）に当たると考えられるが（『木簡研究』二二）、干支年表記である。そしてこれらの年号を使ったはずの天皇（大王）周辺にあっても、表記でさえ統一できなかったのである。逆に仏教僧などが新羅や唐の年号の知識に基づいて、「法興」などの年号を独自に定めたとき、それが仏教のネットワークで、天皇（大王）の定める年号より広範囲で使われた可能性がある。ここで天皇は「公」、仏教や豪族は「私」とするのは、律令国家期以降の秩序観念を遡及させてしまうことになるのである(2)。

以上から、年号の定着は律令国家の成立すなわち日本国が成立して時間が共有されるようになったことと、深く関わっていたことが再確認される。

二　八世紀における年号の定着

①新年号の普及

大宝律令施行以後の律令国家は、年号による紀年表記を強制した。大宝令が制定されると、紀年表記の原則が干支年から年号に変わることは、多くの出土木簡から知られている（佐藤、一九七七。細井、二〇一八など）。養老儀制令26公文条および、『令集解』諸説には次のようにあり、公文書は年号を用いる決まりであった。なお大宝令の注釈書である古記も注釈をつけているので、この条文は大宝令にも存在した。

凡公文応レ記レ年者、皆用二年号一。

釈云、大宝・慶雲之類、謂二之年号一。古記云、用二年号一。謂大宝記而辛丑不レ注之類也。穴云、用二年号一。謂云二延暦一是。問、近江大津宮庚午年籍者。未レ知、依二何法一所レ云哉。答、未レ制二此文一以前所レ云耳。

改元があると、速やかに新年号が使われるようになる。たとえば霊亀改元は『続日本紀』によれば霊亀元年（七一五）九月庚辰（二日）であるが、奈良県平城宮跡出土木簡（土壙ＳＫ五五三五）の中には、「霊亀元年九月」の年紀を持つものがある（『木簡研究』八）。また養老から天平への改元は、天平元年（七二九）八月癸亥（五日）だが、平城京跡東二坊坊間路西側溝ＳＤ〇〇二からは、「天平元年八月十八日」の日付を持つ、「謹牒厨務所」に始まる薬酒請求の木簡が出土している（『木簡研究』一一）。また削り屑ではあるが、改元当日の「天平元年八月五」の文字も平城宮跡井戸ＳＥ一四六九〇から出土している（『木簡研究』一四）。改元当日に中央では、早速、新年号が使われたことが分かる。

地方にも早々に、新年号が伝えられたことが知られる。四月十四日に改元があった天平感宝元年（七四九）は、島根県三田谷Ｉ遺跡から、「感宝元年五月廿一日□□」と記された木簡が出土している（『木簡研究』二〇）。八月に改元された延暦元年（七八二）は、「延暦元年十月十日」とある伊豆国那賀郡那珂郷荷出土貢進物付札が、平城宮跡宮内道路南側溝ＳＤ一一六〇〇から出土している（『木簡研究』一八）。また五月に改元された大同元年（八〇六）については、福島県小茶円遺跡木簡には、「大同元年九月□□日」とある（『木簡研究』一五）。

このように新年号が、中央のみならず地方でも、速やかに使用されるのは、律令国家の交通・情報網が整備されていたからである。これを使って律令国家は、改元と同時にいち早く、末端まで新年号を浸透させようとした。この結果、少なくとも文字が読める階層には、年号が時を示す方法として定着したことは想像に難くない。

律令国家が新年号を速やかに普及させた第一の理由は、文書行政上の混乱を避けるためである。複数の年号が混在すると、後日、文書を見たときに、その記録の信憑性に疑念が生ずるからである。

②干支年と年号

養老四年（七二〇）に、最初の国史である『日本書紀』が完成する。同書によれば、大宝以前の七世紀においても、「大化」「白雉」「朱鳥」と、断続的に年号が用いられていた。

ところが大宝以前の公文書は、原則として干支年で紀年表記がなされている。干支は甲子から始まり癸亥に終わる六十通りで一サイクルである。日本（倭）における干支年使用は、埼玉県稲荷山古墳出土鉄剣銘の表記「辛亥年七月中記」により、四七一年（＝ワカタケル大王治世の辛亥年）にまでは遡る。また『日本書紀』朱鳥元年（六八六）七月丁巳条詔では、天武天皇の病気のため、借物の返済を免除しているが、それは次の通りである。

詔曰、天下百姓由二貧乏一、而貸二稲及資財一者、乙酉年十二月卅日以前、不レ問二公私一皆免原。

原資料となった天武天皇の詔書に、この前年（六八五年）が「乙酉年」と表記されていたことは間違いない。つまり『日本書紀』にみえる「大化」「白雉」「朱鳥」といった年号は断続的で、実在したとしてもごく限られた範囲・目的で使われたに過ぎないのである（河内、二〇一六など多数）。また史料的に慎重に扱う必要があろうが、『日本霊異記』中巻第二十四縁には、聖武朝の話として、閻魔王に遣わされた鬼が、楢磐嶋の賄を受けて、「吾聞く、率川社の許の相八卦読に汝と同じく戊寅の年の人有りと。汝に替うべくは、彼の人を召将む」と語ったとある。戊寅年は、天武天皇七年（六七八）と考えられる。同一干支年生まれの者は、運命が入れ替わる可能性があるというこの説話は、干支年の社会への浸透ぶりを示す。

干支年の重要性は、八世紀末以降さらに高まる。この時期には北斗七星信仰が強まるが、これは中国道教の影響で、属星の観念が発生したからである（山下、二〇一五）。つまり生年の干支と同じ干支日を本命日とする属星祭や本命供が、陰陽道や密教で行われるようになる。この際、生まれた年の十二支に対応する星を属星として禍福を祈るのである（585頁の図を参照）。干支年は順番が決まっているので、過去の記憶・記録や、未来の約束の際の年次の特定には便利である（東野、二〇〇四）。特に平均寿命が短かった古代において、六十年を超える将来の約束は考えにくかったろう。つまり干支年には、現在の西暦と共通する合理性があった。

このため干支のうちの特に十二支については、早くから庶民層にまで浸透していた。戸籍より判明する八世紀初めの人名には十二支名があり、十二支名と生年支が合致する場合が多い（岸、一九六〇）。なお十二支については、日次の表記法としても地域社会に浸透していたことが、三上喜孝（二〇一三）により指摘されている。たとえば兵庫県山垣遺跡出土の稲に関する記録木簡は、巳日・午日などの十二支日で記されている（『木簡研究』六）。紙が貴重で識字率が低かった古代社会では、末端の民衆が暦を所有していたとは思えず、必ずしも頒暦での正確な日付を確認できたとは限らない。よって干支の、特に庶民にも覚えやすい十二支の循環性を利用して、ひとまず日付を特定したのだろう。

これに対して年号は、ある程度の長さの期間内におこった事件の前後関係を知るためには不便な紀年法である。近代の日本は西暦や皇紀という長期にわたる紀年法を併用するので、たとえば天平年号（西暦七二九～七四九年）と宝亀年号（七七〇～七八〇年）の前後や、これらが過去およそどの時点のことかが了解しやすい。だが古代の日本においては、西暦も皇紀も使われていなかった。なお釈迦入滅年を基準とする仏教暦紀元も、儒教イデオロギーの律令国家において公用する選択肢はなかったであろうし、釈迦入滅年がいつかという問題がある（吉田一彦、二〇一二）。さらに古代日本の年号は、祥瑞・災異や代替わりなどで不定期に改元が行われ、しかも年・月の途中で変わることが珍しくない。御暦奏で頒暦が天皇に献上されるのは十一月一日だが、養老・斉衡などのように、改元が十一月・十二月以降の、翌年暦を頒布した後に行われる場合もある（574頁の表を参照）。すると頒暦の題箋とは異なる年号を、すぐに全国に伝える必要が生じてしまう。

当然、改元から時間が経過するにつれて、年号の順番と継続期間、そして改元の行われた年月日は、記憶が曖昧になる。文書行政上、過去の公文書の年月日がいつを指すか特定することが必要な場合がある。たとえば養老田令18王事条では、外蕃に没落した者の所有田は十年で収公する規定であり、同21六年一班条では、班田は六年ごとに行うとする。同29荒廃条では、荒廃田は三年以上なら佃できる者に貸して、私田は三年・公田は六年で返せと規定する。また寺院での臈次を確定するためにも、受戒以来の年数の確定が必要である。しかし八世紀の年号のうち、天平感宝は一年未満の使用であり、六年以下の年号も全十五個中八個ある。一方、使用期間が十年を越えるのは、天平・宝亀・延暦の三個しかない。

そこで行政上の手続きをするために、諸規定の年限に達したかどうかを知るためには、記録に干支年を併記する方法がある。事実、木簡でも紙の文書でも、年号と干支年を併記したものを往々にして見かける。だが干支年を併記していないものも多い。

なお公式令82案成条は、公文書の案の目録を作成し、軸の上端に「○年○月○○司納案目」と書き、毎月十五日に庫に入れるようにとの規定である。また同83文案条では、詔勅奏案・考案・補官解官案・祥瑞財物婚田良賤市估案は常留とされ、これらは廃棄されないので、長い年月がたつと膨大な収蔵量になる。この中から目的の文書を探す場合には、各年号の順番と、使用期間が分かっていることが必要となる。国史の対象期間はそれも使えるが、編纂・完成までのタイムラグがあり、また国史は大部で使いにくい。よって弁官局や外記局のような主要官司は、早くから簡便な年号一覧表を備えていたはずである[3]。

このように律令国家による干支年に替えての年号採用は、短期的な利便性で考えるとマイナス面が大きい。だが一方で律令国家が想定する六十年を越える長期の文書保存を考えると、干支年もまた文書の管理に適してはいない。同じ乙巳年でもいつの乙巳年かわからないからである（榎村、二〇〇一）。この点は後にまた触れたい。

図　北斗七星　七星の星名と対応する十二支

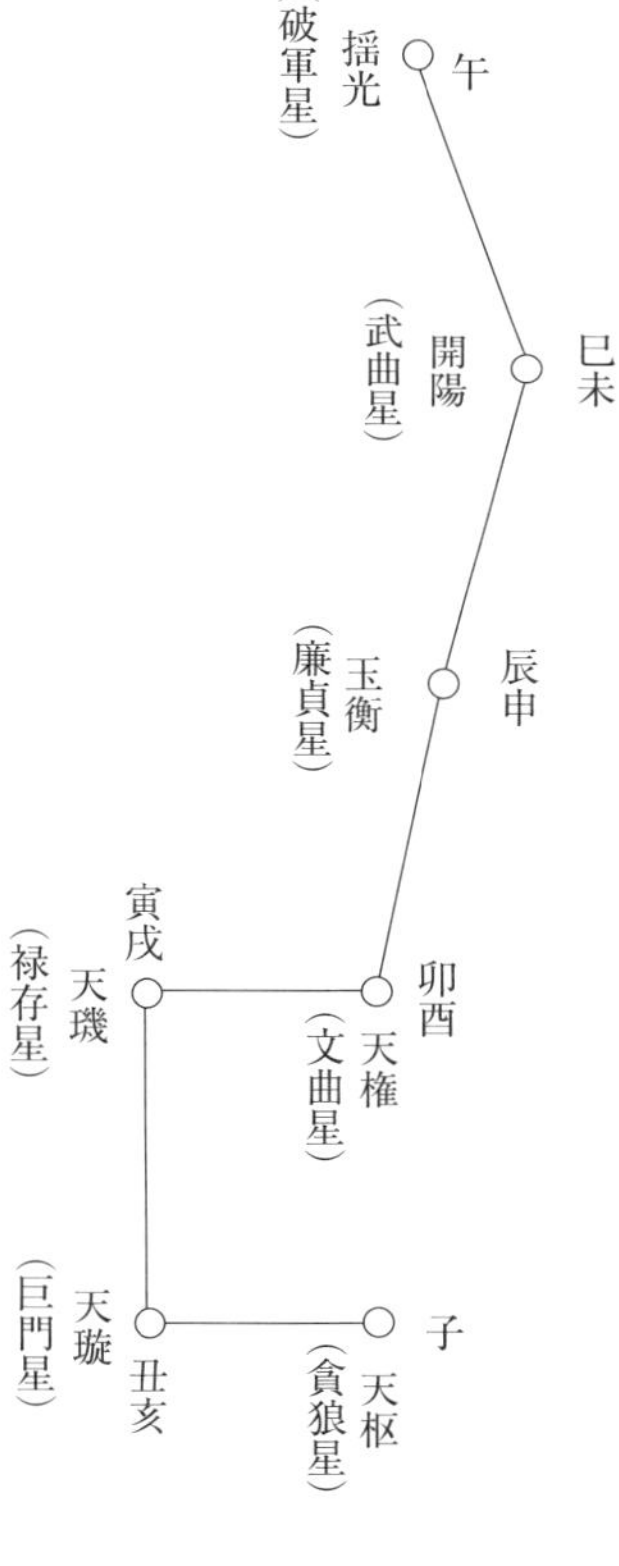

三　年号制成立の理由

大宝律令制定とともに、律令国家が年号の定着を試みた第一の理由は、政治的イデオロギーとしての祥瑞の活用であろう。

八世紀の年号は、佐藤宗諄（一九六八・一九七七）が指摘するように祥瑞改元がほとんどである。祥瑞とは天が善政を賞めて現す異常な現象（霊亀や景雲など）で、儒教神秘主義と結びついている。たとえば最初の大宝年号は対馬の黄金献上が（これは後に詐欺と判明する）、また次の慶雲年号も、文字通り祥瑞である景雲の発見が理由である。同時に、霊亀・神亀・天平勝宝・宝亀改元のように、代始改元でもある場合が多い。天平神護改元は祥瑞改元ではないが、称徳天皇が藤原仲麻呂の乱を鎮圧できたのは神々の護りによるとの意味で行ったもので、彼女の重祚に対応した事実上の代始改元である。なお天平感宝・天平宝字・天応年号は、それぞれ孝謙・淳仁・桓武の各天皇が近く即位する予祝としての性格が見て取れる。

ただし佐藤が指摘するように八世紀は桓武天皇以降とは異なり（延暦改元では祥瑞は強調はされていない）、代始のみを理由に改元するわけではなく、祥瑞や神の護りを名目に改元する点は注意が必要である。孝謙代始の天平勝宝も、同年の黄金発見という祥瑞に応じた側面があり、天平感宝と一体でもある。単なる代始改元は意味がないわけである。こうした祥瑞改元は佐藤が言うように、統治者の正統性（神性）を強調するものであり、祥瑞に示された王者の徳を強調し、年号紀年を使用するたびにこれを思い起こさせる効果を持つ。

律令国家の天皇は、豪族の連合体の代表ではなく、天津日嗣または中国的な天子として即位する。よって年号の強制は、天子が時を定めるという中国的な授時権を模倣し、日本の領域に住む者に、唐や新羅とは異なる君主の支配下にあることを認識させる効果がある。特に文武天皇即位のころより、日本は唐が現に使っている暦法である儀鳳暦（麟徳暦）の暦日を使うようになり、これは唐に臣服していると見なされる可能性が十分にあった。そこで独自年号により、唐からの自立を明示する必要が意識された可能性は高い（細井、二〇〇七）。

と同時に、天皇の統治の正統性は、豪族たちの承認に代わって新たに「天意」による承認を受ける必要が生じたのだと言えよう。(4) 八世紀の度重なる祥瑞の出現はそうした天による治世の更新の承認であり、祥瑞改元はその承認を貴族官人に認識させる努力の現れだと評価できる。祥瑞自体は七世紀から『日本書紀』に見いだせるものの、等級を含めた制度的な整備は八世紀初頭まで下る（水口、二〇〇五）。よって七世紀半ばの白雉は祥瑞改元ながら、祥瑞出現が政治的な効果を生むのはもっと時代が下るとみるべきであろう。逆に言えば白雉を、『日本書紀』孝徳紀に見られるように大々的に顕彰した背景には、それだけのパフォーマンスをしないと祥瑞の価値が多くの豪族に理解されなかったとみることも可能である（亀井、二〇〇七）。

次に年号制採用の第三の理由として、実務的問題もある。干支年が六十年を超える文書の管理には適していないことは前述した。この場合、干支年は別の紀年表記との併用が必要となる（榎村、二〇〇一）。嵐義人（一九八四）や河内（二〇一六）は、稲荷山鉄剣に見える「治天下大王」やその系譜を引く「某宮治天下天皇之世」という表記に注目する。また『日本書紀』は「〇〇天皇〇年」の紀年表記を使う。こうした天皇治世紀年なら、年号よりも年代を確定しやすく、天皇の支配も明示できる。それなのに八世紀になって、天皇の治世をまたぐ場合もある年号をあえて採用した意味は何だろうか。

実は天皇の治世紀年も、便利なようで文書行政上は不便な紀年法である。なぜなら五・六世紀には刀剣銘に見られるように「ワカタケル」などの大王の諱を表記できたが、律令国家期になると唐の避諱の観念が入ってきたはずなので、(5) 天皇の諱を文書に明記することは困難になったと思われる。また諱を避けて「〇〇宮治天下天皇」などと宮号を使う方法は、宮が代替わりで移動することを前提とする。しかし持統天皇八年（六九四）の藤原宮の造営により宮が固定化され、これも難しくなる。また文書作成上、「〇〇宮治天下天皇」のような長い表記は不便であり、主に二文字の年号は便利であった（四字年号も時には二字に省略表記される）。もちろん謚号を現在の天皇治世を示す紀年表記に使うことはできない。これらの紀年法に対して年号は、順番と改元年月日さえ一覧表に記録しておけば、文書をそのまま時間順に管理することができる。

つまり律令国家の完成とともに日本で年号が制度として確立するのは、イデオロギーだけではなく文書行政の発展の必然の結果だったのである。

もちろん文書行政には、単なる年号より一世一元がより便利である。佐藤（一九六八・一九七七）が指摘するように、八世紀は祥瑞改元による政権の顕彰を主としながらも、徐々に事実上の代始改元が増え、桓武天皇の延暦以降、九世紀になると一世一元に近い運用が行われた。これは実務的便宜を意識してのことなのかもしれない。実際、「延喜聖主」「延喜の治」のように、年号が治世の象徴に使われるようになることが知られている。

だが十世紀以降は、災異改元による災いの解除という、呪術的な理由のため頻繁に改元が行われるようになった。年号が貴族以下の人々にとって時間の重要な標識として意識されるようになった結果、逆に年号を長期間にわたり固定することが難しくなったのである。

ところで年号制を浸透させる上で必要な行政上の条件は、律令国家の形成とともに整備されていった。まず祥瑞改元が効果的に行われるためには、前述した祥瑞の品目・等級の整理も必要だが、それを前提として祥瑞の価値を郡司層などの地方民が理解をしていることがより重要である。また養老儀制令8祥瑞条に基づき、地方で祥瑞があった場合は中央に報告する。その前提としても、祥瑞に相当する事象を地方民が発見した場合、それを「祥瑞かも知れない」と認識して国府に報告をする必要がある。これに加えて、年号で年次を示すという中国的な考え方をも理解させる必要があるだろう。

大宝律令において、地方には国学が設置され、郡司子弟が儒教（明経科）に関する教育を受ける機会が設けられた（久木、一九九〇。桃、一九九四）。こうした儒教知識の普及は、地方に祥瑞と年号を定着させる上でも必要な措置であった。

また年号を浸透させる上で、頒暦制度の存在も大きかったと思われる。中世以前の多くの暦は、巻物状の具注暦であるが、その冒頭に、天平勝宝八歳暦（『正倉院文書』）なら、次のように記されている。

天平勝宝八歳暦日　凡三百五十五日

正月大　二月小　三月大　四月大　五月小　六月大

七月小　八月小　九月小　十月大　十一月小　十二月大

つまり翌年の具注暦を手にした者は、巻物を開くと、すぐに年号を目にするようになっている。さらに巻物の端裏に、「天平勝宝八歳暦」といった題箋を貼れば、開かなくても年号は目に入る。

律令国家では、陰陽寮が作成した具注暦一六六巻（のち一二〇巻）が、「頒暦」として毎年十一月一日の御暦奏の儀で中務省を通して天皇に献上され、天皇がこれを諸官司に頒布した（雑令6造暦条）。この頒暦は、都にきた朝集雑掌によって写し取られ、各国にもたらされ、さらに転写された。つまり頒暦制度によって、律令国家が定めた翌年の暦が末端まで行き渡ると同時に、年号が確実に伝えられる。干支紀年とは異なり、七世紀以前には余り使われていなかった年号が、八世紀以降、広く日本全体に行き渡り日常的に使われるようになるのは、頒暦による年号情報伝達の徹底のおかげでもあったと思われる。

頒暦制度の成立は、天武朝（天武天皇四年〈六七五〉以前）である（細井、二〇一四）。従って年号の定着が、その後の七〇一年なのは自然である。だが国家が干支年にかえて短期的には不便な年号を使わせるには、頒暦以上の強制力を要したはずである。従って、国家機構が整い、改元の情報を速やかに末端まで伝達し、そして年号に込められた意味を、貴族官人・地方豪族層が理解するための儒教イデオロギー装置を備えた律令国家が完成してこそ、年号は普及する。だから大宝律令制定と大宝建元は対応するのである。これに対して七世紀の国家的年号は、理念先行の試みでしかない。朱鳥年号も天武天皇の病気平癒のためで、呪術的効果を狙った一時的行為であろう。時間の標識として機能していない点で、七世紀年号は実在したとしても、評価は抑制的であるべきだろう。

結び

律令国家は、国家が定めた年号を時間の単位として全国に強制した。これは単純な中国的理念の輸入ではなく、国家運営上、年号が必要だったからである。七世紀に年号は実在した可能性が高いが、そうだとしても年号は普及せず、干支年表記が主であったことは間違いない。逆にいえば大宝以後の年号表記の徹底から、国家の強い意志を看取できる。

その理由の第一には、一般に指摘されているように、日本が唐より自立していることを示すのに独自年号が必要だったことがあげられる。第二に大王が天皇になったことで、天皇は天から統治の承認を受けることが必要となり、その証明として祥瑞が活用されたことがあげられる。八世紀の祥瑞年号の使用はその手段であった。第三に律令国家においては、六十年を越える長期の記録保存が想定されるようになったことがあげられる。文書管理上、文書作成の年月日を明記しなければならないが、中国的な避諱観念や藤原宮以後の天皇宮の固定化により、従来の大王諱や宮号を使った天皇治世紀年が使いにくくなった。このため年号が必要となったのである。

従って大宝以後、年号が定着するのも、律令国家の中央集権的な在り方が大きな要因である。頒暦制度で代表されるような時間の全国統一が、官道などによる情報伝達の整備を背景に進められた。また祥瑞制度の整備や大学・国学の設置による儒教的イデオロギー教育の成果も背景として考えられる。なお八世紀末の天応・延暦以降、祥瑞による改元でも年号は祥瑞の具象名ではなく吉祥句となり、一世一元に近づく。これは儒教イデオロギーが一定水準の定着をみた結果であろう。

なお十世紀になると律令国家は大きく変質し、中央集権的とはいえなくなる。一方で年号は社会に定着して、祥瑞改元に替わり革命・革令改元や災異改元が常態化した。(6) 年号は天皇の治世の正当化という役割を終え、天変地異のたびに変更が社会から要請された。年号は、国家が強制するものから社会的時間意識へと変わったのである（細井、二〇〇二）。また行政文書は、形を変えながらも引き続き集積されていくので、その管理のために年号は必須である。また受領をはじめ多くの貴族官人が京と地方を行き来するので、共通の時間標識は欠かせないのである。干支年の重要性もまた十世紀以降に強まって行くにもかかわらず、年号が続いた理由は以上である。

独自年号が定着したことで、日本は、中国・朝鮮とは切り離された時間を共有する空間となった（所、一九九六、6頁など）。この結果として、日本では独自年号をつなぎ合わせて、歴史年表を作ることができるようになった（細井、二〇〇二）。「日本の歴史」という時間が、中国の歴史とはまったく別のものと認識されるようになったのである。つまり日本の「独自性」と年号とは、固く結びついていた。その意味でも年号を生み出した律令国家の成立は、まさに吉田孝（一九九七）が示唆するように「日本」の誕生であった。

しかし古代・中世の年号は、不定期に変わる点ではやはり不便な紀年法である。近代のように西暦や皇紀を併用しなければ、史料上の事件は過去どれほど前、またどの時点での出来事なのかすぐには判断ができない。昌泰四年（九〇一）に三善清行が提出した革命勘文以来、日本では紀年論が盛んになる。その理由として、年号の使用によりこれを縦断する通時代的な時間認識が必要となったことが想定できる。またこうした長く抽象的な時間認識が可能となった背景には、太古の昔に上元（暦法で想定される暦計算の基準点）を求める中国暦法の理論の輸入と、『日本書紀』を始めとする国史の編纂があったと思われるのである。

註

（1）亀井輝一郎（二〇〇七）は白雉年号の実在を否定した上で、この表記を書紀編者が白雉年号を意味するものとして使ったとする。

（2）これに近い指摘が、久保常晴（一九六七）によりなされている。

（3）平安時代以来、年号を暗唱する歌の類が創られていたことを所（一九九六）が指摘している。

（4）早川庄八（二〇〇〇）は、八世紀の天武系天皇も祥瑞思想の中核である天命思想を、日本的に変容したものながら、はっきりと意識していたとする。

（5）避諱が唐制を継受して大宝律令で導入されたことは、『令集解』職員令16治部省条の「諱」に「謂。避諱也。言皇祖以下名号。諱而辟㆑之也。釈云。皇祖以下御名避。古記同㆑之」と、古記の注がついていることからわかる。避諱範囲の拡大は徐々であるが、『続日本紀』和銅七年（七一四）六月己巳条で成務天皇の諱（若帯日子）を避ける命令が出ているので、現天皇の生諱を直截的に記す行為も大宝律令施行以後は避けられたとみるのが妥当であろう。なお諱については、斎藤融（一九八九・一九九三）の研究を参照した。

（6）小塩慶（二〇一六）は、十世紀に祥瑞自体が激減する背景に、幼帝の出現や摂関制の確立により、天皇個人の徳を讃える必要がなくなったためと想定する。

参考文献

嵐　義人、一九八四「大宝以前における年号の性格―皇位との関連を中心として―」（『瀧川政次郎先生米寿記念論文

集 神道史論叢』国書刊行会）
榎村寛之、二〇〇一「「大宝」年号の使用開始にかかる一仮説—あるいは律令国家の「705年問題」」（『Mie history』一二）
小倉慈司、二〇一一「日本の年号」（築島裕他編『古語大鑑 第一巻』東京大学出版会）
小塩 慶、二〇一六「古代日本における唐風化政策と祥瑞思想の受容」（『史林』九九—一）
亀井輝一郎、二〇〇七「日本古代年号攷序説—七世紀「年号」をめぐって—」（『福岡教育大学紀要』五六、第二分冊）
岸 俊男、一九六〇「十二支と古代人名—籍帳記載年齢考—」（『日本古代籍帳の研究』塙書房、一九七三年に所収）
久保常晴、一九六七「日本の公年号」（『日本私年号の研究』吉川弘文館）
河内春人、二〇一六「年号制の成立と古代天皇制」（『駿台史学』一五六）
小島憲之、一九六二「日本書紀の述作」（『上代日本文学と中国文学 上—出典論を中心とする比較文学的考察—』塙書房）
斎藤 融、一九八九「日本古代の諱忌避制度について」（『法政史論』一六）
　　　　一九九三「古代日本の避諱制度補考」（『神田外国語大学日本研究所紀要』一）
坂本太郎、一九八九「白鳳朱雀年号考」（『坂本太郎著作集 第7巻 律令制度』吉川弘文館）
佐藤宗諄、一九六八「年号制成立に関する覚書—「律令国家と天皇」によせて—」（『日本史研究』一〇〇）
　　　　一九七七「古代日本の元号」（鈴木武樹編『元号を考える』現代評論社）
　　　　二〇〇〇「紀年木簡と年号」（『東アジアの古代文化』一〇三）
新川登亀男、二〇一一「「大化」「白雉」「朱鳥」年号の成り立ち」（新川登亀男・早川万年編『史料としての『日本書紀』—津田左右吉を読みなおす—』勉誠出版）
田中 卓、一九八六「年号の成立—初期年号の信憑性について—」（『田中卓著作集6 律令制の諸問題』国書刊行会）
東野治之、二〇〇四『日本古代金石文の研究』（岩波書店）
所 功、一九九六『年号の歴史—元号制度の史的研究—〈増補版〉』（雄山閣出版）

所功・久禮旦雄・五島邦治・吉野健一・橋本富太郎、二〇一四『日本年号史大事典』（雄山閣出版）
濱田耕策、二〇一三「百済紀年考」（『朝鮮古代史料研究』吉川弘文館）
早川庄八、二〇〇〇「律令国家・王朝国家における天皇」（『天皇と古代国家』講談社学術文庫）
久木幸男、一九九〇「国学の消長と役割」（『日本古代学校の研究』玉川大学出版部）
細井浩志、二〇〇二「時間・暦と天皇」（『岩波講座 天皇と王権を考える　第八巻　コスモロジーと身体』岩波書店）
二〇〇七「日本古代の改暦と政治・制度」（『古代の天文異変と史書』吉川弘文館）
二〇一四『日本史を学ぶための〈古代の暦〉入門』（吉川弘文館）
二〇一五ａ「七、八世紀における文化複合体としての日本仏教と僧尼令―卜相吉凶条を中心に―」（新川登亀男編『仏教文明と世俗秩序 国家・社会・聖地の形成』勉誠出版）
二〇一五ｂ「国史の編纂―『日本書紀』と五国史の比較」（『岩波講座日本歴史 第二一巻 史料論』岩波書店）
二〇一八『古代木簡における暦日記録目録（稿）』（ＪＳＰＳ基盤研究（Ｃ）〔二六三七〇七八二〕「『日本書紀』及び国史の時間論的研究」成果報告書）
三上喜孝、二〇一三「古代地方社会における暦―その受容と活用をめぐって―」（『日本古代の文字と地方社会』吉川弘文館）
水口幹記、二〇〇五『日本古代漢籍受容の史的研究』（汲古書院）
桃　裕行、一九九四「上代に於ける国学制」（『桃裕行著作集１　上代学制の研究 修訂版』思文閣出版）
山下克明、二〇一五「密教修法と陰陽道」（『平安時代陰陽道史研究』思文閣出版）
吉田一彦、二〇一二「『日本書紀』仏教伝来記事と末法思想」（『仏教伝来の研究』吉川弘文館）
吉田　孝、一九九七『日本の誕生』（岩波新書）

参考史料とその底本

『日本書紀』『懐風藻』：日本古典文学大系／『続日本紀』『日本霊異記』：新日本古典文学大系／『日本後紀』：訳注日本

史料／『日本紀略』『令集解』『類聚三代格』：新訂増補国史大系／『律令』：日本思想大系／『藤氏家伝』：沖森卓也・佐藤信・矢嶋泉編『藤氏家伝 鎌足・貞慧・武智麻呂伝 注釈と研究』吉川弘文館、一九九九年／正倉院文書：『正倉院古文書影印集成 五』（八木書店、一九九一年）／木簡：木簡学会編『木簡研究』一～三八、奈良文化財研究所『木簡庫』http://mokkanko.nabunken.go.jp/ja/6AAIAS520103／神獣鏡：『文化遺産オンライン』http://bunka.nii.ac.jp/heritages/detail/168845 及び王仲殊「日本出土の青龍三年銘方格規矩四神鏡について―呉の工匠の三角縁神獣鏡日本製作説を兼ねて―」『京都府埋蔵文化財情報』五四、一九九四年

〔附記〕本稿は、二〇一七年十月に国立歴史民俗博物館で開催された歴博国際シンポジウム「年号と東アジアの思想と文化」における報告を大幅に改稿したものである。またシンポジウム後、報告者の水口幹記氏による「災異改元のはじまり―醍醐朝の延長改元をめぐって―」（『日本歴史』八四二、二〇一八年）、遠藤慶太氏による「年号と祥瑞―九世紀以前の年号命名をめぐって―」（『日本歴史』八四六、二〇一八年）、さらに所功・久禮旦雄・吉野健一による『元号―年号から読み解く日本史―』（文春新書、二〇一八年）が公表された。本稿と併読して頂ければ幸いである。なお本稿は科学研究費補助事業（課題番号二六三七〇七八二）の成果でもある。

3　術数の原理
―『兼良公三革説』を中心に―

末永高康

一　二つの『三革説』

「三革説」とは、『易緯』『詩緯』の「戊午革運、辛酉革命、甲子革令（戊午に運を革《あらた》め、辛酉に命を革め、甲子に令を革む）」の語に基づき、ある周期でもってこれらの干支の年に「天運」「天命」「天令」が革まるとする説である。わが国では三善清行がこの説に基づいて延喜の改元（九〇一）を導いて以来、辛酉、甲子に当たる年には改元の議論が行われ、多くの場合、実際に改元が行われている[1]。三革説は暦運思想の一つであるが、暦運思想は何らかの術数の原理を基盤にして組み立てられている。ここでは、三革説の背後にある術数の原理に関する、九条良経（一一六九～一二〇六）と二条兼良（一四〇二～八一）の説を概観しながら、兼良の説をめぐる資料上の問題について指摘してみたい。

さて、この三革説に関する諸説をあつめたものとして知られているのが、『三革説』と呼ばれる書物であり、三革説について考える上での基礎的な資料のひとつとなっている。佐藤均（一九九一a）によれば、世に『三革説』と呼ばれる書には次の二種がある。

『三革説（附諸道勘文例）』

①『辛酉甲子事』②『四六二六配革卦図』③『革命三家説』④『革命革令諸道勘文例』

『兼良公三革説』

一、奉菅右相府書（この部分を欠く写本もある）二、善清行易説　三、詩緯十周説　四、王肇暦紀経説

五、正治三年辛酉革命勘文（朝市尾籠相秀）

前者は、由来の異なる①から④の四つの資料を集成したものであり、後者について、佐藤（一九九一a、33頁）は延宝九（一六八一）年自序の清原宣幸の『辛酉革命考』には、

凡辛酉革命之源者三革説曰（後京極殿之作、後成恩寺殿増補之書也）

とある。

即ち、このことから、五の「正治三（一二〇一）辛酉革命勘文」は、後京極殿即ち九条良経が、朝市尾籠相秀という作名（つくりな）で記した、いわば擬作勘文であって、その勘文を中心に、後成恩寺殿即ち一条兼良が増補してまとめたのが、『兼良公三革説』である、と考えていいのではないかと思う。

と考証を加えられている。ここで問題としたいのは、この後者がほんとうに一条兼良の手になるものであるのか否かであるが、このことを議論するためには革命、革令の年の求め方についてまず触れておかなければならない。

二　革命・革令年の求め方

ある年が変革の年に当たるか否かを知るためには、（1）変革の年が現れる周期、（2）推算の基準年──これを「蔀首」と言う──、（3）蔀首以来の紀年、の三者が与えられる必要があり、この三者をどのように設定するかによって諸説が分かれることになる。

（1）については、A：易説、B：詩説、C：王肇陽乗陰乗説の三種があり、A：易説は、A─1：四六二六法とA─2：清行説に分かれる。

（2）については、（辛酉革命の場合）通常、a：黄帝十九年辛酉、またはb：神武天皇元年辛酉が蔀首とされる。

（3）については、（蔀首を黄帝十九年とした場合）α：釈霊実『帝王年代暦』、またはβ：王肇『開元暦紀経』の紀年が取られる。

各説の詳細についてはここでは省略するが、（1）のA：易説とC：王肇陽乗陰乗説については触れないわけにはいかない。まず、A：易説は次の『易緯』鄭玄注[2]に基づいている。

天道不遠、三五而反、六甲為一元、四六二六交相乗、七元有三変、三七相乗、廿一元為一蔀、合千三百廿年。[3]

〔天道は遠からず、三五の周期で循環し、六甲（＝六〇年）を一元とし、四六と二六とそれぞれ相互に乗じ、七元で三変があり、三七を相互に乗じて、二十一元を一蔀とし、合わせて千三百二十年。〕

この鄭玄注には意味の不分明なところがあり、特に、二十一元（＝二一×六〇＝一二六〇年）が「一蔀」（変革の大周期）であると言いながら、それを「千三百二十年」している点に大きな問題があるが、[4] A：易説は変革の大周

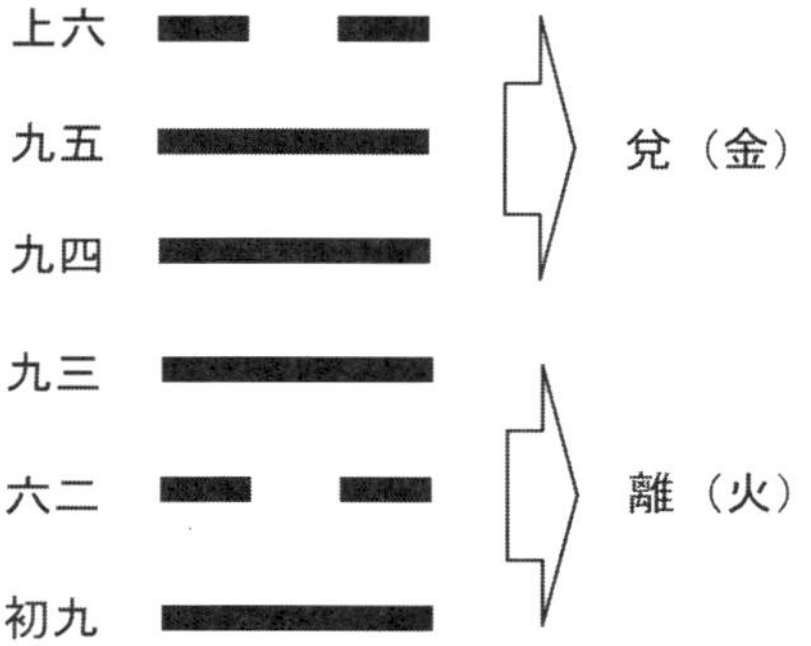

図1

期として、この一三二〇年を取る。そして、鄭玄注の「四六二六交《こもご》も相い乗ず」によって、大周期の内部に存在する小周期を次の形で考えるのが、A―1：四六二六法である。

第一変四六（二四〇年）、第二変二六（一二〇年）、第三変四六（二四〇年）、
第四変二六（一二〇年）、第五変四六（二四〇年）、第六変二六（一二〇年）、
第七変四六（二四〇年）

これは、四六（二四〇年）、二六（一二〇年）を交互に規則的に繰り返すものである。(5)

この四六二六法やB：詩説を批判して、新たな変革の周期を考えるのが、C：王肇陽乗陰乗説である。王肇『開元暦紀経』は言う、(6)

但帝王革命、此革卦之気変也。革卦離下兌上也。離為火、兌為金。金雖有従革之性、非火不変、故金火合体、成革金之変也。然則辛酉為金、戊午為火、火歳革運、金歳革命、尤協革卦之体也。〔ただし帝王の革命は、革卦の気の変化によるものである。革卦は下卦の離、上卦の兌からなる（図1参照）。離は火であり、兌は金である。(7)金は「従革」（『尚書』洪範篇に見える語。人の意に従わせてその形を変えることができることを言う）の性質を持つが、火がなければ変化しない。だから金と火が体を合わせて、金の変革を成すのだ。であれば辛酉は金、戊午は火で、(8)火の歳（戊午）に天運が革まり、金の歳（辛酉）に天命が革まるというのは、もっとも革卦の卦体にあっているのだ。〕

このように、『易』の革卦に三革説を結びつけて、王肇は次の変革の周期を与えている。

第一蔀（一五〇〇年） 陽乗一変（三×六〇＝一八〇年）、陰乗一変（四×六〇＝二四〇年）、
陽乗二変（七×六〇＝四二〇年）、陰乗二変（八×六〇＋三×六〇＝六六〇年）
第二蔀（一五〇〇年） 蔀内の小周期は第一蔀に同じ
第三蔀（一四四〇年） 陽乗一変（三×六〇＝一八〇年）、陽乗二変（五×六〇＝三〇〇年）、
陽乗三変（七×六〇＝四二〇年）、陽乗四変（九×六〇＝五四〇年）

ここで「陽乗」とは陽数（奇数）を掛けることで、第一、二蔀では三、七のみが用いられている。「陰乗」とは陰数（偶数）を掛けることで、四、八のみが用いられるが、第一、二蔀の陰乗二変では、「純陰、変を成す能わず」と、八×六〇では「八」「六」ともに陰で変化が生じないとして、そこにさらに三×六〇を加えており、第三蔀では、『易』における「老陰は少陽に変ずる」の原理に従って、陰が陽に変じたとして陽乗のみが用いられている。この三蔀四四四〇年を変革の大周期とするのがC：王肇陽乗陰乗説である。

この王肇説を受け継いで、『易』の革卦を根拠としつつ、A―1：四六二六法を改めたのが、A―2：清行説である。[9] 清行説は一蔀一三四〇年の内部における小周期を次の形で考えている。

第一変四六（二四〇年）、第二変二六（六〇年）、第三変四六（一八〇年）、第四変二六（一二〇年）、
第五変四六（一八〇年）、第六変二六（一八〇年）、第七変四六（一二〇年）、第八変二六（二四〇年）

A―1：四六二六法に比べると、A―2：清行説はかなり不規則な形で変革の周期を考えているわけであるが、三善清行自身は、この周期がいかなる術数の原理に基づいて導かれたのかについて特に説明を与えていない。後世、これに説明を与えたのが、九条良経と一条兼良である。ただし、両者の解釈は大きく異なっている。

三　九条良経説

まず九条良経の解釈から見てみたい。彼の解釈は『兼良公三革説』の五、正治三年辛酉革命勘文、すなわち彼の擬作勘文に示されている。ここでも清行説が『易』の革卦から導かれたと考えられている。

①どの爻を用いるか

九条良経は(10)

凡六爻之中、初九革道未成。九三雖処離下之極、未移兌上之金。九五以大人之徳、無動揺之凶、仍皆不成変也。(11)

〔およそ（革卦の）六つの爻のなかで、（一番下に位置する）初九の爻では革の道がまだ形成されておらず、（下から三番目に位置する）九三の爻は下卦の離の上極に達しているものの、まだ上卦の兌の金には達して（いなくて、火による金の変容がまだ始まって）おらず、（下から五番目に位置する）九五の爻は（その爻辞に「大人」とあるように）大人の徳を備えていて、変動の凶とは関係無いから、これらの三爻はみな変革に関与しないのである。〕

と言い、革卦の六爻の内、変革と直接関係しない初九、九三、九五の爻は用いないとする。残るは六二、九四、上六の三爻であるが、

九四為変之始、上六居変之終。〔（下から四番目に位置する）九四の爻は（火と金とが交わり始める）変化の始めであり、（一番上に位置する）上六は（火と金とが交わり終わる）変化の終わりに位置している。〕

と、「火（離）」によって変化する「金（兌）」の始めと終わりである九四、上六の二爻からまず四六の変が生み出され、

六二、不能先唱。／彼上六一爻、再受相乗。〔（下から二番目に位置する）六二の爻は、（陰であるから）先に唱えることはできない。／（そこで）かの上六の一爻が、再び（この六二の爻を）受けて両者互いに乗（じて二六の変とな）るのだ。〕

と、次に、六二、上六の二爻から二六の変が生み出されるとする。この二六の変が四六の変に次ぐのは六二の爻が陰（の初）であって、陰は「先唱」できないからである。

②四六が金、二六が火なること

そして、

九四上六在兌上、仍四六之変、皆象金。／四者金之生数也。〔九四、上六の二爻はともに上卦の兌（金）にあるので、（両者による）四六の変は、みな金を象徴する。／（かつ）四とは（五行に数字を配当した場合の）金の生成の数である。〕

と、四六の変を「金」に当て、

六二在離下、仍二六之変、具火也。／二者火生数也。〔六二の爻は下卦の離（火）にあるので、（この爻による）二六の変は、火（の象）を具えている。／（かつ）二とは火の生成の数である。〕

と、二六の変を「火」に当てる。

③四六が「始多終少」、二六が「始少終多」なること

この割り当てを通じて、「火の金に克つの時」である革卦においては、「四六の金、次第に消え」、「二六の火、次第に壮ん」になるとして、前者の年数が「始め多く終り少し」であり、後者の年数が「始め少く終り多し」であることを説明する。

四六の変：始多終少（二四〇年→一八〇年→一八〇年→一二〇年）

二六の変：始少終多（　六〇年→一二〇年→一八〇年→二四〇年）

④二六が六〇年より始まり、四六が一二〇年に終わること

そして、六二（火）と上六（金）の二爻からなる二六の変においては「二爻の中、火只だ一爻有り」であるから「仍《な》お起るに一六（＝一×六）の数よりす」と、六〇年から始まり、九四（金）と上六（金）の二爻からなる四六の変においては、（金に克つ火が含まれておらず二つの金が残されるとして）「仍お二元（＝六〇×二）の数を残す」と、一二〇年に終わるとする。

⑤順越逆越の術

以上を述べた上で、九条良経は「順越逆越の術」と名付けて、A―1：四六二六法と関連させつつ、A―2：清行説の年数を次のような形で説明する。

四六①：二四〇年→二四〇年

二六②：一二〇年→　六〇年（＋四六①の六〇年＝一二〇年）

四六③：二四〇年→一八〇年（＋二六②の六〇年 or ＋二六④の六〇年＝二四〇年）
二六④：一二〇年→一二〇年
四六⑤：二四〇年→一八〇年（＋二六④の六〇年 or ＋二六⑥の六〇年＝二四〇年）
二六⑥：一二〇年→一八〇年（－四六⑤の六〇年＝一二〇年）
四六⑦：二四〇年→一二〇年（＋二六⑥の一二〇年 or ＋二六⑧の一二〇年＝二四〇年）
二六⑧：一二〇年→二四〇年（－四六④の一二〇年＝一二〇年）

四六③と二六⑥を例に取るならば、A―1：四六二六法における四六、二六の変は本来それぞれ二四〇年、一二〇年であるが、それがA―2：清行説でともに一八〇年となっているのは、六〇年分が前後の二六、四六の変の年数と交じり合うと考えて、それを足し引きするからである。すなわち、清行説の四六③が一八〇年であるのは、四六二六法の二四〇年の内、六〇年分が二六②または二六④と交じり合っているからであり[12]、清行説の二六⑥が一八〇年であるのは、四六二六法の四六⑤の六〇年分が、ここに交じり合わされているからであるとする。このような形で四六（金）と二六（火）を交じり合わせるのは、「金」「火」の交合によって、変革・変化が引き起こされると考えるからである。

以上が、九条良経による清行説の解釈である。

四　一条兼良説

一条兼良の説は『三革説（附諸道勘文例）』②『四六二六配革卦図』に見えているが、この資料は二つの部分から

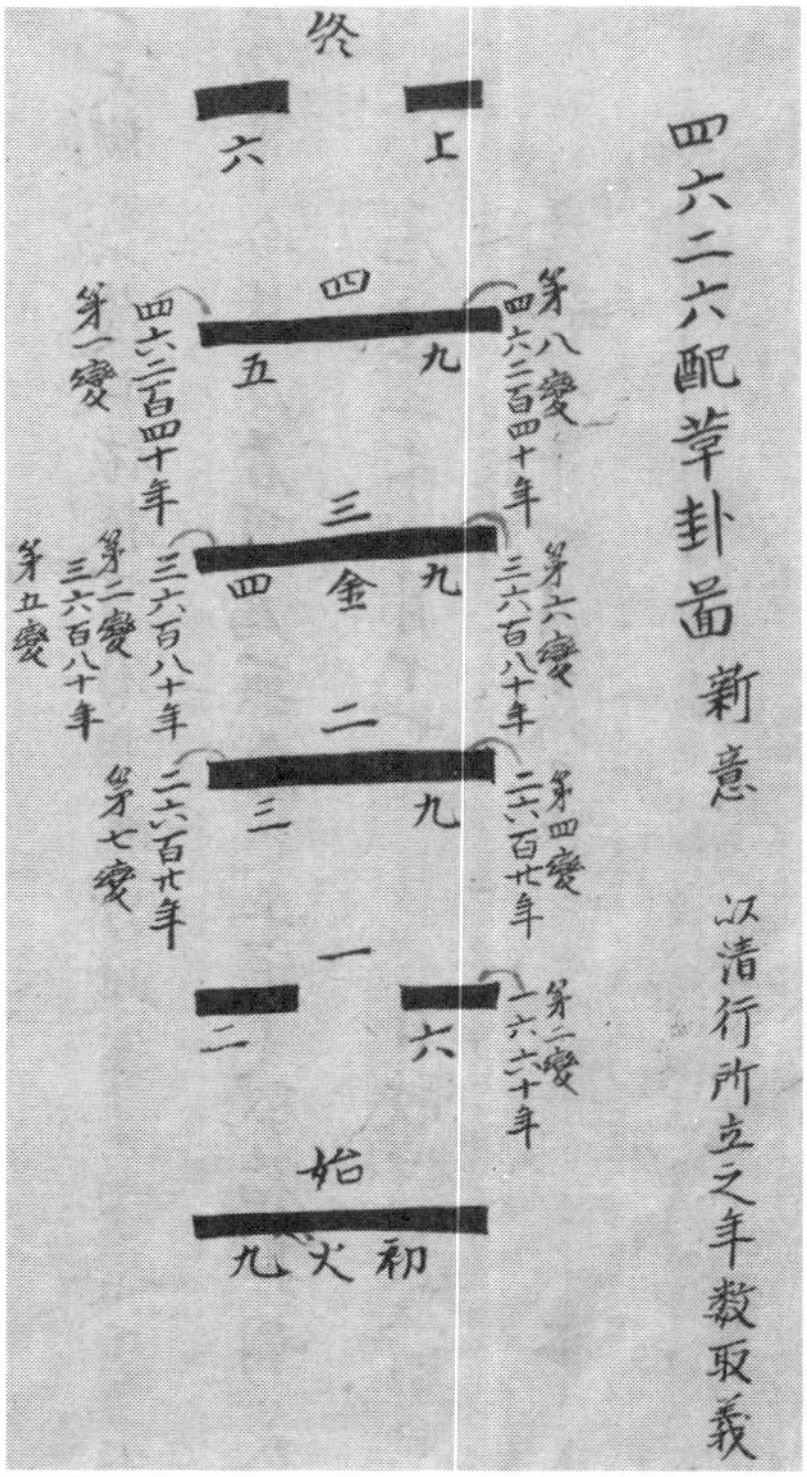

図2

なっている。前半が清行説に対する一条兼良の解釈を記した部分で、その末尾に、

一条前摂政（兼良公）御抄也。革卦秘術不出此巻。尤秘而可伝子孫而已。〔（以上は）一条前摂政（兼良公）が記されたものである。革卦の秘術はこの巻にすべて記されている。厳重に秘蔵して子孫に伝えよ。〕

嘉吉三年十二月廿四日　陰陽頭在盛（御判）〔訳は省略〕

とある。以下はこの説に対する賀茂在盛の疑問が記された部分であるが、この後半部については後に触れるとして、まずは前半部に見える一条兼良説を紹介したい。この部分の題下には「新意」の二字が付け加えられており、これが一条兼良による新説であることを示している（図2参照）。

①どの爻を用いるか

清行説が革卦に基づくとする点において、一条兼良説も九条良経説と異ならない。異なるのはまず用いる爻である。一条兼良は、革卦六爻之中、初九上六為卦之始終、故不用之。〔革卦の六つの爻のなかで、（一番下に位置する）初九と（一番上に位置する）上六は卦の始めと終わりに当たるから、これらを用いない。〕

と言って、変革の卦の始めと終わりである初九、上六は用いないとする。そして、二爻から五爻にそれぞれ、一×六〇＝六〇年（二爻）、二×六〇＝一二〇年（三爻）、三×六〇＝一八〇年（四爻）、四×六〇＝二四〇年（五爻）の年数を割り当てる（下文の「各六甲配之」参照）。

②二六の変と四六の変

そして、

火性上、故一二三四自下而昇、各以六甲配之。六二爻為離之中爻、故為火之主。九五為兌之中爻、故為金之主。二与五則爻之応也。火克金、為革変者也。〔火の性質は上へと（燃え）上がるものであるから、一爻から（この「一」は衍字か）二爻、三爻、四爻へと下から昇っていき、それぞれの爻には六甲の数（十干の六巡分の数＝六〇）を配当する。六二の爻は離卦の中爻（中央の爻）であるから、火（離卦）の主人であり、九五の爻は兌の中爻であるから、金（兌）の主人である。この二番目の爻と五番目の爻は互いに応じている。火が（上に昇って）金に克つことによって、変革が行われることになるのだ。〕

金性従革、故四三二自上而降、受火之克。六二為離之主、故火自六二起。九五為兌之主、故金自九五始。〔金の性質は「従革」、よって四爻から三爻、二爻へと上から降って、（次第に）火に溶かされていくのだ。六二の爻が離卦（火）の主人だから、火（二六の変）は六二の爻から起り、九五の爻が兌卦（金）の主人であるから、金（四六の変）は九五から始まるのだ。〕

と、火は上に上がる性質を持つから、二六の変は「離（火）」の中爻の六二から「兌（金）」の中爻の九五へと駆け上がるとし、金は（火に）従って変化するから、「兌（金）」の中爻である九五から降っていくとする。

③各変の年数

その上で、各変の年数について、以下のように説明する。

第一変四六、自下数之為第四、故四六、二百四十年、得全数。〔第一変の四六は、下（第二爻）から数えると四番目である（九五の爻による）から、四かける六（十）の二百四十年で、（四六の数の）全数を得ている。〕

これは、「下」（二爻）から数えると五爻は四番目なので、四×六〇＝二四〇年であることを意味する。以下同様に、

第二変二六、自下数之為第一、故一六、六十年。
第三変四六、自下数之為第三、故三六、百八十年。
第四変二六、自下数之為第二、故二六、百二十年。〔以上、訳は省略〕

次の第五変は、第三変と同じ百八十年なので、

第五変四六、又為第三、故三六、百八十年也。此三六、百八十年、再数者、二六之火、自下而升、止離卦之上、金畏火、故不得進也。是第五変四六、不為二六百廿年、而三六再数之者也。〔第五変の四六は、また三番目であるから、三かける六（十）の百八十年である。この三かける六（十）の百八十年が繰り返されるのは、二六の火が、下から升ってきて、離卦の上部（第三爻）にとどまっており、金が（下から迫ってくる）火を畏れて、進むことができなくなったからだ。これが第五変の四六であり、二かける六（十）の百二十年ではなく、三か

ける六（十）が繰り返されたものだ。〕

と、四六の金が四爻まで降って来たが、離卦（火）を恐れて、ここでとどまるために四爻（三×六〇＝一八〇年）が繰り返されるとする。以下の、第六、七変は上と同様である。

第六変二六、自下数之為第三、故三六、百八十年。

第七変四六、自下数之為第二、故二六、百廿年。〔以上、訳は省略〕

第八変二六、自下数之為第四、故四六、二百四十年。火終兌之中爻、遂克畢。金不入離中爻、而止二六百廿年者、火之正位、金不可見、所謂三伏之理也。〔第八変の二六は、下（第二爻）から数えると四番目であるから、四かける六（十）の二百四十年である。（二六の）火が兌（金）の中爻（第五爻）に至って終わるのは、ここで（火が金に）勝ち尽くすからである。（他方、四六の）金が離（火）の中爻（第二爻）に入らず、（第三爻の）二かける六（十）の百二十年に止まるのは、火（離）の正位（である第二爻）に、金は見《まみ》えることができないからである。これがいわゆる三伏の理である（「三伏」は「第三爻でひれ伏す」の意か）。〕

この第八変の部分の記述は、離（火）の中爻が兌（金）の中爻に至って変革が終わることを言うとともに、四六の金が離（火）の中爻にまで降らないのは、金は火の主に見えることができないからであるとしている。そして補足的に、

又第三変・第五変再数者、九四爻者、為金之始、不進入離卦者、暫待金之性。然二六之火逼而上、故第七変入火郷、不能不受克耳。〔また第三変・第五変で（一八〇年が）繰り返されるのは、九四の爻が、金（兌）の最初の爻であり、（上から降りてきた金が）離卦に進入することができず、しばし金の性を保ったまま止まるからだ。ではあるが二六の火が（さらに）迫って上ってくるので、第七変では火の郷（である離卦）に飛び込んで、

〔火による〕変革を受け入れないわけにはいかないのだ。〕

と、四六の変で一八〇年が繰り返されることについて、九四の爻は兌〔金〕の始めで〔勢いが弱いので〕、いきなり離〔火〕に飛び込むことができず、しばしここに止まるも、二六の火が下から迫ってくるので、最後には離〔火〕に入る〔三爻に降る〕からであるとの説明を加えている。以上が、一条兼良による清行説の説明である。

五　清原業忠による批判

『三革説〔附諸道勘文例〕』②『四六二六配革卦図』の後半部では、後京極殿〔九条良経〕擬作勘文を節引した後に、次の文章が加えられている。

抑就此御草案〔一条殿下之御作〕、九五爻第一変事、尤不審也。易曰、九四処上卦之下、能為変之首、是可為第一変也。九五以大人之徳、無動揺之凶云々、依易文者、不可為第一変歟。此清大外記業忠述此義、予未弁臧否、任口伝摸出一図、重可商量而已。〔さて此の〔一条殿下すなわち兼良の作られた〕御草案については、九五の爻が第一変の事に当てられているのが、もっとも不審な点である。『易』では、九四は上卦の下部にあり、変の首《はじめ》となる〔とあるから〕、これを第一変とすべきである。〔他方〕九五は大人の徳を持ち、動揺の凶とかかわらない云々〔とあるから〕、『易』の文に依るならば、〔九五を〕第一変とすることはできないのではなかろうか。これは大外記の清原業忠が述べたものであり、わたしはこれが正しいのか否かを弁じえないが、口伝によって一図を描き出しておいたから、〔それによって〕重ねて考えてみるべきだ。〕

嘉吉四年正月廿六日　　在盛〔御判〕〔訳は省略〕

ここでは、兌（金）と離（火）の接する九四こそが変の始めとなるべきであり、大人の徳を持つゆえに動揺の凶と関しない九五を第一変とすることはできないとして、兼良説に疑問を呈する清原業忠の意見が引かれている。そして、賀茂在盛は「予未だ臧否を弁ぜず」と言いつつも、初爻に「一」、二爻に「二」、三爻に「三」、四爻に「四」を配して、九四から第一変をはじめる形で兼良説を修正した図（図3）を掲げるのである。

これが嘉吉四年（一四四四）に記されていることから、業忠や在盛による批判を兼良は知っていたと思われるが、この批判に対する兼良の意見を知ることのできる資料は二つの『三革説』には含まれていない。

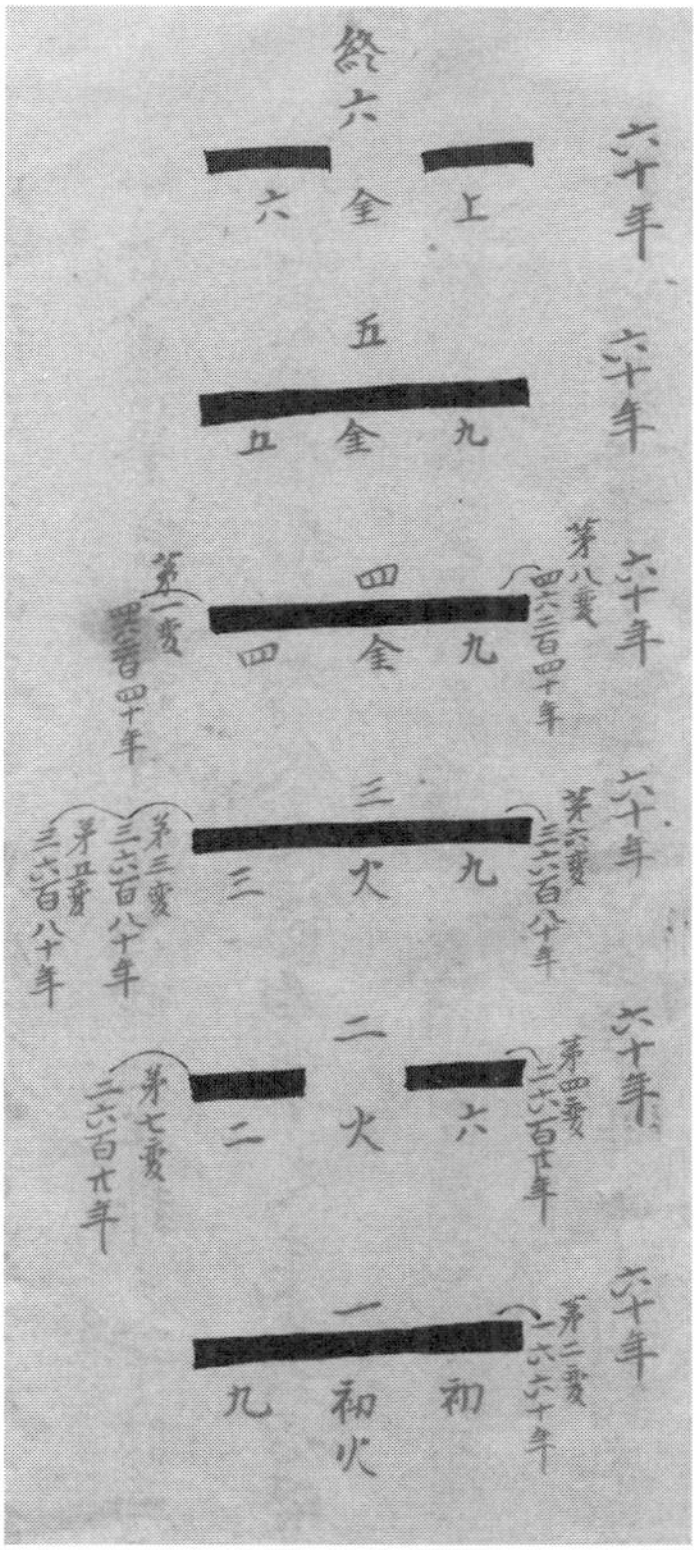

図3

六　『兼良公三革説』

『兼良公三革説』は2、善清行易説において清行説を詳述する。そこではまず、清行説に基づいて神武元年辛酉以来の変革の年が表の形で示され、以下に清行説を解説した文章が続く。この解説の部分で革卦の下に記されているのは次の文章である。

　九四、兌金居変之始。上六、兌金居変之終。故取金変之始終為四六之変。六二、離火之中爻、又乗上六為二六之変。初九、変義未成。九三、居離之終、未入兌上之金、故又不成変。九五、大人之徳、无変動之凶、故独取六二・九四・上六之三爻。上六爻再相乗者、在卦之終、決定変之義故。〔九四は、兌金が変革の始めに位置する爻。上六は、兌金が変革の終わりに位置する爻。そこで（兌）金が変ずる始めと終わりを取って（両者を乗じて）四六の変とする。六二は、離火の中爻であり、さらに上六を乗じて二六の変とする。初九は、変革の義がまだ成らない爻。九三は、離の終わりに位置し、まだ上の兌金に入っていないから、これもまた変革を成さない。九五は、大人の徳があり、変動の凶とは無縁であるから、ただ六二・九四・上六の三爻を用いるのだ。上六の爻を再び相い乗ずるのは、卦の終わりにあって、変革の義を決定する爻だからだ。〕

一見して明らかなようにこれは九条良経説に基づく。佐藤氏がこの書を『兼良公三革説』と呼ぶのはこの題を持つ写本の存在によるのであるが(13)、この書の内に一条兼良の説は全く見えていないのである。

となると、佐藤氏が引く清原宣幸『辛酉革命考』(14)が、なぜこの書を兼良に結び付けているかが問題となろう。『辛酉革命考』の序で言及されている『三革説』が、佐藤氏が推定するように『兼良公三革説』であることは、たとえば次の部分に明らかである。


四者金之生数、二者火之生数也。火克金得力、金遇火無勝、故火之数四六、始多漸減。金之数二六、始少漸増。二六者、六二与上六也。而六二、火也。上六非火、二爻之中、火只有一爻、仍起自二六之数也。四六者、九四与上六、共金也。仍残二元之数、待八変之終、故三百年有両度也。

初変末之一元、加二変計之、是四六之金在最初不得火者、不可成変、仍交入二六之火也。二変以後、皆二六之数、交入四六之内、満其乗数。以火剋金之義、陰爻再数之謂也。陰者、地也。[15]

何況四者金生数也、二者火生数也。故昌泰勘状四六之変、始多終少。…二六之変、始少終多。…凡二六者、六二与上六也。而六二、火也。上六非火、二爻之中、火只有一爻、仍起自一六之数也。四六者、九四与上六、共金也。仍残二元之数、待八変之終、故三百年有両度也。

…以初変末之一元、加二変計之、是四六之金在最初不得火者、不可成変、仍交入二六之火也。二変以後、皆二六之数、交入四六之内、満其乗数。以火剋金之義、陰爻再数之謂也。陰者、地也、又耦也。


上段が『辛酉革命考』の文章で、清行説による神武天皇元年辛酉以後の四六、二六の変を示した部分に附載されたもの、下段が九条良経の擬作勘文の対応部分である。一部表現は変えてあるものの前者が後者を引き写しているのは一見して明らかである。また、寛仁五年（一〇二一）清原頼隆勘文、元応三年（一三二一）清原俊宣勘文の一部を引きつつ革卦の各爻に解説を加える部分で、『程氏易伝』と併記されている旧説もすべて九条良経の説である。

九五の部分だけ引いておけば、

九五、大人虎変、未占有孚。（九五、大人は虎変す、未だ占わずして孚《まこと》有り。）

伝曰、以陽剛之才、中正之徳、居尊位、大人也。〔伝に曰く、陽剛の才、中正の徳によって、尊位に就く、大人である。〕↓程伝の一部

旧説、以大人之徳、無動揺之凶、仍不成変也。〔旧説、大人の徳により、動揺の凶と無縁であるので、変革を成さないのだ。〕↓良経説

他方、この書には一切、一条兼良の説は見えておらず、この書の著者が『三革説（附諸道勘文例）』に記されたような兼良の説を知っていたとは思われない。『兼良公三革説』は九州大学蔵本のように外題に「兼良公」三字が加えられているものや、見返しに「三革説　一条前摂政殿兼良公御作　在盛」とあるものがあるから（東山御文庫本：勅一四八―二四／東京大学史料編纂所：正親町本二七―三九五など）、清原宣幸は単にこれらにしたがって「後成恩寺殿増補之書」と判断したのであろう。そこに兼良のオリジナルなものが付け加えられているとして「増補」と判断したわけではないようなのである。

もっとも、清行説の解釈については九条良経の説そのままであるにせよ、三、詩緯十周説や四、王肇暦紀経説などは、良経の擬作勘文には見えていないものであるから、『兼良公三革説』が九条良経の説に「増補」を加えて成ったものであるのは確かである。ただ、外題や見返しの情報に従って、この「増補」を兼良の手になるものだとすると、清行説についての兼良の「新意」がそこに見えていないことがやはり問題となろう。これをあくまで兼良の書とするのであれば、兼良が「新意」を打ち出す前の作であるとするか、あるいは在盛等の批判を受けて兼良が自らの「新意」を放棄した後の作と考えなければならない。論者としては、この書を兼良の手になるものではないとする判断の方に傾いているのであるが、この判断の当否については諸賢に教示を乞うことにしたいと思う。

註

（1）所（二〇一四）によれば、延喜以後、明治以前において、辛酉の年に改元がなされていないのは、永禄四年（一五六一）、元和七年（一六二一）だけであり、甲子革令による改元の始まった応和四年（九六四、康保に改元）以後、明治以前において、甲子の年に改元がなされていないのは永禄七年（一五六四）だけである。

（2）ただし、これが鄭玄その人の注であるかどうかは疑わしい。一三二〇年を定数として天の循環を考える説は鄭玄の他の著作には見えないからである。

（3）『革暦類』巻一の三善清行「請改元応天道之状」の引用による。

（4）この問題が『日本書紀』の紀年の問題にまで影響を与えていることについては、佐藤（一九九一b）参照。

（5）ただし、蔀の変わり目のところでは、四六（二四〇年）が連続することになる。

（6）以下王肇説はすべて『三革説（附諸道勘文例）』の①『辛酉甲子事』の引用による。

（7）『易』革卦彖伝は「革、水火相息」と上卦の兌を水に解しており、『易』の経・伝において、兌に金を配する明文は存在しない。ただし、説卦伝で八卦を方角に配する部分では、離が南、兌が西に配されていて、これを五行で考えると離が火、兌が金となり、繋辞上伝「四象生八卦」の正義でも「四象生八卦者、若謂震木離火、兌金坎水、各主一時、又巽同震木、乾同兌金、加以坤艮之土為八卦也」と兌を金に配する考えを示している。彖伝の水火の説を取らず革卦の兌を金と解するところに王肇説の特徴を指摘できるが、これが彼の独創にかかるものであるのか否かはわからない。

（8）「辛」の五行は金、「酉」は西方の金に当たる。「戊」の五行は土であるが、四方では南方に配される。「午」は南方の火に当たる。

（9）『革暦類』巻一に引く「善宰相奏状」および「豫論革命議」では、上に引いた王肇『開元暦紀経』の文章が節引されており、前者および「奉菅右丞相書」では「開元之経」の語が見えている。

（10）以下の議論において良経は次の『易』革卦王弼注および正義を用いている。王弼注「在革之始、革道未成」（初九爻辞）、「已処火極」（九三爻辞）、「九四…居会変之始」（九四爻辞）、「居変之終、変道已成」（上六爻辞）「陰之為物、不能先唱、順従者也」（六二爻辞）／正義「以大人之徳為革之主」（九五爻辞）。なお、この正義は擬作勘文の別の部分でも引用されている。

（11）以下『兼良公三革説』からの引用は京都大学附属図書館所蔵『三革記』による。

（12）より正確には、まず二六②末の一元（六〇年）を借りて二四〇年とし、四六③の一八〇年が終わった段階でそれを二六②に返し、次の二六④の最初の一元までを取って四六の二四〇年とするとしている。良経の擬作勘文で神武元年からの第一蔀を記す部分では、二六②について、四六①の一元を返したのちに、四六③の最初の一元を取ることが記されていないが、何らかの意図によってこれが記されていないのか、単に記述が欠落しているだけであるのかはわからない。

（13）佐藤（一九九一a）註（12）参照。

（14）東京大学史料編纂所：請求記号四一五七―一八。

（15）『辛酉革命考』の引用文にのみ訳を与えておく。「四は金の生成の数、二は火の生成の数である。火は金に克つことで力を得て、金は火に遇すれば勝つことはできない、だから火の数である四六（の変の年数）は、始めが多くしだいに減り、金の数である二六（の変の年数は）、始めが少なくてしだいに増えるのだ。二六とは、六二と上六（の二爻）のことで、六二は火（離）であり、上六は火ではなく、二爻のうちで、火はただ一爻だけであるから、二六（＝二×六〇＝一二〇年）の数から始まるのだ。四六とは、九四と上六（の二爻）のことで、ともに金（兌）であるから、二元（＝一二〇年）の数を残して、（二六、四六あわせて）八変の終わるのを待つのだ。だから三百年に二度あるのだ（この句不詳。あるいは「三百」は「百八十」の誤りで、四六の変に一八〇年が二度あることを言ったものか）。初変末の一元（六〇年）は、二変の方に加えて計算する（ことによって二変の二六が一二〇年となるようにする）が、これは四六の金がその最初にあってまだ火を得ていないもので、変革を成すことができないので、そこで（二変の）二六の火へと（一元を）交り入れたのだ。二変以後は、みな二六の数（の一部が）、四六の内に交り入ることによって、その乗数を満たすことになる。火が金に剋つという義によって、陰爻を再び数えるということだ（この二句不詳）。陰は、地である。」

参考文献

佐藤　均、一九九一a「革命勘文と兼良公三革説」（『革命・革令勘文と改元の研究』佐藤均著作集刊行会）
一九九一b「那珂通世の辛酉革命説について」（同右所収）
所　功、二〇一四『日本年号史大事典』（雄山閣）

〔附記〕本稿は、JSPS基盤研究（B）〔一五H〇三一五七〕、国立歴史民俗博物館共同研究「廣橋家旧蔵文書を中心とする年号勘文資料の整理と研究」による研究成果の一部である。

4　近世民衆の年号認識　―噂や狂歌を事例として―

吉野健一

はじめに

本稿を執筆している今年は平成三十年（二〇一八）であるが、来年の五月一日には天皇陛下の退位と皇太子殿下の新天皇への即位により改元が行われることが、すでに決定している。これに関連して平成三十年の流行語大賞にはノミネートされなかったが、「平成最後の〇〇」という言葉を今年よく耳にした。私自身の体験では、平成三十年四月頃にとある旅行代理店で掲げられていた「平成最後のGWはハワイへ」という手書きの看板にはじまり、新聞や雑誌、店頭のPOPや折り込みチラシに至るまで、あらゆるところでこの「平成最後の〇〇」という表現を見ることができ、また本稿を執筆している平成三十年十一月から十二月にかけても、平成最後の年越し、平成最後の年賀はがき、平成最後の天皇誕生日のように、日を追うごとにそれを聞く頻度は増しているように思われる。加えて、新聞や雑誌等でも恒例のこの一年を振り返るという特集と同時に、平成の三十年余を振り返る、という特集が様々に行われている。

実のところ、このように改元が行われることが事前に決定しており、その時代を生きるという経験は、日本の歴史上はじめてのことである。国民が、ひとつの年号の使用が終わりを迎えようとするときに、ひとつの時代の終焉と新しい時代の到来を感じとり、その感覚を一定程度共有しているからこそ、このような事象が起こっているのだろう。これは、西暦や神武紀元といった、一方通行の紀年法ではない年号の特徴であり、また天皇一代に一年号という一世一元の制の特徴でもあると言えよう。

ところで、人々がある時代を、それを象徴する年号により、ひとつの時代区分とする認識を持ち、またその年号の終焉と新年号の登場（改元）により、新しい時代が到来するという感覚を有していたのは、必ずしも現代に限ったことではない。例えば、昭和天皇の不例により、昭和の時代が終わろうとしているとの認識は、当時も広く共有されており、それは現在の状況と似ているとも言える。また、明治、大正、昭和（戦前、戦後）という年号が象徴する時代の印象は、年齢や環境によって違いはあるものの、国民の間で一定の共通性を持って共有されているものと考えられる。

このように、年号によって時代が象徴されることは、明治初年の一世一元の制の後、一代の天皇に一つの年号となってから、より顕著となったが、数年から二十年程度で改元が行われた江戸時代においても、特定の年号に共通する時代認識というものは民衆の間に存在していたと考えられる。そこで本稿は、民衆の年号受容について、江戸時代の事例をもとに、その実態に迫るとともに、人々が年号をどのように認識し、どう理解していたのかについて、考察を行うこととする。本来は、年号の受容は改元の準備や伝達、使用実態、干支との関係、など多岐にわたる分析が必要となるが、本稿では、そのうち人々による年号に関する噂、そして年号の知識の普及状況、また年号を受容した人々の行動に注目して論じることとする。

一　人々の年号認識（一）―噂―

さて、本稿の課題に入る前提として、近世以前の人々の年号に対する認識をまず確認しておくこととする。中世の人々が、戦乱や飢饉等が続く場合、時代の閉そく感を打破するものとして、徳政や為政者の交代と同様に改元を求めていたことは、すでに千々和到などが指摘するところであり（千々和、一九九五）、また、中世東国を中心に広く見られた私年号も、同様の性質をもつものと考えてよいだろう。[1] それは、私年号に「福徳」や「弥勒」といった、縁起の良い言葉や菩薩の名を用いていることからも明らかである。さらに、平安時代以来の「年代号略頌」や江戸時代成立の「年号歌」などの年号を暗誦するための歌の存在は、民衆への流通程度は検討の余地があるものの、年号の使用が一定程度の広がりを見せていることを推測させる（所、一九九六）。

では、江戸時代において、町人や農民などの民衆は、改元をどのように受け止めていたのだろうか。京都や江戸などでの様相は、後に触れる噂などから一定程度知ることができるが、江戸時代前期の地方の人々の反応を知る資料は極めて乏しい。そのような中で、杉岳志が紹介した土佐の町人桂井素庵の寛文年間（一六六一〜七三）の日記には、当時の人々の改元へのまなざしを知る注目すべき記載がある（杉、二〇〇七）。以下に当該部分を引用する。

又今日又昨日・一昨日惣而ほうきほし出てよりして、皆人申ハ、何そ事が有へしく〳〵とつふやき申也……、又頃ハ、軍かあらん、けちかあらん、又ハ天子の御身ノ上か、天下取ノ御身ノ上か、又ハ国取ノ御身ノ上か、さなくハ年号かかはるか、又みかと（帝）の御位御すべり被成候か抔とて、人皆色々に言申也、

（『素庵筆記』寛文四年十一月四日条）

ここでは、彗星（ほうき星）の出現によって、当時の人々が、戦争の発生や天皇・将軍・藩主らの身の上に何かが起こる可能性を指摘したことに加えて、年号が変わるか、天皇の代替わりがある可能性について噂をしていることが分かる。当時、悪兆ともされた彗星の出現は、改元とは直接は結びつかないものの、間接的に、彗星を悪兆と捉えた為政者によって改元が行われる可能性を人々が認識していたことになる。ここからは、悪い気分を拭い、時代を改めるという改元の持つ役割を、正確に理解してた民衆の姿が浮かび上がる。むしろ、中世における「改元待望」や私年号以来の年号に対する認識を、寛文四年（一六六四）の土佐の人々がそのまま受け継いでいたと、解釈した方が良いのかもしれない。

一方、年号に対する様々な噂は、古代以来、様々な書物に記録されてきた。例えば、鎌倉時代に成立した『百練抄』には、「暦仁」から「延応」への改元（一二三九）について、「暦仁」が人をかどわかすという意味のある「略人」と音が通じ、身分を問わず人々が多く夭折しているとの「世俗」の噂を書き留めている。[2] また、「天福」（一二三三）についても、同じく世間では文字の評判が悪く、実際に女院や院が相次ぎ崩ずるなど諒闇が続いていることが、その兆しであるとの噂がなされている。[3] 他にも、年号に対する評判は公家社会のみにとどまらず、それを使用する人々が広範囲に及ぶことから、天変地異などの原因であるなどとして非難されることも多かった。こうした史料は、中世を通して断片的ながらも残っている。さて、ここからは江戸時代の噂について考えることとしよう。江戸幕府の儒者である林鵞峰（春斎）が記した『改元物語』[4] は、江戸時代前期の改元について、朝幕間の交渉などを書き留めた稀有な資料であるが、その中に複数の年号に対する「京童」の噂が取り上げられている。これは、京都市中における様々な噂に他ならないが、以下にその記述を見てみることとしよう。

元和年中、京師大火あるに由て、京童部の癖なれば、元和の字はケムクワと読むべし、などとののしるに由て、十年にあたる時、改元あつて寛永と号す、寛永の年号めでたく二十年を歴たり、然ども、街説にはウサ見ルコト永シ、など云しとなん、此年号の中、台徳公（徳川秀忠）薨じたまひ、又今の本院（明正天皇）即位ましませども、改元に及ず、

寛永二十年の冬、後光明天皇即位あり、一年号三帝にわたる例なしとて、明十二月改元ありて正保と号す、此時、諸家の勘進するところ数多ありと雖も、大猷公（徳川家光）御前にて御裁断あつて、仰に曰く、年号は天下共に用ることなれば、武家より定むべきこと勿論なり、公家・武家の政は正しきに若はなし、正しくして保たば大吉なり、と議定し玉ふ、其時、酒井讃岐守（忠勝）・堀田加賀守（正盛）・松平伊豆守（信綱）・阿部対馬守（重次）・阿部豊後守（忠秋）伺候し、先考（林羅山）、旧例を考へ調進し、公家の勘文を御前にて読進す、我（春斎）も其ことにあづかり侍りぬ、

正保五年、亦京童部の癖なれば、正保は焼亡と声の響き似たり、保の字を分ければ人口木とよむべし、又正保元年と連書すれば、正に保元の年とよむ、大乱のきざしなり、と方言す、又少し書籍をも見ける者は、正の字は、一ニシテ止ムと読む、久しかるまじき儀なり、と云り、かやうの雑説まちまちなるに依て、京兆尹板倉周防守重宗、内々にて言上しけるにや、慶安と改めらる、是時も先考（林羅山）を御前へ召て御議定あり、……其（明暦）三年正月、江戸大火あり、其時の巷説に、明暦の二字、日月に又日をそへたり、光り過たるに由り大火事ある、などといふ、翌年改元あつて万治と号す、（以下略）

ここには、江戸時代最初の改元である元和から万治までの約半世紀の間に、京都の人々の巷説（京童部の癖）として種々の噂が採録されており、またその巷説が実際の改元にも影響を与えていたであろうことが判明する。「元

和」（一六一五年改元）は「ケムクワ」（喧嘩、もしくは煙火）に通じるとして罵られ、また寛永（一六二四年改元）は、その文字を分解すると、「ウサ見ルコト永シ」（「寛」の字を分解すると、「ウ・サ・見」となる）と読めると非難している。「正保」（一六四四年改元）は、「焼亡」と音の響きが似ており、また、「保」の字を分解すると「人」「口」「木」となり、人が木を口にする、つまり飢饉につながるとされたほか、元年を「正保元年」と縦に連書すれば、「正に保元の年」と読むこととなり、平安時代末の保元の乱につながり、「大乱の兆」であるともしている。さらに、「正」の字を分解すると、「一にして止む」と読めることから、久しかるまじき、つまり長くは続かないなどとの噂があったことが分かる。「明暦」（一六五五年改元）に至っては、「明暦」の二字の中に「日」が二つと「月」が一つあり、光り過ぎたために、明暦の大火（明暦三年正月）が発生したとの噂があったことが分かる。

これらの噂は、広い意味では言葉遊びの類を出るものではないが、一方で朝廷や幕府もこれらの噂を無視することはできなかったようである。というのも、近世初頭においては改元理由が不明な改元が複数回見られ（慶安・承応等）、それにはこれらの「巷説」も影響したと考えられることから、その前後の改元についても、これらの噂が、改元を進める上で一定の役割を果したことは容易に推測できる。このような、年号の噂の背景には、当時の社会や政治に対する人々の不平、不満があったであろう。特に、朝廷が置かれる京都において、その傾向は強かった。このような不平、不満や、新しい時代への仄《ほの》かな期待は、直接為政者には向けられず、時代を象徴する年号にぶつけられたが、その年号を改める権限を持っていたのはほかならぬ朝廷や幕府であった。つまり、民衆の不満を自らの政権にぶつけず、年号にぶつけさせ、それを改め、新しい時代が到来したことを喧伝することで、民衆の不満を掬い上げる、一種の不満の吸収剤、調整弁の役割を改元が果たしていたということもできるだろう。このような噂は、京都に限らず、他にも多くの例を挙げることができるが、例えば少し時代が下る明和年間（一七六四年改元）には、明和が九年に達すれば「迷惑年（明和九年）」となり不吉であるとされたり、「天明」（一七八一年改元）号は、「天命に尽きる」の語に音が通じる、などとする噂も記録されている。(5)

二 人々の年号認識（二）―狂歌・川柳―

ところで、人々の年号認識を考える上で、噂に類するものとして、狂歌や川柳も挙げることができる。狂歌や川柳は、江戸時代中期以降に隆盛するが、その中には、改元直後の感慨や、当時の年号について詠まれたものも少なくない。以下に、江戸時代後期を中心とした改元に関する狂歌や川柳等を挙げることとする（次頁の表）。

こうしてみると、現在の年号を非難するものもあるが、それよりも改元を契機として、新旧両年号を比較するなどして、ともに取り入れた句が多く作られていることが分かる。これは、まさに年号によって時代を分け、比較する考え方を当時の人々が持っていた証左であるとも言えるが、例えば、大田南畝の随筆「半日閑話」に登場する狂歌からその内容を分析してみよう。明和九年から安永元年（一七七二）へと改元が行われた際には、「年号は安く永くとかわれども　諸色高くて今に明和九」と、年号は安永（安く永く）へと改元されたが、諸色（諸物価）が高いのでいまだに迷惑（明和九）している、との皮肉が歌われているし、また、「明和九は霜月きりて辰の年　もふ安永と餅を舂らむ」は、明和九年が十一月十六日（霜月）に改元され、「もう安永」つまり、もう大丈夫であると餅をついて新年を迎える準備をしている様子を詠んだものであろう。ここからは、新年号の「安永」を、一方では「安」を「安い」として物価の問題とかけ、他方では同じ「安」を「安らぐ」として、年末を迎えている様子を描いている。いずれにしても、これらの句は、改元のもととなった災害や人災の原因を「明和九年」の迷惑をはじめ

表　江戸後期の改元に関する狂歌・川柳

年	狂歌・川柳	出典
安永改元	年号は安く永くとかわれども　諸色高くて今に明和九	「半日閑話」
	明和九は霜月きりて辰の年　もふ安永と餅を春らむ	同右
	明和三三九　火風二八災　改元霜月末　安永待春来	同右
安永年間	安永の安く永いは米と銭　塩か高いは辛き世のゆへ	「街談文々集要」
文化改元	ねづみがでればよがなをる	―
弘化改元	天保十六でなし　是からどふか弘化よからふ	「天言筆記」
	こふかとはくさきもなびく御仁政　是からしもをこやす改元	同右
	天保ももふ十五年辰のとし　どふか弘化と元の世になる	同右
	二ツまで御丸を焼てかうか（弘化）にし	同右
安政改元	世の中が安き政りと成ならば　嘉永そふ（可哀想）なる人がたすかる	「藤岡屋日記」
	嘉永処手も厚うなひ世の中も　あらたまり行き今ハ安政	同右
	安政になつて世の中繁栄之　万々世（歳）に御世の目出度	同右
	嘉永とて体もかぎし大地震　荒ちらかして今ハ安政	同右
	大地震大津浪でも動かぬは　これ安泰の政り事なり	同右
	安政と改めまつる寅の暮	同右
万延改元	万延にならぬ御普請御評定　早く安政するがよかろふ	「藤岡屋日記」
	安政が届かぬ故騒動し　跡の始末は万延にする	同右
	無安政津浪地震に大嵐ころり大火に桜田の難	同右
	よゝをへて治る御代のためしには　萬よ延とあらたまりける	「高木在中日記」
文久改元	万延ニしてハ置れぬ辛ところ　文のたよりで契り久しき	「藤岡屋日記」
	悪敷をバ皆万延ニして置て　能事残す文を久しき	同右
	万延も替らぬ年の改元も　また文久とかゐて酉年	同右
元治改元	改元ハ元へ治まる源氏にて　大江の騒ぎ長門くもなし	「藤岡屋日記」

＊「出典」の底本は以下の通りである。大田南畝「半日閑話」（『日本随筆大成』吉川弘文館、一九七五年）／石塚豊芥子「街談文々集要」（『近世庶民生活資料』三一書房、一九九三年）／藤岡屋由蔵「天言筆記」（『新燕石十種』中央公論社、一九八〇年）／藤岡屋由蔵「藤岡屋日記」（『近世庶民生活史料』三一書房、一九八七年）／高木在中「高木在中日記」（『幕末維新京都町人日記』清文堂出版、一九八九年）

とする明和年号そのものに求める一方、新年号の文字から新しく、希望の持てる時代が来ることを想像し、また待望する様子を詠んでいる。しかし、この安永年号も、少し続くと次のような句が詠まれてしまう。「安永の安く永いは米と銭　塩か高いは辛き世のゆへ」。明和から安永へと年号が変わったが、新年号に込められた「安」「永」は、米と銭の相場が「安」い状態が「永」続しているだけで、一方塩の値段が上がっているのは、辛き世であるからだ、というものである。これは、改元が行われてから一定期間経った後に詠まれた歌であろうが、今度は改元当初の新時代への待望の気持ちは失われ、「安永」号が負の印象をもって捉えられている。

このように、人々は、改元直後には新年号に対して概ね前向きに、仄かな期待感をもってその意味を見出しており、これは中世の改元待望にも通じるものがあるであろうが、それが一定期間を経て、政治や社会に変化がない、もしくは悪化した状態となると、不満が現在の年号へと向かうという図式を読み取ることができる。同様のことは、安政改元（一八五四）時にも起こっており、嘉永から安政へと改元されたことを、「世の中が安き政りと成ならば嘉永そふ（可哀想）なる人がたすかる」と、新年号の「安政」の通り、安定して安らかなまつりごと（政）が行われるならば、可哀想（嘉永そふ）な人にとっても良いことだ、とする他、「嘉永（痒い）とて体もかぎし大地震荒れちらかして今は安政」と、安政改元の引き金となった安政の東海・南海地震が「痒い（嘉永）」によって引き起こされたが、新年号となり今は「安政」（安静）であるとも詠まれている。しかし、その安政年間には、同二年（一八五五）には安政江戸地震が発生し、万延へと改元される同七年（一八六〇）には桜田門外の変が発生するなど自然災害や政治的な大事件が頻発した。そのような時代の色が年号にも付けられると、万延改元にあたって、「無安政津浪地震に大嵐　ころり大火に桜田の難」と、安政年間は、年号から読み取れる「安」き「政」という意味とは異なり、全く「無安政」な時代であり、津波や地震（安政江戸地震）、大嵐（安政三年には台風による高潮等により十万人が死亡した）の発生、コレラ（ころり）の流行、大火に加え、桜田の難（桜田門外の変）が立て続けに起こったと、「無安政」であったその理由を列挙している。同じ年号（安政）であっても、当初の期待が裏切られれば、まったく年号の意味するものとは違う時代として認識されることになるのである。

他にも、時代の閉塞感を伝える強烈な句として、「天保十六でなし　是からどふか弘化よからふ」と、天保が十六年で終わることを、「天保中」が「ろくでなし」であったと強烈に非難し、改元を経て時代が変わることで、これからは「どうかこうか（弘化）」良い時代が来るだろうと詠んだものもある。さらに、政治的な背景などを読み込んだ句もある。幕末の元治改元（一八六四）の際に詠まれた、「改元は元へ治まる源氏にて　大江の騒ぎ長門くもなし」は、当時の幕府と長州藩との間の対立を詠み込んだもので、源氏は徳川氏を、大江は毛利氏を指し、長門は毛利氏の領国である。当時の政治的対立の状況を、改元にあわせて詠み込んだものである。

このように、折々に詠まれた年号を題材にした狂歌や川柳からは、一つの時代を象徴する年号に、当時の人々がそれぞれ意味付けを行い、時に非難、難詰する一方、新年号には新時代への仄かな期待を込めた人々の存在が明らかになる。しかし、当初期待した新年号（新時代）も、社会情勢が好転せず、災害等が頻発すればそれは悪兆となり、遂には非難の対象ともなるのである。ここにも、時代の象徴としての年号の在り方を読み取ることができる。年号は、その時代のあらゆる出来事を背負って人々に時代認識として共有されたのである。

三　人々の年号認識（三）—改元の受け止め—

本節では、これまで見たような噂や狂歌に加え、改元を受けた実際の人々の行動について検討する。江戸時代において改元は、朝廷と幕府の間で改元の時期や新年号案が吟味され、慎重に準備が進められた[6]。このため、改元の儀式は朝廷において行われるが、その後改元の実施が朝廷（京都）から幕府（江戸）に正式に伝えられると、幕府では在府している大名を江戸城へ惣出仕させ、老中らによって改元が披露された。これを受けて各藩は自らの領地へ飛脚を飛ばし、領内に対して触で改元を伝達した。江戸や京都などでは町奉行が同じく触によって市井の人々へ伝達しており、また寺社には寺社奉行からの触が出されている。

このように、当時の人々は基本的には触によって新年号の発布を知ることになったが、改元の実施はしばしばそれ以前から噂という形で広まることもあったようである。江戸時代後期の文人である加藤曳尾庵が、当時の江戸の世相などを記した『我衣』[7]には、年号に関する風説と、それに伴う小さな事件が記録されている。やや長文になるが、以下に引用する。

（文化十五年）①四月廿七八日の間、年号改元ありと専ら風説す、其中には小さき紙に永長と改元也と書て、町々をうりありくもありしゆへ、悉く召捕て入牢しぬ、是は文化改元の前日もかくのごとくなりけらし、君公の御供に来りし萱生源左衛門、予に語りしは、道中にて珍らしき事こそありし、大磯の切通し（現神奈川県大磯町）に三十斗の男の町人躰なりしが、小風呂鋪包をかたわらにおきて何やらん書き物を披き、つく〴〵と見居たるあり、源左衛門も其茶店にしりかけて休らひぬ、彼男申よふ、私不慮の事にて箱根御関所通りかね、只今江戸表へ罷下るなり、世には是非なき事もあるものかなと打しほれて見へたり、源左衛門夫レはいか成事にやと尋しに、私は糀町六丁目（現東京都千代田区、四ツ谷駅付近）なる菓子やの召仕にて候が、②此たび遠州かけ須賀（現静岡県磐田市掛塚）迄罷越スの処、右菓子の番頭したゝめくれし御証文、年号間違にて通る事不能、往来五十里の道をすご〳〵と帰る事、情なき次第也といふ、夫レはいかにしたゝめしぞやと問ければ、是見給へとて出したるをひらきて見れば、関所切手の奥の年号を永長元年四月と書たり、是はいか成事にやと聞しに、廿八日には文化の年号永長と改ると専ら風聞あるにつき、廿八日の朝江戸表出立しぬるによりて文化と書てはあしかりなんとて番頭殿の認しなり、今に改元の沙汰なきゆへ、御関所にて甚いぶかしく思召、少々の文字の書誤ならば申訳によつて通す事もあるべきに、改元御触もなき年号書入し事不届の第一也と大に呵られ、いく度も〳〵願ひけれども所詮相叶わず、詮方なきゆへ、今度芸州公（広島藩主）御登りにつき、其中に知己のものありければ、内々願ひて御荷駄の脇に付、御関所へかゝりしに、下番より声をかけて、先刻御関所差戻しの者、芸州の同勢にまぎれ罷通るといふ程に、三四人出来りて捕へられぬ、其時私即智を出し、イヤ〳〵左様にては無之、又候御通し被下と願ひに罷出候所也、中々芸州様の御同勢にまぎれ通候義には無之と申候へば、有無なしに御番所の裏へ引入られ、しばらく有りて、汝甚悪き奴なれども此度は、宥免するぞ、早々江戸へ罷帰れとて送りの人壱人差添られけるが、さかは（酒匂）の渡し（現神奈川県小田原市）乗船して向の岸に着くを見届け、送りの人は引帰し候、扨々あぶなき事に逢、すご〳〵江戸へ帰候と語りしと、世には希有成事も有ものかな、

まず、注目すべき点としては、文化十五年（一八一八）の四月二十七日、二十八日頃に、江戸では近々改元があるとの風説があり、その中で、新年号は「永長」であるとして小さい紙に書きつけて売り歩くものがあったということである。この文化十五年は四月二十二日に改元が行われ、文政と改められたが、この日は朝廷（京都）において改元の儀式が行われた日付であり、四月二十七日の段階では、まだ江戸では改元が披露されていなかった。実際に江戸で改元が伝達されたのは五月四日である。このように、江戸時代においては、地域によって新年号の伝達に時間差があるが、その間に改元の情報が漏れたものであろうか、改元の噂がすでに市中を駆け巡っているのである。そして、さらにはその改元の噂をめぐり、新年号が「永長」になったと紙に書いて売り歩くものがあったという点

は大変興味深い。これについては、「文化改元の前日もかくのごとくなりけらし」とあることから、類似のことが、先の文化改元の際にも起こったことが判明する。この文化改元時に、新年号を書き付け売り歩くものがいた様子は、先に触れた「街談文々集要」に、以下の記述がある。

一、当年ハ甲子どし、一元中段の初なり、定めて年号改元あるべしと風聞の処、正月十九日、列侯諸士惣出仕、於営中（江戸城）、年号改元之旨、土井大炊頭殿伝達せらる、

（中略）

右改元、二月十七日御触有之、是より十日程以前に、年号かわりました〳〵ト四文ヅツに売歩行しが、早速被召捕、

神田紺屋町弐丁目
金次郎店
文　蔵

一、右之者義、不如意ニ而取続難相成候迚、不斗存付、年号元明と改元有之旨偽、内分ニ而板行いたし、又は相認メ壱枚四文ヅ、ニ売歩行候段、不軽儀、不恐公儀仕方不届至極ニ付、中追放被仰渡之、

ここでは、改元の十日ほど前には改元の噂が広まり、「年号変わりました変わりました」と、「元明」と改元があった旨を書いた書付を銭四文で販売した者が中追放を言い渡されている。この年は、甲子の年であり、甲子年は甲子革令の年で恒例として改元が行われていることから、すでに年が明けた頃から改元の噂があったようである。さらに類似のことはその後も起きたようであり、弘化改元時（一八四四）の「藤岡屋日記」には、「今日より年号替りましたと市中を売あるくあり、小サキ紙ニ嘉政と書付、壱枚四文宛ニ売也、八日ニ弐人召捕、茅場町大番屋江揚ル

也、追々六人迄召捕る、也、先年天保改元之砌も年号永長と書付、売あるき召捕る、也、」（『藤岡屋日記』弘化元年十二月六日条）と見える。この時にも、新年号を書いた紙を勝手に売った者が入牢しているが、新年号が「嘉政」である点は、当時の政治や社会情勢に対する不満が投影されていると考えてよいだろう。このように、江戸時代後期以降、江戸では改元が正式に発表される前に、すでに民衆の間で改元があるらしいという噂が一定程度流れる状況が生まれており、それを受けた事件も確認できるのである。

ところで、先に引用した「我衣」の後段については、市中で売られた書付の新年号「永長」を信じた、麹町の菓子屋の番頭が、関所切手に「永長元年四月」と書いたものを召使に渡したため、箱根の関所で止められ、すごすご引き返してきたことを伝える。この存在しない年号の書付を持参したことに対して、箱根の関所では、「御関所にて甚いぶかしく思召、少々の文字の書誤ならば申訳によつて通す事もあるべきに、改元御触もなき年号書入し事不届の第一也と大に呵られ、いく度も〳〵願ひけれども所詮相叶わず」と、多少の文字の書き誤りなら申分により通すこともあるが、改元の触も出ていない年号を書き入れるのは「不届の第一」と叱られ、としているところは、当時の幕府役人の考え方の一端を示しているといえよう。つまり、年号は幕府において決定されるものであり（実際は朝廷で儀式が行われたが、藩に対しては先に述べたように幕府が改元を披露する形式を取っていた）、過誤とは言え、一種の私年号にもつながりかねない年号の記載を、役人としては許可できなかったのである。ところで、この「永長」年号は、実際に平安時代に公年号として用いられている[8]。

さて、ここまでは江戸の様子を見てきたが、京都の町人であった高木在中という人物の日記には、京都での様子について興味深い記載がある。以下に当該部分を引用する。

（安政元年十一月）

廿七吉日、晴、且年号改元、安政ト号、文殿・青木殿より被申通（以下略）
廿八日　曇天、年号改元ニ付、御救免有之、倹非違使牢屋敷へ来ル、騒馬九人其外行れつ夥敷見物ニ御座候
（中略）
（十二月）十四日、晴天、夜曇天、近吉殿方より姉大病詰来ル、年号改元触出ル、
（元治元年二月）
廿日　晴天、（中略）、年号改元、元治ト号、二条大混雑之由、御大名様方惣登城之風聞（二条城へのこと）、夜同断、

京都においては、改元が行われてから触が伝達されるまで、改元実施の情報が京都江戸間を往復しているため時間を要していることが判明するが、興味深いのは改元に際して行われた六角の牢屋敷からの赦免の様子を、夥しい人々が見物していることである。検非違使の装束で行われるこの赦免が、京都の人々にとっても珍しく、一種の娯楽となっているのだ。また、元治元年には、年号が元治と改まり、「二条大混雑」といった有様も伝えている。これは、当時将軍家茂の上洛中であったため、二条城において通常江戸城で行われている幕府側の改元披露（大名らによる惣出仕と老中らによる披露）が行われたことによる。

このように、改元にあたって度々発生した年号の書付を販売する事例や、関所不通過の事例からは、当時の江戸の民衆が、改元に大きな関心を持っていたことを示すとともに、改元公表以前から、既に多くの場合、噂などの形で改元の実施が予測されていたことが判明する。また、京都での様相は、改元が一つの催しとしての側面を示していることも判明する。

四　改元の知識

さて、これらの新年号については、先に触れたとおり民衆には触を通して伝えられたが、伝えられる内容は、改元の事実と改元日、新年号程度であり、その決定過程や改元理由などについては正式には公開されなかった。しかし、当時の知識人などは、改元についても詳細に知り得たようである。先に引用した「藤岡屋日記」を記した藤岡屋由蔵は、文化から文政へと改元が行われた際、その経緯等を詳細に記している。以下にその一部を引用する。

五月四日改元ニて、文政元戊寅年五月四日
惣出仕有之、年号改元被仰出之、
年号改元条事
此度御即位国解年号勘文奏覧院奏年号改元、々々未刻条事定、申刻より陣儀、
上卿
伝奏
奉行
勘者
文章博士
大中少弁
年号文字、菅原・清原の両家より勘考して、紫宸殿ニ出御、公卿是を難陳して吉祥を撰び給ふ也、異朝十三

経・二十一史・文選・芸文類集〔聚〕の承句、其義理は精通なるを撰て、吾朝年号、文字六十余字ト照串熟視して奉る、難陳とは古よりの年号文字の年の吉凶・患難・乱賊・回禄等の有之年の文字を難じ陳べて、其吉凶を別ち、瑞を採り給ふ事也、

譬ば、

天保　毛詩云、仮楽君子顕、令徳宜民宜、人禄受于天保佑命之、自天申之

寛禄　文選曰、以寛科完其封禄

……

是ノ批点の打タル文字、採シタル所ニテ、万ハ万治ノ世ハ太平ニテ、和ノ元和ノ世ハ天下一統乱賊ヲ治メタル世ナレバ目出度ト評スルガ如シ、建中ノ建ハ建武ノ世、両朝ノ別レ乱止コトナク、中ノ字ハ元中・文中、皆朝庭南朝ノ年号文字ニテ如何アラント評シ、難陳スルガ如シ、其古ヨリノ吉瑞ニ従フ事也、是文字ハ古ヨリ改元ノ度々ヒタモノ出デタル文字ナリ、

条事定次第

上卿着伏座兼日奉仰之時非一上直着端座、上卿使官人敷、次官人召外記問、諸卿参否、次上卿使官人召寄文書、次諸卿見下文書大弁置文書於前伺上卿気色、次上卿命大弁令読申、次上卿仰大弁令召硯、次上卿仰大弁令書定文書訖読揚、次大弁加定文於本解進之、次上卿披見定文、次上卿以官人仰外記可持参筥之由即持参、次招職事奏聞畢返給、次召弁下文書、次仰大弁令撤硯、次諸卿紀座、

改元定次第

上卿着伏座兼日奉仰之時雖非一上直座端坐、諸卿次第着陣職事下年号勘文於上卿、上卿詰申之、職事仰可定申之由、次諸卿見

下勘文、次上卿仰大弁令読勘文、次上卿仰可定申之由於大弁、次上卿以官人招職事奏定趣、此使返上勘文、次職事帰来仰一同可定申之由、次上卿示可被議定之由於諸卿、次奏議定趣、次職事帰来仰云改其年可令作詔書之由、次使官人召大内記仰可令作詔書之由、次内記持参詔書草、次上卿披見畢付職字、奏聞畢返給仰可令請書之由、次内記持参、次奏聞、次上卿使官人召外記、問中務参否仰可之由、次中務輔参軾下詔書、次弁覧吉書奏下之、次財事下吉書上覧了、召弁下之、次諸卿退出、

詔書……

甲子革令　　辛酉革暦

此期ニ当りて古より必年号改元なり、甲子革令とは六十有周ニて支干終て復始る、是を以元を改む、辛酉革暦は神武天皇即位元年なれバ、創業之君にして天下を掌握し給ひたる革命の一期なれバ元を改む、我大邦孝徳天皇大化元年よりその支干に当りて改元の例あり、其余御即位登らず、患難の時も又改元あり、昔は戦国の時、討国賊唱万歳れバ又改元あり、

甲子革令之例

神亀　康保　万寿　応徳　天養　元久　文永　正中　至徳　文安　永正　寛永　貞享　延享　文化

辛酉革暦之例

天応　延喜　応和　治安　永保　永治　建仁　弘長　元亨　永徳　嘉禄　文亀　天和　寛保　享和

甲子例外

天武帝三年　延暦三年　承和十一年　延喜四年　永禄七年

辛酉例外

斉明帝七年　養老五年　承和八年　永禄四年　元和八年
　御即位之年無改元例
天智　文武　白河　崇光　称光　後土御門　後円融　後小松　後奈良　後陽成　後水尾　明正　霊元　後桜町　後桃園
関東発令
京都ニて年号改元被仰出、関東へ被仰遣之間、日数五六日程遅し、国史其外ニは京都改元を用ひ、江戸にて諸大名万石以下公辺の書きもの・先祖書・由緒書などには江戸発令の日を用ゆ、江戸発令は芙蓉之間にて殿中詰合之面々へ改元之義被仰出之、当日は服紗小袖麻上下、尤老中被仰之、
前日、明日登城之面々服紗小袖麻上下着用登城可致旨御達し有之、
右ニ付、京都ニおゐてハ改元之御能有之、
　紫宸殿難陣之席図（図略）

藤岡屋由蔵が、どのようにこれらの情報を手に入れたかは明らかにし得ないが、ここに記されている改元の経緯や式次第、甲子革命・辛酉革暦等の説明内容は、概ね正確である。難陣や条事定、改元定については、その次第も一部載せているが、これは公家が作成したものを写したものであろう。新年号の制定に幕府が関与していたことから、幕府の関係者から情報を手に入れた可能性が高い。

文化改元時には、「街談文々集要」に、「甲子改元記」が引用されているが（左記参照）、驚くべきことに朝幕間における新年号決定過程の一部が記録されており、このような重要な情報が外部に流出していたことが判明する。具体的には公家の間で行われた新年号案の選定と絞り込みの結果として、新年号案七案と、出典、天皇や上皇が指

示した年号、さらには、武家伝奏と京都所司代が、幕府にあてて新年号案を送った際の書状まで収められている。左にその部分を引用する。

甲子改元記……

文化

周易曰、観乎天文以察時変観乎人文以化成天下、

後漢書曰、宣文敬以章其化立武備以乗其成、

嘉徳

（以下引用は中略）

嘉政

万宝

嘉永

文政

万徳

年号字七号之中、文化嘉徳可然、主上仙洞思召候、尤丞相中江勅問有之候所、両号多被挙奏候、但文化之号殊可然哉之御沙汰に候得共、於関東思召有之候、嘉徳之号可被用候哉、両号之中関東思召被聞含、可有御法定候、此旨関東江宜被申入候事、

十二月

伝奏衆　　広橋前大納言

千種前中納言

諸司代　青山下野守

改元ニ付、赦之事、先例之通、可有御沙汰候事……

一般には、このような詳細な知識は普及していないと考えられるが、改元の理由については、例えば丹後国宮津の神主の日記に、天保改元について、「然る所、其年の夏、京都大地震にて神社仏閣破損、家々くずれける故、皆々町の真中へ畳を敷き、天にて夜を過す事十日ばかり、誠に往古の読本には色々出顕すといへ共、近年かかる大地震大変といひつべし、去に依て其冬年号改元ありて、文政十三年寅年天保元年と改む」（「宮津山王社家日記」(9)）とあり、事実、文政十三年に発生した京都大地震が改元の契機ともなっていることから、筆者はその改元理由を正確に把握していたことが分かる。他にも、「藤岡屋日記」ほど詳細ではないにしろ、改元理由については、かなり広範囲にわたって情報が流布していることが、各地の御用留や日記等の記載から確認できる。

このように、改元の知識については、一般に広く流通していたわけではないものの、知識人を中心とした層にはかなり流布しており、これらの人々は、改元の経緯や儀礼等について詳細を知っていたことが判明する。先に触れた改元の噂が、改元が発表される以前から飛び交っていたのも、これらの知識人を通した情報提供があったものであろう。一方、民衆には新年号と改元日以外には触を通しては伝えられなかったが、改元理由については、各地で広く共有されていた。

おわりに

本稿では、江戸時代の民衆の年号認識について、噂や狂歌、改元の受け止めや知識などの観点から論じてきた。これらを通じて、①江戸時代においても、年号は特定の期間（一つの年号の継続する期間）の象徴として機能し、人々によってその時代の認識が一定程度共有されていたこと、②自然災害や悪政などの社会情勢や、改元待望や新時代（新年号）への期待が、特定の年号（時代）に結び付け考えられていたこと、③年号の文字の意味などを非難する意見（噂）は、江戸時代前期には京都を中心にみられ、実際の改元にもある程度影響を与えていたこと、④改元の情報は事前に流布することも多く、人々の関心も高いこと、⑤当時の知識人は、改元の経緯や年号案、儀式の様子などを詳細に知ることができたこと、を確認することができた。ここからは、年号が時代の空気や様子を象徴するという、現代ともつながる人々の認識が、江戸時代においてすでに成立していたことが判明するとともに、一世一元の制の実施という大きな変革をとげつつも、年号の持つ時代性や、広範の人々による時代認識の共有など、年号が従来持っていると考えられる役割は概ね変わっていないということが指摘できよう。さらに、民衆の政治や社会に対する不満に対し、年号が為政者との間に設けられた緩衝材の役割も果たしたことも明らかにした。

今回は、民衆の年号認識の一端を明らかにしたに過ぎないが、今後、江戸時代における様々な形での年号の在り方を分析することで、年号の果たした役割の本質について、さらなる考察を深めることとしたい。

註

（1）中世東国における私年号については、自治体史などでその多くが事例として紹介されている。本稿ではそれらを参考文献として列挙しないが、私年号の総合的な研究として、久保常晴、二〇一二がある。久保は近世の私年号については限定的な紹介しかしていないが、その後に発見されたもので、私年号と考えてよい事例も多数存在する。これらについては、改めて考察することとしたい。

（2）新訂増補国史大系本『百練抄』延応元年二月七日条には、「暦仁世俗云、略人有憚、且上下多有夭亡之聞、仍被改延応了、但猶依変災改元之由、被仰詔書」とある。

（3）『百練抄』文暦元年十一月五日条に、「有改元事、天福字自始世人不受、諒闇相続為其徴之由口遊」とある。

（4）『改元物語』は、別名「改元格」とも呼ばれるもので、林春斎（鵞峰）の著述である。本文は所（一九九六）によった。なお、同文は、明治二十二年（一八八九）刊行の『少年必読日本文庫』第十冊及び森本角蔵『日本年号大観』（目黒書店　一九三八年）に翻刻されているが、何れも誤植等があるため、上記書より引用した。

（5）神沢杜口『翁草』には、明和や天明の年号について、「明和九年に至らば、世人迷惑する事あらん」「諺に天命に尽きるということあり、なんぞ尽る大事あらん」といった巷説が記録されている。

（6）実際の改元が、朝幕間においてどのように交渉が行われ、進められたのかについては、久保（一九九六）に詳しい。また、朝廷内での準備や手続きについては、所（一九九六）参照。

（7）加藤曳尾庵『我衣』（『燕石十種』第一巻、中央公論社、一九七九年）。

（8）嘉保三年十二月十七日に「永長」と改元され、翌年の永長二年十一月二十一日に「承徳」と改元されている。永長元年は一〇九六年に当たる。

（9）「宮津山王社家日記」（原田伴彦編集代表『日本都市生活史料集成』四、学習研究社、一九七五年）。

参考文献

久保貴子、一九九六『近世の朝廷運営―朝幕関係の展開―』〈近世史研究叢書2〉（岩田書院）

久保常晴、二〇一二『日本私年号の研究　新装版』（吉川弘文館）
杉　岳志、二〇〇七「近世前期の民衆と彗星―『桂井素庵筆記』を題材に―」（『日本歴史』七〇九）
千々和到、一九九五「暦と改元」（『講座前近代の天皇』四、青木書店）
所　功、一九九六「年代年号の暗誦歌」（『年号の歴史―元号制度の史的研究―〈増補版〉』雄山閣）

第七部　資料紹介

1　国立歴史民俗博物館所蔵「〔経光卿改元定記　寛元 宝治 建長〕」
―影印、附・略解題―

髙田宗平

一　背景　―廣橋家及び近代以降の廣橋家旧蔵資料の流伝概観―

本稿にて影印する「〔経光卿改元定記《つねみつきょうかいげんさだめのき》　寛元《かんげん》 宝治《ほうじ》 建長《けんちょう》〕」一巻（以下、該資料と略称する）を襲蔵した廣橋家は、藤原氏北家日野流の日野家の支流で姉小路《あねがこうじ》兼光（一一四五～九六）の五男頼資《よりすけ》（一一八二～一二三六）を祖とする家である。頼資は四辻《よつつじ》、又は勘解由小路《かでのこうじ》《あねこうじ》と号し、男経光《つねみつ》（一二一三～七四）、孫兼仲（一二四四～一三〇八）、曾孫光業《みつなり》（一二八七～一三六一）も勘解由小路の称を踏襲し、室町時代初期の兼宣《かねのぶ》の頃から廣橋の称号が定着した。家祖頼資から光業の四代までは蔵人・弁官を経て、権中納言が極官であったが、第五代兼綱（一三一五～八一）の女（猶子）仲子（一三三九～一四二七。実父は石清水八幡宮社務〈検校〉法印紀〈善法寺〉通清）が北朝の後光厳天皇（一三三八～七四。在位一三五二～七一）の典侍となり後円融天皇（一三五八～九三。在位一三七一～八二）の生母（崇賢門院仲子）

となって（『後光厳天皇実録』典侍紀仲子。『後円融天皇実録』後円融天皇。『尊卑分脈』第二篇）、兼綱は准大臣従一位（贈左大臣）に昇進し（『公卿補任』文和四年〈正平十〉条、永徳元年〈弘和元〉条）、これ以後名家となった。同家は、代々儒学・有職故実を家業とし、また文筆の家、日記の家として、代々記録類を記し集積・襲蔵してきた[1]。『民経記《みんけいき》』（経光）、『勘仲記《かんちゅうき》』（兼仲）等の記録類を遺している。江戸時代には武家伝奏として朝政に重きをなした。兼胤《かねたね》（一七一五～八一）が桃園《ももぞの》天皇（一七四一～六二。在位一七四七～六二）の手習御用、胤保《たねやす》（一八一九～七六）が祐宮《さちのみや》（後の明治天皇。一八五二～一九一二。在位一八六七～一九一二）の習字の師範に任ぜられる等、近世中期以降、書の家としても知られた（橋本編、二〇一〇、428・429頁）。

　該資料を含む廣橋家旧蔵資料群（以下、廣橋家旧蔵資料と略称する）は、廣橋（勘解由小路）家に襲蔵された後、子爵藤波言忠《ことただ》（廣橋胤保二男。一八五二～一九二六）、男爵岩崎久弥（一八六五～一九五五）岩崎文庫に逓蔵された[2]。その後、一九三二年十一月までに廣橋家旧蔵資料を含む岩崎文庫所蔵資料全てが財団法人東洋文庫（現、公益財団法人東洋文庫）に寄贈された（東洋文庫編、一九三二、「序」1頁）。戦後、昭和五十八（一九八三）年度から同六十二（一九八七）年度にかけて、廣橋家旧蔵資料のうち、記録文書典籍が財団法人東洋文庫から国立歴史民俗博物館（現、大学共同利用機関法人　人間文化研究機構　国立歴史民俗博物館。以下、歴博と略称する）へ譲渡されて、歴博にて「廣橋家旧蔵記録文書典籍類」のコレクション名が附され、現在に至っている[3]（東洋文庫編、一九八五a、5頁。同b、5頁。一九八七a、5頁。同b、5頁。一九八九、5頁）。

　以上のような伝来を経てきた廣橋家旧蔵資料であるが、この資料の中の一つが該資料である。なお、右の廣橋家旧蔵資料は、藤波言忠から岩崎久弥岩崎文庫へ移譲される前の一九一六～一七年にかけて、糊剥がれの継ぎ直し、改装など装潢・修補したことが知られる[4]（村口、一九九〇、291頁。東京大学史料編纂所編纂、二〇〇七、162・163頁）。

その他の纏まった形の廣橋家伝来資料は、廣橋興光《おきみつ》氏、一般財団法人下郷《しもごう》共済会（滋賀県長浜市）、国立公文書館に収蔵されている。(5)

該資料は、江戸時代に廣橋家で作成され、当時の原本の状況を知り得る『民経記目録』に「寛元・宝治・建長改元経光卿記」（東京大学史料編纂所編纂、二〇〇七、160頁）と、岩崎家に移譲される直前の一九一七年二月に藤波家で作成された（藤波家に蔵されていた時期の）目録『古文書目録』（『藤波家蔵文書記録目録』）に「三〇　改元記　寛元　宝治　建長度　経光卿筆　一巻」(6)（伴瀬、二〇一三、266頁。東京大学史料編纂所編纂、二〇〇七、160頁）と、一九三二年十一月までに岩崎久弥から岩崎文庫所蔵資料が財団法人東洋文庫に寄贈されたことを記念し、同年同月に編纂された『岩崎文庫和漢書目録』に「経光卿改元定記　寛元、宝治、建長　廣橋経光　写本（自筆）一軸」（東洋文庫編、一九三二、423頁）と各々著録されている。

『民経記』は、東京大学史料編纂所により大日本古記録の一つとして活字化され、普及することにより、(7)利用環境が飛躍的に向上した。大日本古記録の『民経記』編纂に際し、該資料も使用された（〈大日本古記録〉『民経記』八、201〜212・340〜359頁に翻字されている）。しかし、大日本古記録には原本の紙数が記載されているものの、行取・字詰が不分明で、原本の様態は未だ明瞭とは言い難い。該資料は以下に略解題を記す通り、『民経記』の記主廣橋経光自筆本で、極めて貴重な資料である。また、該資料に限らず、改元・年号勘文資料に引用される漢籍の中には、現行本漢籍の本文との異同や佚文が存する場合が少なくなく、漢籍校勘学・輯佚学上、貴重な資料と言え、当該分野に裨益すること大である。(8)以上のように現在普及している大日本古記録では該資料の原本の様態が不分明であること、該資料は資料的価値が高いことに鑑み、影印し、併せて略解題を附した。

二　略解題

〔書誌事項〕

〔経光卿改元定記　寛元 宝治 建長〕[9]　一巻　〔鎌倉時代中期〕写（〔廣橋経光自筆〕）　一軸　〔廣橋（勘解由小路）家〕・〔藤波言忠〕・〔岩崎久弥岩崎文庫〕・〔東洋文庫〕逓蔵　平成元年（一九八九）六月十二日重要文化財指定

歴博での資料登録名称　経光卿改元定記　寛元・宝治・建長

コレクション名称　廣橋家旧蔵記録文書典籍類

資料番号　H―六三―一〇三

新補鋳鉄御納戸色表紙（縦二七・二、横八双含め二五・六糎。八双含めず二五・一糎）。表紙左側に新補題簽（縦二四・六×横五・四糎）を貼附し「（朱筆）『乙三十』／經光卿改元定記　寛元宝治建長　民部卿藤原経光自筆本 首尾完　壱巻／（朱筆）『綴合もとのまゝ』」と墨書。表紙左肩（外題が墨書された新補題簽の左側）に不記載の隅切長方形の題簽（縦一六・三×横一・七糎）貼附。表紙左下部に「10」と記された貼紙（縦〇・九×横一・〇糎）あり。巻子装。八双あり。新補頭切《ずんぎり》（印巻《いんかん》）紫檀軸（軸長二八・四糎、軸の直径一・二糎）。新補梅鼠色緒（全長八二・五糎）。見返新補（縦二七・二×横二四・五糎）、軸付紙新補[10]。

本文料紙は宿紙《しゅくし》《すくし》。[11] 現装第四紙（原第一紙）の前に三紙貼り継がれ接続。これら三紙の料紙は、現装第一紙は宿紙、現装第二紙は楮紙、現装第三紙は楮紙打紙。現装第四紙から現装第二九紙（原第二六紙）が本文で二六紙。墨付は、現装第一紙から現装第三紙の三紙及び本文二六紙で、全二九紙。裏打修補を施す。

各紙の法量等は以下の如し。なお、本稿における紙数表記は、後掲影印の欄脚下段の亀甲括弧にて括った紙数表記と対応する。

第一紙　縦二七・二×横天四・六糎、地五・〇糎。糊り代〇・三糎

第二紙　縦二六・九×横天四・六糎、地五・〇糎。糊り代天〇・三糎、地〇・二糎。

第三紙　縦二六・九×横天六・一糎、地五・六糎。

現装第一紙から現装第三紙までの筆跡は、各々別筆と推定され、何れも、現装第四紙から現装第二九紙（原第二六紙）までの本文の筆跡とは別筆である。現装第一紙から現装第三紙は、いつ段階で本文第一紙（現装第四紙）の前に附されたかは俄かには断じ難い。[12] 現装では第一紙から第三紙の順次で糊附けされているが、現装第四紙が原第一紙（本文第一紙）であったと推定される。

第四紙（原第一紙）　縦二七・二×横五一・五糎

第五紙（原第二紙）　縦二七・三×横五一・四糎

第六紙（原第三紙）　縦二七・三×横五二・四糎

第七紙（原第四紙）　縦二七・三×横五二・一糎

第八紙（原第五紙）　縦二七・三×横四六・六糎

第九紙（原第六紙）　縦二七・二×横三九・一糎

第一〇紙（原第七紙）　縦二七・三×横三九・四糎
第一一紙（原第八紙）　縦二七・三×横四〇・三糎
第一二紙（原第九紙）　縦二七・三×横二七・四糎
第一三紙（原第一〇紙）　縦二七・三×横一二・二糎
第一四紙（原第一一紙）　縦二七・三×横三九・五糎
第一五紙（原第一二紙）　縦二七・四×横四六・六糎
第一六紙（原第一三紙）　縦二七・三×横四六・四糎
第一七紙（原第一四紙）　縦二七・三×横四六・四糎
第一八紙（原第一五紙）　縦二七・四×横四六・一糎
第一九紙（原第一六紙）　縦二七・三×横四三・一糎
第二〇紙（原第一七紙）　縦二七・二×横四三・三糎
第二一紙（原第一八紙）　縦二七・三×横四四・七糎
第二二紙（原第一九紙）　縦二七・四×横四三・九糎
第二三紙（原第二〇紙）　縦二七・四×横四二・四糎
第二四紙（原第二一紙）　縦二七・四×横四三・九糎
第二五紙（原第二二紙）　縦二七・四×横四一・五糎
第二六紙（原第二三紙）　縦二七・四×横四〇・五糎
第二七紙（原第二四紙）　縦二七・四×横四二・四糎

第二八紙（原第二五紙）　縦二七・四×横四二・三糎
第二九紙（原第二六紙）　縦二七・四×横三四・五糎
軸付紙　　　　　　　　縦二七・四×横六・九糎

本文が書写されている現装第四紙（原第一紙）から現装第二九紙（原第二六紙）は、烏糸《うし》、天二条、地一条の天地横界（界高二三・三〜二三・五糎、天界第一条の約一〇糎下部に天界第二条）。ただし、紙継ぎ目に横界がずれる箇所あり。

前述の通り、現装第一紙から現装第三紙に本文とは別筆の三筆が存するものの、現装第四紙である本文第一紙（原第一紙）から現装第二九紙（原第二六紙）までの本文の筆跡は一筆で、廣橋経光の自筆と推定される。

寛元度「仁治四年二月廿六日、癸酉、天陰、無雨、今日改元定也。……」（現装第四紙〈本文第一紙・原第一紙〉第一行〜現装第一四紙〈本文第一一紙・原第一一紙〉第一行）、宝治度「寛元五年二月七日、辛（抹消符）卯、陰晴相交、……」（現装第一四紙〈本文第一一紙・原第一一紙〉第二行〜現装第二三紙〈本文第二〇紙・原第二〇紙〉第一〇行）、建長度「寶治三年三月五日、丁丑、天晴、……」（現装第二三紙〈本文第二〇紙・原第二〇紙〉第一一行〜現装第二九紙〈本文第二六紙・原第二六紙〉最終行〈第一七行〉）の本文内容の区切れと、紙の継ぎ目とが合致しないことから、該資料は廣橋経光の自筆と推定されるが、『民経記』から一度に抄出したものと推測される。

墨筆による古訓点・送仮名が存する。後代によるものと思われる朱筆は、現装第一紙「可始」、現装第三紙の年号の上部の「・」がある。この他の後代によるものと思われる朱筆は、現装第四紙（本文第一紙・原第一紙）以降の各紙の継ぎ目の紙数等がある。(13)

本文では現装第五紙（本文第二紙・原第二紙）から現装第六紙（本文第三紙・原第三紙）、後に接続された現装第一紙から現装第二紙及び現装第二紙から現装第三紙、の紙の貼り継ぎが、逆継ぎである。(14) 現装第一紙から現装第三紙、現装第二九紙（本文第二六紙・原第二六紙）、の四紙を除く各紙に紙背文書（広義の御教書《みぎょうしょ》《みきょうしょ》）が存する。

なお、印記は認められない。

該資料の資料紹介の性質上、該資料の総体を示すために紙背文書も併せて影印すべきではあるが、本書のテーマや紙幅の関係上等により、本稿では紙背文書の影印は見送った。紙背文書の紹介・検討は今後の課題としたい。なお、該資料の紙背文書は、〈大日本古記録〉『民経記』八、213～220頁に翻字されている。

註

（1）日記の家については、松薗（一九九七）を参照。

歴博所蔵の廣橋家旧蔵記録文書典籍類の廣橋兼綱自筆「応安四年（一三七一）三月六日兼綱公譲状草《ゆずりじょう》（廣橋兼綱譲状案）」（廣橋兼綱譲状草案）一軸（H―六三―三七二）に「遺跡条〻／一、家記・文書・〻籍・家地所領等、相副証文、／悉所譲与仲光也。為一子之上者、旁可謂／勿論、且家記等事、父祖二代（兼仲・光業）御譲状等、同所／副渡也。先年故祖通禅師・登〻丸等同宿之／時、記録等少〻盗失、是生涯之恨也。三代御記幷／抄出家記姉（ママ）少路殿・後帥・四辻殿等、殊可秘蔵、於正本者輙／不可出閫外。但　勅定幷両前博陸（二条基経・鷹司冬通カ）教命難／遁者、不経再（ママ）宿可申出、凡相構令書写可進入、／代々御所為皆如此。且荒涼事為用捨也。而先人（光業）／御時幷予（兼綱）之時、間有無志度計事、仍家記／少〻紛失。是併背列祖素意之故歟。向後堅／守遺誡、敢勿違犯」とある。廣橋兼綱が男の仲光（一三四二～一四〇六）に家督を譲与するために作成し

た譲状の原案で、廣橋家が家職を営み遂行するために必携の家記・文書・書籍の相続・継承が第一に重視され、禁裏・摂関家以外の他家に見せることを禁じていること等が記されている（大学共同利用機関法人 人間文化研究機構 国立歴史民俗博物館編、二〇一三、167頁）。「三代御記」は、兼綱（一三一五～八一）の、曾祖父経光の『民経記』、祖父兼仲の『勘仲記』、父光業の『光業卿記』を指している。「抄出家記」の小字双行注記載の、「姉少〔小〕路殿」が経光の祖父藤原（日野）兼光（一一四六～九六）、「後帥」が経光の伯父（頼資の兄）資実（一一六二～一二二三）、「四辻殿」が兼綱の高祖父（経光の父）頼資を指していると推定される。従って、「抄出家記」とは、『兼光卿記』『資実卿記』『頼資卿記』から抄出したものであると推定される。日野流の資業流に連なる実光（一〇六九～一一四七。兼光の祖父）は、弁官・蔵人を経て権中納言に補任され、以後子孫の官歴はこれを例とした（俊光以降は権大納言が極官となった。中世では勝光が左大臣に補任された）。実光の系流は、二男資長（一一一九～九五）以降、官途が定着し、儒弁を家職として名家となった。兼綱にとって、廣橋家三代の『民経記』『勘仲記』『光業卿記』が家記であるが、これらの家記とともに実光の系流に連なる兼光・資実・頼資の家記を抄出する必要があったと察せられる。なお、松薗（一九九七、256・257頁）は、「抄出家記」の小字双行注記「姉少路後帥」（「路」と「後」の間の「殿」を脱す）を兼光とし、「抄出家記」は兼光及び頼資の日記を抄出したものと推定し、兼光・頼資（以上「抄出家記」）・経光・兼仲・光業（以上「三代御記」）の「都合五代の嫡系の日記を相伝していることになる」とする。鄙見は右に示した通りで、松薗説には従えない。同資料は、カラー画像及び翻印が部分的に大学共同利用機関法人 人間文化研究機構 国立歴史民俗博物館編（二〇一三）に掲載されており（当該註所引部は全て掲載）、適宜、同図録所載の翻印を参考にした。

（2）佐々木信綱は、「昨年（大正五年〈一九一六〉—稿者注）十一月、藤波子爵家にて、その前月京都にて発見せられし廣橋伯爵家の古典籍数百巻を見るを得たり、就中古写本として貴重なる日本書紀及び尚書、またその弘安四年の条に、蒙古襲来に就きて従来の史料を補ふべき新資料を掲げたる勘仲記等を見て、こは東京帝国大学史料編纂掛の諸氏をはじめ、史学専門の士に示されまほしきよしを子爵に述べたりしが、予として吾が和歌史上に、その発見を喜びつるは、明恵上人歌集の一巻なり。……（大正六年九月三十日識）」と、一九一六年十月に京都で廣橋家旧蔵資料が発見され、藤波言忠所蔵となっていた廣橋家旧蔵資料を翌月の十一月に披覧したことを記している（佐々木、一九一九、2頁）。この点は、既に東京大学史料編纂所編纂（二〇〇七、162頁）で指摘されている。

なお、東京大学史料編纂所編纂（二〇〇七）では言及しないが、藤波言忠へ移蔵される前の所蔵者は言忠の弟で廣橋家を継承した伯爵廣橋賢光《まさみつ》（廣橋胤保三男。一八五五～八九）か。

（3）東洋文庫から歴博へ譲渡された廣橋家旧蔵資料は、昭和五十八年度に一五四点、同五十九年度に三五六点、同六十年度に二四八点、同六十一年度に六九点、同六十二年度に一二三点、の五ヶ年にわたり、合計九五〇点である（東洋文庫編、一九八五a、5頁。同b、5頁。一九八七a、5頁。同b、5頁。一九八九、5頁）。歴博では廣橋家旧蔵記録文書典籍類を全九五三点と数える。

公益財団法人東洋文庫所蔵の廣橋家旧蔵資料は、主に仏書、悉曇《しったん》学関係典籍、漢籍である。詳しくは、石塚（一九九一）を参照。公益財団法人東洋文庫には『古文尚書』一巻（存巻第三夏書・第五商書・第十二周書。〔唐代初期〕写。一〇996。昭和二十六年〈一九五一〉六月九日国宝指定）が蔵されており、該軸の紙背には『元秘抄』（〔室町時代後期〕写）が書写されている。該軸も廣橋家旧蔵改元・年号勘文資料である。該軸は、現装では『古文尚書』を表としているが、既に足本ではなくなっていた『古文尚書』の裏を用いて『元秘抄』を書写し、原装では『元秘抄』を表としていた。宮内庁侍従職所管「京都御所東山御文庫別置御物《ぎょぶつ》」内の九条家本『古文尚書』四巻（存巻第三・第四・第八・第十・第十三）及び東京国立博物館所蔵神田本『古文尚書』一巻（存巻第六。昭和四十五年〈一九七〇〉五月二十五日国宝指定）の紙背にも『元秘抄』が書写されており、元来は『元秘抄』を表として伝世したもので、該軸、九条家本、神田本は僚巻で、九条家伝来本であった（石塚、一九九一、30頁。東洋文庫日本研究班編纂、二〇〇四、82頁。石塚・小助川、二〇一五、157～159頁）。

（4）村口書房初代主人村口半次郎（一九四〇歿、六十五歳）は、弘文荘主人反町茂雄（一九〇一～九一）と東陽堂書店主人高林末吉（故人。生歿年不詳）に「……和田雲村（和田維四郎《つなしろう》〈一八五六～一九二〇〉。鉱物学者、古典籍蒐集家・書誌学者―稿者注）さんがだんだんと古版書に熱が白熱化して来て珍書道楽になり、諸家の蔵書を大分買われましたが、概略申し上げますと、金高の主なるものから言います、藤波文書（引用書注―村口氏の記憶の誤り。藤波ではなく、広橋伯爵家旧蔵の古記録・古文書・有職故実類の文庫）が十万円、田中光顕《みつあき》（一八四三〜一九三九。元土佐藩士、後に陸軍少将、元老院議官、内閣書記官長、警視総監、宮中顧問官、宮内大臣、臨時帝室編修局総裁などを歴任―稿者注）さんの御依頼で和田（和田維四郎―稿者注）さんから電報で久原《くはら》（久原房之介〈一八六九〜一九六五。久原鉱業を中核とする久原財閥を率いた〉の久原文庫―稿者注）へ言ったが、その返事がないのですぐお冠りを曲げて岩崎（岩崎久弥の岩崎文庫―稿者注）へ入れたものです。今国宝になっております「日本書紀」、「尚書」（前掲註（2）で述べた東洋文庫現蔵『古文尚書』一巻。一〇九六。―稿者注）の古写本、「明恵上人歌集」などが入っているものが支那鞄へ三十五、六ございましたが、残らず糊が剝がれて何が何だか判らなくなったもので、藤波（藤波言忠―稿者注）さんの方が「それでは…」というので、ついこの間亡くなられました上野竹次郎（後に臨時帝室編修局編修官―稿者注）という方を傭《やと》いまして、八ヶ月かかって継ぐものは継ぎまして、出来上がったものを私の手で経師屋へ廻し完成にしました、今、岩崎文庫にございます」と述懐している中において、廣橋家旧蔵資料が岩崎文庫へ移譲された経緯や同資料が装潢・修補されたことについて触れている（村口、一九九〇、291頁）。記憶によるものであるが、一つの証言として傾聴に値すると思われる。

（5）廣橋興光氏及び一般財団法人下郷共済会に廣橋家伝来資料が蔵されていることは東京大学史料編纂所編纂（二〇〇七、162〜163頁）及び橋本（一九九五）、国立公文書館に廣橋家旧蔵資料が蔵されていることは国立公文書館内閣文庫（一九七四、「凡例」6頁）、福井（一九七五、2頁）の各々を参照。

（6）『古文書目録』（『藤波家蔵文書記録目録』）は、伴瀬（二〇一三）所収「翻刻」に拠る。

（7）『民経記』の内容については、東京大学史料編纂所編纂（二〇〇七）に記されている。本稿では紙幅の関係上等もあり、省略に従う。本註所引解題を参照されたい。

（8）改元・年号勘文資料所引漢籍の校勘学上の価値については水上（二〇一七）、年号勘文、とりわけ該資料に存する漢籍佚文については髙田（二〇一八）の各々を参照。

（9）書誌事項において推定に基づく補記を亀甲括弧〔〕で括る。該資料の名称を亀甲括弧で括っているのは、東洋文庫編（一九三四、422頁）で著録の資料名称（「経光卿改元定記 寛元、宝治、建長」）及び歴博での資料登録名称を参考にしつつ、新補表紙に貼附された新補題簽及び該資料の内容から、資料名を推定したためである。なお、新補表紙、新補題簽等の装潢・修補については後掲註（10）を参照。

（10）裏打及び新補の表紙・題簽・軸・緒・見返・軸付紙は、前述した一九一六～一七年にかけて、糊剝がれの継ぎ直し、改装など装潢・修補したものであろう。歴博所蔵廣橋家旧蔵資料の多くが、該資料と同じ新補錆鉄御納戸色表紙である。東洋文庫所蔵廣橋家旧蔵資料のうち、歴博へは譲渡されなかった、『古文尚書』一巻（一〇996）及び『史記　夏本紀・秦本紀』二巻（一〇999）の現表紙は何れも、新補縹色唐紙銀二重菱花卉文表紙、新補紫檀丸軸で、岩崎文庫に帰して後のものである（石塚、一九九一、30・31・33頁。東洋文庫日本研究班編纂、二〇〇四、72・74・82頁。石塚・小助川、二〇一四、104・106頁。同、二〇一五、159頁）。岩崎文庫所蔵となる前の装潢・修補と所蔵後のそれとでは、表紙に違いがあるようである。

なお、東京大学史料編纂所編纂（二〇〇七、162・163頁）では「国立歴史民俗博物館に所蔵されてゐる『民経記』原本は、他の同館所蔵廣橋家旧蔵史料と同じく青緑色の表紙で統一され、題簽には朱字で「綴合このまま」「綴合改めたる通り」などと記されてゐるが、おそらくこれらの記入や裏打など、すべて大正六年（一九一七―稿者注）頃になされたものであらう」と指摘されている。

（11）宿紙は「漉《す》き返し」「漉返紙」「薄墨紙《うすずみかみ》」「反魂《はんごん》紙」等とも言う。後に若干触れるように、該資料には紙背文書が存し、広義の御教書《みぎょうしょ》《みきょうじょ》が書されている。「奉書御教書は、高い地位にある者が、自から直接出すべき消息書状に代へて、側近に奉仕する者に意を伝へて、之を文書に書かしめるもので」（相田、一九四九、403頁）、「奉書の中に於て、三位以上の地位にあるもの、若しくは之に準ずべき者の意を奉つて出した文書は、特に之を御教書と称するのが通例で」（同上、417頁）ある。以上が広義の御教書である。（広義の）御教書は、上位の者の地位によって以下のように名称が附されている。蔵人が天皇の意を奉じて発給する奉書を綸旨、院司が上皇・法皇の意を奉じて発給する奉書を院宣、その他の皇族の意を奉じて発給する奉書を令旨、三位以上の公卿もしくはこれに准ずる人物の意を受けて発給する奉書を御教書（狭義の御教書）と言う（同上、417頁）。綸旨の多くは料紙に宿紙を用いている。しかし、宿紙は、綸旨のみに用いられたわけではなく、蔵人が発給する口宣案や蔵人所の下文にも用いられており、蔵人や蔵人所が発給する文書においても宿紙が用いられた。その他、宿紙は、院宣、摂政・関白の意を伝える御教書にも用いられた（同上、420頁）。

なお、歴博では嘗て廣橋家旧蔵資料を含む中世古文書の展示を開催し、国立歴史民俗博物館編（一九八八）及び大学共同利用機関法人 人間文化研究機構 国立歴史民俗博物館編（二〇一三）の図録を発行している。

（12）現装第一紙から現装第三紙が原態の順次を継承しているとすれば、外包に宿紙を利用していたことになり、該資料の差別化に際立った標識となっていたのであろう。なお、〈大日本古記録〉『民経記』では、現装第一紙から現装第三紙を副紙1～3と称する（『民経記』八、201頁）。

（13）各紙の継ぎ目の紙数等の朱書は、一九一六～一七年にかけて改装など装潢・修補の過程で附されたものと推されよう。

（14）逆継ぎとは、先行紙の上に次紙を継ぐ（先行紙左端表と次紙右端裏が糊代となる）、通常とは逆の、紙の貼り継ぎ方。順継ぎとは、先行紙の下に次紙を継ぐ（先行紙左端裏と次紙右端表が糊代となる）、紙の貼り継ぎ方。順継ぎは、典籍・文書等の一般的な紙の貼り継ぎ方である。なお、逆継ぎは、中世の起請文に多く用いられたため、起請継ぎと呼称されることもある。該資料で逆継ぎの現象が起きた要因については俄かには鄙見を提示し難い。

参考文献

相田二郎、一九四九『日本の古文書』上（岩波書店）

石塚晴通、一九九一「岩崎文庫貴重書書誌解題稿—広橋本之部（一）—」（『東洋文庫書報』二二）

石塚晴通・小助川貞次、二〇一四「史記　夏本紀・秦本紀　解題」（〈東洋文庫善本叢書1〉東洋文庫監修『国宝　史記　夏本紀・秦本紀』勉誠出版）

二〇一五「古文尚書　解題」（〈東洋文庫善本叢書7〉東洋文庫監修『国宝　古文尚書　巻第三・巻第五・巻第十二　重要文化財 古文尚書 巻第六』勉誠出版）

国立公文書館内閣文庫、一九七四『改訂内閣文庫国書分類目録』上（国立公文書館内閣文庫）

国立歴史民俗博物館編、一九八八『中世の日記』（国立歴史民俗博物館）
佐々木信綱、一九一九「岩崎文庫所蔵明恵上人歌集に就きて」（和田維四郎編『明恵上人歌集に就きて』岩崎文庫）
大学共同利用機関法人 人間文化研究機構 国立歴史民俗博物館編、二〇一三『企画展示　中世の古文書─機能と形─』（大学共同利用機関法人 人間文化研究機構 国立歴史民俗博物館）
髙田宗平、二〇一八「年号勘文に引用された佚書─「経光卿改元定記」所引『修文殿御覧』を中心に─」（『歴博』二〇八）
東京大学史料編纂所編纂、二〇〇七「解題」（〈大日本古記録〉『民経記』一〇、岩波書店）
東洋文庫編、一九三二『岩崎文庫和漢書目録』（東洋文庫）
　一九八五a『財団法人東洋文庫年報』昭和五八年度（東洋文庫）
　一九八五b『財団法人東洋文庫年報』昭和五九年度（東洋文庫）
　一九八七a『財団法人東洋文庫年報』昭和六〇年度（東洋文庫）
　一九八七b『財団法人東洋文庫年報』昭和六一年度（東洋文庫）
　一九八九『財団法人東洋文庫年報』昭和六二年度（東洋文庫）
東洋文庫日本研究班編纂、二〇〇四『岩崎文庫貴重書書誌解題』Ⅳ（東洋文庫）
橋本政宣、一九九五「広橋家記録」（『国史大辞典』11にた─ひ、1103～1104頁）
橋本政宣編、二〇一〇『公家事典』（吉川弘文館）
伴瀬明美、二〇一三「史料編纂所所蔵『古文書目録』（『藤波家蔵文書記録目録』）」（『東京大学史料編纂所研究紀要』二三）
福井　保、一九七五「内閣文庫小史」（『改訂内閣文庫国書分類目録』下、国立公文書館内閣文庫）
松薗　斉、一九九七『日記の家─中世国家の記録組織─』（吉川弘文館）
水上雅晴、二〇一七「年号勘文資料が漢籍校勘に関して持つ価値と限界─経書の校勘を中心とする考察─」（中央大学文学部紀要『哲学』五九〈通巻二六七〉）

村口半次郎、一九九〇「洒竹文庫及び和田維四郎氏」（反町茂雄編『紙魚の昔がたり　明治大正篇』八木書店。初出は一九三四年）

資料の底本

『公卿補任』…〈新訂増補国史大系〉黒板勝美・国史大系編修会編『公卿補任』（吉川弘文館、一九八一年）／『後光厳天皇実録』…〈天皇皇族実録80〉藤井讓治・吉岡眞之監修『後光厳天皇実録』第二巻（ゆまに書房、二〇〇九年）／『後円融天皇実録』…〈天皇皇族実録81〉藤井讓治・吉岡眞之監修『後円融天皇実録』（ゆまに書房、二〇〇九年）／『尊卑分脈』…〈新訂増補国史大系〉黒板勝美・国史大系編修会編『尊卑分脈』（吉川弘文館、一九八〇年）

〔謝辞〕本稿を為すに際し、該資料の調査では大学共同利用機関法人人間文化研究機構国立歴史民俗博物館研究部教授小島道裕氏、同館管理部博物館事業課資料係専門職員 森谷文子氏の御高配を賜り、画像頒布では森谷氏の御高配を賜った。該資料の画像は同館管理部博物館事業課資料係　勝田徹氏の撮影によるものである。茲に記して衷心より御礼申し上げる次第である。

また、書誌事項を記す際に北海道教育大学教育学部釧路校准教授　石井行雄氏、国立歴史民俗博物館研究部准教授 小倉慈司氏、前記 小島道裕氏に御示教を賜った。茲に記して衷心より御礼申し上げる次第である（五十音順）。

〔附記〕本稿は、JSPS科研費・基盤研究（B）「年号勘文資料の研究基盤の構築」（一五H〇三一五七）、国立歴史民俗博物館・共同研究「廣橋家旧蔵文書を中心とする年号勘文資料の研究」、JSPS科研費・若手研究（B）「日本中世漢学史の包括的把握への基礎的研究」（一六K二一一〇三）、大阪府立大学大学院人間社会システム科学研究科客員研究員・研究題目「改元・年号勘文資料の調査・研究—公家資料を中心として—」（髙田宗平）、立命館大学衣笠総合研究機構白川静記念東洋文字文化研究所客員研究員・研究課題「日本古代中世漢籍受容史の研究」（髙田宗平）による研究成果の一部である。

三　影印

影印凡例

一、〈大日本古記録〉『民経記』八（以下、大日本古記録と略称する）の頭注を踏襲し、これを欄上に転記した。

一、稿者による注を私設し、これを〔　〕に括り、欄上に記した。

一、該資料の紙数を欄脚に記した。その際、本影印と大日本古記録とを対照することを考慮し、大日本古記録に記載の該資料の紙数表記を欄脚上段に転記して、本略解題に記載の該資料の紙数表記を〔　〕に括り、欄脚下段に記した。

一、大日本古記録の頭注から転記したものは旧字体から常用漢字に改め、その他の用字も原則として常用漢字とした。

1　国立歴史民俗博物館所蔵「〔経光卿改元定記　寛元 宝治 建長〕」(高田)

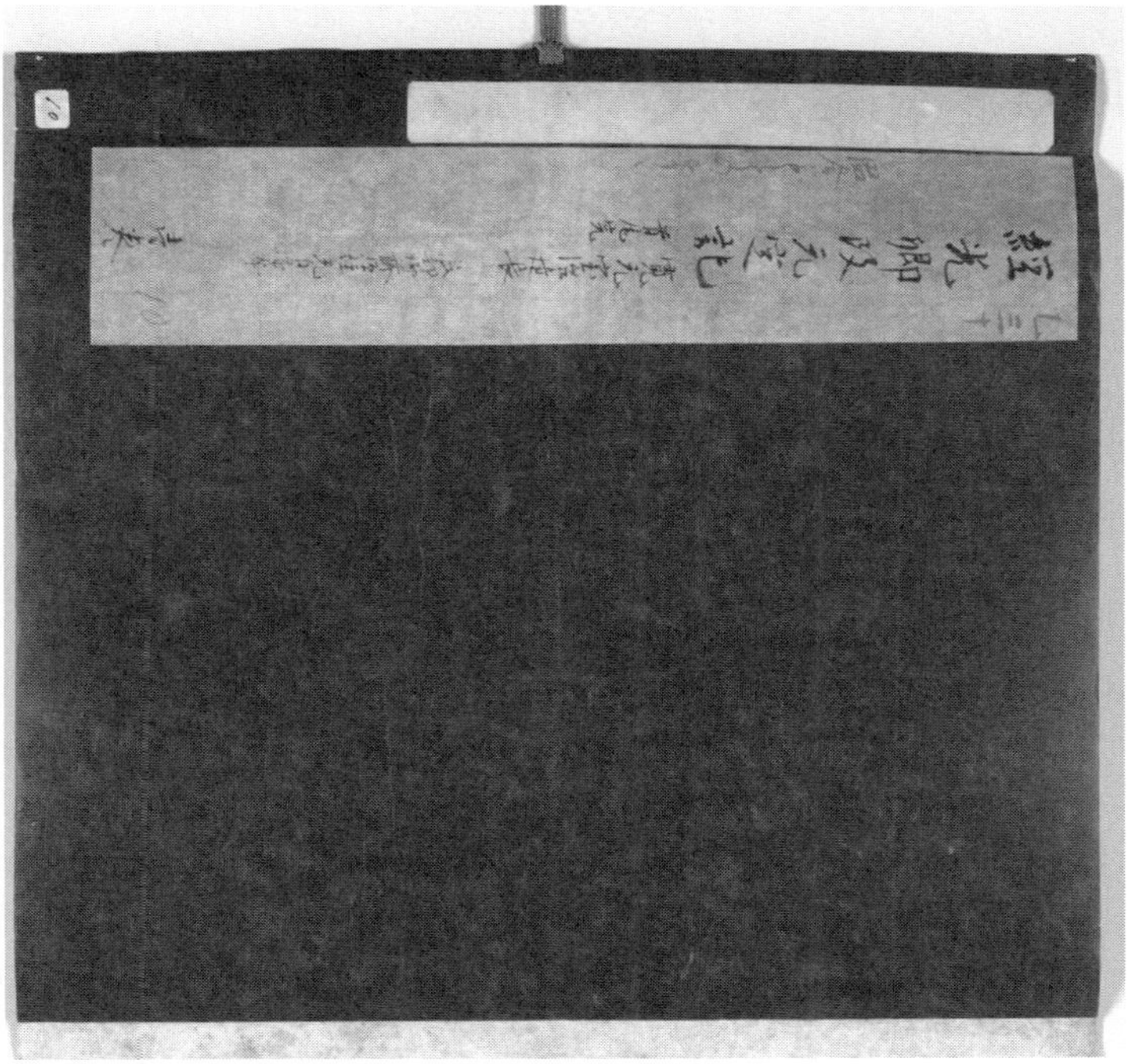

〔表紙〕

公卿著陣

改元定〔寛元度〕代始ニ依ル

経光卿改元定記〔寛元四年二月〕

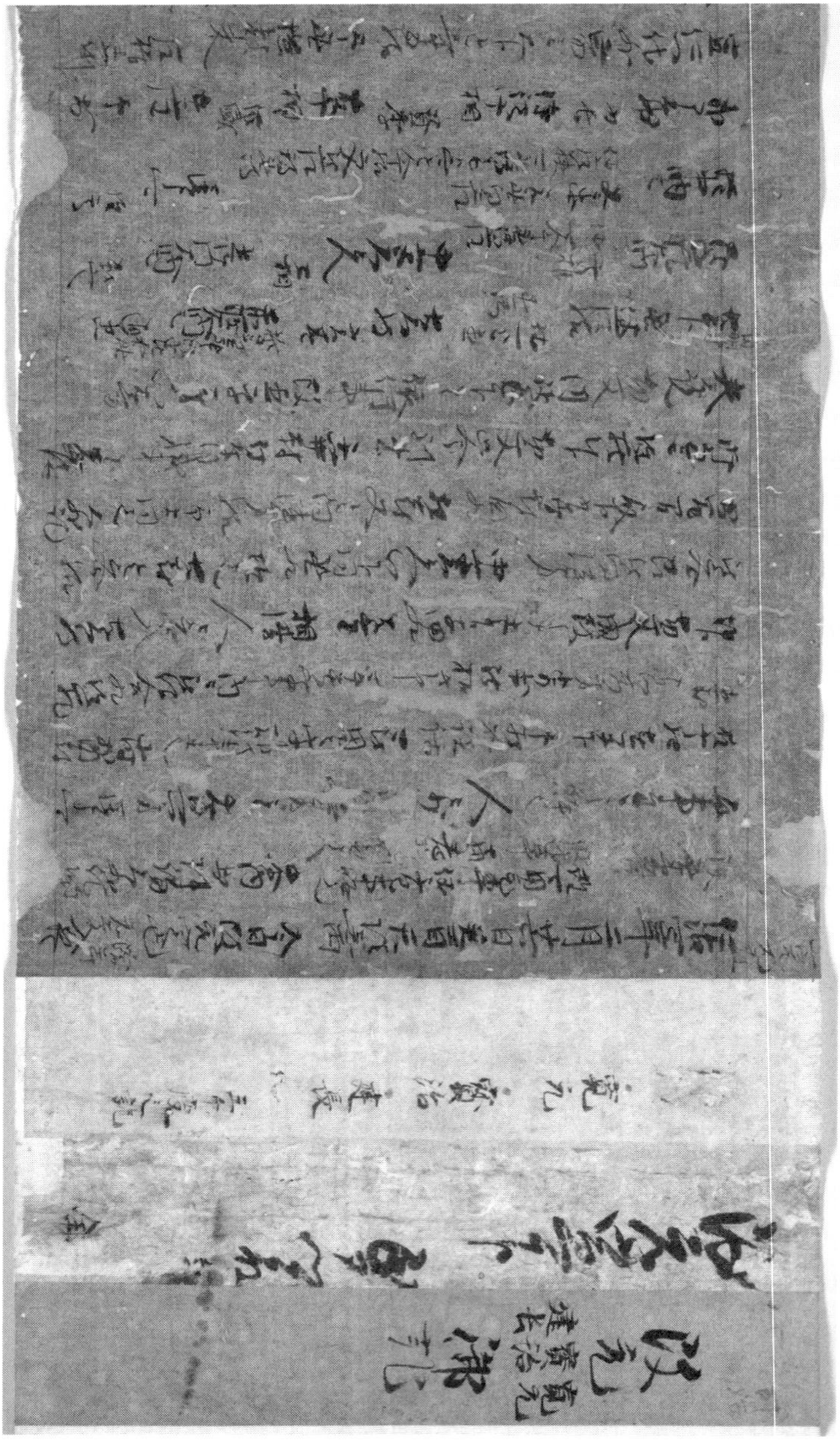

(1)〔4〕　(副紙3)〔3〕　(副紙2)〔2〕　(副紙1)〔1〕

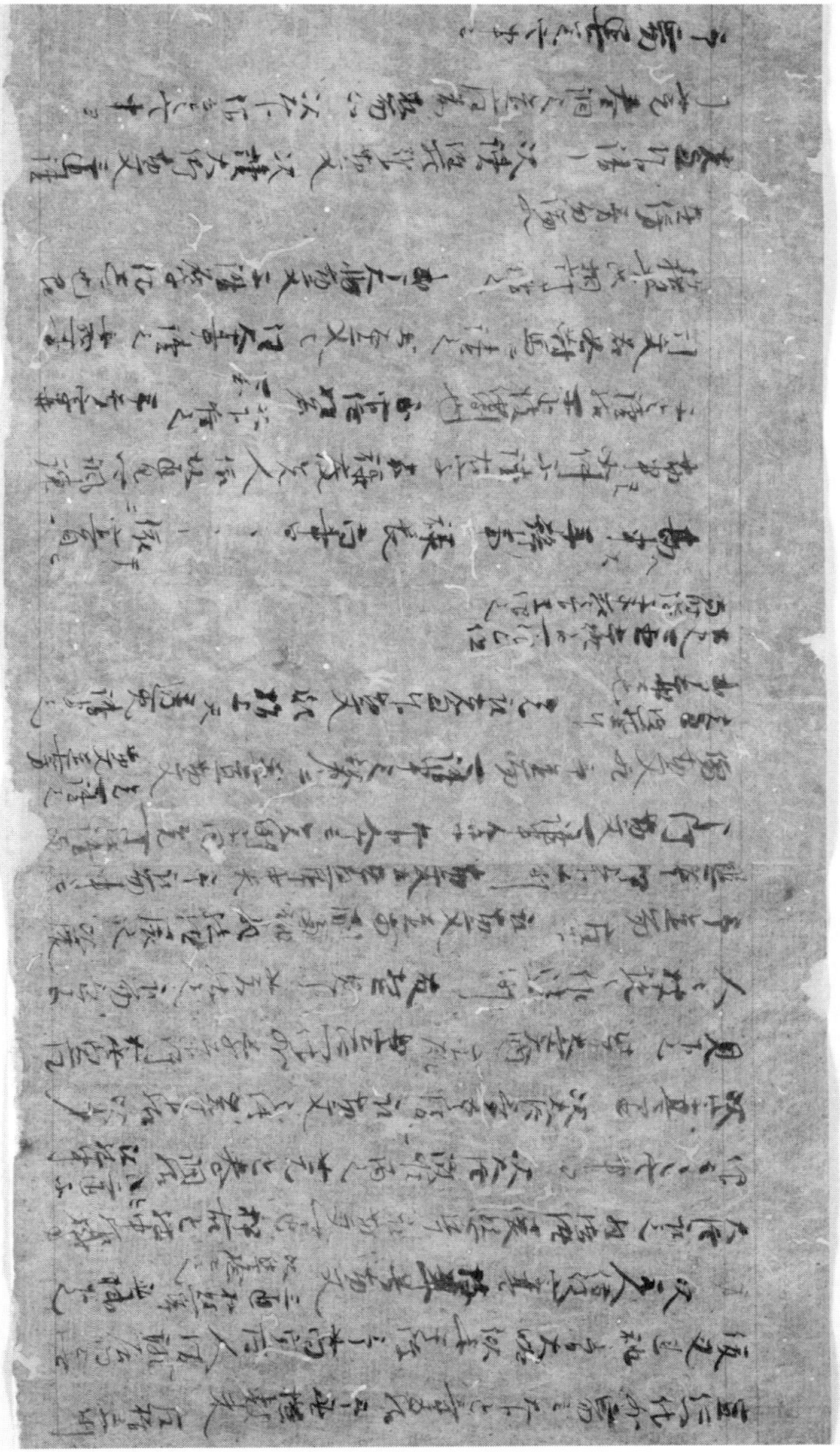

勘文ノ読様〔尚書〕

経光〔廣橋家〕〔北家日野流〕年号勘文ヲ読申ス

年号勘文ヲ披覧ス

（2）
〔5〕

(3)
[6]

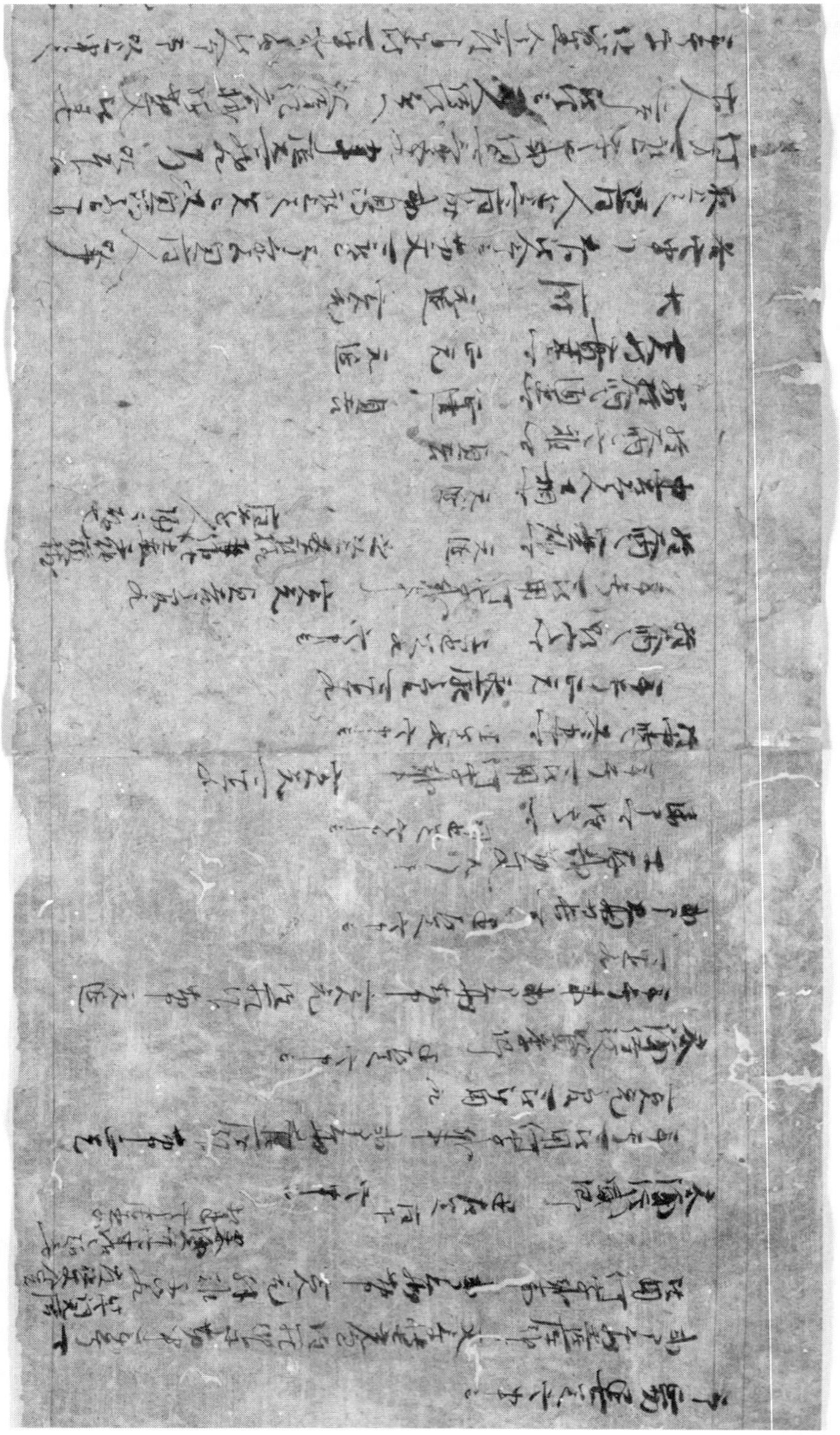

定甲

貞吉

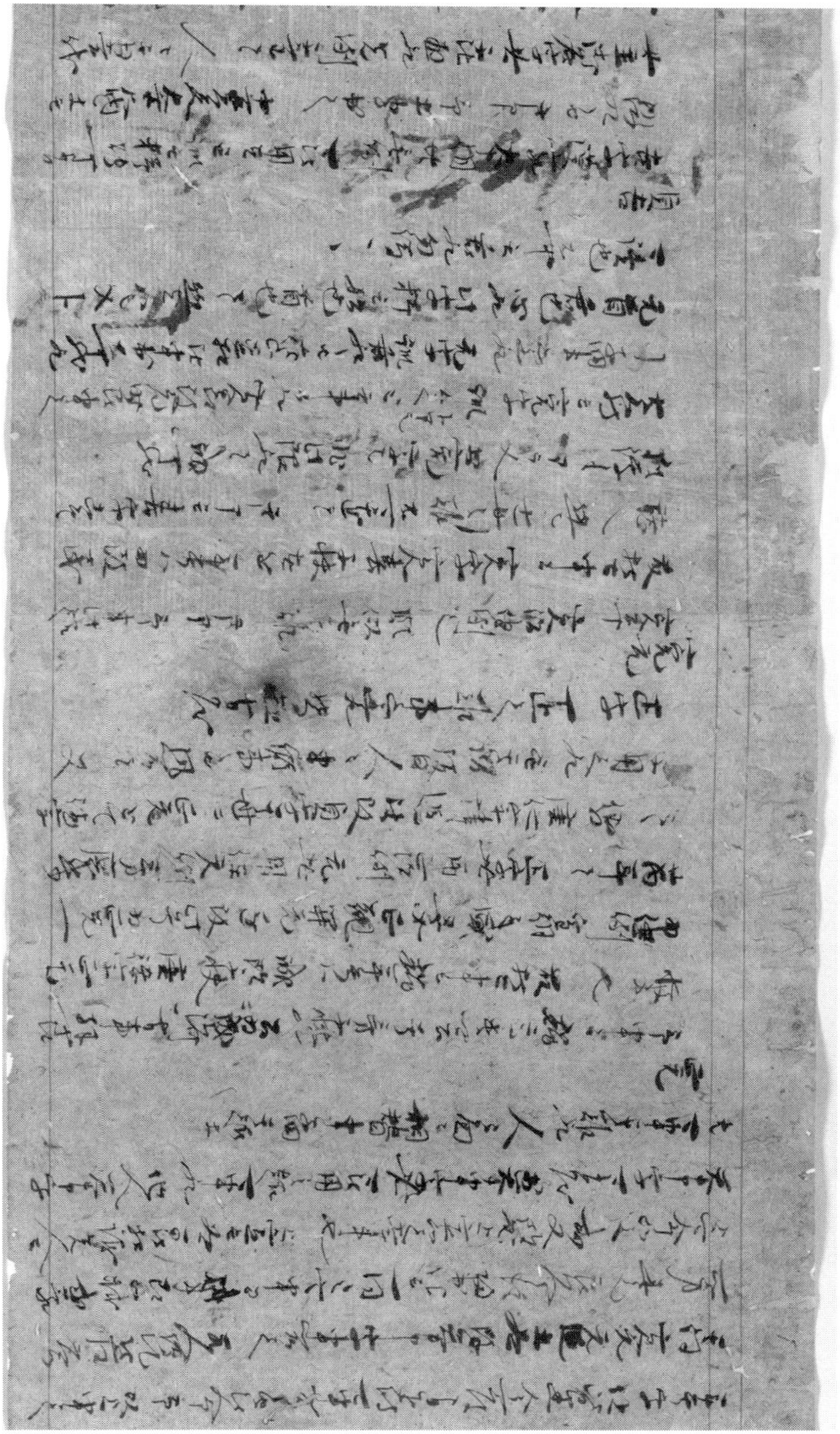

寛元

正元 離陳

(4)
〔7〕

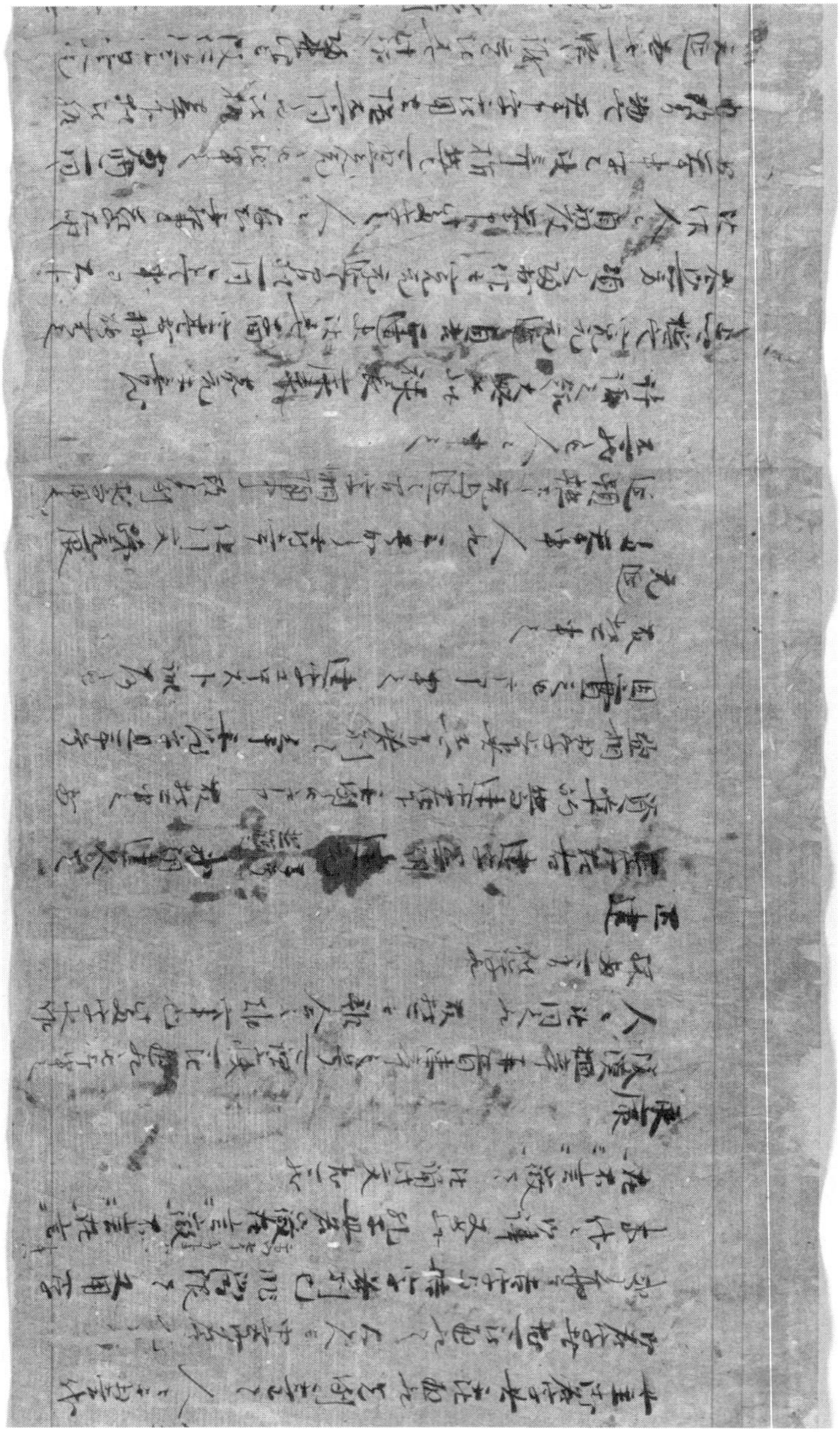

上卿難陳ノ趣ヲ奏聞ス

禄長康承嘉元

ハ沙汰ナシ

元延

正建

永康

(5)
[8]

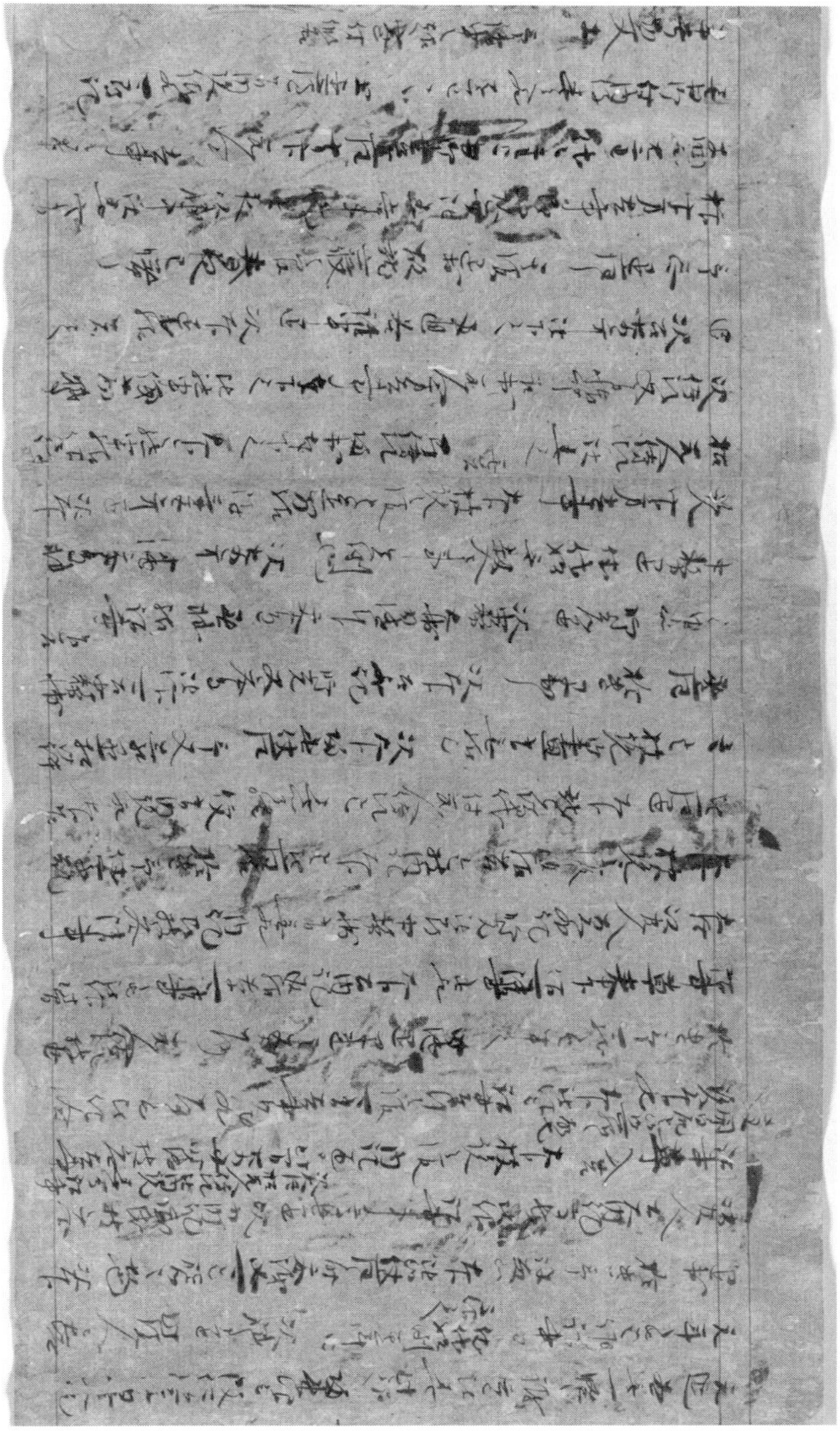

職事官方吉書ヲ奏ス

蔵人方吉書

官方吉書

代始改元ニ依リ赦令ナシ

中務省ニ下ス

御画日

清書奏聞

詔書草内覧奏聞

改元詔書ヲ仰ス

勅諚ニ依リ寛元トス

(6)
〔9〕

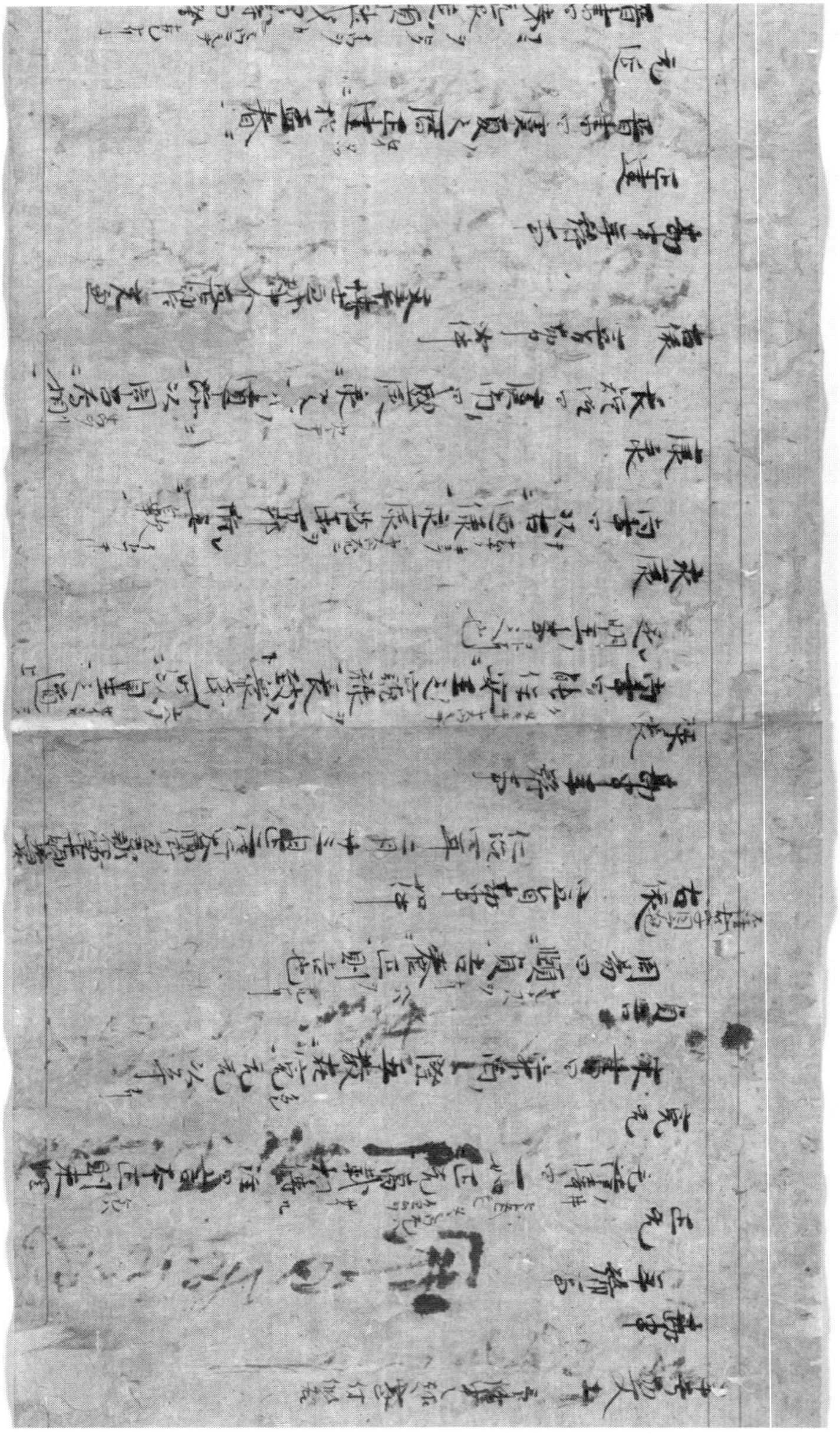

〔晋書〕
〔正建〕
〔藤原経範
家〔一〕成季〕
裔ノ勘文の南〕
〔長短経〕
〔康承〕
〔尚書〕
〔永康〕
〔尚書〕
〔禄長〕
〔藤原光兼
家ノ勘文〕式
〔周易〕
〔貞吉〕
〔宋書〕
〔寛元〕
〔毛詩緯〕
〔正元〕
〔菅原為長
辻家ノ勘文〕高

(7)
〔10〕

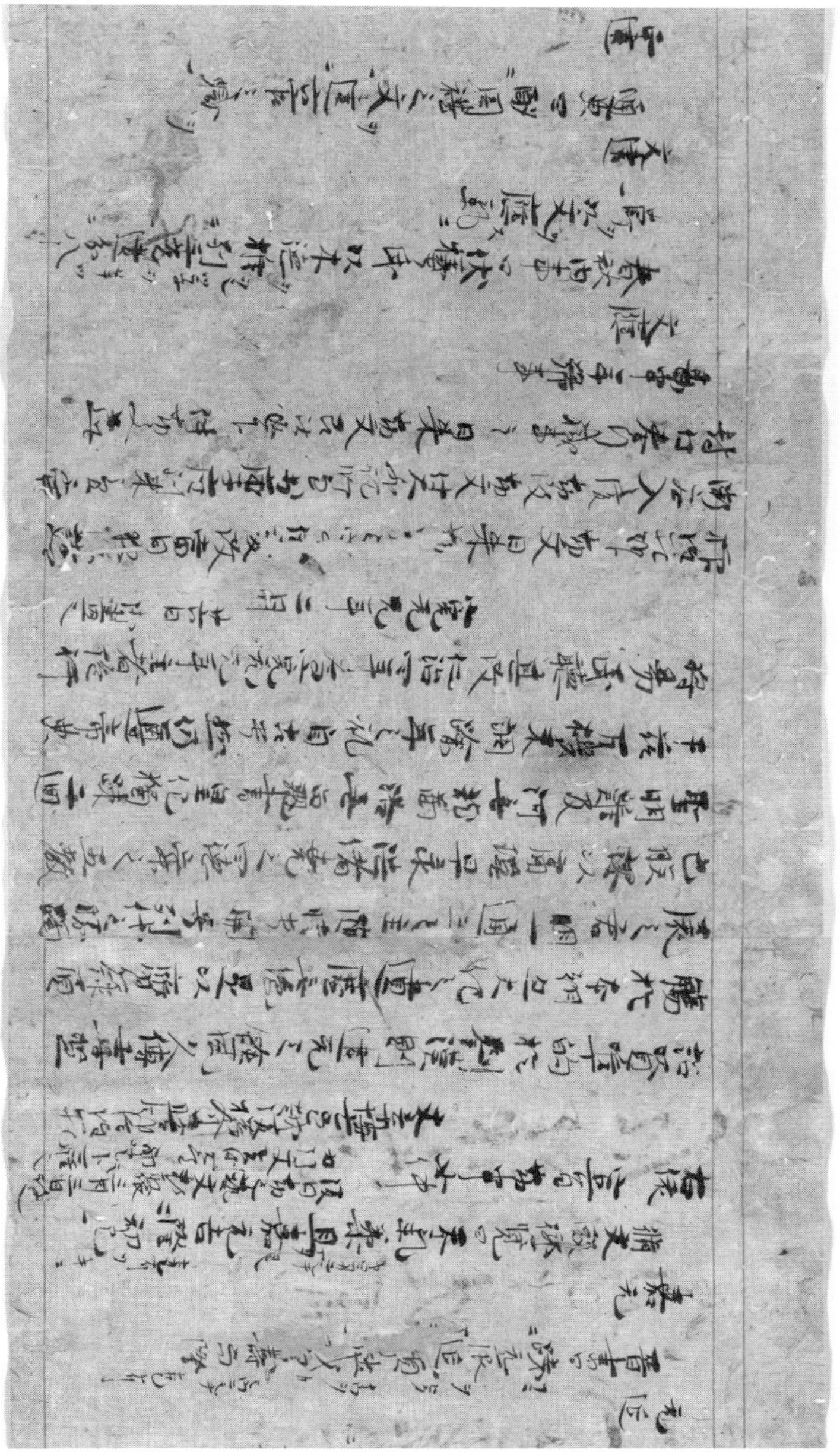

〔通典〕〔文建〕

〔春秋内事〕

〔文応〕

当初ノ勘文

経範当夜儀ニ勘文ヲ変改ス

(8)
〔11〕

詔書

〔藝文類聚〕〔修文殿御覧〕

〔嘉元〕

〔晋書〕〔元延〕

〔正建〕

〔晋書〕

藤原道家〔九条家〕文ノ字ヲ憚ルニ依リ関白藤原良実〔二条家〕勘文ノ改変ヲ仰ス

文ノ字ノ旧難

経範春秋内事ヲ引文ニ用フ〔日本国〕見在書目録ニ記載ナシ〔春秋〕太平御覧所引ノ書ヲ用フルカ

経範先年閲覧ノ由ヲ称ス

改元以後政始延引

少納言ナキニ依ル外記ニ問ハズ職事政始ノ日次ヲ定ム兼テ官ニ下知セズ

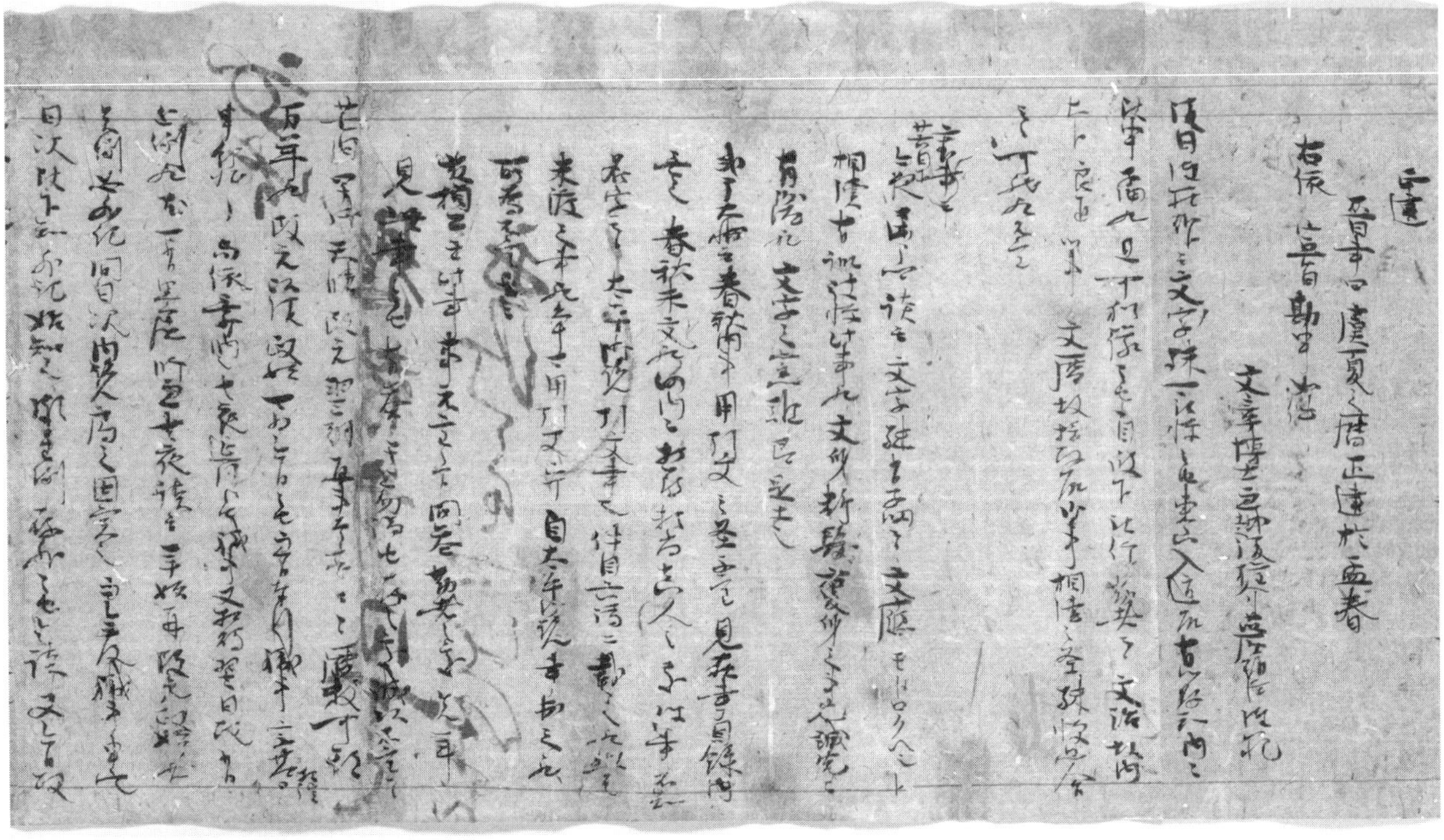

(9)〔12〕

(10)〔13〕

経光卿改元定記

宝治元年〔一二四七〕二月

経光本年三十六歳、正三位、参議、左大弁、造東大寺長官、勘解由長官、讃岐権守、十二月八日任権中納言

改元勘者ヲ催サル

改元定参入ヲ催サル

別勅ニ依リ勘者参入ス

摂政藤原兼経〔近衞家〕亭ニ参ル

年号字ニ就キ評議アリ

年号勘文ヲ後嵯峨上皇ニ進ム

勘文ヲ奏聞ス

経光ノ勘文

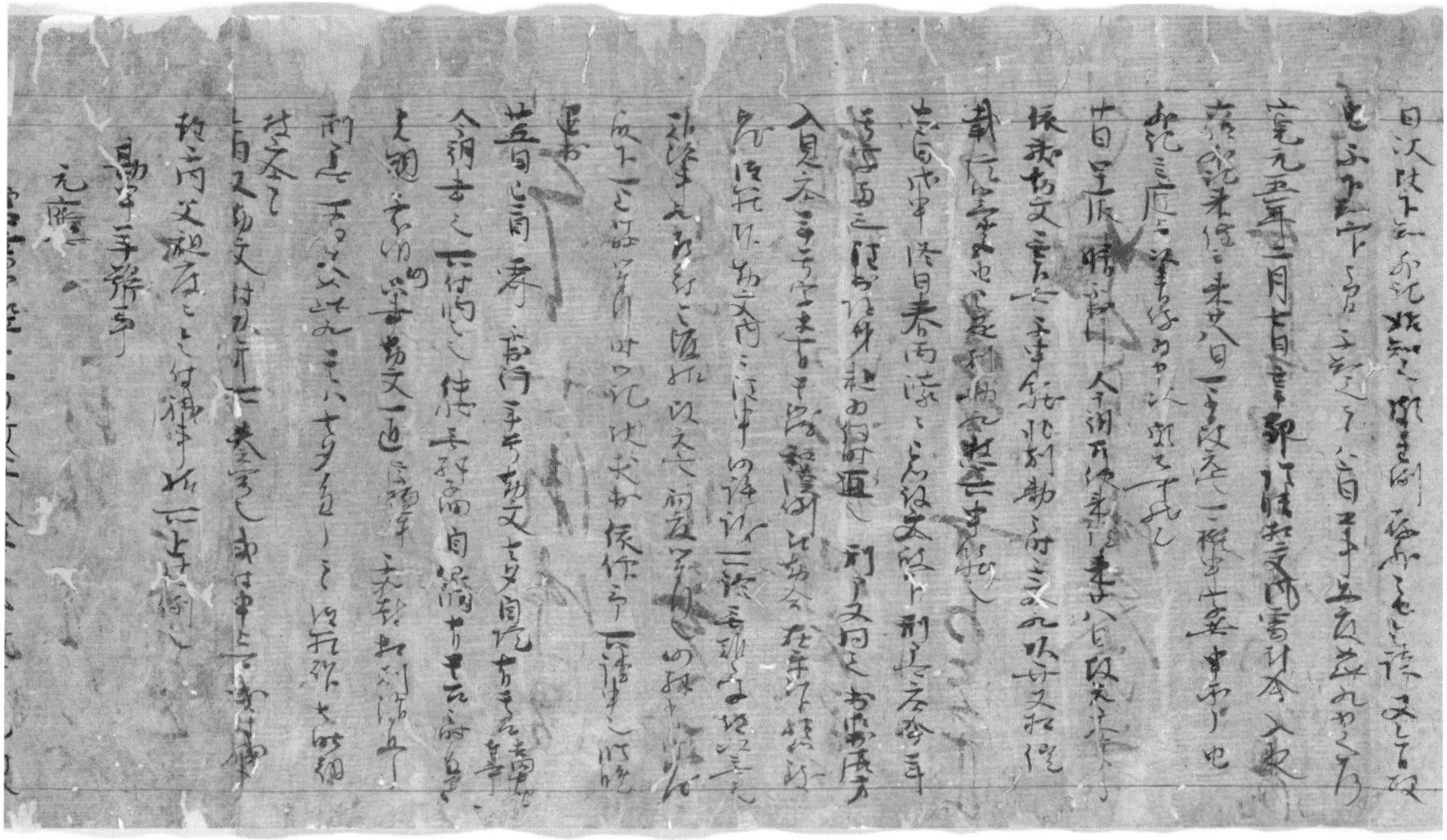

(11)〔14〕

(12)〔15〕

〔元応〕

〔唐書〕

〔正安〕

〔晋書〕

勘文ノ様

消息ヲ添へ頭弁ニ遣ス

初度勘申ニ於テハ新字一並ニ先祖勘申字一ヲ撰申ス源定通〔土御門家〕新年号ハ治字下ニアルベキ由ヲ示ス

上皇御譲位後代始ノ吉例タルニ依ル

〔塩鉄論〕

経光感心セズ

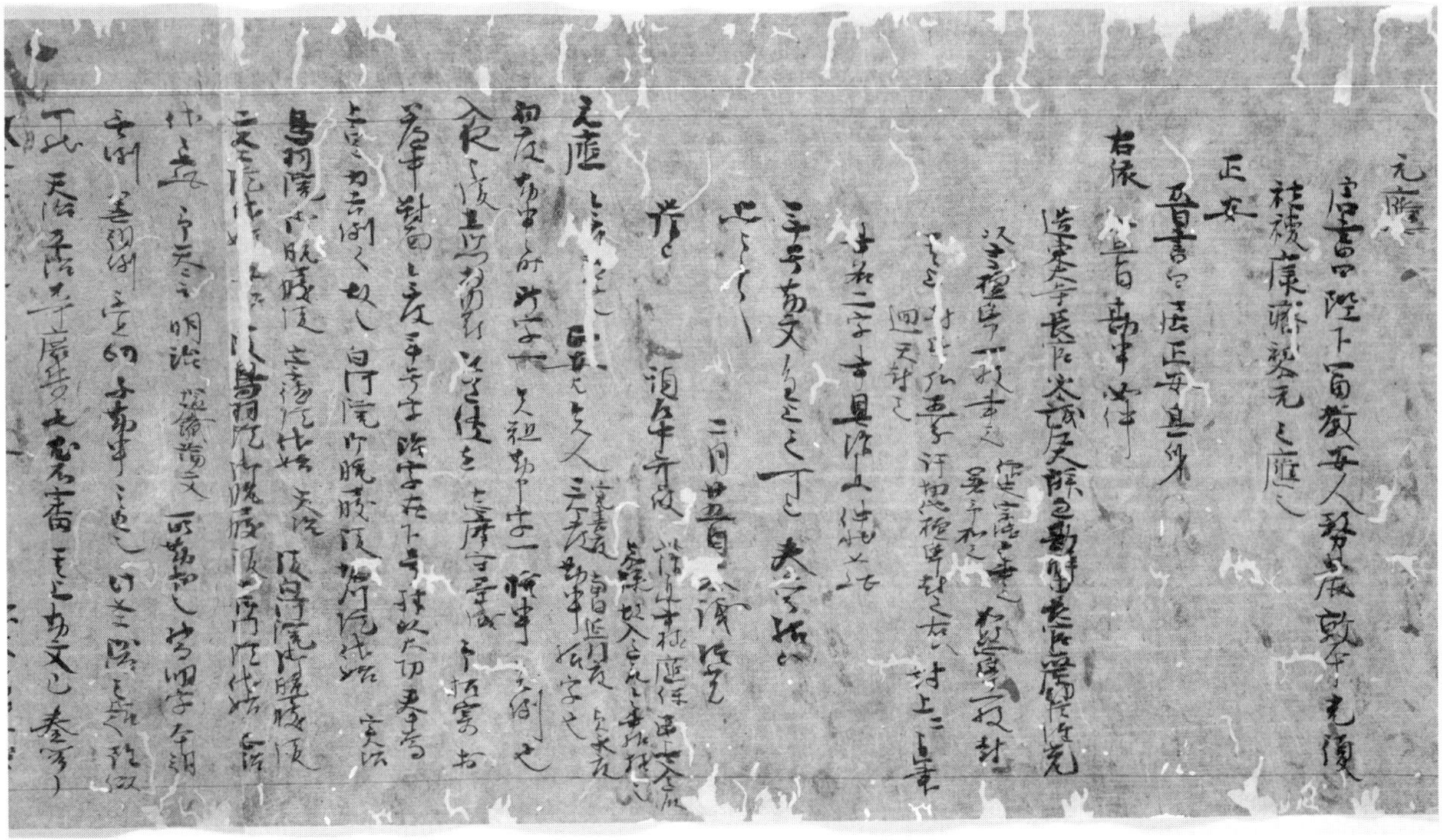

(13)
〔16〕

(14)〔17〕

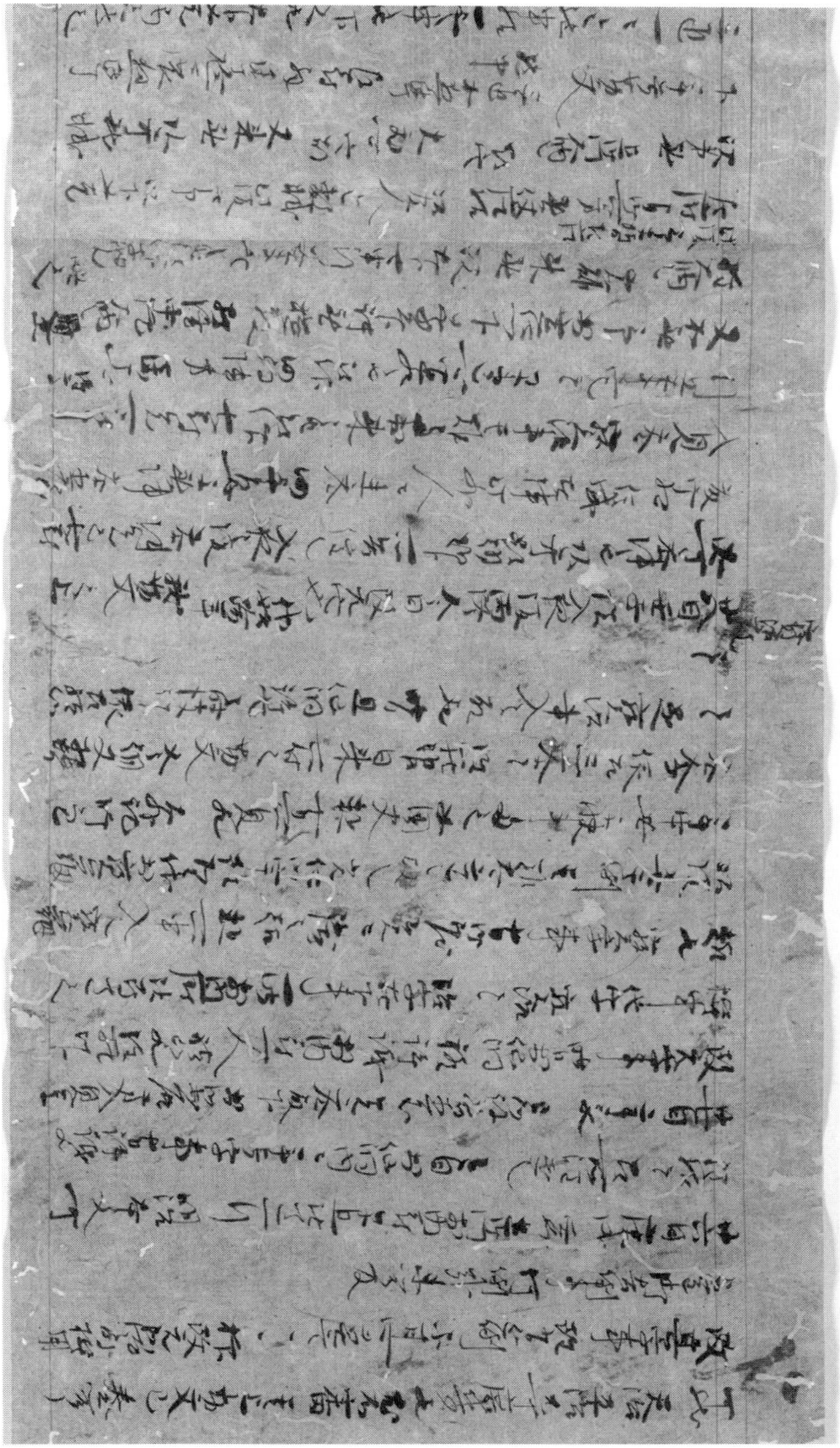

公卿著陣

先ニ条事定アリ

〔宝治度〕改元定 代始ニ依ル

藤原経範定通ノ意ニ従ヒ勘文ヲ改メ宝治ヲ勘申ス 経光ノ批判

年号字ニ就キ内院評定アリ

(15)
[18]

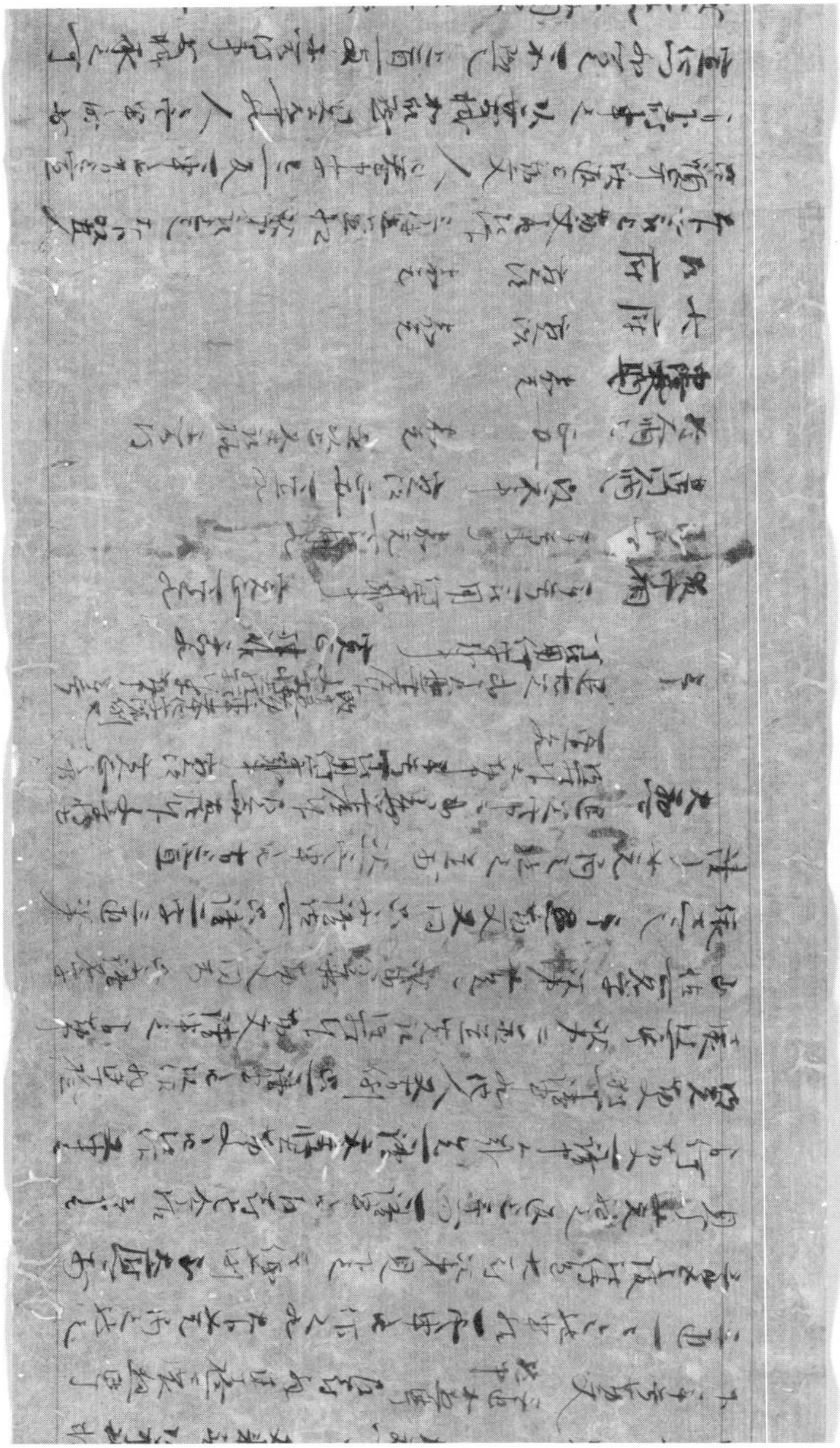

公卿定申

経光年号勘文ヲ読申ス

年号勘文ヲ覧ス
抜

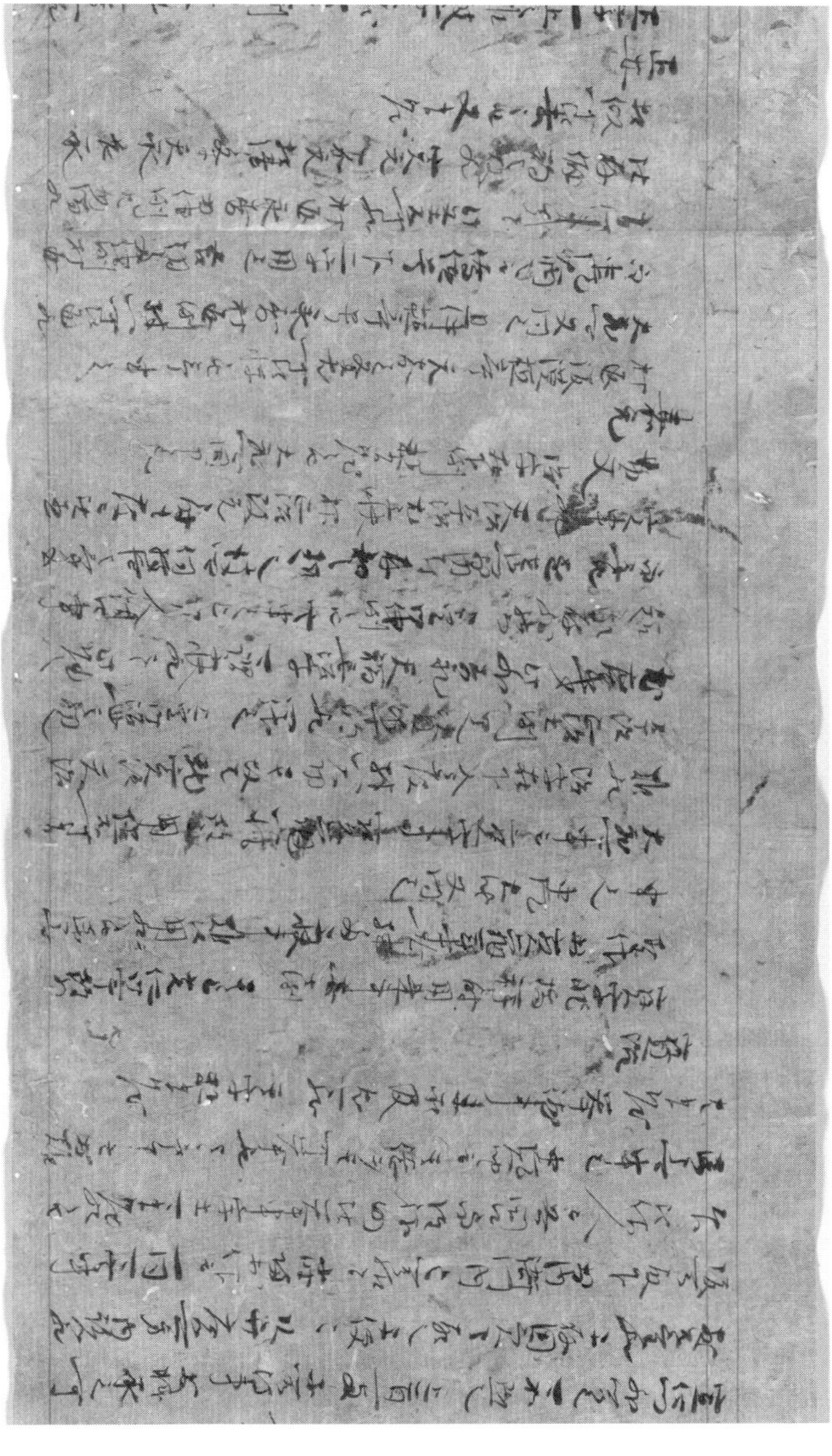

正安

(16)
〔19〕

嘉元

宝治
難陳

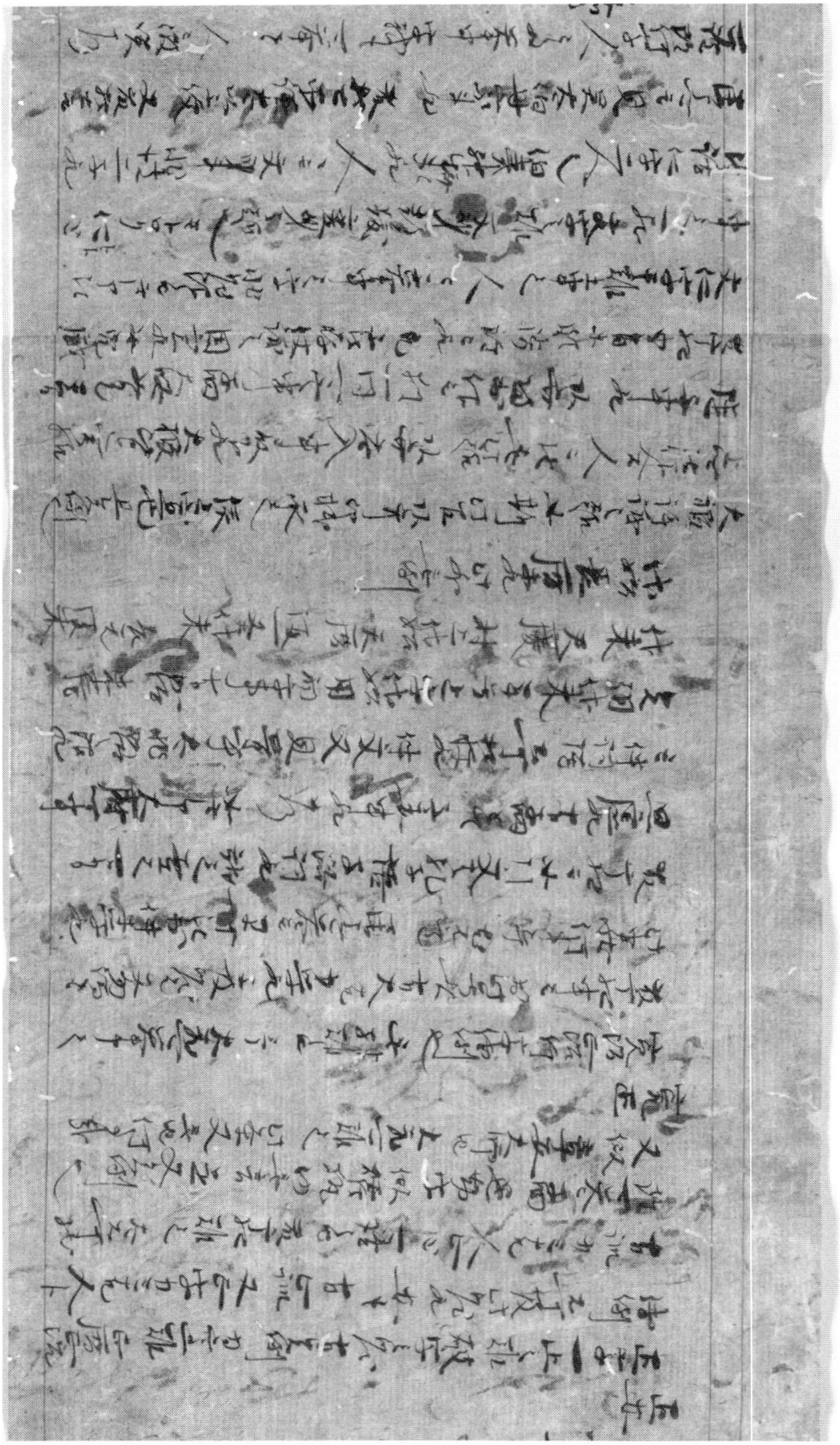

正安

寛正

〔晋書〕

上卿難陳ノ趣ヲ奏聞ス

藤原信盛〔北家日野流日野家（大福寺家）〕

仗議ノ故実ヲ存ゼス

児戯ノ如シ

(17)
〔20〕

宝治トス

藤原定嗣〔北家勧修寺流葉室家〕日頃有馬湯ニ在リ

改元詔書ヲ仰ス

詔書草内覧

清書奏聞

摂政画日

中務省ニ下ス

吉書

代始改元ニ依リ赦令ナシ

菅原淳高〔輔方の裔〕ノ勘文

〔寛正〕

〔史記〕

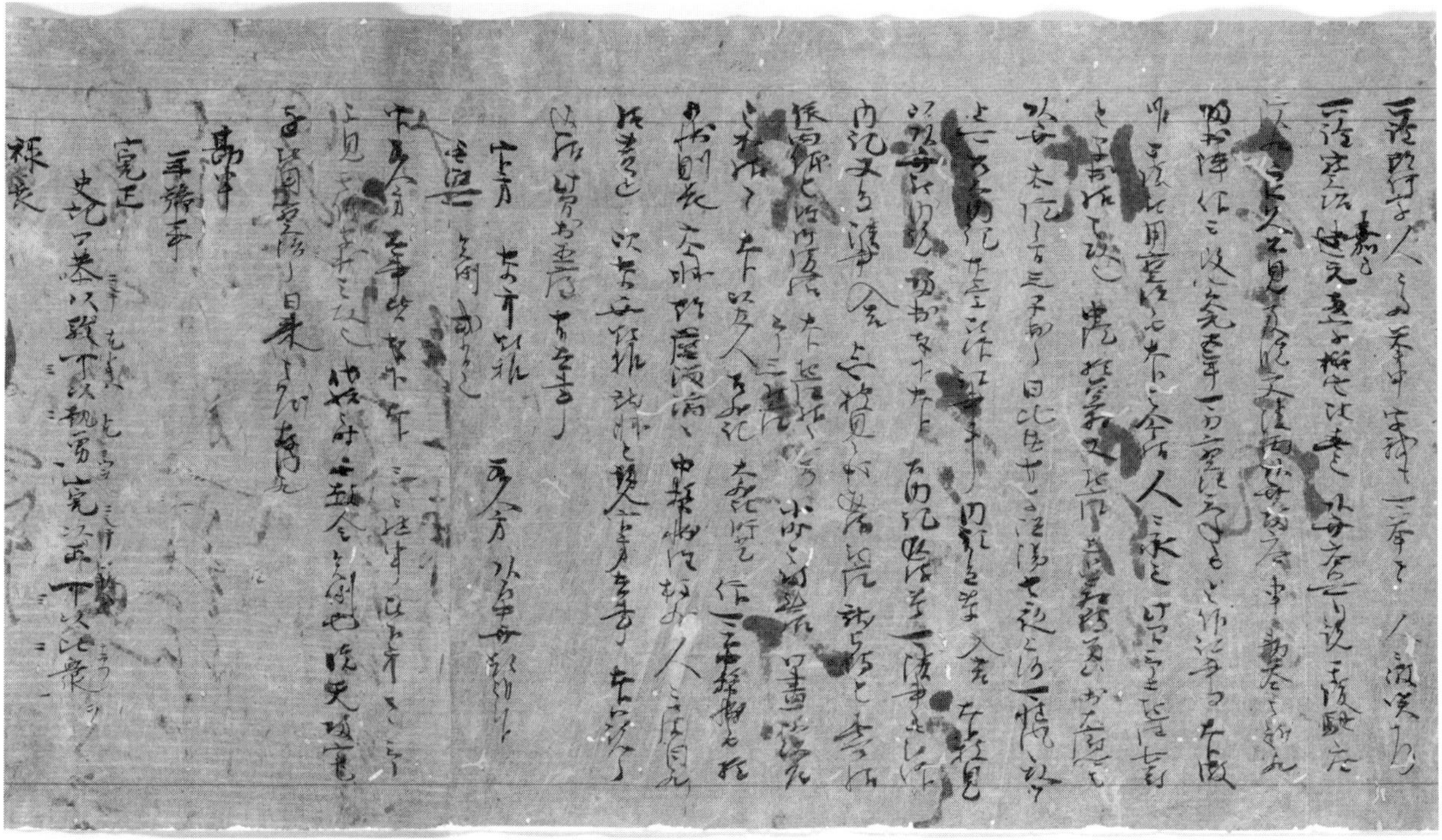

（18）
〔21〕

〔禄長（引文デハ禄永ニ作リ、永ノ左傍ニヤヤ淡墨ニテ合点ヲ附シ長ト記ス）〕

〔後漢書志（後漢書・祭祀志上注）〕

〔天聡〕

〔晋書〕

経光ノ勘文

〔元応〕

〔唐書〕

〔正安〕

〔晋書〕

経範ノ勘文

〔宝治〕

〔春秋繁露〕

〔文仁〕

〔春秋緯〕

〔淮南子〕

〔嘉元〕

〔修文殿御覧〕

経範陸機ノ詩〔上巳禊詩（陸士衡文集所収）〕ノ引文ニ修文殿御覧ヲ用フ

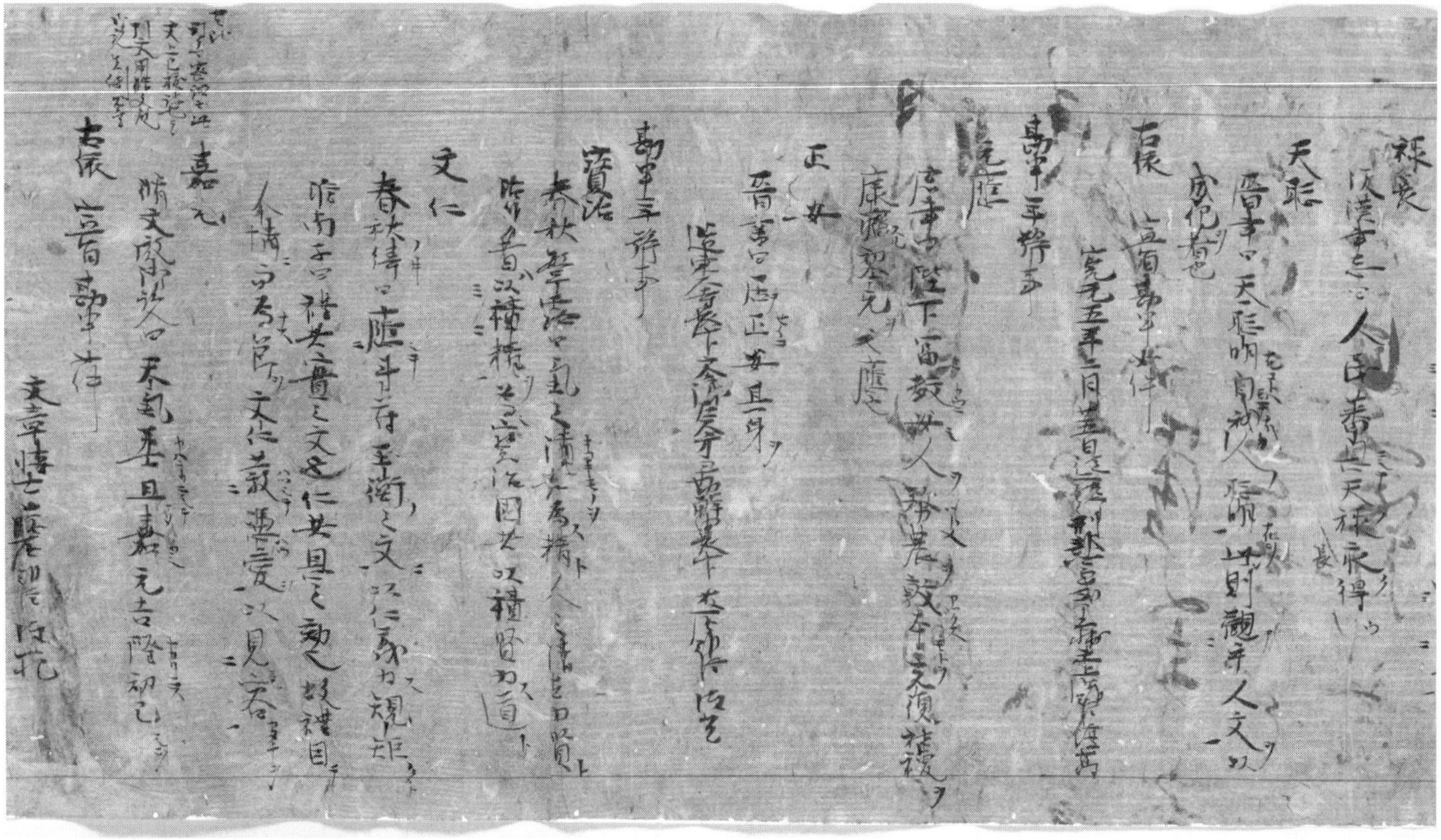

(19)
〔22〕

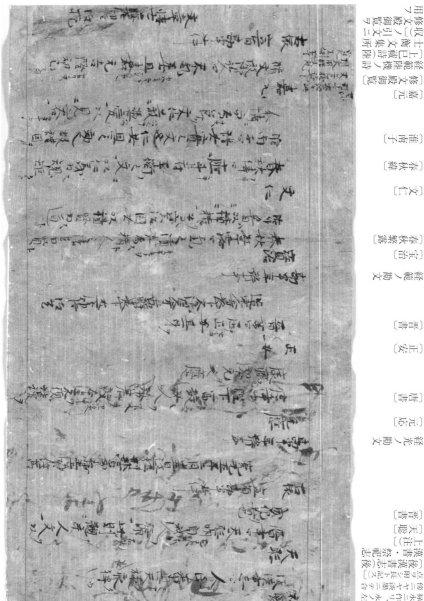

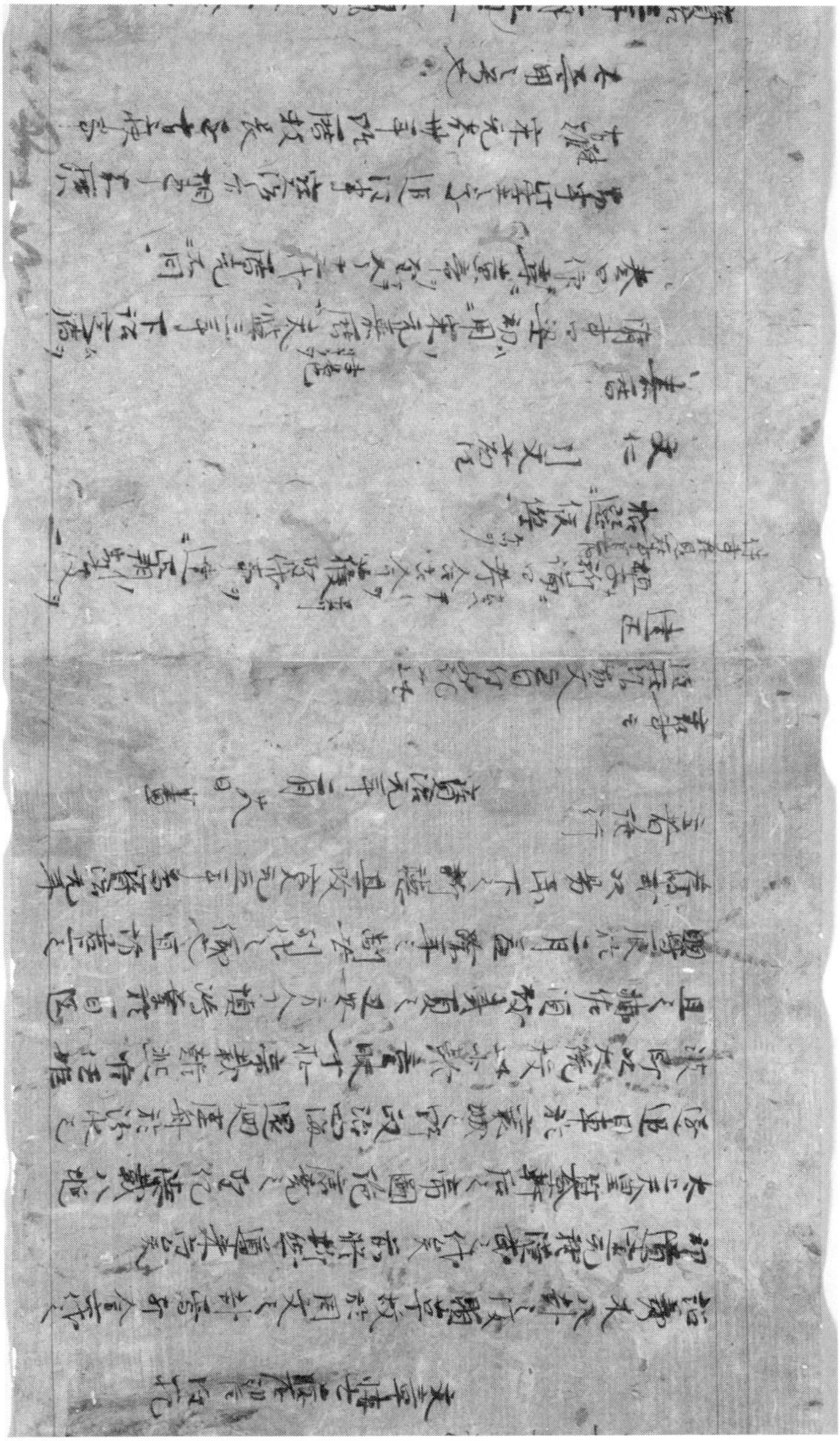

詔書

勘文経範ノ当初ノ

〔建正〕

〔桓子新論〕

〔日本国見在書目録〕

〔文仁〕

〔嘉暦〕

〔隋書〕

（20）
〔23〕

経光卿改元定記

建長元年〔一二四九〕三月

経光本年三十八歳、従二位、前権中納言

改元勘者ヲ催サル

年号勘文ヲ奏聞ス

勘文ノ様

経光ノ勘文

〔文安〕〔晋書〕

〔元応〕〔唐書〕

〔建長〕〔後漢書〕

納言後ハ字三ヲ撰申ス

位署ノ書様

消息

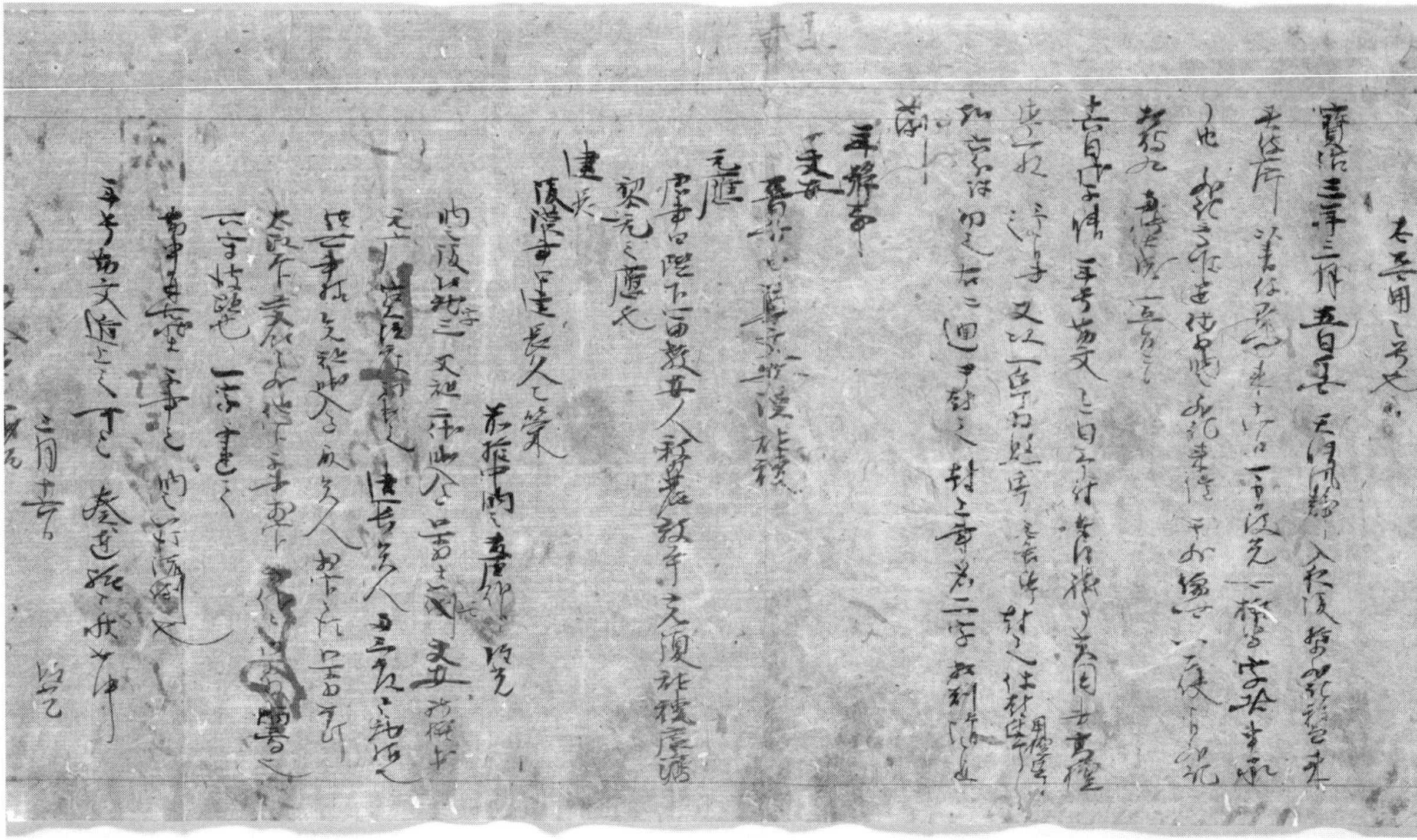

(21)
〔24〕

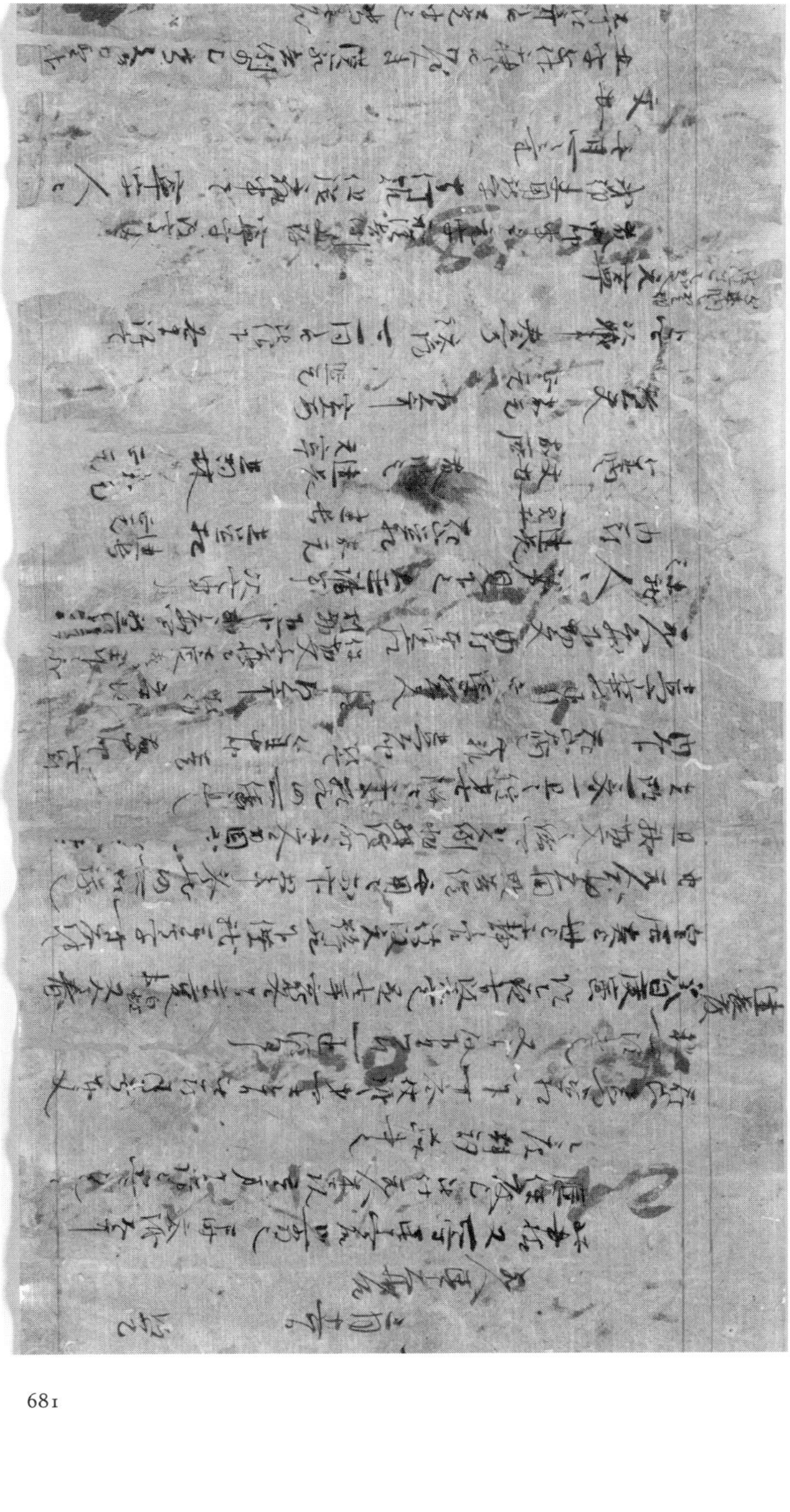

文安

難陳

元寧

勘文読申

諸卿定申

経光不参

改元定〔建長度〕

災異ニ依ル

閑院焼亡

白虹

〔22〕

〔25〕

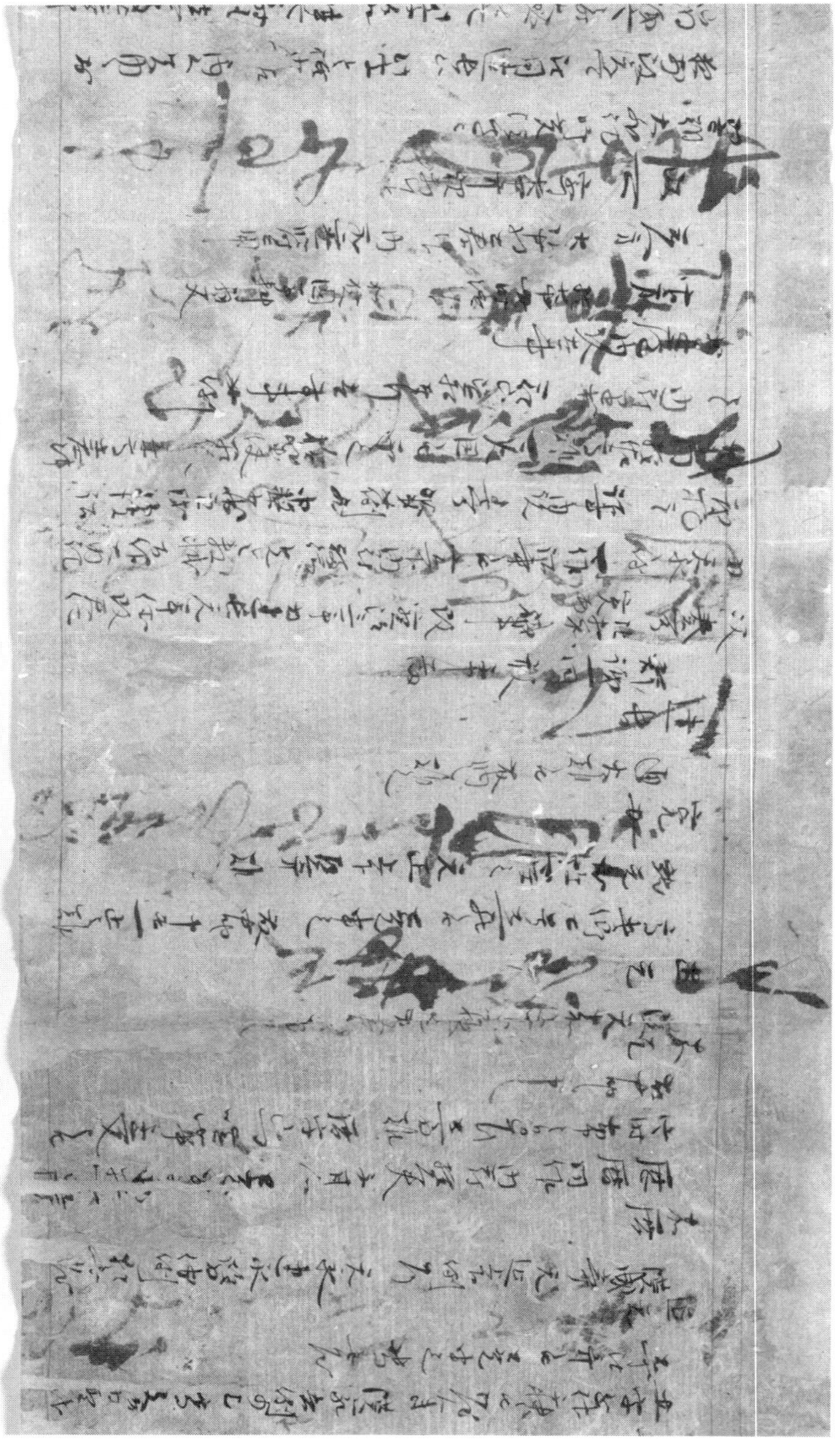

(23)
〔26〕

延元
嘉暦
嘉元
正元
寛安
建長
群議建長ニ一同ス
奏聞
建長トス
詔書ヲ中務省ニ下ス
免囚アリ
吉書
中原師光消息 経光勘申ノ建長ト定マル旨ヲ伝フ

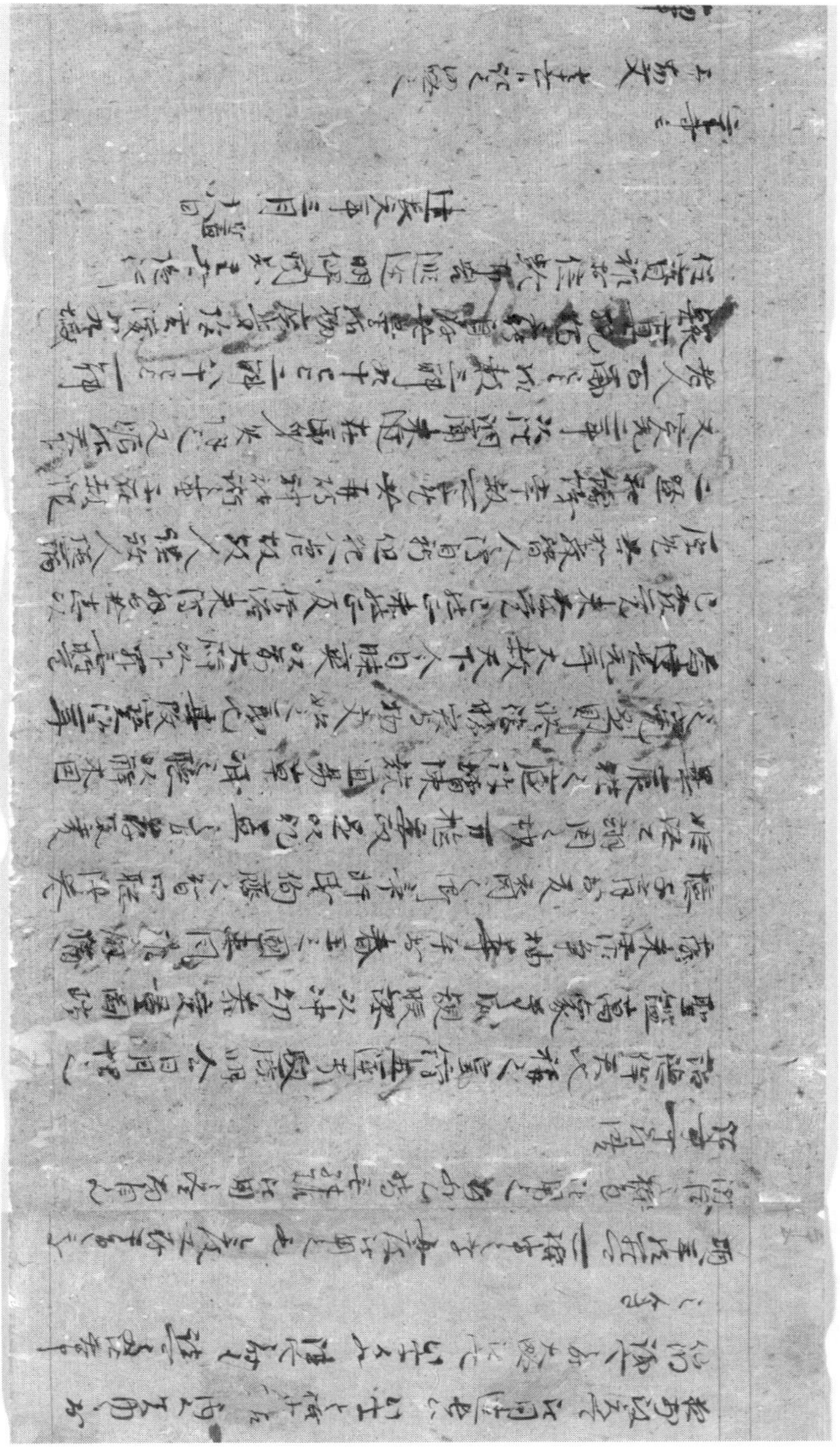

詔書

(24)
〔27〕

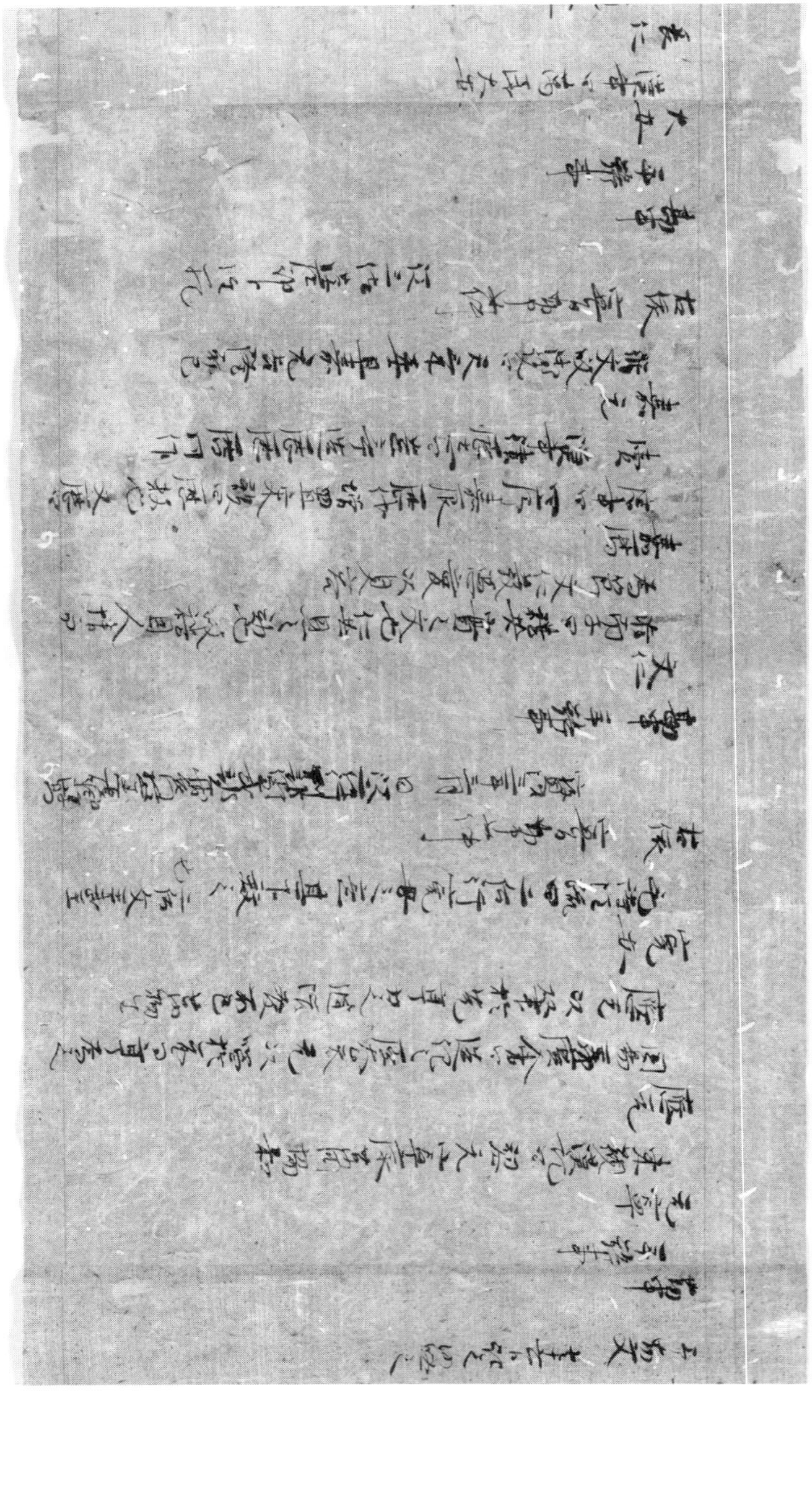

〔漢書〕
〔大安〕
菅原公良〔橘家〕ノ勘文
〔修文殿御覧〕
〔嘉元〕
〔唐書〕
〔嘉暦〕
〔淮南子〕
〔文仁〕
藤原経範ノ勘文
〔毛詩注疏〕
〔寛安〕
〔周易義広会〕
〔応元〕
〔東観漢記〕
〔元寧〕
菅原淳高ノ勘文

(26)〔29〕
(25)〔28〕

〔コレヨリ後、軸付紙〕

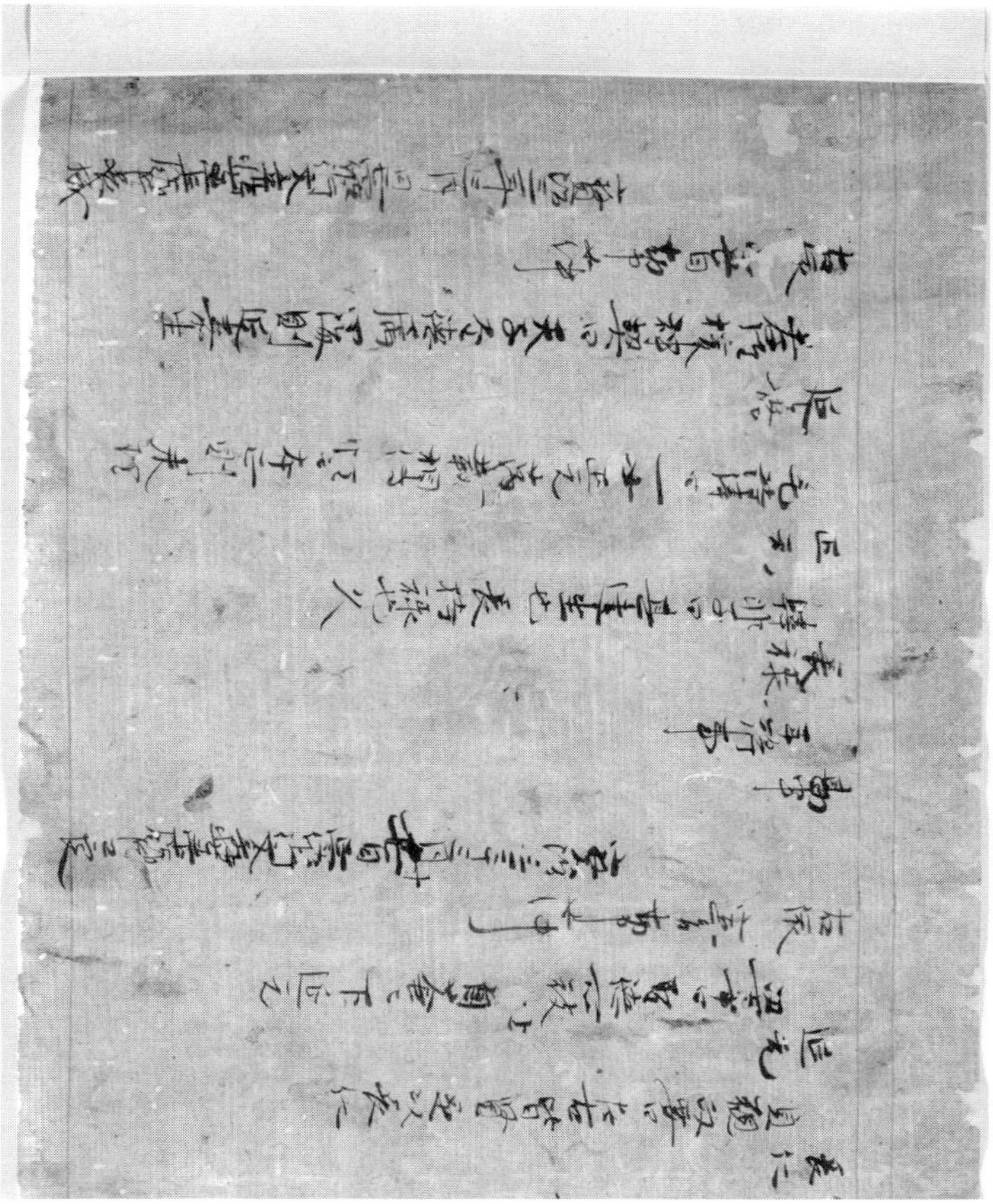

〔長仁〕
〔貞観政要〕
〔延元〕
〔梁書〕
菅原長成
〔辻家ノ勘文〕
〔長禄〕
〔韓非子〕
〔正□〕〔元〕
〔毛詩緯〕
〔延□〕〔嘉〕
〔孝経援神契〕

2 霊元上皇宸筆　国立歴史民俗博物館所蔵「年号事」覚書

所　功

一　歴博所蔵の「高松宮家伝来禁裏本」

平成三十年（二〇一七）の九月十二日～十月二十二日、国立歴史民俗博物館で開催の特集展示「年号と朝廷」を拝見した。最も興味を惹かれたのは、「高松宮家伝来禁裏本」のひとつで、霊元上皇宸筆とみられる「年号事」（H—六〇〇—二〇五—三—一五）である。

この宸筆一紙は、すでに野村玄が論文にモノクロ写真を載せ、若干言及している（野村、二〇一〇）。ただし、野村論文の重点と成果は、むしろ宮内庁の「高松宮御所蔵旧有栖川宮御本」の東山天皇宸翰とみられる九点（a～i）を全文翻刻して（写真も掲載）、そこから「宝永改元」をめぐる朝廷（上皇・天皇）と幕府（将軍）との関係を精密に解析し、とりわけ従来不明瞭であった朝廷から江戸幕府への「下光」について、その概念と実態を丹念に検証したことにある。

そのため、一方の前掲「年号事」について詳しい検討を加えるに至っていないことが惜しまれる。そこで、この「年号事」を熟視しながら野村論文を読み直し、宮内庁書陵部所蔵の「宝永」改元関係史料も通覧して気付いたことを、ここに覚書として報告する。

二　「年号事」の翻刻と筆者の推定

「年号事」一紙（縦三一・六㎝、横四五・二㎝）は、半分に折って両方に勘申者の名前と年号案を列挙し（出典省略）、末尾の一行に細字で、勘申者名と年号案を付記している。しかも、前者の十三箇所に、同じ墨色で合点がつけられ、また上に朱筆で十五箇所「上ミ」「上」「中」「〇」などの評点が加えられており、さらに末尾の一行にも三箇所の「上」の朱筆評点がみえる。その全文を次頁に翻刻する。

この一紙は、合点・評点も含めて同筆とみられる。その筆者について、野村は明瞭な判断を示していない（論文196頁上段に「霊元上皇の宸筆を含む年号の候補文字の「書体」と記す）。

しかしながら、歴博特集展示「年号と朝廷」のパンフレットでは「霊元天皇（ママ）宸筆年号備忘」と明記し、「霊元天皇（一六五四—一七三二）は……宝永（一七〇四—一一）改元の際、年号勘文に記されている年号案に対して、上皇の立場で評価を下し……朱筆で「〇」や「上」や「中」などの評点を付している」と明確に解説している。

念のため、霊元天皇＝上皇の宸筆は、帝国学士院編『宸翰英華』の図版篇・解説篇に一二三点も収録されている。いずれも祖父の後陽成天皇と並ぶ「出色稀有な能書の帝王」と評されるにふさわしい「闊達自在な筆力」がみなぎっている（小松、二〇〇六）。この「宝永」改元（一七〇四）に近い宸翰と「年号事」を見較べても、共通する字形が

〔一〕　　　長詮
〃萬寧
文承
中　〃明治
○亨久
上ゝ〃文嘉
〔二〕　　　長時
堅安
中　〃天保
上　〃泰喜
○　寛福
上　〃延安
〔三〕　　　在隆
恭明

上　〃文亨
中　〃安長
〔四〕　　　資長
容徳
○貞久
中　〃天明
〔五〕　　　總長
文邦
中　〃明和
上　〃文長
〔六〕　　　為範
有治
中　〃安永
上ゝ　〃享和
（末尾）　　總長
明永
長詮　資長　長時　在隆　為範
嘉徳　上寶暦　明長　上文化　上宝永

（一方を上下逆にし番号を冠した）

多く、後者は霊元上皇の宸筆と断定してよいであろう。

とりわけ宸筆「改元私勘」[1]は、「寛文十三年（一六七三）を改めて延宝と為す」際、「(御自身の) 代始、又五月内裏炎上に依る也。七月下旬の頃、武家相談の処、然るべく存ぜしむの由、返答し了んぬ。」「関白（鷹司房輔）に仰せて、外記に勘進せしむる勘例」として、儒者から勘申された「延宝」年号につき、「延」と「宝」の含まれる例（約三十年後に採用される候補案「宝永」も「代始、下」に用ゐる字の初例」と注記）を列挙し、奥書に「寛文十三年改元、仍て類集し了んぬ。……八月日」と記されている。当時二十歳の霊元天皇は、年号にも強い関心と見識を早くからもっておられたことが窺われる。

三　宸筆「年号事」はいつの年号備忘か

「宝永」改元では、久保貴子（一九九八）や野村玄（二〇一〇）が詳しく検証しているごとく、朝廷と幕府の間で厳しいやりとりが繰り返され、年号案が何度も勘申された。そのため、この「年号事」がどの段階の文字案を記したものか、検討する必要がある。

そこで、野村論文（二〇一〇、199頁）所載の表「宝暦改元年号勘文の勘申者と勘進経過」を参考にして、それに「年号事」および三月初め段階の勘文などを加えてみると（694・695頁の表参照）、大体の時期を推定することができる。

すなわち、改元勘文の正式な勅問・勘申は㊁正月二十六日・二十八日である。しかしながら、その数日前から「内々の年号勘文」を徴されていた東山天皇は、それを霊元上皇や左大臣近衛家熙に諮問しておられる。その内々勘文も

複数回出されていたらしく、正月十九日までに勘申されたのが㋩であろう。(2)

この㋩と歴博の㋑宸筆「年号事」および㋺「年号事」勘文を対比してみると、㋑は㋺と殆ど一致する（ただし〔二〕清岡長時の㋑が「堅安」、㋺が「堅永」という違いのみ）。また㋩も大部分が合致する（〔二〕の「泰嘉」が㋑＝㋺では「泰喜」と違うのみ）。従って、㋑と㋺と㋩は、同時か極めて近い段階の内々勘文に基づくとみられる。

それに対して、㋑末尾の付記㋣は、〔二〕〔六〕の㋥㋭から「宝暦」「宝永」をあげているので、正月二十六日・二十八日の正式な勅問・勘申に類する。ただ、〔三〕の「明長」は㋣が初出である〔四〕の「嘉徳」も〔五〕の「明永」も〔六〕の「文化」も〔四〕〔五〕〔六〕としては初出）から、㋣は㋥（正月二十六日）・㋭（二月五日）・㋬（三月一日まで）より少し後に勘申された案の抄出ではないかと思われる。

もしそうであれば、㋑・㋺は、㋩正月十九日に極めて近い「内々勘文」とみられ、一方㋑の付記㋣は、おそらく㋬三月一日より後の最終勘文に基づくものであり、霊元上皇は、最初に㋑の全文字案を抜き書きして合点と評点を加え、最後に㋣を抄出して評点を加えられたのではないか、と考えられる。

註

（1） 霊元天皇宸筆「改元私勘」（京都御所東山御文庫御物、帝国学士院編『宸翰英華』第二冊二四八頁に釈文あり、同写真版「坤」に所載）は左の通りである（「下ノ用例」省略）

延《ノフル ナカシ スヽム》 宝《タツトシ ヲコル タカラ シルシ》 切無形　　保延六、（崇徳）七年、依二革命一改元

隋書志ニ曰、分二四序一ヲ綴二三光一ヲ、延二宝祚一ヲ渺ニメ無レ疆リ、　眇唐本此字然歟。却而渺可レ然云々。

延、　説文長行也。爾雅長也。顕方言云、延年長也。

上ノ用例

延暦《桓武代始》廿四、廿五年、依代始改元。　延喜《醍醐》廿二、廿三年、依旱魃・疾病改元。　延長《同》八、九年、依代始改元。　延久《後二条代始》五、六年、依代始改元。　延応《四条》一、二年、依彗星・炎旱・地震改元。　延慶《花園代始》三、四年、依疾病改元。　延文《後光厳》五、六年、依疱瘡・疾病・天変・兵革改元。　延徳《後土御門》三、四年、依疾病改元。

宝、説文注曰、人所保也。広匀珍□〔宝カ〕、又瑞也、符也。増匀又符璽也、重也、貴也。

（2）東山天皇から霊元上皇への正月二十日宸翰に「昨夕ハ改元年号之事、委仰下、忝存候。〔一〕文承・明治・享久、〔二〕泰嘉・寛福、〔三〕文享、〔四〕貞久・天明等之号、改勘申可申之由申付候。又〔二〕延安、〔六〕安永等引文、本書ニテ考候処、不宜候故、引文は〔貼〕り改候様ニ申付候。且又貞久之引文之儀、考勘候処、書誤にて御座候。猶別紙ニ書付、入御覧候也。謹言」と記されているが、㋺の「延安」は確かに貼り改められている。

近衛家熈の『家熈公記』正月二十九日条には、「抑〔一〕寛安号之事、就火難・艱難等之俗難。今度挙奏、一向可有憚之由、密々有其沙汰。是仙洞思召云々」と記されており、仙洞霊元上皇は〔一〕㊁の「寛安」を「火難・艱難」との音通により憚るべしとの思し召しを示されていたことがわかる。

家熈の父近衛基熈の『基熈公記』二月十日条の「別記」には「左府来云、先頃被遣関東年号七号共、以不被応義旨、昨夜有返答。依是俄又可改進勘文旨被仰出。各迷惑〔甚〕云々。凡関東所存、不審〱言語道断。……被遣関東年号、安永　正観　享和　乾永　明和　寛延　天保　七号云々」とあり、㊁正月二十六日勅問、二十八日勘申年号案のうち、〔六〕為範の「安永」「享和」、〔五〕総長の「正観」「明和」、〔二〕長時の「乾永」「安延」「天保」、以上七号が関東へ遣わされたが、二月九日に届いた返答で、いずれも「義に応じられず」と否定してきたので、あらためて勘文を改進すべしと仰せ出されることになったという。

東園基長の『基長卿記』二月二十九日の条には「右将軍（今出川伊季）於傍被申云、今夜自〔喜〕関東有返答。已治定云々。此元号之間可挙奏、……年号記于左。／正徳　宝暦　宝永　寛保　安観　天亀」とあり、関東からの返答では、㋭二月五日勘申年号案のうちから、〔五〕総長の「正徳」、〔二〕長時の「宝暦」、〔六〕為範の「宝永」「寛保」、〔一〕長詮の「天亀〔喜〕」に治定してきたので、この六号を挙奏するほかなくなったことがわかる。

参考文献

宮内省編・吉岡眞之・藤井譲治解題、二〇〇六『東山天皇実録』〈天皇皇族実録一一二〉（ゆまに書房）
久保貴子、一九九八『近世の朝廷運営―朝幕関係の展開―』〈近世史研究叢書2〉（岩田書院）
小松茂美、二〇〇六『天皇の書』〈文春新書〉（文藝春秋）
帝国学士院編、一九四四『宸翰英華』（紀元二千六百年奉祝会。復刻一九八八年、思文閣出版）
野村　玄、二〇一〇「旧高松宮家伝来東山天皇宸翰と宝永改元―下光の制度的位置」（『国立歴史民俗博物館研究報告』一六〇）

表「宝永」改元（元禄十七年三月十三日）に至る勘申者の年号案　ゴシック体は注目すべき年号を示す。

勘申者	史料					
〔一〕東坊城長詮	㋑宸筆「年号事」	高寧	文承	〈中〉明治	〈○〉享久	〈上ミ〉文嘉
	㋺「年号事」勘文	〃	〃	〃	〃	〃
	㋩正月十九日までに勘申	〃	〃	〃	〃	〃
	㋥正月二十六日勅問・勘申	〃	**嘉徳**	大応	**寛安**	〃
	㋭二月五日勘申・下光	正永	文元	**天喜**	萬安	文化
	㋬三月一日までに勘申	**天喜**	正永	文元	萬安	文化
	㋣宸筆「年号事」付記		**嘉徳**			
〔二〕清岡長時	㋑宸筆「年号事」	堅安	〈中〉天保	〈上〉泰喜	〈○〉寛福	〈上〉延安
	㋺「年号事」勘文	堅永	〃	〃	〃	〃
	㋩正月十九日までに勘申	堅安	〃	泰嘉	〃	〃
	㋥正月二十六日勅問・勘申	〃	〃	**宝暦**	乾永	寛延
	㋭二月五日勘申・下光	〃	永安	〃	保徳	享宝
	㋬三月一日までに勘申	堅安	天祐		宝安	
	㋣宸筆「年号事」付記			**宝暦**		
〔三〕廣橋在隆	㋑宸筆「年号事」	恭明	〈上〉文享	〈中〉安長		
	㋺「年号事」勘文	〃	〃	〃		
	㋩正月十九日までに勘申	〃	〃	〃		
	㋥正月二十六日勅問・勘申	〃	嘉永	〃		
	㋭二月五日勘申・下光	〃	安観	応永（カ）		
	㋬三月一日までに勘申					
	㋣宸筆「年号事」付記	明長				

勘者	史料					
〔四〕東坊城資長	㋑宸筆「年号事」	容徳	〈〇〉貞久	〈中〉天明		
	㋺「年号事」勘文	〃	〃	〃		
	㋩正月十九日までに勘申	〃	〃	〃		
	㋥正月二十六日勅問・勘申	〃	大正	慶応		
	㋭二月五日勘申・下光	〃	天祐	宝安		
	㋬三月一日までに勘申					
	㋣宸筆「年号事」付記	嘉徳				
〔五〕高辻総長	㋑宸筆「年号事」	文邦	〈中〉明和	〈上〉文長		
	㋺「年号事」勘文	〃	〃	〃		
	㋩正月十九日までに勘申	〃	〃	〃		
	㋥正月二十六日勅問・勘申	〃	正徳	明和		
	㋭二月五日勘申・下光	〃	〃	長祥		
	㋬三月一日までに勘申	文邦	〃	〃		
	㋣宸筆「年号事」付記	〈上〉**明永**				
〔六〕五条為範	㋑宸筆「年号事」	有治	〈中〉安永	〈上〻〉亨和		
	㋺「年号事」勘文	〃	〃	〃		
	㋩正月十九日までに勘申	〃	〃	〃		
	㋥正月二十六日勅問・勘申	〃	〃	〃		
	㋭二月五日勘申・下光	〃	**宝永**	寛保		
	㋬三月一日までに勘申	有治	〃			
	㋣宸筆「年号事」付記	〈上〉文化	〈上〉**宝永**			

※㋑㋺㋣：国立歴史民俗博物館所蔵、㋩㋥㋭㋬：宮内庁書陵部所蔵「宝永度改元年号勘文」など

あとがき

一冊の書物が刊行されるまでには、いくつもの偶然が作用するものであろう。歴史学を専門とせず、中国清代における考証的な学問の研究を表看板としているはずの編者が八百頁を越える年号に関わる論集を出版できたのは、偶然が積み重なった結果に外ならない。

年号に関心を持つようになったのは、平成十九年（二〇〇七）に石井行雄氏（北海道教育大学釧路校）から、古い漢籍テキストを附載する年号勘文を収録する『元秘別録』なる書物の存在を知らされたことがきっかけである。当時は日本漢学に関して校勘学の観点から研究を進めており、漢籍、とりわけ儒家経典の古写本に由来するテキストが少なからず収録されている本書は恰好の研究対象になり得ると判断し、さっそく国立公文書館「内閣文庫」所蔵本数種の中、一種の全冊画像を入手した。しかし編者が日本の文書や記録に関して基礎知識が不足していたことに加え、しばらくして北海道から沖縄へ大異動したこともあって、その時点では研究成果を具体的な形にすることができなかった。

研究状況に変化が訪れたのは、平成二十六年（二〇一四）のことである。琉球大学在職中、新たな研究プロジェクトを立ち上げるために、石井氏や近藤浩之氏（北海道大学大学院文学院）と企画を考えていた時、未活用のままになっている年号資料を使った研究計画を実行することに相談がまとまり、二種類の計画書を書き上げて、日本学術振興会科学研究費補助金および国立歴史民俗博物館（以後、「歴博」）の公募型共同研究に応募したところ、案に相違して両方とも採択された。そうなると、限られた期間内に相応の業績を挙げることが求められるので、年号研究に集中的に取り組むことになった。折よく沖縄から東京に異動することが決まり、以後の研究・調査の拠点となる歴博（千葉県佐倉市）に通うのが遙かに容易になった。

歴博の小島道裕氏（研究部歴史研究系）は、調査に赴く度、ご自身の研究活動が多忙を極めているにもかかわらず、受け入れ担当教員（共同研究・研究副代表）として常に親身に対応してくださり、小倉慈司氏（研究部歴史研究系）と田中大喜氏（同）に研究計画に加わっていただくための手続きも進めてくださった。研究計画最終年度に実施した特集展示や国際シンポジウムを含む研究成果の発信に関してもひとかたならぬ支援をくださった。歴博には、年号に関する文書や記録が膨大に収蔵されており、管理部博物館事業課資料係専門職員の森谷文子氏には、毎回、大量の資料熟覧に便宜をはかっていただいた。同係勝田徹氏は、口絵欄の精密な画像を含む館蔵資料の写真撮影に尽力してくださった。館内各部門の職員からのご高配は、研究計画を遂行する上での推進力となった。口絵の写真画像の提供と利用許可を含め、歴博館内各位のご協力に対して深甚なる謝意を表する。

序に記した通り、本書所収の大半の論考は、歴博にて平成二十九年（二〇一七）に開催した歴博フォーラム「年号と日本文化」と国際シンポジウム「年号と東アジアの思想と文化」においてなされた研究報告がもとになっている。二つの学術会議に参加してくださった国内外の研究者一人一人には、質疑応答の時間を含め、貴重なる知見を惜しみなく提供してくださったことに対し厚く感謝申し上げる。来場されていた八木書店古書出版部の恋塚嘉氏から出版企画を持ちかけられたのは、まさしく渡りに舟であり、同氏はすぐさま効率的な編集スケジュールを策定し、刊行実現に向け、その時々に適切なサポートをしてくださった。時に編者が圧倒されるほどの熱意を示された恋塚氏の働きがなくては、新たな改元に合わせたタイミングでの刊行実現は極めて困ておく。

難だったであろう。三十二頁からなるカラー口絵欄を設けることになったのも同氏の発案によることを附記しておく。

中国学に関わる書物しか読んでこなかった編者が年号の研究を進めるに当たっては、和漢の学術に広く通じている石井氏に頼る部分が多かった。研究計画の着実な遂行は近藤氏によって支えられ、時に息切れしそうになると煩をいとわず必要な助力を与えてくださった。両氏を始め、本書が完成するまでに多くの方々にお世話になったが、遺漏があることを恐れ、一人一人のお名前を挙げることは差し控える。ただ、髙田宗平氏（中央大学文学部兼任講師）については、本書が完成するまでの貢献が顕著なので紹介させていただきたい。

髙田氏は、歴博で公募型共同研究が実施されていること自体の情報提供から始まり、計画採択後の館内事務の進め方、さらには、研究組織に加わっていただいたり学術会議に参加していただいたりする研究者の紹介・連絡まで手間を惜しまずに行ってくださった。同氏に各方面に声を掛けていただかなければ、本書がここまで質量ともに厚みのあるものになり得なかったことは疑いを容れない。編集作業が本格化してからは、恋塚氏との打ち合わせ会議に参加の上、提出原稿全文に目を通して、随時貴重な提言を寄せられた。口絵の書誌事項の解説に対しても、専門的知識を活かして加筆・修訂を繰り返し行ってくださった。以上のことに鑑み、恋塚氏と相談の上、「編集協力」として編者と並べて尊名を本書に冠することにした。

『元秘別録』の存在を知ってから十二支が一回りした平成最後・令和最初の年に、本書が刊行されることになったのも天の配剤というべきであろうか。琉球王国や朝鮮王朝の年号に関する論考も収録する予定もあったが、事情により実現できなかった。今後はこれらも含めた総合的な研究の発展を目指すべきかも知れないが、国内における年号研究は、やはり歴史学を専門とする研究者が担うべきであろう。専門外の浅学にとって、本書を刊行することすら分不相応と言える。本書を土台にして複合領域的な年号研究が発展することを祈って擱筆する。

本書は、国立歴史民俗博物館公募型共同研究「廣橋家旧蔵文書を中心とする年号勘文資料の整理と研究」（平成27年度~平成29年度）、JSPS科研費基盤研究（B）「年号勘文資料の研究基盤の構築」（15H03157）、中国国家社科基金重大項目「日本《十三経注疏》文献集成」（16ZDA109）による研究成果の一部である。

水上雅晴

執筆者紹介（執筆順）

【編者】

水上雅晴（みずかみ まさはる）　＊略歴は奥付に記載

【編集協力】

髙田宗平（たかだ そうへい）　＊略歴は奥付に記載

所　功（ところ いさお）　京都産業大学名誉教授、モラロジー研究所教授。日本法制文化史。〔主な著作〕『皇室事典』（編著、角川学芸出版、二〇〇九年）・『日本年号史大事典』（編著、雄山閣、二〇一四年）・『皇位継承』（共著、文春新書、文藝春秋社）・『元号―年号から読み解く日本史―』（共著、文春新書、文藝春秋社、二〇一八年）

小川剛生（おがわ たけお）　慶應義塾大学文学部教授。中世文学・和歌文学。〔主な著作〕『二条良基研究』（笠間書院、二〇〇五年）・『中世和歌史の研究　撰歌と歌人社会』（塙書房、二〇一七年）・『兼好法師　徒然草に記されなかった真実』（中公新書、中央公論新社、二〇一七年）

近藤浩之（こんどう ひろゆき）　北海道大学大学院文学院教授。中国思想・易学。〔主な著作〕「是か非か悩んだ果てに―荘子の悩み―」（仁平尊明編『悩める人間　人文学の処方箋』北大文学研究科ライブラリ、北海道大学出版会、二〇一七年）・「田中本『周易』（重文）のもう一つの顔―白点調査中間報告―」（共著、『歴博』二〇一、二〇一七年）・「年号に使われた漢籍」（『歴博』二〇八、二〇一八年）

石井行雄（いしい ゆきお）　北海道教育大学教育学部釧路校准教授。国語学。〔主な著作〕「室町時代漢籍訓読の一事例―『元秘別録』と言う窓から―」（『語学文学』四六、二〇〇八年）・「『古今和歌集』の「名取川」―六二八・六五〇番歌私解―」（『国語論集』一〇、二〇一三年）・「明石の姫君の誕生日―『源氏物語』「澪標」の巻、私解―」（『中国哲学』四五・四六合併号【論考篇】、二〇一八年）

猪野　毅（いの たけし）　北海道小樽水産高等学校教諭。中国哲学・暦学。〔主な著作〕「奇門遁甲の基礎的研究」（『北海道大学大学院研究論集』一〇、二〇一〇年）・「山川九一郎著『奇門遁甲千金書』について」(『中国哲学』三八、二〇一〇年)・「『敦煌吐魯番出土発病書』中の「推四方神頭脇日得病法」について」(『中国哲学』四五・四六合併号【論考篇】、二〇一八年)

大形　徹(おおがた　とおる)　大阪府立大学大学院人間社会システム科学研究科教授、立命館大学衣笠総合研究機構招聘教員(教授)。中国哲学。〔主な著作〕『不老不死—仙人の誕生と神仙術—』(講談社、一九九二年)・『魂のありか—中国古代の霊魂観—』(角川書店、二〇〇〇年)・『胎産書・雑禁方・天下至道談・合陰陽方・十問』(東方書店、二〇一五年)

名和敏光(なわ　としみつ)　山梨県立大学国際政策学部准教授、山東大学儒学高等研究院教授。中国思想史、文献学、出土資料学、術数学。〔主な著作〕「『抱朴子』所見呪語の遡及的考察」(『東方宗教』一三一、二〇一八年)・「北京大学漢簡「揕輿」と馬王堆帛書『陰陽五行』甲篇「堪輿」の対比研究」(谷中信一編『中国出土資料の多角的研究』汲古書院、二〇一八年)・「出土資料「堪輿」考」(中国古代史研究会編『中国古代史研究　第八—創立七十周年記念論文集—』研文出版、二〇一七年)

月脚達彦(つきあし　たつひこ)　東京大学大学院総合文化研究科教授。朝鮮近代史。〔主な著作〕『朝鮮開化思想とナショナリズム』(東京大学出版会、二〇〇九年)・「近代朝鮮の儒教的知識人と『武』」(『韓国朝鮮の文化と社会』一〇、二〇一一年)・『福沢諭吉と朝鮮問題』(東京大学出版会、二〇一四年)

Pham Le Huy(ファム　レ　フイ)　ベトナム国家大学ハノイ校・人文社会科学大学・東洋学部日本研究学科講師。日本古代史、ベトナム古代・中世史。〔主な著作〕「賦役令車牛人力条からみた逓送制度」(『日本歴史』七三六、二〇〇九年)・「新発見の仁寿元年の交州舎利塔銘について」(新川登亀男編『仏教文明と世俗秩序』勉誠出版、二〇一五年)・「古説話と歴史との交差—ベトナムで龍と戦い、中国に越境した李朝の「神鐘」—」(小峯和明監修・金英順編『【シリーズ】日本文学の展望を拓く(一)東アジアの文学圏』笠間書院、二〇一七年)

清水浩子（しみず　ひろこ）　京都大学人文科学研究所共同研究員、公益財団法人斯文会講師。中国哲学。〔主な著作〕「緯書思想と礼楽」（福井文雅博士古稀・退職記念論集刊行会編『福井文雅博士古稀記念論集　アジア文化の思想と儀礼』春秋社、二〇〇五年）・「陰陽五行説の構造的把握」（武田時昌編『術数学の射程―東アジア世界の「知」の伝統―』京都大学人文科学研究所、二〇一四年）・「中国古代の養生思想」（中国古代史研究会編『中国古代史研究　第八―創立七十周年記念論文集―』研文出版、二〇一七年）

多田伊織（ただ　いおり）　大阪府立大学大学院人間社会システム科学研究科客員研究員、大阪大学大学院基礎工学研究科兼任講師。日中文化交流史・出土文物研究・医学史。〔主な著作〕『日本霊異記と仏教東漸』（法藏館、二〇〇一年）・『小島宝素堂関連資料集』（共編、京都大学人文科学研究所、二〇一二年）・「典籍木簡から見る、奈良時代の『千字文』『文選』受容」（犬飼隆編『古代文字と隣接諸学4　古代の文字文化』竹林舎、二〇一七年）

甘　懐真（カン　カイシン）　台湾大学歴史系教授。中国古代史（東アジアの儒教と政治）。〔主な著作〕『皇権、礼儀与経典詮釈―中国古代政治史研究―』（台湾大学出版社、二〇〇四年）（中文）・「東アジア古代の冊封体制における将軍号」（関西大学アジア文化交通研究センター編『東アジア文化交流と経典詮釈』関西大学アジア文化交流研究センター、二〇〇九年）・「広開土王碑文中的烟戸―兼論古代東亜的守墓人制度―」（『早期中国史研究』八―一、二〇一六年）（中文）

福島金治（ふくしま　かねはる）　愛知学院大学文学部教授。日本中世史。〔主な著作〕『金沢北条氏と称名寺』（吉川弘文館、一九九七年）・『安達泰盛と鎌倉幕府―霜月騒動とその周辺―』（有隣新書、有隣堂、二〇〇六年）・『生活と文化の歴史学9　学芸と文芸』（編著、竹林舎、二〇一六年）

田中大喜（たなか　ひろき）　国立歴史民俗博物館研究部准教授。日本中世史。〔主な著作〕『中世武士団構造の研究』（校倉書房、二〇一一年）・『新田一族の中世　「武家の棟梁」への道』（吉川弘文館、二〇一五年）・「中世在地領主による『平和』の創成・維持と地域社会」（『人民の歴史学』二一七、二〇一八年）

童　嶺（ドウ レイ）　南京大学文学院教授、南京大学域外漢籍研究所研究員。五胡十六国及北朝文化史、中国中古経学史、日蔵漢籍旧抄本研究。〔主な著作〕『六朝隋唐漢籍旧鈔本研究』（中華書局、二〇一七年）（中文）・「「五牛旗建」与「赤牛奮靷」―文本視域下南匈奴漢趙時代的預言与讖緯―」（『文学遺産』二〇一六年）（中文）・『南斉時代的文学与思想（附南監本〈南斉書〉荻生徂徠批識輯考）』（中華書局、二〇一三年）（中文）

久禮旦雄（くれ あさお）　京都産業大学法学部准教授。日本法制史・日本文化史。〔主な著作〕『日本年号史大事典』（共著、雄山閣出版、二〇一四年）・『元号―年号から読み解く日本史―』（共著、文春新書、文藝春秋社、二〇一八年）・「桓武天皇朝の神祇政策―『類聚三代格』所収神祇関係官符の検討を通じて―」（『神道史研究』六四―一、二〇一六年）・「神祇令・神祇官の成立―古代王権と祭祀の論理―」（『ヒストリア』二四一、二〇一三年）

鶴成久章（つるなり ひさあき）　福岡教育大学教育学部教授。中国哲学。〔主な著作〕「中国近世の書院と宋明理学―講学という学問のかたち―」（小南一郎編『学問のかたち―もう一つの中国思想史―』汲古書院、二〇一四年）・「寧国府における王龍溪の講学活動―水西の会を中心に―」（小路口聡編『語り合う〈良知〉たち―王龍溪の良知心学と講学活動―』研文出版、二〇一八年）・「万暦元年浙江郷試の策題について―王守仁の孔廟従祀と浙江王門―」（『東洋古典学研究』四五、二〇一八年）

大川　真（おおかわ まこと）　中央大学文学部准教授。日本思想史、近世・近代政治思想史。〔主な著作〕『近世王権論と「正名」の転回史』（御茶の水書房、二〇一二年）・「サムライの国に持ち運ばれた「アメリカ」―日本のデモクラシーを考える―」（『淡江日本論叢』三二、二〇一五年）・「吉野作造の中国論―対華二十一ヶ条からワシントン会議まで―」（『吉野作造研究』一四、二〇一八年）

清水正之（しみず まさゆき）　聖学院大学学長・人文学部教授。倫理学・日本倫理思想史。〔主な著作〕『誠実と虚偽―国学の他者像―』（ぺりかん社、二〇〇五年）・「自然と人倫」（苅部直他編『岩波講座　日本の思想　第4巻』岩波書店、

二〇一三年）・『日本思想全史』（ちくま新書、筑摩書房、二〇一四年）

鄭　吉雄（テイ キツユウ）　香港教育大学文化歴史講座教授、ライデン大学欧洲漢学講座教授。『周易』研究・中国経学史・中国思想史。〔主な著作〕『戴東原経典詮釈的思想史探索』（台湾大学出版社、二〇〇八年）（中文）・『周易玄義詮解』（中央研究院中国文哲研究所、二〇一二年）（中文）・『浙東学術研究』（台湾大学出版社、二〇一七年）（中文）・『周易階梯』（上海古籍出版社、二〇一八年）（中文）

赤澤春彦（あかざわ はるひこ）　摂南大学外国語学部准教授。日本中世史・宗教史。〔主な著作〕『陰陽道史料目録　院政期〜鎌倉期篇』（日本史史料研究会、二〇一〇年）・『鎌倉期官人陰陽師の研究』（吉川弘文館、二〇一一年）

水口幹記（みずぐち もとき）　藤女子大学文学部准教授。東アジア文化史。〔主な著作〕『日本古代漢籍受容の史的研究』（汲古書院、二〇〇五年）・『渡航僧成尋、雨を祈る―『僧伝』が語る異文化の交錯』（勉誠出版、二〇一三年）・『古代日本と中国文化―受容と選択―』（塙書房、二〇一四年）

尾形弘紀（おがた こうき）　中央大学文学部兼任講師。日本思想史、古代中世芸術思想。〔主な著作〕「物語と「物の形」―『日本霊異記』にみる仏教的因果観と表相意識との相克―」（『倫理学年報』五六、二〇〇七年）・「モノザネ論―予兆あるいは痕跡としての〈モノ〉―」（『武蔵野美術大学研究紀要』四四、二〇一四年）・「書の〈深さ〉と文字の精霊―院政期精神史のひとつの試み（四）―」（『紀要（哲学）』六〇、中央大学文学部、二〇一八年）

武田時昌（たけだ ときまさ）　京都大学人文科学研究所教授、京都大学大学院文学研究科協力講座教授。中国科学思想史。〔主な著作〕『術数学の射程―東アジア世界の「知」の伝統』（編著、京都大学人文科学研究所、二〇一四年）・「六不治と四難―中国医学パラダイムの術数学的考察」（池田知久・水口拓寿編『中国伝統社会における術数と思想』汲古書院、二〇一六年）・『術数学の思考―交叉する科学と占術』（臨川書店、二〇一八年）

細井浩志（ほそい ひろし）　活水女子大学国際文化学部教授。日本古代史。〔主な著作〕『古代の天文異変と史書』（吉川弘文館、二〇〇七年）・『日本史を学ぶための〈古代の暦〉入門』（吉川弘文館、二〇一四年）・『日本書紀の誕生—編纂と受容の歴史—』（共編著、八木書店、二〇一八年）

末永高康（すえなが たかやす） 広島大学大学院文学研究科教授。中国古代思想史。〔主な著作〕「秦暦復元をめぐる一考察」（『中国出土資料研究』一八、二〇一四年）・『性善説の誕生—先秦儒家思想史の一断面—』（創文社、二〇一五年）・「漢初の暦の暦元について」（『中国研究集刊』光号〈総六二号〉、二〇一六年）

吉野健一（よしの けんいち） 京都府教育庁文化財保護課副主査。日本近世史。〔主な著作〕『日本年号史大事典』（共著、雄山閣、二〇〇三年）・「年号を冠した歴代天皇名の一事例—河村益根著「帝号通覧」による—」（『藝林』六五—二、二〇一六年）・『元号—年号から読み解く日本史—』（共著、文春新書、文藝春秋、二〇一八年）

【翻訳】

伊藤裕水（いとう ゆうみ） 京都大学文学部非常勤講師。漢代経学思想史。〔主な著作〕「《今文尚書経説考》考—兼論陳喬樅《尚書》学史観—」（『揚州大学学報（人文社会科学版）』二〇一六年二期、二〇一六年）〔中文〕・「鎮江本『大易断例卜筮元亀』小識」（『汲古』七一、二〇一七年）・「五姓五行五音考—《尭典》「平章百姓」試探—」（銭宗武・盧鳴東主編・朱岩副主編『第四届国際《尚書》学学術研討会論文集』広陵書社、二〇一七年）〔中文〕

岸本明子（きしもと あきこ） 中国系海運企業勤務。言語学（チベット・ビルマ諸語）〔主な著作〕「トゥチャ語の声調に関する考察」（京都大学大学院修士論文、二〇一八年）

西暦	中国	日本	ベトナム		朝鮮
1980		55			
1981		56			
1982		57			
1983		58			
1984		59			
1985		60			
1986		61			
1987		62			
1988		63			
1989		平成 1			
1990		2			
1991		3			
1992		4			
1993		5			
1994		6			
1995		7			
1996		8			
1997		9			
1998		10			
1999		11			
2000		12			

西暦	中国	日本	ベトナム		朝鮮
2001		13			
2002		14			
2003		15			
2004		16			
2005		17			
2006		18			
2007		19			
2008		20			
2009		21			
2010		22			
2011		23			
2012		24			
2013		25			
2014		26			
2015		27			
2016		28			
2017		29			
2018		30			
2019		平成 31 令和 1			

＊本一覧は、八木書店古書出版部が作成した。

＊ベトナムの年号については、ファム・レ・フィ氏のご教示をいただいた。この場を借りて感謝申し上げる。

〔主な参考文献〕

藤島達朗・野上俊静編『東方年表〈掌中版〉』（平楽寺書店、1955 年）
米田雄介編『歴代天皇・年号事典』（吉川弘文館、2003 年）
所功編著『日本年号史大事典［普及版］』（雄山閣、2017 年）

西暦	中国	日本	ベトナム		朝鮮
1894	20	27		6	
1895	21	28		7	
1896	22	29	建陽 1	8	建陽 1
1897	23	30	光武 1	9	光武 1
1898	24	31	2	10	2
1899	25	32	3	11	3
1900	26	33	4	12	4
1901	27	34	5	13	5
1902	28	35	6	14	6
1903	29	36	7	15	7
1904	30	37	8	16	8
1905	31	38	9	17	9
1906	32	39	10	18	10
1907	33	40	隆熙 1	維新 1	隆熙 1
1908	34	41	2	2	2
1909	宣統 1	42	3	3	3
1910	2	43	4	4	4
1911	3	44		5	
1912		大正 1		6	
1913		2		7	
1914		3		8	
1915		4		9	
1916		5		啓定 1	
1917		6		2	
1918		7		3	
1919		8		4	
1920		9		5	
1921		10		6	
1922		11		7	
1923		12		8	
1924		13		9	
1925		14		10	
1926		昭和 1		保大 1	
1927		2		2	
1928		3		3	
1929		4		4	
1930		5		5	
1931		6		6	
1932		7		7	
1933		8		8	
1934		9		9	
1935		10		10	
1936		11		11	
1937		12		12	
1938		13		13	
1939		14		14	
1940		15		15	
1941		16		16	
1942		17		17	
1943		18		18	
1944		19		19	
1945		20		20	
1946		21			
1947		22			
1948		23			
1949		24			
1950		25			
1951		26			
1952		27			
1953		28			
1954		29			
1955		30			
1956		31			
1957		32			
1958		33			
1959		34			
1960		35			
1961		36			
1962		37			
1963		38			
1964		39			
1965		40			
1966		41			
1967		42			
1968		43			
1969		44			
1970		45			
1971		46			
1972		47			
1973		48			
1974		49			
1975		50			
1976		51			
1977		52			
1978		53			
1979		54			

【編者】
水上 雅晴（みずかみ まさはる）

北海道大学大学院文学研究科博士後期課程単位取得満期退学。北海道大学文学部助手・助教，琉球大学教育学部准教授・教授等を経て，現在中央大学文学部教授。中国哲学。

〔主な著作〕
「日本年号資料在経書校勘上的価値与限制」（張伯偉編『域外漢籍研究集刊』10，中華書局，2014年）〔中文〕
『経典与校勘論叢』（共編，北京大学出版社，2015年）〔中文〕
「琉球「科試」の実施状況について」（『沖縄文化研究』44，法政大学沖縄文化研究所，2017年）
『日本漢学珍稀文献集成（年号之部）』（全5冊，共編，上海社会科学院出版社，2018年）
「江戸時代初期の改元難陳における経学的要素」（『紀要（哲学）』61，2019年，中央大学文学部）

【編集協力】
髙田 宗平（たかだ そうへい）

国立歴史民俗博物館非常勤研究員，京都大学人文科学研究所非常勤講師，等を経て，中央大学文学部兼任講師，大阪府立大学大学院人間社会システム科学研究科客員研究員。日本古代中世漢籍受容史・漢学史，漢籍書誌学。

〔主な著作〕『日本古代『論語義疏』受容史の研究』（塙書房，2015年）
「浅論日本古籍中所引《論語義疏》—以《令集解》和《政事要略》為中心—」（張伀偉編『域外漢籍研究集刊』15，中華書局，2017年）〔中文〕
「日本書紀神代巻における類書利用」（遠藤慶太・河内春人・関根淳・細井浩志編『日本書紀の誕生—編纂と受容の歴史—』八木書店，2018年）

年号《ねんごう》と東《ひがし》アジア —改元《かいげん》の思想《しそう》と文化《ぶんか》—

平成31年(2019)4月30日　初版第一刷発行　定価（本体12,000円＋税）

編　者　水　上　雅　晴
編集協力　髙　田　宗　平
発行所　株式会社　八　木　書　店　古書出版部
代表　八　木　乾　二
〒101-0052 東京都千代田区神田小川町3-8
電話 03-3291-2969(編集) -6300(FAX)
発売元　株式会社　八　木　書　店
〒101-0052 東京都千代田区神田小川町3-8
電話 03-3291-2961(営業) -6300(FAX)
https://catalogue.books-yagi.co.jp/
E-mail pub@books-yagi.co.jp
印　刷　上毛印刷
製　本　牧製本印刷

ISBN978-4-8406-2227-1

附　　録

1 索　　引

一，本索引は，事項，人名，年号，史資料からなる。

一，論考本文と口絵説明文の中から，年号との関連性が強いと考えられる語句を採録した。表，引用文，注釈は，基本的に採録範囲としていない。

一，→で参照を示した。

一，年号については，国内外の公年号のほか，私年号や年号案も採録した。

一，複数の国・地域で同一の年号・人名が見られる場合，王朝名や地域名を〔　〕で注記したものがある。

一，中国・朝鮮半島・ベトナムの人名は，当該国の言語ではなく，日本漢字音により分類・配列した。

一，口絵・本文は頁数で掲出した。口絵はゴチック体で頁数を掲出した。

一，その他，（　）にて注記したものがある。

事　　項

【き】

【く】

【け】

【こ】

【さ】

【し】

人　名

【き】

【く】

【け】

【こ】

【せ】

【そ】

【た】

【ち】

【つ・て】

【ふ】

【へ・ほ】

【れ】

【ろ】

【わ】

年　号

【き】

【け】

【こ】

【さ・し】

【す】

【せ】

【た】

【ち】

【つ・て】

【と】

【に・ね】

【は・ひ】

史 資 料

【て】

【と】

【な】

【に】

【ね】

【は】

【ひ】

【ふ】

【へ・ほ】

【ま・み】

【む・め】

【も】

【ゆ・よ】

【ら】

【り】

【る-ろ】

【わ】

2 続群書類従　改元関係記事索引

石井行雄
猪野　毅
近藤浩之

凡　例

一、本索引は『続群書類従』第十一輯上（続群書類従完成会刊、八木書店発売）の中、巻二七九～巻二九一に収録する改元関係記事の年号索引である。

一、『続群書類従』第十一輯上の中、巻二七八については、それ自体、一種の索引であるので対象から除外した。

一、本索引は三者の共同作業により作成したものである。その内、テクスト・データ化は主に猪野毅・近藤浩之に依るものであり、一部、吉田勉氏（北海道大学大学院文学院人文学専攻博士後期課程）の助力を仰いだ。

一、備考に革暦に関する注記を施した。また日は日本で辛酉・甲子年に改元せざるを注記した。中（中国王朝名）は中国に改元有るなしを示した。日本のみならず、中国における革暦の実施情況を明記してある。

日本の年号文化は、中国文明の影響下に成立したものである。革暦も、中国の実施情況に強い影響を受けて、実施されている。情報伝達のスピードの問題もあり、当該甲子・辛酉年の60年前・120年前において、中国で実施されたか、否か、に留意する必要がある。

No	年　号	西　暦	『続群書類従』該当箇所〈頁数、上下段、(巻数)〉	備　考
1	大　化	645		
2	白　雉	650		
3	朱　鳥	686		
4	大　宝	701	96上(二七九)	
5	慶　雲	704	96上(二七九)	
6	和　銅	708	96上(二七九)	
7	霊　亀	715	96下(二七九)	
8	養　老	717	96下(二七九)	721辛酉 日、改元せず、養老五年 中、改元せず、開元九年
9	神　亀	724甲子	96下(二七九)	中（唐）改元せず、開元十二年
10	天　平 (天平聖暦)	729	96下(二七九)	
11	天平感宝	749	97上(二七九)	
12	天平勝宝	749	97上(二七九)	
13	天平宝字	757	97上(二七九)	
14	天平神護	765	97上(二七九)	
15	神護慶雲	767	97上(二七九)	
16	宝　亀	770	97下(二七九)	
17	天　応	781辛酉	97下(二七九)	中（唐）改元せず、建中二年
18	延　暦	782	97下(二七九)	784甲子 日、改元せず、延暦三年 中(唐)改元、興元
19	大　同	806	97下(二七九)	
20	弘　仁	810	97下(二七九)	
21	天　長	824	98上(二七九)	
22	承　和	834	98上(二七九)	841辛酉 日、改元せず、承和八年 中(唐)改元、会昌 844甲子 日、改元せず、承和十一年 中（唐）改元せず、会昌四年
23	嘉　祥	848	98上(二七九)	
24	仁　寿	851	98上(二七九)	
25	斉　衡	854	98上(二七九)	
26	天　安	857	98上(二七九)	
27	貞　観	859	98上(二七九)	
28	元　慶	877	98上(二七九)	
29	仁　和	885	98下(二七九)	
30	寛　平	889	98下(二七九)	
31	昌　泰	898	98下(二七九)	

No	年　号	西　暦	『続群書類従』該当箇所〈頁数、上下段、(巻数)〉	備　考
32	延　喜	901辛酉	98下(二七九)	901辛酉 中(唐)改元、天復 904甲子 日、改元せず、延喜四年 中(唐)改元、天祐
33	延　長	923	98下(二七九)	
34	承　平	931	98下(二七九)、113下(二八〇)、114下(二八〇)、115上(二八〇)、137上〈二八一)	
35	天　慶	938	98下(二七九)、113下(二八〇)、114上(二八〇)、114下(二八〇)、115上(二八〇)、137下(二八一)	
36	天　暦	947	98下(二七九)、114下(二八〇)、116上(二八〇)、124上(二八〇)	
37	天　徳	957	99上（二七九)、116下（二八〇)	
38	応　和	961辛酉	99上(二七九)、108下(二七九)、117上(二八〇)、165上(二八二)	中（宋)、改元せず、建隆二年 中（遼)、改元せず、応暦十一年
39	康　保	964甲子	99上(二七九)、109上(二七九)、118上(二八〇)、138上(二八一)、367上(二九一)、373下(二九一)	中（宋)、改元せず、乾徳二年 中（遼)、改元せず、応暦十四年
40	安　和	968	99上(二七九)、138上(二八一)	
41	天　禄	970	99上(二七九)、118上(二八〇)、120下(二八〇)	
42	天　延	973	99上(二七九)、119上(二八〇)	
43	貞　元	976	99上(二七九)、138上(二八一)	
44	天　元	978	99上(二七九)、138下(二八一)	
45	永　観	983	99上(二七九)、120下(二八〇)	
46	寛　和	985	99下(二七九)、119下(二八〇)、121下(二八〇)	
47	永　延	987	99下(二七九)、121上(二八〇)	
48	永　祚	989	99下(二七九)、120上(二八〇)	
49	正　暦	990	99下(二七九)、121上(二八〇)、121下(二八〇)	
50	長　徳	995	99下(二七九)、121上(二八〇)、122上(二八〇)、172下(二八二)	
51	長　保	999	99下(二七九)、121上(二八〇)	
52	寛　弘	1004	99下(二七九)、121下(二八〇)	
53	長　和	1012	100上(二七九)、122上(二八〇)、138下(二八一)	
54	寛　仁	1017	100上(二七九)、123下(二八〇)、125上(二八〇)	

No	年　号	西　暦	『続群書類従』該当箇所〈頁数、上下段、(巻数)〉	備　考
55	治　安	1021辛酉	100上(二七九)、123上(二八〇)、124上(二八〇)	中（宋）、改元せず、天福五年 中（遼）改元、太平 ＊35頁注参照
56	万　寿	1024甲子	100上(二七九)、124下(二八〇)、165上(二八二)	中（宋）、改元せず、天聖二年 中（遼）、改元せず、太平四年
57	長　元	1028	100上(二七九)	
58	長　暦	1037	100上(二七九)、139下(二八一)、166上(二八二)	
59	長　久	1040	100上(二七九)、126上(二八〇)(本文は長暦三年(1039)、四年の誤か？)、166下(二八二)	
60	寛　徳	1044	100下(二七九)、127下(二八〇)、128上(二八〇)、140上(二八一)、167上(二八二)	
61	永　承	1046	100下(二七九)、127下(二八〇)、128下(二八〇)、166下(二八二)	
62	天　喜	1053	100下(二七九)、129上(二八〇)、129下(二八〇)、140上(二八一)、167上(二八二)	
63	康　平	1058	100下(二七九)	
64	治　暦	1065	100下(二七九)、129上(二八〇)、130上(二八〇)、130上(二八〇)、167下(二八二)	
65	延　久	1069	100下(二七九)、130下(二八〇)、132上(二八〇)、133下(二八〇)、168上(二八二)	
66	承　保	1074	100下(二七九)、132下(二八〇)	
67	承　暦	1077	101上(二七九)、133上(二八〇)	
68	永　保	1081辛酉	101上(二七九)、133下(二八〇)、168下(二八二)	中（宋）、改元せず、元豊四年 中（遼）、改元せず、太康七年
69	応　徳	1084甲子	101上(二七九)、140下(二八一)、168下(二八二)	中（宋）、改元せず、元豊七年 中（遼）、改元せず、太康十年
70	寛　治	1087	101上(二七九)、133上(二八〇)、133下(二八〇)、135上(二八〇)	
71	嘉　保	1094	101上(二七九)、134下(二八〇)、169上(二八二)	
72	永　長	1096	101上(二七九)、134下(二八〇)、140下(二八一)、169下(二八二)	
73	承　徳	1097	101上(二七九)、172下(二八二)	
74	康　和	1099	101上(二七九)、135上(二八〇)	

No	年　号	西　暦	『続群書類従』該当箇所〈頁数、上下段、(巻数)〉	備　考
75	長　治	1104	101下(二七九)	
76	嘉　承	1106	101下(二七九)、173上(二八二)	
77	天　仁	1108	101下(二七九)、141下(二八一)、173上(二八二)	
78	天　永	1110	101下(二七九)	
79	永　久	1113	101下(二七九)	
80	元　永	1118	101下(二七九)	
81	保　安	1120	101下(二七九)、171上(二八二)	
82	天　治	1124	101下(二七九)、170上(二八二)、171上(二八二)、173下(二八二)	
83	大　治	1126	101下(二七九)、171下(二八二)、184上(二八三)、259上(二八六)	
84	天　承	1131	102上(二七九)	
85	長　承	1132	102上(二七九)	
86	保　延	1135	102上(二七九)、175上(二八二)	
87	永　治	1141辛酉	102上(二七九)、142上(二八一)	中（南宋）、改元せず、紹興十一年 中（金）改元、皇統
88	康　治	1142	102上(二七九)、175上(二八二)、190下(二八三)	
89	天　養	1144甲子	102上(二七九)、171下(二八二)	中（南宋）、改元せず、紹興十四年 中（金）、改元せず、皇統四年
90	久　安	1145	102上(二七九)、172上(二八二)	
91	仁　平	1151	102下(二七九)	
92	久　寿	1154	102下(二七九)、172上(二八二)、191上(二八三)、263上(二八六)	
93	保　元	1156	102下(二七九)、192下(二八三)	
94	平　治	1159	102下(二七九)、193上(二八三)、193下(二八三)	
95	永　暦	1160	102下(二七九)、175下(二八二)、194上(二八三)、267上(二八六)	
96	応　保	1161	102下(二七九)、176下(二八二)、194上(二八三)、271上(二八六)、	
97	長　寛	1163	102下(二七九)、194下(二八三)	
98	永　万	1165	102下(二七九)、177上(二八二)、194下(二八三)	
99	仁　安	1166	102下(二七九)、194下(二八三)、194下(二八三)、273下(二八六)	
100	嘉　応	1169	102下(二七九)	
101	承　安	1171	103上(二七九)、195下(二八三)	
102	安　元	1175	103上(二七九)、196下(二八三)、274上(二八六)	

No	年　号	西　暦	『続群書類従』該当箇所〈頁数、上下段、(巻数)〉	備　考
103	治　承	1177	103上(二七九)、178下(二八二)、198下(二八三)、199上(二八三)	
104	養　和	1181	103上(二七九)、199下(二八三)	
105	寿　永	1182	103上(二七九)、179上(二八二)、200上(二八三)、278上(二八七)	
106	元　暦	1184	103上(二七九)、180上(二八二)、282下(二八七)、286上(二八七)	
107	文　治	1185	103上(二七九)、182上(二八二)	
108	建　久	1190	103上(二七九)、182下(二八二)、290上(二八七)、293上(二八七)	
109	正　治	1199	103上(二七九)、185下(二八三)、297下(二八七)	
110	建　仁	1201辛酉	103下(二七九)、144下(二八一)、145上(二八一)、147下(二八一)	中(南宋)、改元、嘉泰 中(金)、開元、泰和
111	元　久	1204甲子	103下(二七九)、148上(二八一)、149上(二八一)	中(南宋)、改元せず、嘉泰四年 中(金)、改元せず、泰和四年
112	建　永	1206	103下(二七九)、149下(二八一)	
113	承　元	1207	103下(二七九)	
114	建　暦	1211	103下(二七九)、300上(二八七)	
115	建　保	1213	103下(二七九)、301上(二八七)	
116	承　久	1219	103下(二七九)、302上(二八七)	
117	貞　応	1222	103下(二七九)、150上(二八一)	
118	元　仁	1224	103下(二七九)	
119	嘉　禄	1225	103下(二七九)	
120	安　貞	1227	104上(二七九)	
121	寛　喜	1229	104上(二七九)	
122	貞　永	1232	104上(二七九)、303上(二八八)	
123	天　福	1233	104上(二七九)、234下(二八四)	
124	文　暦	1234	104上(二七九)	
125	嘉　禎	1235	104上(二七九)	
126	暦　仁	1238	104上(二七九)、186上(二八三)	
127	延　応	1239	104上(二七九)	
128	仁　治	1240	104上(二七九)、150下(二八一)、151上(二八一)	
129	寛　元	1243	104下(二七九)	
130	宝　治	1247	104下(二七九)	
131	建　長	1249	104下(二七九)	
132	康　元	1256	104下(二七九)	
133	正　嘉	1257	104下(二七九)	
134	正　元	1259	104下(二七九)、188上(二八三)	
135	文　応	1260	104下(二七九)	

No	年 号	西 暦	『続群書類従』該当箇所〈頁数、上下段、(巻数)〉135	備 考
136	弘 長	1261辛酉	104下(二七九)、188上(二八三)、375上(二九一)	中（南宋）、改元せず、景定二年 中（蒙古）、改元せず、中統二年
137	文 永	1264甲子	104下(二七九)、189上(二八三)、306上(二八八)	中（南宋）、改元せず、景定五年 中(蒙古)、改元、至元
138	建 治	1275	104下(二七九)	
139	弘 安	1278	104下(二七九)、312上(二八八)	
140	正 応	1288	105上(二七九)	
141	永 仁	1293	105上(二七九)、210上(二八四)、210下(二八四)、234上(二八四)	
142	正 安	1299	105上(二七九)	
143	乾 元	1302	105上(二七九)	
144	嘉 元	1303	105上(二七九)	
145	徳 治	1306	105上(二七九)	
146	延 慶	1308	105上(二七九)、110上(二七九)、200上(二八三)	
147	応 長	1311	105上(二七九)、109下(二七九)	
148	正 和	1312	105上(二七九)	
149	文 保	1317	105下(二七九)	
150	元 応	1319	105下(二七九)、152下(二八一)	
151	元 亨	1321辛酉	105下(二七九)、155上(二八一)、237上(二八五)	中（元)、改元、至治
152	正 中	1324甲子	105下(二七九)、157上(二八一)、240上(二八五)	中（元)、改元、泰定
153	嘉 暦	1326	105下(二七九)、231下(二八四)、234下(二八四)、243上(二八五)、317下(二八八)	
154	元 徳	1329	105下(二七九)、159下(二八一)、245上(二八五)、320下(二八八)	
155	元 弘	1331	105下(二七九)、160下(二八一)、245下(二八五)	
156	建 武	1334	105下(二七九)、160上(二八一)、248上(二八五)、324下(二八八)	
157	延 元	1336南	105下(二七九)、248下(二八五)	
158	興 国	1340南	なし	
159	正 平	1346南	なし	
160	建 徳	1370南	なし	
161	文 中	1372南	なし	
162	天 授	1375南	なし	
163	弘 和	1381南 辛酉	なし	中（明)、改元せず、洪武十四年

No	年　号	西　暦	『続群書類従』該当箇所〈頁数、上下段、(巻数)〉	備　考
164	元　中	1384南　甲子	なし	中 (明)、改元せず、洪武十七年
165	正　慶	1332北	105下(二七九)、189下(二八三)、232下(二八四)、321下(二八八)	
166	暦　応	1338北	106上(二七九)、233上(二八四)、235上(二八四)、249下(二八五)	
167	康　永	1342北	106上(二七九)、233上(二八四)、251下(二八五)	
168	貞　和	1345北	106上(二七九)、230下(二八四)、253下(二八五)	
169	観　応	1350北	106上(二七九)、161上(二八一)、231上(二八四)、255下(二八五)	
170	文　和	1352北	106上(二七九)、233下(二八四)、235下(二八四)、236上(二八四)、257上(二八五)	
171	延　文	1356北	106上(二七九)、164下(二八一)、215上(二八四)、216下(二八四)、325上(二八九)、233下(二八四)、234上(二八四)	
172	康　安	1361北	106上(二七九)	
173	貞　治	1362北	106上(二七九)、218上(二八四)、335下(二八九)	
174	応　安	1368北	106上(二七九)、339下(二八九)	
175	永　和	1375北	106上(二七九)	
176	康　暦	1379北	106上(二七九)	
177	永　徳	1381北 辛酉	106下(二七九)	中 (明)、改元せず、洪武十四年
178	至　徳	1384北 甲子	106下(二七九)	中 (明)、改元せず、洪武十七年
179	嘉　慶	1387北	106下(二七九)	
180	康　応	1389北	106下(二七九)	
181	明　徳	1390北	106下(二七九)	
182	応　永	1394	106下(二七九)	
183	正　長	1428	106下(二七九)	
184	永　享	1429	106下(二七九)、202下(二八三)	
185	嘉　吉	1441辛酉	106下(二七九)、203上(二八三)、380下(二九一)	中 (明)、改元せず、正統六年
186	文　安	1444甲子	106下(二七九)、204上(二八三)	中 (明)、改元せず、正統九年
187	宝　徳	1449	106下(二七九)、208上(二八三)	
188	享　徳	1452	106下(二七九)、208下(二八三)、209下(二八三)	
189	康　正	1455	107上(二七九)	
190	長　禄	1457	107上(二七九)	

No	年 号	西 暦	『続群書類従』該当箇所〈頁数、上下段、(巻数)〉	備 考
191	寛 正	1461	107上(二七九)	
192	文 正	1466	107上(二七九)	
193	応 仁	1467	107上(二七九)	
194	文 明	1469	107上(二七九)	
195	長 享	1487	107上(二七九)	
196	延 徳	1589	107上(二七九)	
197	明 応	1592	107上(二七九)	
198	文 亀	1501辛酉	107上(二七九)	中（明）、改元せず、弘治十四年
199	永 正	1504甲子	107上(二七九)	中（明）、改元せず、弘治十七年
200	大 永	1521	107下(二七九)	
201	享 禄	1528	107下(二七九)、342上(二九〇)	
202	天 文	1532	107下(二七九)	
203	弘 治	1555	107下(二七九)、358下(二九〇)	
204	永 禄	1558	107下(二七九)、351上(二九〇)	1561辛酉 日、改元せず、永禄四年 中（明）、改元せず、嘉靖四十年 1564甲子 日、改元せず、永禄七年 中（明）、改元せず、嘉靖四十三年
205	元 亀	1570	107下(二七九)	
206	天 正	1573	107下(二七九)	
207	文 禄	1593	107下(二七九)	
208	慶 長	1596	107下(二七九)	
209	元 和	1615	107下(二七九)	1621辛酉 日、改元せず、元和七年 中(明)、改元、天啓
210	寛 永	1624甲子	107下(二七九)	中（明）、改元せず、天啓四年
211	正 保	1645	108上(二七九)	
212	慶 安	1648	108上(二七九)	
213	承 応	1652	108上(二七九)	
214	明 暦	1655	108上(二七九)	
215	万 治	1658	108上(二七九)	
216	寛 文	1661	108上(二七九)	
217	延 宝	1673	108上(二七九)	

＊註：仁海、小野曼荼羅寺（随心院）において、五大虚空蔵法（金門鳥敏法《カナカドトリドシ》）を修し、以降辛酉歳には、流例となる。

3　中国・日本・朝鮮・ベトナムの公年号一覧

西暦	中国
	〔漢〕
前 140	建元 1
前 139	2
前 138	3
前 137	4
前 136	5
前 135	6
前 134	元光 1
前 133	2
前 132	3
前 131	4
前 130	5
前 129	6
前 128	元朔 1
前 127	2
前 126	3
前 125	4
前 124	5
前 123	6
前 122	元狩 1
前 121	2
前 120	3
前 119	4
前 118	5
前 117	6
前 116	元鼎 1
前 115	2
前 114	3
前 113	4
前 112	5
前 111	6
前 110	元封 1
前 109	2
前 108	3
前 107	4
前 106	5
前 105	6
前 104	太初 1
前 103	2
前 102	3
前 101	4

西暦	中国
前 100	天漢 1
前 99	2
前 98	3
前 97	4
前 96	太始 1
前 95	2
前 94	3
前 93	4
前 92	征和 1
前 91	2
前 90	3
前 89	4
前 88	後元 1
前 87	2
前 86	始元 1
前 85	2
前 84	3
前 83	4
前 82	5
前 81	6
前 80	元鳳 1
前 79	2
前 78	3
前 77	4
前 76	5
前 75	6
前 74	元平 1
前 73	本始 1
前 72	2
前 71	3
前 70	4
前 69	地節 1
前 68	2
前 67	3
前 66	4
前 65	元康 1
前 64	2
前 63	3
前 62	4
前 61	神爵 1
前 60	2

西暦	中国
前 59	3
前 58	4
前 57	五鳳 1
前 56	2
前 55	3
前 54	4
前 53	甘露 1
前 52	2
前 51	3
前 50	4
前 49	黄龍 1
前 48	初元 1
前 47	2
前 46	3
前 45	4
前 44	5
前 43	永光 1
前 42	2
前 41	3
前 40	4
前 39	5
前 38	建昭 1
前 37	2
前 36	3
前 35	4
前 34	5
前 33	竟寧 1
前 32	建始 1
前 31	2
前 30	3
前 29	4
前 28	河平 1
前 27	2
前 26	3
前 25	4
前 24	陽朔 1
前 23	2
前 22	3
前 21	4
前 20	鴻嘉 1
前 19	2

西暦	中国
前 18	3
前 17	4
前 16	永始 1
前 15	2
前 14	3
前 13	4
前 12	元延 1
前 11	2
前 10	3
前 9	4
前 8	綏和 1
前 7	2
前 6	建平 1
前 5	2
前 4	3
前 3	4
前 2	元寿 1
前 1	2
1	元始 1
2	2
3	3
4	4
5	5
6	居摂 1
7	2
8	初始 1
9	〔新〕 始建国1
10	2
11	3
12	4
13	5
14	天鳳 1
15	2
16	3
17	4
18	5
19	6
20	地皇 1
21	2
22	3

西暦	中国
23	〔漢〕 更始1
24	2
25	〔後漢〕 建武1
26	2
27	3
28	4
29	5
30	6
31	7
32	8
33	9
34	10
35	11
36	12
37	13
38	14
39	15
40	16
41	17
42	18
43	19
44	20
45	21
46	22
47	23
48	24
49	25
50	26
51	27
52	28
53	29
54	30
55	31
56	中元 1
57	2
58	永平 1
59	2
60	3
61	4
62	5
63	6

西暦	中国
64	7
65	8
66	9
67	10
68	11
69	12
70	13
71	14
72	15
73	16
74	17
75	18
76	建初 1
77	2
78	3
79	4
80	5
81	6
82	7
83	8
84	元和 1
85	2
86	3
87	章和 1
88	2
89	永元 1
90	2
91	3
92	4
93	5
94	6
95	7
96	8
97	9
98	10
99	11
100	12
101	13
102	14
103	15
104	16
105	元興 1
106	延平 1

西暦	中国
107	永初 1
108	2
109	3
110	4
111	5
112	6
113	7
114	元初 1
115	2
116	3
117	4
118	5
119	6
120	永寧 1
121	建光 1
122	延光 1
123	2
124	3
125	4
126	永建 1
127	2
128	3
129	4
130	5
131	6
132	陽嘉 1
133	2
134	3
135	4
136	永和 1
137	2
138	3
139	4
140	5
141	6
142	漢安 1
143	2
144	建康 1
145	永嘉 1
146	本初 1
147	建和 1
148	2
149	3

西暦	中国
150	和平 1
151	元嘉 1
152	2
153	永興 1
154	2
155	永寿 1
156	2
157	3
158	延熹 1
159	2
160	3
161	4
162	5
163	6
164	7
165	8
166	9
167	永康 1
168	建寧 1
169	2
170	3
171	4
172	熹平 1
173	2
174	3
175	4
176	5
177	6
178	光和 1
179	2
180	3
181	4
182	5
183	6
184	中平 1
185	2
186	3
187	4
188	5
189	光熹1/昭寧1 永漢1/中平1
190	初平 1
191	2

西暦	中国		
192	3		
193	4		
194	興平 1		
195	2		
196	建安 1		
197	2		
198	3		
199	4		
200	5		
201	6		
202	7		
203	8		
204	9		
205	10		
206	11		
207	12		
208	13		
209	14		
210	15		
211	16		
212	17		
213	18		
214	19		
215	20		
216	21		
217	22		
218	23		
219	24	〔魏〕	
220	延康 1	黄初 1	
221	〔蜀〕 章武1	2	〔呉〕
222	2	3	黄武 1
223	建興 1	4	2
224	2	5	3
225	3	6	4
226	4	7	5
227	5	太和 1	6
228	6	2	7
229	7	3	黄龍 1
230	8	4	2
231	9	5	3
232	10	6	嘉禾 1
233	11	青龍 1	2

西暦	中国		
234	12	2	3
235	13	3	4
236	14	4	5
237	15	景初 1	6
238	延熙 1	2	赤烏 1
239	2	3	2
240	3	正始 1	3
241	4	2	4
242	5	3	5
243	6	4	6
244	7	5	7
245	8	6	8
246	9	7	9
247	10	8	10
248	11	9	11
249	12	嘉平 1	12
250	13	2	13
251	14	3	太元 1
252	15	4	神鳳 1 建興 1
253	16	5	2
254	17	正元 1	五鳳 1
255	18	2	2
256	19	甘露 1	太平 1
257	20	2	2
258	景耀 1	3	永安 1
259	2	4	2
260	3	景元 1	3
261	4	2	4
262	5	3	5
263	炎興 1	4	6
264		咸熙 1	元興 1
265	泰始 1	2	甘露 1
266	2	〔魏亡〕	宝鼎 1
267	3		2
268	4		3
269	5		建衡 1
270	6		2
271	7		3
272	8		鳳凰 1
273	9		2
274	10		3
275	咸寧 1		天冊 1

西暦	中国			
276	2		天璽 1	
277	3		天紀 1	
278	4		2	
279	5		3	
280	〔晋〕 太康 1		〔呉亡〕 4	
281	2			
282	3			
283	4			
284	5			
285	6			
286	7			
287	8			
288	9			
289	10			
290	太熙1 永熙1			
291	永平 1 元康 1			
292	2			
293	3			
294	4			
295	5			
296	6			
297	7			
298	8			
299	9			
300	永康 1			
301	永寧 1	〔成〕		
302	太安 1	建初 1		
303	2	2	〔前趙〕	
304	永安1/建武1 永安1/永興1	建興 1	元熙 1	
305	2	2	2	
306	光熙 1	晏平 1	3	
307	永嘉 1	2	4	
308	2	3	永鳳 1	
309	3	4	河瑞 1	
310	4	5	光興 1	
311	5	玉衡 1	嘉平 1	
312	6	2	2	〔前涼〕
313	建興 1	3	3	建興 1
314	2	4	4	2
315	3	5	建元 1	3

西暦	中国				
316	〔東晋〕4	6	麟嘉 1	4	
317	建武 1	7	2	5	
318	太興 1	8	光初 1	6	〔後趙〕
319	2	9	2	7	趙王 1
320	3	10	3	永元 1	2
321	4	11	4	2	3
322	永昌 1	12	5	3	4
323	太寧 1	13	6	4	5
324	2	14	7	太元 1	6
325	3	15	8	2	7
326	咸和 1	16	9	3	8
327	2	17	10	4	9
328	3	18	11	5	太和 1
329	4	19	〔亡〕12	6	2
330	5	20		7	建平 1
331	6	21		8	2
332	7	22		9	3
333	8	23		10	延熙 1
334	9	24		11	2
335	咸康 1	玉恒 1		12	建武 1
336	2	2		13	2
337	3	3		14	3
338	4	漢興 1		15	4
339	5	2		16	5
340	6	3		17	6
341	7	4		18	7
342	8	5		19	8
343	建元 1	6		20	9
344	2	太和 1		21	10
345	永和 1	2		22	11
346	2	嘉寧 1		永楽 1	12
347	3	〔亡〕2		2	13
348	4		〔前燕〕	3	14
349	5		燕元 1	4	青龍 1
350	6	〔前秦〕	2	5	永寧 1 永興 1
351	7	皇始 1	3	6	2
352	8	2	元璽 1	7	〔亡〕 3
353	9	3	2	8	
354	10	4	3	和平 1	
355	11	寿光 1	4	太始 1	
356	12	2	5	2	
357	升平 1	永興 1	光寿 1	3	
358	2	2	2	4	

西暦	中国									
359	3	甘露1	3		5					
360	4	2	建熙1		6					
361	5	3	2		7					
362	隆和1	4	3		8					
363	興寧1	5	4		太清1					
364	2	6	5		2					
365	3	建元1	6		3					
366	太和1	2	7		4					
367	2	3	8		5					
368	3	4	9		6					
369	4	5	10		7					
370	5	6	〔亡〕11		8					
371	咸安1	7			9					
372	2	8			10					
373	寧康1	9			11					
374	2	10			12					
375	3	11			13					
376	太元1	12			〔亡〕14					
377	2	13								
378	3	14								
379	4	15								
380	5	16								
381	6	17								
382	7	18								
383	8	19	〔後燕〕	〔後秦〕					〔西燕〕	
384	9	20	燕元1	白雀1	〔西秦〕				燕興1	
385	10	太安1	2	2	建義1	〔後涼〕		〔北魏〕	更始1	
386	11	太初1	建興1	建初1	2	太安1		登国1	中興*1	*昌平・建明・建平・建武
387	12	2	2	2	3	2		2	2	
388	13	3	3	3	太初1	3		3	3	
389	14	4	4	4	2	麟嘉1		4	4	
390	15	5	5	5	3	2		5	5	
391	16	6	6	6	4	3		6	6	
392	17	7	7	7	5	4		7	7	
393	18	8	8	8	6	5		8	8	
394	19	延初〔亡〕1	9	皇初1	7	6		9	〔亡〕9	
395	20		10	2	8	龍飛1		10		
396	21		永康1	3	9	2		皇始1	〔南涼〕	〔北涼〕
397	隆安1	〔南燕〕	2	4	10	3		2	太初1	神璽1
398	2	燕平1	建平1	5	11	咸寧1		天興1	2	2
399	3	2	長楽1	弘始1	12	2	〔西涼〕	2	3	天璽1
400	4	建平1	2	2	13	神鼎1	庚子1	3	建和1	2
401	5	2	光治1	3		2	2	4	2	永安1

西暦	中国									
402	〔東晋〕1	〔南燕〕3	〔後燕〕2	〔後秦〕4		〔後涼〕3	〔西涼〕3	〔北魏〕5	〔南涼〕1	〔北涼〕2
403	元興 2	4	3	5		〔亡〕4	4	6	弘昌 2	3
404	3	5	4	6			5	天賜 1	3	4
405	義熙 1	太上 1	5	7			建初 1	2		5
406	2	2	6	8			2	3		6
407	3	3	建始1 正始1	9			3	4		7
408	4	4	2	10	〔西秦〕		4	5	嘉平 1	8
409	5	5	〔亡〕3	11	更始 1		5	永興 1	2	9
410	6	6		12	2		6	2	3	10
411	7		〔夏〕	13	3		7	3	4	11
412	8	〔北燕〕	龍昇 6	14	永康 1		8	4	5	玄始 1
413	9	太平 5	鳳翔 1	15	2		9	5	6	2
414	10	6	2	16	3		10	神瑞 1	〔亡〕7	3
415	11	7	3	17	4		11	2		4
416	12	8	4	永和 1	5		12	泰常 1		5
417	13	9	5	〔亡〕2	6		嘉興 1	2		6
418	14	10	昌武 1		7		2	3		7
419	元熙 1	11	真興 1		8		3	4		8
420	〔宋〕永初 1	12	2		建弘 1		永建 1	5		9
421	2	13	3		2		〔亡〕2	6		10
422	3	14	4		3			7		11
423	景平 1	15	5		4			8		12
424	元嘉 1	16	6		5			始光 1		13
425	2	17	承光 1		6			2		14
426	3	18	2		7			3		15
427	4	19	3		8			4		16
428	5	20	勝光 1		永弘 1			神䴥 1		承玄 1
429	6	21	2		2			2		2
430	7	22	3		3			3		3
431	8	太興 1	〔亡〕4		〔亡〕4			4		義和 1
432	9	2						延和 1		2
433	10	3						2		永和 1
434	11	4						3		2
435	12	5						太延 1		3
436	13	〔亡〕6						2		4
437	14							3		5
438	15							4		6
439	16							5		〔亡〕7
440	17							太平真君 1		
441	18							2		
442	19							3		
443	20							4		

西暦	中国	
444	〔梁〕21	〔北魏〕5
445	22	6
446	23	7
447	24	8
448	25	9
449	26	10
450	27	11
451	28	正平 1
452	29	承平1/興安1
453	30	2
454	孝建 1	興光 1
455	2	太安 1
456	3	2
457	大明 1	3
458	2	4
459	3	5
460	4	和平 1
461	5	2
462	6	3
463	7	4
464	8	5
465	永光1/景和1/泰始1	6
466	2	天安 1
467	3	皇興 1
468	4	2
469	5	3
470	6	4
471	7	延興 1
472	泰豫 1	2
473	元徽 1	3
474	2	4
475	3	5
476	4	承明 1
477	昇明 1	太和 1
478	2	2
479	建元 1	3
480	2	4
481	3	5
482	4	6
483	永明 1	7
484	2	8
485	3	9
486	4	10

西暦	中国	
487	5	11
488	6	12
489	7	13
490	8	14
491	9	15
492	10	16
493	11	17
494	隆昌1/延興1/建武1	18
495	2	19
496	3	20
497	4	21
498	永泰 1	22
499	永元 1	23
500	2	景明 1
501	中興 1	2
502	〔梁〕天監1	3
503	2	4
504	3	正始 1
505	4	2
506	5	3
507	6	4
508	7	永平 1
509	8	2
510	9	3
511	10	4
512	11	延昌 1
513	12	2
514	13	3
515	14	4
516	15	熙平 1
517	16	2
518	17	神亀 1
519	18	2
520	普通 1	正光 1
521	2	2
522	3	3
523	4	4
524	5	5
525	6	孝昌 1
526	7	2
527	大通 1	3
528	2	武泰1/建義1 永安1

西暦	中国					ベトナム
529	〔梁〕中大通1		〔北魏〕2			
530	2		建明 1			
531	3		普泰1/中興1			
532	4		太昌1/永興1 永熙1			
533	5		2			
534	6		3/〔西魏〕	〔東魏〕天平1		
535	大同 1		大統 1	2		
536	2		2	3		
537	3		3	4		
538	4		4	元象 1		
539	5		5	興和 1		
540	6		6	2		
541	7		7	3		
542	8		8	4		
543	9		9	武定 1		〔前李朝〕
544	10		10	2		天徳〔大徳〕1
545	11		11	3		2
546	中大同 1		12	4		3
547	太清 1		13	5		4
548	2		14	6		5
549	3		15	〔北斉〕7		
550	大宝 1		16	天保 1		
551	天正 1		17	2		
552	承聖 1		1	3		
553	2		2	4		
554	3		1	5	〔後梁〕	
555	天成1/紹泰1		2	6	大定 1	
556	太平 1		〔亡〕3	7	2	
557	〔陳〕永定 1		〔北周〕1	8	3	
558	2		2	9	4	
559	3		武成 1	10	5	
560	天嘉 1		2	乾明1/皇建1	6	
561	2		保定 1	太寧 1	7	
562	3		2	河清 1	天保 1	
563	4		3	2	2	
564	5		4	3	3	
565	6		5	天統 1	4	
566	天康 1		天和 1	2	5	
567	光大 1		2	3	6	
568	2		3	4	7	
569	太建 1		4	5	8	
570	2		5	武平 1	9	

西暦	中国					ベトナム
571	〔陳〕3		〔北周〕6	〔北斉〕2	〔後梁〕10	
572	4		建徳1	3	11	
573	5		2	4	12	
574	6		3	5	13	
575	7		4	6	14	
576	8		5	隆化1	15	
577	9		6	承光1	16	
578	10		宣政1		17	
579	11		大成1/大象1		18	
580	12	〔隋〕	2		19	
581	13	開皇1	大定1		20	
582	14	2			21	
583	至徳1	3			22	
584	2	4			23	
585	3	5			24	
586	4	6			広運1	
587	禎明1	7			〔亡〕2	
588	〔亡〕2	8				
589		開皇9				
590		10				
591		11				
592		12				
593		13				
594		14				
595		15				
596		16				
597		17				
598		18				
599		19				
600		20				
601		仁寿1				
602		2				
603		3				
604		4				
605		大業1				
606		2				
607		3				
608		4				
609		5				
610		6				
611		7				
612		8				
613		9				

西暦	中国	日本
614	10	
615	11	
616	12	
617	義寧1	
618	武徳1	
619	2	
620	3	
621	4	
622	5	
623	6	
624	7	
625	8	
626	9	
627	貞観1	
628	2	
629	3	
630	4	
631	5	
632	6	
633	7	
634	8	
635	9	
636	10	
637	11	
638	12	
639	13	
640	14	
641	15	
642	16	
643	17	
644	18	
645	19	大化1
646	20	2
647	21	3
648	22	4
649	23	5
650	永徽1	白雉1
651	2	2
652	3	3
653	4	4
654	5	5
655	6	
656	顕慶1	

西暦	中国		日本
657		2	
658		3	
659		4	
660		5	
661		龍朔1	
662		2	
663		3	
664		麟徳1	
665		2	
666		乾封1	
667		2	
668		総章1	
669		2	
670		咸亨1	
671		2	
672		3	
673		4	
674		上元1	
675		2	
676		儀鳳1	
677		2	
678		3	
679		調露1	
680		永隆1	
681		開耀1	
682		永淳1	
683	〔唐〕	弘道1	
684	嗣聖 1	文明1 光宅1	
685	2	垂拱1	
686	3	2	朱鳥1
687	4	3	
688	5	4	
689	6	永昌1	
690	7	載初1 天授1	
691	8	2	
692	9	如意1 長寿1	
693	10	2	
694	11	延載1	
695	12	証聖1 天冊万歳1	

西暦	中国		日本	朝鮮
696	13	万歳登封1 万歳通天1		
697	14	神功1		
698	15	聖暦1		
699	16	2		
700	17	久視1		
701	18	大足1 長安1	大宝1	
702	19	2	2	
703	20	3	3	
704	21	4	慶雲1	
705		神龍1	5	
706		2	3	
707		景龍1	4	
708		2	和銅1	
709		3	2	
710		唐隆1 景雲1	3	
711		2	4	
712		太極1 延和1	5	〔渤海〕
713		朱天1 開元1	6	大祚栄1
714		2	7	2
715		3	霊亀1	3
716		4	2	4
717		5	養老1	5
718		6	2	6
719		7	3	7
720		8	4	仁安1
721		9	5	2
722		10	6	3
723		11	7	4
724		12	神亀1	5
725		13	2	6
726		14	3	7
727		15	4	8
728		16	5	9
729		17	天平1	10
730		18	2	11
731		19	3	12
732		20	4	13
733		21	5	14
734		22	6	15

西暦	中国	日本	朝鮮
735	23	7	16
736	24	8	17
737	25	9	18
738	26	10	大興 1
739	27	11	2
740	28	12	3
741	29	13	4
742	天宝 1	14	5
743	2	15	6
744	3	16	7
745	4	17	8
746	5	18	9
747	6	19	10
748	7	20	11
749	8	天平感宝1 天平勝宝1	12
750	9	2	13
751	10	3	14
752	11	4	15
753	12	5	16
754	13	6	17
755	14	7	18
756	至徳 1	8	19
757	2	天平宝字1	20
758	乾元 1	2	21
759	2	3	22
760	上元 1	4	23
761	2	5	24
762	宝応 1	6	25
763	広徳 1	7	26
764	2	8	27
765	永泰 1	天平神護 1	28
766	大暦 1	2	29
767	2	神護景雲 1	30
768	3	2	31
769	4	3	32
770	5	宝亀 1	33
771	6	2	34
772	7	3	35
773	8	4	36
774	9	5	(宝暦)37
775	10	6	38
776	11	7	39

西暦	中国	日本	朝鮮
777	12	8	40
778	13	9	41
779	14	10	42
780	建中 1	11	43
781	2	天応 1	44
782	3	延暦 1	45
783	4	2	46
784	興元 1	3	47
785	貞元 1	4	48
786	2	5	49
787	3	6	50
788	4	7	51
789	5	8	52
790	6	9	53
791	7	10	54
792	8	11	55
793	9	12	56
794	10	13	中興 1
795	11	14	正暦 1
796	12	15	2
797	13	16	3
798	14	17	4
799	15	18	5
800	16	19	6
801	17	20	7
802	18	21	8
803	19	22	9
804	20	23	10
805	永貞 1	24	11
806	元和 1	大同 1	12
807	2	2	13
808	3	3	14
809	4	4	15
810	5	弘仁 1	永徳 1
811	6	2	2
812	7	3	3
813	8	4	朱雀 1
814	9	5	2
815	10	6	3
816	11	7	4
817	12	8	5
818	13	9	太始 1
819	14	10	建興 1

西暦	中国	日本	朝鮮
820	15	11	2
821	長慶 1	12	3
822	2	13	4
823	3	14	5
824	4	天長 1	6
825	宝暦 1	2	7
826	2	3	8
827	大和 1	4	9
828	2	5	10
829	3	6	11
830	4	7	12
831	5	8	咸和 1
832	6	9	2
833	7	10	3
834	8	承和 1	4
835	9	2	5
836	開成 1	3	6
837	2	4	7
838	3	5	8
839	4	6	9
840	5	7	10
841	会昌 1	8	11
842	2	9	12
843	3	10	13
844	4	11	14
845	5	12	15
846	6	13	16
847	大中 1	14	17
848	2	嘉祥 1	18
849	3	2	19
850	4	3	20
851	5	仁寿 1	21
852	6	2	22
853	7	3	23
854	8	斉衡 1	24
855	9	2	25
856	10	3	26
857	11	天安 1	27
858	12	2	
859	13	貞観 1	
860	咸通 1	2	
861	2	3	
862	3	4	

西暦	中国	日本	朝鮮
863	4	5	
864	5	6	
865	6	7	
866	7	8	
867	8	9	
868	9	10	
869	10	11	
870	11	12	
871	12	13	
872	13	14	
873	14	15	
874	乾符 1	16	
875	2	17	
876	3	18	
877	4	元慶 1	
878	5	2	
879	6	3	
880	広明 1	4	
881	中和 1	5	
882	2	6	
883	3	7	
884	4	8	
885	光啓 1	仁和 1	
886	2	2	
887	3	3	
888	文徳 1	4	
889	龍紀 1	寛平 1	
890	大順 1	2	
891	2	3	
892	景福 1	4	
893	2	5	
894	乾寧 1	6	
895	2	7	
896	3	8	
897	4	9	
898	光化 1	昌泰 1	
899	2	2	
900	3	3	
901	天復 1	延喜 1	
902	2	2	
903	3	3	
904	天祐 1	4	
905	2	5	

西暦	中国		日本	ベトナム
906	3	〔契丹(遼)〕	6	
907	〔後梁〕開平1	1	7	
908	2	2	8	
909	3	3	9	
910	4	4	10	
911	乾化 1	5	11	
912	2	6	12	
913	3	7	13	
914	4	8	14	
915	貞明 1	9	15	
916	2	神冊 1	16	
917	3	2	17	
918	4	3	18	
919	5	4	19	
920	6	5	20	
921	龍徳 1	6	21	
922	2	天賛 1	22	
923	同光 1	2	延長 1	
924	2	3	2	
925	3	4	3	
926	天成 1	天顕 1	4	
927	2	2	5	
928	3	3	6	
929	4	4	7	
930	長興 1	5	8	
931	2	6	承平 1	
932	3	7	2	
933	4	8	3	
934	応順 1 清泰 1	9	4	
935	2	10	5	
936	天福 1	11	6	
937	2	12	7	
938	3	会同 1	天慶 1	
939	4	2	2	
940	5	3	3	
941	6	4	4	
942	7	5	5	
943	8	6	6	
944	開運 1	7	7	
945	2	8	8	
946	3	9	9	

西暦	中国		日本	ベトナム
947	天福 12	大同 1 天禄 1	天暦 1	
948	乾祐 1	2	2	
949	2	3	3	
950	3	4	4	
951	広順 1	応暦 1	5	
952	2	2	6	
953	3	3	7	
954	顕徳 1	4	8	
955	2	5	9	
956	3	6	10	
957	4	7	天徳 1	
958	5	8	2	
959	6	9	3	
960	〔宋〕建隆1	10	4	
961	2	11	応和 1	
962	3	12	2	
963	乾徳 1	13	3	
964	2	14	康保 1	
965	3	15	2	
966	4	16	3	
967	5	17	4	
968	開宝 1	18	安和 1	
969	2	保寧 1	2	〔丁朝〕
970	3	2	天禄 1	太平
971	4	3	2	
972	5	4	3	
973	6	5	天延 1	
974	7	6	2	
975	8	7	3	
976	太平興国1	8	貞元 1	
977	2	9	2	
978	3	10	天元 1	
979	4	乾亨 1	2	〔前黎朝〕
980	5	2	3	天福
981	6	3	4	
982	7	4	5	
983	8	統和 1	永観 1	
984	雍熙 1	2	2	
985	2	3	寛和 1	
986	3	4	2	

西暦	中国		日本	ベトナム
987	4	5	永延 1	
988	端拱 1	6	2	
989	2	7	永祚 1	興統
990	淳化 1	8	正暦 1	
991	2	9	2	
992	3	10	3	
993	4	11	4	
994	5	12	5	応天
995	至道 1	13	長徳 1	
996	2	14	2	
997	3	15	3	
998	咸平 1	16	4	
999	2	17	長保 1	
1000	3	18	2	
1001	4	19	3	
1002	5	20	4	
1003	6	21	5	
1004	景徳 1	22	寛弘 1	
1005	2	23	2	
1006	3	24	3	
1007	4	25	4	
1008	大中祥符1	26	5	景瑞
1009	2	27	6	〔李朝〕
1010	3	28	7	順天
1011	4	29	8	
1012	5	開泰 1	長和 1	
1013	6	2	2	
1014	7	3	3	
1015	8	4	4	
1016	9	5	5	
1017	天禧 1	6	寛仁 1	
1018	2	7	2	
1019	3	8	3	
1020	4	9	4	
1021	5	太平 1	治安 1	
1022	乾興 1	2	2	
1023	天聖 1	3	3	
1024	2	4	万寿 1	
1025	3	5	2	
1026	4	6	3	
1027	5	7	4	
1028	6	8	長元 1	順天 1 天成 1

西暦	中国			日本	ベトナム
1029	7	9		2	2
1030	8	10		3	3
1031	9	景福1	〔西夏〕	4	4
1032	明道1	重熙1	景宗 顕道1	5	5
1033	2	2	2	6	6
1034	景祐1	3	開運 広運1	7	通瑞 1
1035	2	4	2	8	2
1036	3	5	大慶1	9	3
1037	4	6	2	長暦 1	4
1038	宝元1	7	天授礼 法延祚1	2	5
1039	2	8	2	3	乾符有道1
1040	康定1	9	3	長久 1	2
1041	慶暦1	10	4	2	3
1042	2	11	5	3	明道 1
1043	3	12	6	4	2
1044	4	13	7	寛徳 1	天感聖武1
1045	5	14	8	2	2
1046	6	15	9	永承 1	3
1047	7	16	10	2	4
1048	8	17	11	3	5
1049	皇祐1	18	延嗣 寧国1	4	崇興大宝1
1050	2	19	天祐 垂聖1	5	2
1051	3	20	2	6	3
1052	4	21	3	7	4
1053	5	22	福聖 承道1	天喜 1	5
1054	至和1	23	2	2	龍瑞太平1
1055	2	清寧1	3	3	2
1056	嘉祐1	2	4	4	3
1057	2	3	奲都1	5	4
1058	3	4	2	康平 1	5
1059	4	5	3	2	龍彰天嗣1
1060	5	6	4	3	2
1061	6	7	5	4	3
1062	7	8	6	5	4
1063	8	9	拱化1	6	5
1064	治平1	10	2	7	6
1065	2	咸雍1	3	治暦 1	7
1066	3	2	4	2	龍彰天嗣1

西暦	中国			日本	ベトナム
1067	4	3	5	3	2
1068	熙寧1	4	6	4	天貺宝象1
1069	2	5	恵宗乾道1	延久1	神武1
1070	3	6	2	2	2
1071	4	7	天賜礼盛国慶1	3	3
1072	5	8	2	4	太寧1
1073	6	9	3	5	2
1074	7	10	4	承保1	3
1075	8	太康1	5	2	4
1076	9	2	大安1	3	英武昭勝1
1077	10	3	2	承暦1	2
1078	元豊1	4	3	2	3
1079	2	5	4	3	4
1080	3	6	5	4	5
1081	4	7	6	永保1	6
1082	5	8	7	2	7
1083	6	9	8	3	8
1084	7	10	9	応徳1	9
1085	8	太安1	10	2	広祐1
1086	元祐1	2	天安礼定1	3	2
1087	2	3	天儀治平1	寛治1	3
1088	3	4	2	2	4
1089	4	5	3	3	5
1090	5	6	天祐民安1	4	6
1091	6	7	2	5	7
1092	7	8	3	6	会豊1
1093	8	9	4	7	2
1094	紹聖1	10	5	嘉保1	3
1095	2	寿昌1	6	2	4
1096	3	2	7	永長1	5
1097	4	3	8	承徳1	6
1098	元符1	4	9	2	7
1099	2	5	永安1	康和1	8
1100	3	6	2	2	9
1101	建中靖国1	乾統1	3	3	龍符〔龍符元化1
1102	崇寧1	2	貞観1	4	2
1103	2	3	2	康和5	3

西暦	中国				日本	ベトナム
1104	3	4		3	長治1	4
1105	4	5		4	2	5
1106	5	6		5	嘉承1	6
1107	大観1	7		6	2	7
1108	2	8		7	天仁1	8
1109	3	9		8	2	9
1110	4	10		9	天永1	会祥大慶1
1111	政和1	天慶1		10	2	2
1112	2	2		11	3	3
1113	3	3		12	永久1	4
1114	4	4	〔金〕	13	2	5
1115	5	5	収国1	雍寧1	3	6
1116	6	6	2	2	4	7
1117	7	7	天輔1	3	5	8
1118	重和1	8	2	4	元永1	9
1119	宣和1	9	3	5	2	10
1120	2	10	4	元徳1	保安1	天符睿武1
1121	3	保大1	5	2	2	2
1122	4	2	6	3	3	3
1123	5	3	天会1	4	4	4
1124	6	4	2	5	天治1	5
1125	7	5	3	6	2	6
1126	靖康1	〔遼亡〕	4	7	大治1	7
1127	〔南宋〕建炎1		5	正徳1	2	天符慶寿1
1128	2		6	2	3	天順〔大順〕1
1129	3		7	3	4	2
1130	4		8	4	5	3
1131	紹興1		9	5	天承1	4
1132	2		10	6	長承1	5
1133	3		11	7	2	天彰宝嗣1〔天平宝嗣〕
1134	4		12	8	3	2
1135	5		13	大徳1	保延1	3
1136	6		14	2	2	4
1137	7		15	3	3	5
1138	8		天眷1	4	4	紹明1
1139	9		2	仁宗大慶1	5	2
1140	10		3	2	6	大定1
1141	11		皇統1	3	永治1	2
1142	12		2	4	康治1	3
1143	13		3	5	2	4

西暦	中国			日本	ベトナム
1144	14	4	人慶1	天養 1	5
1145	15	5	2	久安 1	6
1146	16	6	3	2	7
1147	17	7	4	3	8
1148	18	8	5	4	9
1149	19	天徳 1	天盛1	5	10
1150	20	2	2	6	11
1151	21	3	3	仁平 1	12
1152	22	4	4	2	13
1153	23	貞元 1	5	3	14
1154	24	2	6	久寿 1	15
1155	25	3	7	2	16
1156	26	正隆 1	8	保元 1	17
1157	27	2	9	2	18
1158	28	3	10	3	19
1159	29	4	11	平治 1	20
1160	30	5	12	永暦 1	21
1161	31	大定 1	13	応保 1	22
1162	32	2	14	2	23
1163	隆興1	3	15	長寛 1	政隆宝応1
1164	2	4	16	2	2
1165	乾道1	5	17	永万 1	3
1166	2	6	18	仁安 1	4
1167	3	7	19	2	5
1168	4	8	20	3	6
1169	5	9	21	嘉応 1	7
1170	6	10	22	2	8
1171	7	11	乾祐1	承安 1	9
1172	8	12	2	2	10
1173	9	13	3	3	11
1174	淳熙1	14	4	4	天感至宝1
1175	2	15	5	安元 1	2
1176	3	16	6	2	貞符1
1177	4	17	7	治承 1	2
1178	5	18	8	2	3
1179	6	19	9	3	4
1180	7	20	10	4	5
1181	8	21	11	養和 1	6
1182	9	22	12	寿永 1	7
1183	10	23	13	2	8
1184	11	24	14	元暦 1	9
1185	12	25	15	文治 1	10
1186	13	26	16	2	天資嘉瑞1
1187	14	27	17	3	2
1188	15	28	18	4	3
1189	16	29	19	5	4
1190	紹熙1	明昌 1	20	建久 1	5
1191	2	2	21	2	6
1192	3	3	22	3	7
1193	4	4	23	4	8
1194	5	5	桓宗 天慶1	5	9
1195	慶元1	6	2	6	10
1196	2	承安 1	3	7	11
1197	3	2	4	8	12
1198	4	3	5	9	13
1199	5	4	6	正治 1	14
1200	6	5	7	2	15
1201	嘉泰1	泰和 1	8	建仁 1	16
1202	2	2	9	2	天嘉宝祐 〔天資宝祐〕1
1203	3	3	10	3	2
1204	4	4	11	元久 1	3
1205	開禧1	5	12	2	治平龍応1
1206	2	6	襄宗 応天1	建永 1	2
1207	3	7	2	承元 1	3
1208	嘉定1	8	3	2	4
1209	2	大安 1	4	3	5
1210	3	2	皇建1	4	6
1211	4	3	神宗 光定1	建暦 1	建嘉 1
1212	5	崇慶 1	2	2	2
1213	6	至寧 1 貞祐 1	3	建保 1	3
1214	7	2	4	2	4
1215	8	3	5	3	5
1216	9	4	6	4	6
1217	10	興定 1	7	5	7
1218	11	2	8	6	8
1219	12	3	9	承久 1	9
1220	13	4	10	2	10
1221	14	5	11	3	11
1222	15	元光 1	12	貞応 1	12
1223	16	2	献宗 乾定1	2	13
1224	17	正大 1	2	元仁 1	天彰有道1

西暦	中国			日本	ベトナム
1225	宝慶1	2	3	嘉禄1	〔陳朝〕 建中1
1226	2	3	李晛 宝慶1	2	2
1227	3	4	2	安貞1	3
1228	紹定1	5	3	2	4
1229	2	6	〔西夏 亡〕	寛喜1	5
1230	3	7		2	6
1231	4	8		3	7
1232	5	開興1 天興1		貞永1	天応政平1
1233	6	2		天福1	2
1234	端平1	3		文暦1	3
1235	2	〔金亡〕		嘉禎1	4
1236	3			2	5
1237	嘉熙1			3	6
1238	2			暦仁1	7
1239	3			延応1	8
1240	4			仁治1	9
1241	淳祐1			2	10
1242	2			3	11
1243	3			寛元1	12
1244	4			2	13
1245	5			3	14
1246	6			4	15
1247	7			宝治1	16
1248	8			2	17
1249	9			建長1	18
1250	10			2	19
1251	11			3	元豊1
1252	12			4	2
1253	宝祐1			5	3
1254	2			6	4
1255	3			7	5
1256	4			康元1	6
1257	5			正嘉1	7
1258	6			2	紹隆1
1259	開慶1	〔元〕		正元1	2
1260	景定1	中統1		文応1	3
1261	2	2		弘長1	4
1262	3	3		2	5
1263	4	4		3	6
1264	5	至元1		文永1	7

西暦	中国		日本	ベトナム
1265	咸淳1	2	2	8
1266	2	3	3	9
1267	3	4	4	10
1268	4	5	5	11
1269	5	6	6	12
1270	6	7	7	13
1271	7	8	8	14
1272	8	9	9	15
1273	9	10	10	宝符1
1274	10	11	11	2
1275	徳祐1	12	建治1	3
1276	景炎1	13	2	4
1277	2	14	3	5
1278	祥興1	15	弘安1	6
1279	2	16	2	紹宝1
1280	〔南宋亡〕	17	3	2
1281		18	4	3
1282		19	5	4
1283		20	6	5
1284		21	7	6
1285		22	8	重興1
1286		23	9	2
1287		24	10	3
1288		25	正応1	4
1289		26	2	5
1290		27	3	6
1291		28	4	7
1292		29	5	8
1293		30	永仁1	興隆1
1294		31	2	2
1295		元貞1	3	3
1296		2	4	4
1297		大徳1	5	5
1298		2	6	6
1299		3	正安1	7
1300		4	2	8
1301		5	3	9
1302		6	乾元1	10
1303		7	嘉元1	11
1304		8	2	12
1305		9	3	13
1306		10	徳治1	14
1307		11	2	15

西暦	中国	日本		ベトナム
1308	至大1		延慶1	16
1309	2		2	17
1310	3		3	18
1311	4		応長1	19
1312	皇慶1		正和1	20
1313	2		2	21
1314	延祐1		3	大慶1
1315	2		4	2
1316	3		5	3
1317	4		文保1	4
1318	5		2	5
1319	6		元応1	6
1320	7		2	7
1321	至治1		元亨1	8
1322	2		2	9
1323	3		3	10
1324	泰定1		正中1	開泰1
1325	2		2	2
1326	3		嘉暦1	3
1327	4		2	4
1328	致和1 天暦1		3	5
1329	2		元徳1	開祐1
1330	至順1		2	2
1331	2	〔南朝〕 元弘1	〔北朝〕 3	3
1332	3	2	正慶1	4
1333	元統1	3	2	5
1334	2	建武1	(建武1)	6
1335	至元1	2	(建武2)	7
1336	2	延元1	建武3	8
1337	3	2	4	9
1338	4	3	暦応1	10
1339	5	4	2	11
1340	6	興国1	3	12
1341	至正1	2	4	紹豊1
1342	2	3	康永1	2
1343	3	4	2	3
1344	4	5	3	4
1345	5	6	貞和1	5
1346	6	正平1	2	6
1347	7	2	3	7
1348	8	3	4	8

西暦	中国	日本		ベトナム
1349	9	4	5	9
1350	10	5	観応1	10
1351	11	6	2	11
1352	12	7	文和1	12
1353	13	8	2	13
1354	14	9	3	14
1355	15	10	4	15
1356	16	11	延文1	16
1357	17	12	2	17
1358	18	13	3	大治 〔太治〕1
1359	19	14	4	2
1360	20	15	5	3
1361	21	16	康安1	4
1362	22	17	貞治1	5
1363	23	18	2	6
1364	24	19	3	7
1365	25	20	4	8
1366	26	21	5	9
1367	27	22	6	10
1368	〔明〕 洪武1	23	応安1	11
1369	2	24	2	大定1
1370	3	建徳1	3	紹慶1
1371	4	2	4	2
1372	5	文中1	5	3
1373	6	2	6	隆慶1
1374	7	3	7	2
1375	8	天授1	永和1	3
1376	9	2	2	4
1377	10	3	3	昌符1
1378	11	4	4	2
1379	12	5	康暦1	3
1380	13	6	2	4
1381	14	弘和1	永徳1	5
1382	15	2	2	6
1383	16	3	3	7
1384	17	元中1	至徳1	8
1385	18	2	2	9
1386	19	3	3	10
1387	20	4	嘉慶1	11
1388	21	5	2	12
1389	22	6	康応1	光泰1

西暦	中国	日本		ベトナム
1390	23	7	明徳 1	2
1391	24	8	2	3
1392	25	明徳 3		4
1393	26	4		5
1394	27	応永 1		6
1395	28	2		7
1396	29	3		8
1397	30	4		9
1398	31	5		建新 1
1399	建文 1	6		〔胡朝〕2
1400	2	7		聖元〔元聖〕1
1401	3	8		紹成 1
1402	4	9		2
1403	永楽 1	10		開大 1
1404	2	11		2
1405	3	12		3
1406	4	13		〔後陳朝〕
1407	5	14		興慶 1
1408	6	15		2
1409	7	16		重光 1
1410	8	17		2
1411	9	18		3
1412	10	19		4
1413	11	20		5
1414	12	21		6〔属明期 1414－26〕
1415	13	22		
1416	14	23		
1417	15	24		
1418	16	25		
1419	17	26		
1420	18	27		
1421	19	28		
1422	20	29		
1423	21	30		
1424	22	31		
1425	洪熙 1	32		
1426	宣徳 1	33		天慶 1
1427	2	34		〔黎朝初期〕2
1428	3	正長 1		順天 1
1429	4	永享 1		2
1430	5	2		3
1431	6	3		4
1432	7	4		5
1433	8	5		6
1434	9	6		紹平 1
1435	10	7		2
1436	正統 1	8		3
1437	2	9		4
1438	3	10		5
1439	4	11		6
1440	5	12		大宝 1
1441	6	嘉吉 1		2
1442	7	2		3
1443	8	3		大和〔太和〕1
1444	9	文安 1		2
1445	10	2		3
1446	11	3		4
1447	12	4		5
1448	13	5		6
1449	14	宝徳 1		7
1450	景泰 1	2		8
1451	2	3		9
1452	3	享徳 1		10
1453	4	2		11
1454	5	3		延寧 1
1455	6	康正 1		2
1456	7	2		3
1457	天順 1	長禄 1		4
1458	2	2		5
1459	3	3		天興 1
1460	4	寛正 1		光順 1
1461	5	2		2
1462	6	3		3
1463	7	4		4
1464	8	5		5
1465	成化 1	6		6
1466	2	文正 1		7
1467	3	応仁 1		8
1468	4	2		9
1469	5	文明 1		10
1470	6	2		洪徳 1

西暦	中国	日本	ベトナム	
1471	7	3		2
1472	8	4		3
1473	9	5		4
1474	10	6		5
1475	11	7		6
1476	12	8		7
1477	13	9		8
1478	14	10		9
1479	15	11		10
1480	16	12		11
1481	17	13		12
1482	18	14		13
1483	19	15		14
1484	20	16		15
1485	21	17		16
1486	22	18		17
1487	23	長享 1		18
1488	弘治 1	2		19
1489	2	延徳 1		20
1490	3	2		21
1491	4	3		22
1492	5	明応 1		23
1493	6	2		24
1494	7	3		25
1495	8	4		26
1496	9	5		27
1497	10	6		28
1498	11	7		景統 1
1499	12	8		2
1500	13	9		3
1501	14	文亀 1		4
1502	15	2		5
1503	16	3		6
1504	17	永正 1		泰貞 1
1505	18	2		端慶 1
1506	正徳 1	3		2
1507	2	4		3
1508	3	5		4
1509	4	6		洪順 1
1510	5	7		2
1511	6	8		3
1512	7	9		4
1513	8	10		5

西暦	中国	日本	ベトナム	
1514	9	11		6
1515	10	12		7
1516	11	13		光紹 1
1517	12	14		2
1518	13	15		3
1519	14	16		4
1520	15	17		5
1521	16	大永 1		6
1522	嘉靖 1	2		統元 1
1523	2	3		2
1524	3	4		3
1525	4	5		4
1526	5	6		〔莫朝〕5
1527	6	7		明徳 1
1528	7	享禄 1		2
1529	8	2		3
1530	9	3		大正 1
1531	10	4		2
1532	11	天文 1	3	〔黎朝中興期〕
1533	12	2	4	元和 1
1534	13	3	5	2
1535	14	4	6	3
1536	15	5	7	4
1537	16	6	8	5
1538	17	7	9	6
1539	18	8	10	7
1540	19	9	11	8
1541	20	10	広和 1	9
1542	21	11	2	10
1543	22	12	3	11
1544	23	13	4	12
1545	24	14	5	13
1546	25	15	6	14
1547	26	16	永定 1	15
1548	27	17	景暦〔景歴〕1	16
1549	28	18	2	順平 1
1550	29	19	3	2
1551	30	20	4	3
1552	31	21	5	4
1553	32	22	6	5
1554	33	23	7	6

西暦	中国	日本	ベトナム	
1555	34	弘治1	光宝1	7
1556	35	2	2	8
1557	36	3	3	天祐1
1558	37	永禄1	4	正治1
1559	38	2	5	2
1560	39	3	6	3
1561	40	4	7	4
1562	41	5	8	5
1563	42	6	9	6
1564	43	7	10	7
1565	44	8	淳福1	8
1566	45	9	2	9
1567	隆慶1	10	3	10
1568	2	11	崇康1	11
1569	3	12	2	12
1570	4	元亀1	3	13
1571	5	2	4	14
1572	6	3	5	洪福1
1573	万暦1	天正1	6	嘉泰1
1574	2	2	7	2
1575	3	3	8	3
1576	4	4	9	4
1577	5	5	10	5
1578	6	6	延成1	光興1
1579	7	7	2	2
1580	8	8	3	3
1581	9	9	4	4
1582	10	10	5	5
1583	11	11	6	6
1584	12	12	7	7
1585	13	13	端泰1	8
1586	14	14	2	9
1587	15	15	3	10
1588	16	16	興治1	11
1589	17	17	2	12
1590	18	18	3	13
1591	19	19	洪寧1	14
1592	20	文禄1	武安宝定1	15
1593	21	2	康佑乾統1	16
1594	22	3	2	17
1595	23	4	3	18

西暦	中国		日本	ベトナム	
1596	24		慶長1	4	19
1597	25		2	5	20
1598	26		3	6	21
1599	27		4	7	22
1600	28		5	8	慎徳1
1601	29		6	9	弘定1
1602	30		7	10	2
1603	31		8	11	3
1604	32		9	12	4
1605	33		10	13	5
1606	34		11	14	6
1607	35		12	15	7
1608	36		13	16	8
1609	37		14	17	9
1610	38		15	18	10
1611	39		16	19	11
1612	40		17	20	12
1613	41		18	21	13
1614	42		19	22	14
1615	43	〔清〕	元和1	23	15
1616	44	天命1	2	24	16
1617	45	2	3	25	17
1618	46	3	4	隆泰26	18
1619	47	4	5	27	永祚1
1620	泰昌1	5	6	28	2
1621	天啓1	6	7	29	3
1622	2	7	8	30	4
1623	3	8	9	31	5
1624	4	9	寛永1	32	6
1625	5	10	2	33	7
1626	6	11	3		8
1627	7	天聡1	4		9
1628	崇禎1	2	5		10
1629	2	3	6		徳隆1
1630	3	4	7		2
1631	4	5	8		3
1632	5	6	9		4
1633	6	7	10		5
1634	7	8	11		6
1635	8	9	12		陽和1
1636	9	崇徳1	13		2
1637	10	2	14		3
1638	11	3	15	順徳1	4

西暦	中国		日本	ベトナム	
1639	12	4	16	2	5
1640	13	5	17	3	6
1641	14	6	18	4	7
1642	15	7	19	5	8
1643	16	8	20	6	福泰 1
1644	17	順治 1	正保 1	7	2
1645	弘光 1 隆武 1	2	2	8	3
1646	紹武 1	3	3	9	4
1647	永暦 1	4	4	10	5
1648	2	5	慶安 1	11	6
1649	3	6	2	12	慶徳 1
1650	4	7	3	13	2
1651	5	8	4	14	3
1652	6	9	承応 1	15	4
1653	7	10	2	16	盛徳 1
1654	8	11	3	17	2
1655	9	12	明暦 1	18	3
1656	10	13	2	19	4
1657	11	14	3	20	5
1658	12	15	万治 1	21	永寿 1
1659	13	16	2	22	2
1660	14	17	3	23	3
1661	15	18	寛文 1	24	4
1662	〔明亡〕	康熙 1	2	25	万慶 1
1663		2	3	26	景治 1
1664		3	4	27	2
1665		4	5	28	3
1666		5	6	29	4
1667		6	7	30	5
1668		7	8	31	6
1669		8	9	32	7
1670		9	10	33	8
1671		10	11	34	9
1672		11	12	35	陽徳 1
1673		12	延宝 1	36	2
1674		13	2	37	徳元 1
1675		14	3	38	2
1676		15	4	39	永治 1
1677		16	5	40	2
1678		17	6		3
1679		18	7		4
1680		19	8		正和 1

西暦	中国	日本	ベトナム	
1681	20	天和 1		2
1682	21	2		3
1683	22	3		4
1684	23	貞享 1		5
1685	24	2		6
1686	25	3		7
1687	26	4		8
1688	27	元禄 1		9
1689	28	2		10
1690	29	3		11
1691	30	4		12
1692	31	5		13
1693	32	6		14
1694	33	7		15
1695	34	8		16
1696	35	9		17
1697	36	10		18
1698	37	11		19
1699	38	12		20
1700	39	13		21
1701	40	14		22
1702	41	15		23
1703	42	16		24
1704	43	宝永 1		25
1705	44	2		永盛 1
1706	45	3		2
1707	46	4		3
1708	47	5		4
1709	48	6		5
1710	49	7		6
1711	50	正徳 1		7
1712	51	2		8
1713	52	3		9
1714	53	4		10
1715	54	5		11
1716	55	享保 1		12
1717	56	2		13
1718	57	3		14
1719	58	4		15
1720	59	5		保泰 1
1721	60	6		2
1722	61	7		3
1723	雍正 1	8		4

西暦	中国	日本	ベトナム	
1724	2	9		5
1725	3	10		6
1726	4	11		7
1727	5	12		8
1728	6	13		9
1729	7	14		永慶 1
1730	8	15		2
1731	9	16		3
1732	10	17		龍徳 1
1733	11	18		2
1734	12	19		3
1735	13	20		永佑 1
1736	乾隆 1	元文 1		2
1737	2	2		3
1738	3	3		4
1739	4	4		5
1740	5	5		景興 1
1741	6	寛保 1		2
1742	7	2		3
1743	8	3		4
1744	9	延享 1		5
1745	10	2		6
1746	11	3		7
1747	12	4		8
1748	13	寛延 1		9
1749	14	2		10
1750	15	3		11
1751	16	宝暦 1		12
1752	17	2		13
1753	18	3		14
1754	19	4		15
1755	20	5		16
1756	21	6		17
1757	22	7		18
1758	23	8		19
1759	24	9		20
1760	25	10		21
1761	26	11		22
1762	27	12		23
1763	28	13		24
1764	29	明和 1		25
1765	30	2		26
1766	31	3		27

西暦	中国	日本	ベトナム	
1767	32	4		28
1768	33	5		29
1769	34	6		30
1770	35	7		31
1771	36	8		32
1772	37	安永 1		33
1773	38	2		34
1774	39	3		35
1775	40	4		36
1776	41	5		37
1777	42	6	〔西山朝〕	38
1778	43	7	泰徳 1	39
1779	44	8	2	40
1780	45	9	3	41
1781	46	天明 1	4	42
1782	47	2	5	43
1783	48	3	6	44
1784	49	4	7	45
1785	50	5	8	46
1786	51	6	9	47
1787	52	7	10	昭統 1
1788	53	8	光中 1	2
1789	54	寛政 1	2	〔亡〕3
1790	55	2	3	
1791	56	3	4	
1792	57	4	5	
1793	58	5	景盛 1	
1794	59	6	2	
1795	60	7	3	
1796	嘉慶 1	8	4	
1797	2	9	5	
1798	3	10	6	
1799	4	11	7	
1800	5	12	8	
1801	6	享和 1	宝興 1	
1802	7	2	〔阮朝〕	嘉隆 1
1803	8	3	2	
1804	9	文化 1	3	
1805	10	2	4	
1806	11	3	5	
1807	12	4	6	
1808	13	5	7	
1809	14	6	8	

西暦	中国	日本	ベトナム	
1810	15	7	9	
1811	16	8	10	
1812	17	9	11	
1813	18	10	12	
1814	19	11	13	
1815	20	12	14	
1816	21	13	15	
1817	22	14	16	
1818	23	文政 1	17	
1819	24	2	18	
1820	25	3	明命 1	
1821	道光 1	4	2	
1822	2	5	3	
1823	3	6	4	
1824	4	7	5	
1825	5	8	6	
1826	6	9	7	
1827	7	10	8	
1828	8	11	9	
1829	9	12	10	
1830	10	天保 1	11	
1831	11	2	12	
1832	12	3	13	
1833	13	4	14	
1834	14	5	15	
1835	15	6	16	
1836	16	7	17	
1837	17	8	18	
1838	18	9	19	
1839	19	10	20	
1840	20	11	21	
1841	21	12	紹治 1	
1842	22	13	2	
1843	23	14	3	
1844	24	弘化 1	4	
1845	25	2	5	
1846	26	3	6	
1847	27	4	7	
1848	28	嘉永 1	嗣徳 1	
1849	29	2	2	
1850	30	3	3	
1851	咸豊 1	4	4	
1852	2	5	5	

西暦	中国	日本	ベトナム	
1853	3	6	6	
1854	4	安政 1	7	
1855	5	2	8	
1856	6	3	9	
1857	7	4	10	
1858	8	5	11	
1859	9	6	12	
1860	10	万延 1	13	
1861	11	文久 1	14	
1862	同治 1	2	15	
1863	2	3	16	
1864	3	元治 1	17	
1865	4	慶応 1	18	
1866	5	2	19	
1867	6	3	20	
1868	7	明治 1	21	
1869	8	2	22	
1870	9	3	23	
1871	10	4	24	
1872	11	5	25	
1873	12	6	26	
1874	13	7	27	
1875	光緒 1	8	28	
1876	2	9	29	
1877	3	10	30	
1878	4	11	31	
1879	5	12	32	
1880	6	13	33	
1881	7	14	34	
1882	8	15	35	
1883	9	16	36	
1884	10	17	協和 1 建福 1	
1885	11	18	咸宜 1 同慶 1	
1886	12	19	同慶 1	
1887	13	20	2	
1888	14	21	3	
1889	15	22	成泰 1	
1890	16	23	2	
1891	17	24	3	
1892	18	25	4	
1893	19	26	5	